AF569313

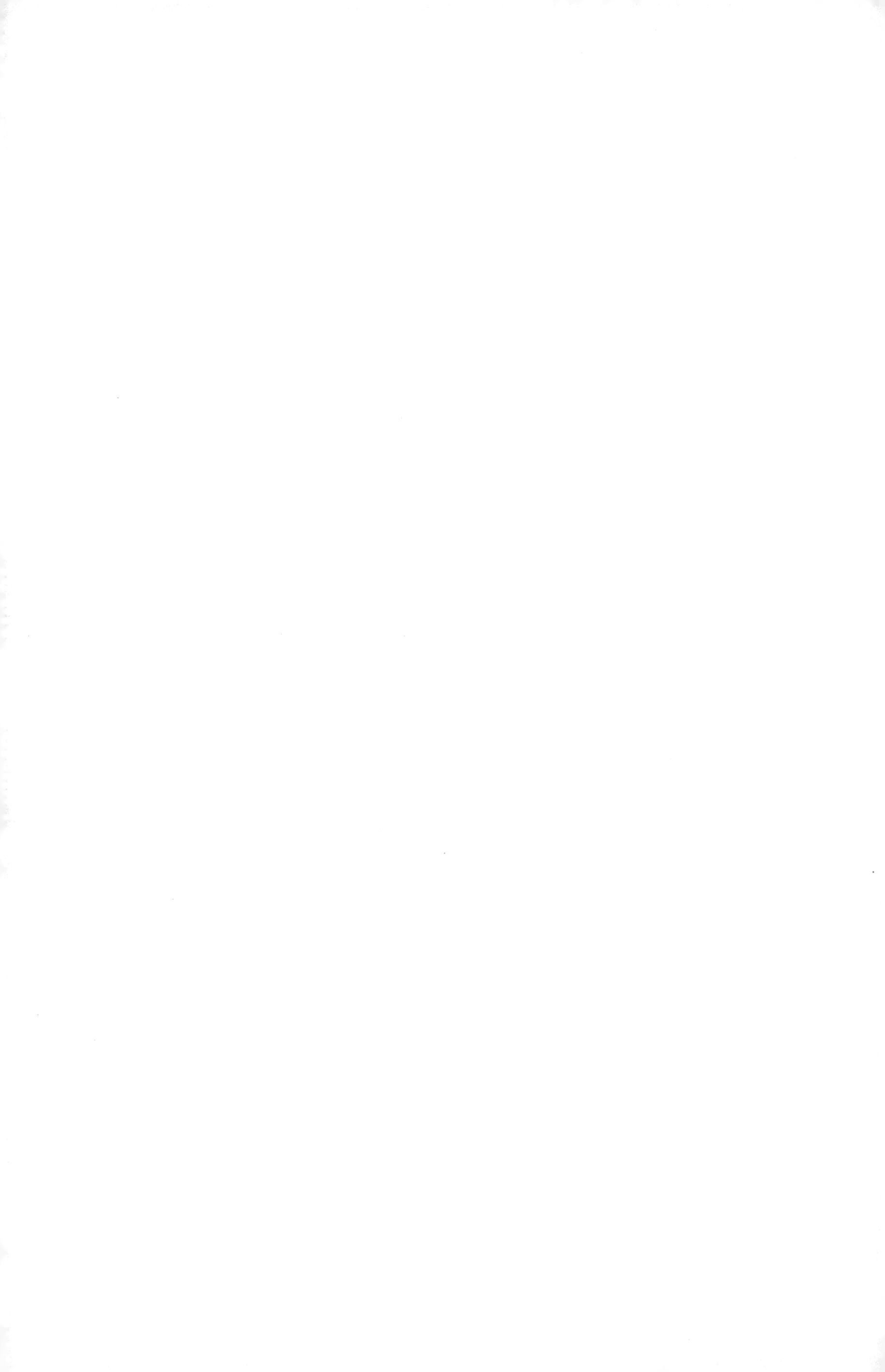

Monika von Starck
Die Farben von Abgrund und Glück

Monika von Starck

Die Farben von Abgrund und Glück

Eine Künstlerbiographie

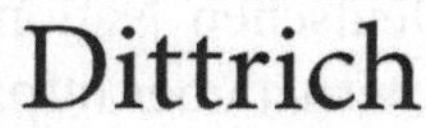

Printed in Germany
ISBN 978-3-910732-20-9

Lektorat: Birgit Rentz, Itzehoe
Satz: Gaja Busch, Berlin
Covergestaltung: Katharina Jüssen, Metternich unter Verwendung einer Malerei der Autorin. Titel: Meopard.

Bibliografische Information der Deutschen Nationalbibliothek:
Die Deutsche Nationalbibliothek verzeichnet diese Publikation in der Deutschen Nationalbibliografie; detaillierte bibliografische Daten sind im Internet über http://dnb.dnb.de abrufbar.

Wir

Tag gläsern geschliffen
Nacht undurchdringlich verwischt
Auf der Horizontlinie tanzend Eintagsfliegen
Zwischen Gestern und Morgen
Grenzgänger
Wir

Erinnerungen sind wie Schatten auf einer weißen Wand. Als seitenverkehrte Spiegelbilder einer Wirklichkeit verzerren sie sich je nach Einfallswinkel der Betrachtung. Als Aufzeichnung bleiben sie ein Abbild einer individuell erlebten Realität und verleihen der Magie des Augenblicks Dauer.

Inhalt

Wir 5
Leipzig 9
Köln und Korsika 11
Kindheit im Krieg 16
Sögeln 35
Bunkerzeit 44
Flucht 49
Vaters Heimkehr
Köln 60
Schwarzmarkt 82
Volksschule 87
Währungsreform 97
Karneval 102
Norderney und Paris 107
Hund 116
Nahtod 122
Werner 133
Gymnasium 141
Kunstszene 146
Max Ernst 149
Matthias Grünewald, Le Corbusier, Matisse 153
Sitges 163
Neue Perspektiven 172
Paris 182
Happening 188
Abitur 191
Der Mord 197

Studium 204
Marco 208
Ascona 212
Kunstakademie Düsseldorf 222
Joseph Fassbender 243
Aktzeichnen 249
Cadenabbia 253
Malen 258
Rom 270
Füchschen 296
Fastnacht 302
Dolomiten, Cinque Terre, Amsterdam 308
Berlin 324
Elba 366
Heirat 374
Erste Einzelausstellung 385
Unser Sohn 388
Tod der Eltern 393
Im Atelier 400
Jedes Jahr 410

Abbildungsverzeichnis 411
Dank 412

Leipzig

Festliche Abendveranstaltung im Jahre 1924 in Leipzig. Heinrich, der Meisterschüler, sitzt in der Aula der Hochschule für Grafik und Buchkunst neben den Professoren in der ersten Reihe. Der Bühnenvorhang öffnet sich. Eine zarte, junge Schauspielerin im Kostüm eines Edelknaben erscheint und deklamiert Münchhausens Ballade des Pagen von Hochburgund. Sie macht einen Knicks, verbeugt sich, fängt mit dem Lasso ihres Blicks Heinrichs Herz ein und verschwindet wieder hinter den Kulissen. Von diesem Augenblick an hat er nur noch den einen Gedanken: »Dieses aparte, junge Mädchen muss ich wiedersehen!« Er kennt weder ihren Namen noch ihre Adresse. Eines Tages, als er durch die Innenstadt von Leipzig eilt, entdeckt er sie! Die blutjunge Schwarzhaarige mit den großen, blauen Augen kniet im Schaufenster eines bekannten Möbelgeschäftes und dekoriert fantasievoll die Auslagen mit Artikeln der Deutschen und der Wiener Werkstätten. Er ist so nervös, dass er sich erst einmal vorbeischleicht, um sich Mut zu machen. Beim zweiten Anlauf betritt er fest entschlossen das Einrichtungshaus und sieht sie zum ersten Mal aus der Nähe. Er wagt es nicht, sie anzusprechen. Erst Tage später fasst er kühn den Entschluss, sie in ein Café einzuladen. Bei einer Tasse Kakao erzählt sie ihm, dass sie jetzt nach ihrem Lyzeums-Abitur versucht, in diesem luxuriösen Laden für Designmöbel Geld für eine Schauspielausbildung zu verdienen. Heinrich ist verzaubert. Sehr bald werden sie ein unzertrennliches Paar. Bis zu einer Hochzeit müssen sie sich noch gedulden, denn des Grafikers neue Freundin Traute wird mit ihren achtzehn Jahren erst in drei Jahren volljährig. Als sich der ärmliche Meisterschüler bei seinem Schwiegervater in spe vorstellt, ist dieser von dem Freund seiner Tochter gar nicht begeistert; ein junger Adliger, der sich schon seit einiger Zeit um sein auffallend schönes Kind bemüht, wäre ein besserer Ehemann als dieser Hungerkünstler, dessen Zukunft völlig ungewiss ist. Jedoch in der Gesellschaft des vornehmen Barons langweilt sich Traute! Sie ist sich sicher, dass sie und ihr Heinrich für immer zusammengehören und dass sie sofort nach ihrem einundzwanzigsten Geburtstag unspektakulär heiraten werden.

Als sie endlich einen Termin vom Standesamt erhalten, bemerkt Heinrich auf dem Weg ins Leipziger Rathaus, dass er vor Aufregung vergessen hat, seine neuen schwarzen Schuhe anzuziehen. So schreitet er in seinen ausgetretenen roten Lederpantoffeln mit seiner Liebsten am Arm in das öffentliche Trauzimmer. Ihr humorvoller Freund Erich Ohser, der Karikaturist und Zeichner der Comicstrips »Vater und Sohn«, erwartet schon als Trauzeuge das aufgeregte Paar. Er kann nicht ahnen, dass er, der Lebenslustige, der sich später in der Nazizeit – ohne Erfolg – mit dem Pseudonym »E. O. Plauen« vor den Schergen des Regimes zu schützen versucht, sich wenige Stunden vor dem Ende der Schreckensherrschaft im Gefängnis verzweifelt das Leben nimmt. Nachdem der Standesbeamte alle Pflichten, die Eheleute zu erfüllen haben, verlesen hat, fragt der Bräutigam am Schluss: »Bitte sagen Sie uns noch: Wie teuer ist eine Scheidung?«

Traute beendet ihre Schauspielausbildung so erfolgreich, dass die UFA-Film AG aus Berlin-Babelsberg sie für ihre erste Rolle als Gretchen in Goethes »Faust« vorschlägt. Doch als Heinrich zu ihr sagt: »Nun küsst du lieber mich als irgendwelche blöden Laffen auf der Leinwand!«, antwortet sie ebenfalls mit »Ja!«. Aus Liebe beendet sie ihre geplante Filmkarriere und beschließt, Malerin zu werden. Ihre Eltern müssen sich damit abfinden, dass ihre Tochter einen sehr eigenen Kopf hat, sich von den bürgerlichen Auffassungen und ihrem plüschigen Makartstil immer weiter entfernt, den bis zur Hüfte reichenden, dicken Zopf abschneidet und ihre Laute für immer in die Dachkammer verbannt.

Köln und Korsika

Heinrich, der sich zu seiner grazilen, mädchenhaften Frau herunterbeugt, die gerade in einem nicht umzäunten Park in der Hocke Schneeglöckchen betrachtet, richtet sich auf und zeigt auf den wie ein Bleiband glänzenden Strom, der vor einer Allee mit Lindenbäumen dahinfließt. »Hallo!« Jetzt erschreckt sie die lauter rufende Stimme. »Hallo! Wer sind Sie? Was suchen Sie hier auf meinem Grundstück?« Das Paar nähert sich dem Fremden und entschuldigt sich. Heinrich stellt seine Frau und sich als passionierte Flaneure und Liebhaber dieses Viertels vor. Er nennt sächselnd seinen Namen Heinrich Hußmann und erwähnt während des Gesprächs, dass Oberbürgermeister Konrad Adenauer ihn aus Sachsen mit einer Professur an die Kölner Werkschulen gelockt habe, daher möchte er sich jetzt mit seiner Frau in dieser Stadt niederlassen. Der Rothaarige tritt freundlich lächelnd näher und wiederholt die Frage: »Und was suchen Sie gerade hier?« Keck und schnell entschlossen antwortet Heinrich: »Ein Grundstück«, als gäbe es kein Zurück. »Na, dann stecken Sie sich mal was ab, und wir sehen weiter.« Direkt nach der Heimfahrt mit der Straßenbahn nach Nippes, wo das junge Paar seit einigen Wochen beengt zur Miete wohnt, skizziert Hußmann ein kleineres Grundstück auf ein Blatt, das die Schneeglöckchen, zwei große Kastanien und eine Robinie, einen hohen Kirschbaum und eine Hainbuche eingrenzt. Am folgenden Wochenende stellt er seinen Plan dem Eigentümer des Parks vor. Dieser betrachtet die Skizze mit dem Kopf nickend und willigt ein. Plötzlich sind beide Spaziergänger glückliche Grundbesitzer. Als sie den der Avantgarde verpflichteten Architekten Hans Schumacher 1928 auf der Weltschau »Pressa«, einer internationalen Presseausstellung mit fünf Millionen Besuchern, in der Kölner Messe kennenlernen, bitten sie den Baumeister, für sie auf dem erworbenen Areal in Flussnähe ein ganz besonderes Künstlerhaus zu entwerfen. Bald wird das neue Gebäude im Park als Stahlbetonskelettkonstruktion errichtet und erregt als ungewöhnlicher Experimentalbau die Gemüter der Schaulustigen. Sie äußern empört: »Der Bau hat kein richtiges Dach, keinen anständigen Eingang an der Straße, nur ein Tor zur Garage. Die kann man aber wegen eines Baumes vor der Einfahrt nicht benutzen. Das ist idiotisch! Die Bauherren müssen verrückt sein. Das sind bestimmt Künstler. Die sind immer verrückt! Dass so etwas Scheußliches erlaubt wird! Man sollte es sofort verbieten!«

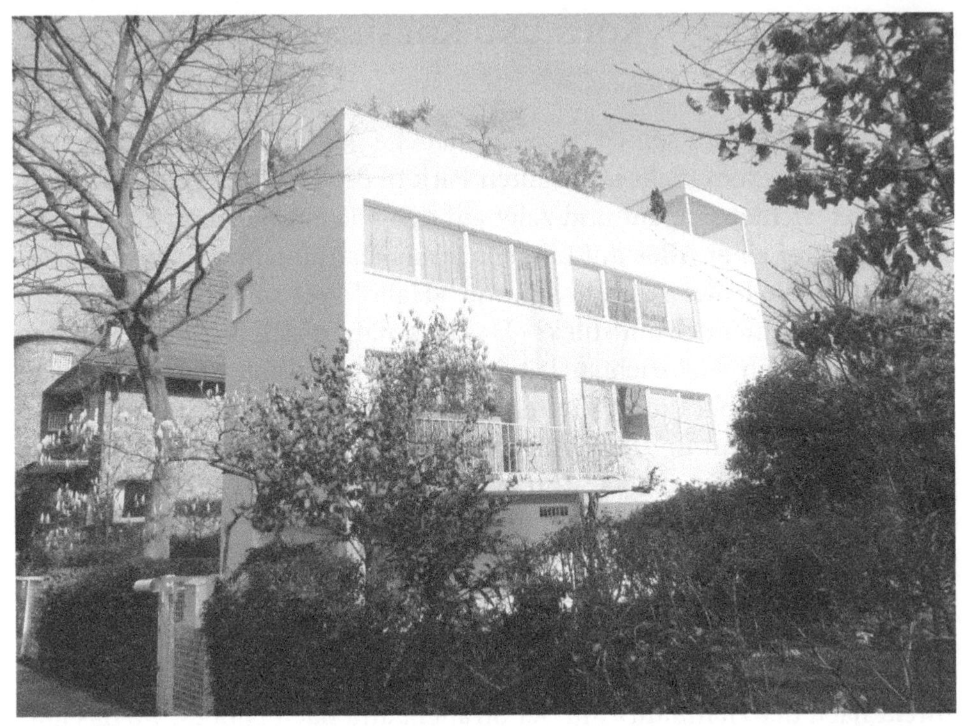

Das Vertrauen des Paares in Hans Schumacher ist so groß, dass der Bauherr und seine Ehefrau während der Bauzeit von nur drei Monaten, die genau in Heinrichs Semesterferien fallen, die Wartezeit auf den Einzug in ihr neues Haus in einem kleinen Fischerdorf auf Korsika verbringen. Sie mieten ein Doppelzimmer in einem schlichten Hotel am Meer und vermissen – so jung und verliebt, wie sie sind – nichts. Vor ihnen scheint ein unbeschwertes Leben zu liegen. Als Meisterschüler der Leipziger Hochschule für Grafik und Buchkunst hatte er, der Grafiker Heinrich Hußmann, einen attraktiven, von Konrad Adenauer angebotenen Vertrag unterschrieben und unterrichtet nun als Professor für Angewandte Graphik an den Kölner Werkschulen. Er leitet hoch motiviert die Klassen für Schrift, Design, Fotografie, Buchkunst und Buchbinderei, Heraldik und Gebrauchsgrafik. Das lässt ihn in eine finanziell gesicherte Zukunft blicken, zumal er sich schon als Buchgestalter für einige renommierte Verlage einen Namen gemacht hat. Während das Paar das südliche Flair auf der Insel genießt, diskutieren vor dem entstehenden Neubau im Park immer wieder Neugierige über die ungewöhnliche Architektur. Wie geplant ist das Haus nach nur drei Monaten Bauzeit mit seinen breiten Fensterbändern, dem runden Treppenhausturm und dem bepflanzten Dach im Jahr 1930 fertiggestellt und leuchtet nun zwischen den Parkbäumen wie eine weiße Großplastik. Jedoch dieser revolutionäre, sogenannte Bauhausstil entspricht mit seiner ungewohnt avantgardistischen Formensprache überhaupt nicht den nationalsozialistischen Vorstellungen einer Heimatschutzarchitektur. Nur wenige Jahre später, 1935, wird diese landesweit als undeutsch und als kulturbolschewistisch geltende Architektur von den Vertretern des Bauamtes der Stadt Köln verboten. Die Verwaltung genehmigt nur noch Wohnhäuser in einem deutschtümelnden Stil mit Spitz- oder Walmdächern und mit vertikalen Fenstern.

Während in Köln der Neubau in die Höhe wächst, ist es heiß auf Korsika. Die glücklichen Jungvermählten genießen das sorglose Inselleben und unternehmen lange Wanderungen, schwimmen im glasklaren Wasser oder lesen im Schatten der Pinien. Jeden Abend freuen sie sich auf das Menü, das abwechselnd aus weißen Bohnen mit Hummer oder aus Hummer mit weißen Bohnen besteht. Wenn nach Sonnenuntergang der Wind von der Bucht her auffrischt und die Hitze vertreibt, schiebt Heinrich den wackeligen Gartentisch unter eine an einem Kabel vom Baum hängende Glühbirne und führt seine präzisen Reinzeichnungen für seine Aufträge aus. Er entwirft Bucheinbände, Firmensignets und Briefköpfe. Mit diesem Nebenverdienst und dem nicht üppigen Dozentengehalt wird er in Jahrzehnten sein Haus abbezahlen.

Das heiße Flimmern des Lichts des korsischen Sommers und der Duft der ätherischen Öle der Pinien und der Wildkräuter tanzen zum Gezirpe der Singzikaden. Zu ihrem alles in Schwingungen versetzenden Gesang rief einst der kluge Komödiendichter Xenarchos in der zweiten Hälfte des 4. Jahrhunderts vor Christus aus: »Glücklich leben die Zikaden, denn sie haben stumme Weiber!« Wortlos betrachtet Traute im Liegestuhl sitzend die neusten Fotos vom Baufortschritt im Park und vergleicht sie immer wieder mit den älteren Aufnahmen. Alle vierzehn Tage kommen neue Ablichtungen in großen Briefumschlägen mit dem Schiff in Ajaccio an, die der Postbote mit seinem knatternden Motorrad gleich in der kleinen Werft neben dem Hotel abliefert. Dort hilft Heinrich an trüben Tagen seinem Vermieter bei der Reparatur und Wartung der Boote und erlernt dabei das Kalfatern. Dafür segelt der Vermieter mit seinem Gast, wenn der Wind günstig bläst und das Meer sich nicht zu rau aufbäumt, die Buchten entlang, um zu fischen. Heinrich begreift schnell, wie man erfolgreich angelt und ein Boot steuert. Eines Tages wagt er sich allein aufs Meer. Ungestört erkundet er die Küstenregion, setzt das Segel und schippert bei einer leichten Brise durch die Wellen. Wegen des kühlenden Windes bemerkt er in seiner Begeisterung nicht, wie die Sonne seinen unbedeckten Kopf und Oberkörper verbrennt. Es dauert nicht lange, und er fällt dehydriert in Ohnmacht.

Als er auch zum Abendessen nicht zurückkommt, ruft seine besorgte Frau um Hilfe. Mehrere Fischer springen sofort in ihre Boote, rudern hinaus und finden schließlich das gesuchte Segelschiff, das vor einer Bucht in einer Flaute vor sich hin dümpelt und entdecken Heinrich, der gekrümmt und bewusstlos auf den Planken liegt. Sie ziehen die Jolle an Land, tragen den Ohnmächtigen zum Hotel und verständigen den Inselarzt. Dieser biegt schnell auf seinem Motorrad in die Einfahrt ein, greift zu seiner Arzttasche, legt dem Fiebernden Infusionen an, behandelt die Verbrennungen und verordnet Medikamente. Er wartet so lange, bis der Patient wieder zu sich kommt, wimmert und wegen der Hautverbrennungen und heftiger Kopfschmerzen laut stöhnt. Um den gefährlichen Sonnenstich auszukurieren, muss er die nächste Woche liegend im verdunkelten Zimmer verbringen. Auch an den folgenden Tagen untersucht der Arzt ihn nochmals gründlich und mahnt: »Da haben Sie noch einmal großes Glück gehabt, so ein Wahnsinn! Ohne eine Kopfbedeckung, ohne Sonnenschutz und ausreichende Trinkwasserversorgung! Da draußen auf dem Meer hätten Sie beinahe Ihr Leben ausgehaucht! Wie dämlich doch Touristen sind!« Er blinzelt ihm aufmunternd zu: »Zur Strafe müssen Sie jetzt eine Weile leiden. In ein paar Tagen geht es Ihnen hoffentlich wieder besser!« Heinrich, rot verbrannt wie ein Hummer im Kochwasser, übersteht diese Höllenqualen. Noch vor dem Abreisetermin löst sich die verbrannte Haut wie bei einer Schlange vom Körper. Voller Vorfreude auf ihr Haus packt das Paar die Koffer.

Ihre Villa empfängt sie in Köln so gut vorbereitet, dass sie sofort einziehen können. Nach neuesten Ideen entwirft der Hausherr mit Hans Schumacher zusammen die Möbel, die durch ihre Funktionalität ästhetisch und formschön wirken. Kleiderschränke und Kommoden werden aus Edelholz, aber ohne jeden Zierrat angefertigt; von Wand zu Wand aufgestellt, ähneln sie den heutigen Einbaumöbeln. Der runde Esstisch besteht aus massivem Pflaumenholz, das Sofa für das Wohnzimmer gleicht einer langen Bank. Für die mit Daunenfedern gefüllten quadratischen, losen Polster und die Sitzkissen der Sessel bestellt Traute in dem Leipziger

Möbelhaus, in dem sie nach dem Abitur während ihrer Schauspielausbildung als Dekorateurin gearbeitet hatte, einen Bezugsstoff aus edlem Samt in schmalen gelben, rosafarbenen und cölinblauen Streifen. Weiß lackierte Holzmöbel bilden in der Küche mit dem weißen Spülstein und einem separaten Ausguss eine Einheit. In ihrer Funktionalität ist diese »Reformküche« schlicht und praktisch und ein Vorläufer moderner Einbauküchen. Auch das Schlafzimmer besteht aus individuellen Möbeln. Die niedrigen Betten zeichnen sich durch Kopf- und Fußteile aus Wiener Geflecht aus und passen zu den aus massivem Pflaumenholz gefertigten würfelförmigen Nachttischen und Kleiderschränken. Alle Räume werden mit weißen, kugelförmigen Glaslampen beleuchtet. Da Traute neben ihrem sicheren Stilgefühl für die moderne Einrichtung auch ihr Talent als Zeichnerin beweist, vermittelt Heinrich ihr einen Vorstellungstermin bei seinem Kollegen Professor Ahlers-Hestermann. Der »Dozent für Bildmalerei, Akt- und Naturzeichnen« schaut kritisch ihre Zeichenmappe an und ist von ihrer Begabung so überzeugt, dass er sie sofort als Studentin in seine Klasse an den Kölner Werkschulen aufnimmt. Engagiert beteiligt sie sich nun neben ihrer Zucht von Foxterriern am Mal- und Zeichenunterricht.

1933 gewinnt die NSDAP die Regionalwahlen. Der Kölner Oberbürgermeister Konrad Adenauer wird entlassen. Am 17. Mai zelebriert eine wütende Menge vor der Kölner Universität das Verbrennen verfemter Bücher. Vom 17. Juli an beginnt der Terror durch die Geheime Staatspolizei. 1938 brennen die ersten Synagogen. Durch den neuen Arisierungsprozess werden verarmte Juden zum Arbeitseinsatz gezwungen. 1940 und 1941 folgen »weitere Säuberungen« in der Stadt und 2000 Sinti und Roma werden deportiert.

Kindheit im Krieg

Nach dreizehnjähriger, kinderloser Ehe erhält Traute von ihrem Frauenarzt den unerwarteten Befund einer Schwangerschaft. Sie ist keineswegs erfreut, denn sie glaubt, mit vierunddreißig Jahren viel zu alt für die Geburt eines Kindes zu sein. Vor allem aber fürchtet sie die politische Lage in Köln, die sich immer prekärer entwickelt. Tägliche Berichte über die Verfolgung von Juden sind äußerst beunruhigend. Die Gestapo treibt rücksichtslos Juden in »Judenhäusern« zusammen, von wo aus sie in Konzentrationslager in den Osten abtransportiert werden. Die Nazis haben schon drei Synagogen in der Kölner Innenstadt durch Brandstiftung zerstört und andere jüdische Gebetshäuser und Geschäfte verwüstet. Nur durch das gute Zureden des glücklichen, werdenden Vaters und durch die aufmunternden Worte des Arztes erträgt Traute die Schwangerschaft. Am 3. Februar 1939 komme ich in der Frauenklinik in Köln-Kalk in den letzten Tagen des Friedens gesund zur Welt. Lange trauert Traute ihrer Hundezucht nach, die sie aus Hygienegründen in andere Hände gibt.

Mein Leben wird eine Reise ins Ungewisse, die von Beginn an ein Koffer begleitet, der aus einem Metallrahmen und einer mit einem grün-blau karierten Schottenstoff kaschierten Pappkonstruktion besteht, die an den Ecken mit Leder verstärkt ist. Dieser Koffer, der mir real später als Reisebegleiter dienen wird, ist gleichzeitig eine Metapher für mein Gedächtnis. Als schützender Rahmen umschließt er, wie auf den Bildtafeln eines Diptychons, auf der einen Seite eine dunkel-feurige Hölle mit Abgründen, Albträumen und Ängsten und auf der gegenüber liegenden Seite einen Paradiesgarten voller Wunschträume von Freiheit, Schönheit und Freundschaft, voller Liebe und Kunst. Mein Koffer ist eine Fundgrube für alle Wunder und Entdeckungen froher Tage, aber auch für Leid und Kränkungen in dunkler Zeit. So werden meine Erinnerungen im Lauf der Jahre wie die Glitzersteinchen auf billigen T-Shirts und Abendkleidern in den Auslagen von Touristenläden schillern oder sich als kostbare Fundstücke, wie seltene Muscheln am Strand, offenbaren. Neben den Reiseandenken aus inspirierenden Begegnungen, glücklichen Emotionen und Tröstungen bleiben auch traumatisierende Nadelstiche durch kränkende Worte unvergesslich. Die Drohung meiner Mutter, die mich schon als kleines Mädchen in Angst und Schrecken versetzt, prägt sich mir tief ein: »Wenn es dir hier nicht passt, mein Kind, dann packe deinen Koffer und verschwinde. Dann ist unsere Haustür für dich für immer verschlossen!« Diese ätzenden Worte aus dem schön geschwungenen, dezent geschminkten Mund meiner Mutter beschweren den Koffer wie Felsbrocken. Jedes Mal, wenn ich kleine Tochter nicht so pflegeleicht und unauffällig bin, wie sie es erwartet, stößt diese Mahnung wie ein Pfeil auf mich nieder, ich fühle mich dann wie ein nur geduldeter Gast im eigenen Elternhaus. Erst als Erwachsene werde ich wissen, dass diese gespeicherten Erinnerungen ihren Sinn und Wert besitzen, dass nur dieses Zusammenspiel der Schwere dunkler Zeiten mit der Leichtigkeit glücklicher Tage Balance und Erdung erzeugt.

Als der stolze Vater meine Mutter mit mir im Arm nach der gut verlaufenen Geburt von der Entbindungsklinik mit dem Taxi abholt, steht schon Kinderschwester Adele vor dem weißen Wellengittertor des Gartens. Sie trägt einen abgetragenen Militärmantel aus dem Ersten Weltkrieg und eine perfekt aus gestärktem, weißem Stoff gefaltete Haube, die wie ein Kästchen auf dem ondulierten Haar thront. Sie sorgt nun für mich als Baby und badet mich jeden Morgen in einem breiten Handwaschbecken, in dem ich im angenehm warmen Schaum plantsche und lache und quietsche, bis das Wasser über den Beckenrand schwappt. Sie rubbelt mich mit einem weißen Frotteetuch ab und versorgt mich mit einer weißen Paste aus einer goldblauen Dose, auf deren Deckel ein Hirte abgebildet ist, der ein Lamm auf dem Arm trägt. Diese Dose fasziniert mich, ich nehme sie in meine Hände und sehe sie mir jeden Morgen genau an. Dieses intensive Betrachten ist meine erste bewusste Begegnung mit der Darstellung einer erfundenen Wirklichkeit. Schon in dieser frühen Vorstellungswelt verschmelzen in meiner Anschauung Realität und Erfindung. Das Reale und das Ausgedachte bleiben nach dieser Entdeckung immer gleichwertig als unversiegbare Quelle, als magisches Füllhorn für meine späteren künstlerischen Arbeiten.

Schwester Adele befolgt die autoritären Erziehungsmethoden »Hart wie Kruppstahl« nicht so rigoros, wie es der aktuelle nationalsozialistische Ratgeber als Erziehungsideal empfiehlt. Aber nach Mutters Auffassung muss Adele streng und konsequent mit dem ihr anvertrauten Baby umgehen, um ein braves, liebenswürdiges und pflegeleichtes Mädchen großzuziehen. So wie nach den Maximen des Bauhauses Schönheit in der guten Funktionalität liegt, so ist auch der Erfolg der Kindererziehung dann besonders schön, wenn das Kind immer nach den Wünschen der Erzieher perfekt funktioniert. Laut Lehrbuch gehört Reinlichkeit zu den besonders wichtigen Maßnahmen. Das Kleinkind sollte frühzeitig durch regelmäßiges Trainieren seiner Blase möglichst schnell trocken werden, damit sich der Stoffwindelverbrauch reduziert. Selbstverständlich setzt Adele »ihren Säugling« exakt nach der Uhr, selbst nachts, ohne großen Erfolg auf einen weißen Emailletopf. Um in diesen unsicheren politischen Zeiten wenigstens das Miteinander zu erleichtern, wird in der strengen Kindererziehung versucht, durch antrainiertes angepasstes Verhalten dem Alltag eine verlässliche Struktur zu geben. Nach dem morgendlichen Füttern folgt bei gutem Wetter der Spaziergang am Rheinufer. Neugierig beuge ich mich über den Rand des weiß lackierten Korbkinderwagens und schaue jedes Mal den schwarzen Rußwolken aus den niedrigen Schornsteinen der vorbeiziehenden, tuckernden Ausflugsdampfer und der Schiffe mit den langen Schleppkähnen hinterher. Schon im folgenden Frühling schiebt mich Mutter im neuen schnittigen Sportkinderwagen, flink ausschreitend, unter den duftenden Linden den gepflasterten Bürgersteig entlang. Da meine Neugier mich zu gefährlichen Turnübungen anregt, werde ich mit einem Ledergeschirr fest angeschnallt, damit ich nicht kopfüber aus dem Sitz kippe. Aber es gelingt mir, mich so zu drehen, dass ich auf dem Bauch liegend die Gehwegplatten und die Zwischenräume beobachten kann, die in einem gleichmäßigen Rhythmus unter den Rädern der Karre verschwinden. Dieses Überfahren der Steinplatten ist wie das hörbare Verrinnen von Zeit. Das von den Fugen unterbrochene Rollgeräusch der Räder prägt sich tief in mein Gedächtnis ein. Wenn ich später in mich hineinhorche, vernehme ich wieder dieses regelmäßige Holpern wie das ferne Ticken einer Uhr.

Der beginnende Zweite Weltkrieg wird jetzt in Deutschland zum beherrschenden Thema. Obwohl meine Eltern alles versuchen, mich kleines Mädchen vor den Problemen des Mangels und des Schreckens zu schützen, gehören Hunger und eine ständige Angst um das eigene Leben tagtäglich zur frühen Kindheit.

Am 1. September 1939 erklärt Adolf Hitler den Beginn des Zweiten Weltkrieges. Die deutsche Wehrmacht marschiert völkerrechtswidrig in Polen ein. Zwei Tage später folgen Großbritannien und Frankreich mit einer Kriegserklärung gegen das Deutsche Reich. Im Herbst 1940 erlebt die Wehrmacht in der Luftschlacht über England ihre erste Niederlage. Deutschlands Angriff auf die Sowjetunion vom 2. Juni 1941 endet im eisigen Winter in einem Desaster nach der misslungenen Eroberung von

Stalingrad. Die 6. Armee wird fast vollständig vernichtet. Obwohl alle Schlachten für Deutschland schon verloren zu sein scheinen, ruft der Propagandaminister Goebbels am 18. Februar 1943 im Berliner Sportpalast den Totalen Krieg aus. Am 30. April 1945 begeht Adolf Hitler im Führerbunker in Berlin Selbstmord. Die NS-Führung kapituliert. Die Kriegszeit hinterlässt untilgbare Spuren.

Am 12. Mai 1940 erschüttert der erste Luftangriff durch britische Bomber auf die Stadt Köln mein kindliches Urvertrauen fundamental. Wie aus dem Nichts tauchen todbringende, eiserne Riesenvögel am Nachthimmel auf. Schrill heulende Sirenen reißen uns aus dem Schlaf. Während des Voralarms dröhnen Verbände von Kampffliegern über die Häuser hinweg. Hektisch stößt Vater, der in aller Eile sein Jackett und seine Flanellhose über den Schlafanzug gezogen hat, die Türe zu meinem Kinderzimmer auf, wickelt mich in meine Bettdecke und trägt mich auf seinen Armen, fest an seine Brust gepresst, durch die Dunkelheit der Straßen. Mutter rennt nach Luft ringend, mit einer Tasche voller wichtiger Dokumente unter dem Arm, neben uns her. Leuchtfeuer, sogenannte Christbäume, fallen wie Riesensternschnuppen an Fallschirmen vom Himmel und erhellen blitzartig die Nacht, gleichzeitig folgen Donnerschläge, ohrenbetäubende Detonationen. Es dauert eine Ewigkeit, bis wir drei einige Häuserblocks weiter im Keller unseres Hausarztes eintreffen. Hier kauern schon dicht gedrängt Nachbarn. Sie nicken uns wortlos zu. Bleich und kopfschüttelnd. Alle Kinder schmiegen sich fest an die Körper der Erwachsenen und bibbern vor Angst. Ich spüre das Vibrieren der Wände des Schutzraumes und – viel schlimmer – das Zittern der Eltern. Bei jedem Einschlag – die nahe Autobahnbrücke ist ein gesuchtes Ziel für die feindlichen Bomber – bebt das Fundament.

Die nächtlichen Fluchten wiederholen sich. An Tiefschlaf oder ein normales Alltagsleben ist nicht mehr zu denken. Mit dem Beginn der Dämmerung tritt jeden Abend die behördlich angeordnete Verdunklung in Kraft. Die gesamte Stadt versteckt sich in einer unterweltlichen Düsternis, um von den anfliegenden Geschwadern nicht entdeckt zu werden. Jedes Fenster der Privat-, Büro- und Geschäftshäuser, der Werkstätten und Fabriken muss mit schwarzen Rollos abgedichtet werden, jede Straßenbeleuchtung bleibt abgeschaltet. Die Dunkelheit verschluckt unser Haus. Das hermetische Aussperren des Lichtes der Sterne und des Mondes, das mich sonst in den wolkenarmen Nächten in den Schlaf begleitet, zwängt mich in ein pechfinsteres Nirgendwo. Unser Haus ist kein sicherer Hort mehr und der Garten verwandelt sich in einen Ort des Grauens, Tiefflieger rasieren beinahe die Kronen der Kastanien ab. Das Unglück aus dem Himmel verbannt das Lachen aus unseren Räumen. Ich werde immer blasser und stummer, obwohl mir Tag für Tag und Löffel für Löffel Lebertran und häufig Spinat aufgezwungen und in den Mund gestopft wird. Ein Wissenschaftler, in dessen Forschungsdaten sich ein Kommafehler eingeschlichen hatte, behauptet, Spinat sei für die Blutbildung das beste Gemüse, weil es erstaunlich viel Eisen enthalte. Der matschig-grüne Brei auf meinem Kinderteller, der entscheidende Beitrag zur Verbesserung meines anämischen Teints, muss vollständig aufgegessen werden. Ich sammle das grässliche Zeug in meinen Backentaschen, verfärbe hustend und prustend Lätzchen, Blusen, Kleider, Servietten und Tischtücher und zeige auch vor den kostbaren Oberteilen meiner Mutter wenig Respekt. Das hat Mutters knappen Hinweis zur Folge: »Nachspeise fällt für dich aus! Man muss den Kindern frühzeitig den Willen brechen, sonst werden sie üble Egoisten!« Widerworte sind verboten! Schweigend und mit schlechtem Gewissen verschwinde ich in mein Zimmer und beobachte von meinem Bett aus die Segler, die Kohlenschiffe und Ausflugsdampfer. Das Erstaunliche an meiner Verweigerung des Essens ist, dass ich trotzdem immer weiterwachse. Heimlich stopfe ich mir alles Mögliche in den Mund, natürlich auch den Daumen, was mir streng untersagt wird, denn: »Das verformt den Kiefer und ein Schnuller ist eine ordinäre, unhygienische Bazillenschleuder!« Alle Maßnahmen gegen das Daumenlutschen sind wirkungslos. Als ich irgendwann das Nuckeln aufgebe, ist es bereits zu spät, mein Kiefer hat sich zu einem sogenannten Lutschgebiss verformt. Mutter wird mich später »hässlich« nennen.

Als ich meinen zweiten Geburtstag feiere, sitzt plötzlich ein weißer Bär auf meinem Kopfkissen. Er hat eine mit schwarzem Glanzgarn gestickte Schnauze, gelbbraune Glasaugen und einen flauschigen Pelz. Wenn ich auf seinen Bauch drücke, brummt er. Dadurch dünnt bei Teddy, meinem engsten Vertrauten, Tröster und Bettgenossen, leider nach einiger Zeit über dem Bauch das Fell aus. Zu meinem Entsetzen versagt eines Tages auch noch die Mechanik, und Bär bleibt für immer stumm. Sofort verbinde ich ihn mit meinem Taschentuch und kaue, wenn die nächtlichen Bomber kommen, auf seinen Tatzen herum, bis seine Nägel aus schwarzer Kordel abfallen.

Um diesem Leben in ständiger Angst wenigstens am Tag einen normaleren Ablauf abzuringen, führt mich Mutter auf die Straße, denn ich kann plötzlich laufen und tippele stolz im gesmokten rosafarbenen Kleid durch den Park und um die Beine der mich anfeuernden Nachbarn herum, denn in aufrechter Haltung sieht die Welt plötzlich viel interessanter aus. Eines Tages schleppen meine Eltern ein großes, längliches Paket in mein Kinderzimmer, das sie mit geheimnisvollem Rascheln vor meinen Augen auspacken. Ich ziehe mich am Tischrand hoch und beobachte, wie in den Unmengen von Papierschichten eine Puppe in der Größe eines echten Babys zum Vorschein kommt. Vater hebt sie vorsichtig hoch, zeigt sie mir von allen Seiten und versucht, sie vor mich hinzustellen. »Pass auf! Umfasse deine Puppe ganz fest und halte sie lieb.« Doch mich erschreckt ihre perfekte Schönheit. Hellblondes, weiches Haar umkringelt ihr liebliches Gesicht, die kleinen rosigen Hände sehen wie echte Babyfäustchen aus. Zögerlich berühre ich sie, doch sie fühlen sich zu meiner Verwunderung kalt an. Sie sind aus Porzellan. Mein Staunen und meine Erregung steigern sich so, dass ich schwanke und ins Straucheln gerate. Die Porzellanpuppe rutscht aus meiner Umarmung. Sie stürzt auf den harten Boden, es klirrt und scheppert. In dem lieblichen Puppenkopf klafft plötzlich ein beängstigendes Loch. Ein Glasauge kullert vor meine Füße. Völlig verzweifelt und viele Tage untröstlich, glaube ich, die täuschend realistische Puppe sei ein echtes, frierendes Baby, das nun durch meine Schuld nicht mehr lebt. »Nie wieder bekommst du eine Puppe!«

Ständig sind meine Knie mit Pflastern beklebt, denn ich entdecke, dass ich rennen kann, und stolpere und falle immer wieder hin. Doch ich schaffe den für mich noch weiten Weg am Rheinufer bis zur »Bleicherei und Appreturenanstalt« W. J. Peters. Hier enden die vornehmen Villen mit den gepflegten Parkgärten und die verzierten Gaslaternen aus Gusseisen am Rand des Bürgersteigs. Bis zum Freibad und zum Lokal »Strandschlösschen« folgen einfache Holzmasten mit Überlandleitungen. Sie ziehen mich magisch an, denn sie summen, wenn ich mein Ohr ganz dicht an ihren Holzpfahl presse, und sie bezaubern mich, weil Mutter mir jedes Mal versichert: »Hör genau hin, da wohnt die Sphärenfee. Sie schwebt unsichtbar durch die Luft. Und in den Masten singt für dich die Windsbraut!«

Gekrümmte Silber- und Salweiden, Pappeln und Holunderbüsche säumen die vom Rhein geformten Sandbuchten und die niedrigen Dünen. In warmen Sommertagen schallt uns bereits hier das Gejohle und Getümmel aus dem Freibad entgegen. 1912 war dieses erste Dorfschwimmbad im Fluss mit großer Presse eröffnet worden und sorgte gleich zu Beginn der Saison für einen Skandal. Denn die ersten männlichen Besucher waren über die Wand, die den weiblichen vom männlichen Badebereich als Sichtschutz abtrennte, so erbost, dass sie schon am ersten Tag versuchten, dieses Hindernis niederzudrücken. Als es den Rabauken endlich gelang, die Wand vollständig zu zerstören, lösten sie damit einen deutschlandweiten Skandal aus. Unverzüglich schaltete sich die katholische Kirche ein. Der Kölner Theologe Mausbach beklagte die zunehmende Schamlosigkeit und geißelte das Badevergnügen als »dauerndes Zusammensein völlig nackter Personen«! Er forderte die strikte Trennung der Geschlechter und eine anständige Badebekleidung. Da um die Jahrhundertwende die braven Frauen selbstverständlich noch mit einem Rock über ihren Badeanzügen ins Wasser stiegen, denn zu viel Bein zu zeigen war tabu, kann das von katholischer Seite als »orgienartiges Strandleben« bezeichnete Schwimmvergnügen nicht so höllisch gewesen sein. Erst 1919 wird die wiedererrichtete »Britz«, dieses die Geschlechter trennende Ärgernis, endgültig öffentlich beseitigt, weil unter städtischer Leitung nun ein verbessertes und moderneres Strandbad in den Rhein gebaut wird. Jetzt reisen die Badegäste in Scharen mit der Bahn und auf Fahrrädern an und amüsieren sich in ihrer neuesten Schwimmmode. Als letzter Schrei gelten für die Badenixen statt der lästigen Röcke Pumphosen, die sportlichen Männer erscheinen in geringelten Trikots.

Ich kann aus Angst vor dem nächsten Angriff wieder nicht einschlafen und husche barfüßig die kalten Steinstufen zum Atelier hinauf. Ein schwacher Lichtschein leuchtet unter der Türritze. Vater sitzt an seinem Arbeitstisch, korrigiert eine Reinzeichnung und lauscht verbotenerweise, ob die leise gestellten BBC-Rundfunk-Nachrichten den Start der nächsten Bomberverbände in Richtung Deutschland ankündigen. Er hebt mich auf seinen Schoß, reibt mir die Füße warm und trägt mich wieder in mein Bett. Mein Fenster ist geöffnet. Mit dem betörenden und narkotisierenden Honigduft der Linden an der Uferpromenade und mit dem Gesang der Nachtigallen gleite ich sanft in meine Träume. Die sehnsüchtig klagenden Lieder der Vögel vereinigen sich im Echoraum der hohen Parkbäume zu einem vielstimmigen, lauten Chor. Wie eine Untermalung aus dumpfen Bässen steigert sich ein von ferne heranrauschendes Dröhnen! Meine Fensterscheiben vibrieren. Eine vernichtende Walze aus Geschwadern feindlicher Kampfflieger donnert mit Pfeifen und Zischen heran. Die

Nachtigallen schluchzen lauter und lauter, so als wollten sie die alleinigen Beherrscher des Himmels bleiben. Doch nur in Sekunden zertrümmert das nahende Inferno die nächtliche Idylle. Gezielte Angriffe aufeinanderfolgender Verbände treffen das Nachbarhaus, in dem Hans wohnt. Etliche Brandbomben durchschlagen den Dachstuhl, der völlig herunterbrennt. Ich stehe am Fenster des Schlafzimmers meiner Eltern. Flammen züngeln in die Nacht, Funkenregen stieben zur Erde. In den Ohren knistert das Prasseln des Holzes, das Klirren der berstenden Fensterscheiben. Explosionen betäuben das Trommelfell. Rauch dringt durch die Fensterritzen und ätzt auf den Schleimhäuten. »Wo ist Hans?«, schreie ich. Mutter zieht mich vom Fenster weg. Vater rennt über die verqualmte Straße, um zu retten, was in dieser Hölle noch zu retten ist. Direkt neben unserem Zaun lodern Flammen aus dem Nachbarhaus. Mutter stolpert mit mir in unseren ebenerdigen Heizungsraum. Das Beben des Fundamentes dringt in unsere Körper, wir spüren die Erdstöße wie Schläge und klammern uns dicht aneinander. Dann wird es draußen still. Das Tatütata der Feuerwehren hat sich entfernt. Ich höre nur noch das Klappern unserer Zähne und unser hektisches Atmen. Mutter wagt sich mit mir in den Garten. Vater balanciert oben auf dem Nachbardach und schüttet Löscheimer um Löscheimer in die Lohe. Brennende Hölzer krachen auf den Asphalt. Fast stürzt Vater mit einem der verkohlten Balken in die Tiefe. Mutige Feuerwehrmänner retten ihn.

Später kommt Vater an mein Bett, weil er hört, dass ich weine. Sein Gesicht ist von Ruß verschmiert, sein Haar angesengt. Er flüstert völlig erschöpft: »Schlaf gut, meine Kleine, alle sind am Leben.« Die Familie von Hans verlässt die Ruine ihrer ehemals so glanzvollen Villa noch in der Nacht und zieht mit den wenigen geretteten Habseligkeiten einige Straßen weiter in ein leerstehendes, geräumiges Haus, dessen Besitzer vor Kurzem aus Deutschland geflohen sind.

Der Alltag geht weiter. Vater arbeitet an seinen freien Tagen im Atelier und trägt dabei einen weißen Kittel. Im Garten begnügt er sich mit einer ausgebeulten Hose und einer ausgeleierten Strickjacke zu ausgetretenen Mokassins. Wenn er mit Mutter ausgehen möchte, was in diesen Kriegstagen kaum noch möglich ist, kleidet er sich sehr sorgfältig. Bei Einladungen, Ausstellungseröffnungen oder zu Konzerten erscheint er immer als korrekt gekleideter Herr im Maßanzug mit Weste und maßgefertigtem Oberhemd aus London und Krawatte aus Italien und in polierten Schuhen aus

Budapest. Zu Beerdigungen und offiziellen Empfängen tauscht er seine in Paris erworbene Baskenmütze gegen einen schwarzen klassischen Borsalino aus.

Ab und zu darf ich Vater zum Herrensalon Treiber begleiten, wenn sein weißer Haarkranz in Strähnen an den Kragen stößt. Kaum hat Vater die Glastür geöffnet, begrüßt ihn schon der Figaro: »Ach, der Herr Perfesser, dass man sich mal wieder sieht! Nehmen Se Platz. Wie immer? Klar, ich schneide Ihnen wieder den Charakterkopf!« Sämtliche Prozeduren wie das Waschen und Massieren, das Schneiden, Föhnen und In-Form-Frisieren werden mit bühnenreifen Gesten ausgeführt und vom neuesten Dorfklatsch untermalt. Dennoch bezahlt Vater für die Kunst der vollendeten Frisur nur den niedrigsten Tarif, was der Haarkünstler bei jedem Abschied so erklärt: »Aber Herr Perfesser, Se sind doch mein Renommee!«, während Vater bei der Durchsicht der Münzen und Scheine in seiner Geldbörse seine wachen, von vielen Lachfältchen umtanzten Augen zusammenkneift.

Sonntags vergisst Vater, sich am Vormittag zu rasieren, und behauptet, das tägliche Rasieren sei für Männer eine Zumutung! Wenn er seine Bartstoppeln abschert, schau ich ihm manchmal zu, denn er zelebriert die Rasur wie eine Operation. Nachdem er seine untere Gesichtshälfte mit einem Pinsel voller Schaum gründlich eingeseift hat, klappt er sein Rasiermesser auf, schärft es mit einem auf einem Edelholzbänkchen gespannten Abziehleder nach und lässt es dann mühelos mit einem kratzenden Geräusch über seine Wangen gleiten. Kleine Schnittwunden behandelt er anschließend mit einem blutstillenden Alaunstift. Nach dieser täglichen Prozedur duften seine glatten Wangen nach einem zart parfümierten Gesichtswasser. Ich bewundere dabei seine geschickten, trockenen und immer warmen Hände, die meine Kindheit behüten. Die schlanken, filigranen Finger meiner Mutter fühlen sich dagegen selbst im Sommer kühl an. Vaters Stimme klingt sanft in meinem Ohr, obwohl er manchmal recht dozierend das Wesentliche hervorhebt. Mutters Aussprache klingt immer bühnenreif exakt und deutlich. Sie spricht ein klares Hochdeutsch – ohne den geringsten Anflug eines sächselnden Dialektes. Bereits als Schülerin des Lyzeums hatte sie heimlich eine Sprachenschule für Schauspieler besucht, um den – wie sie fand – ordinären Leipziger Klang für immer aus ihrem Mund zu verbannen. Ihre Ausdrucksweise ist gepflegt, niemals höre ich sie fluchen.

Vaters Hände sind zu keiner Zeit untätig. Wenn er nicht in den Werkschulen lehrt oder an seinem Tisch Aufträge erledigt, sägt und schnippelt er bei gutem Wetter im Garten an Büschen und Bäumen und schichtet im Herbst das viele Laub zu einem Komposthaufen auf. Den Rest der Äste und Zweige verfeuert er auf dem Rasen. Ist das Holz noch feucht, legt sich eine dichte Qualmwolke nicht nur über unseren Garten, sondern nebelt auch die Nachbarschaft ein, die dann erregt feststellt: »Dä ahl Perfesser zündelt widder, dat janze Dörp es unger Quallem!« Das hindert ihn jedoch nicht, demnächst wieder fröhlich ein Feuer anzufachen und die Kinder aus den umliegenden Häusern in unseren Garten zu locken. Er erlaubt ihnen sogar, schnell über unseren Zaun zu klettern, um mit mir um die Flammen zu tanzen. Er zieht seine kleine Mundharmonika aus der Hosentasche, und wir hüpfen wie Rumpelstilzchen und grölen die uns bekannten Lieder. Ist das Feuer erloschen, bereitet es Vater ein kindliches Vergnügen, mit uns »Blagen« aus den glänzend braunen Kastanien mit Streichhölzern, Klebstoff und bunten Fäden abenteuerliches Getier zu basteln.

Von meinem Kinderzimmer aus kann ich im Bett liegend unsere beiden mächtigen Kastanien betrachten und hören, wie die stacheligen Früchte ins Gras plumpsen. Immer wieder tasten meine Kinderfinger die raue Borke des rechten Baumes entlang, der mit seinen weit ausladenden Zweigen bis über unseren Dachgarten ragt. Vater schlägt für mich ein paar lange Stahlnägel höhenversetzt in die Rinde, damit ich besser auf den untersten Ast, meinen Lieblingsplatz, klettern kann. Im dichten Laub versteckt betrachte ich im Frühjahr die aufgerichteten kolbenartigen Kerzen und die einzelnen Blüten und entdecke in ihren Kelchen lange, gebogene weiße Staubgefäße mit blutroten Pünktchen und auf den weißen Blütenblättern rosarote Herzflecken. Ich spreche mit meinen Bäumen, denn ich bin überzeugt, dass sie mir mit Blätterrascheln antworten. Es durchströmt mich umfassende Freude. Über mir das grüne Dach und unter mir meine kleine bekannte Welt. Die Mittagssonne blinzelt durch das fingerförmige Blattwerk, im Wipfel klopft am Stamm der Buntspecht. Hier vergesse ich meine Angst vor der schwarzen Nacht mit den todbringenden Bombern.

Vor allem an den Wochenenden findet Mutter immer etwas zu reparieren. Während sie im Atelier mit kleinen französischen Karten Patiencen legt, klebt Vater zerbrochenes Porzellan mit einem Spezialkleber zusammen, schmirgelt, schraubt, bohrt, sägt und hackt, bis Mutter uns in der Dämmerung zum Abendessen ins Haus lockt. Fehlt im Haushalt ein bestimmter Gegenstand, fährt Vater samstags mit der Straßenbahn in die Innenstadt. Oft missfällt ihm die industriell gefertigte Form des gesuchten

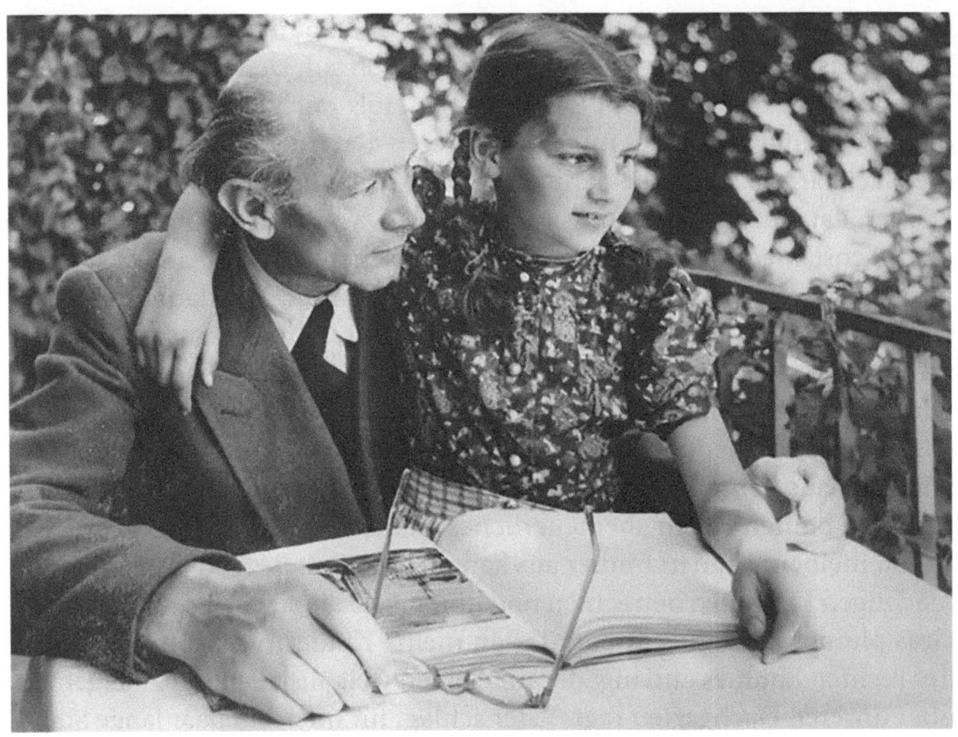

Objekts und er kehrt erschöpft und enttäuscht ohne Einkauf zurück: »Alles zu unpraktisch, kein gutes Material und außerdem hässlich!« Am darauffolgenden Tag stellt er sich in der Holzwerkstatt der Werkschulen an eine Drehbank und formt aus einem guten Holz – ganz nach seinen Vorstellungen – einen neuen Kochlöffel oder ein Salatbesteck.

Wegen der stark zunehmenden Luftangriffe auf Köln werden die Lebensmittel so rationiert, dass das Hungern der Bevölkerung existenzbedrohende Ausmaße annimmt. Wir sind abgemagert. Ich laufe mit quälenden Hungerbauchschmerzen durchs Haus und zu Mutter und bettle immer wieder: »Wann kannst du mir ein Spiegelei braten?« Am Morgen meines dritten Geburtstags finde ich neben dem frisch im Garten gepflückten Schneeglöckchenstrauß an meinem Essplatz einen Teller mit einer einem Spiegelei ähnelnden Dekoration. Da es Mutter nicht gelungen war, irgendwo ein Ei aufzutreiben, formte sie heimlich einen weißen Kranz aus Haferflocken, dessen Mitte sie mit einem Häufchen geraspelter Möhren als gelben Dotterersatz veredelte. Ich wage nicht, das liebevoll gestaltete Kunstwerk zu berühren! Es bedeutet mir trotz des quälenden Kohldampfs viel mehr als jedes echte Ei.

Mehr kann ich mir in diesen Zeiten nicht wünschen! Doch als ich mich auf meinen Stuhl setzen will, entdecke ich dort auch noch ein zweites Geschenk, ein mit roter Schleife zugebundenes Paket. Vorsichtig betaste ich das Papier und löse die Verpackung. Ich kann es kaum glauben! Eine Puppe mit langen blonden Haaren! Nach der erschreckenden Erfahrung mit der Porzellanpuppe war ich überzeugt, nie wieder eine solche Spielgefährtin in den Arm nehmen zu können. Auch diese Puppe, die der Größe meines Teddys entspricht, wiegt ziemlich schwer, denn ihr Kopf ist dieses Mal bruchsicher aus Holz geschnitzt und sitzt fest an einem kindlichen, prall mit Watte gefüllten Stoffkörper, an dem ausgestopfte Arme und Beine baumeln. Meine neue Gefährtin trägt ein gesmoktes, rotes Kleid mit einem Muster aus Sonne, Mond und Sternen und ihre Füße stecken mit weißen Wollsöckchen in roten Schuhen. Die mit Lackfarbe aufgemalten blauen Augen, die roten Bäckchen und der kleine Mund erobern sofort mein Herz, ich nenne sie Gudula. Ihre langen, blonden Haare kämme ich behutsam mit einem weißen Kamm und einer kleinen rosa Bürste. Natürlich nehme ich sie mit ins Bett. Nun beschützt sie in den Bombennächten mit Bär meinen Kopf und meinen kurzen Schlaf. So zärtlich ich Gudula liebe, so sehr soll sie mich aber auch in kritischen Situationen mit ihrem harten Holzkopf verteidigen.

In der Nacht vom 30. auf den 31. Mai wird es nicht richtig dunkel. Als ich heimlich mein Fenster mit der schwarzen Jalousie einen Spalt breit öffne, schickt mir der Mond sein kaltes Licht auf mein Kopfkissen. Die Lindenblüten verströmen wieder ihren betörenden Duft, ich lausche dem schluchzenden Gesang der Nachtigallen. Plötzlich beginnt das Inferno. Der Himmel vibriert. Das gefürchtete Grollen nähert sich. Unaufhörlich. Todbringend! Barfüßig renne ich durch das dunkle Treppenhaus in die obere Etage, wo Vater gebeugt vor dem Volksempfänger sitzt und sein Ohr ganz dicht an den Lautsprecher hält. Das grüne, zitternde magische Auge des kleinen Radios und das Jaulen bei der Sendersuche sind so mysteriös wie meine Sphärenfee in den Telefonmasten. Während Vaters Abhörversuch kündigt ein Sprecher der BBC die »Operation Millennium Cologne« an. Mit den heranbrausenden Bombergeschwadern wird in kürzester Zeit die Vernichtung Kölns beginnen. Der Voralarm, oft erst ausgelöst, wenn schon die ersten Bomben fallen, schrillt in der Stadt. Vater reißt mich an sich, ruft Mutter aus dem Schlafzimmer, schnell, schnell! Mantel überziehen! Decke umwickeln! Weg, nur weg! Die Nachtigallen schluchzen! Dann ein Geschwader der Royal Air Force. Über unseren Köpfen dröhnen mehr als tausend stählerne Vögel aus England. Sie speien Feuer! Spreng- und Brandbomben schlagen neben uns ein. Wir rennen. Der helle Mond beleuchtet uns wie ein Suchscheinwerfer. Endlich! Angekommen! Atemlos schellen wir. Unser Arzt reißt die Tür auf, knallt sie hinter uns zu. Zerrt uns über die Kellerstufen in den Schutzraum. Das ganze Gebäude bebt. Stunden betäubender Angst. Der Herzschlag stolpert. Auf dem Rückweg am Morgen fällt das Atmen schwer. Brandgeruch, schwelende Feuer, Trümmerstücke auf Gehwegen. Keine Worte. Entsetzen tötet das Denken.

Mein Glaube an eine heile Welt ist erschüttert, mein kindliches Urvertrauen verlässt mich. Zum ersten Mal fühle ich mich einsam an Vaters Hand. Selbst seine Gutenachtgeschichten verschaffen mir nicht mehr das wohlige Gefühl von Geborgenheit. Niemand antwortet auf meine Fragen. Mutter legt Patiencen, malt oder näht, wenn sie nicht versucht, noch etwas Essbares auf den Tisch zu bringen. Ich hätte so gern einen Hund. Sehnsüchtig warte ich so lange vor dem Nachbarhaus, bis der honigfarbene Airedale Terrier mit einem schwarzen Fleck auf dem Rücken bellend am Zaun entlangflitzt. Ich nenne ihn nach seinem Herrchen: »Herr Brinkmann«. Herr Brinkmann ist ein durchtrainiertes Sprunggenie. Er kann einen auf dem Kopf balancierten Tennisball nach einem kurzen Absprung schnappen und dann präsentieren. Er springt so hoch und zielgenau, dass jeder, ob Dame oder Herr, nach dem Öffnen der Haustür augenblicklich seiner Kopfbedeckung beraubt wird. Bevor der verblüffte Besucher richtig begreift, was gerade passiert ist, sitzt Herr Brinkmann, mit dem Schwanz wedelnd, schon vor ihm – seinen Hut in der Schnauze. So einen Hund wünsche ich mir.

Im Haus ist es still. »Kinder machen Schmutz und Lärm!«, sagt Mutter. Deshalb bin ich allein und stehe am Fenster und beobachte drei ältere Nachbarjungen, die hinter unserem Zaun laut johlend eine Mülltonne umtanzen. Sie tragen Elster- und Amselfedern im Haar. »Komm«, locken sie, »wir sind Indianer!« Kaum bin ich bei ihnen, stürmen sie – wie vorher heimlich verabredet – mit mir mit lautem Geheul in den verwilderten, dunkleren Teil des Parks. »Stell dich an den Baum! Wehe, du bewegst dich!« Peter, der Häuptling, zieht eine Leine aus der Hosentasche. Ehe ich begreife, was er mit mir vorhat, fesselt er mich an den Stamm: »Du bist unsere Squaw! Aber knatsch nicht rum! So ist das immer bei Indianerspielen. Kannst ja zu Hause bleiben!« Gebückt schleichen sie sich davon. Von allen guten Geistern verlassen, winde ich mich so lange, bis ich die Leine lösen und noch gerade pünktlich, aber mit verschrammten Armen und ungewaschenen Händen zum Essen erscheinen kann. Meine Eltern betrachten mit gerunzelter Stirn meine mit Dreck und roten Striemen verunstalteten Hände und Unterarme. »Wie siehst du denn aus? Wieso hast du deine schmutzigen Pfoten nicht gewaschen?« Während ich zum Waschbecken gehe, erkläre ich trotzig: »Das sind doch nur meine Adern!«

Einige Tage später versammeln sich die Jungs im schmalen Nachbargarten vor einer hohen, grün lackierten Teppichstange, auf der vor Festtagen großformatige Perserteppiche mit einem Bambusteppichklopfer unter erstaunlichen Staubwolken verdroschen und gelüftet werden. Das freche Trio der Jungs feixt herum, kichert, steckt die Köpfe zusammen und führt an dem hohen Reck gewagte Turnübungen vor. Sie stützen sich gegenseitig, übertrumpfen sich mit Klimmzügen an der Querstange und rufen im Chor: »Komm rüber! Wir haben ein neues Spiel! Komm zu uns!« Ich verzeihe die Indianerspiele und klettere schnell über den Zaun. Die Helden tuscheln und zeigen mir stolz ihre eingeübten Kunststücke. Sie schwingen und vollführen kopfüber eine Drehung. »Komm! Das ist toll! Das kannst du auch schon! Versuch es mal!« Peter, der Älteste, umgreift meine Taille und wuchtet mich hoch. Ich klammere mich ängstlich an die Teppichstange, denn er lässt mich los, tritt zurück und ich blicke hilflos umher. »Warte, ich helfe dir!« Er greift unter meinen Rock, zieht meine Unterhose herunter, grinst und verkündet laut triumphierend: »He! Sag ich doch, sie hat keinen Schwanz! Kommt, guckt selber!« Dann rennt das Trio mit roten Köpfen kichernd davon. Meine Kraft lässt nach. Meine verschwitzten Hände rutschen von der Stange. Ich falle zu Boden, knicke meinen Fuß um und schwöre mir, nie wieder mit dieser Bande fieser Kerle zu spielen. Es sind dieselben Täter, die an der Endhaltestelle Mülltonnen aus Metall an den letzten Straßenbahnwagen gehängt haben, die nach dem Start der Linie 16 auf dem Kopfsteinpflaster der Hauptstraße einen spektakulären Höllenlärm im ganzen Dorf verursachten. Das hatte mir sehr imponiert! Aber jetzt schäme ich mich! Ich schäme mich so sehr, dass ich mich in Luft auflösen möchte.

Als ich ins Haus humple, schwillt mein Fußgelenk an. Von nun an weigere ich mich, ohne meine Eltern auf die Straße zu gehen. Aber da ist ja noch Sven. Er besitzt ein kleines Holzhaus im Garten neben unserem Zaun. In seiner Trutzburg hält er sich oft still und allein auf. Er spielt nie mit dem Trio. Sven, etwas älter als ich, winkt mir eines Tages zu und lädt mich zu sich ein, er will mir seine Schätze zeigen. Seine auffallend ordentliche Hütte ist mit einem Kindertisch und zwei Strohstühlchen eingerichtet. Als ich durch den niedrigen Eingang schlüpfe, entdecke ich auf der Fensterbank einen kleinen altmodischen Keramikkachelofen mit einer verführerisch in der Sonne glänzenden grünen Glasur. In der angedeuteten Abdeckplatte befindet sich ein tiefer Schlitz. Sven erklärt mir, dass dieser Ofen seine Spardose ist, in die er regelmäßig sonntags sein Taschengeld steckt. »Wenn der Ofen voll ist, zerschlage ich ihn mit einem Hammer und kaufe mir ein Fahrrad.« Das finde ich unfassbar! Wie kann man einen so hübschen Gegenstand mutwillig zertrümmern? Verwirrt schleiche ich in mein Zimmer zurück. Noch nie hatte ich Taschengeld erhalten. Eigenes Geld, das sich regelmäßig jeden Sonntag vermehrt, kommt mir wie ein Wunder vor. Mit eigenem Geld könnte ich mir, ohne zu fragen, eines Tages die bunten Schmetterlingszopfspangen im Frisiersalon und den ersehnten kleinen Malkasten im Schreibwarengeschäft kaufen. »Du kannst bitten, wenn du etwas brauchst!«, sagt Mutter. »Unnötiges Zeug gibt es nicht!« Damit behält sie jede Kontrolle über meine wenigen Wünsche. Daher wage ich nie zu fragen. Bei meinem nächsten Besuch berichtet mir Sven fröhlich, dass er am Wochenende mit seinen Eltern verreist. Kurz entschlossen steige ich am folgenden Morgen zur Abkürzung des Weges über unseren Maschendraht und nähere mich dem kleinen Holzhaus. Die Tür ist angelehnt. Erst zögere ich, verharre vor dem klimpernden Kachelofen, der mich magisch anzieht. Entschlossen schnappe ich mir die Sparbüchse und die Schachtel mit den bunten Malfarben, verstaue beides unter meinem Pullover und haste unsere schwarze Wendeltreppe hoch in mein Zimmer. Mein Gesicht ist hochrot und verschwitzt. Nur für eine kurze Zeit möchte ich diese Dinge betrachten und anfassen und danach sofort zurückbringen, denn ich weiß genau, dass ich gerade klaue und dass Stehlen eine Sünde ist. Das prickelnde Gefühl, etwas Verbotenes in den Händen zu halten, ist von kurzer Dauer. Sobald es dunkel wird, schleiche ich mich auf nackten Füßen aus dem Haus, klettere wieder über den Drahtzaun und stelle die erbeuteten Kostbarkeiten an ihren vorherigen Platz. Einige Tage später beichte ich Sven von meinem heimlichen Besuch in seiner Bude und dass ich mir kurz den Ofen ausgeliehen hätte, um ihn gründlich zu betrachten. Den Malkasten erwähne ich nicht, auch er befindet sich auf Svens Tisch, als wäre nichts geschehen. »Och, die alte Büchse brauche ich nicht mehr, ich habe eine andere Spardose drüben im Haus!« Sven nimmt den so schön glasierten Spielzeugofen vom Fensterbrett, zertrümmert ihn mit einem schweren Stein und stopft sich die vielen Groschen in seine Hosentaschen. Doch nach meinem schlechten Gewissen wegen des heimlichen Besuchs in Svens Häuschen folgt die Strafe. Vater hatte mir unter der Kastanie mit viel Mühe aus Holzbrettern einen schmalen Tisch mit einer Bank davor gezimmert, damit ich Sven auch zu uns zum Spielen einladen kann. Am nächsten Morgen liegen Tisch und Bank zerschlagen im Gras. Das kann nur das wilde Trio gewesen sein, das sich rächen will, weil ich, statt an ihren Spielen teilzunehmen, ihnen vom Fenster aus die Zunge rausstrecke und ihnen den Vogel zeige.

An den Tagen, an denen Sven nicht zum Spielen kommt, fühle ich mich allein gelassen und knie stundenlang im Schatten unter der alten Robinie. Mit einem Kantholz ebne ich die Erde, um auf der glatten Fläche mit allerlei Fundstücken ein Bild zu gestalten. Mit einem scharfkantigen Glassplitter schabe ich aus einem in den Trümmern gefundenen Ziegelstein ein hellrotes Pulver und sammle es auf einer Tellerscherbe. Dieses mühsam gewonnene Farbpigment streue ich als Blütenstaub auf meine aus weißen Kieselsteinen gelegten Blumen. Ich füge Huflattichblüten als sonnige Inseln hinzu und vollende meinen Strauß mit dem duftenden Blau der Veilchen. Mein erstes kleines Werk möchte ich Mutter schenken, die im Haus mit Spachtel und Farben an einem Ölbild malt. Sie unterbricht sogar ihre Arbeit, begleitet mich in den Garten und betrachtet lächelnd mein Bastelbild. Mit dem Kopf nickend bestätigt sie mir, dass sie meine Arbeit schön findet. Ich weiß natürlich, dass die Schönheit ihres Gemäldes für mich unerreichbar ist, aber ihr erstes Lob für meine kreative Arbeit lässt mich tagelang vergnügt summen, bis ein Platzregen die Spuren meines kindlichen Wirkens vollständig fortspült.

Während des schlechten Wetters darf ich mit Mutters Knopfkiste spielen. Die rauen, braunen Hirschhornknöpfe von einem Janker eignen sich besonders gut als Baumstamm, dem ich als Äste lange, schwarze Stäbchen hinzufüge. Die grünen Viereckglasknöpfe einer abgetragenen Seidenbluse bilden glitzernde Blätter. Darunter gestalte ich ein tanzendes Paar. Ein großer, grauer Mantelknopf verwandelt sich in einen Reifrock und ein rotes Herz von meinem Dirndl glänzt, auf die Spitze gestellt, als Oberteil meiner Tänzerin. Als Kopf dient ein weißer Zweilochknopf, der mit einem Bogen aus kleinen, silbernen Perlen wie von einem Diadem gekrönt wird. Für die Arme und Beine nehme ich wieder die länglichen Knebelknöpfe. Ähnlich forme ich den Knaben. Dieser unterscheidet sich von seiner Tänzerin durch lange Hosen aus untereinander angeordneten, schwarzen Knöpfen eines Herrenjacketts und durch seine Baskenmütze aus einem mit einem Persianerfell bezogenen Mantelknopf. Als ich über das tanzende Paar noch einen weißen Schirm aus Perlmuttknöpfen lege, ruft Mutter zum Essen. Ich springe auf und stoße mit dem Knie an die Tischplatte. Mein Knopfbild rollt auseinander und kullert durch das ganze Zimmer. Niemand konnte es betrachten! Ich ahne, dass alles vergänglich, aber nicht vergeblich ist. Das habe ich nun erfahren: Im stillen Tun verbirgt sich das Glück!

Nach dem Aufwachen ziehe ich zuerst die schwarzen Rollos hoch und beobachte von meinem Kinderbett aus die langen Schleppkähne und die letzten bulligen Fischerboote, in denen Fischer mit großen viereckigen Netzen versuchen, noch etwas Salm zu fangen. Vor dem Krieg tummelten sich so viele Fische, vor allem Lachse, im Rhein, dass die Regierung verbot, das Dienstpersonal öfter als dreimal pro Woche mit Salm abzuspeisen. Besonders bestaune ich die großen Holzflöße, die von aufrechtstehenden, athletischen Männern in schwarzen Anzügen mit langen Stangen flussabwärts dirigiert werden. Aber nicht immer fließt der Rhein, so wie gewohnt, ruhig in seinem Bett. Wenn es an mehreren Tagen ununterbrochen regnet oder große Schneemengen in den Bergen tauen, steigt der Fluss plötzlich so stark an, dass er über die Ufer tritt und unsere Gärten und Häuser überschwemmt. Manchmal werden die Fluten des Rheins auch in strengen Wintern für uns Anlieger bedrohlich. Dicke Eisschollen treiben auf dem Strom, stauen sich an den Brückenpfeilern auf und behindern als Barriere den Abfluss der Wassermassen. Jedes Hochwasser ist für uns Anrainer beängstigend, denn wir müssen hilflos dabei zusehen, wie sich die schnell ansteigende Flut züngelnd unseren Häusern nähert. Hat sich der Garten in einen See verwandelt, setzt mich Vater in die alte Zinkwanne und lässt mich mit zwei Holzlatten um unser Haus paddeln, während er mit Mutter die Gegenstände, die im Erdgeschoß deponiert sind, hektisch in das obere Stockwerk schleppt. Das gesamte Stromnetz fällt aus. Nichts funktioniert mehr, weder die Heizung noch das Telefon. In unserem Eisschrank herrscht gähnende Leere und im Vorratskeller sind alle Regale verödet. Nirgendwo etwas Essbares. Alle eingelegten Soleier, das in einem Keramikfass eingestampfte Sauerkraut, das selbst gemachte Rübenkraut und die eingekochten Kirschen sind verzehrt, und das Maggeln auf dem Schwarzmarkt wird immer unergiebiger. Nachbarn hatten erwähnt, dass sie bei einem Bauern in Mondorf noch einen Sack Kartoffeln ergattern konnten. Mit hungrigem Magen strampelt Vater auf seinem maroden Drahtesel am

Rhein entlang in Richtung Bonn. Dort setzt er mit der wackeligen Mondorfer Fähre über und radelt zu dem genannten bäuerlichen Anwesen. Er bietet der Bauernfamilie ein Tauschgeschäft an. Für einen kleinen Sack Kartoffeln würde er ein Ölporträt auf Leinwand von einem der Kinder der Familie malen. Doch die für das Bildnis erhaltenen Kartoffeln sind schnell aufgegessen. Im Laufe der kommenden Wochen flickt Vater immer wieder die Reifen seines Rades und strampelt erneut nach Mondorf, bis alle Familienmitglieder porträtiert sind. Dann gibt es keine einzige Kartoffel mehr. Verzweifelt ersteht Vater auf dem Schwarzmarkt auf dem Chlodwigplatz für sehr viel Geld und Zigaretten ein Stück streng riechendes Pferdefleisch. Mit allen Tricks versucht Mutter, das unappetitliche Fleischstück weichzukochen, aber es stinkt so entsetzlich, dass wir es mit knurrendem Magen im Garten vergraben.

Bald dürfen wir das neue Domizil von Hans besuchen. Vater knipst mit seiner alten Rolleiflex unseren Ausflug. Mutter, die schwarzen Haare mit zwei Kämmen modisch hochgesteckt, trägt ihre Pariser Stöckelschuhe aus Krokodilleder, eine dunkelblaue, mit weißen Tupfen übersäte Bluse und einen wadenlangen, engen Rock mit Gehfalte. Sie ist gertenschlank und sieht elegant aus. An meinen Füßen glänzen schwarze Lackschuhe. Über meinen mit Pflastern verklebten Knien bauscht sich ein dünnes Musselinkleid mit gesmokter Passe. Auf diesem friedlichen Foto erinnert nichts an die aktuellen Gräuel des Krieges. Wir klingeln an der Gartenpforte, Freund Hans läuft uns entgegen, hakt sich gleich bei mir ein und führt mich in das neue Kinderzimmer der älteren Schwestern. In kurzer Zeit baut Hans mit Hilfe meiner Handreichungen aus den vielen bunten Bauklötzchen der Spielkiste einen hohen Turm. Er versichert, später Architekt zu werden! Als das Werk vollendet ist, schlage ich vor, einen Friseurladen zu eröffnen, da wir in der Schreibtischschublade eine Bastelschere und einen Kamm entdecken. Weil Hans so lange goldene Locken wie ein Engel hat, während bei mir nur spärlicher Flaum sprießt, der sich für eine Frisur nicht lohnt, nimmt mein Freund auf einem Schemel Platz. Ich zögere nicht lange, stelle mich auf die Zehenspitzen und schneide seine prachtvollen Haarbüschel ab, eins nach dem anderen, bis die blonden Kringel wie verwelktes Laub den Perserteppich bedecken. Hans, der sich nach dieser Prozedur im Handspiegel nicht mehr wiedererkennt, rutscht entsetzt von der Sitzfläche. Er verharrt mit geöffnetem Mund inmitten seiner sich ringelnden, blonden Locken. Dann heult er wie eine Sirene los, während ich versuche, ihn damit zu trösten, dass er jetzt wie ein echter Knabe aussehe. Unsere Mütter reißen die Tür auf, starren auf die Bescherung, Anna ist fassungslos. Sie verlässt den Raum, kommt aber sofort zurück, drückt mir Schippe und Feger in die Hand und lässt mich die gekringelte Lockenpracht auf dem Teppich dem Kehricht opfern. Beide Mütter versuchen, das heulende Elend zu beruhigen, nicht ohne mein schlechtes Gewissen zu füttern, während sie kopfschüttelnd den völlig veränderten Hans betrachten. »Jetzt sieht er«, schluchze ich, »endlich wie ein richtiger Junge aus.« Als Entschuldigung und als Tröstung für meine dreiste Attacke auf seine engelsgleiche Haarpracht verspricht meine Mutter dem jammernden Hans, ihn zu einer professioneller durchgeführten Frisur zu unserem Dorfcoiffeur einzuladen. Also nehmen beide Mütter den Verheulten in ihre Mitte, und ich schlurfe mit gesenktem Kopf hinterher. Doch auch das verspiegelte Ambiente des Friseursalons und der sehr kurze neue, fachmännische Haarschnitt des Herrn Treiber löst bei Hans Entsetzen und Geschrei aus. Erst der dicke Dauerlutscher vom Büdchen trocknet die Tränen. Zur Strafe wachsen meine eigenen Härchen nur sehr langsam. Es vergeht eine endlos lange Zeit, bis Mutter mir die ersten mageren Zöpfe flechten kann. Trotzdem bleibe ich immer wieder vor dem einzigen Friseurladen für Damen stehen und drücke mir am Schaufenster die Nase platt. In der Auslage funkeln zwischen Haarfarben-Tuben, kleinen Plastikkissen mit Ei-Shampoo, Haarfestiger-Spraydosen und Kämmen aus schwarzem Kunststoff die verführerischsten Zopfspangen: bunt schimmernde Schmetterlinge aus geprägtem Blech. Meine inständige Bitte, mir ein Paar für meine Rattenschwänze zu kaufen, lehnt Mutter barsch ab: »Das ist Tinnef! Diesen billigen Kitsch tragen nur Dorfkinder! Kommt nicht in Frage! Du trägst die schönen roten oder weißen Taftschleifen.«

Sögeln

Ganz unerwartet erhalten wir 1942 Hilfe von Verwandten aus Niedersachsen. Die Presseberichte über den erbärmlichen Zustand in den Städten veranlassen meinen Onkel, uns anzurufen. Ohne zu zögern, lädt er uns drei in den Semesterferien auf seinen bäuerlichen Hof ein, der uns in diesen Zeiten des immer quälender werdenden Hungers und der Lebensgefahr durch die katastrophalen Bombardements auf Köln wie ein paradiesischer Ort erscheint. Dankbar besteigen wir den nächsten Zug, Vater hebt mich mit Puppe Gudula hinauf in den Waggon, ein Träger schiebt die schweren Koffer hinterher und verstaut sie in den Gepäcknetzen. Ein Pfiff, ein Ruck, und der Zug rollt mit uns am Hohen Dom vorbei in Richtung Osnabrück. In Bramsche erwartet uns schon der hünenhafte Onkel Heinrich mit dem kleinen blonden Heinz an der Hand. Nach familiärer Begrüßung verstaut der lange Heinrich die Koffer auf dem Rücksitz seiner Kutsche, und ich, die kleine Deern, darf zwischen ihm und Heinz vorne auf dem Kutschbock Platz nehmen. Onkel zieht die Zügel stramm und der gestriegelte Hannoveraner trabt los. Der Fahrtwind bläst mir ins Gesicht und alle meine Kümmernisse fort. Meine Zöpfe mit den roten Taftschleifen flattern wie Wimpel, während wir auf der Landstraße an flachen Feldern und Wiesen und der von einem Graben und Blumenrabatten umgebenen Wasserburg Gut Sögeln vorbeirollen. Schon taucht der Spitzgiebel des Familiensitzes auf, den mir Vater vor unserer Abreise ausführlich beschrieben hatte. Seine Schilderungen waren so plastisch gewesen, dass mir jetzt viele Details bekannt vorkommen. Onkel lässt die Zügel locker, das brave Pferd kennt seinen Stall und biegt in das weit geöffnete Hoftor ein. Ein scharfer Kettenhund bellt. Er rast an langer Laufleine diagonal zur Einfahrt hin und wieder zurück, bleckt empört die Zähne und verteidigt das gesamte Anwesen, die langen Scheunen und die umliegenden Gebäude, in denen Trecker, Ackergeräte, Droschken und eine schwarz lackierte Kutsche mit Kufen für winterliche Ausfahrten lagern. Hoch auf dem First des längsten Scheunendachs klappern Störche mit ihren langen, roten Schnäbeln in einem Nest auf einem Wagenrad. Mein Herz schlägt wild. Der Herr des Hofes pfeift Hector zur Ordnung. Der Vierbeiner kuscht, verzieht sich knurrend vor seine Hütte und behält uns Fremdlinge weiter mit schiefem Blick im Auge.

Onkel Heinrich warnt uns vor ihm, denn er sei bissig! Hector müsse so wachsam sein, da viele hungernde Menschen aus Not Einbrüche verübten. Vater hebt mich vom Kutschbock und erklärt mir, dass sich mit unserer Ankunft auf dem Hof nun vier Männer unserer eigensinnigen Familie mit dem Vornamen »Heinrich« unter einem Dach vereinigen, die jedoch darauf bestehen, ihren gleichen Nachnamen sehr verschieden zu schreiben, obwohl sie eng miteinander verwandt sind. Von der Statur her ist Onkel Heinrich der Größte und durch Autorität auf seinem Hof der absolute Chef und auch in der Öffentlichkeit als gewählter Bürgermeister eine Respektsperson. Sein Familienmotto »Ein Hußmann muss immer wissen, was er zu tun hat!« erleichtert eindrucksvoll das harmonische Zusammenleben dieser niedersächsischen Dickschädel. Vater stellt die Koffer ab und führt mich um das rote, geziegelte Hauptgebäude, das neueren Datums ist, da das ursprüngliche Fachwerkhaus nach einem Blitzeinschlag vollständig abgebrannt war. Zwischen hohen Eichen überragt dieser Neubau mit seinem hohen Spitzgiebel alle anderen Nebengebäude. Da die längste Scheune von der Feuerwehr bei der Brandkatastrophe gerettet werden konnte, entdeckte Vater, der Heraldiker, vor Jahren an einem Dachbalken eine sehr alte Inschrift aus mehreren Runen. Da diese uralten Hausmarken, die auf den Besitzer eines Hofes verweisen, schon zweihundert Jahre vor den ersten höfischen Wappen entstanden sind, beeindruckte dieser Fund Vater so sehr, dass er eines dieser Zeichen, einen Feuerhaken, mit seinen Initialen auf ein kleines Oval aus Goldblech prägen und auf die elterlichen Eheringe löten ließ. Der Eingang zum Wohntrakt führt durch ein hohes Holztor in den längsgerichteten Kuhstall. Im wohligen Stallgeruch der Rinder schnaubt und rasselt am Ende der Reihe der schwarzbunten Kühe ein massiver Bulle mit einer eisernen Kette, die ihn an die Wand fesselt. Seine rot unterlaufenen Augen stieren mich gefährlich an. Schwalben sausen im Gleitflug über unsere Köpfe hinweg und füttern ihre tschilpende Brut in den beutelförmigen Nestern unter dem hohen Spitzdach. Tante Wilhelmine drückt mich zur Begrüßung an ihren dicken Busen und lockt: »Zur gemeinsamen Mahlzeit wartet schon der gedeckte Tisch auf euch!« Sie schnappt sich meinen karierten Koffer und steigt mit ihren geschwollenen Beinen schwerfällig und schnaufend eine breite Holztreppe in den ersten Stock hinauf. Als wir ihr gefolgt sind, entriegelt sie das durchsonnte Zimmer, das meine Eltern bewohnen dürfen. Am geöffneten Fenster steht eine gläserne Kugelvase mit Wicken, deren Parfüm den ganzen Raum durchweht.

Nebenan wartet eine kleinere Kammer auf mich mit dem frisch-süßen Duft polierter Äpfel, die in einer Glasschale auf einem Beistelltisch neben einem Malheft und Buntstiften kokett rot leuchten. Gleich nach dem Abstellen des Gepäcks dürfen wir uns an der mit Köstlichkeiten angefüllten Tafel versammeln. Alle warten stehend, bis Onkel Heinrich am Kopfende Platz genommen hat, denn er ist der Herr des Hofes und niemand wagt es, vor ihm mit dem Essen zu beginnen. Die Knechte und Mägde verzehren ihre Speisen an einem eigenen Tisch im Vorraum. Meine warmherzige, rundliche Tante schöpft erhitzte, frisch gemolkene Milch mit einer Kelle auf tiefe Teller, die sie für uns Hungerleider noch mit einem Stich Butter anreichert und mit schwarzen Pumpernickelbröseln dekoriert, was ungewohnt köstlich schmeckt. Zwei selbst gebackene Brotlaibe mit knuspriger Kruste liegen auf einem Holzbrett, von denen Onkel Heinrich mit einem scharfen Messer gleichmäßig dicke Scheiben abschneidet und diese verteilt. Auf einem zweiten großen Brett überbieten sich geräucherte Würste aus der eigenen Schlachtung mit den verführerischsten Aromen. Da glänzt ein Ring schwarzer, mit Majoran gewürzter Blutwurst neben einem dicken Stück frischer Leberwurst. Luftgetrocknete Salami verlockt mit einem Hauch von Knoblauch neben Scheiben von Sülze mit Kümmel. Vor allem das legendäre Nagelholz, eine niedersächsische Spezialität mit einem rauchigen Duft, erweckt meine Neugier. Dieser schwarz-rötliche, holzharte Rinderschinken wird in hauchdünne Scheiben geschnitten und andächtig auf das vorher gebutterte Brot gelegt. »Für das Weihnachtsfest«, erklärt Wilhelmina, »bereite ich eine spezielle Variante des Nagelholzes aus Rehfleisch zu, das aus unserem eigenen Jagdrevier kommt, falls Heinrich einen Rehbock geschossen hat. Das Fleisch wird sechs Wochen lang in einer umständlichen Prozedur luftgetrocknet.« Mein Onkel versucht mich blasses, abgemagertes und vom Krieg traumatisiertes Stadtkind zu überzeugen: »Mein Deern, du musst frisch geschnittene Zwiebelscheiben auf das Brot legen. Täglich esse ich mit Genuss und Erfolg eine rohe Speisezwiebel, wie du es an meiner stählernen Gesundheit ja feststellen kannst!« Brav höre ich auf ihn und büße diesen Rat mit einem aufgeblähten Bauch und quälenden Begleiterscheinungen. Mein Hungermagen ist so ein kalorien- und fettreiches Essen wie dieses üppige Mahl schon lange nicht mehr gewohnt. Trotz erheblicher Magenbeschwerden inspiziere ich am nächsten Morgen mit Heinz den Hof. In der Tenne schnaubt wieder der furchteinflößende Zuchtstier, rollt mit seinen feurigen Augen und rasselt mit der Kette, wenn wir ihm zu nahekommen. Neben ihm stehen in Reih und Glied die Milchkühe, die nicht auf die Weide dürfen, weil sie bald kalben oder einer besonderen Pflege bedürfen. Begierig sauge ich den gesunden Tiergeruch der schwerfälligen, schwarzweißen Leiber ein. Heinz erklärt mir: »Wenn eine Kuh hustet, dürfen Kinder diesen Stall nicht betreten. Erst wenn der amtliche Tierarzt eine Infektion mit TBC ausschließt, dürfen wir uns wieder im Stall aufhalten.« Bevor der Knecht die angrenzenden Schweinekoben mit einem dicken Wasserstrahl reinigt, stinkt es hier scharf nach Gülle. Pünktlich zur Fütterungszeit übertönt ein ohrenbetäubendes Gegrunze des Borstenviehs jedes andere Hofgeräusch. Tante Wilhelmina nimmt mich mit zu den rosigen Ferkeln, die ich mit Kartoffelschalen mästen und sogar, ohne sie zu erschrecken, behutsam streicheln darf. Sie sehen nackt und verletzlich aus, obwohl sie vergnügt und blauäugig in ihre Zukunft des Fettwerdens quieken. Im Hintergarten ist es ruhig. Dort grasen Schafe und Ziegen und halten das Gras zwischen den alten Apfel-, Birnen- und Kirschbäumen kurz. Dieser lauschige Obstgarten grenzt an das plätschernd dahinfließende, sich in Richtung Ems schlängelnde Flüsschen Hase. In einer nahen Kurve schwemmt die Strömung immer weiter feinen Sand an, sodass eine kleine Badebucht entstanden ist. Hier vergnügen wir Kinder uns an warmen Nachmittagen laut jubelnd mit den Jugendlichen des Dorfes. Wir hängen unsere Kleidung an den Zweigen der Büsche auf und baden und toben so lange im flachen Wasser, bis es trüb wird und uns die vielen lästigen Mücken und Blutegel, die sich bevorzugt an unseren Kinderbeinen festsaugen, in die Häuser treiben. Danach ist es wieder ganz still am Bach, die Eisvögel kommen zurück und huschen wie Edelsteine durch das Geäst von Ufer zu Ufer.

Da das Wetter am Sonntag schön zu bleiben scheint, was Onkel Heinrich mit prüfendem Blick in den Himmel sofort erkennt, zieht er die schwarz lackierte Kutsche aus der Scheune und spannt seine Stute ein, denn beim Frühstück verkündete er uns eine Landpartie zu Verwandten. Um die Kutschfahrt für uns Kinder spannender zu gestalten, warnt er uns, dass es auf den sandigen Feldwegen schon öfter Rad- oder Achsenbrüche gegeben habe. »Und«, sagt er, »wenn das Pferd durch irgendetwas plötzlich erschreckt durchgeht, kann die ganze Fuhre mit uns wie in einem Wildwestfilm umkippen.« Gerade das begeistert uns an diesen Kutschfahrten, versprechen sie doch das pure Abenteuer. Vater verstaut vorsorglich eine Werkzeugtasche hinter seinen Füßen. Mutter klettert auf die Rückbank. Sie legt ihren eben noch im Staudengarten gepflückten Strauß aus

Glockenblumen und Margeriten und Sonnenblumen und Levkojen und Phlox vorsichtig auf ihren mit Zeitungsseiten abgedeckten Schoß. Tante Wilhelmina sitzt in ihrem Stützmieder aufrecht neben ihr und umfasst mit beiden Händen ein Tragenetz mit Gläsern voller selbst gekochter Marmeladen. Mit Onkel Heinrichs erstem Peitschenknall ruckt es, und das Pferd zieht die Zügel stramm. Unsere Karosse rollt auf die Landstraße und biegt dann in einen breiten Feldweg ein. Heinz und ich albern vorn auf dem Kutschbock und plappern das Blaue vom Himmel. Plötzlich knackt es. Unser Fuhrwerk bleibt mit einem Ruck stehen und senkt sich gefährlich zur Seite. Radbruch! Alle aussteigen! Heinz bückt sich und reicht den beiden großen Heinrichen, die in der Hocke mit roten Köpfen versuchen, das gebrochene Vorderrad mit Draht zu stabilisieren, grinsend Werkzeug aus der Monteurtasche an. Diese Pause nutze ich und pflücke am Feldrain einen Strauß aus Mohn- und Kornblumen. Als das Gefährt wieder auf vier fahrbereiten Rädern steht, trabt das gutmütige Ross schön langsam, und wir erreichen ohne Probleme das wenige Kilometer entfernte Dorf, wo man uns schon vor dem Fachwerkhaus erwartet. Unsere Stute wird getätschelt, bekommt etwas Heu und Wasser, und die provisorische Radreparatur wird gebührend gelobt. Nach herzlichen Küssen und der Feststellung, auf meinen dürren Körper müsse man noch viel draufpacken, damit ich groß und stark werde, überreiche ich Tante Johanna in der Tenne mein schon müdes Sträußchen. Sie geleitet uns in die gute Stube, die nur an Festtagen benutzt wird und wo mich die Düfte von Kaffee, Kakao und frisch gebackenem Hefegebäck einlullen. Dort nimmt sie mit einem gehauchten »Wie herrlich!« auch den Strauß aus Mutters Arm entgegen und arrangiert ihn in einem Steinkrug, den sie auf eine alte, mit schwarzen Eisenbändern und Tierköpfen beschlagene Holztruhe stellt. Zur Feier des Tages hatte sie den ovalen Tisch schon in der Frühe mit einem selbstgestickten und mit blaufarbigem Garn umhäkelten Leinentuch belegt und mit dem besten Meissner Zwiebelmustergeschirr eingedeckt. Obst- und Trockenkuchen, Plätzchen und frisch gepflückte Früchte auf Silberplatten! Ich kann mich nicht sattsehen! Die süße Creme der Sahnetorte lasse ich ganz langsam und mit geschlossenen Augen auf meiner Zunge zergehen, während Heinz neben mir zappelt. Ungeduldig gibt er mir unter dem Tischtuch einen Stups. Er springt auf und zieht mich mit einem Kakaobart um den Mund ins Freie. Vor der reich verzierten Giebelfront holt er tief Luft und japst beim Laufen: »Hier ist doch alles viel toller als das Gelaber der Alten!« Er zeigt auf einen tiefhängenden Eichenast, auf dem sich zwei kastanienbraune Hirschkäfer mit ihren gewaltigen Kampfzangen verhakeln. Sie kämpfen, entfalten blitzartig ihre Flügel und entschwinden mit Brausen. Vor uns flimmert der Teich. Wir balancieren über einen hölzernen Landungssteg zu einem Kahn, der nur lose an einem Pfahl angebunden im Wasser schaukelt. Mutig klettern wir in das Boot, lösen das Seil vom Pfosten und paddeln vom Ufer weg. Der Kahn wackelt, er neigt sich immer schneller hin und her, kippt schräg zur Seite und wir stürzen gemeinsam kopfüber über Bord in das tiefe schwarze Wasser. Wir können beide nicht schwimmen! Doch das tägliche Planschen im Flüsschen Hase hat uns trainiert und uns die panische Angst vor dem Ertrinken genommen. Zwischen Seerosen und Schilf versuchen wir Grund unter den Füßen zu spüren, doch unsere Zehenspitzen erreichen keinen Boden. Immer wieder sinken wir mit den Köpfen unter Wasser, schlagen wild um uns, schlucken die trübe Brühe, tauchen wieder auf und schaffen es strampelnd, prustend und spuckend mit letzter Kraft zurück an Land. Völlig durchnässt, bleich und erschöpft schleichen wir uns, eine deutliche Wasserspur hinter uns hertropfend, zu unseren Müttern in die gute Stube. »Oh, Kinder! Was um Himmels willen habt ihr angestellt? Alles wird hier pitschenass! Raus! Sofort raus mit euch!« Weil Sommer ist und der berüchtigte, selbst gebrannte Likör die Gemüter der Kaffeeklatschgesellschaft entspannt und erheitert hat, werden wir ohne großes Gezeter von unserer Tante wieder in den Garten bugsiert. »So, die Arme hoch und – hau ruck! – raus aus dem nassen Zeug!« Sie zieht uns die triefende Kleidung über den Kopf und breitet auch unsere Unterwäsche auf einem Holzstapel in der Nachmittagssonne zum Trocknen aus. Völlig entblößt genieren wir uns voreinander und laufen hastig auf getrennten Wegen in den Schatten der etwas abgelegenen Pferdeställe. Aus meinen Haaren tropft Wasser, vor mir die Pferdeboxen mit den angenagelten, auf Reitturnieren gewonnenen Plaketten. Aus jedem Stallfenster verfolgt mich ein neugierig die Nüstern blähendes Vollblut mit feurigen Blicken. Ich fühle mich schutzlos, nackt und renne davon, direkt in die Arme der ältlichen Tante Clara, die uns hinterherspioniert, ob wir erneut gefährlichen Unfug anstellen. Sie lockt uns in ein kleines Nebengebäude, das sie als ewiges Fräulein allein bewohnt. Im Flur wickelt sie erst Heinz und dann mich in eine Decke und erlaubt uns, ihre kostbare Puppenversammlung zu bewundern. Es ist eine Schar von künstlichen Babys, die mit ihren wie echt aussehenden Porzellanköpfen und Händchen in Strampelanzügen und feinen

Tüllkleidchen ein ganzes Sofa voller Seidenkissen einnehmen und seit Jahrzehnten die alternde Jungfer über ihr ereignisarmes Leben hinwegtrösten. Andächtig wandern meine Blicke über die vielen zarten, rosigen Gesichter. Plötzlich erinnert mich das größte Porzellanbaby an mein erstes Missgeschick, als mein kurzes Puppenglück mit mir strauchelte und abrupt in Scherben zerbrach. Wieder erschreckt mich das seltsam Unwirkliche dieser lebensecht nachgebildeten Babys, die in dieser Anhäufung besonders tot zu sein scheinen. In ihr stummes Schattenreich dringt nur ein durch Tüllgardinen gefiltertes, stumpfes Nordlicht. Es verbreitet seinen geisterhaft diffusen Schimmer auch auf vier nachgedunkelten Ahnenbildern. Diese merkwürdig leblosen Porträts von streng blickenden Frauen, die mit Spitzenhäubchen und filigran geklöppelten Krägen aufrecht und starr an der Seite von Männern mit Bärten in steifen, schwarzen Anzügen stehen, haben für mich eine gewisse Ähnlichkeit mit den noch Lebenden des Hofes.

Zur Abfahrt am Abend sind unsere Anziehsachen getrocknet. Mit Peitschenknall, aber wegen des geflickten Rades mit verminderter Geschwindigkeit, verläuft die Rückfahrt ohne Zwischenfälle. Während ich vom Kutschbock herunterklettere, bewegt ein aufkommender Wind das marode Scheunentor in seinen melodiös quietschenden Angeln. Onkel Heinrich sieht uns streng an, wobei sich seine Falten um Mund und Nase vertiefen. »Ihr dürft auf keinen Fall dem Scheunentor zu nahe kommen, es ist morsch und hängt nicht mehr fest in den Scharnieren. Es muss dringend repariert werden!« Als am nächsten Morgen der Onkel mit seinem Wagen aus der Einfahrt fährt und das Dieselgeräusch von der Landstraße verschluckt wird, singt die schief in den ungeölten Angeln hängende obere Holztür der Scheune ihr metallisches Lied. Sie knarrt und summt und fiept und jault mit einem herzzerreißenden Flehen. Da kaum ein Wind weht, stelle ich mich auf die Zehenspitzen und schiebe das Tor vorsichtig an. Ein Knarren, Quietschen, Zischen. Heinz hilft mir mit aller Kraft, den Holzflügel weit zu öffnen. Wir hängen uns an die unteren Latten und schwingen zurück und vergessen alle Mahnungen. Wir schweben! Das Tor trällert, jauchzt und schreit! Und: Krach! Das schwere Holzbrett schlägt uns zu Boden. Ohnmächtig geben wir keinen Laut von uns. Die Magd, die zufällig den Kuhstall fegt, hört den knallenden Aufschlag. Sie lässt den Reiserbesen fallen, stürzt auf den Hof und sieht auf dem Boden vier blutige Kinderbeine unter dem herabgestürzten Scheunentor. Sie ruft: »Schnell! Hilfe, schnell, die Kinder!« Der Knecht holt die Tante aus der Küche, sie rennen herbei.

Mit vereinten Kräften stemmen sie das Tor nach oben, ziehen uns darunter hervor, tragen uns ins Bad, waschen das Blut von unseren Köpfen, Armen und Beinen und verfrachten uns immer noch bewusstlos in unsere Betten. Erst als der Doktor mir mit einer Lampe in die Augen leuchtet, bin ich wieder bei Sinnen. Als er meint, meine Pupillen seien sehr vergrößert, spucke ich alles aus, was mein Magen hergibt. Weil ich mich – wie bei einer starken Gehirnerschütterung üblich – mehrmals übergebe, wird mir strenge Bettruhe verordnet. Heinz, dem es mit seinem Dickschädel besser geht, ärgert mich jeden Morgen, wenn er meine Zimmertür aufreißt: »Du Doofe, jetzt hast du für immer einen Dachschaden!« Der große Onkel Heinrich scheint während meiner Bettlägerigkeit noch mehr gewachsen zu sein. Ab jetzt sieht er streng auf mich herunter und nennt mich nicht mehr »mein Deern«. Einige Zeit später, als der Schwindel und die Kopfschmerzen vergessen und die verletzten Stellen mit einer schorfigen Kruste bedeckt sind, darf ich das Bett wieder verlassen. Da ich gern auf Entdeckungstour gehe, passiert das nächste Unglück. Es ist Großwaschtag. Während ich um den Nebeneingang herumtrödle, höre ich das Telefon im Büro klingeln. Neugierig schlüpfe ich durch die angelehnte Tür in die Waschküche. Ein Teil der nassen, gekochten Wäsche liegt schon im Zuber und muss noch mit der elektrisch betriebenen Mangel ausgewrungen werden. Da niemand zum Hörer des Telefons greift, verlässt die Magd die weiterlaufende Maschine und hastet in den Nebenraum. Sie nimmt den Anruf entgegen und lässt mich im Waschkeller zurück. Wie hypnotisiert beobachte ich das Rotieren der weißen Walzen. Vorsichtig nähere ich mich der Mangel und möchte herausfinden, ob die sich kontinuierlich drehenden Röhren hochglanzlackiert sind oder vor Nässe so glänzen. Ich strecke die Hand aus, um die Gummiwalzen mit meinen Fingerkuppen zu berühren. Sofort schnappen sie wie ein Alligator zu und verschlingen meine Finger, die Hand, meinen Unterarm, den Ellbogen, den Oberarm hinauf bis zur Schulter. Ich brülle. Die Walzen drehen unaufhörlich weiter. Der Schmerz ist nicht mehr auszuhalten. Da reißt meine Tante die Waschküchentür auf, schreit: »Hilfe, oh mein Deern!«, und drückt auf einen roten Knopf. Die Rollen in meiner Achselhöhle, knapp neben meinem Kopf, stehen ruckartig still. Sie ruft den Knecht. Dann verlangt sie nach dem Werkzeugkasten, hebelt die Walzen auseinander und zieht vorsichtig mein geplättetes Ärmchen aus der Mangel. Meine Hand kommt mir fremd vor, mein Arm scheint nicht mehr zu meinem Körper zu gehören. Das grobe Pullovermuster hat sich tief in

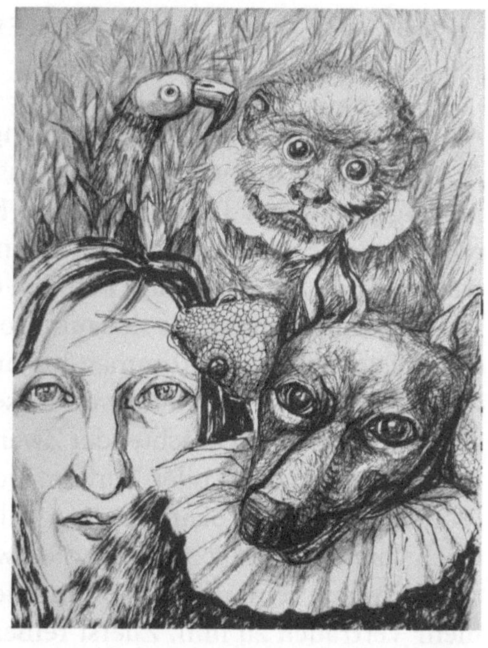

die Haut gedrückt. Der abermals herbeigerufene Arzt schient den Arm, verschreibt mir wieder Bettruhe und schüttelt den Kopf: »Ach! Was kleinen Mädchen so alles einfällt. Da muss man erst mal drauf kommen!« Die Tage im Bett verstreichen wieder schmerzhaft und öde. Der rechte Arm ist aufgequollen und außer Funktion. Das einzig Spannende ist sein Aussehen, wenn er ausgewickelt und kontrolliert wird. Die Farben des Pullovermusters verwandeln sich von einem Rot-Orange in ein Blau, dann in ein Grün und später in ein schmutziges Gelb-Braun. Aber ich kann die Finger bewegen und allmählich auch wieder das Ellbogengelenk. »Hast großes Schwein gehabt, mein Deern«, sagt der Arzt bei seiner letzten Visite zum Abschied. »Dein Arm wäre um ein Haar abgerissen worden!« Wenn ich doch nur diese tollen Farben auf meiner Haut jetzt malen könnte!

Vaters Semester beginnt, wir verlassen Sögeln. Zur harten Hofarbeit hatte ich der Familie dank meiner gefährlichen Experimente zusätzlich Ärger und Sorgen bereitet. Natürlich wollte ich keine ungezogene Göre sein! Nein, das nicht! Aber da ist mein unstillbarer Drang, der ständig das Warum erkunden muss. Warum wird etwas verboten, wovor werde ich ermahnt? Was steckt dahinter? Ich will es wissen!

Bunkerzeit

Als wir in Köln ankommen, empfangen uns wieder Trümmer, Hunger, Angst. Es wird immer kälter und das Brennmaterial geht zur Neige. Eines Tages steht ein Trupp russischer Kriegsgefangener im Park vor unserem Haus. Sie wuchten Papiersäcke in den Garten, schütten Schubkarren voll Sand auf den Rasen und befüllen eine Betonmischmaschine mit Wasser, Sand und Zement, die sich nun wochenlang unter unserem Esszimmer dreht. Die russischen Kommandos machen mich neugierig, aber Mutter warnt dringend: »Halte dich von diesen Männern fern! Gehe ihnen strikt aus dem Weg!« Die Gesichter der Zwangsarbeiter wirken verschlossen, ihre Haut ist unrein und voller Narben. Doch ein schlanker, hochgewachsener Blonder mit lichten blauen Augen fällt mir gleich auf. Heimlich beobachte ich vom Flurfenster aus, dass die Zwangsarbeiter ihn respektvoll »Iwan« rufen. Wegen seiner diskreten und liebenswürdigen Art fasse ich immer mehr Vertrauen zu ihm. Zuerst reißen die Russen unseren Zaun ein und heben in unserem und den beiden Nachbargärten ein großes und tiefes Loch aus. Ich vermute, dass es ein Schwimmbad wird. »Nein«, sagen meine Eltern, »die Russen bauen einen Bunker, einen Schutzraum gegen die Bombenangriffe, damit wir dort unten sicher sind und nicht mehr in der Nacht durch brennende Straßen irren müssen!« Dieser neue, hermetisch abgeriegelte Betonbau wächst. Er ist tief unter der Erde versteckt und zeigt oberirdisch nur einen kleinen Notausstieg mit einer massiven Eisenplatte und einem schmalen Zementdach darüber. Zwei gegenüberliegende Treppen führen hinunter zu einer schweren Eisentür. Ich höre, wie Nachbarn versuchen, sich zu beruhigen, dass dieser Bunker mit seinem ein Meter dicken Betonmauerwerk nach neuesten Erkenntnissen absolut sicher sei! Atombombensicher! »Sicher vor dem stärksten Bombardement?«, fragen sie ungläubig. »In diesem höllischen Krieg ist gar nichts mehr sicher!« Da ich eine Stunde pro Tag an der frischen Luft spielen soll, nähere ich mich erst zögerlich und dann immer mutiger Iwan im Garten. Eines Tages winkt er mich zu sich heran und zeigt mir eine selbst gefertigte Schnitzerei und Laubsägearbeit. Zwei auf einer runden Holzplatte mit einer Schnur befestigte Hühner stehen sich gegenüber und beginnen auf das Brett zu picken, je schneller er es bewegt. Iwan hatte durch kleine Bohrlöcher im Brett Fäden gezogen und diese mit Korkenstückchen als Gewichte behängt. Er zeigt mir, wie die Platte zu bewegen ist, damit die Hühner zu picken beginnen. Je schneller er das Brett bewegt, umso schneller hacken die Tiere auf den Holzboden. Ich vergesse alle Mahnungen und strecke Iwan meine rechte Hand entgegen. Mit einem aufmunternden Blick überreicht er mir seine Bastelarbeit als Geschenk. Mein Glück spiegelt sich in seinen blauen Augen. Aufgeregt laufe ich in die Küche und erwärme Mutters Herz. »Ja, Iwan ist nett«, sagt sie. Mit meinem neuen Spielzeug kehre ich in den Garten zurück, wo Iwan mich mit Handzeichen fragt, ob wir im Haus einen Malkasten hätten. Als ich nicke, bittet er mich, ihn zu holen und ihm die Hühnchen noch einmal zu überlassen. Am nächsten Morgen erwartet er mich schon am Betonmischer mit Vaters Farbkasten und seinem frisch bemalten Werk, das in seiner naiv anmutenden Unvollkommenheit, genau wie Mutters erdachtes Spiegelei, eine anrührende Botschaft des Herzens ist und zu den größten Schätzen meiner Kindheit gehört. Dafür schmuggle ich Iwan meine Butterbrote hinaus, die nur mit Kunsthonig und Margarine bestrichen sind, da es weder »gute Butter« noch Bienenhonig gibt. Mutter sieht voller Sorge auf meinen mageren Körper, der partout nicht an Gewicht zulegen will.

Jeden Abend schleicht sich wieder die nackte Angst hervor, die sich während des Tages in düsteren Kellern verkriecht. Sie nistet sich in allen Winkeln meines Körpers ein. Sämtliche Häuser und Straßenlaternen werden von der Dunkelheit verschluckt. Wenn die Dämmerung einbricht, zieht Vater an den Fenstern vorsorglich die schwarzen Schnapprollos herunter, damit die Bomberverbände im Anflug unser Haus nicht erkennen können. Schon dröhnt in meinen Ohren der Voralarm, obwohl die Sirene noch nicht aufheult. Ich liege gekrümmt im Bett und warte vor dem Einschlafen auf das nächtliche schwarze Nirgendwo. Immer war unser Haus eine Festung für mich, aber nach den letzten Großangriffen ziehen das Grauen aus dem Himmel und der Anblick brennender Nachbarhäuser eine Schlinge des Verderbens um mein Bewusstsein. Der Weg in unseren neuen Gemeinschaftsbunker ist kurz, aber nicht weniger erschreckend. Mit dem ersten Sirenengeheul hetzen wir zu der steilen Treppe, die unter die Erde führt, nicht wagend, in die feuersprühenden Wolken zu schauen. Nur ein kurzer Blick auf meine Kastanie, über deren Wipfel die Tiefflieger donnern. Die Nachbarn kauern schon dicht gedrängt in der dämmrigen Feuchtigkeit des noch nicht ausgetrockneten Betons. Für uns Kinder stehen Stockbetten bereit. Als ich neben das flegelhafte Trio verfrachtet werde, tue ich so, als kenne ich diese Knaben nicht, und bemerke, dass auch sie kleinlaut bibbern. Um uns abzulenken, übt Vater mit uns das schnelle Anziehen eng sitzender Gasmasken, deren gummiartige Dämpfe in mir jedes Mal Übelkeit auslösen. »Wir sind Monster von einer anderen Galaxie«, sagt er aufmunternd. »Tanzt mit mir den schaurig schönen Marsmenschentanz!« Dieses Bagatellisieren der Angst durch Albernheiten in einem Bunker unter der Erde ist so absurd und grotesk, dass selbst unser Zittern unwirklich wird. Am frühen Morgen endlich Entwarnung! In der Dämmerung wagen wir es, diese Unterwelt zu verlassen, während der Himmel über Köln rauchgeschwängert wie ein Feuerofen lodert. Schon am Bunkerausgang riechen wir das Desaster der nächtlichen Hölle. Der Gestank nach versengtem Mauerwerk, nach verbrannter Erde und Munition dringt durch alle Ritzen und in unsere Lungen.

Selbst am Tag wird nun auch das Flussufer des Rheins zu einem hochriskanten Ort. Tiefflieger, die mit einem ohrenbetäubenden Knall plötzlich aus dem Nichts auftauchen, kappen fast die Uferweiden, als ich durch den Sand schlendere. Vor meinen Füßen schimmert eine blau-schwarze, etwas gespaltene Miesmuschel, die ich mit meinem Daumennagel aufklappe. Zwischen Sandkörnern blinkt eine makellos runde Süßwasserperle. Für diesen glückseligen Augenblick setzt mir eine gute Fee eine Prinzessinnenkrone ins Haar. Doch plötzlich donnert wieder ein Jagdbomber im Tiefflug über die Rodenkirchener Brücke, nimmt mich ins Visier und feuert eine Salve auf meinen Körper ab. Wie abgeschossenes Wild stürze ich zwischen die niedrigen Dünen. An den Einschlagstellen spritzt Sand hoch. Im Fallen sehe ich auch eine Spaziergängerin mit Hund getroffen zu Boden sinken. Stille! Ich bin tot! Jetzt bin ich tot!«

Als ich wieder zu atmen beginne, versuche ich meine Finger zu bewegen und mich aus der Schockstarre aufzurichten. Die Perle, die ich eben noch in der Hand hielt, ist verschwunden. Atemlos erreiche ich mein Elternhaus. Äußerlich unverletzt. Ich spreche den ganzen Tag kein einziges Wort. Mutter fragt: »Warum bist du so bockig?«

Nun gibt es auch Angriffe während des Tages. Überall lauern abgeworfene Stabbomben, nicht explodierte Minen und scharfe Munition im Sand und in den Gärten, auf unserer Dachterrasse. Alle Spaziergänge werden mir streng untersagt. Doch nach einigen ruhigeren Tagen zieht mich, trotz dieses Verbots, ein unwiderstehlicher Drang zum Fluss. Wo ist meine Perle? Niemandem hatte ich mein Geheimnis offenbart. Ich schlurfe durch den warmen Ufersand. Plötzlich stößt mein Fuß an einen harten Gegenstand. Ich bücke mich und buddle eine aus Metall gegossene, schimmernde Form aus. Sie erinnert mich an eine dicke Traube oder an einen riesigen Zedernzapfen. Vorsichtig reibe ich mit dem Ärmel den Sand von dem Fundstück und betrachte es stolz. Am oberen Ende ist ein Ring angelötet. Ich überlege mir, ob ich die hübsche Skulptur an diesem Ring tragen soll. Aber ich umfasse sie mit beiden Händen und schleppe sie fest an meine Brust gedrückt nach Hause. Vater beschneidet Büsche im Garten. »Papi! Papi, ich habe eine Skulptur gefunden! Eine Weintraube!« Vater dreht sich zu mir um, lässt die Heckenschere fallen, stürzt kreidebleich auf das Gartentor zu, reißt es auf und brüllt: »Halte das Ding ganz fest! Rühr dich nicht vom Fleck! Lass die Granate bloß nicht fallen! Sie ist hochexplosiv!« Behutsam nimmt er mir die schöne Metallform ab und ruft im Befehlston: »Sofort! Sofort gehst du ins Haus! Dort rührst du dich nicht vom Fleck! Du bleibst da! Ich informiere den Kampfmittelräumdienst! Das ist eine Eierhandgranate!«

Was soll an dieser schönen Bronzeform so schlimm sein? Vom Küchenfenster aus beobachte ich uniformierte Männer, die aufgebracht mit Vater diskutieren. Sie schütteln die Köpfe über den Leichtsinn! Eine scharfe Granate in der Nähe eines Wohnhauses! Erst als sie von Vater erfahren, dass die dreijährige Tochter ausgerissen ist, den Sprengkörper vor wenigen Minuten am Ufer gefunden und gerade hierhergeschleppt hat, klingt ihr Befehlston freundlicher. »Oh Mann!«, seufzt der Chef der Truppe. »Die Kleine hat einen Schutzengel gehabt!«

Mitten in der schwarzen Nacht schrecke ich hoch. Kein üblicher Alarm! Keine Sirenen! Dauerschellen! Mein Körper erstarrt. Ich drücke Teddy und mein Kopfkissen fest an mich. Rufe! Befehle! Pochen! Militärstiefel treten gegen die Haustür! Vater schleicht in mein Zimmer, zieht mich, ohne das Licht anzuknipsen, ohne ein liebes Wort, hektisch aus dem warmen Bett. Er presst seine Hand auf meinen Mund. »Bitte keinen einzigen Ton! Mach, was ich dir sage!« Er zieht mich ins eiskalte, lichtlose Treppenhaus: »Duck dich! Rutsch auf dem Bauch die Stufen hinunter. Von außen darf dich durch die Fenster niemand sehen!« Jetzt spüre ich vor mir auch Mutter und gleite lautlos und liegend Stufe um Stufe hinter ihr her. Das Gewitter der Stiefeltritte an unserer Haustür wird immer brutaler. Gleich bricht sie aus den Angeln! Die Klingel schrillt. Erst im Heizungskeller fühle ich Mutters eisige Hand über meiner kalten Faust. Mutter schlottert am ganzen

Leib. Sie schiebt mich durch die Waschküche, weiter in die stockfinstere Garage und dort hinter die aufgestapelten Briketts und einen Kohlehaufen. Barfuß tasten wir uns vorwärts, verstecken uns, ohne ein Geräusch zu machen, hinter einem Brett und verharren in stummer Umarmung. Jetzt scheint Vater das Licht im Haus angeknipst und die Haustür entriegelt zu haben. Das Gebrüll verlagert sich in unseren Flur und dringt bis in unser dunkles Versteck. Dann verhallen die Befehle, das anschließende laute Diskutieren verebbt. Die Haustüre fällt polternd ins Schloss. Im Garten und auf der Straße das rhythmische Abmarschieren der Militärstiefel. Dann Totenstille. Das Herz pocht mir bis in den Hals, meine kalten Beine sind ohne Gefühl, sie haben keinen Boden unter den Füßen. Plötzlich spüre ich Vaters hastigen Atem vor meinem Gesicht. Er küsst uns und flüstert stotternd: »Kommt! Die Gestapo ist weg! Kein Licht! Kriecht bitte so leise wie vorhin in eure Betten zurück. Wärmt euch auf! Dann verreist ihr!« In der Finsternis hangeln wir uns auf dem Bauch liegend Stufe um Stufe an den bedrohlichen Fenstern vorbei nach oben. Unter meiner Zudecke versuche ich, meine Schockstarre, das heftige Zittern und meine innere Eiseskälte zu vertreiben. Unser Haus ist jetzt in schwarzer Stille eingefroren. Im Traum bin ich ein winziger Eisbär. Ein Bär auf schnell tauender Eisscholle, ein Bär, der nicht schwimmen kann. Als ich ins Meer stürze, weckt mich der Lichtkegel von Vaters Taschenlampe. Er legt meinen karierten Stoffkoffer auf den Tisch. »So, meine Kleine, Mami packt ihn für die Reise. Ihr werdet noch heute Nacht in den Zug steigen. Bei Holzers oben in den Bergen beginnt bald der Sommer. Dein Lieblingsspielzeug kannst du in dein rotes Lackköfferchen legen.«

Flucht

Vor meinem Fenster beginnt der frühe Gesang der Amseln. Ich sehe den Umriss meiner reisefertig angezogenen Mutter vor meinem Bett und höre meinen Vater flüstern: »Als die Gestapo mich ankeifte, warum ich sie so lange vor der Haustür habe warten lassen, erklärte ich den Uniformierten, dass ich – wie üblich – bis nach Mitternacht gezeichnet und dann ein Schlafmittel genommen hätte. Das Schwierigste war, nach dem ersten Schellen eure Betten auskühlen zu lassen und alles so herzurichten, als wären sie schon eine Weile nicht mehr benutzt worden. Die Gestapo ist rigoros! Aber der sie begleitende Schutzmann aus unserem Dorf hat glaubhaft versichert, dass ich allein im Haus lebe. Er wiederholte mehrmals: ›Ich kenne diese Familie. Die leben getrennt! Mutter und Tochter sind schon lange nicht mehr in Köln.‹ Mit dieser Aussage verhinderte er die Hausdurchsuchung! Unser Polizist hat uns das Leben gerettet! Ich habe ein Taxi bestellt. Der Chauffeur wartet in der Kaiserstraße.«

Damit unsere Nachbarn unsere Flucht nicht bemerken, verlassen wir den Park noch bei Dunkelheit. Als der Fahrer unser Gepäck in den Kofferraum hebt, sagt mir Vater zum Abschied ins Ohr: »Sobald das Semester vorbei ist, besuche ich euch! Schöne Ferien!« Das Taxi fährt los und Vater schleicht sich allein ins Haus zurück. Auf dem Kölner Hauptbahnhof fingert das erste Frühlicht über die Bahnsteige, die mit Menschen und Lasten überfüllt sind, so als wolle die ganze Stadt fliehen. Ich klammere mich an meinen kleinen, roten Lackkoffer. Mutter müht sich mit unseren beiden großen Gepäckstücken ab, um nah an die Bahnsteigkante zu gelangen. Der Zug läuft endlich mit einer imponierenden Qualmwolke und einem drohenden Zischen auf unserem Gleis ein. Die Reisenden suchen hektisch nach ihrer Wagenklasse, denn es gibt drei verschiedene Kategorien. Vor der Holzklasse drängeln sich ärmlich Gekleidete mit verschnürten Pappkartons, doch genauso rücksichtslos schubsen sich die vornehmen Damen und Herren in die Waggons der ersten Kategorie. Wir finden zwei Sitzplätze in einem Abteil der zweiten Klasse. Als unsere Koffer im Gepäcknetz verstaut sind, setzt sich der Zug unter lautem Gepfeife in Bewegung. Wir verlassen Köln, den Dom, den Rhein. Meine Zuversicht und mein kindliches Vertrauen in eine gute Welt sind wie in einem von Wasserdampf beschlagenen Spiegel erblindet. Allmählich entspannt sich Mutters Gesicht; sie versucht, mich anzulächeln. Doch ich schließe meine Augen. Vater steht wieder auf dem lichterloh brennenden Dach des Nachbarhauses, schüttet Eimer voll Wasser in die Flammen und ringt nach Luft. Auf der langen Reise nach Österreich versuche ich mir selbst zu erklären, was in den letzten Stunden passiert ist. Ich schmiege mich an Mutters Körper. Damit die Mitreisenden nicht hören können, was mich zermürbt, flüstere ich meine Frage in Mutters Ohr: »Warum holt die Gestapo nachts Leute ab?« Erst schweigt sie. Dann beugt sie sich ganz nah an mich heran und haucht so leise, dass niemand in unserem Abteil etwas versteht: »Sie bringen sie weg. Wohin, weiß ich nicht.« »Warum?«, bohre ich weiter. Sie zögert und sagt beinahe tonlos: »Weil sie Juden sind.« »Was sind Juden?« »Das sind Menschen, die einen bestimmten Glauben haben.« »Sind wir beide Juden?« »Nein, meine Kleine, meine Familie ist evangelisch. Du kannst dich später, wenn du groß bist, selbst entscheiden, woran du einmal glauben möchtest.« »Aber warum? Ach, wenn ich das nur wüsste …«

Schon 1935 hatte das Naziregime mit einem Blutschutzgesetz verordnet, dass Ehen zwischen Juden und sogenannten Deutschblütigen zur Reinhaltung des deutschen Blutes als Rassenschande und Rassenverrat mit Zuchthaus bestraft werden.

Ich lasse den Kopf sinken und kaue auf meinen Nägeln. Ein Schaffner kontrolliert unsere Fahrkarten. Mutter zittert leicht. Während uns der Zug nach Österreich stundenlang durchrüttelt, versuche ich, mir den Grund meiner tiefen Traurigkeit Stück für Stück zu erklären. Bis jetzt hatte mich ein alles überstrahlendes Kinderglück davor bewahrt, in dem tiefen Loch der Ängste unterzugehen. Ich bin vier Jahre alt und verliebt, verliebt in Udo. Ich schließe wieder meine Augen. Udo ist mir so nah, als säße er neben mir im Zugabteil. Natürlich trägt er – wie immer – seine Seppelhose mit einem weißen Hirsch zwischen den Hosenträgern und ein rotweiß kariertes Hemd. Wir sind in unserem Spiel versunken. Udo besitzt ein kleines weißes Segelschiff, das wir, mit einem Karbidstückchen gefüttert, in der Badewanne herumflitzen lassen. Wir können das Boot sogar steuern, indem wir es einseitig mit Kieseln belasten. Es schlingert im Kreis, ohne zu kentern. In Udos Spielkiste entdecke ich auch einen kunterbunten Brummkreisel, der sich dreht und ein Kinderlied summt, wenn ich einen roten Holzgriff mit einer Spirale herunterdrücke. Doch dann wird unser intensives tägliches Zusammenspiel unterbrochen, weil in Köln eine

Diphtherie-Epidemie wütet. Obwohl in unserem Haus alles, so gut es geht, desinfiziert wird, stecke ich mich bei Mutter an und muss für einige Zeit isoliert im Bett bleiben. Nur Mutter darf, da sie wieder gesund und immun ist, mit mir Kontakt halten, bis alle meine Symptome abgeklungen sind und die Körpertemperatur wieder normale Werte zeigt. Trotzdem muss ich, um das Herz zu schonen, zur Vorsicht für weitere sieben Tage das Bett hüten. Endlich entscheidet unser Arzt, dass ich wieder Besuch empfangen darf. Ich mag den Herrn Doktor, obwohl er schlecht und zittrig Spritzen setzt. Mutter lobt ihn und behauptet, dass er sehr belesen sei. Mir imponiert, wie er bei schönem Wetter in seinem roten, schnittigen Sportcoupé mit geöffnetem Verdeck bei uns vorfährt, dessen Kühlerhaube provisorisch mit einer Wäscheleine festgezurrt ist, da sie sonst während der Fahrt aufspringt. Der Doktor besucht uns regelmäßig zu Mutters Literatursonntagen, an denen sie im Atelier aus den Romanen ihres Lieblingsautors Marcel Proust vorliest. Mit ihrer ausgebildeten Schauspielerstimme und dem eifrig ausgeschenkten Roséwein versteht sie es glänzend, ihren Freundeskreis zu fesseln. Endlich höre ich das von mir schon seit Tagen gespannt erwartete Knattern des roten Flitzers. Mutter führt den gut gelaunten Arzt an mein Bett. Er erlaubt, dass mich Udo besucht.

»Hurra!« Meine Zimmertür steht weit offen und ich höre Udos Stimme. Er schnauft und stöhnt die Wendeltreppe herauf. Mit seinen dünnen Kinderbeinen ist es ihm kaum möglich, die Balance zu halten, während er seinen voll beladenen und entsprechend schweren Holzkaufladen zu mir hinaufschleppt. Schwitzend und mit rotem Kopf setzt er die Kiste auf meinem Bettrand ab. Alle Schubladen sind neu gefüllt. Aber die winzigen Ata- und Persilschachteln, die glitzernden Fläschchen voller Liebesperlen und die Pfennige aus der Kassenschublade sind beim Transport durcheinandergepurzelt. Wir haben sehr viel zu ordnen und zu erzählen. Natürlich richten wir den Laden neu ein und kaufen und verkaufen, wiegen ab, füllen um und preisen unsere Produkte an. Wir sind so tief in unserem Spiel versunken, als könne es niemals enden. Erst nach Tagen kommt nach gründlichem Kehren und einem Wechsel der Bettwäsche das verloren gegangene Spielgeld wieder zum Vorschein. Das ist ein guter Grund, dieses wichtige Zubehör der Kaufladenkasse bei Udo abzuliefern. Ich schelle an seiner Haustür. Aber niemand öffnet. Ich rufe seinen Namen. Keine Antwort. Täglich stehe ich vor Udos Haus. Mehrere Wochen lang. Doch sein Haus bleibt verschlossen. Niemand lässt mich hinein. Kein Vorhang bewegt sich. Nie mehr…

Wir sitzen in dem Zug, der uns mit jedem zurückgelegten Kilometer aus der Hölle und der Lebensgefahr retten soll. Langsam keimt eine leise Hoffnung in mir auf. Vielleicht gibt es doch noch einen Ort, an dem uns niemand mehr mit teuflischen Absichten abholen wird. Aber: Wo ist Udo?

An der Grenze zu Österreich kontrollieren uns bewaffnete Wachtposten. Sie öffnen unsere Koffer und diskutieren ausführlich über unsere Ausweise. Sie mustern uns und fragen nach dem Grund unserer Reise. Als Mutter käsebleich, aber mit fester Stimme »Ferien« sagt und die Zöllner nur Sommersachen in unseren Koffern finden, dürfen wir nach Österreich einreisen. In Kitzbühel nimmt uns Bauer Holzer nach dieser endlosen Fahrt in Empfang. Er schultert unsere Koffer, verlädt sie auf seinen Traktor und tuckert voraus. Mutter nimmt mich an die Hand. Wir steigen den moosigen und würzig duftenden Waldweg zur Anhöhe hinauf. Als sich der Wald lichtet, liegt das alte Bauernhaus mit seinem tief heruntergezogenen Dach mitten in den blühenden Almwiesen vor uns in der Sonne. Sofort erkenne ich den langen Holzbalkon mit Kästen voller Geranien wieder, die wie ein rosa Vorhang das ganze geschnitzte Geländer verdecken. Obwohl ich noch sehr klein war, als wir hier vor zwei Jahren die Sommerferien verbringen durften, ist mir alles vertraut. Damals konnte ich gerade durch die unteren herzförmigen Öffnungen des Balkongeländers schauen. Jeden Morgen beobachtete ich durch diese Lücke den Bergstock des Wilden Kaisers und verabschiedete mich abends vor dem Einschlafen von den flimmernden Lichtern des Kitzbüheler Tals.

Die umliegenden blühenden Bergwiesen und der Hof verströmen unvergleichliche Düfte von Honig, Heu und Holz, die mich wohlig betäuben. Wir bleiben stehen, ich atme tief ein und spüre, wie das Kölner Inferno langsam im morastigen Abgrund meiner Erinnerung versinkt. Der Anblick der prallen Rinder auf den Wiesen und die Geräusche, die sie beim Wiederkäuen machen, umhüllen mich mit einem lange vermissten Wohlbehagen. Eine gelbe, vollreife Kalebasse-Birne plumpst vor mir ins Gras, und ich beiße lustvoll hinein. Ihr Saft tropft mir süß von den Mundwinkeln. Am Rand eines schmalen Wasserlaufs stelle ich mein Lackköfferchen auf dem unbefestigten Weg ab und pflücke einen Strauß Vergissmeinnicht für unseren Tisch in der Schlafstube. Die Bäuerin läuft uns herzlich lachend in die Arme und streicht mir liebevoll übers Haar. Mit ihr steigen wir die ächzende Holztreppe hinauf. Unsere Zimmertür steht offen. Der Raum ist erfüllt vom Abendlicht und dem frischen Duft des Zirbenholzes. Auch die

Wohlgerüche der rot-weiß karierten Federbetten, die nach parfümierter Seife, frischer Luft und ultravioletter Strahlung riechen, versprechen uns einen festen Schlaf. Auf dem Balkon stelle ich mich auf die Zehenspitzen und erspähe durch die Lücke zwischen den Blumenkästen den Wilden Kaiser. Da die Bäuerin zum Abendessen ruft, wasche ich mir schnell den Staub der Reise und alle ängstlichen Gedanken im angewärmten Brunnenwasser in einer mit Enzian und Edelweiß verzierten Porzellanschüssel ab. Ich weiß, in zwei Wochen beginnen Vaters Semesterferien. Dann werden wir ihn vom Zug abholen! Leichtfüßig hüpft Mutter mit mir die Holzstufen zur Bauernküche hinab, um unsere leeren Mägen mit Bratkartoffeln und Pilzen und Spiegeleiern zu füllen. Nach einem langen, von keinem Alarm unterbrochenen Tiefschlaf und einem deftigen Frühstück erkunde ich am ersten Ferientag die weite Obstwiese. Sie geht ohne Zaun in das Nachbargrundstück von Tierarzt Dr. Nägeli über, der aufgrund von Vaters Anruf aus Köln über unsere Ankunft informiert ist, denn Holzers Hof besitzt keinen Telefonanschluss. Als er in Lederhosen aus seinem Wagen steigt, entdeckt er mich unter dem Birnbaum und ruft winkend: »Grias di, fesches Dirndl, bist aber groß worden! Wo ist dein Vater?« Vater hatte ihn während unseres letzten Tiroler Urlaubes öfter auf seinen Bergtouren zu erkrankten Tieren begleitet. Denn als Sohn eines Veterinärmediziners versteht Vater selbstverständlich, was zu tun ist, wenn eine Kuh nicht richtig kalben kann, ein Pferd einen entzündeten Vorderlauf hat oder ein Schaf abgestürzt ist. Sogar wenn ein Trokarkatheter gesetzt werden muss, um bei Koliken Luft aus dem aufgetriebenen Leib eines Pferdes oder einer Kuh zu lassen, kann Vater, wie er mir erzählt hat, Dr. Nägeli assistieren. Schließlich sammelte er schon als kleiner Junge die nötigen chirurgischen Erfahrungen an seinem Spielzeugross. Noch vor unserer Flucht aus Rodenkirchen schilderte er mir in seiner letzten Gutenachtgeschichte folgende Begebenheit: »Als ich ein Knirps war, ungefähr so alt, wie du jetzt bist, wünschte ich mir ein eigenes Pferd. Plötzlich, stell dir vor, grast am Heiligen Abend ein Spielzeugpferd auf Rädern unter unserem Weihnachtsbaum in Staßfurt. Hochbeglückt besteige ich meine Rosinante und richte mein Stoffpferd zum unverzichtbaren Streitross ab. Schon vor dem Frühstück besiege ich täglich – als kühner Held im Schlafanzug – meine Feinde. Diese wilden Reitgefechte, bei denen ich alle Schatten an der Flurwand bekämpfe, bringen deine Großmutter schnell zur Verzweiflung. Denn nach kurzer Zeit haben nicht nur die Möbel im Flur stark gelitten, sondern auch mein Streitross zeigt Blessuren.

Ich stoße mich mit den Füßen vom Holzboden ab und erreiche dank der Rollen unter den Hufen ein rasantes Tempo. Da es nicht immer gelingt, mein sich aufbäumendes Pferd rechtzeitig abzubremsen, sieht mein tapferer Hengst schon nach kurzer Zeit so elend aus, dass ich ihn untersuchen muss. Also schleiche ich mich frühmorgens, während alle noch schlafen, in die Küche und hole ein scharfes Messer aus der Schublade. Um mein geschundenes Tier zu operieren, lege ich es auf die Seite und schneide seine Bauchnaht auf. Als ich forsche, welches Organ erkrankt ist, stelle ich fest, dass jemand den ganzen Körper mit Rosshaar ausgestopft hat. ›Wer hat das dem Tier zu fressen gegeben?‹, rufe ich entsetzt in das noch stille Haus ›Pferde benötigen Heu!‹ Ich schluchze so laut, dass meine Mutter aus dem Schlafzimmer gerannt kommt und sich die Bescherung ansieht. Sie nimmt mich in die Arme und kann mich erst trösten, als Väterchen mich mit dem Versprechen beruhigt: ›Heinrich, bei meinem nächsten Arztbesuch darfst du mich begleiten und ich zeige dir, wie eine echte Operation verläuft.‹ Nach diesem dramatischen Hinscheiden meines Streitrosses sitze ich, der kleine Hussi, nun öfter stolz hoch oben auf dem Kutschbock an Vaters Seite neben seiner Arzttasche. Nur wegen der vorgespannten Pferde, welche die armseligsten Klepper in ganz Staßfurt sind, geniere ich mich und ziehe meine Mütze tief ins Gesicht. Väterchen lächelt darüber, denn er gewährt als Direktor des städtischen Schlachthofs seinen alten Gäulen das Gnadenbrot. Mit erhobenem Haupt und freundlich den Hut ziehend, rollt er an den edlen Kutschen und den reinrassigen Rössern der Salzbarone vorbei. Diese wohlbetuchten Herren mit den feinen Fuhrwerken trifft er regelmäßig bei den Zusammenkünften in der Loge der Freimaurer. Über seine Tätigkeit dort als Logenbruder bewahrt er vor uns nach dem Gesetz absolutes Stillschweigen.« Bevor sich Vater von mir mit einem Gutenachtkuss verabschiedet hatte, fügte er noch feierlich hinzu: »Merke dir das, unsere gesamte Familie hat immer nach den strengen, ethischen Satzungen der Loge gehandelt: Menschlichkeit, Brüderlichkeit, Toleranz, Friedensliebe und soziale Gerechtigkeit!«

Als ich den Tierarzt Herrn Dr. Nägeli mit Knicks begrüße, streckt mir Anderl, der jüngste Sohn der Holzers, seine Zunge entgegen. Anderl verachtet mich als Mädchen und Stadtkind. Er findet mich blöd, weil ich so vieles vom Leben im Gebirge nicht kenne. Aber ich bin für ihn doch noch besser als Langeweile, und nur deshalb spielt er gnädig mit mir. Schon am nächsten Tag schlägt er mir eine riskante Unternehmung vor. Auf keinen

Fall will ich versagen. Das oberste Tor der hohen Tenne von Dr. Nägeli steht offen. Hier lehnt eine lange, steil gestellte Holzleiter. Anderl klettert so behände wie ein Affe hoch und ruft: »Kimm aufi, Angsthas! Kimm!« Und noch einmal: »He, kimm aufi, du Memme! Kimm!« Also hangle ich mich mit weichen Knien Sprosse für Sprosse die wackelnde Leiter hinauf und winde mich um den Holm der obersten Stufe herum auf den Heuboden. Anderl reicht mir seine dreckige Hand und nickt. Als ich mich aufrichte und in den Abgrund blicke, wird es mir schwindelig. Ich sinke auf die Bretter ins Heu und höre, wie Anderls ältere Schwester zum Essen ruft. Mein pfiffiger Freund flitzt blitzschnell die Sprossen hinunter, dreht den Kopf nach oben, streckt mir wieder die Zunge heraus und feixt: »Stadtkind!« Ich bibbere! Mein Wimmern wird so laut, dass es der Treckerfahrer hört, der gerade in den Hof einfährt und den Motor abstellt. »Na mei! Grias di! Na, wos is, Madl? I steig scho aufi! Arschlings gehts ochi!« Mit Vorsicht packt mich Jakobs brauner, muskulöser Arm und dirigiert mich sicher rückwärts zur Erde hinunter. »Des machst nimmer! Madl!« An der Pumpe beruhige ich schnell mein verheultes Gesicht im eiskalten Quellwasser, trockne mich an der Dirndlschürze ab, biege um die halb geöffnete Küchentür und nehme neben Mutter Platz. Sie schiebt mir ein hart mit Heu ausgestopftes Polster mit Kreuzstichstickerei unter, auf dem in einem roten Herz ein Paar in Tracht tanzt. Auch die Bauernfamilie hat sich schon um den langen Holztisch versammelt. Anderl schaue ich nicht an. Aber mir fällt auf, dass meine zarte Mutter sehr fremd aussieht zwischen den Tiroler Bauern mit ihren wettergegerbten, faltigen Gesichtern, den kräftigen, abgearbeiteten Händen und der strapazierten Arbeitskleidung. Jetzt geht es in der Küche laut und turbulent zu, niemand beachtet mein verheultes Gesicht. Es wird erzählt, gefragt und erregt diskutiert. »Was haben die Bombardements in Köln schon verwüstet? Steht der Dom noch? Was berichtet aktuell der hiesige Rundfunk nach der Annexion Österreichs an das Deutsche Reich? Wie geht es den Juden?« Die Gräueltaten gegen Juden scheinen auch hier in Österreich beängstigende Ausmaße anzunehmen. Mutter wird immer blasser und schweigt. Mit großen Löffeln essen wir Bratkartoffeln mit Tomaten und Fleischstückchen, direkt aus einer schwarz verbrannten Eisenpfanne, die in der Tischmitte dampft. Dazu trinken wir frisch gemolkene, noch warme Kuhmilch aus Steingutbechern. Bald kommt Vater!

Wir sind wieder zu dritt. Fest in den Händen meines Vaters und meiner Mutter verankert, wandern wir auf steilen Wegen durch blühende Wiesen.

Teppiche von buttergelben Schlüsselblumen, umkränzt von zarten weißen Kamillen, Margeriten und kobaltblauen Stocknägeln und die sich im Wind wiegenden Gräser verwandeln die Welt in ein duftendes, vielfarbiges Eden. Das lichte Blau des Vergissmeinnichts an den Bachrändern, das warme Gelb der Arnikablüten, die vielfarbige Akelei, die pelzigen Silberdisteln und das Purpurrot des Wiesenklees locken feenhafte Falter, schillernde Käfer, Bienen, Hummeln und Grashüpfer an. Wir entdecken immer neue kleine Wiesenbewohner, die alle fleißig ihren von der Natur erteilten Auftrag erfüllen. An den Rändern eines über Geröll plätschernden, eisigen Bergbachs, den wir barfuß durchwaten, schneidet Vater mit seinem Taschenmesser lange Binsen ab. Die Sonne brennt. Die Duftstoffe aus Baumharz, Honig, Wiesenkräutern und reifen Früchten und das Gesumm der Insekten betören meine Sinne und verzögern meine Schritte. Im Schatten einer Zirbe zeigt Vater mir, wie wir aus diesem Riedgras Figuren flechten können. Mit seinen geschickten Händen zaubert er Kühe, Schafe, ein Pferd, während Mutter eine Frau mit weitem Rock und einen Mann mit langen Hosen bastelt. In Vaters Baskenmütze trage ich die empfindlichen Binsenfiguren vorsichtig zu einem besonnten, abgeholzten Abhang, wo wir das passende Material für das Herstellen eines kleinen Bauernhofes finden. Für das geflochtene Paar errichten wir aus herumliegenden Zweigen an einem hohlen Baumstumpf Zäune und Stallungen und aus abgeplatzten Rindenstücken Wände und ein Dach für das zwergenhafte Wohnhaus. Während ich einen bunten Blumengarten aus Blütenblättern gestalte, ruft uns die Turmuhr aus dem Tal mit sechs Glockenschlägen zum Nachtmahl. Jedoch bevor wir uns von unseren Binsenleuten verabschieden, koche ich noch schnell für sie eine Suppe aus dem Regenwasser im Baumstumpf. Vater spielt dazu auf seiner kleinen Mundharmonika eine frei erfundene Melodie. Im Rhythmus seiner zärtlichen Töne hüpfen wir drei, von der Abendsonne gerötet, vergnügt summend den Hang hinab.

In der warmen Küche von Holzers rutschen alle am Tisch eng zusammen. Die letzten Strahlen der untergehenden Sonne blinzeln durch die rot-weiß karierten Vorhänge und streicheln über den weißen Speck, das knusprige Brot, den selbst mit Gartenkräutern gewürzten Quark, über die glänzend roten Tomaten und die kleinen krummen Gurken aus dem Hintergarten. Die Milch in meinem Becher ist noch kuhwarm und das am Brunnen frisch gepumpte eiskalte Wasser aus dem Krug frostet die Zähne. Alle schwätzen vergnügt durcheinander und lachen. Der Bauer öffnet eine Flasche Tiroler Rotwein, der ausgeschenkt viel zu kurz in den Gläsern wie Rubine funkelt. Wir Kinder kichern und prosten uns mit Kirschlimonade zu.

In den ersten Nächten schrecke ich immer wieder nass geschwitzt aus meinen Angstträumen hoch, denn ich glaube, Kölner Sirenen zu hören. Doch es ist nur der rufende Waldkauz im Birnbaum. Langsam taut meine gefrorene Seele auf, und ich träume von meinen mächtigen Kastanien im Parkgarten, von der verlorenen Perle im feinen Sand am Rheinufer, von meinen Bilderbüchern und von meinem Freund Udo. Wenn ich hochschrecke, erahne ich im sanften Dunkel meine karierte Tiroler Bettwäsche: »Hier in den Bergen kann uns nichts geschehen.« Meine Gedanken wandern weiter zu den stillen, friedlichen Abenden in Rodenkirchen, an denen ich im Atelier auf die Rücklehne von Vaters Stuhl klettern darf, wenn er an seinem Tisch arbeitet. Möchte Vater nicht gestört werden, da er an einer Urkunde schreibt und mit sicherer Hand kunstvoll Worte oder besondere Flächen auf dem Pergament vergoldet oder eine Reinzeichnung als Druckvorlage für Bucheinbände anfertigt, verziehe ich mich auf das Sofa, blättere still in unseren Kunstbänden und bestaune die großen Meister. Auch hier in Tirol spüre ich jetzt Vaters Körperwärme, den Geruch seiner weißen Haare und den Duft seines Rasierwassers, wenn er sich zu mir herunterbeugt und geduldig meine vielen Fragen beantwortet. An Vaters Seite fühle ich mich geborgen und erkenne glücklich, dass auch Mutter, jung und schön, wieder lächelt.

An diesem strahlenden Morgen sitzt Vater leise singend auf einem Hackklotz unter dem Birnbaum und schnitzt mir aus einem Tannenscheit eine kleine Pfeife. Er durchbohrt sie und zeigt mir, wie ich mit dem Pfeifchen und Seifenwasser schillernde Blasen zaubern kann. Die Bienen umsummen den Birnbaum, weiße Wolkenpakete segeln über die gezackten Wipfel des Wilden Kaisers. Ich fühle mich so schwerelos als sei ich ein Schmetterling.

»Hallo!« Ein zweites näherkommendes Hallo schießt wie ein Pfeil in unser vollkommenes Glück. Mutter schaut vom Balkon herunter. Ich springe von der Deichsel des Heuwagens. Ein eilig den Berg heraufhechelnder Briefträger ruft: »Post! Post aus dem Deutschen Reich! Für den Herrn Professor!« Vater lässt sein Taschenmesser fallen, läuft dem Briefträger entgegen und nimmt einen behördlichen Umschlag in Empfang. Wie vom Blitz getroffen, entweicht alles Leben aus seinem Gesicht. Er wirkt so elend, wie ich ihn nur einmal gesehen habe, als er vor unserem Gartentor die Eierhandgranate aus meinen Händen nahm. Hastig öffnet er das Kuvert, dreht sich von mir weg und reicht meiner herannahenden Mutter wortlos das amtliche Schreiben: »Sofortiger Stellungsbefehl an die französische Front!« Fast tonlos sagt Vater: »So ein Wahnsinn! Meine beiden Liebsten, ich muss euch verlassen.« Er zögert. Dann fährt er mit schwacher Stimme fort: »Aber ich komme wieder! Ganz bestimmt! Das verspreche ich euch.« Plötzlich sieht Vater alt aus. Vater, der jede Form von Krieg als bekennender Pazifist strikt verurteilt, muss nach seinen entsetzlichen Erfahrungen im Ersten Weltkrieg wieder an die Front. Direkt in die Hölle! In die Hölle, in die er als Sechzehnjähriger gezwungen wurde, im Schützengraben Leichen zu sortieren. »Diesen Ort der Vernichtung habe ich überlebt. Wie durch ein Wunder!«, flüstert er vor sich hin. Dann nimmt er Mutters und meine Hand, schaut uns in die Augen und sagt mit fester Stimme: »Auch dieses Mal werde ich wiederkommen. Bestimmt!«

Wir verabschieden uns in der Dunkelheit des folgenden beginnenden Morgens. Mit jedem Schritt, mit dem sich Vater von uns entfernt, schwindet mein Glück. Mutter versucht, mich zu trösten, doch auch sie kommt mir so schwach und hilfsbedürftig vor, dass ich mich an sie schmiege.

Die nachfolgenden Wochen verstreichen freudlos. Ich laufe mit Vaters handgearbeiteter Holzpfeife im Mund ziellos umher. Seine aus Tannenholz geschnitzten Pferde, Schafe und Kühe vor meinem Bett sind nur noch lebloses Holz. Der Sommer ist vorbei, Nordwind pfeift über das Gebirge, ein Gewitter zerrupft die Geranien, die karierten Federbetten wärmen nicht mehr. Es gibt keine Heizung im Bauernhaus und kein fließendes Wasser. Frau Holzer versucht uns zu verwöhnen, indem sie morgens Wasser aus der Pumpe im Hof auf dem Kohlenherd anwärmt und es uns in einer Kanne für unsere Waschschüssel vor die Tür stellt. Am Ende unseres Flurs zieht es auf dem breiten Sitzbrett des Aborts aus Kiefernholz über der Jauchegrube. In den vier runden Öffnungen in den unterschiedlichen Größen für Kinder und Erwachsene pfeift der Wind. Der Stapel der in handliche Vierecke gerissenen Innsbrucker Nachrichten ist aufgebraucht. Dieses Klosett stinkt, obwohl wir nach jedem Gang zur Toilette eine Schippe Kalk in die Grube werfen. Es wird so bitterkalt, dass ich während meiner schmerzhaften Blasenentzündung meine Holztiere in mein gesmoktes Sommerkleid wickle, Mutter unsere Koffer packt und wir das alte Bauernhaus verlassen. Die fürsorgliche Familie Holzer, die uns fest in die Arme nimmt, vertröstet uns auf den nächsten Sommer. Anderl dreht mir beim Abschied den Rücken zu und steckt seinen Daumen in den Mund. In der Nacht rieselte der erste Schnee, der mich betäubt und der alle Geräusche des Alltags verschluckt. Mich friert!

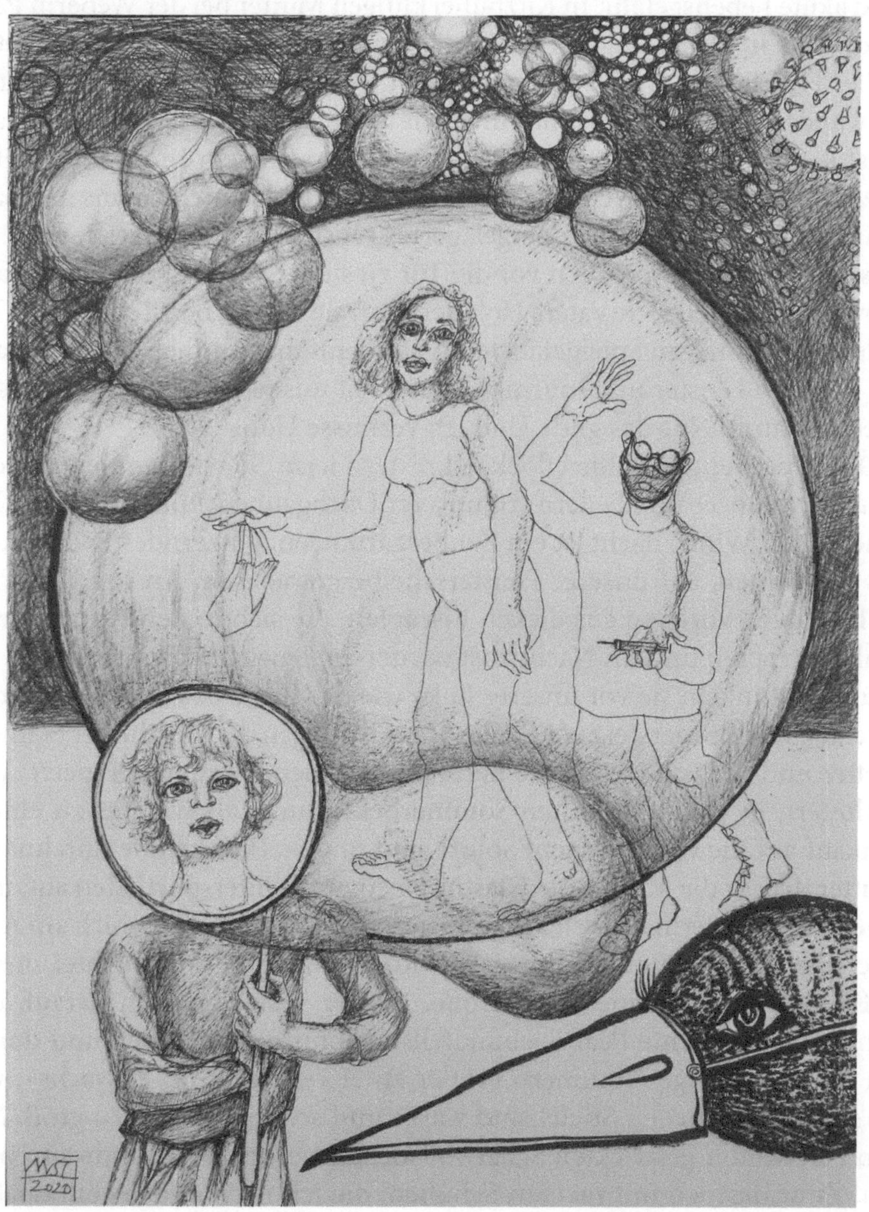

Vaters Heimkehr

Wir können nicht nach Köln zurückreisen. Durch den Naziterror und die anhaltenden Bombardierungen besteht für Mutter und mich in Deutschland akute Lebensgefahr. In Kitzbühel klingelt Mutter bei der Weberin Paula, die uns in ihrem engen Haus eine preiswerte Dachkammer vermietet. Voller Herzlichkeit richtet sie auf einer Liege für Mutter ein Bett her und verwandelt ein schmales Sofa für mich abends in einen Schlafplatz. Paula ist klein und gedrungen, ihr Rücken wölbt sich gekrümmt vom vielen Sitzen am Webstuhl. Wenn sie die knarrenden Holzstufen zu uns mühsam hinaufsteigt, um uns etwas eingelagertes Obst aus ihrem Garten oder etwas Kuchen aus ihrem Ofen vor die Tür zu stellen, höre ich sie schnaufen. Vor dem Sofa stelle ich Vaters Holztiere auf, sie sind neben Teddy und Gudula meine einzigen Spielgefährten. Vater fehlt mir! Immer wieder schaue ich aus dem Fenster und murmle: »Vater hat uns fest versprochen, dass er wiederkommt. Nur das gilt!« Und ich vermisse Udo.

Die schwebenden Schneeflocken knistern leise. So wie das Gefieder der Tauben, wenn sie ihre Federn vor unserer Dachgaube schütteln. In der klirrend kalten Winternacht ist ein Zaubergarten, ein glitzerndes Spitzentuch aus Eisblumen, auf unserer Fensterscheibe gewachsen. An der Dachrinne hängt ein Vorhang aus dicken Eiszapfen, die sich in der Mittagssonne schlank tropfen und im Nachtfrost wieder an Gewicht dazugewinnen. Im Frühlicht funkeln sie vor unserer Luke wie das Bleikristallglas alter Kronleuchter. Der Bürgersteig vor Paulas Haus ist wegen der Gefahr der Schneebretter und der wie Geschosse herunterfallenden Eiszapfen gesperrt. Wir schlottern in unserer dünnen Sommerbekleidung, als wir uns zu einem Einkauf auf die Gasse wagen. Sofort sind unsere Halbschuhe durchnässt. Mutter drückt die klingelnde Glastür zu einem Wintersportladen auf, und eine dralle Tirolerin im weit ausgeschnittenen Dirndl nimmt mich am Arm und führt mich zu einem speziellen Röntgengerät, durchleuchtet meine Füße und nennt meine Schuhgröße. Mutter besteht jedoch darauf, das von mir ausgesuchte Paar Seehundfellstiefel mit silberweißen und dunklen Punkten einige Nummern größer zu erwerben. »Auf Zuwachs«, wie sie sagt. Meine neuen Stiefel sind warm und schön und viel zu groß. Mit den von Mutter gestrickten Schafwollsocken werden sie irgendwann passen. Zwar darf ich mit meinen Schuhen, die ich nach den Seehundbabys

»Heuler« nenne, nie in die Pfützen patschen, aber im Schnee knirschen sie bei jedem Schritt, und ihre Profilsohlen hinterlassen ein lustiges Zickzackmuster. Mit meinen Heulern, der wärmenden Skihose und meinem neuen weißen Pullover mit den braunen Sternen kann ich den Winter überstehen! Gleich nach unserer Ankunft bei der Weberin zerpflückte Paula Schafwolle vor unseren Augen zu Flocken und brachte Mutter auf dem alten Spinnrad, das neben meiner Liege steht, das Spinnen bei. Bei regelmäßigem Treten des Pedals bildeten sich aus den Wollflocken immer gleichmäßigere und haltbarere Fäden, die ich vorsichtig zu Knäueln aufwickelte. Abend für Abend klapperten in unserer engen Stube gemütlich Mutters dicke hölzerne Stricknadeln, bis ich einschlief.

Mit diesem kratzigen Schafwollpullover über der Sommerbluse und der noch zu langen Skihose marschiere ich in viel zu großen Seehundstiefeln mit Mutter hinauf zum Schloss »Lebenberg«. Wie von der Zeit vergessen, verwittern die Gebäudeteile des Grafen Schlick in dieser unberührten Schneewelt stumm vor sich hin. Doch dann höre ich von ferne ein Sausen, Knirschen und Jubeln. Nach einer Kurve beobachten wir am Rande der Hahnenkammabfahrt Skiläufer, die mit eleganten Schwüngen in halsbrecherischer Geschwindigkeit, wie zu tief fliegende Vögel, über den Steilhang sausen. Voller Enthusiasmus kommentiert Mutter fachkundig die Körperhaltung der Läufer, ihre Schwünge und die modischen Outfits. Sie erzählt mir, wie sie in früheren Jahren im Winterurlaub mit Vater in Corvara jeden Morgen mit Fellen unter den Skiern mühsam die steilsten Abhänge hinaufstieg, um dann von der intensiven Sonnenbestrahlung braungebrannt, die Skistöcke schwingend, hinunter ins Tal zu wedeln. Sehnsüchtig verfolgen meine Blicke die jauchzenden Pistenartisten und die Kinder, die auf einem kleinen Hügel in einer Skischule den Schneepflug üben. »Möchtest du es auch einmal probieren?« Nach meinem »Oh ja!« rutsche ich am Tag darauf, angemeldet in der Zwergenschule, mehr auf meinem Hosenboden als auf den geliehenen Minibrettln den Übungshügel hinunter. Doch schon nach wenigen Tagen kann ich auf den Skiern das Gleichgewicht halten, den richtigen Hüftschwung, das Wedeln, das Abbremsen genießen und neben dem feschen Skilehrer, den Rücken zum Katzenbuckel gebeugt und die Skistöcke unter die Achseln geklemmt, in Eiform den steilen Abhang hinabgleiten. Mein rauschartiges neues Glücksgefühl beim Stieben durch den Schnee wird am Ende des bestandenen Kurses mit einem »Uller« belohnt. Als ich Paula stolz die rote Kunststoffmedaille, den Talisman der

Skifahrer, zeige, weist sie auf das Kalenderblatt in ihrer Stube: »Schau, heute ist der 6. Dezember.« Sie blickt mir ernst in die Augen und fragt mich, ob ich auch das ganze Jahr über brav und folgsam gewesen sei. »Heute Abend kommt der heilige Nikolaus, der die lieben Kinder belohnt mit seinem Helfer Krampus, dem kohlenschwarzen Mann, der die unartigen Kinder bestraft und sie in einen Sack steckt.« Mir hatten die Kinder der Skischule schon ins Ohr geflüstert: »Der Weihnachtsmann ist nett. Aber vor dem Krampus nimm dich in Acht! Vor dem fürchten wir uns alle!«

Als es draußen dunkel wird, stürmt und schneit es vor unserem Mansardenfenster. Der Wind heult im Kamin. Mutter zündet eine Kerze an. Ich knie auf Paulas handgewebtem Streifenteppich und sortiere meine Holz- und Binsenfiguren. Meine Gedanken sind bei Vater an der Front. Er hat es versprochen. Er kommt wieder! Plötzlich ein Knarren auf den alten Stiegen. Ein Stöhnen und Ächzen, ein Kettenrasseln, Trampeln und Poltern, das so grässlich klingt, dass ich glaube, jetzt rückt wieder die Gestapo an. Eine krächzende Stimme ruft meinen Namen! Jetzt scheppert es genau vor unserer Stube! Die Tür springt auf. Da steht er im düsteren Treppenhaus! Der schwarze Mann im Schatten des Heiligen Nikolaus! Der dämonische Krampus, vor dem alle Kinder vor Angst schlottern. Er beugt sich mit seinem kohlschwarzen Gesicht über mich, mit einer Rute in der Hand und Ketten über der Schulter. Seine rote Zunge hängt weit heraus. »Bist du auch brav gewesen?« Ich brülle los, brülle mir die Seele aus dem Leib, als schlage mein letztes Stündchen! Mutter drückt mich an sich. Da geht das Flurlicht an. Unter Tränen sehe ich, wie der Heilige Mann mit seinem weißen Rauschebart im roten Mantel den Krampus unsanft beiseiteschiebt, als er auf den geschulterten Sack vom Nikolaus zeigt: »Da hat der gute Mann böse Kinder drin!« Und wieder rasselt der Krampus mit den Ketten. Ich denke an unseren Kohlenkeller. An die Männer, die meine Mutter und mich abholen wollten. Ich glaube, dass der Sack nur dafür da ist. Doch Nikolaus stellt gutmütig knurrend seinen Sack auf die Erde. Er öffnet ihn und kramt Äpfel, Nüsse und ein Kinderbuch hervor und legt die Gaben auf unseren Tisch: »Komm her, du liebes Kind, du warst doch immer artig!« Langsam ebbt mein Geschrei ab, geht in ein Schluchzen und dann in leises Wimmern über. Während Mutter mir meine laufende Nase putzt, erkenne ich durch den Schleier meiner verheulten Augen, dass sich der Krampus einen schwarzen Strumpf mit einer angenähten Filzzunge über das Gesicht gezogen hat. Und dass es Schneeketten für Autos sind, mit denen er diesen Höllenlärm erzeugt. Die sanfte Sprache des Nikolaus und seine beruhigenden Sätze klingen wie die warme Stimme von Paula. Jetzt fallen mir auch unter dem Weihnachtsmannkostüm die beiden Hügel ihres üppigen Busens auf. Die goldene Tiara ist ja nur aus Pappe! Auf einmal erinnert mich die ganze Maskerade an unseren Kölner Karneval. Niemals hätte ich in diesen kleinen Sack des Nikolaus hineingepasst.

Nach diesem Schrecken des Nikolausabends nähert sich das Weihnachtsfest. In allen Schaufenstern der Geschäfte in Kitzbühel flirrt Lametta. Dicke Glaskugeln glänzen zwischen Dirndln, Pullovern und Skistiefeln, zwischen Tiroler Speck und Würsten, Broschen und Ringen, Brotlaiben und Torten. Wenn sich die Tür des Cafés öffnet, weht der Duft von frischen Hefezöpfen, Plätzchen, Anissternen und Zimtkipferln auf den Gehweg. Auf den Weihnachtsbäumen vor den Portalen der Katharinenkirche und der alten Liebfrauenkirche, von deren Turm die wohlklingendsten Glockentöne Tirols bis in die höchsten Berggipfel fliegen, leuchtet der Schnee besonders geheimnisvoll. Alles beginnt in der eiskalten Luft in der Dämmerung zu glitzern und zu flackern. Und über dieser irdischen Pracht funkelt der unendliche Sternenhimmel. Ob Vater in diesem Augenblick dieselben Sterne sieht? Mutter deutet auf die Milchstraße und erklärt mir, dass die Galaxie in der Tiefe des Alls aus einer Anhäufung unermesslich vieler Sterne besteht und dass einige Sterne, wie wir Menschen, Namen tragen und einem Verirrten den Weg zeigen können. Als plötzlich alle Glocken von den Bergen herunter und aus den Tälern herauf den Heiligen Abend einläuten, beeilen wir uns, in unsere warme Kammer hinaufzusteigen. Mutter eilt voraus. Mit steif gefrorenen Händen öffne ich unsere Zimmertür und bleibe mit offenem Mund stehen. Vor meiner Liege brennen auf einem kleinen Tannenbaum rote Weihnachtskerzen. Natürlich hat dieses Wunder während unseres Spaziergangs heimlich ein Engel vollbracht, der das Bäumchen auch noch mit roten Äpfeln, Lametta, Zuckerkringeln und Bonbons geschmückt hat. Versteckt unter Tannenzweigen entdecke ich ein hölzernes Pferd mit einem mit Plätzchen gefüllten vierrädrigen Wagen.

In dieser Nacht überfällt mich Schüttelfrost. Das Fieber steigt und steigt. Ich bin kaum noch ansprechbar und bekomme kaum Luft. Nach vielen Telefonaten kommt endlich ein Arzt. Mit besorgtem Gesicht weist er auf eine gefährliche Masernepidemie hin, die in Kitzbühel grassiert. Er findet bei mir die verräterischen Verfärbungen zwar nicht auf der Haut, aber im

Mund. Ich müsse sofort in ein Krankenhaus gebracht werden, da auch eine beidseitige Lungenentzündung dazugekommen sei. Verzweifelt sucht Mutter nach einer Fahrgelegenheit, denn in den Kriegswirren, die auch unsere Region erreicht haben, werden alle verfügbaren Autos für militärische Zwecke beschlagnahmt, die Straßen sind zugeschneit und noch nicht geräumt. Endlich treibt Paula einen Fahrer auf, der noch ein altes Vehikel besitzt. Zwar ohne Fensterscheiben, aber mit einem Kanister Benzin für den Motor. Mutter umhüllt mich mit unseren Bettdecken, nimmt mich auf dem Rücksitz auf ihren Schoß und versucht, mich, so gut sie kann, vor dem frostigen Fahrtwind zu schützen. Endlich Kufstein! Im Hospital isoliert mich eine Schwester in einem winzigen gekachelten Bad von der Außenwelt. Da es kein freies Bett mehr gibt, verfrachtet sie mich, in einige Decken gehüllt, in eine Badewanne und schließt mich an eine Sauerstoffflasche an. Da ich nicht mehr ansprechbar bin, versendet der Chefarzt ein Feldposttelegramm an Vater, in dem er beglaubigt, dass seine Tochter im Sterben liege. Der Soldat müsse sofort Fronturlaub beantragen, falls er sein Kind noch lebend sehen möchte. Erst nach Tagen gibt es wieder einen kleinen Grund zur Hoffnung. Das Fieber sinkt. In meinem vernebelten Zustand weiß ich nur eins: »Ich muss kämpfen! Ich muss gesund werden. Ich will Vater wiedersehen!«

Der eisige und schneereiche Winter hat ganz Europa fest im Griff. Als Vater das Telegramm seinem Vorgesetzten zeigt, gewährt dieser ihm ausnahmsweise einen kurzen Fronturlaub. Alle Verkehrsverbindungen sind kriegsbedingt beeinträchtigt und zusätzlich durch Schneemassen und Glatteis gesperrt. Vater irrt von Bahnhof zu Bahnhof, bis es ihm gelingt, einen Güterzug ausfindig zu machen, der in Richtung Süden fährt. Nach bitterkalten Tagen und Nächten und Zwischenaufenthalten in unbeheizten Waggons endet er schließlich in Wörgl. Er schleppt sich von Hospital zu Hospital. In Kufstein fragt er wieder nach Monika und erhält immer die gleiche Antwort: »Es sterben jetzt so viele Kinder an den Masern! Wir können Ihnen keine Auskunft geben.« In tiefer Nacht erreicht er mit letzter Kraft Paulas Haus, wo ich noch schwach, aber wieder genesen auf meiner Liege schlafe. Vater schellt am Hauseingang. Er klopft und ruft, bis Paula endlich schlaftrunken um Mitternacht öffnet. Sie stößt einen Schrei des Entsetzens aus, der auch uns aufweckt, da sie den verschmutzten, bärtigen Mann in Soldatenuniform nur an seiner Stimme wiedererkennt. Sie stützt und schiebt den Kranken ins Haus und die Treppe zu uns hinauf. Mit hochrotem Gesicht und einer versagenden Stimme fällt der Soldat vor unseren Füßen zu Boden. Ich verstecke mich hinter dem Vorhang. Fassungslos haucht meine Mutter: »Hussi!«

Dieser verdreckte Fremde mit Bart ist auf gar keinen Fall mein Vater! Auch wenn er »Meine Kleine!« haucht. Er zittert vor Schüttelfrost, hustet und schnappt nach Luft. Während Paula durch den Schnee läuft und wieder den Arzt aus seiner Nachtruhe klingelt, entkleidet Mutter den verwahrlosten, abgemagerten Mann. Sie wäscht ihn und hebt ihn in ihr Bett. Am Morgen überweist der Arzt ihn sofort in ein Militärkrankenhaus. Sanitäter kommen und tragen ihn auf einer Bahre durch das enge Stiegenhaus wieder nach unten. Der Mann schaut sich noch einmal kurz um. Er winkt und lächelt im Fieber: »Meine Kleine. Ich bin wieder bei euch!«

Am nächsten Morgen stapfen wir durch den Schnee zum Lazarett, das außerhalb des Ortskerns liegt. Ein verständnisvoller Militärarzt im weißen Kittel begrüßt uns und kann uns beruhigen. »Gleich dürfen Sie von der Tür aus dem Patienten zuwinken. Er leidet an einer Angina und einer Lungenentzündung mit hohem Fieber. Er ist sehr geschwächt. Wir versuchen alles, dass es dem Kranken bald besser gehen wird!« Er streichelt mir über das Haar: »Mach dir keine Sorgen, wir pflegen deinen Papi wieder gesund. Er wird so lange bei uns bleiben, bis hoffentlich bald der Krieg zu Ende ist!« Dann öffnet der Doktor die Tür zu einem weiß gestrichenen Zimmer. Vater, der mit mehreren Patienten den kleinen Raum teilt, liegt an der Wand. Er ist rasiert, gewaschen und mit einer Lazarettdecke zugedeckt. Er fiebert. Aber er öffnet die Augen und winkt und lächelt. Ja! Das ist mein Vater.

Wir besuchen Vater täglich. Nach einigen Wochen bringt eine südliche Strömung Wärme über die Berge, und die Schneeschmelze setzt ein. An allen Straßenrändern gurgelt das Tauwasser in den offenen Kanälen. Klirrend fallen Eiszapfen von den Dächern, die Luft duftet nach frischer Erde. Bald kehren auch die Vögel zurück und beginnen zu zwitschern, während im Tal auf den Blumenwiesen die ersten erblühten Obstbäume in ihren weiß-rosa Schleiern wie Ballerinen tanzen. Vater sieht immer gesünder aus. Er bekommt so viel zu essen, dass er uns heimlich kleine Portionen Butter, Käse und Wurst in unsere Tasche steckt. Einmal in der Woche finden im Lazarett die gefürchteten Kontrollen durch das Militär statt. Die gesunden und wehrtauglichen Soldaten werden sofort wieder zurück an die Front abkommandiert. Pünktlich steigt dann Vaters Körpertemperatur zu Fieber an. Er reibt heimlich unter der Bettdecke die Quecksilbersäule des Thermometers auf 39 Grad hoch und der Arzt, dessen Einverständnis er hat, sagt jedes Mal mit Besorgnis im Blick zu den Inspektoren: »Bei diesem Patienten will das Fieber einfach nicht sinken, es ist eine selten schwere und sehr ansteckende Infektion.« Auf dem Heimweg verrät mir Mutter Vaters Trick. Weil sie als Schülerin die Schule schwänzen wollte, produzierte sie wochenlang mit dieser Methode eine erhöhte Temperatur. Meine Großeltern und der Kinderarzt waren ratlos. Sie befürchteten bei ihr eine unerkannte, schwere Erkrankung, obwohl das hübsche Kind recht prächtig aussah. Plötzlich hatte der Doktor eine geniale Idee und schob der kleinen Traute sein eigenes Thermometer unter die Zunge. Sie war völlig gesund. Ihr sich schon früh zeigendes Schauspieltalent hatte ihr gemütliche und rundherum verwöhnte Wochen mit spannender Lektüre und bevorzugten Menüs im kuscheligen Bett beschert.

Wenn die schon kraftvolle Frühlingssonne eine windgeschützte Ecke im Hospitalgarten erwärmt hat, dürfen die Patienten, in Militärdecken eingewickelt, die würzige Bergluft im Freien genießen. Mutter verbringt mit mir diese sonnigen Nachmittagsstunden neben Vaters Liegestuhl unter einem der blühenden Apfelbäume. Endlich darf Vater spazieren gehen. Während seines ersten Ausflugs außerhalb des Spitals legt er zärtlich seinen Arm stützend auf meine Schulter. Er beugt sich zu mir herunter: »Du hast mir mit deinen schlimmen Masern das Leben gerettet. Von der Front wäre ich ohne deine schwere Erkrankung niemals lebend zurückgekehrt.« Seine Worte geben mir das erste Mal das Gefühl, zu etwas nütze zu sein. Langsam bummeln wir mit Mutter zur Liebfrauenkirche und betrachten schweigend das Deckenfresko, welches die Aufnahme der Madonna in den Himmel versinnbildlicht. Lange muss ich über dieses mir seltsam vorkommende Werk nachdenken. Denn dem Kitzbüheler Künstler Faistenberger war es 1738 gelungen, die Kirchendecke so täuschend realistisch zu gestalten, dass jeder Betrachter den Eindruck gewinnt, durch diese Wandmalerei öffne sich die Kuppel und die Madonna schwebe mit Christus, Engeln und Heiligen hinaus in den echten Himmel. Dass künstlerisches Zauberspiel das Unwirkliche, Erdachte und Geglaubte durch malerisches und technisches Können in eine neue optische Realität überführen kann, lässt mir keine Ruhe. »Wie hat das der Maler geschafft?«, frage ich Vater. Er antwortet nach einigem Zögern: »Das ist das schöpferische Geheimnis, die Inspiration. Dieser Erfindergeist ist Teil einer allumfassenden Kraftquelle, einer Energie, die das Großartige, das Rätsel des gesamten Seins beinhaltet. So viel wir auch forschen, wir werden alle diese Wunder unserer Existenz nie vollständig begreifen. Aber wir sollten immer diese Geschenke des Lebens voller Dankbarkeit annehmen.« Staunend verlasse ich die dämmrige Kirche. Die hochstehende Mittagssonne nimmt uns unsere Schatten.

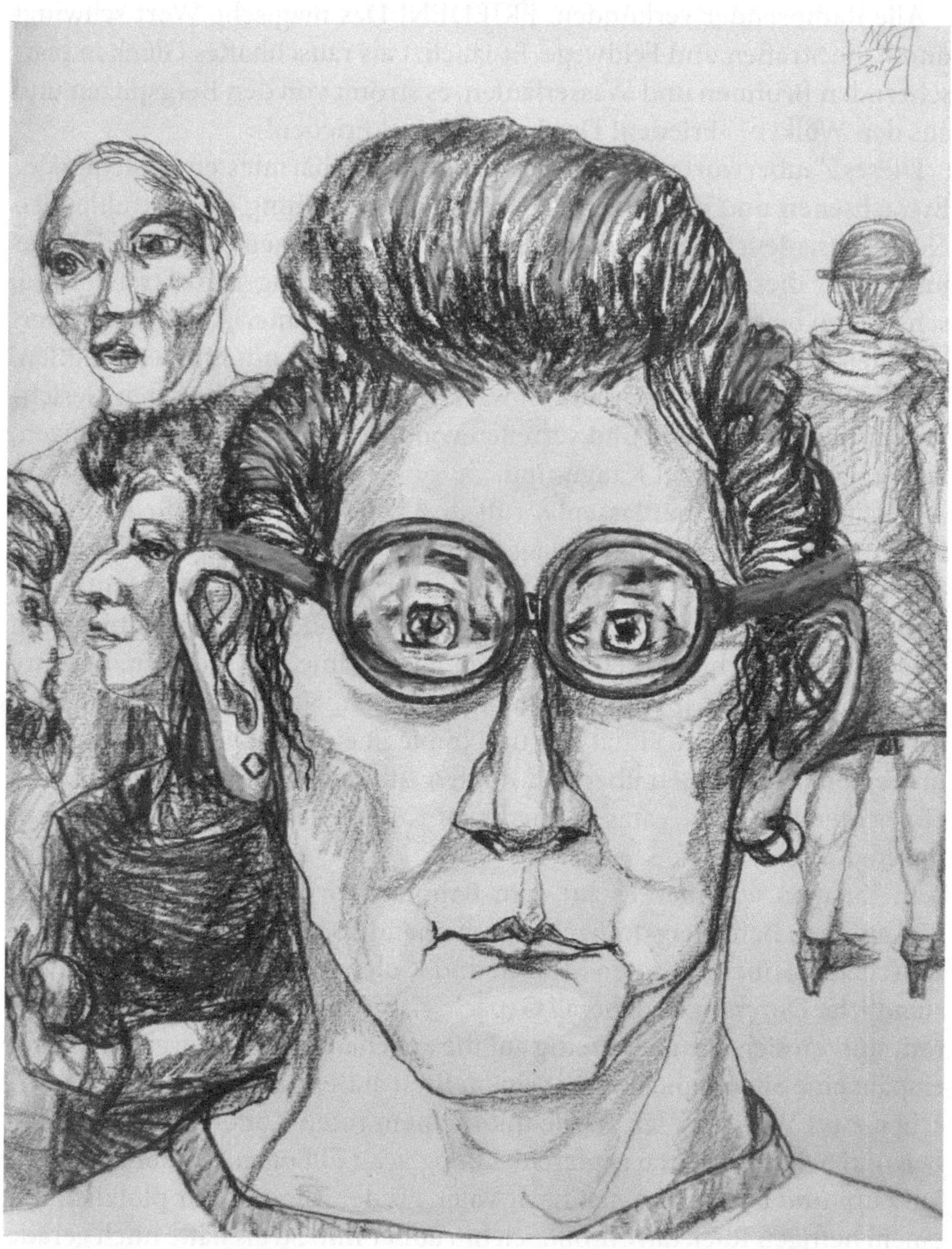

Köln

Am 8. Mai 1945 kapituliert das Deutsche Reich.

Alle Radiosender verkünden: FRIEDEN! Das magische Wort schwingt durch die Straßen und Feldwege. Es jauchzt als rauschhaftes Glück in plätschernden Brunnen und Wasserläufen, es strömt von den Bergspitzen und aus den Wolken. »Frieden! Der Krieg ist aus! Frieden!«

Dieses Zauberwort »Frieden« lässt auch die verhärmtesten Gesichter der Erwachsenen und die Augen der Kinder in Erwartung eines strahlenden Neubeginns leuchten. Freunde und Fremde umarmen sich! Die Dörfler jubeln in dieser euphorischen Aufbruchstimmung am Straßenrand, schwenken begeistert Fähnchen und begrüßen die amerikanischen Befreier in den rasselnd heranrollenden schweren Panzern mit Blumensträußen. Die Soldaten mit ihren wie aus schwarzem Ebenholz geschnitzten Gesichtern lachen und winken und verteilen von ihren Tanks herunter Orangen, Schokoladentafeln und Kaugummi.

»Heute werde ich entlassen!«, ruft uns Vater entgegen. »Ihr könnt die Koffer packen. Es geht nach Hause!« Schnell ziehe ich meinen karierten Koffer unter der Liege hervor, fülle ihn mit meinen Holztieren, mit Pferd und Wagen und stecke die von Vater geschnitzte Pfeife in den Mund. Zum Abschied laufe ich noch einmal durch alle Räume der Weberin, berühre den alten Webstuhl und die stramm gespannten Kettfäden, umarme Paulas dralle Hüften, rufe »Pfiat di!« und hüpfe in einem blauen Lodenmantel und einem Filzhütchen über den Zöpfen zum letzten Mal die knarrenden Holzstufen hinunter. Vater ist wieder zu Kräften gekommen und schleppt unsere Koffer.

In Kufstein wimmelt es auf dem Bahnhofsvorplatz. In den Gebäuden und auf dem Bahnsteig drängeln durcheinanderschreiende Menschen. Dazwischen Männer mit roten Mützen und Kellen. Laut scheppernde, unverständliche Durchsagen. Überall Gepäck. Kaum faucht eine Lokomotive heran, stürzen sich alle gleichzeitig auf die angehängten Güterwagen. Mutter erspäht eine Sitzmöglichkeit auf einem Brett außen an einer Kupplung zwischen zwei Waggons. Ich werde mit meinem roten Köfferchen hochgehoben und neben eine Frau gepfercht, Ellbogen an Ellbogen. Mutter dreht sich kurz um und ruft verzweifelt nach Vater, als der Zug mit mir plötzlich mit einem heftigen Ruck davonrollt. Ich bin außer mir. So als hätte mich gerade der leibhaftige Krampus in seinen Sack gesteckt. Die fremde Frau legt ihren Arm fest um mich, damit ich während der Fahrt nicht unter die Räder komme. Beim nächsten Halt ist das Geschiebe noch turbulenter. Durchsagen wiederholen, dass die Wartezeit länger andauert. Plötzlich sehe ich, wie meine Eltern versuchen, vor den Menschenmassen an der Bahnsteigkante an unserem Zug entlangzurennen. Sie rufen verzweifelt meinen Namen! Endlich! Vater hebt mich von der Kupplung. Wir müssen das Gleis wechseln und auf einen weiteren Güterwagen warten, der uns zur Grenze bringt. Als ein Zug mit einer Ladung Bretter vor uns anhält, klettern wir die schmale Eisenleiter des nächsten Waggons hoch und versuchen, uns oben an den sich bis zum Rand türmenden Holzstapeln festzuklammern. Während der Zug rollt, verrutschen die lose aufeinanderliegenden Bretter bei der geringsten Veränderung der Geschwindigkeit. Wenn der Waggon einen niedrigen Tunnel passiert, müssen wir uns flach hinlegen, damit unsere Köpfe nicht an das Mauerwerk stoßen. Endlich stoppt der lange Zug mit quietschenden Bremsen. Grenze. Endstation. Wir klettern mit unseren Gepäckstücken auf das Abstellgleis. Ein Sanitätskommando empfängt uns mit großen Flit-Spritzen und besprüht uns so lange mit DDT, bis das weiße Pulver auf dem ganzen Körper, vor allem auf den Wimpern, dem Haar und in allen Stofffalten haftet, so als könne der nach giftiger Chemie stinkende Puder das gesamte Desaster der Vergangenheit wegätzen. Nach dieser Prozedur und der Erledigung vieler Formalitäten knallen die Grenzer Stempel auf unsere Ausreisepapiere. Deutschland! Jetzt dürfen wir in einem Eisenbahnwagen mit hölzernen Sitzbänken Platz nehmen, die unseren Rücken den Rest geben. Im Anschluss an diese rumpelnde Fahrt wechseln wir den Zug und steigen in ein normales Abteil mit gepolsterten Sitzen um. Völlig erschöpft versinke ich in einen tiefen Schlaf. Als es taghell ist, hält der Zug im Hauptbahnhof von Köln.

»Köln?« Ob diese Stadt, die wir so überstürzt verlassen mussten, jetzt nach unserer Heimkehr diesen Namen überhaupt noch verdient? Vor unserer Flucht – vor einer für mich endlosen Zeit – gab es zuletzt fast täglich Angriffe. Ich hatte viele Nachbarhäuser brennen sehen. Aber die Straßen waren trotz der Ruinen noch zu erkennen und die meisten Fassaden hielten den Bombardements stand. Doch nun erhebt sich über einer grauschwarzen Schuttwüste – wie triumphierend – als Menetekel – nur noch der Dom. Wir irren mit unseren Koffern auf Trampelpfaden zwischen Ruinen und Trümmerbergen umher. Überall riecht es nach Untergang, nach feuchtkaltem Schimmel, nach Holzfeuern und Exkrementen. Zwischen Mauerresten stinkt es faulig nach Verwesung. Krüppel und Kinder in zerfetzter Kleidung mit viel zu früh gealterten Gesichtern schleichen an uns wie ihre eigenen Schatten vorbei. Als wir uns entsetzt und verstört zum Rhein hinwenden, hören wir völlig unerwartet das uns bekannte Geräusch einer fahrenden Straßenbahn. Das erscheint uns absurd! Wir können es kaum glauben, an der Endhaltestelle wartet tatsächlich die Rheinuferbahn, die Köln mit Bonn verbindet. Zweifelnd fragt Vater, ob wir einsteigen dürfen. »Ja, kommen Sie, das ist die einzige intakt gebliebene Linie. Wir fahren gleich ab!« Unsere Müdigkeit ist wie fortgeblasen. Voller Erwartungen und gleichzeitiger Skepsis rollen wir unserem Rodenkirchener Dorfbahnhof entgegen. Hier sieht es nicht anders aus als in der Stadt. Über einen Schuttwall klettern wir von den Gleisen auf das Straßenniveau. Der zentral gelegene Maternusplatz besteht jetzt aus zwei großen Löschwasserbecken, umrahmt von hohläugigen Häuserkulissen. Entlang der Hauptstraße wechseln sich verkohlte Bruchstücke von Mauerwerk mit stehen gebliebenen Hausfronten ab. Hinter einigen der mit Brettern notdürftig vernagelten Fensterhöhlen höre ich schwache Geräusche. Als wir in die Kaiserstraße einbiegen, sagt Vater: »Bleibt hier stehen und wartet. Wenn ich zurückkomme und winke, dann könnt ihr mir folgen. Sonst kehren wir gleich zum Hauptbahnhof zurück und versuchen, nach Sögeln zu reisen!« »Warum?«, will ich wissen. »Ach«, sagt Mutter tonlos und drückt meine Hand noch fester. »Papi möchte uns den Anblick unseres zerstörten Hauses ersparen.« Doch Vater winkt!

Er trägt den Bund mit dem Hausschlüssel immer wie einen Glücksbringer bei sich. Vater drückt das schief in den Angeln hängende Gartentor aus weißem Wellengitter auf und versucht, den Schlüssel in den Schließzylinder der Tür aus Mahagoniholz zu stecken. Er probiert es immer wieder, aber sein Talisman versagt. Er klopft an das zerkratzte Holz, drückt die Schelle, die keinen Ton von sich gibt und betrachtet kopfschüttelnd die im Gartenmatsch schimmelnden, von ihm gestalteten Bücher. Einige tragen schon einen Bibliotheksstempel. Wahrscheinlich sind sie bei der Plünderung nicht abgeholt und dann einfach zum Fenster heraus entsorgt worden. Was taugt schon Literatur in diesen Zeiten? Nach einigen Minuten hören wir ein Poltern und unwirsches Fluchen. »Was soll das? Was wollen Sie? Nee, nee! Das Haus ist schon besetzt! Hier wohnen wir jetzt! Hauen Sie ab! Das Haus gehört uns. Fragen Sie den Kommandanten! Los! Hauen

Sie ab! Sofort!« Die schlurfenden Schritte verhallen im Treppenhaus. Vater klopft heftiger und droht, die Polizei zu holen. Nach einigen Minuten wird ein Schlüssel von innen im Schloss umgedreht. Im Türrahmen räkelt sich ein unrasierter Mann mit einem geröteten, gedunsenen Gesicht und einer stinkenden Bierfahne. Vater bittet, nach der langen Reise wenigstens unsere Gästetoilette im Parterre benutzen zu dürfen. Die Fäuste in den zerfetzten Hosentaschen geballt, dreht sich der Mann wortlos um und zieht sich schwankend am Treppengeländer die Stufen hoch ins Obergeschoss. Doch was uns jetzt hier in unserem Haus entgegenschlägt, ist unbeschreiblich. Ekelerregender Gestank quillt aus dem Flur. Exkremente in Kochtöpfen, die Abflüsse verstopft, die Waschküche voller Müll. Alles, was nicht niet- und nagelfest war, scheint geklaut oder verheizt worden zu sein.

Trotzdem bleiben wir im Haus. Wir versuchen, die Garage, die ebenerdige Waschküche und die Toilette zu entrümpeln und zu säubern. Da unsere Wasserleitung noch funktioniert, können wir uns in unserem Bottich für Kochwäsche kalt abwaschen. Mit dem am Flussufer aufgesammelten Treibholz gelingt es uns, Wasser zu erwärmen. In der Badewanne, die wir früher zum Einweichen der Wäsche benutzt hatten, bereitet mir Mutter mit Vaters Militärdecke einen Schlafplatz. Für die Eltern genehmigt das Amt zwei schmale Feldbetten mit dünnen Zudecken. Wir sind zu Hause!

Nach Vaters zähen Verhandlungen mit der Ortsverwaltung verlässt der verwahrloste Hausbesetzer auf Anordnung der Polizei unser Haus. Nun können wir endlich aus der Waschküche und der Garage notdürftig in die erste Etage einziehen und nach und nach mein Kinderzimmer, das größere Esszimmer und die Küche bewohnbar herrichten. Da die benötigten Fensterscheiben größer als allgemein üblich ausfallen, werden die zersplitterten Flächen so lange mit Sperrholzplatten und Pappe abgedichtet, bis nach mehreren Monaten ein Glaser die passenden Glasflächen liefern kann.

Im Stockwerk über uns residiert immer noch die Schwester des vorherigen Hausbesetzers. Schon frühmorgens beginnt die Sängerin und Pianistin Frau Garwinkel mit Klavierbegleitung lauthals Koloraturarien zu trällern. Mit kurzen Unterbrechungen setzt sie diese Übungen bis zum späten Abend fort. Weil sie für ihre Stimme Frischluft benötigt, öffnet sie die Fenster und verwandelt den gesamten Park in ein miserables Opernhaus. Mit Hilfe unserer Nachbarn, die sich immer öfter beschweren, weil auch ihre Nerven blank liegen, finden wir Kinder eine wirksame Lösung. Beginnt die Diva assoluta zu singen, versammeln wir uns in unserem Garten und traktieren mit Stöcken, Steinen und Kochlöffeln alte Töpfe und Blechdosen und grölen rhythmisch im Chor: »Kackwindel! Kackwindel!« Ihre Beschwerden und Drohungen verhallen vor tauben Ohren. Endlich gibt die Gesangsvirtuosin entkräftet auf und beauftragt einen Fuhrunternehmer, der sie mit ihrem maroden Hausrat und dem verstimmten Klavier abtransportiert. Sofort besorgt Vater auf dem Schwarzmarkt Holzlatten, Nägel, Bretter und etwas Fensterglas. Im Dorf gibt es wieder einen kleinen Laden im Parterre einer Ruine. Mit den Marken der uns zugeteilten Lebensmittelkarten erhalten wir ein wenig Brot, manchmal Eier, Käse und etwas Gemüse. Da alle Waren knapp sind, stehen wir schon am beginnenden Morgen in langer Schlange an, um in einer ehemaligen Garage etwas »gute Butter« und Magermilch zu ergattern. Eine wohlgenährte Verkäuferin schöpft bei schummriger Beleuchtung die mit viel Wasser gestreckte, hellblau schimmernde Magermilch aus einer großen Blechkanne in unser Aluminiumgefäß. Die wenigen Vollmilchmarken sind bereits während der ersten Woche verbraucht.

Als ich über die Brüstung unserer Dachterrasse schaue, traue ich meinen Augen nicht und rufe Mutter. Im gegenüberliegenden Garten flattern an einer Wäscheleine meine gestohlenen Kinderkleider im Wind. Mein Kleiderschrank war, wie alle Schränke in unserem Haus, von der Rückseite her aufgebrochen und ausgeräumt worden. Mutter schellt sofort am Gartentor der Nachbarn. Ein kleines Mädchen, eine Braunäugige mit zwei dicken Zöpfen, öffnet die Haustür, hüpft in meinem blau-weiß karierten Winterkleid auf Mutter zu und begrüßt uns fröhlich: »Ich bin die Ute aus dem Schwarzwald. Sieh mal, mein neues, schönes Kleid!« Beide, die Nachbarin und ihre Tochter Ilse, die ich »das doppelte Lottchen« nenne, weil sie sich mit ihrem blondierten Oberlippenbart zum Verwechseln ähnlichsehen, schieben Ute unwirsch zur Seite. Sie nähern sich Mutter wortlos, als sie höflich um die Rückgabe meiner von ihr genähten und gesmokten Anziehsachen bittet. Zögerlich öffnen die beiden Frauen – ohne Gruß – das Gartentor und rufen wie einstudiert im Chor: »Hängen Sie die Sachen doch einfach ab! Wir dachten, Sie kämen nie wieder!«

Schon vor unserer Flucht nach Österreich lockte mich dieses Duo mehrmals in das Haus, in dem nun als Gast auch Ute wohnt. Die blasse Ilse, einige Jahre älter als ich, wirkt mit den künstlich ondulierten Haaren noch verschüchterter. Sie lässt sich nie bei uns Kindern auf der Straße blicken. Jedoch hören wir sie jeden Morgen, wenn sie zur gleichen Zeit eine Stunde lang dieselben Etüden auf dem Klavier klimpert. Bei meinem ersten Besuch in diesem seltsamen Haus begeisterte mich nur ein grün glasierter Brunnen an der Innenwand des Wintergartens. Ein praller Putto spendete dem Fayence-Becken aus einem blütenreichen Füllhorn ständig einen dünnen Wasserstrahl, der mehrere Goldfische plätschernd in Bewegung hielt. Ob die Fische den Krieg überlebt haben?

Nachdem Mutter meine Kinderkleider von der Leine abgehängt hatte, sind einige Wochen verstrichen. Eines Tages lockt mich das Doppelte Lottchen wieder in ihr Haus. »Hast du Lust, unsere Goldfische zu füttern? Und isst du auch so gerne Käse wie Ute?« Diesen Verlockungen kann ich nicht widerstehen. In ihrer Küche halten sie mir eine dicke Aluminiumtube unter die Nase und versichern mir, dass sie dank guter Beziehungen diesen Schmelzkäse auch für uns besorgen könnten. Als Beweis quetschen sie mir einen weißlichen, würzig schmeckenden Klecks aus der silbrigen Metallhülle auf einen Teelöffel. Mir ist sofort klar, dass sie mit diesen Tricks versuchen, wieder mit uns anzubändeln, um ihr schlechtes Gewissen wegen ihres Diebstahls zu beruhigen. Eine Woche später klingelt Ute mit den bärtigen Nachbarinnen im Schlepptau aufgeregt an unserer Haustür: »Schnell! Bringe eine Kelle und einen Topf mit! Ein Schiff hat auf dem Rhein Speiseöl verloren! Es schwimmt in Ufernähe!« Mutter, wie immer skeptisch und distanziert, verbietet mir, mich in die Karawane der Nachbarn einzureihen, die mit allen möglichen Krügen und Schöpflöffeln zum Fluss rennen.

Der allgemeine Mangel ist so groß, dass wir Parkkinder im Herbst mit dem mühsamen Aufsammeln der unzähligen dreikantigen Eckern der vier alten Blutbuchen wochenlang beschäftigt sind. Genau wie Eicheln, die geröstet und gemahlen den begehrten »Muckefuck« ergeben, werden die kleinen Nüsschen zur Weiterverarbeitung an einer Abgabestelle abgeliefert. Jedes von uns auf der Straße gefundene Stanniolpapier von Kaugummi- und Zigarettenpäckchen wird verwertet. Die meisten Erwachsenen, die sich noch bücken können, klauben fortgeworfene Kippen vom Boden auf, um aus diesen alten Tabakresten mit Hilfe eines Zigarettenrollers und hauchdünnen Zigarettenpapierchen neue Glimmstängel zu drehen, denn Zigaretten sind so wertvoll wie Gold. Auf dem Schwarzmarkt ersetzen sie als hoch begehrte »Lucky-Strike-Währung« die normalen Zahlungsmittel. Für die meisten der vom Krieg und von Armut Gequälten sind Zigaretten und der Knollenschabau, ein heimlich in finsteren Kellern aus Rüben selbst gebrannter Fusel, die einzigen erreichbaren Betäubungsmittel, mit deren Hilfe sich die allgegenwärtigen Bilder des Schreckens aus der Vergangenheit und der unerfreulichen Gegenwart in Rauch und Rausch auflösen lassen.

Während ich allein im Garten auf der geebneten Erde aus Fundstücken Bilder gestalte, lausche ich, ob Schafe auf den Rheinwiesen blöken. Zieht der zahnlos lispelnde Wanderschäfer mit seiner Herde und seinen schwarzen, struppigen Hunden am Ufer entlang, eilen Mutter und ich schleunigst zum Ufer, um die verlorenen Büschel von Schafwolle vom Boden aufzulesen und die weißen Wollfäden von den unteren Ästen der Uferweiden zu pflücken. Gewaschen, getrocknet und gezupft wird unsere Ernte am Spinnrad zu Garn gedreht und anschließend zu Strümpfen verstrickt – so wie es uns Paula gezeigt hat. Als lange Strümpfe an einem Leibchen mit Gummiband und Knöpfen befestigt, sind sie für mich eine kaum zu ertragende, heftig juckende Tortur. Ständig zerkratze ich mir die Beine. Da es nichts anderes zu kaufen gibt, habe ich die Wahl, entweder bei Frost blau gefrorene Knie und eine schmerzende Blasenentzündung zu ertragen oder zu kratzen, bis Blut fließt. Während Vater mit wiedererwachtem Elan die obere Etage repariert und Mutter mit einer Hilfe eine runderneuernde Reinigung vornimmt, damit wir endlich wieder unser ganzes Haus bewohnen können, steht plötzlich ein fremder Mann mit einer Frau vor der Gartenpforte. Er zeigt uns ein amtlich beglaubigtes Schreiben, das uns auffordert, sofort das Ehepaar Storm in unserem Haus unterzubringen und ihnen zwei Zimmer zur Verfügung zu stellen. Durch diese verordnete Maßnahme der »Einquartierung« versucht die Stadt, die vielen Flüchtlinge und Ausgebombten auf noch bewohnbare Häuser zu verteilen. Das ältliche Ehepaar Storm, höflich und bescheiden, zieht in mein gerade renoviertes, kleines Kinderzimmer und in den Nebenraum ein. Vater verbindet beide Räumlichkeiten mit einem Durchbruch in der Wand. In das vordere Zimmer wird zum Kochen und Heizen ein Kohleofen installiert. Das Abluftrohr verläuft quer durch den Raum und durch ein rundes Loch in der Glasscheibe zum Fenster hinaus. Das schmale Nebenzimmer mit Waschbecken stattet Vater für das Ehepaar mit einem Stockbett aus. Da Herr Storm beim Kölner Stadtanzeiger als Zeitungsausträger arbeitet, verlässt er mitten in der Nacht unser Haus und legt uns bei seiner Rückkehr im Morgengrauen die neuesten Nachrichten ins Treppenhaus. Die für uns ungewohnten Gerüche unserer Mitbewohner nach alter Wäsche und gekochten Kartoffelschalen, nach Schweiß und Ruß kriechen auch in unser Esszimmer, in dem Vater mir eine Schlafecke eingerichtet hat. Seltsamerweise gewöhne ich mich schnell an diese Provisorien, denn meine alten Kastanien rauschen nach wie vor im Wind und der Rhein fließt zwischen den Sandufern. Um unsere mangelhafte Ernährung etwas aufzubessern, gelingt es Vater, auf einer Hühnerfarm sechs Küken zu kaufen, die wir mit aller Fürsorge großziehen. Da uns ein Nachbar, der einen Futtergroßhandel betreibt, für unser Federvieh Kleie besorgt, wachsen die Tierchen zu prachtvollen Hühnern mit leuchtend roten Kämmen und blank polierten, gelben Schnäbeln heran. Die zutraulichste Henne nenne ich »Adele«, denn der Vorname der Schauspielerin Adele Sandrock entzündet meine Fantasie. Adele frisst mir aus der Hand, fliegt auf meine Schulter und lässt sich durch den Garten tragen. Vater baut für die Hühner einen geräumigen Holzstall, den er an der Innenwand der Waschküche an ein Fenster hängt und mit einer hölzernen Leiter mit kleinen Trittstegen versieht, die durch das Fenster in den abgezäunten Hintergarten führt, den die Hühner sogleich in Beschlag nehmen. Bald legen sie mit deutlich vernehmbarem Gegacker die ersten Eier. Jetzt gehört es zu meinen Aufgaben, den Stall zu säubern. Das verdreckte Stroh entferne ich ohne Murren, denn die fleißigen Eierleger sind meine Lieblinge. Herr Storm, unser neuer Mitbewohner, nutzt die Gunst der frühen Stunde, wenn er von seiner Zeitungsverteilung nach Hause kommt. Er schleicht sich in unseren Keller, um die gerade gelegten Eier und einige Briketts zu »fringsen«. Als guter kölscher Katholik muss er bei seinem Diebstahl kein schlechtes Gewissen haben, da der ehrwürdige Kölner Kardinal Frings von der Kanzel predigt, dass Mundraub und auch der »Klüttenklau«, also das Stehlen von Heizkohlen, in der großen Not nicht verurteilt werden sollte. Jedenfalls duftet es morgens in unserem Flur verdächtig nach Spiegelei, während wir das Nest stets leer vorfinden. Als eines Morgens auch noch unser Gipsei, das die Eierproduktion ankurbeln soll, wahrscheinlich in der Eile versehentlich beim Klauen mitgerafft wurde, wagt Vater, das Ehepaar anzusprechen und ihm zu erklären, dass auch wir hungerten. Dieses Argument, bekräftigt durch unsere abgemagerten Körper, führt zur Einsicht und wir finden wieder Eier im Stall. Eines Morgens aber, als ich die Post aus dem Garten hole, liegen fünf abgeschlagene Hühnerköpfe aufgereiht im Gras. Das frühe Gackern der Hennen hat Diebe von der Straße angelockt, die sich wohl bei uns für diese fette Beute bedanken und uns ein Andenken zurücklassen wollten. Nur meine schlaue Adele ist dem Massaker entkommen. Ich bin fassungslos und liebe

Adele umso mehr, da sie jetzt vereinsamt auch ihre Eierproduktion einstellt. Zutraulich kakelt sie mir, auf meiner Schulter hockend, wohlig ins Ohr, wenn ich ihr meine geheimsten Geschichten erzähle, die sie sich mit schräg gelegtem Kopf anhört.

Doch heute, als ich von einem kurzen Sonntagsausflug zurückkomme, erwartet Adele mich nicht wie gewohnt auf dem Wellengittertor. Sie flattert mir weder im Garten entgegen, noch sitzt sie im Stall. Als ich die Haustür aufschließe, duftet es im Treppenhaus so verführerisch wie seit der Zeit in Sögeln nicht mehr. Mutter ruft freudig: »Komm schnell, das Essen ist fertig! Heute kannst du dich satt essen! Ich habe etwas ganz Besonderes für uns gekocht!« Vater setzt sich mit mir erwartungsvoll an unseren Esstisch, während Mutter eine Terrine mit köstlichem Frikassee vor unsere Teller stellt. Mir knurrt der Magen und meine Nase zieht begierig den unvergleichlichen Fleischduft ein. Doch dann wird mir siedend heiß! Ich ahne Schreckliches. »Ist das Adele? Habt ihr mein Huhn geschlachtet?« Spontan erhebe ich mich wortlos von meinem Stuhl, trage die heiße Schüssel hinaus, die Wendeltreppe hinunter und setze sie im Gras ab. Mit Vaters Spaten, den ich aus der Garage hole, grabe ich ein Loch unter meiner Kastanie und beerdige Adele.

Daraufhin repariert Vater vor unserem geöffneten Garagentor sein altes Fahrrad. Er tröstet mich und verspricht, in der Hühnerfarm an der Weißer Straße neue Küken zu erwerben. Der Weg dorthin verläuft als sandiger Pfad durch die Felder. Als er auf den porösen Fahrradschlauch, der keine Luft mehr hält, Gummiflecken aufklebt, strampelt der blonde Knirps aus der Nachbarschaft auf seinem Kinderrad an unserem Zaun vorbei. Er stoppt, als er Vater und mich entdeckt. »He!«, ruft der Kleine und Vater antwortet: »Na?« »Was machst du da schon wieder?«, fragt der Junge mit einer für sein Alter viel zu tiefen Stimmlage. »Typisch! Dein Drahtesel hat 'nen Platten! Mein Flitzer hat nie 'nen Platten. Mein Flitzer ist besser als dein verrosteter Drahtesel! Übrigens …« Der Knirps wartet, bis mein Vater hochschaut: »Übrigens, habt ihr beiden mich vermisst?« »Na klar«, sagt Vater und fragt nach, als er ungläubig angesehen wird: »Wo warst du denn?« »Also … ich war mit meiner Mutter in den Bergen. Ganz hoch oben. In einem stinkefeinen Hotel. Da war alles so langweilig und so fies vornehm! Die aßen alle ganz still am Tisch. Da habe ich im Speisesaal eine Flasche Rülpswasser ganz allein runtergegluckst und danach laut gefurzt! Und dann habe ich sehr laut gesagt: ›Aber Mutter!‹ Danach mussten wir die Koffer packen. Verstehst du? Außerdem, meine Mutter trinkt abends manchmal Whisky. Dann sieht sie ganz langgezogen aus.« Vater lacht: »Das sind ja tolle Neuigkeiten. Komm, halte bitte hier mal den Lenker fest, damit ich das Ventil einschrauben kann.« »Nö, keine Zeit!« »Und wohin fährst du jetzt so eilig?« »Zum Büdchen! Wie immer. Am Samstag gibt's Taschengeld von Oma. Jetzt kann ich wieder alles essen. Vorgestern haben die mir im Krankenhaus den Magen ausgepumpt. Zu viel Lakritze, Bonbons und grünes Brausepulver. Jetzt muss ich aber schleunigst fort! Nachschub holen! Ich kann mich bei so einem ›ahl Jeck‹ wie dir nicht so lange aufhalten. Verstehst du?« Der kleine Frechdachs, der so verwöhnt und abgebrüht ist, imponiert mir. Er weiß genau, was er will! Und er bekommt Taschengeld. Zudem kann er Süßigkeiten essen, bis ihm schlecht wird. Mir wird klar: Jungs werden bevorzugt! Mädchen müssen brav sein und den Mund halten.

Die meisten Trümmer auf den Gehwegen werden beseitigt und viele Häuser notdürftig repariert. Das bei uns einquartierte Ehepaar Storm zieht aus, da ihnen eine eigene Bleibe zugeteilt wird. Vater lässt den Wanddurchbruch in meinem Zimmer wieder zumauern, und der Kohleofen und das Abgasrohr verschwinden. Mein Bett, der reparierte Schrank, die Kommode, mein Tisch und zwei Stühle finden wieder ihren gewohnten Platz.

Jetzt bewirbt sich bei uns ein junges Mädchen mit dem Namen Edith, um bei uns ihr hauswirtschaftliches Jahr abzuleisten. Bei ihrem Antrittsbesuch sinkt sie in einen tiefen Knicks. Sie trägt dicke, blonde Zöpfe und hat ein hübsches Gesicht. Mit Edith bekomme ich eine große Schwester. Ihre Augen leuchten in einem auffallenden Jadegrün. Wenn in der Küche die Mittagssonne auf ihr Profil trifft, funkeln kleine Bernsteinsprenkel in ihrer Iris. Ihre Arbeitswoche ist genau eingeteilt. Am Montag ist unser Waschtag, der sehr früh beginnt. Leise huscht Edith in der Dunkelheit an meiner Tür vorbei, und ich folge ihr in die Waschküche, wo sie in der Hocke den Heizkessel mit Holzscheiten und Briketts füttert und Feuer anzündet. Sie sortiert die Textilien nach Farben, wirft die verschmutzte Weißwäsche und das Waschpulver in den Bottich, hastet zurück in die Küche und bereitet, während das Wasser mit der Wäsche langsam köchelt, unser Frühstück vor. Ist der Tisch gedeckt, flitzt sie wieder in den Keller, um mit einem riesigen Holzstab die schweren Wäschestücke in der dampfenden Brühe hin und her zu bewegen. Die Seifenlauge blubbert und bildet schillernde Blasen. Die farbigen Wäschestücke bearbeitet sie einzeln mit der Hand auf einem geriffelten Waschbrett mit Kernseife und spült sie anschließend in einer Zinkwanne im kalten Frischwasser aus. Oft streckt sie sich, ihr Rücken schmerzt! Doch der anstrengendste Teil des Waschtages folgt, nachdem die Brühe der Kochwäsche in einem Gully im Kellerboden abgeflossen ist. Mit einem Holzstab fischt sie die noch dampfenden, gekochten Bettbezüge, Laken, Tisch- und Handtücher, Servietten und die Unterwäsche aus dem großen Bottich und hievt sie in hohem Bogen in das frische, klare Wasser der Zinkwanne, um die Seifenreste zu entfernen. Sie spült und wringt und dreht jedes Wäschestück durch die Mangel. Jetzt darf ich ihr helfen, indem ich auf Zehenspitzen stehend mit aller Kraft einen Schwengel kreisen lasse, der zwei eng übereinander liegende Walzen antreibt. Ist das Restwasser aus den nassen Wäschestücken herausgequetscht, werden sie an den gespannten Leinen mit Holzklammern zum Trocknen aufgehängt. Dass diese Waschtage eine körperliche Zumutung für ein junges Mädchen sind, begreife ich sofort und entdecke an Ediths Händen Blasen und eiternde Verletzungen. Doch sie würde nie ein Wort der Klage darüber verlieren. Mädchen halten den Mund! Weil Dienstpersonal nicht mit der »Herrschaft« zusammen die Mahlzeiten einnimmt, bitte ich meine Eltern, sich Ediths Hände sofort anzusehen. Mutter betätigt die Tischklingel. Edith kommt und fürchtet, etwas falsch gemacht zu haben, macht einen Knicks und verschränkt verschämt ihre Arme hinter dem Rücken. Vater erhebt sich vom Tisch, betrachtet Ediths wunde Hände und bittet mich, seine alte, im Schützengraben des Ersten Weltkrieges blank gekratzte Niveadose mit Bismut Pulver aus Wehrmachtsbestand aus der Medizinschublade zu holen. Vorsichtig bestreut er die entzündeten, eiternden Stellen mit dem feinen Puder und umwickelt ihre Hände sorgfältig mit einer Mullbinde. Edith erhält Urlaub, bis die Wundstellen verheilt sind.

Da auf dem Markt die ersten selbstständig arbeitenden Waschmaschinen als Sensation angepriesen werden, erwerben meine Eltern diesen Wunderautomaten im Elektrohandel des Herrn Hallmann. Schon nach wenigen Tagen fährt vor unserem Haus ein Lastwagen vor, und zwei kräftige Männer tragen einen glänzend weiß lackierten Schrank mit einem gläsernen Bullauge in der Tür in unsere Waschküche. Ab jetzt ist der Waschtag für Edith kein Tag der Qualen mehr.

Der immer noch verbreitete Standesdünkel und die damit verbundenen gesellschaftlichen Konventionen wie die Anrede »gnädige Frau«, das unterwürfige Knicksen der Mädchen und der tiefe Diener der Jungen zur Begrüßung verlieren endlich an Bedeutung. Edith ist kein Dienstmädchen mehr, sondern unsere Haushaltshilfe. Knechte und Mägde in Sögeln heißen nun »Angestellte«. Meine Eltern erlauben, dass Edith, die neben mir im »Mädchenzimmer« schläft, mit uns zusammen am Tisch ihre Mahlzeiten einnimmt, obwohl ihr Elternhaus ganz in der Nähe mitten im Dorf liegt. An manchen Wochenenden hüpfen Edith und ich singend Hand in Hand zu dem schmalbrüstigen Backsteinhaus in der Wilhelmstraße, das im Krieg stehen geblieben war. Meistens hockt Ediths alter Vater, ein Kürschner, schwer atmend im Licht des schmalen Küchenfensters an seiner Nähmaschine und fertigt Jacken und Mäntel aus Leder und Pelz, obwohl Tierhaare ihn bis zum Ersticken mit Asthma drangsalieren. Ediths Mutter, klein und wie wir alle unterernährt, steht fast immer in der Kittelschürze vor ihrem blank polierten, weiß emaillierten Küchenherd. Wenn sie noch etwas Mehl in der Anrichte findet und die Hühner im Stall ein Ei gelegt haben, backt sie extra nur für uns Waffeln mit Puderzucker. Der Höhepunkt eines jeden Besuches ist die Erlaubnis, die Tür zum kleinen Innenhof zu öffnen und die Kaninchen zu füttern. Neben der Außentoilette, einem Holzverschlag mit Herz in der Tür, türmen sich übereinandergestapelte Ställe mit Hühnern, mümmelnden Kaninchen und dicken Hasen, denen ich gesammelte Löwenzahnblätter durch den Maschendraht schiebe. Meine besondere Zuneigung zu diesen Tieren bleibt meiner Mutter nicht verborgen. In der Adventszeit gib sie Edith einen geheimnisvollen Brief für ihren Vater mit. Bei unserem folgenden Besuch dreht sich der Pelznäher auf seinem Stuhl von seiner Nähmaschine weg und keucht: »Kinder«, er nennt Edith immer noch Kind, »Kinder, heute ist es viel zu kalt, um zu den Hasen zu gehen! Damit ihr euch nicht langweilt, spielen wir jetzt mal zusammen ein Schneiderspiel.« Er nimmt sein Maßband, vermisst zuerst Ediths Körper und dann muss ich vor ihm stillstehen. Alle Daten trägt er mit einem zerbissenen Bleistift gewissenhaft in ein kariertes Heft ein.

Endlich Heiligabend! Allerdings kann ich mir in dieser elenden Nachkriegszeit nichts, aber auch gar nichts erhoffen. Unser Haus ist dunkel. Mit meinem Bär im Arm erwarte ich in meinem Kinderzimmer den Klang des Weihnachtsglöckchens. Es bimmelt und Mutter begleitet mich hinauf in das Atelier. Mit dem Glanz der flackernden Kerzen in den Augen staune ich über den kleinen Baum mit den wenigen Wachslichtern. In der Wärme der Kerzenflämmchen bewegen sich selbst gefaltete Sterne aus Goldpapier und mit Liebesperlen bestreute Schokoladenkringel. Bonbons und rote Äpfel spiegeln sich in goldenen Kugeln. Unter der Tanne – ich kann mein Glück kaum fassen – sehe ich auf einem Betttuch ausgebreitet einen Kindermantel aus weißem Pelz, gemustert mit schwarzen und hellbraunen

Flecken, und dazu passend einen weißen Muff. Erst zögere ich beschämt, dann knie ich mich auf die Erde nieder und streichle das weiche Fell, bis mir tieftraurig klar wird, dass es von meinen geliebten Kaninchen und Hasen stammen muss. Der Mantel ist mir noch viel zu groß, er drückt schwer auf die Schultern und verströmt den sanften Geruch des Stalls hinter Ediths Haus. Aber ich will ihn nicht mehr ausziehen, halte meine geballten Fäuste im Muff vergraben und verbringe den gesamten Heiligabend nass geschwitzt im weichen Fell vor dem Baum.

Am zweiten Weihnachtstag stolziere ich im neuen Mantel an Ediths Hand zu ihrem Vater. Er hat uns schon in einem schwarzen Anzug mit Krawatte am Küchentisch erwartet. Er japst nach Luft, als ich ihm als Dank für die Kürschnerarbeit neben einem Geldbetrag ein Geschenk von meinen Eltern überreiche. Edith führt mich in die enge Wohnstube. Eine bis zur Decke reichende Tanne mit elektrischen Kerzen nimmt den gesamten Raum ein. An den mit künstlichem Schnee besprühten Zweigen tanzen beim leisesten Windzug Engel und Weihnachtsmänner und Trompeten und Glöckchen und Rehe und verzierte bunte Glaskugeln. Unter einem silbernen Wasserfall aus Lamettaschleiern liegt in einem Miniaturholzstall ein Baby in einer mit Stroh ausgefüllten Futterkrippe. Edith kniet sich neben mich und erklärt mir die Namen der bunt bemalten Keramikfigürchen, die das neugeborene Jesuskind anbeten. Als ich zu Hause sehr erregt von meinen Erlebnissen berichte, nimmt Mutter eine alte Bibel mit Metallschließen aus dem Bücherregal und liest mir am Abend im Schein der Kerzen zum ersten Mal die Weihnachtsgeschichte vor.

Wenn ich in meinem schweren Kaninchenmantel an frostigen Wintertagen durch das Dorf laufe, bemerke ich, dass sich die Leute nach mir umsehen und tuscheln. Ich bin viel zu fein angezogen. Kein Kind trägt einen Pelzmantel! Zu Hause sage ich, der Mantel sei zu warm und zu schwer, und verbanne den feinen Pelz in meinen Kleiderschrank. Manchmal, wenn mich Traurigkeit überfällt, kuschle ich mich in sein weiches Fell. Eines Tages fliegen mir wohlgenährte Motten entgegen.

Herr Hallmann, der uns den Wunderwaschvollautomaten geliefert hatte, schellt an der Gartenpforte, um zu kontrollieren, ob das von ihm gelieferte Gerät auch ordnungsgemäß arbeitet. Interessiert betrachtet er die vielen Malereien an unseren Wänden und bittet Vater spontan, seine beiden Töchter zu zeichnen. Da beide Porträtzeichnungen sehr ähnlich geraten, sind alle Mitglieder der Familie Hallmann so begeistert, dass wir zur Einweihung der Werke in ihr Haus eingeladen werden. Es ist eine fast unversehrt gebliebene Doppelhaushälfte neben einem hohen Schutthaufen aus Trümmerteilen. Während der Begrüßung führen mich die porträtierten Mädchen in einen Hintergarten, wo wir uns mit ihrem neuen, rot lackierten Ball austoben, einen Krug mit Himbeerlimonade leeren und alle selbst gebackenen Waffeln verzehren. Jetzt folgt für mich die größte Überraschung im Salon. Mein Augenmerk gilt nicht den neuen Rötelzeichnungen meines Vaters an der Wohnzimmerwand, nein, meine ganze Aufmerksamkeit gehört einer mit einem schwarzen Tuch bedeckten Kiste, die mitten im Raum vor einer weiß lackierten, noch fest verriegelten Schiebetür steht. Dahinter knistert und raschelt es. Als wir Kinder auf den Stühlen in der ersten Reihe Platz nehmen und vor Aufregung kippeln, schiebt eine Hand die Tür zur Seite. Wie verhext starre ich auf eine weiß flimmernde Leinwand und dann auf Herrn Hallmann, der mit Schwung das schwarze Tuch von dem geheimnisvollen Kasten und einem großen aufgeschraubten Metallrad zieht. Als er ein Kabel mit einem Stecker in einer Anschlussdose an der Wand befestigt, ist meine Neugier kaum zu bremsen. Sofort beginnt der Apparat zu brummen und zu pusten. »Kinder, passt gut auf! Gleich geht es los!«, ruft Frau Hallmann, während sie die Rollläden herunterlässt und das Deckenlicht ausknipst. Es ist stockfinster und die Kiste rappelt. Plötzlich huscht ein heller Schein vor uns über die Filmwand. Aus heiterem Himmel zappeln im Lichtkegel lustige schwarz-weiß gezeichnete Figuren vor einem schiefen Haus. Kaum ist eine mit einem Matrosenanzug bekleidete Maus durch einen Lagerraum einer Zweimastbark geflitzt, wird das Segelschiff von Piraten mit schwarzen Augenklappen gekapert. Seeräuber führen mit einer erbeuteten Schatzkiste im Arm Freudentänze auf. Am Strand zanken sich Affen um eine Banane. Wir lachen, wir prusten vor Vergnügen, klopfen uns auf die Schenkel und Herr Hallmann lässt die Filmspule so oft wieder surren, bis der Apparat heiß gelaufen ist. Ich sitze da mit offenem Mund und fiebere vor Aufregung. Während der Vorführung verwandeln sich die schnell gezeichneten, sich ruckartig bewegenden Figuren und das mit wenigen Strichen skizzierte Ambiente in meiner Vorstellung zu einer lebendigen Szenerie einer realen Welt. Dieses erste Filmerlebnis prägt sich mir so tief ein, dass ich fest entschlossen bin, mir Geschichten auszudenken und diese auf Papier oder einer Leinwand zum Leben zu erwecken, sobald Vater wieder Zeichenpapier, Farben und Malgründe zu erschwinglichen Preisen einkaufen kann.

Schwarzmarkt

Aber auf dem Kölner Schwarzmarkt wechseln ganz andere seltsame Dinge ihren Besitzer. Inserate in der Tageszeitung werben für die besten Schnäppchen: »Tausche Umstandskorsett gegen Weihnachtsgans«! Oder: »Echter Perserteppich gegen Hufnägel zu tauschen gesucht«. Als bestes Zahlungsmittel bewährt sich immer noch die Zigarettenpackung. Endlich ersteht Vater am Chlodwigplatz zwei passende gebrauchte Schläuche für sein altes Herrenfahrrad. Nachbarn hatten ihm hinter vorgehaltener Hand verraten: »In Mondorf verkauft ein Bauer Kartoffeln!« Sofort strampelt Vater in Richtung Bonn, setzt mit der kleinen Fähre über den Rhein und findet endlich den genannten Bauernhof. Die Bäuerin zeigt ihm in einem Schuppen die wenigen noch verbliebenen Kartoffelsäcke und fragt ihn nach seinem Tauschangebot. Vater bietet an, pro Sack ein Kind zu porträtieren, was die Frau fröhlich akzeptiert. Nun radelt er täglich, bei Wind und Regen, mit Malkasten und Leinwand im Rucksack immer am Rheinufer entlang bis zur Fähre nach Mondorf, setzt über den Rhein und erreicht erschöpft und schwitzend die Bauersleute. Als das erste Porträt vollendet ist, kann er einen Sack voller köstlicher Kartoffeln in unsere Küche schleppen. Nach dem ersten wundervollen Mittagessen mit Pellkartoffeln, Quark, Margarine und etwas Salz kommen die »Äädäppel« dann nur noch sparsam auf den Teller. Der Rest wird eingekellert. Unser Hunger treibt Vater so lange nach Mondorf, bis die gesamte Bauernfamilie als Ölporträts die gute Stube ziert und die letzten Kartoffeln aus der Mondorfer Scheune aufgezehrt sind.

Mit den frechen Nachbarjungen schließe ich wieder Frieden und sammle mit ihnen die im Park verstreut herumliegenden Granatsplitter. Obwohl sie sehr scharfkantig sind und tief ins Fleisch schneiden, faszinieren sie uns. Ihre rauen Oberflächen schillern wie Ölpfützen in allen Regenbogenfarben. Mit ihren bizarren Formen regen sie meine Einbildungskraft an, denn ich erkenne in den Metallsplittern fantastische Dinge. Von meinen Kameraden umringt versuche ich, ihr bizarres Aussehen wie eine Wahrsagerin zu deuten. Die schillernden Stücke begeistern uns so sehr, dass sie als wertvolle Tauschobjekte gegen Klicker eingewechselt werden können, wenn wir, gemeinsam auf dem Asphalt hockend, mit unseren Fundstücken aus dem Krieg und mit unseren neuen Klickern aus dem Krimskramsladen wie auf dem Schwarzmarkt maggeln. Da Phosphorbomben, Stabbomben und Granaten in den Asphalt unserer Straße Löcher geschlagen haben, versuchen wir bei unserem Murmelspiel mit einem präzisen Schubs des Zeigefingers unsere bunten Keramikkugeln in einer der engeren Kuhlen zu versenken. Derjenige, dem es gelingt, die meisten Kugeln hintereinander in ein Loch zu rollen, erhält den gesamten Inhalt aus der Vertiefung. Neben den einfachen Murmeln aus gebranntem Ton haben die durchsichtigen größeren Glasklicker mit farbigen Fäden in der Mitte den hohen Wert von zehn irdenen Kullern. Für ein ganz dickes, durchsichtiges Prachtstück ohne Kratzer muss man sich sogar von zehn kleineren Glasmurmeln trennen. Jeder Klicker mit bunten, gewundenen Fädchen im Inneren ist für mich ein echter Schatz, den ich in einem Extrabeutelchen am Handgelenk eng bei mir trage. Nur im Ausnahmefall öffne ich das Leinensäckchen, um einem besonders netten Freund eine der gläsernen Wunderkugeln zu schenken.

Sobald es sommerlich warm wird, vergnügen wir Rodenkirchener uns am Flussufer. Jede Familie hat einen bevorzugten Badeplatz zwischen den Kribben. Kaum haben wir unsere Decken im weißen Sand ausgebreitet, reiben uns unsere Mütter mit klebrig-braunem Nussöl ein, einem Sonnenschutz, der schnell ranzig riecht, den Sand wie Leim an die Haut klebt und unsere Kleidung mit scheußlichen Flecken verfärbt. Das sind Gründe genug, um diesen Orgien des Einölens zu entfliehen und etwas abseits hinter Uferweiden mit ungeschützter Haut aus nassem Sand getröpfelte Burgen zu bauen. Auch wenn wir uns danach nächtelang mit schmerzendem Sonnenbrand und mit der sich juckend pellenden Haut im Bett herumwälzen. Mit Hilfe eines aufgeblasenen Autoschlauchs versuche ich immer wieder, meine Schwimmkünste zu verbessern. Das ist schwierig, denn die Strömung ist stark, und wir Kinder dürfen nur in Ufernähe zwischen den Buhnen planschen, da Bombentrichter im Flussbett gefährliche Strudel erzeugen. Bewundernd schaue ich den großen Jungs nach, wie sie tollkühn in die Flussmitte kraulen und unter Lebensgefahr auf die stromaufwärts fahrenden Schleppkähne der Kohlenschiffe klettern. Dort wärmen sie sich an Deck auf und springen in der Höhe des »Strandschlösschens« mit Todesverachtung und einem Köpper ins vorbeirauschende Wasser zurück, um sich mit der starken Strömung an unser Ufer zurücktreiben zu lassen. Obwohl diese polizeilich strengstens verbotenen Schwimmaktionen tödlich enden können, gelten sie für einen echten Rodenkirchener, wie ein Initiationsritus, als selbstverständliche Mutprobe. Sogar die kräftig durchtrainierten Männer von der DLRG, die den Strand bewachen, können dieses riskante Wagnis nicht unterbinden. Doch auch in Ufernähe geschehen jeden Sommer Unfälle. Meinen Freund Hans, den ich während unseres Friseurspiels dreist von seiner mädchenhaften Lockenpracht befreit hatte, erwischt es. Er läuft zu tief ins Wasser! Eine Unterströmung zieht den Sand unter seinen Füßen weg, er verliert den Halt, und plötzlich verschwindet sein Kopf unter der Wasseroberfläche. Zufällig beobachtet ein Mann, dass Hans nicht mehr auftaucht. Er springt auf, stürzt sich in den Rhein, ruft um Hilfe, zieht den Ertrunkenen aus den Wellen und schleppt ihn zum Ufer. Sofort wird er von Gaffern umringt, als er Hans kopfüber an den Beinen packt und so lange auf seinen Rücken klopft, bis er zu zappeln beginnt und einen Schwall Wasser erbricht. Nun bemerkt auch Hans' lesende Mutter, dass ein Unglück passiert ist. Sie eilt mit ihrem Badetuch herbei, nimmt ihren nach Luft japsenden Sohn in die Arme, rubbelt ihn verzweifelt warm, bis endlich, nach liebevollem Zureden, allmählich sein Gesicht wieder durchblutet wird. Starr vor Schreck steht meine Mutter neben mir und ergreift meine Hand. Sie verbietet mir ab jetzt das Baden im Fluss. Mir zittern die Knie.

Mein ertrunkener Freund erholt sich erstaunlich schnell. Nach einigen Tagen bauen wir wieder unter den Adleraugen unserer Mütter Tröpfelburgen, für die ich nun allein am Ufer Wasser in Blecheimern heranschleppe. Mutter strickt einen weißen Badeanzug für mich, der über den Schultern mit weißen Taftschleifen festgebunden werden soll. Als sie das fertige Prachtstück triumphierend den anderen Sonnenanbetern vorführt, soll ich sofort den grobmaschigen Einteiler unter einer Decke anprobieren. Er passt! Ich werde bewundert und hüpfe trotz Mahnung in das seichte Uferwasser, wo ich mich so hinlege, dass mein Körper ganz überspült wird. Die Augen vieler Neugieriger am Ufer sind nur auf mich gerichtet. Ich erhebe mich aus den Wellen und versuche, so bezaubernd wie Botticellis Venus in der Muschelschale wieder an Land zu stolzieren. Aber mein neuer, so mühevoll gestrickter Badeanzug zieht sich wie ein bleischwerer Kartoffelsack voller Sandhäufchen in den Maschen in die Länge. Er wird immer durchsichtiger und beult so aus, dass die vorher kurz unterhalb der Hüftknochen anliegenden Beinabschlüsse in den Kniekehlen landen, während die Taftschleifen traurig am Hals festkleben. So schnell ich kann, renne ich zu meinem Handtuch, ziehe mir beschämt mein Kleid über den Kopf und das triefende Strickmonster und flitze barfuß nach Hause. Dieses besonders weiche, geschmeidige Garn dieser Badekreation entpuppt sich später als Schießbaumwolle. Das flauschige, verführerisch watteweiche Teufelszeug aus explosivem und selbst entzündlichem und daher gefährlichem Zellulosenitrat hatte Mutter gutgläubig in einem Geschäft für Manufaktur- und Kurzwaren erworben.

Weil nicht genug zu essen da ist, werden wir immer dünner. Doch ein rettendes Telefonat aus Sögeln lässt mich tanzen. Zu Beginn von Vaters Semesterferien darf ich wieder meinen karierten Koffer packen, denn vor der Einschulung soll ich aufgepäppelt werden. Nach unserer Zugfahrt wartet Onkel Heinrich in Bramsche vor seinem neuen Volkswagen neben dem Bahnhofsgebäude auf uns. Im Anschluss an die Begrüßung umrunden und bestaunen meine Eltern die Luxuskarosse, ich aber blicke enttäuscht auf das chromblitzende Gefährt, denn die Kutsche mit dem Hannoveraner davor wäre ein unvergleichlich schöneres Vergnügen. Bald schon biegen wir in die Hofeinfahrt ein. In diesen Ferien werde ich mich mustergültig verhalten, gehorsam sein und niemandem Kummer bereiten! Der Schäferhund an der Kette bellt, ohne zu knurren, und Tante Minna und Heinz laufen uns vor der Tenne in die Arme. Der große Tisch ist mit einer Fülle von Delikatessen gedeckt, die mir meine schönsten Träume bereits vorgegaukelt hatten. Ich esse, bis mir schlecht wird. Der geschrumpfte Magen ist so viel Wurst, Schinken, fette Milch, Butter und Brot nicht gewohnt. Nach dem Essen räume ich selbstverständlich den Tisch ab, spüle und trockne die Gläser und die Teller, stelle behutsam alles in den Geschirrschrank und ordne das blank geputzte Besteck in die Fächer der Schublade ein. Während der nächsten Tage laufe ich in den kleinen Dorfladen, um fehlendes Salz oder Mehl für die Küche oder Streichhölzer und Tabak für Onkel Heinrichs Pfeife einzukaufen. Das spezielle Duftgemisch des Kaufladens aus abgestandenem Bier, frisch gedruckten Zeitungen, Waschpulver und Bohnerwachs kitzelt verheißungsvoll in meiner Nase. Es vermischt sich mit den Ausdünstungen der Käse- und Salamisorten und den Aromen von Tomaten und den strengen Gerüchen der eingelegten Heringe im großen Holzfass. Jedes Mal genieße ich das diffuse Halbdunkel, das Klingeln der dicken, goldfarbenen Kasse neben dem tropfenden Bierzapfhahn und den Klang des plattdeutschen Dialekts. Um an der hohen Theke bei der Verkäuferin bezahlen zu können, muss ich mich auf die Zehenspitzen stellen und die Börse mit dem Geld hochhalten.

Eines Tages steht ein mir unbekannter, schlecht rasierter, spindeldürrer Mann hinter dem Tresen. Er kommt extra hinter der Theke hervor, um mich mit Handschlag zu begrüßen und mir Schokolade zu schenken, die ich mir sofort in den Mund stopfe. Trotzdem bleibt mir der Fremde unheimlich, denn das Weiß seiner Augäpfel schimmert quittegelb. Mutter ist von meinem Bericht über den Einkauf entsetzt, denn es kursiert das Gerücht, dass der Ladenbesitzer als Kriegsheimkehrer krank aus dem Gefangenenlager entlassen worden sei. Er habe eine leicht übertragbare Lebererkrankung mit ins Dorf gebracht und bereits einige Kunden angesteckt, wie scheinbar auch Mutter, die sich schon seit Tagen schlecht fühlt. Ihr ist so übel, dass der Arzt sie mit der Diagnose einer Hepatitis ins Kreiskrankenhaus transportieren lässt. Jetzt muss ich ihr in die Klinik folgen. Ich wollte doch niemandem Schwierigkeiten bereiten! Meine Leberentzündung fällt so heftig aus, dass ich mehrere Wochen in der Klinik verbringen muss und keinen Besuch empfangen darf. Nur langsam nehme ich an Gewicht zu. Endlich werde ich Bleichgesicht als genesen entlassen und entwickle mich allmählich zu einer arbeitsfähigen Hilfskraft, die auf den Feldern Rüben verzieht, fleißig Schädlinge, wie die gestreiften Kartoffelkäfer, einsammelt und bei der Heuernte Hocken errichtet. Zur Fütterung schütte ich den Schweinen Kartoffelschalen in die Koben und versorge die Stallhasen mit Möhren und Löwenzahnblättern. Jeden Tag beobachte ich die Störche auf dem Dachfirst der langen Scheune, die nun ein sicheres, neues Tor erhalten hat, und berichte, dass schon die neue Brut über den Nestrand guckt. Glücklich und gestärkt, unsere Koffer mit Schinken, Wurst und selbst gebackenem Brot bepackt, verlassen wir zu Vaters Semesteranfang den so gastfreundlichen Hof.

Volksschule

Im armseligen Köln fängt für mich ein neuer Lebensabschnitt an. Kurz nach Kriegsende beginnt in unserem Dorf wieder der Schulunterricht. 1946 werde ich für die erste Grundschulklasse angemeldet. Mutter begleitet mich am Tag der Einschulung mit einer von Vater mit bunten Figuren beklebten Schultüte im Arm bis in den Innenhof der chemischen Fabrik »Cyclop«. Schon von Weitem höre ich die vielen schulpflichtigen Kinder grölen. Da ich so viele Kinder nicht gewohnt bin, halte ich schüchtern Abstand, vergleiche unsere Schultüten, begutachte die struppigen oder sorgfältig gekämmten Frisuren und unsere mühsam geflickte, armselige Kleidung. Als ein sirenenartiges Signal über den Hof schrillt, das nichts Gutes ahnen lässt, zucken wir erschreckt zusammen. Es klingt wie Voralarm. Ein missmutig aussehender Mann ruft: »Kinder! Das ist unsere Schulglocke und ich bin euer Klassenlehrer. Ihr folgt mir jetzt schweigend und gesittet!« Während unsere Mütter winkend den Fabrikhof der »Chemischen« verlassen, trippeln wir in geordneten Zweierreihen hinter ihm her in einen ebenerdigen, notdürftig mit alten Klassenbänken eingerichteten ehemaligen Lagerraum der Fabrik. Jeweils zu viert werden wir auf die langen, durchgehenden Bänke verteilt. Als wir uns zwischen die harten Holzbretter quetschen, schwillt der Geräuschpegel wieder an, bis der Lehrer mit einem Rohrstock auf sein Pult schlägt und brüllt: »Sofort Platz nehmen, stillsitzen, absolut schweigen!« Während er weiter wütend sein Pult traktiert, bis der Rohrstock zerbricht, tritt endlich eine eingeschüchterte Stille ein. Er zögert, kramt einen Zettel aus der Hosentasche hervor und ruft im Kasernenton – von dieser Liste ablesend – der Reihe nach unsere alphabetisch geordneten Namen auf, die sofort mit Aufstehen und einem »Hier« bestätigt werden müssen. »Setzen!«, kläfft er zurück. Jetzt wird auch dem Dümmsten klar, wo der Hammer hängt, denn unser Pauker gebärdet sich im wahrsten Sinne des Wortes als Haudegen, als räche er sich als Kriegsheimkehrer für allen an der Front erlebten Irrsinn. Jeden Morgen bläut er uns ein: »Gerade sitzen! Mund halten! Nicht nach rechts und links blicken!« Als ständige Warnung lehnt neben der grünen Tafel ein neuer langer Rohrstock. Ein Junge kichert. Der Lehrer nimmt das Folterinstrument in die rechte Hand, zeigt auf den Schüler, zitiert ihn vor die Klasse und verdrischt vor unseren Augen seinen Hosenboden. »Als Warnung«, sagt er.

Wenden wir unseren Blick nur kurz zur Seite, saust sein Rohrstock schon auf unsere Finger nieder. Dieser Erziehungsdrill nimmt den Hauptteil des Unterrichts ein und entspricht noch ganz dem Gebot des militärischen Gehorsams während der Nazizeit. Endlich das Sirenensignal! Große Pause! Wo ist eine Toilette? Wir Kinder glauben, auf dem Fabrikhof gäbe es, streng kirchlich getrennt, ein katholisches und ein protestantisches Klo. Da ich nicht getauft bin, muss ich mich jedes Mal neu entscheiden, welche der beiden Steintreppen ich benutzen darf. Entweder die Stufen zum rechten oder zum linken übelriechenden Verschlag mit Herzchen hinauf. Erst nach Wochen kommt die Schulverwaltung auf die kluge Idee, über den Türen zu den beiden Toiletten Emailleschilder mit dem Aufdruck »Abort Frauen« und »Abort Männer« anzunageln.

An manchen Tagen wird der Drill der Schulstunden durch das ohrenbetäubende Aufheulen der Fabriksirene unterbrochen. Aus dem vor Monaten zu Ende gegangenen Krieg wissen wir, dass dieser Alarm Gefahr bedeutet. Nichts wie weg! Bei erhöhtem Druck entweichen giftige Gase aus den aufgrund der Erschütterungen durch die Bombardements undicht gewordenen Rohrleitungen und Ventile. Das ist für uns jedes Mal ein atemberaubendes, aber freudiges Signal, den gefürchteten Ort fluchtartig zu verlassen.

Als Schulkind wird mir jetzt wegen meiner Blässe ein besonders übler Appetithemmer zugemutet. Unser Hausarzt verordnet mir frisch geschabte, rohe, blutige Leber, die ich vor jeder Mahlzeit zu verzehren habe. Diese neuerliche Tortur soll mir endlich die Wangen röten und wiederum mein Blutbild verbessern. Versteckt sich hinter unserem so seriös wirkenden Doktor ein Kannibale? Aber auch zu Hause sind die Erziehungsmaßnahmen beängstigend: »Wenn du ungezogen bist und unseren Anweisungen nicht folgst, packe deinen Koffer und verschwinde! Es gibt Heime für schwer erziehbare Mädchen!« Diese Drohungen meiner Mutter, die mich verletzen und verunsichern, kann ich mir nur so erklären, dass sie nach den chaotischen Zuständen der Vergangenheit so schnell wie möglich versucht, wieder ein geordnetes, gut funktionierendes Leben zu erreichen. Nach meinen neuen, schulischen Erfahrungen kann ich mir diese angedrohten Schreckensanstalten sehr gut vorstellen. Mein täglicher, immer lustloser werdender Fußmarsch zum Unterricht führt auf einem Trampelpfad durch Schutthügel. Die Reste der stehen gebliebenen Fassaden starren mich aus ihren verbrannten Fensterhöhlen an. Es ist mir strengstens verboten, diese

Trümmergrundstücke zu betreten, denn in den einsturzgefährdeten Kellerlöchern sollen wenig vertrauenerweckende Gestalten hausen. Mein einziger Trost auf diesem Weg sind einige zerzauste Birken, an deren Stämmen mich die weiße, abschilfernde Haut interessiert, die ich vorsichtig abziehe und sammle. Diese hauchdünne Außenrinde ist wie Papier, und Papier ist kostbar. Ich würde so gern zeichnen und malen, aber ich erhalte nur dann ein Blatt aus Vaters Depot, wenn sein Geburtstag oder das Weihnachtsfest bevorsteht. Zu diesen Anlässen erwartet er von mir als Geschenk ein Selbstporträt. Dieser Wunsch, der sich nun jedes Jahr wiederholt, liegt mir von Mal zu Mal wie ein schwerer Kloß im Magen, denn ich weiß, dass ich Vaters künstlerischen Ansprüchen nie genügen werde! Vor einem Spiegel stehend betrachte ich mein Gesicht, entdecke Pickel, schiefe Zähne, magere Zöpfe aus strähnigem Haar, aber nicht unbedingt Licht und Schatten, richtige Proportionen und die individuellen Besonderheiten der Form der Ohren. Meine frühesten Zeichnungen fallen nicht sehr ermutigend aus, denn sie haben keinerlei Ähnlichkeit mit den charmanten Rötelzeichnungen der Barockmaler in unseren Kunstbüchern. Eher sind sie mit den primitiv wirkenden Arbeiten der zeitgemäßeren Art brut verwandt.

Schon nach wenigen Schulwochen verstummen wir Erstklässler nach den rigorosen Dressurübungen unseres Lehrers, als wäre alle Energie und Lebensfreude aus uns gewichen. Meine Neugier auf das Abenteuer des Lernens erlischt. Dafür kriecht die Angst aus den Wänden des ehemaligen Lagerraumes der Cyclop und legt sich während des Unterrichts wie Mehltau auf unsere Kinderköpfe.

Wenn die Hausaufgaben erledigt sind, suche ich auf den Rheinwiesen nach jungen Trieben von Brennnesseln, damit Mutter daraus eine Suppe kochen kann. Während meiner Streifzüge im Park trage ich stets ein altes Küchenmesser bei mir und sammle die ersten jungen Löwenzahnblätter für einen Salat. Da der Sommer extrem trocken ist, fällt die Ernte äußerst dürftig aus. In Köln bricht die gesamte Lebensmittelversorgung zusammen. Wegen der unzähligen Kriegstoten und Verletzten fehlen Arbeitskräfte, die in der Landwirtschaft als Saisonarbeiter helfen könnten, was auch auf dem Hof von Onkel Heinrich zu Problemen führt. Der darauffolgende Winter lässt alles in ungewöhnlicher Kälte erstarren. Der Rhein friert an manchen Stellen des Mittellaufs so stark zu, dass Mutige den Fluss zu Fuß über den sich stauenden Eisschollen überqueren. Wir magern weiter ab, werden hohläugig und schwach. Vater setzt seine noch verbliebene

Energie ein und beseitigt mit seinen von der Front heimgekehrten, ausgehungerten Studenten die gröbsten Trümmer in den Werkschulen, um ein notdürftiges Atelier für den Unterricht einzurichten. Im folgenden Frühjahr beginnt er an den Wochenenden und in den Abendstunden auf dem Trümmergrundstück unseres abgebrannten Nachbarhauses einen Streifen Erde umzugraben. Zuerst räumen wir dort unzählige Schubkarren voller Mauerreste, verkohlter Holzbalken, Glasscherben und Müll fort. Danach erwirbt Vater in der Samenhandlung in der Wilhelmstraße einige Jungpflanzen von Tomaten, Stangenbohnen und Salat und für mich ein Samentütchen, auf dem verblichene Radieschen abgebildet sind. Er harkt einen Streifen des umgegrabenen Ackers und zeigt mir, wie ich die feinen Samen in zuvor gerade gezogene Rillen ausstreuen kann. Unser gemeinsames Gärtnerglück ist vollkommen, als die Radieschen rot und dick sprießen und die Bohnenranken sich um die Holzstangen winden. Bald gelingt auch der Anbau von Möhren und Kräutern. Bei diesen für uns überlebenswichtigen Gartenarbeiten assistiere ich ihm aufmerksam, denn ich erfahre nebenbei auch Details aus seinem Unterricht an den Kölner Werkschulen und teile seine Freude an den guten Ergebnissen, mit denen seine armen Studenten ihn verblüffen. Doch über seine Erlebnisse im Schützengraben an der Front während des Ersten und Zweiten Weltkrieges spricht er nie. Nur einmal ruft er, als er im Garten meine Hilfe braucht: »Kamerad! Wo bist du?« Als ich zu ihm eile, frage ich ihn, was dieser Satz bedeute. Vater stützt sich auf den Spaten und berichtet knapp und sichtlich erregt: »Als ich im Schützengraben die ganze Nacht über Wache halten muss, falle ich plötzlich in einen Sekundenschlaf. In diesem Moment stiehlt mir irgendjemand, ohne dass ich es bemerke, mein Gewehr! Ich schrecke hoch. Der Kampf beginnt. Wo ist meine Flinte? Mein Gewehr ist fort! Gestohlen! Das ist mein Todesurteil! Ein Soldat ohne Waffe ist überflüssig. Ballast! Wertlos. Ich weiß, dass mich unser Vorgesetzter erschießen muss. Das, meine Kleine, ist mein einsamster Augenblick. Da! Der Schuss! Direkt neben mir durchbohrt eine vom französischen Feind abgefeuerte Kugel den Helm meines Nebenmannes. Für einen Moment hatte er sich zu weit aus dem Erdloch gewagt. Er kippt tödlich getroffen in den Matsch. Mein Mitkämpfer, zwei Schritte von mir entfernt, bemerkt, dass ich keine Waffe mehr trage! Er ruft mir in der Dunkelheit des Schützengrabens leise zu, nachdem er sich sicher ist, dass der Getroffene tot ist: ›Kamerad! Wo bist du?‹ Er robbt im

Schlamm auf mich zu. Heimlich, sodass es niemand bemerkt, überreicht er mir das Gewehr des Toten.«

Vater will mich von dieser mich verstörenden Geschichte ablenken und schickt mich in die Garage, um nach einem besonderen Samentütchen zu suchen. Ich entdecke es in einem hinteren Regal. Der exotische Samen trägt den Namen »Chicorée«. Vater erzählt, dass er in Belgien diese Delikatesse, als Gemüse gedünstet, mit Genuss probiert habe. »Na«, sagt er, »mal sehen, ob die alten Samen noch keimfähig sind!« Er bereitet ein neues Feldstück vor, sät die feinen Samenkörner in Reihen aus und deckt sie mit Erde zu. Wir warten. Der Sommer leidet nach dem eisigen Winter wieder unter extremer Trockenheit. Das Wasser in der Stadt wird rationiert und das Gartengießen als Straftat geahndet. Im Schutz der Dunkelheit der Nacht schleicht Vater sich mit einer kleinen Kanne in der Hand auf das Nachbargrundstück und wässert heimlich jedes Pflänzchen. Die ersten Spitzen lugen schon aus dem Erdreich. Sein mühseliges, heimliches Bewässern zeigt Erfolg. Jetzt erleben wir unser blaues Wunder! Es sind nicht die weißen Kolben des Chicorées, die das Beet ausfüllen, wie Vater sich das vorgestellt hatte, stattdessen wuchert kraftstrotzend die prächtig blau blühende Gemeine Wegwarte in dem sorgsam kultivierten Beet. Wir können uns das unerwartete Ergebnis schließlich nur mit einem Anbaufehler erklären und forschen in unserem Gartenbuch nach und erfahren, dass der Chicorée, so wie er in Belgien und Frankreich angeboten wird, seine bekannte, verkaufsfähige Form einem Zufall verdankt. In den Krisenzeiten des 19. Jahrhunderts versteckten Bauern in Brabant die Wurzeln ihrer Chicoréepflanzen, die sie normalerweise für ihren Ersatzkaffee rösteten, unter gehäufelter Erde, damit sie vor Diebstahl geschützt waren. Die nun lichtdicht verschlossenen Pflanzen entwickelten sich unter der Erde unbemerkt weiter und bildeten Sprossen mit weißem Laub, das den Bauern, roh oder als Gemüse gekocht, köstlich mundete. Also boten sie ihren Chicorée als »witloof« auf dem Markt an. Den Trick des Anhäufelns konnte mein Gärtnervater nicht ahnen. Wir feiern die unzähligen Blüten, die sich wie himmelblaue Sterne der Sonne zuwenden und das Trümmergrundstück in einen Festplatz verwandeln. Im Anblick dieses blauen Wunders erzählt mir Vater das Märchen von einer treuen Prinzessin. Sie wartet auf ihren als Kreuzritter in den Krieg gezogenen Geliebten und verharrt Jahr für Jahr vergeblich am Wegesrand vor ihrer Burg. Doch der Ersehnte kehrt nie mehr aus dem Heiligen Land zu ihr zurück. Da erbarmt sich der Himmel und verwandelt die treue Königstochter in eine Pflanze mit Blüten, die sternförmig im schönsten Himmelblau erstrahlen. Vielleicht gilt diese heilkräftige Zichorienblüte als Zeichen ewiger Treue in der deutschen Dichtung auch als Symbol für die mysteriöse »Blaue Blume der Romantik«, die mit ihrer himmlischen Bläue die Sehnsucht aller Künstler nach Vollkommenheit, Liebe und Transzendenz verkörpert.

Wie vor dem Krieg tauschen Nachbarn über den Gartenzaun hinweg ihre Erfahrungen aus. Sie bestaunen die Beete und den Fortschritt bei den Renovierungs- und Aufbauarbeiten. Schritt für Schritt fasst jeder durch den sichtbaren Erfolg einer sinnvollen Arbeit wieder Vertrauen und Hoffnung auf eine bessere Zukunft.

Auch in unserer Schule gibt es Neuigkeiten. Wir Erstklässler versammeln uns in der großen Pause auf dem Hof zur Schulspeisung. Bestens gedrillt fällt uns das geduldige Warten in einer Schlange leicht, weil es nach etwas Essbarem riecht. Hungrig trippeln wir in selbst gebastelten Sandalen mit Sohlen aus Holz oder alten Autoreifen von einem Fuß auf den anderen, bis uns die Köchin aus einem großen heißen Kessel eine exakt abgemessene Kelle voll Suppe in das mitgebrachte Aluminium-Essgeschirr schöpft. Meistens gibt es eine sämige Erbsen- oder Bohnensuppe, in der viele Kartoffelstücke und wenige fettige Fleischbröckchen oder Wurstscheiben schwimmen. Dazu erhält jeder aus einem Korb eine Brotscheibe aus luftig gebackenem, gelbem Maismehl. Samstags werden wir mit einer süßen Milchsuppe voller aufgedunsener Rosinen und als festliches Dessert mit einem Schokoladenriegel oder einem Päckchen mit zwei verpackten Leibniz-Keksen verwöhnt. Erst auf dem Heimweg wickle ich diese Köstlichkeiten vorsichtig aus dem Zellophanpapier und knabbere die Zacken der Randverzierung der Kekse so langsam nacheinander ab, dass ich das knusprige Viereck bis zu unserer Haustür genießen kann.

Manchmal ist die Suppe mit ihren Fettaugen trotz unseres Hungers ungenießbar. Wenn sie uns, angebrannt oder versalzen, den Appetit verdorben hat, verbleibt ein Rest im Henkelmann. Als Mutprobe schleudern wir die Brühe im hohen Bogen in unserem Essgeschirr ohne Deckel so schnell im Kreis herum, dass kein Tröpfchen herausschwappt. Aber das gelingt nicht immer. Als mich Uli herumwirbelnd anstößt und mir ihre Suppe über den Mantel schüttet, gieße ich im Affekt den restlichen Inhalt meines Henkelmanns über ihren Körper. Das hat ein großes Donnerwetter zur Folge. Unsere Eltern sind über das Vergeuden von Essen wie über den üblen Umgang miteinander und über unsere verschmutzte Kleidung entsetzt.

Wieder droht mir der endgültige Rauswurf mit meinem Koffer! Uli und ich vermeiden tief beleidigt für lange Zeit jeden Kontakt, bis mich Ulis fantastische Geschichten, die von den meisten belächelt werden, immer neugieriger machen. Jetzt verteidige ich ihre abstrusen Behauptungen energisch vor jedem Spott. Zum Beispiel versichert sie, ein Kugelblitz sei durch das geöffnete Fenster ihres Kinderzimmers gesaust und habe sich im Wasser ihrer Waschschüssel während eines heftigen Gewitters entladen. Auch erklärt sie immer wieder, dass Kolkraben, von denen sie gerade ein Prachtexemplar zähme, sich in Südamerika in einer anderen Sprache unterhalten würden als ihre europäischen Vettern. Je länger ich über diese These nachdenke, umso plausibler erscheint mir ihr verrückt klingender Bericht. Vor allem, als ich eines Tages den schwarzen Jakob kennenlerne, der von einer gegenüberliegenden Ruine auf ihr geöffnetes Fenster im dritten Stock zufliegt und dann sicher auf ihrer Hand landet. »Vor Wochen flog Jakob an meiner Scheibe vorbei. Als ich ihm ein Stückchen Brot auf das Fensterbrett legte, landete er eines Tages hier und verzehrte gierig die Brotkrumen. Jetzt hört er schon auf seinen Namen, wenn ich ihn rufe.« Eines Tages führt mich Ulrike sogar vor eine verschlossene Vitrine im Wohnzimmer. Ich stelle mich auf die Zehenspitzen und bewundere verzückt eine durch den Krieg gerettete Sammlung weißer Elefanten aus Elfenbein, die pedantisch genau nach Größe angeordnet in Reih und Glied marschieren. Mir kommt es wie ein Wunder vor, so fein und präzise in Elfenbein schnitzen zu können, sodass jedes Tier individuell und völlig lebensecht wirkt.

Da die Firma Cyclop trotz ihres maroden Zustandes weiter chemische Produkte herstellt und wegen gefährlicher Störfälle immer öfter Alarm auslösen muss, wird der Aufenthalt für Lehrer und Schüler dort untragbar. Eines Tages ziehen unsere Klassen in ein neu hergerichtetes Schulhaus um, direkt neben die katholische Backsteinkirche am Dorfeingang. Hier zelebriert für uns alle verpflichtend ein Pfarrer den wöchentlichen Schulgottesdienst. Sofort erwacht wieder meine Neugier auf das Lernen, da im richtigen Schulhaus eine neue Lehrerin unsere Klasse mit Geduld führt und sich gut gelaunt jedem Einzelnen zuwendet. Ihr Ziel ist es, uns endlich Wissen zu vermitteln. Jetzt trage ich voller Stolz meinen schweren Ranzen, der aus einem wasserempfindlichen Pappmaterial gefertigt ist, das sich bei Feuchtigkeit auflöst. Darin klappert neben meiner Schiefertafel beim schnellen Gehen ein Holzkästchen mit leicht zerbrechenden Schiefergriffeln. Außen am Tornister baumelt zum Säubern der Tafel ein von Oma gehäkelter

Topflappen. Oft erhalte ich neben kleinen Geschenken von ihr Briefe aus Leipzig, die sie mit der spitzen Goldfeder in gestochen scharf geschriebener Sütterlinschrift verfasst. Das Schriftbild erinnert mich an ein hauchzartes Gewebe aus schwungvoll verbundenen Buchstaben oder an die feinsten Tropfen des Sprühregens auf meiner Fensterscheibe. Mutter liest mir diese Briefe so oft vor, bis ich sie später selber entziffern und meiner Großmutter handschriftlich in Sütterlin antworten kann. Jeder noch so kleine Lernerfolg verstärkt meine Lust am Lernen. Unter die sorgfältig und fehlerfrei auf der Schiefertafel erledigten Hausaufgaben und Klassenarbeiten schreibt unser Fräulein Lehrerin mit quietschender Kreide eine dicke Null. Haben wir zehnmal alle gestellten Aufgaben perfekt erledigt, belohnt sie uns mit einem rosafarbenen Fleißkärtchen. Für die erstrebte Menge von zehn Fleißkärtchen dürfen wir uns vorne am Lehrerpult aus ihrer Sammlung von buntbedruckten Glanzkarten ein Bild aussuchen. Meine ansehnliche Kollektion dieser bunten Karten verstecke ich in meiner Bibel und studiere heimlich unter dem Pult die makellos und lebensecht gemalten Gesichter und Hände der Heiligen. Mit besonders leuchtenden Augen betrachte ich immer wieder den bildschönen Jüngling Jesus mit den langen blonden Locken, die gütige Maria mit Kind oder die in himmlischen Gefilden musizierenden Engel mit wehenden Gewändern. Ihre vollendete Schönheit auf den Glanzbildchen kommt mir überirdisch vor! Diese Schätze zeige ich Mutter natürlich nicht, denn sie erinnern in ihrer kitschigen Art an meine so ersehnten Schmetterlingszopfspangen.

An einem Montag wird der Unterricht plötzlich unterbrochen. Wir müssen uns, alphabetisch nach Nachnamen geordnet, nacheinander aufstellen und warten, bis wir aufgerufen werden. Als ich an der Reihe bin, führt mich die Lehrerin in den gegenüberliegenden Klassenraum, wo mich ein Arzt in einem weißen Kittel in Empfang nimmt. Vor ihm muss ich mich entkleiden, ihm die Zunge herausstrecken und einige Fragen beantworten. Er kontrolliert meinen Puls und den Blutdruck, ertastet meine Mandeln, untersucht den mageren Bauch, klopft mit seinen Fingern auf Brust und Rücken und hört mit seinem Stethoskop die Lungen ab. Er schaut mich vielsagend an und diktiert der Schwester eine lateinische Diagnose in die Schreibmaschine. Ich muss ihm versprechen, dass ich seinen zugeklebten Brief sofort nach dem Unterricht meinen Eltern abliefere. Schon mehrfach habe er schlechte Erfahrungen mit mitgegebenen Briefen gemacht, weil manche Kinder diese wichtigen Dokumente zu Papierfliegern umgestalten.

Zu Hause wird meine Mutter beim Lesen der Nachricht blass. Der Befund der Untersuchung deutet auf TBC hin. Sofort muss ich geröntgt werden. Der Radiologe beruhigt Mutter, indem er versichert: »Ihre Tochter hat zum Glück keine offene Tuberkulose. Sie darf weiter die Schule besuchen, aber sie muss in bestimmten Abständen kontrolliert werden.« Nun stehen Mutter und mir einige Fahrten mit der Linie 16 zum Röntgeninstitut bevor. Unsere alten Straßenbahnwagen aus der Vorkriegszeit, die im vorderen und hinteren Bereich mit einem offenen Balkon ausgestattet sind, haben den Vorteil, dass man selbst dann noch aufspringen kann, wenn die Bahn bereits anrollt. Von diesen offenen Plattformen aus führt eine Schiebetür in den Innenraum, der mit gepolsterten Sitzen aus grünem Leder jede Fahrt salonartig veredelt. Eine adrette Schaffnerin in einer schicken dunklen Uniform und mit einem »Schiffchen« auf dem Kopf sammelt in einer Umhängekasse, die sie vor der Brust trägt, das Fahrgeld ein. Sie zieht an einer unter der Decke verlaufenden Schnur, die eine Klingel betätigt, damit der Fahrer weiß, dass er die Fahrt fortsetzen kann. Über den oberen Kippfenstern an den Seitenwänden hängen an Haken schmale, emaillierte Reklametafeln. Sie werben für Persil mit Abbildern von stolzen, jungen Frauen, die alle Strapazen des Haushalts glückstrahlend fortlächeln und Wäschepakete von unübertroffener Reinheit auf den Händen tragen. Als ich während der Fahrt zum Durchleuchten mit Mutter, die am Fenster sitzt, munter schwätze, vollführt der Fahrer blitzartig eine Vollbremsung. Bauer Sommer hat mal wieder nicht aufgepasst! Sein Trecker tuckert aus der Hofeinfahrt auf die Schienen. Wir fliegen gegen die Vorderbank. Eines der Reklameschilder springt aus den Haken und fällt mit der scharfen Kante auf Mutters Kopf! Sie zuckt zusammen und kippt zur Seite. Sofort fließt Blut aus ihrem Haar, tropft auf ihre weiße Kostümjacke, auf den Rock und auf ihre hellen Pumps! Verzweifelt versuche ich, den Blutfluss mit meinem Taschentuch zu stillen und rufe die Schaffnerin. Sie zieht an der Strippe, die Bahn stoppt ein zweites Mal, der Straßenbahnführer eilt herbei und versucht uns zu beruhigen. Er schreibt unsere Namen und unsere Adresse auf und hilft uns beim Aussteigen. Mutter muss sich übergeben. Mit bohrenden Kopfschmerzen und großer Anstrengung torkelt sie schwindelig an meiner Hand bis in die Praxis unseres Hausarztes. Der Doktor bescheinigt ihr eine starke Gehirnerschütterung. Zu Hause verwöhnen wir sie. Vater kocht mit viel Fantasie und ich kaufe ein, bis Mutters Kopfschmerzen nachgelassen haben. Als ihr Unfall fast schon vergessen ist, klingelt nach

Monaten ein Geldbote an der Haustür und händigt Mutter einen Scheck der Kölner Verkehrsbetriebe aus. Schmerzensgeld, wie wir erfahren. Vater kommentiert schmunzelnd den Betrag: »So! Das ist angemessen! Mami hat mit ihrem klugen Kopf für uns ihr erstes Geld verdient!«

Die nächste Überraschung folgt. Der schöne Willi, unser immer fröhlicher Postbote, schleppt ein großes Paket mit dem Stempel »CARE« ins Treppenhaus. Wir können unsere Freude kaum in Worte fassen. Vater öffnet vorsichtig die Verpackung. Während wir Schokolade, Kaffee, Erdnussbutter, Corned Beef und einen warmen Schal für meine Eltern und einen Pullover für mich aus dieser Schatzkiste auspacken, kullern Freudentränen. Der Absender verrät, dass dieses unerwartete Geschenk von Quäkern aus Amerika stammt.

In das wieder aufgebaute Dachgeschoss des Nachbarhauses zieht eine aus Troppau geflüchtete sudetendeutsche Familie mit Großeltern und drei Töchtern ein. Auf engstem Raum versuchen sie, ein äußerst bescheidenes, neues Leben zu beginnen. Die jüngste Tochter heißt Gertrude und ist in meinem Alter. Schon als wir uns das erste Mal auf der Straße begegnen, beschließen wir, Freundinnen zu werden. Ganz anders als das mich irritierende rüde Rüpeln der Jungs genieße ich nun das leise und vertrauensvolle Spiel mit Gertrude. Mich verblüfft, mit welcher Zuwendung sich ihre korpulente Großmutter für unsere Spiele interessiert. Sie setzt sich neben uns auf das durchgesessene Sofa und klopft mit einem Hammer vier kleine Nägel in die Kopfseite einer hölzernen Garnrolle. Aus einem Beutel kramt sie bunte Wollknäuel hervor und wickelt geschickt verschiedenfarbige Garne um die Metallstifte. Die einzelnen Fäden hebt sie so lange mit einer Häkelnadel über die Nagelköpfchen, bis sich unten aus dem Loch der Rolle eine bunte Wollschlange herauswindet. Gertrude nimmt die Strickliesel in die Hand und lässt die dicke Schnur immer länger wachsen, während die »Großi« nun auch für mich aus einer noch größeren Garnrolle eine Strickliesel bastelt. Da Mutter einen Beutel mit gefärbten Wollresten aufgehoben hat, stapeln sich bald in unseren Schubladen meine aus den quietschbunten Wollschlangen zusammengenähten Topflappen, Brillenetuis und Untersetzer. Diese wenig akzeptierten Basteleien verschwinden auf geheimnisvolle Weise immer wieder im Müll. Erst als ich einen nach frischem Lack duftenden roten Ball mit weißen Punkten geschenkt bekomme, beende ich diese Handarbeit, denn alle Wollfäden sind verstrickt.

Währungsreform

Es ist schon wieder Freitag. Aber dieser 18. Juni 1948 ist für Deutschland ein bedeutendes, historisches Datum. Alle Rundfunksender und Zeitungen, alle Schlagzeilen und Kommentare bringen nur das eine Thema: »Währungsreform! Die Einführung der Deutschen Mark! Die D-Mark wird ab heute unser gesamtes Wirtschaftssystem bestimmen!« In der Westzone, zu der Köln gehört, erhält jeder Bürger ein Kopfgeld in Höhe von 40 D-Mark. Die Guthaben in alter Reichsmark werden im Verhältnis 1:10 eingetauscht. Diese wirtschaftspolitische Maßnahme beendet schlagartig das Maggeln und die Lucky-Strike-Währung auf dem Schwarzmarkt. 1949 verkündet der neue Bundeswirtschaftsminister Ludwig Erhard die Soziale Marktwirtschaft, die Grundlage für das deutsche Wirtschaftswunder.

Vater zeigt mir die ersten neuen Münzen. Andächtig nehme ich die Ein-, Zwei- und Fünf-Mark-Stücke in die Hand, denn er sagt, dass der Silbergehalt der Fünf-Mark-Münze eigentlich mehr wert sei als der Zahlungswert. Auch die neuen Banknoten fühlen sich fest und glatt an, ganz anders als die verbrauchten, lappigen und schmalen Reichsmark-Scheine.

Eines Tages lädt mich Gertrudes Vater, Angestellter an der Kölner Rennbahn, zu einem Galopprennen ein. Schon in der Nacht vor dem Ereignis schlafe ich unruhig. Mutter drückt mir ein neues Fünf-Mark-Stück in die Hand. Während der langen Bahnfahrt nach Weidenpesch weiht mich der Nachbar in die Regeln eines Derbys ein. Meine Aufregung steigert sich noch, als er Gertrude und mich an die Hand nimmt und mit uns und den vielen heranströmenden Menschen durch das Eingangstor schreitet. Die Herren defilieren in ihren besten Sonntagsanzügen an uns vorbei, die Damen balancieren auffällige Hutkreationen auf frisch eingefärbten Dauerwellen. Sie plaudern und diskutieren über Pferde, Jockeys und über mögliche Gewinnchancen. Etwas abseits des Zuganges führen die Rennreiter ihre Pferde, die zum Start zugelassen sind, stolz und nervös lächelnd vor. Fachleute, die große Wetten abschließen, umrunden diese edlen Tiere, machen sich Notizen und eilen zu den Schaltern der Wettbüro-Häuschen. Gertrudes Vater scheint jeden einzelnen Namen der Reiter und der Rennpferde zu kennen. Mir gefällt besonders der Jockey Hein Bollow wegen seiner glänzenden, grün-weißen Jacke. Respektvoll bestaune ich sein scheinbar müheloses, elegantes Vorbeireiten auf dem hohen Rennpferd. Er beugt sich vor, klopft beruhigend auf den Pferdehals und winkt uns zu. Ich erkundige mich, ob Hein Bollow ein Favorit sei. »Ja, schon«, antwortet Gertrudes Vater. »Man weiß zwar nie, aber Hein ist gut!« Ich umklammere vor Aufregung meine neue Fünf-Mark-Münze. An den Schaltern der Wettbüros lese ich auf einer Tafel, dass der niedrigste Einsatz genau fünf D-Mark beträgt. »Versuche es doch mal. Bollow ist mein Geheimtipp! Aber mach schnell! Gleich beginnt das Galopprennen!« Die Frau am Schalter händigt mir eine Quittung mit einer Nummer aus und lächelt vielsagend.

Wir nehmen unsere Plätze auf den oberen Rängen ein. Es ist laut. Sirrend wie ein sich warmlaufender Motor steigert sich eine nervöse Unruhe. Als sich alle Pferde mit ihren Jockeys vor dem Start versammeln, reicht mir Gertrude ihr Fernglas. Auf dem dritten Platz am Start: Hein Bollow! Das Rennen beginnt. Die Jockeys tanzen auf den Rücken der rasant galoppierenden Pferde. Mit Gerten treiben sie die Tierleiber zu noch höherer Geschwindigkeit an. Ein Pferd bleibt zurück. Die Menge der Zuschauer stöhnt auf. Der Pulk zieht vorbei, alle Blicke umrunden mit der rasenden Rotte der Rösser die Rennbahn. Plötzlich löst sich ein Pferdeschädel aus der Masse der braunen Körper. Um eine Pferdehalslänge voraus erreicht er als Erster das Ziel. Mir bricht der Schweiß aus. Tosender Applaus! Auf unserer Zuschauertribüne hektisches Gedränge. Der triumphierend winkende Jockey trägt einen grün-weißen Anzug. »Ich habe gewonnen!«, jubele ich. »Nicht du hast gewonnen, sondern Hein Bollow!«, korrigiert Gertrudes Vater. »Aber dafür hast du nun deinen Einsatz verdoppelt. An der Kasse kannst du dir jetzt zehn D-Mark auszahlen lassen.« Er schmunzelt. »Damit du das Geld nicht gleich wieder verspielst, fahren wir jetzt nach Hause.« Mir spukt es durch den Kopf: Ich bin reich! Ab sofort träume ich nicht mehr von Schmetterlingszopfspangen, sondern von einem eigenen Malkasten.

Es beginnt eine magische Zeit. Mit unermüdlichem Engagement üben Gertrude und ich mit meinem neuen Ball die »Probe«. Mit riskanten Körperverrenkungen jonglieren wir ihn. Er darf nie die Erde berühren, wenn wir ihn springend und drehend und bückend an die Wand und in die Luft werfen. Immer wieder, bis wir reif für einen Zirkusauftritt sind. Sind wir erfolgreich, bedeutet das Glück; entgleitet uns der Ball und hüpft davon, bedeutet das Pech. Auf der Straße imponieren wir den Jungs nicht nur mit unseren artistischen Ballkünsten, sondern auch mit unserem »Hüppekästchen-Spiel«, das ich mit Himmel und Hölle mit Kreide auf den Asphalt gezeichnet habe. Auf einem Bein hopsend, muss nacheinander in jedes der zwölf Felder ein Stein geschubst werden, bis dieser den »Himmel« erreicht hat. Gelingt das Spiel, ist das ein stiller Triumph, landet der Stein in der Hölle, bedeutet auch das nichts Gutes! An unseren Geschicklichkeitsübungen beteiligen sich schon bald einige Jungs, die sich gönnerhaft revanchieren und uns gestatten, mit ihnen Völkerball zu spielen, wenn Mitkämpfer in der Mannschaft fehlen. Schlendere ich mit Gertrude über den geplätteten Weg am Rhein entlang, verbieten wir uns, auf die Fugen zu treten. Auch das könnte Unglück bedeuten. Nach dem Spruch des Kaplans, »Der liebe Gott sieht alles!«, reden wir uns ein, irgendwann bestraft zu werden, wenn nicht alles ganz perfekt läuft! Denn in unseren Spielen sehen wir immer einen tieferen Sinn mit Konsequenz für unser Handeln, was uns eng zusammenschweißt.

Täglich steige ich mit stillem Vergnügen nach der Erledigung der Hausaufgaben zu Gertrude die vielen Treppen in das Dachgeschoss hinauf. In der räumlichen Enge und in der Gemeinschaft der Großfamilie fühle ich mich geborgen. Unterhalb der schrägen Wände entdecke ich viele geheimnisvolle Ecken, die vollgestopft sind mit Gegenständen, Fotos und Erinnerungsstücken aus Gertrudes ferner Heimat. Die immer fröhliche Großmutter backt dann in der winzigen Küche, vergnügt singend, köstliche Mohnstrudel und Hefeteigküchlein. Nur für uns! Ich kuschle mich auf die gehäkelten Sofakissen und genieße die muffige Gemütlichkeit. Meinen schlechten Geschmack würde Mutter nie begreifen. Sie hofft, dass ihre streng nach dem funktionalen, nüchternen, modernen Stilgefühl unseres Hauses erzogene Tochter diese neue Lebensform als die einzig richtige für immer akzeptiert. Doch hier in diesem chaotisch zusammengewürfelten alten Kram fühle ich mich besonders wohl. Er beflügelt meine Fantasie. Das alte Gerümpel bedeutet für mich ein Terrain der Wärme, das geheimnisvolle Geschichten erzählt, so ganz anders, als es die distanzierende Nüchternheit der Moderne in ihrer formalen Reduziertheit vermag. Gertrude staunt dagegen über unseren geordneten Haushalt und die luftigen, hellen Räume und genießt es, mit mir im Sommer auf unserer Dachterrasse im Liegestuhl sonnenbadend die Wolken auf ihrer Himmelsreise zu betrachten. Gespannt hört sie zu, wenn ich ihr erkläre, welche abenteuerlichen Tiere und Gesichter ich in ihnen entdecke. Selbst im Winter beobachten wir von meinem Fenster aus die kahlen Äste meiner Kastanie. Wenn sie völlig entlaubt sind, formen auch sie mit ihren knorrigen Zweigen in meiner Einbildung Gesichter, die wie aus schwarzen Umrisslinien gezeichnet den Himmel beherrschen. Ich versehe die erdachten Köpfe mit Namen und amüsiere mich, wenn Vögel sich in ihren Augen niederlassen. Selbst das weiß gekachelte Bad meiner Eltern verführt mich bei jedem Betreten dazu, die Kacheln abzuzählen, um herauszufinden, ob mich meine Freunde noch lieben, so wie ich im Frühjahr die Blütenblätter der Gänseblümchen pflücke und vor mich hinmurmle: »Sie lieben mich, sie lieben mich nicht, sie lieben mich von Herzen, mit Schmerzen, über alle Maßen, ganz rasend, sie lieben mich nicht …« Dann wünsche ich mir, in dieser magischen Zeit unsichtbar zu sein und in einer gläsernen Kutsche aus unserem Dorf heraus weit hinaus in die Welt zu reisen.

Ganz neue fantastische Traumreisen realisieren sich für mich in unserem gerade eröffneten Kino »Maternus-Lichtspiele«. Um Karten für eine Vorstellung zu bekommen, reihen sich alle Rodenkirchener geduldig in die Warteschlange ein, denn diese Attraktion bringt nicht nur unerwarteten Glanz in unser bescheidenes Dorfleben, sondern wärmt auch die zu Hause Frierenden auf. Da alle Heizmittel knapp sind, erhalten nur diejenigen Kinobesucher Zutritt in den Saal der Träume, die beim Kauf der Eintrittskarte am Schalter eine »Klütte« abliefern. Nach meiner lästigen Quengelei mit Hinweisen auf ein Plakat an der Litfaßsäule, das einen besonders für Kinder geeigneten Sonntagsfilm anpreist, nehmen meine Eltern die drei benötigten Briketts und die Lazarettdecke unter den Arm und betreten den kalten, doch so verlockenden Kinosaal. Mit gerötetem Gesicht wipple ich vor Aufregung auf dem Klappsessel hin und her. Da erst zu Beginn der Wochenschau mit den mitgebrachten Kohlen der Ofen befeuert wird, dauert die Aufwärmphase des Kinosaals im Winter länger, und Vater breitet fürsorglich die Lazarettdecke über unseren Beinen aus. Dann öffnet sich der Vorhang wie von Geisterhand und gibt die große Leinwand frei. Nach Fox' Tönender Wochenschau beginnt der Hauptfilm »Flicka«, eine rührselige Pferdegeschichte, die das Schicksal des schwer zähmbaren Fohlens Flicka und seiner Besitzerin Katy erzählt und jede Szene mit den wirksamsten Tricks aus der Sentimentalkiste des Kinos untermalt. Der Film erschüttert mich so sehr, dass mich meine Eltern am Ende der Vorstellung als laut schluchzendes Bündel fest umarmt nach Hause abschleppen. Tage- und nächtelang verfolgen mich die tragischen Filmsequenzen. Mein Kopfkissen ist durchnässt. Obwohl dieser eruptive Heulausbruch befreiend meine allgemeine Trübsal fortgespült hat, folgt für längere Zeit ein Kinoverbot.

Unter dem Einfluss der amerikanischen Besatzungsmacht schöpfen wir neue Hoffnung auf eine bessere Welt! Kesse Mädchen tanzen für Nylonstrümpfe mit den GIs, sie schminken sich, nähen sich freche Kleider und schwingen ihre Hüften zum Jazz. Wenn sie kein Geld für die heiß begehrten Nylons auftreiben können, imitieren sie diese und zeichnen jeden Morgen mit dem Augenbrauenstift eine lange schwarze Trennnaht von der Ferse über die Wade bis zum Oberschenkel. Diese Kunstnaht kann zwar nicht verrutschen, aber beim Hinsetzen verwischen. Egal! Jeder Trick ist erlaubt, um schick, jung und begehrenswert zu sein!

Die echten Kölner, die sämtliche Bombenangriffe und die Hungersnot bis jetzt irgendwie überlebt haben, verspüren wieder den angeborenen Drang, gemeinsam öffentliche Feste zu feiern. Der geplante erste karnevalistische Umzug nach dem Krieg wird vorsichtshalber als »Erweiterte Kappenfahrt« mit Kostümierten, zwanzig Fußgruppen und fünfzehn Mottowagen angekündigt. Am 28. Februar 1949 ist es so weit. Ein anderthalb Kilometer langer und sehr bescheidener Karnevalszug schlängelt sich auf Trampelpfaden durch die Ruinen. Dieses alle Herzen berührende Ereignis wird zum Bekenntnis für die wiedererwachte Vitalität und die Freude der armseligen Bewohner in unserer ausgebombten Stadt, mit neuer Lust und Zuversicht gemeinsam das Leben zu feiern. Selbst Kälte und leiser Schneefall können die singenden Hungerleider nicht davon abhalten, auf den Trümmerwegen zu tanzen, zu lachen und den Flachmann mit Schabau kreisen zu lassen.

Karneval

Zwischen den Trümmern der Kölner Werkschulen versucht Vater, seinen durch den Krieg seelisch und körperlich verletzten Studenten Mut zu einem sinnvollen Beruf zu vermitteln. Er ist fest davon überzeugt, dass es immer weiter bergauf gehen wird, wenn alle gemeinsam mithelfen. Täglich schippt er mit ihnen Schutt aus dem teilzerstörten Gebäude und beginnt schon bald seinen Unterricht in einem Verschlag. Langsam verwandeln alle Hilfskräfte die zertrümmerte Kunstschule wieder in einen Musentempel.

Als sich die jecke Jahreszeit nähert, kribbelt es den Werkschülern und ihren Dozenten in den Fingern: Es muss ein Künstlerfest vorbereitet werden! Mit den wenigen verfügbaren Mitteln entwerfen sie Dekorationen, nähen Kostüme und basteln Kulissen für den ersten Ball der Künstler nach dem Krieg. Mutter schneidert sich aus grün und blau schimmernder Seide, die sie in einem Geheimfach über den Krieg hinweggerettet hatte, ein perfekt sitzendes, schulterfreies Oberteil. Der bodenlange schwarze Seidenrock schmiegt sich eng an ihren schlanken Körper. Der Clou der Verkleidung ist ihr selbst gefertigter, einem Stupa ähnelnder hoher, mit grün-blauen und golden schimmernden Pailletten beklebter Aufbau für den Kopf. Ich beobachte irritiert, wie sie sich, vor einem Spiegel stehend, mit Schminke in eine völlig fremd aussehende, exotische Schönheit verwandelt. Vater öffnet die Tür des Badezimmers. Er tritt torkelnd ein und stößt an die Wand. »Das muss ich aber noch üben«, murmelt er. Erst jetzt bemerke ich, dass er versucht, rückwärts zu gehen. Er trägt ein rot-weiß gestreiftes Hemd, aus dessen Armlöchern neben seinen eigenen Armen zwei ausgestopfte Ärmel herausquellen, die sich auf dem Rücken überkreuzen und mit roten Handschuhen eine Zeitung halten. An den Fersen der Schuhe entdecke ich die kunstvoll befestigten Schuhspitzen seiner alten Treter. Auf seiner Glatze am Hinterkopf simulieren über dem Haarkranz eine Nase aus Knete und zwei Glasaugen sowie ein aufgemalter lachender Mund ein zweites Gesicht. Die Vorderseite, die mit einem Bart beklebt ist, entspricht wie beim doppelköpfigen Janus der Rückseite. Vater erkenne ich nur an seiner Stimme, denn ein alter Karnevalshut mit breiter Krempe wirft einen Schatten über das Doppelgesicht. Vater probt weiter das Rückwärtsgehen, während ich mit einem Gutenachtkuss in mein Bett verfrachtet werde. Laut singend verlassen die beiden Maskierten das Haus: »Un die Ahl met däm Schirm ohne Krück, die wor op dä Möler janz verrück und dä Möler met däm Pinsel ohne Hor, jo dä säht dat wör nit wohr, jo dä säht dat wör nit wohr.« Ich kann nicht einschlafen und blättere in Hauffs Märchenbuch und lese mit einer Gänsehaut im Nacken die Gruselgeschichte vom Geisterschiff. Die Piraten, mit einem Eisennagel durch die Stirn am Schiffsmast angeschlagen, geistern als Schatten in meiner Gardine herum. Mich überfällt Angst. Furcht vor dem Alleinsein. Fremde Geräusche im hellhörigen Haus! Seltsames Knistern und Rauschen vor dem Fenster! Das sonst so vertraute Knacken der Äste im Wind und der Ruf des Käuzchens in den Kastanien lassen mich schaudern. Erst gegen Morgen, als ich endlich höre, wie meine Eltern leise summend die Treppe in ihr Schlafzimmer heraufschleichen, trägt mich der Schlaf davon.

»Das Paradiesvogelfest war wunderbar!«, schwärmt Vater am nächsten Morgen. »Stell dir vor, unser Freund Fritz führte als Haremswächter verkleidet seine Frau als Hund an der Leine durch die Halle! Seine Liebste hat auf den Knien rutschend gebellt und geknurrt. Mein Student, ›der kleine Bär‹, hat mit großer Palette und Pinseln in der Hand erschütternd lebensecht Toulouse-Lautrec verkörpert.« »Und Papi hat nur rückwärts getanzt«, fügt Mutter lachend hinzu.

Nachdem dieses Karnevalsfest der Künstler ein voller Erfolg war, plant Vater, nach dem Jahresrundgang mit seinen Studenten das Ende des Semesters mit einer Feier ausklingen zu lassen. An einem warmen und regenfreien Wochenende tafeln und tanzen sie im Strandschlösschen am Rheinufer, bis das Lokal schließt. Mutter verabschiedet sich vorzeitig wegen einer starken Migräne. Die angeheiterte Meute schwoft auf dem weißen Sandstrand weiter und die Mutigsten kühlen sich im Fluss ab. Am nächsten Morgen kommt Mutter beunruhigt an mein Bett. »Vater ist in der Nacht nicht heimgekehrt. Was ist passiert?« Wir verlassen, ohne zu frühstücken, das Haus, und schon auf der Uferpromenade, in der Höhe von Peters Fabrik, treffen wir die ersten Feiernden, die fröhlich singend und beschwipst in Richtung Straßenbahn schwanken. In der Nähe des Strandbades sitzt Vater, vergnügt wie ein Kleinkind, im Sand unter einem Weidenbaum, winkt uns zu und ruft: »Guten Morgen, meine Liebsten! Der Mond schien so hell über dem Wasser, die Nacht war warm und wir sind wach geblieben, weil jeder eine Geschichte erzählen musste, wie Scheherazade in Tausendundeiner Nacht. Erst während des Sonnenaufgangs ist unser Feuer aus eingesammelten Zweigen erloschen.« Als wir ihn locken, doch endlich heimzukommen und mit uns zu frühstücken, fällt er uns beim Versuch, ihn auf die Beine zu stellen, in die Arme. Es sei so merkwürdig, versichert er, er könne sehr gut gehen, aber nur rückwärts.

Nachdem die Kölner Schulverwaltung beschlossen hat, katholische und protestantische Kinder in getrennten Gebäuden zu unterrichten, werde ich wieder mit einigen Mitschülern umgeschult. Unsere Lehrerin befragt jeden einzeln nach seiner Glaubenszugehörigkeit. »Das weiß ich nicht«, antworte ich, als ich an der Reihe bin. Ein höhnisches Gelächter brandet an meine Ohren, wovon ich zu Hause erregt berichte. Dieses mich sehr blamierende Erlebnis beschwichtigt Mutter lächelnd. Ganz entspannt erklärt sie mir: »Sage den Lehrern, dass deine Eltern evangelisch getauft sind und du noch warten möchtest, bis du selber entscheiden kannst, welchem Glauben du einmal angehörst.« Also muss ich mit allen anderen Protestanten unsere nette Lehrerin, meine katholischen Mitschüler und das schöne Schulgebäude wieder verlassen. Unsere hellen und ausreichend geheizten Klassenräume befinden sich im Tiefparterre des neuen evangelischen Gemeindehauses. Herr Beck, unser neuer Lehrer, ein Kriegsversehrter, hat offensichtlich an der Front seinen rechten Arm verloren. Der leere Ärmel seines grauen Jacketts ist halb umgeschlagen und unterhalb der Schulter mit einer Sicherheitsnadel befestigt. Herr Beck ist sehr streng, legt großen Wert auf Disziplin und begutachtet vor jeder ersten Schulstunde den Zustand unserer Hefte und Hände. Wenn er meine oft von Gartenarbeit und Tusche schwarz gefärbten Nägel entdeckt, schlägt er mit dem Rohrstock auf meine Finger. Das empört Vater so sehr, dass er den Lehrer zur Rede stellt. Von diesem Gespräch an verwendet Herr Beck den Rohrstock nur noch, um auf bestimmte Punkte auf der Landkarte zu zeigen. Er genießt unseren Respekt, denn er ist gerecht und kümmert sich verantwortungsvoll um jeden von uns. Wir lernen ungestört mit so gutem Erfolg, dass am Ende des vierten Schuljahres beinahe alle evangelischen Schüler auf eine weiterführende Schule gehen dürfen.

Zu den wichtigen Fächern unserer protestantischen Konfessionsschule zählt der von einem Pfarrer gestaltete Religionsunterricht. Dazu gehört auch für mich verpflichtend der Schulgottesdienst. Dieser Kirchenmann ist so imponierend groß und breitschultrig, dass er mir in seinem schwarzen Talar mit dem weißen Beffchen unter dem Kinn gewaltig, ja bedrohlich vorkommt. Wenn er in der hallenden Kirche predigt, öffnet sich vor meinem inneren Auge das Höllentor aus Vaters Kunstbuch. So als würde für uns sündige Erdbewohner das letzte Stündlein schlagen. In seiner letzten Predigt ermahnt er uns, mit unseren Familien an seinem weihnachtlichen Festgottesdienst teilzunehmen. Ich bitte meine Eltern, mich an Heiligabend vor der Bescherung in den Weihnachtsgottesdienst zu begleiten. Es schneit. In der frühen Dunkelheit leuchten hinter den Gardinen der Häuser schon einige Kerzen. Der sonst recht nüchterne Kirchenraum ist voll besetzt. Jeder kennt jeden im Dorf und weiß, welchem Glauben jeder Einzelne angehört. Nur bei uns ist man sich unsicher. Die neue Orgel braust und die kahlen Zementwände werfen die Tonfolgen verstärkt zurück. Das Dröhnen der sich überlagernden Klangfarben, das musikalische Jubeln der Akkorde dringt bis in die Knochen. Auf den Zweigen einer hohen, fast bis zur Decke reichenden Tanne und dem Altar brennen echte Wachskerzen. Ich spüre so etwas wie einen heiligen Schauer und die Verpflichtung, über Gott nachzudenken, der so fern von mir zu sein scheint. Sofort verstummt das leise Gemurmel der Gläubigen, als der Pfarrer leibhaftig wie Luther vor dem Altar steht. Noch ein Räuspern, dann feierliche Stille. Die Orgel braust jetzt auf, als würden alle himmlischen Heerscharen auf ihren Trompeten, Hörnern und Flöten blasen. Nach den geflüsterten Gebeten und dem gemeinsamen Singen der alten Weihnachtslieder richtet sich unser Diener Gottes mit einer großformatigen Bibel in der Hand an seine Gemeinde. Er schlägt den Folianten auf und predigt von der Verantwortung eines jeden Christenmenschen. Vor allem von den Pflichten der Protestanten. Nach der Verkündigung der Geburt des Kindes in der Krippe hebt er den Kopf, blickt über die Bankreihen und mahnt: »Ja! Ja, da gibt es unter euch die sogenannten Weihnachtschristen, die es nicht für nötig halten, zu den allgemeinen Sonntagsgottesdiensten zu erscheinen!« Er reckt sich noch mehr und seine Stimme wird schrill: »Die es für ausreichend erachten, nur an unserem Heiligen Abend hier zu sitzen! Wie diese!« Mit ausgestrecktem Arm zeigt er auf meine Eltern und mich. Wir hatten ganz hinten an der Seite Platz genommen. »Sie da! Sie habe ich hier noch nie gesehen!« Die Stimme dröhnt: »Das ist nicht gottgefällig!« Die Gemeindemitglieder wenden uns ihre Köpfe zu. Eine tiefe Röte überzieht mein Gesicht. Mir bricht kalter Schweiß aus. Ich ducke mich, ein innerliches Beben erfasst meinen Körper. Wir sind keine echten Protestanten! Wir werden aus der Gemeinschaft unseres Dorfes ausgesperrt. Wir sind nicht erwünscht! Unter dem Gebraus der Orgel verlassen wir nach dem Schlusssegen eiligst das Kirchengebäude. Der Schnee knirscht leise unter meinen Stiefeln. Vater

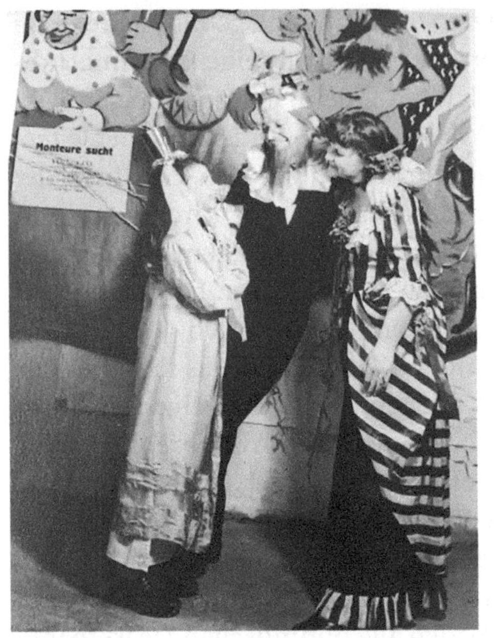

ergreift meine kalte Hand und sagt mit selbstbewusster Stimme: »Das, meine Kleine, das war nicht christlich!« Mein zart aufgekeimtes religiöses Gefühl verschwindet wieder in weite Ferne. Obwohl ich weiterhin am allgemeinen Religionsunterricht teilnehme, beachtet der Pfarrer mich nicht. Ich gehöre nicht dazu. Ich werde nur geduldet. Später, bei der Anmeldung zum Konfirmationsunterricht, fehlt auf der Liste mein Name.

Vaters Semesterferien beginnen. Heinz K., ein Student aus seiner Gebrauchsgrafikklasse, empfiehlt uns als nächstes Urlaubsziel seinen Geburtsort Norderney. Wegen des regelmäßig gezahlten Gehalts können wir uns jetzt eine Reise auf die ostfriesische Insel leisten. Vater beschreibt mir Heinz als talentierten Zeichner und Funker, der so intelligent sei, dass er im Krieg in einem U-Boot in norwegischen Gewässern die verschlüsselten Codes der Feinde knacken konnte, obwohl er zuerst deren Sprache nicht beherrschte.

Norderney und Paris

Norderney! Sofort atme ich tief die salzige Seeluft ein, laufe auf Wegen, die, mit roten Backsteinen gepflastert, mich zum ersten Mal an das Meer führen. Diese Weite! Der unbegrenzte Himmel! Das Unendliche – ob das alles Gott ist? Die niedrigen Häuser mit ihren verglasten Veranden, die kleinen Läden mit Fässern voller Krabben vor der Tür, die Blumenbeete vor dem Kurhaus, der weite, weiße Sandstrand hinter den Dünen, die Schreie der Möwen, der für mich unverständliche, friesische Dialekt! Alles schwingt in mir. Die Frische der salzhaltigen Luft und der ständige Wind vertreiben die Erdenschwere am Tag und schenken in der Nacht einen tiefen Schlaf. Gleich am nächsten Tag holt uns Heinz nach dem Frühstück von unserer kleinen Pension ab und führt uns zum Kurhotel. Dort stellt er uns Frau Klein-von-Diepold und ihren Sohn Manfred vor. Schon in den ersten Tagen entwickelt sich eine gegenseitige Sympathie. Meine Eltern freunden sich schnell mit dieser vornehm wirkenden Dame und ihrem erwachsenen Sohn an, der seine Mutter respektvoll »Maman« nennt. Als Inhaberin des feudalen Kurhotels stattete Maman ihr luxuriöses Haus mit den Malereien aus ihrer privaten Sammlung aus, denn Manfreds Vater, Nachkomme der begabten Malerfamilie Klein-von-Diepold, erlangte als Künstler mit seinen farbstarken Porträts, Landschaftsbildern und Seestücken bereits zu Lebzeiten Anerkennung. Da Manfred diese künstlerischen Talente seiner Vorväter geerbt zu haben scheint, erhofft er sich einen guten Rat von Vater. Schon beim ersten Kennenlernen beginne ich für diesen aufrecht schreitenden und vom Seewind gebräunten Insulaner zu schwärmen. Mit seinen perfekten, weißen Zahnreihen, seinen blonden Locken und den meerblauen Augen gleicht er einem Filmstar, einem Helden, vielleicht Robinson. Natürlich schenkt er mir keinen Blick. Mit meinen kindlichen Zöpfen, den immer aufgeschürften Knien und den vorstehenden Zähnen bin ich keine Attraktion. Deshalb betrachte ich mein Spiegelbild länger als nötig, säubere sorgfältig meine Nägel, flechte nie mehr Zöpfe und binde meine kräftig gewachsenen Haare zu einem Pferdeschwanz. Meine Eltern sitzen schon wartend in der verglasten Veranda hinter weißen Spitzengardinen, trinken den starken friesischen Tee mit Kluntjes (Kandiszucker) und Sahnewolke und frühstücken knusprige Brötchen zu Rührei mit Krabben. Da Vater Manfred versprochen hatte, mit ihm für seine Bewerbungsmappe einige

Skizzen auszusuchen und noch Porträtzeichnungen vorzubereiten, fällt mein Frühstück aus Zeitmangel spärlich aus. Im Kurhotel erwacht spontan meine Neugier, als sich in der Empfangshalle während der Begrüßung ein perfekt gekleideter Beau neben meine Mutter stellt, sie aufmerksam beobachtet und mit Blicken verfolgt. Er spricht sie an, macht ihr Komplimente und bewundert ihr selbst entworfenes und genähtes Strandkleid. Mutter lächelt verlegen. Da sie über die neuesten Trends der Mode informiert ist, erkennt sie den Fremden sofort. Dieser hochelegante Herr, der oft in ihren Haute-Couture-Journalen abgebildet wird, ist Heinz Oestergaard, einer der bedeutenden deutschen Modedesigner aus Berlin. Oestergaard, der sich galant bei ihr entschuldigt, als sein Pudel an ihr hochspringt, schlägt uns einen gemeinsamen Spaziergang zum Strand vor. Auf dem Weg durch die Dünen darf ich seinen Pudel an einer roten Leine führen. Niemand würde glauben, dass der Modeschöpfer elf Jahre jünger ist als meine sportliche Mutter. Mich erstaunt jedoch nach jedem gemeinsamen Spaziergang, dass Vater sich weder Neugier noch Eifersucht anmerken lässt, denn jeder außer mir weiß, dass der Modezar für Vater keinerlei Gefahr bedeutet. Während ihrer Fachgespräche über die Mode und die Künste rufen die beiden Modeverrückten laut in den Wind: »Haute Couture ist Kunst!« Nach unserem ausgedehnten Marsch empfängt uns die vornehm gedämpfte Stille des Foyers des Kurhotels, die durch das Gekläff von Oestergaards schwarzem Teufel jäh zerrissen wird. Sofort fange ich das Hündchen ein und trage es ins Freie. Denn Richard Strauss, der alte, feinsinnige Herr mit dem weißen Schnauzbart, der eben an mir vorbeigehuscht ist, benötigt als Hotelgast absolute Ruhe, damit er sich gänzlich ungestört seiner Musik hingeben kann. Vor dem Hotel lasse ich mich mit dem Pudelhund auf dem Schoß auf einer Eisenbank nieder, blinzle in die Sonne, rieche dabei an seinem parfümierten Fell und fühle reines Glück. Vor mir knien Kinder auf dem Weg, klopfen mit Ziegelsteinen die von Badegästen ausgespuckten Aprikosenkerne auf und schieben sich die Mandeln mit dreckigen Fingern in den Mund. Ich schließe meine Augen. Wie schnell verblassen die Narben der Kriegstage unter diesem Insellicht. Wie hell meine Tage jetzt leuchten!

Allein schlendere ich barfuß am Ufersaum entlang, beobachte Wattwürmer, angeschwemmte Quallen, suche Bernstein und bewundere Seepferdchen zwischen den Buhnen, die graziös und aufrecht im ruhigen Wasser stehen. Ich spüre den warmen Sand unter meinen Füßen und verfolge das Gleiten der Möwen im klaren Licht. Hinter den Strandkörben beginnt der Bereich der Freikörperkultur, wo sich die Badegäste ohne jede Scham nackt sonnen, Burgen bauen, mit Bällen spielen und in den Wellen tummeln. Die See ist ruhig. Die Flut kommt und die Brecher rollen noch vor der Sandbank auf, auf der sich einige Seehunde mit ihren Robbenbabys regungslos wie glatt geschliffene Felsen sonnen. Ich lege meine Kleidung vor das Dünengras und renne den Wellen entgegen. Im kalten Meer beobachte ich bibbernd, wie die Kinder im Sand buddeln, wie sie mit Wasser ihre Burgen befeuchten, während Väter mit den Größeren mit einem Tamburin Pingpong spielen. Das Aufprallen des weißen Bällchens erzeugt auf der gespannten Pergamenthaut einen kurzen Ton, wie das melodische Ticken eines Pendels. Dann bäumt sich das Meer auf. Wellen brechen sich schäumend an meinem Hals, eine Woge wirft mich zu Boden, schwappt über meinem Kopf zusammen und zieht mit der Rückströmung den Sand unter mir fort. Plötzlich schmerzt mich mein Arm. Ein beißendes, nicht nachlassendes Brennen frisst sich zur Schulter hoch und erfasst unaufhaltsam meinen gesamten Körper. Ich wanke im nassen Badeanzug an Land, mir wird schwindelig, und ich renne zum Grandhotel. Jede Berührung ist unerträglich, so als stünde ich in Flammen. Mein ganzer Leib lodert und kocht! Endlich! Der eiligst informierte Badearzt spricht in den Hörer: »Oh Gott! Schnell unter die Dusche und vorsichtig ins Bett. Ich komme!« Nach einer Stunde klopft er in unserer Pension an meine Tür. »So ein Pech! Da kann ich leider nicht schnell helfen. Die Tentakel einer Feuerqualle haben deinen Leib gestreift. Mit der Entladung ihrer Nesselkapseln verursachen sie dir jetzt diese quälenden Schmerzen, weil du auch noch hochallergisch auf ihr Gift reagierst. Ich verschreibe dir Puder und ein Medikament gegen das Brennen.« Er wendet sich zu Mutter um: »Rufen Sie mich sofort wieder an, auch nachts, wenn das Fieber nach Einnahme der Medizin nicht sinkt oder Schüttelfrost eintritt und der Kreislauf versagt. Zu allem Unglück reagiert Ihre Tochter besonders heikel auf dieses starke Nesselgift.«

Eine Ferienwoche im Bett! Eine verlorene, kostbare Zeit! Mein enges Zimmer verwandelt sich in einen Ort der Verdammnis hinter verdunkelnden Gardinen. Jede Berührung und jede Bewegung brennt wie Feuer. Die auf den Gemälden der großen Meister geschilderten Höllenqualen der Sünder im Purgatorium sind jetzt für mich real. Als meine psychische Kraft zu Ende geht, heilt die Haut langsam ab, die Brandstellen verblassen. Bei bedecktem Himmel darf ich bekleidet und mit einem Schirm vor dem Gesicht wieder den Strand besuchen. Mein kläffender Spielgefährte ist mit Heinz Oestergaard nach Berlin abgereist. Respektvoll betrachte ich mit Mutter vom Flutsaum aus das mir unheimlich gewordene Meer. Wir marschieren gegen die steife Brise an und singen laut in die Brandung: »Der Wind hat mir ein Lied erzählt, von einem Glück – unsagbar schön …« Selten fühlte ich mich so dankbar wie nach dieser Genesung und so eins mit Mutter und der ganzen Welt.

In unserer letzten Urlaubswoche beginnt auf Norderney die Konzertsaison. Im Kurhaus kündigen Plakate als Großereignis einen Klavierabend an: »Elly Ney spielt Beethoven!« Meine Eltern versuchen mit mir, aus der einfachen Ferienbekleidung etwas Festliches zu kreieren. Am Zugang zu dem bewachten Badestrand verlockt mich jedes Mal eine Bude mit Postkarten und Cremes und Sonnenhüten und einem Korb voller exotischer Schneckenhäuser und Muscheln. Doch das Verführerischste hängt an einem Ständer. Bizarre Ketten aus Korallen in verschiedenen Längen verzücken mich so, dass ich vorsichtig ihre korallenroten Ästchen berühre, wenn niemand zuschaut, sie stehen wie aufgefädelte, versteinerte Blutstropfen von der Schnur ab. Als ich mich wieder nicht von dem ungewöhnlichen Halsschmuck trennen kann, legt mir Mutter eine besonders auffällige Kette um den Hals und schenkt sie mir als preiswertes Souvenir. Da die Meere noch nicht leer geplündert sind, gelten die warmfarbigen Korallen als billige Massenware, genauso wie die wunderbarsten Muscheln und Schneckenhäuser aus der Südsee. Als ich eitel meinen Halsschmuck in einem Handspiegel betrachte, sehe ich, wie sich Manfred in gebückter Haltung heranschleicht. Mein sonst strahlender Heros gesteht, dass er bei schwerem Seegang auf seinem Segelschiff so unglücklich gestolpert sei, dass der Inselarzt ihm gerade einen Rippenbruch diagnostiziert habe. Als er Mutter drei Ehrenkarten für das Konzert in die Hand legt, schaut er auch auf mich und lobt meinen neuen Schmuck, den ich nur für ihn heute Abend tragen werde.

Mit unseren Ehrenkarten nehmen wir in der ersten Reihe des Kurhauses Platz. Manfred setzt sich vorsichtig neben mich und bittet mich inständig: »Mach keine Witze!« Elly Neys Beethovenkonzert ist völlig ausverkauft. Nach längerem Warten und sich immer weiter steigerndem Applaus erscheint sie in einem bodenlangen, flatternden Gewand. Ihr Haar ist windzerzaust. Sie verbeugt sich tief, wirft dann ihren Kopf effektvoll in den Nacken, bückt sich erneut und justiert die Hockerhöhe. Sie prüft die Gestimmtheit des Flügels, setzt sich in Positur, schließt die Augen und bearbeitet mit nach vorn und wieder zurückschwingendem Oberkörper die Tasten. Sie bäumt sich auf, wirft abwechselnd pathetisch die freien Hände in die Luft und sinkt im Rhythmus verlöschend in sich zusammen. Sie, die große Diva am Flügel, zelebriert »ihren Beethoven« auf so dramatische Weise, als könne niemand außer ihr die überragende Größe des musikalischen Genies so fulminant bis in die feinsten Klangfarben interpretieren. Ihre Fingertechnik macht mich schwindelig. Mein Körper vibriert im Takt. Aber mein Lachen ist nur mit äußerster Mühe zu bremsen. Ich schließe die Augen, stopfe meine Fäuste vor das Gesicht, um bloß keinen Mucks von mir zu geben. Manfred rinnen Tränen über die Wangen und hinterlassen auf seiner Hose dunkle Flecken. Es sind nicht die gefühlvollen Tränen des vollendeten musikalischen Genusses, nein, es sind die Tränen des unterdrückten Kicherns und des stechenden Schmerzes der lädierten Rippe! Auf keinen Fall dürfen wir uns anschauen. Schlussakkord! Endlich! Enthusiastischer Beifall mit Bravorufen! Stehende Ovationen! Wir flegelhaften Banausen von der ersten Reihe können endlich entfliehen, laut im Kurpark auflachen und Manfred, der sich immer noch vor Kichern schüttelt, wegen seiner schmerzenden Rippe stützen und trösten.

Diese Sommertage in den Dünen am Meer scheinen nicht zu enden. Die gesammelten Muscheln belegen schon meinen ganzen Nachttisch und gelbrote, in der Sonne trocknende Seesterne stinken bestialisch vor dem Fenster. Für Manfred und Heinz K. ist es Ehrensache, das sogenannte Absegeln vor unserer Abreise mit Vater auf seemännische Art zu feiern. Mutter steht mit mir am Hafenbecken. Wir winken den Männern an der Reling der Yacht zu, bevor sie die Segel setzen und den Anker lichten. Heinz löst die Leinen, mein Held Manfred mit Kapitänsmütze lehnt etwas schief am Mast seines Schiffes und deklamiert laut: »Prinz Manfred steht am Steuerrad, Prinz Heinrich steht am Schlot. Ein Volk, das solche Fürsten hat, das leidet keine Not.« Damit stechen die drei in See. Vater formt seine Hände zu einem Trichter und ruft noch über die Wellen: »Wartet nicht auf uns, es kann länger dauern!«

Es wird spät und später und stockfinster. Vom Meer her türmen sich Wolken auf. Am nächsten Vormittag fährt noch immer kein Segelschiff in den Hafen. Die See ist ruhig, glatt wie ein Spiegel. Erst am späten Nachmittag schwanken uns drei grinsende Seeleute auf der Hafenmole entgegen. Ihr Gang ist unsicher. Mit einer leer getrunkenen Flasche Rum in der Hand und zerknittertem Gesicht gesteht Manfred: »Es war eine echte

Seemannsnacht, mit rasender Fahrt hinaus aufs offene Meer in Richtung Amerika. Ein harter Kampf mit den Elementen! Die hohe Dünung brachte uns in bedenkliche Schieflage! Alle Handtücher in der Kajüte hingen schräg! Und dann die Geschichten vom Klabautermann ...« Manfred stützt sich die Seite mit der gebrochenen Rippe: »Die normale Welt ist aus den Angeln gefallen. Aber heute Morgen haben wir unseren Augen nicht getraut. Ich bin ehrlich: Kurz nach Verlassen des Hafens sind wir in der Flaute bei Ebbe, ohne es zu merken, direkt vor der Küste in Schräglage auf eine Sandbank aufgefahren. Das Seemannsgarn hat uns so gefesselt, dass wir fest davon überzeugt waren, in voller Fahrt voraus nach New York zu segeln. Wir müssen zugeben, dass wir uns die ganze wundervolle Nacht nicht vom Fleck bewegt haben. Also warteten wir die nächste Flut ab, um den Kahn wieder flottzukriegen.«

In der langen Nacht auf der Sandbank überzeugten die beiden erfahrenen Künstler Heinrich und Heinz den jungen Manfred, sich an der renommierten Kunstakademie in Düsseldorf zu bewerben. Dank der in Norderney angefertigten Mappe besteht mein Held die Prüfungen und beginnt sein Studium der Bildhauerei. Anschließend besucht er eine Pariser Kunstakademie, wo er Dina Vierny, ein berühmtes Modell der Pariser Kunstszene, kennenlernt. Sie ist mit ihrem perfekten Körper und ihrem schönen, intelligenten Gesicht besonders bei Bildhauern und Malern als Modell gefragt. Matisse und Bonnard porträtieren sie, und der Bildhauer Aristide Maillol, den Dina als Lebensgefährtin bis zu seinem Tod treu begleitet, verewigt seine Muse bevorzugt als Idealbild in seinen Aktskulpturen und plastischen Porträts. Nach dem Tod Maillols gründet sie mit seinem Nachlass und mit ihrer eigenen privaten Sammlung in Paris eine international tätige Galerie. Manfred und Dina befreunden sich und beginnen in Paris ein gemeinsames Leben. Er arbeitet weiter als Bildhauer und sammelt historische Kutschen, um sie mit Hingabe akribisch zu restaurieren. Manchmal transportiert er Dinas Söhne entweder in einer barocken vergoldeten Hochzeitskutsche oder in einem alten Leichenwagen aus napoleonischer Zeit quer durch Paris vor das Schultor. Da Manfred auch das Führen eines Vierergespanns perfekt beherrscht, prescht er als kühner Wagenlenker in mehreren bekannten Spielfilmen über die Leinwand.

Wenn im Frühjahr die ersten Kastanien erblühen, lockt es meine Eltern für eine Woche nach Paris. Sie logieren als Stammgäste in einer kleinen Pension im Quartier Latin und besuchen an einem der Nachmittage

Dina und Manfred. Sonst flaniert Mutter allein durch die Parks und die Prachtstraßen, schaut sich Modegeschäfte an, informiert sich über neuste Trends, durchstöbert die Kaufhäuser Lafayette und Printemps und atmet verzaubert das Flair dieser Weltstadt ein. Mit ihren eigenen Stoffentwürfen ist sie in Köln so erfolgreich, dass sie sich mit gutem Gewissen von ihrem Verdienst elegante, französische Accessoires leisten kann, während Vater sich in einem Bistro zwei Stühle ausborgt und sich mit Leinwand und Ölmalkasten in einer windstillen Hausecke niederlässt. Im Jardin du Luxembourg oder im Quartier Latin entstehen Gemälde voller Licht. Mit dem Bleistift oder dem Pinselstiel zeichnet er grafische Umrisslinien von Menschen und Gebäuden in die frisch aufgetragenen, lasierenden Farbfelder und zaubert eine ganz eigenständige, grafische und luftige Bildatmosphäre. Am Abend treffen sie alte Künstlerfreunde und gehen mit ihnen ins Cabaret oder besuchen die kleinen Kellertheater oder die Oper. Oder sie diskutieren bis in die Nacht mit Studenten in einem der Bistros an langen Tischen und genießen ein halbes gebratenes Huhn mit Rotwein und Baguette. Bis der Nachtisch, ein Crêpe Suzette, serviert wird, zeichnet Vater noch schnell eine exotische Schönheit, ein verliebtes Pärchen oder gestikulierende Gäste in sein kleines Buch, das jederzeit griffbereit in seiner Jackentasche steckt. Diese von meinen Eltern beschriebenen Tage schweben in meiner Vorstellung wie verklingende Lieder dahin: »Non, je ne regrette rien.« Eines der eindrucksvollsten Mitbringsel aus Paris, das Vater vor mir mit Vorsicht aus dem Koffer holt, ist ein Pastell eines befreundeten Pariser Künstlers, das er zum Abschied gegen eine seiner Zeichnungen getauscht hatte. Diese zarte Malerei auf Papier, die ich in meinem Rodenkirchener Atelier in einer Schublade verborgen aufbewahre, zeigt in pudrigen Farben das Aktbild eines Mannes. Da dieses Pastell nicht fixiert ist, verblasst das Sujet im Lauf der Zeit immer mehr. Durch die Ablösung der Pigmente wird das kleine Werk zu einem Spiegelbild des Verfalls, zu einem Sinnbild für das Entschwinden unserer vergangenen Zeit im Vergessen. Ebenso lösen sich in meinem Gedächtnis die spärlichen Erzählungen meiner Eltern in einen diffusen, zarten Hauch auf, der in seinem Abglanz nach Frühling und Kastanienblüten und nach einer geheimnisvollen Erwachsenenwelt duftet.

Wirtschaftlich geht es spürbar bergauf. Der sich nun ankündigende Sommer beginnt voller Hoffnungen. Mutter verwöhnt uns an den Sonntagen zum Abendessen mit knusprigen Roggenbrötchen, »Terrassenleberwurst« und mit saurer Gurke. Unsere wiedereröffnete Metzgerei stellt diese

Delikatesse für das Restaurant »Zum Treppchen« her. Auf der renovierten Terrasse des Wirtshauses nahe am Rhein, mit Blick auf die vorbeiziehenden Schiffe und das strahlend weiß getünchte Kapellchen, das schon im 10. Jahrhundert Erwähnung findet, schmeckt uns diese Spezialität an einem Sommertag natürlich am besten. Vater trinkt ein Bier und erzählt mir folgende Geschichte: »Alles ändert sich rasant auf der Welt. Du wirst es immer mehr spüren, je älter du wirst. Als ich 1899 in Staßfurt im großen Ziegelhaus neben dem Schlachthof geboren wurde, versanken alle Straßen und Plätze jede Nacht in einer beängstigenden Dunkelheit. Am Abend erhellten Kerzen oder Petroleumlampen nur sehr notdürftig die Wohnungen. Diese mit Lampenöl gefüllten Leuchten entwickelten, trotz der Erfindung des Lampenzylinders, unangenehme Gerüche und viel Ruß. Wenn es nicht zwingend notwendig war, wagte sich niemand nachts bei bedecktem Himmel ohne Mond- oder Sternenlicht aus dem Haus. Stell dir vor, was das für eine Sensation war, als sich plötzlich mit der Erfindung des Gaslichts das Leben in den Städten schlagartig veränderte. Auf einmal beleuchten gusseiserne Laternen unsere Bürgersteige und Plätze. Die so gefürchteten dunklen Nächte, in denen sich meistens nur Gesindel mit finsteren Absichten in den unbeleuchteten Straßen herumtrieb, erstrahlen jetzt hell und behaglich. Immer mehr Städter flanieren zu später Stunde noch auf den Boulevards und verabreden sich auf den belebten Plätzen. Eine der größten Sensationen ist das Telefonieren. Plötzlich wird es möglich, mit Hilfe eines sogenannten Fernsprechers und durch die Vermittlung eines Fräuleins vom Amt, mit einer anderen entfernt wohnenden Person ein Gespräch zu führen. Jules Vernes beschreibt 1865 in seinem vorausschauenden Science-Fiction-Roman ›De la Terre à la Lune‹ sogar eine Reise zum Mond. Vielleicht wird auch diese verrückte Idee eines Tages Realität. Denn unsere Welt verändert sich immer schneller!«

Mit Vaters Erzählungen erblüht für mich eine wundersame Parallelwelt. Jeden Abend warte ich gespannt in meinem Bett auf seine Schritte. Das Klicken der heruntergedrückten Türklinke erhöht meinen Pulsschlag, gleich gehört Vater mir allein. Von meiner Bettkante aus umhüllt mich seine leise Stimme mit wohliger Geborgenheit. Mit den Berichten von seiner Kindheit im Salzlandkreis Sachsen-Anhalt entsteht für mich ein zweites Zuhause, wenn seine warme, trockene Hand auf meinem Handrücken liegt und er beginnt: »Als ich so alt war, wie du jetzt bist, durfte ich Väterchen vorne auf dem Kutschbock nur begleiten, wenn ich vorher unsere alten und klapprigen Zossen gefüttert hatte. Sie brachten uns gemächlich trabend zu jedem Ziel, während die wohlhabenden Salzbarone stolz auf ihren Rassepferden im Galopp an unserer Kutsche vorbeisprengten. Diese Herren zeigten stolz, dass sie in unserer Kleinstadt mit dem ersten Kalibergwerk der Welt Reichtum erworben hatten. Wenn zum Beispiel eine Kuh kalbte und das Kälbchen nicht allein aus dem aufgedunsenen Leib herauskommen konnte, wusste dein Opa als Tierarzt immer Hilfe. Fachmännisch stand er dem kalbenden Tier bei und versuchte, den verzögerten Geburtsvorgang zu beschleunigen. Jetzt durfte ich ihm aus seiner Arzttasche die nötigen Instrumente reichen. Ich war erst glücklich, wenn das kleine Kälbchen gesund im sauberen Stroh lag, sich bewegte und am Euter des Muttertieres saugte. Während des gesamten Geburtsvorganges herrscht im Stall eine angespannte Stille, eine beinahe heilige Atmosphäre, denn es geht bei jeder Geburt immer um Leben oder Tod! Jede Geburt ist ein Wunder, auch wenn dieser Vorgang ein ganz natürlicher ist. Wenn dein Opa bei einem Pferd mit Koliken einen Trokar genau an die richtige Stelle des aufgeblähten Leibes setzte, damit die angesammelte Luft mit einem zischenden Geräusch aus dem Bauchraum abströmen konnte, beobachtete ich gespannt jeden Handgriff. Das gepeinigte Pferd, das die Erleichterung spürte, schien sich nach dem Eingriff bei seinem Arzt zu bedanken, denn es lehnte seinen Kopf an Opas Schulter. Meine Kleine, ich wünschte mir nichts sehnlicher, als Chirurg zu werden.« Vater sieht lächelnd in meine weit aufgerissenen Augen.

Seit den Ferientagen auf Norderney fühle ich mich besonders einsam. Der Pudel von Heinz Oestergaard fehlt mir mit seiner wilden Verspieltheit, seiner Zutraulichkeit und seiner Kameradschaft. Ich bitte und bettle. Ein kleiner Pudel wäre mein ganzes Glück und ich verspreche, immer für ihn zu sorgen. Doch Mutter lehnt diesen Wunsch als ehemalige Züchterin ab: »Ein Hund macht viel Arbeit. Jeder Halter ist verpflichtet, sein Tier mehrmals täglich auszuführen, sein Fell zu pflegen und gutes Futter zuzubereiten. Das ist eine große Verantwortung, denn es ist ein Lebewesen!« Damit ist das Thema beendet. Es naht die Weihnachtszeit. Da ich einen Wunschzettel ausfüllen darf, gestalte ich mit meinen neuen Buntstiften in der Mitte eines roten Herzens mit Hingabe einen Hund.

Hund

Heiligabend. Im Haus duftet es nach Tanne und nach Plätzchen. Ungeduldig beobachte ich am Fenster meines Kinderzimmers die vorbeischwebenden Schneeflocken. Endlich! Das Weihnachtsglöckchen bimmelt. Mutter nimmt mich an die Hand und führt mich durch das kalte Treppenhaus. Im Atelier flackern die Kerzen des Christbaums, in ihrem Schein drehen sich funkelnd selbst gefaltete Goldsterne. Die polierten, roten Äpfel und die Plätzchen leuchten wie bunte Blüten zwischen den Tannenzweigen. Auf der Erde liegt ein mit Goldpapier verpacktes Geschenk. Meine mit roter Schleife zugebundene Papierrolle mit dem gezeichneten Selbstporträt sieht daneben etwas mager aus. Leise erklingt im Radio das Weihnachtsoratorium von Johann Sebastian Bach. Mutter setzt sich mit der Bibel auf dem Schoß in einen tiefen Sessel, öffnet die beiden Schließen des alten, in Schweinsleder gebundenen Folianten und beginnt neben einem Leuchter zu lesen: »Es begab sich aber zu der Zeit …« Ich schaue auf das Päckchen am Boden und fiebere Vaters Kritik entgegen. Was wird er nach dem Aufrollen über meine neue Zeichnung äußern? Nach den letzten Worten des Lukasevangeliums blickt Mutter zu mir auf: »So, nun sieh doch mal nach, was für dich unter dem Baum liegt!« Dicht neben der Tanne im Kerzenschein hockend, binde ich vorsichtig und voller Erwartung die Schleife des goldenen Päckchens auf. Zu meinem Entsetzen purzeln eine warme Wollunterhose und ein Paar dicke Strümpfe aus der Verpackung, während Vater meine Rolle aus dem Weihnachtspapier auswickelt und lächelnd meine Bleistiftzeichnung betrachtet. Er nickt. »Du schaust immer besser hin. Gut!« Enttäuscht und lustlos knabbere ich an einem Schokoladenkringel mit Liebesperlen. Im Radio singt der Chor »Stille Nacht, heilige Nacht«. Unvermittelt bittet mich Mutter, aus dem Schlafzimmer ihre Hausschuhe zu holen, weil ihre Füße schmerzten. Ich taste mich durch den dunklen Raum. Wie ein Blitz fährt mir ein Schreck durch alle Glieder, jemand atmet unter dem Bett! Irritiert und verängstigt laufe ich ohne Pantoffeln zurück in das Weihnachtszimmer und stottere: »Da ist ein Geräusch! Da ist jemand im Zimmer! Ich habe Angst!« »Ach was, mein Schatz, du hast zu viel Fantasie. Bitte hole schnell meine Schuhe. Da ist niemand!« Ich glaube nun selber, dass ich spinne, und summe: »Alles schläft, einsam wacht …« Das Laternenlicht fällt sparsam durch die zugezogenen Gardinen. Ich beiße mir auf die Lippen, knie mich vor Mutters Nachttisch und suche mit ausgestrecktem Arm die Hausschuhe. Plötzlich stupst etwas Feuchtes an meine Hand. Ich zittere, ziehe ruckartig meine Hand zurück und halte die Luft an. Mir versagt die Stimme. Erst als aus der Dunkelheit auf kleinen Wollpfoten ein schnüffelndes, fiependes, schwarzes Bündel Locken hervorkrabbelt, löst sich allmählich meine Schreckstarre. Eine feuchte, rosa Zunge beleckt meine Hände. Ich wage kaum zu atmen. Ganz vorsichtig nehme ich den Welpen in meine Arme. Diese Kreatur erfüllt mich durch ihr pures Dasein mit einem unbeschreiblichen Glück und zugleich auch mit der Sorge, ob es ihr gut geht. Als im Weihnachtszimmer die winzige Pudeldame grazil im Raum herumspringt, schlägt meine frankophile Mutter für unser neues Familienmitglied den passenden Namen »Bijou« vor. Jetzt ist es Zeit, dass Bijou gefüttert wird. Mutter zeigt mir, wie ich aus einem frischen, rohen Ei und Tatar kleine Bällchen formen und diese in die zarte Hundeschnauze schieben kann. Der Hund schlingt sie hastig hinunter und wedelt mit dem schon kupierten Stummelschwanz. Ausnahmsweise darf Bijou heute am Heiligen Abend in einem Korb auf einer karierten Decke vor meinem Bett schlafen. Keinesfalls wird es erlaubt, dass er mein Bett mit mir teilt. Ich kann die Schlafenszeit kaum erwarten, verdränge meine Puppe und Teddy an die Wandseite und mache meine Arme frei für meinen Hund, der sofort eng an mich geschmiegt auf meinem Kopfkissen einschläft. Er atmet in einem gleichmäßigen, beruhigenden Rhythmus, sein weiches, warmes Lockenfell kitzelt meine Nase und duftet. Als Vater meine Türe öffnet, sieht er uns beide so selig vereint in den Kissen liegen, dass er sich ohne ein Wort wieder aus meinem Zimmer schleicht.

Bijou wird nun meine ständige Begleiterin, obwohl meine versprochene, Fürsorge bei der Fütterung allmählich nachlässt. Sie entwickelt sich zu einer gesunden und klugen Hündin. Wenn ich mit Bijou spreche, schaut sie mir fest in die Augen und verfolgt die Bewegungen meiner Lippen. Sie öffnet ihre Schnauze, stößt seltsame Geräusche aus und versucht, mir zu antworten. Sie ist sehr geduldig. An sonnigen Tagen lege ich meinen Pudel in den alten Korbkinderwagen, stülpe ihm meine weiße Babymütze aus Spitze über seine Ohren, decke ein Kissen über seine Pfoten und schiebe die Fuhre am Rhein entlang. Spaziergänger bleiben stehen und schauen neugierig in den Kinderwagen, weil sie annehmen, dass ich als liebevolle, größere Schwester brav ein neues Baby ausfahre. Entsetzt schrecken sie zurück, wenn sie unter dem Daunenkissen ein schwarz gelocktes Hundegesicht anknurrt und die Zähne fletscht. Diese kindlichen Experimente übersteht mein tapferes Tier unbeschadet. Genauso wie die Prozeduren des Hundefriseurs Herrn Brapp, der den Pudel einseift, badet, sein Fell schert und auf vornehm frisiert, denn Bijou ist ein Rassehund mit Zertifikat. So nobel hergerichtet, führe ich ihn auf der Uferpromenade vor der herrschaftlichen Villa der persischen Botschaft spazieren. Manchmal begegnet mir auf diesem Weg Soraya Esfandiary Bakhtiary. Soraya ist sehr zierlich. Jedes Mal bin ich wieder von ihrer eleganten Erscheinung und ihren ungewöhnlichen, leuchtend grünen Augen fasziniert, die mich anlachen. Dass sie später den persischen Pfauenthron besteigen wird, liegt für mich wie das Märchen von Tausendundeiner Nacht in einer anderen Dimension. Öfter kommt mir auf meinem Rückweg auch Romy Schneider mit ihrem Dackel entgegen. Wir begrüßen uns, die Hunde beschnuppern sich, wir haben Zeit, uns über die Charaktere unserer Begleiter auszutauschen. Da ich gehört hatte, dass Romys Mutter Magda eine bekannte deutsche Schauspielerin ist, und meine Mutter beinahe auch eine gute Darstellerin hätte werden können, fühle ich mich im Geheimen mit Romy verbunden. Außerdem bewundere ich ihren dicken Pferdeschwanz und ihr gleichmäßiges, so schönes Gesicht.

Bijou, nun voll ausgewachsen, ist immer – außer auf dem Schulweg – an meiner Seite. Sie apportiert morgens die Zeitung, trägt beim Einkauf meinen leeren Henkelkorb im Maul und beweist ihre guten Eigenschaften durch ein ausgeprägt schlechtes Gewissen. Hat sie während meiner Abwesenheit auf dem hellgelben Sessel gelegen, was streng verboten ist, bittet sie regelmäßig um Verzeihung. Wenn ich nach einer kurzen Abwesenheit zurückkomme, rutscht sie mir in einer Geste tiefster Demut platt wie eine Flunder auf dem Bauch entgegen. Sie wagt es nicht, mich direkt anzusehen. Erst nachdem ich ihr zu dem Sessel gefolgt bin, dessen Sitz sich noch warm anfühlt, und ich sie ordentlich ausgeschimpft habe, streckt sie sich, sucht mit ihren Augen meinen Blick und steht wieder wie ein richtiger Hund auf vier Beinen. Dieses Zeichen schlechten Gewissens erinnert mich an meine eigenen Gefühle, wenn ich etwas ausgefressen habe, was verboten ist. Ob uns diese Empfindungen von Scham und Reue schon von Beginn unseres Menschseins an begleiten, oder haben wir sie durch einen langen Entwicklungsprozess erst kultiviert? Gehören diese Emotionen auch zur Gefühlswelt der Tiere? Verstehen wir die Tiere nicht, weil wir sie arrogant unterschätzen?

Einige Jahre später fällt mir eine Veränderung in Bijous Verhalten auf. Ihr schlanker Körper wirkt plump und wir befürchten, dass ein Nachbar sie heimlich füttert. Sie beginnt Tücher und Wäschestücke, die sie irgendwie erreichen kann, unter unserem Sofa zu horten, und verweigert, in meinem Zimmer in ihrem Korb zu nächtigen. Eines Morgens höre ich im Wohnraum ein leises Fiepen. Das zarte Geräusch erinnert mich an den Heiligen Abend und meine erste Begegnung mit Bijou unter Mutters Bett. Mein Hund zerrt mich am Hosenbein zum Diwan. Er verschwindet kurz unter der Sitzfläche und kommt mit einem winzigen Wollknäuel im Maul wieder hervor. Bijou legt mir ihr Baby und einen zweiten winzigen Welpen vor die Füße. Ohne unser Wissen hatte sie in der Nacht unter dem Sofa in ihrem Versteck zwischen den zusammengesuchten Wäschestücken zwei gesunden Hündchen das Leben geschenkt. Diese heimliche Geburt der beiden Tiere in unserem Haus ist für mich eine Sensation. Ich nenne den vollkommen schwarzhaarigen kleinen Welpen »Babu« und seine Schwester mit weißem Fleck auf der Brust »Coco«. Mutter sagt: »Schade, das ist ein klares Zeichen, dass unsere beiden Pudelkinder aus der Sicht der Züchter nicht als rasserein gelten.« Diese Minderbewertung empört mich. Mir ist es völlig unverständlich, dass nicht alle Lebewesen in ihrer Einzigartigkeit im gleichen Maß wertvoll sein sollten. Mutter, die früher mit Hingabe ihre Foxterrierzucht gepflegt hatte, legt mir nun nahe, mich möglichst bald von den beiden Neuankömmlingen zu trennen, denn der Haushalt sei nicht geeignet, drei Hunde zu versorgen.

Eines Morgens höre ich, wie Vater den Hundefriseur und Pudelkenner Herrn Brapp anruft und ihn nach dem richtigen Zeitpunkt für das Kupieren der Schwänze fragt. Vor allem möchte er in Erfahrung bringen, zwischen welchen Schwanzwirbeln gekürzt wird. Herr Brapp antwortet nur: »Bringen Sie mir die Welpen vorbei, ich erledige das.« Vater fragt ein zweites Mal: »Nach welchem Wirbel werden Sie die Schwänze kürzen, damit die Hunde wie Pudel aussehen?« »Ganz normal!«, sagt er, bevor er auflegt. Ich rieche den Braten. Mein Vater, Sohn eines operierenden Tierarztes, der schon als Knirps Erfahrungen bei seinem Spielzeugpferd auf Rädern gesammelt hatte, will selber Hand anlegen. Er fordert mich auf, ihm in die Waschküche zu folgen. Vater hebt ein Zeichenbrett auf zwei Malerböcke, breitet ein ausgekochtes Frotteetuch darüber aus und legt eine Schere und eine vorher ausgekochte Nähnadel mit schwarzem Seidenfaden fein säuberlich aufgereiht neben eine Flasche Alkohol und bittet mich, die Schachtel mit dem Bismut Puder – die berühmte Dose aus dem Ersten Weltkrieg – zu holen. Vater, in sauberem Malerkittel, hebt den kleinen Babu auf den OP-Tisch und verlangt von mir, dass ich seine Hundeschnauze fest zudrücke. »Nein! Das kann ich nicht!«, protestiere ich. »Los, drück fest zu!«, fordert er mich auf. »Babu wird nichts spüren, denn am Schwanz verlaufen keine Nerven!« Er nimmt die vorher mit Alkohol desinfizierte Schere und schneidet ohne Betäubung ein Stück des Schwänzchens ab. Der Hund jault auf! Vater hatte sich geirrt! Ich versuche, das hilflose Tierchen mit beiden Händen zu ergreifen und fortzurennen, doch Vater nimmt Babu in seinen Arm, gießt etwas Alkohol auf den blutenden Stummel, näht mit zwei Stichen die Wunde zu, bepudert sie mit Bismut und verklebt das armselige Stummelschwänzchen mit einem Pflaster. Ich laufe die Treppen hoch zu Mutter und rufe empört: »Papi bringt Babu um!« Dann höre ich ein erneutes Winseln und weiß, dass er nun auch die kleine Coco verarztet. Mutter steigt eiligst in den Keller hinunter und assistiert dem Chirurgen bei der zweiten Operation. Warum nur hat er das den Tieren und mir angetan? Meine beiden Patienten, die ich zu trösten versuche, hüpfen aus meinen Armen, drehen sich im Kreis, um das Pflaster loszuwerden, und toben danach wieder vergnügt herum. Nichts entzündet sich. Nach wenigen Tagen kringeln sich neue Locken um die etwas zu lang geratenen Schwänzchen. In der großen Pause erzähle ich meiner Klassenkameradin auf dem Schulhof, dass wir zwei Pudelwelpen zu vergeben hätten. Sie besucht mich nach dem Unterricht und spielt so liebevoll mit meinen beiden Hündchen, dass Mutter ihr verspricht, sie könne Coco als Geschenk erhalten, falls ihre Eltern es erlaubten. Babu wird von einem Alträucher, einem Kölner Schrotthändler, mitgenommen, der ihn vorne auf den Bock seines Pferdewagens setzt. Da das für mich nach Abenteuer klingt, willige ich nach langem Zögern ein, denn Mutter weigert sich, weiterhin zwei Hunde im Haus zu versorgen.

Kurz nachdem die Welpen unser Haus verlassen mussten, wird Bijou sehr krank. Sie frisst nicht mehr und die sonst feuchtkalte Hundenase fühlt sich rau, heiß und trocken an. Sie fiebert. Voller Sorge bittet Vater den Direktor des Kölner Zoologischen Gartens um Rat, für den er gerade eine Bronzetafel für den Haupteingang entworfen hatte. Großzügig bietet der Veterinär an, unseren Hund bis zu seiner Gesundung in seinem Privathaus zu betreuen. Noch am gleichen Tag transportiere ich meinen kranken Pudel in Mutters Einkaufstasche nach Merheim, wo ihn der Tiermediziner eingehend untersucht. Er stellt eine schwere Thalliumvergiftung fest. Wahrscheinlich hatte ein Nachbar im Park Köder mit Rattengift ausgelegt. Bijou bleibt nun einige Wochen in der Obhut des Zoodirektors. Jeden Samstagabend darf ich mich bei ihm kurz erkundigen, wie es der Patientin geht. Er lobt unsere Hündin und versichert mir, dass er sie sehr gern habe. Endlich erlaubt er mir nach meinem flehentlichen Bitten, Bijou wiederzusehen, sie kurz – wirklich nur ganz kurz – zu besuchen, denn sie sei noch sehr schwach. Mutter begleitet mich an das andere Ende der Stadt. Als ich auf die Klingel vor dem Innenhof der Direktorenvilla drücke, kommt mir Bijou schon mit seinem Stummelschwanz wedelnd und hechelnd entgegengelaufen und leckt mir durch die Gitterstäbe die Hände. Als uns der Tierarzt begrüßt, springt sie an mir hoch. Sofort nimmt der Doktor meinen Hund auf den Arm und prüft seinen Puls. Erst jetzt reicht er ihn mir und ich spüre, wie mager Bijou ist. Und wie das kleine Herz rast! Nachdem ich meinen Hund fest an mich gedrückt habe, nimmt ihn mir der Tierarzt wieder fort, verabschiedet sich ohne große Worte und trägt ihn zurück ins Haus. Am selben Abend ruft er bei uns an und sagt: »Bijou lebt nicht mehr. Bijou war ein ganz besonderes Tier, das auch ich sehr liebgewonnen habe. Das durch das Gift geschwächte Herz konnte die Aufregung des Wiedersehens nicht mehr verkraften. Bijou ist vor Freude gestorben.« Meine Eltern sind besonders nett zu mir. Vater spürt, dass er etwas falsch gemacht hatte, als er mich zwang, bei der Kürzung der Schwanzspitzen der Welpen zu assistieren. Vergeblich versucht er, mich zu trösten, weil ich nun allein durch das Haus schleiche und mich so verlassen fühle wie noch nie.

Nahtod

Zu meiner Trauer quälen mich seit einigen Tagen kneifende Schmerzen im Unterleib. Das Treppensteigen fällt mir immer schwerer. Oft nehme ich zwei Stufen auf einmal, wenn es schnell gehen soll. Nun schleppe ich mich Stufe für Stufe mühsam hinauf. Als ich mich auch noch übergeben muss, überweist mich unser Arzt sofort in ein Krankenhaus. Der Starchirurg von Köln begutachtet meinen Bauch. Am nächsten Morgen drückt er mir im Operationsraum eine scheußliche Äthermaske auf Nase und Mund, und die Schwester schickt mich mit einer zusätzlichen Infusion in einen Zustand der absoluten Willenlosigkeit. Nachdem ich bis drei gezählt habe, entschwinde ich mir und mein Ich spaltet sich. Ganz deutlich sehe ich meinen realen Leib, schwer wie ein Stein, unter mir auf dem Operationstisch liegen. Mein Bewusstsein schwebt wie ein Geistwesen über meinem Körper, als sei ich gespiegelt. In diesem Schwebezustand verfolge ich, wie unter mir das Operationsteam immer hektischer mit medizinischen Instrumenten an meinem Bauch agiert. Ich höre deutlich die Stimme des Arztes, seine leisen, kurzen Kommandos und das metallische Klappern des chirurgischen Bestecks. Plötzlich reagiert der Operateur nervös. Er wird laut. Mein Äther-Ich stürzt aus seinem lichten Schwebezustand hinab, zurück in die Hülle meines operierten Leibes. Der narkotisierte Zustand hält lange an. Meine Augen öffne ich erst für einen kurzen Moment, nachdem die Schwester immer wieder meinen Vornamen gerufen hat. Ihre Stimme weht wie aus weiter Ferne in mein Ohr. Ich spüre, wie sie mit einem nasskalten Lappen über mein Gesicht wischt und mir rhythmisch auf die Wangen klopft, bis mir so übel wird, dass ich meinen ganzen Mageninhalt ausspucke. Die übergroße Schnittwunde schließt sich wegen meines andauernden Würgens nur sehr langsam. Mein Erlebnis des Schwebens über meinem eigenen Leib während der Operation kommt mir so seltsam vor, dass ich mit niemanden darüber rede. Erst viele Jahre später lese ich zufällig einen Artikel über Nahtoderfahrungen.

Als ich nach der Entlassung aus der Klinik wieder im eigenen Bett schlafen kann, widmet mir Vater viel Zeit, um wieder von seiner Kindheit in Staßfurt zu erzählen: »Dein Opa, der Tierarzt, blieb für mich immer geheimnisvoll. Er zählte zu den Honoratioren der Kleinstadt und traf sich regelmäßig mit dem Advokaten, dem Direktor des Gymnasiums, dem Arzt und dem Pfarrer in einem Geheimbund, einer Loge, worüber er nie etwas berichten durfte. Es handelte sich um die bekannte Freimaurerloge ›Zu den drei Weltkugeln‹, welche der Preußenkönig Friedrich II. als ›ethischen Bund freier Menschen‹ mit dem Hauptanliegen der Verteidigung und Ausübung von Freiheit, Brüderlichkeit, Gleichheit, Toleranz und Humanität gegründet hatte.

Dennoch ist dein Opa, den wir Kinder zärtlich ›Väterchen‹ nennen, zu mir besonders streng, obwohl ich als Klassenprimus aus der Schule immer nur die besten Noten mit nach Hause bringe. In der Mittelstufe des Gymnasiums schädigt plötzlich eine Scharlacherkrankung mein Gehirn so sehr, dass ich mein Gedächtnis und damit mein gesamtes Schulwissen verliere. Stell dir vor: Ich muss ganz von vorne beginnen und wieder schreiben und rechnen lernen. Zum Glück übt deine geduldige Großmutter, die Tochter eines Lehrers, mit mir jeden Tag viele Stunden lang, bis ich endlich wieder in die Schule gehen darf. Aber die Lücken durch die versäumte Unterrichtszeit sind so groß, dass ich den Anforderungen nicht mehr genüge. Zu den Fremdsprachen Französisch und Englisch kommt noch Latein hinzu, und ich scheitere bei jeder Klassenarbeit. Väterchen will das nicht verstehen. Er schimpft mich aus, ich sei faul. Er schlägt mich sogar und nennt mich die personifizierte Peinlichkeit für die gesamte Familie. Ich sei ein Versager, der sich keinerlei Mühe mehr gebe. Nach der Schule traue ich mich kaum noch über die Brücke unseres Flüsschens Bode. Ich stiere verheult in den Fluss, um nur nicht in Richtung Schlachthof gehen zu müssen, denn unter meiner Lateinarbeit steht wieder eine Fünf. Da sich meine Noten nicht bessern, sucht Väterchen verzweifelt meinen Klassenlehrer auf. In Erinnerung an meine früheren Leistungen ist dieser mir immer noch sehr wohlgesonnen und deutet meinen unerfreulichen Zustand als dramatische Folge der schweren Scharlacherkrankung. Ihm gelingt es, Väterchen von meinem künstlerischen Talent zu überzeugen, und schlägt für mich eine Glasmalerlehre in Quedlinburg vor. Mein Traum, Chirurg zu werden, ist damit für immer ausgeträumt. Väterchen nimmt mich von der Schule, meldet mich in der Werkstatt der Firma Ferdinand Müller an und bittet meinen Onkel Aloys, der in Quedlinburg als Musiklehrer in einem prächtigen Patrizierhaus eine Schule für Kirchenmusik leitet, mich bei sich in einer Kammer unterzubringen.

Nachdem ich in der Kunstanstalt für Glasmalerei von dem Chef, Herrn Ferdinand Müller, nach eingehender Überprüfung als Lehrling aufgenommen werde, ziehe ich mit meinen wenigen Habseligkeiten in die besonders schöne, alte Fachwerkstadt an der Bode. Tante Alma, eine rundliche Respektsperson, richtet mir einen Schlafplatz in einer unbewohnten Dachkammer des Konservatoriums ein. Sie ist kinderlos und nimmt den Auftrag besonders ernst, auf mich nichtsnutzigen, sich dumm stellenden Bengel aufzupassen. Dabei ist ihr die laut knarrende alte Holztreppe ein verlässlicher Komplize. Wenn ich abends nach der Arbeit mit meinen Kumpels auf den Bummel gehen möchte, um mit Gleichaltrigen an einer dunklen Straßenecke heimlich eine Zigarette zu rauchen oder den hübschen Mädchen der Stadt hinterherzupfeifen, verrät ihr das laute Ächzen der Holzstufen jedes Mal mein Fortschleichen. Sogleich zitiert sie mich in ihren Salon und verhindert meine kleinen Freuden.

Meine Lehre ist anstrengend. Sie beginnt in der Frühe mit Drecksarbeit wie Toiletten putzen, Müll beseitigen, Werkräume ausfegen. Alles erledige ich ohne Murren, denn wenn ich in den Hallen noch allein bin, kann ich die neuesten Entwürfe für große Kirchenfenster und die künstlerischen Ausführungen der Glasmaler ungestört betrachten. Während des Tages beobachte ich heimlich die Meister bei ihrer Tätigkeit, wie sie mit den bunten Glasscheiben, die auf langen Regalen in circa eintausend verschiedenen Nuancen lagern, wahre Wunderwerke vollbringen. Die Firma, die weltweit für ihre Qualität bekannt ist, erhält auch Großaufträge aus dem fernen Ausland. Meinem Chef fällt auf, wie interessiert ich die neuesten Entwürfe für ein großes Rathausfenster beäugte. Eines Tages fragt er mich, ob ich es mir zutraue, selber einen eigenen Entwurf anzufertigen. Ich darf mich an einen der Zeichentische zu den Meistern setzen. Bei seinem nächsten Rundgang ist er über das Ergebnis meiner gewissenhaft gezeichneten Skizze so erstaunt, dass ich endlich einmal ein Lob erhalte. Onkel Aloys kann ich stolz berichten, dass mich Herr Ferdinand Müller persönlich für meine Arbeit in seiner international bekannten Glasmalerei-Anstalt so gelobt hat, dass ich jetzt beauftragt bin, eigene Entwürfe für große Fenster zu zeichnen und bei der Ausführung zu assistieren. Die Welt erscheint mir nun in einem rosigen Glanz. Nur Tante Alma mit ihren ständigen Ermahnungen und Kontrollen nervt. Ich denke mir etwas Perfides aus. Da sie sich samstags traditionsgemäß mit ihren Freundinnen zu einem Kaffeeklatsch trifft und in der Regel erst gegen 19 Uhr leicht beschwipst zurückkehrt, schleiche ich mich in den feinen Salon mit dem Flügel. Dort kauere ich mich hinter das grüne Plüschsofa, das meistens nach der Heimkehr ihr Lieblingsplatz ist, um sich noch einen Likör zu genehmigen. An der Rückseite des Sitzmöbels schiebe ich meine Hand und dann den Unterarm so zwischen Rückenlehne und Kissen hindurch, als läge ein abgesägter Arm auf dem Polster. Schon höre ich das Knarren und Quietschen der Holzstufen, das polternde Eintreten und das Schnaufen der Tante. Sie wendet sich zum Gläserschrank, nimmt ein Likörglas zwischen Daumen und Zeigefinger und schenkt sich aus einer Kristallflasche einen kräftigen Schluck ein. Als sie sich herumdreht, um sich auf dem Sofa niederzulassen, entweicht ihr ein markerschütternder Schrei. Sie sackt mit ihrer korpulenten Fülle mitten auf den Perserteppich. Der verschüttete, goldgelbe Likör tröpfelt über ihren bebenden Busen. Ich ziehe meinen eingeschlafenen Arm von der Sitzfläche zurück, schaue, ob sie noch atmet oder ob sie verletzt ist, und mache mich schleunigst aus dem Staub. Von meinem Dachzimmer aus beobachte ich Onkel Aloys, der einen Choral pfeifend die Haustür aufschließt und die Stufen hochsteigt. Auch er stößt einen schrillen Pfiff aus, als er den Salon betritt. Am nächsten Morgen sitzt mir Tante Alma bleich am Frühstückstisch gegenüber. Sie reibt sich die Hüfte und berichtet von einem schrecklichen Erlebnis. Ein abgehackter Arm habe gestern auf dem Sofa gelegen. ›Ganz bestimmt! Ehrlich!‹ Onkel Aloys tröstet sie und meint verschmitzt: ›Ach, meine Liebe, da habt ihr Damen bestimmt wieder ein Gläschen zu viel getrunken!‹

Einige Wochen später überzieht ein glühendes Abendrot den gesamten Himmel über Quedlinburg, als brenne der Horizont. Wir Glasmaler verabreden uns auf dem Burgberg vor der Stiftskirche St. Servatius. Gerade an diesem Abend bin ich wegen meiner Erfolge in der Werkstatt besonders gut gelaunt. Nach diesem Abendausflug schließe ich pfeifend die schwere Portaltüre auf, und schon flötet mir wieder am Eingang zum Treppenhaus Tante Almas aufgeregte Stimme entgegen. Sie wedelt mit einem Brief: ›Junge, da ist Post für dich! Das sieht nicht gut aus. Dieser Brief kommt nicht von zu Hause oder von deiner Firma! Er ist von der Heeresleitung!‹ Sie reicht mir den Umschlag. Ich öffne ihn mit meinem Taschenmesser und ziehe meinen Einberufungsbefehl heraus. Erster Weltkrieg! Ein Sammeltransport bringt mich mit vielen anderen Jugendlichen nach Frankreich an die Front. Ich bin noch keine siebzehn Jahre alt. Nun schlaf gut, mein Schatz.«

Weil ich nun weder mein Huhn Adele noch meinen Hund Bijou als Begleiter habe, schenken mir meine Eltern ein kleinformatiges, knallrotes Metallradio, das mir hilft, die bedrückende Stille in meinem Zimmer zu vertreiben. Mit seinem blechernen Ton füttert es mich mit Nachrichten und Musik. Ich liebe meine Eisenkiste, trotz ihres scheppernden Klangs, denn sie erleichtert mir das morgendliche Aufstehen. Doch bald rächt sich das nicht richtig isolierte Gerät; es versetzt mir einen heftigen Stromschlag und muss sofort entsorgt werden. Zum Trost baut mir Vater aus Glasresten ein Vogelhaus. Er montiert es außen so auf das Fensterbrett, dass ich von meinem Bett aus schon in der Frühe meine Lieblinge beobachten kann. Mit Körnern und Kleie und mit einem frischen Tannenzweig als Sichtschutz locke ich die unterschiedlichsten Vogelarten an. Ihr spezielles Verhalten, ihr farbenprächtiges Gefieder und der Formenreichtum ihrer Schnäbel begeistern mich. Häufig flattern Blau- und Kohlmeisen in mein Häuschen. Manchmal kommt auch die kleine Schwanzmeise mit ihrem sirrenden Ruf zu Besuch. Während sich Rotkehlchen zutraulich verhalten, reagieren die prächtigen Buchfinken, die Kernbeißer und die Kreuzschnäbel mit ihren gelborangefarbenen Brustfedern scheu. Wenn dann auch noch das Goldgelb des so seltenen Pirols in meinem kleinen Glaspalast aufleuchtet, bedeutet das Freude für den ganzen Tag. Die größeren Vögel – eine Eule, frech krächzende Krähen, mehrere Spechte, dreiste Elstern, der nachts rufende Waldkauz und die schon viel zu früh gurrenden Tauben – bewohnen meine Kastanien und die Robinie. Wenn ich zufällig eine blau schimmernde Feder aus dem Flügelbug eines Eichelhähers im Gras finde, veredelt sie als Lesezeichen meine Bücher.

Eines Morgens öffnet Mutter das Schlafzimmerfenster, genießt die ersten warmen Sonnenstrahlen, räkelt sich und legt ihren goldenen Ring auf die Marmorplatte. Für wenige Minuten verlässt sie den Raum. Das Schmuckstück funkelt im Licht. Da niemand sonst in der Nähe ist, verliert eine diebische Elster ihre Scheu und fliegt auf das Fensterbrett. Mutter kommt zurück, um ihren Ring an den Finger zu stecken, und sieht, wie der schwarz-weiße Vogel vom Fenstersims aus startet und mit einem hämisch krächzenden Schäkern im Baumwipfel verschwindet. Der Schmuck bleibt für immer verschwunden.

Manche Stellen am Flussufer des Rheins bleiben vom Hochwasser sumpfig und sind Brutstätten unzähliger Mückenlarven. Hier tummeln sich Frösche und versetzen von Ende April bis in den Sommer hinein die Nächte in Schwingungen. Dicke Erdkröten und Igel kriechen aus unserem Laubhaufen durch das Gras, Blindschleichen huschen um die Hausecken. Eines Nachmittags besucht mich unter der Akazie eine grünlich gefärbte

Ringelnatter, die ich für ein altes Stück Gartenschlauch halte. Diese Tage sind Schmetterlingstage, denn viele schillernde Falter flattern Nektar suchend durch mein grünes Reich. Besonders kostbar sind mir die samtschwarzen Trauermäntel mit ihrer hellgelben Umrandung und den azurblauen Punkten. Sehr selten entdecke ich in unserem Garten die bizarren Schwalbenschwänze mit ihrer auffälligen, schwarz-gelb-weißen Musterung mit einer blauen Binde und roten Augenflecken an den Hinterflügeln, die in Schwänzchen enden. Am häufigsten schweben Kohlweißlinge und Zitronenfalter und braune Bären und Bläulinge vorbei. Auf der lila Nektarweide unseres Schmetterlingsflieders tummeln sich dunkle Admirale friedlich mit den bunten Pfauenaugen. Ihre vier Signalpunkte leuchten auf den zarten Samtflügeln wie magische Neonaugen.

Schon wird es wieder Herbst. Die globalen Probleme verschwinden für uns Kinder in weiter Ferne, und das bewusste und unbewusste Verdrängen unserer höllischen Vergangenheit schafft Raum für ein hoffnungsvolles Vorwärtsdenken. Die ersten Schuljahre zwischen den Trümmern verrinnen schnell. Die täglichen Hausaufgaben erledige ich nach dem Mittagessen, damit viel Zeit bleibt, mit den Kindern auf der Straße zu spielen. Die Jungs basteln mit Einmachgummis und aus Astgabeln, die sie von Haselnusssträuchern schneiden, gefährliche Zwillen. Fleißig sammeln sie Kastanien, die sie als Munition in ihren prall gefüllten Hosentaschen horten. Bei gutem Wetter rotten sie sich auf dem Auenweg zusammen, bilden einen wilden Haufen, raufen und necken sich und überlegen, was sie anstellen könnten. Der schüchterne Rudi beobachtet sie stets in sicherem Abstand von seinem Fenster oder vom Garten aus. Während ich auf meinen Rollschuhen um die Ecke sause, sehe ich aus den Augenwinkeln, wie einer der Jungs das Weckgummi seiner Flitsch mit einer Kastanie spannt, sein Ziel fixiert und das Gummi mit dem Geschoss in dem Moment loslässt, als Rudi das Gartentor öffnet und in die Schusslinie gerät. Rudis Gesicht, wie eine Zielscheibe getroffen, zuckt. Sein Kopf fällt auf den Brustkorb. Er klappt wie ein Taschenmesser zusammen und stürzt auf die Steinplatten des Gehwegs. Entsetzen fährt durch meine Glieder. Ich stoppe meine Rollschuhe, trommle die Jungs zusammen und rase mit ihnen zu ihm hin. Wir versuchen, ihn zu stützen. Die Stärkeren schleppen ihn vor seine Haustür und schellen. Rudis Mutter öffnet. Mit einem leisen Schrei zieht sie ihren Sohn rasch ins Haus. Nach einigen Minuten fährt mit lauter Sirene ein Krankenwagen vor. Mit meinen abgeschnallten Rollschuhen in der Hand schleiche ich mich heim. Mir schmeckt kein Butterbrot. Wortlos verkrieche ich mich frühzeitig ins Bett und kann nicht schlafen.

Erst nach längerer Zeit wage ich mich wieder auf den durch Bombenlöcher wenig zerstörten Asphalt des Auenwegs. Hier können wir ungestört auf unseren Rollschuhen herumsausen, Pirouetten drehen und rückwärts tanzen, da kaum ein Auto vorbeifährt. Plötzlich entdecke ich Rudi auf dem Bürgersteig vor seinem Elternhaus. Er lehnt an einem Baumstamm, ist blass und seine linke Gesichtshälfte zeigt eine deutliche rötlich-grüne Schwellung. Ich rolle auf ihn zu und frage leise: »Was war los? Wie geht es dir? Ist alles wieder gut?« Rudi greift sich unter die Augenbraue und holt sein neues Glasauge aus der Höhlung, so als wäre es das Selbstverständlichste von der Welt.

Die Kastanien haben wieder ihre Kerzen aufgestellt. Meine Eltern kann nichts mehr hindern, nach Paris zu reisen. Manfred und Dina erwarten ihre Ankunft. Für mich wird Friedel als Aufpasserin engagiert. Friedel trifft mit einem kleinen Koffer ein, schläft auf dem für sie bezogenen Gästebett und gibt sich alle Mühe, meine gedrückte Stimmung aufzuhellen. Damit wir uns besser kennenlernen, verzehren wir am Abend unsere Butterbrote mit Quark und Leberwurst in der untergehenden Sonne auf dem Dach. Wortkarg beobachten wir die weißen Ausflugsdampfer auf dem Rhein. Unsere Unterhaltung gerät ins Stocken. Friedel betrachtet mich lange und fragt mich plötzlich: »Warum beißt du auf deinen Nägeln herum? Das ist unhygienisch und eklig! Wer ärgert dich? Man knabbert nur an den Nägeln, wenn man unglücklich ist!« Ich schweige. »Was hast du? Sag es mir!« »Ach«, platzt es aus mir heraus, »meine Mutter ist oft so kalt zu mir!« Nach einer längeren Pause dröhnt Friedas Satz in meinem Kopf: »Ja, weißt du denn nicht, dass deine Mutter kein Kind wollte? Auch dich nicht!«

Während ich im Garten sieben Schwänen hinterherträume, die rauschend über unsere Kastanien schwingen, rollt polternd ein Baufahrzeug vor das nachbarliche Grundstück, in dessen Garten Vater mit meiner kindlichen Hilfe Gemüse und Salat angepflanzt hat. Der jetzige Eigentümer lässt die ruinöse Villa wiederherstellen, die schon bald von einer lebhaften Familie mit einem Knaben, einer Tochter und zwei Hunden bezogen wird. Die neuen Bewohner sichern ihr Grundstück mit einer hohen Mauer, hinter der ein Pekinese und ein abgerichteter, scharfer Schäferhund wachen. Zähnefletschend knurren und kläffen sie um die Wette, wenn jemand auf dem Bürgersteig an dem Gartentor vorübergeht. Manchmal vergisst die

Haushälterin, den Zwinger für den Schäferhund sicher abzuriegeln. Dann öffnet das muskulöse Tier mit seiner schweren Pfote das Gatter, entweicht und schießt bellend auf das Eingangstor zu, sodass jeder Passant fluchtartig die Straßenseite wechselt. Nicht nur dieses hermetische Abriegeln von der Nachbarschaft ist eine Attraktion für uns Kinder. Auch unsere Vermutung, dass die neuen Villenbesitzer wohlhabend zu sein scheinen, macht uns neugierig, denn sie fahren mit einem großräumigen Chevrolet vor. Speziell für die Dame des Hauses steht ein Sportwagen mit Schiebeverdeck in der Garage. Die Familie zeigt sich elegant gekleidet und hebt sich auffallend von den bescheidenen Dorfbewohnern ab. Die schöne, zarte Tochter nenne ich wegen ihres bleichen Teints, ihrer perfekten Figur und wegen ihrer langen schwarzen Haare, die glänzend über die Schultern fallen, »Schneewittchen«. Trotz der bellenden Aufpasser umkreisen sie verliebte Jünglinge wie Mücken die Laternen. Der zweitgeborene Junge heißt Eddy. Während er sich Frechheiten ausdenkt, flackern seine kastanienbraunen Augen vergnügt und seine rötlichen Haare stehen zerzaust vom Kopf ab. Er erkundet jeden geheimen Winkel im Park, seine Fantasie kennt keine Grenzen. Zuerst beschmiert er jede erreichbare Klinke vom Haus des doppelten Lottchens mit Senf, dann fährt er, immer lauter grölend, mit seinem neuen Roller auf Luft-Gummireifen so lange vor dem Musikzimmer der übenden Klavierspielerin vorbei, bis das schnauzbärtige doppelte Lottchen wütend die Fenster aufreißt und zetert. Diese Schimpftiraden befeuern Eddy zu noch geräuschintensiveren Arien, bis ihm die Puste ausgeht. Er holt tief Luft, winkt mich ganz nah an seinen Mund heran und zwitschert mir unter dem Siegel absoluter Verschwiegenheit ins Ohr: »In Wirklichkeit bin ich ein Prinz und schlafe über Goldkisten.« Diese Offenbarung klingt nicht so glaubwürdig, dass meine Bewunderung noch zugenommen hätte. Aber wenn ich den Königssohn nach Jahrzehnten an seine Geschichte mit dem Geheimnis des Schatzes erinnern werde, wird er mir lachend gestehen: »Da am Wochenende nach Geschäftsschluss unserer Filialen die Bankschalter schon geschlossen hatten, wurde das gesamte Kleingeld der Tageseinnahmen in einem Wäschekorb unter meinem Bett deponiert.« Eddys kleinwüchsige Mutter kündigt sich stets durch ein nach orientalischen Gärten duftendes Parfüm an. Auch wenn ich sie noch nicht sehen kann, ahne ich, dass sie sich hinter der Mauer des Gartens aufhält oder gerade hinter ihr vorbeigegangen ist, denn ihr Duft schwebt für eine Weile wie eine verführerische, unsichtbare Verheißung in der Luft. Als die modebewusste Dame sich mir zum ersten Mal zuwendet und mich neugierig begrüßt, verzieht sich ihr leuchtend rot geschminkter Mund in leichter Schräge zum rechten Ohr. Sie hinkt und sagt, sie habe sich den Fuß gebrochen. Hinter ihrem Rücken ahmen wir Kinder den schleppenden Gang der geheimnisvollen Nachbarin nach, ohne ihn lächerlich zu finden, denn uns imponiert diese Besonderheit der Bewegung der blumig duftenden Frau. Sie und ihr stets glatt rasierter und sportlich schlanker Ehemann mit pomadig zurückgekämmtem Haar kommen mir als Paar mondän und interessant vor. Wenn er die Ummauerung der Villa in Reithosen verlässt, um auch bei regnerischem Wetter seinen Höllenhund an einer Kette spazieren zu führen, ist er meistens mit einem Jackett aus Kamelhaar und einer schottisch karierten Schirmmütze bekleidet. Falls dieses Tier neben ihm auftaucht, ergreife ich die Flucht. »Du brauchst keine Angst zu haben, der tut dir nichts«, grüßt der Nachbar freundlich zu mir herüber. Eddy, der ihn hüpfend begleitet, winkt. Zum Beweis streichelt er die Bestie, als wäre dieser Wolf ein Lamm.

Wenn ich hungrig aus der Schule komme, wehen mir zur Essenszeit aus der Küche des neuen Nachbarhauses die köstlichsten Düfte um die Nase. Sie können nur von speziellen Fleischdelikatessen aus dem Schmortopf oder aus der Pfanne stammen. Doch heute scheint der Braten missraten zu sein. Als ich gerade auf meinem neuen Fahrrad um die Ecke biege, öffnet die alte Haushälterin das Garagentor. Sie hebt den Deckel des auf dem Gehweg bereitgestellten Mülleimers an und versucht, ein verkohltes Stück Filet zu entsorgen. In ihrer zornigen Erregung über ihr Missgeschick vergisst sie, das Metalltor hinter sich zu schließen. Der frei im Garten herumlaufende Schäferhund rast auf die Straße, schnappt sich mit einem Sprung das Fleischstück und erhält von der aufschreienden Köchin einen Klaps auf die Schnauze. Das Tier lässt den Braten fallen, stürzt sich in seiner Wut auf mich, reißt mich vom Rad und beißt durch meinen Lodenmantel hindurch in meinen Bauch. Das Rad kippt mit mir auf den Asphalt. Ich jammere um Hilfe. Mutter kommt aus dem Haus, hebt mich vorsichtig auf und benachrichtigt einen Arzt, der mich im Krankenwagen in die nächste Klinik begleitet. Der Operateur versucht mich auf dem OP-Tisch zu beruhigen: »Oh! Kind, da hast du aber großes Glück gehabt! Nur einen Millimeter tiefer und der Hund hätte deine Bauchdecke durchgebissen.« Mit Tetanusspritze, Desinfektionsmitteln, Antibiotika und einem dicken Bauchverband muss ich wieder eine Woche das Bett hüten und alle Schulaufgaben nacharbeiten. Mein hart verdientes Schmerzensgeld ist jedoch nie bar bei mir gelandet, da ich ja keine Spardose besitze. Aber mein neuer, noch etwas zu großer dunkelblauer Mantel mit Kapuze gefällt mir. Und Mutter erlaubt mir, in unserem Geschäft für Manufakturen und Kurzwaren ein Samtband in passender Farbe für meinen Pferdeschwanz zu kaufen. Eine Woche später entwischt diese Bestie wieder aus dem Zwinger und reißt unsere älteste Nachbarin vom Rad. Schürfwunden, ein verletztes Knie und ein großer Schreck sind die Folgen. Als zum dritten Mal ein Fußgänger gebissen wird, reagiert die gesamte Nachbarschaft empört. Doch der Höllenhund wird nicht entfernt, sondern in einer Hundeschule zum besonders scharfen Polizeihund dressiert, damit er weiterhin die Goldkisten unter dem Bett des Prinzen bewacht. Alle Versuche, seine Aggressionen in ruhigere Bahnen zu lenken, nützen nichts. Er ist unberechenbar. Das sonore Bellen und Knurren und das mörderische Gebiss des aggressiven Zähnefletschers haben sich so weit herumgesprochen, dass der Höllenhund unser ganzes Viertel vor Dieben und Einbrechern schützt!

Meine Bisswunde neben der Blinddarmnarbe ist gut verheilt. Michaela verspricht in der Lateinstunde, mir heute die neuen Schallplatten mit Hawaiimusik vorzuspielen, nach deren Rhythmen ihre Eltern abends tanzen. Ich fantasiere mir einen weißen Sandstrand mit Palmen, unter denen wir uns wie Hulamädchen mit raschelnden Baströckchen in den Hüften wiegen. Nach der schnellen Erledigung meiner Hausaufgaben stelle ich mein Rad bei meiner Freundin hinter dem Gartentor ab und drücke auf den Klingelknopf. Plötzlich schießt Michaelas großer Schäferhundrüde wütend kläffend um die Hausecke. Er beißt mich in den Arm, obwohl er mich gut kennt, und reißt ein größeres Stück Stoff aus meinem Ärmel. Nun ist auch dieser neue Lodenmantel zerfetzt. Mein Arm blutet. Den tierisch wilden Blick des gezähmten Wolfes, den ich nie vergessen kann, muss ich später malen! Als ich nach dieser neuen Beißattacke mit verbundenem Arm dem Frechdachs Eddy vor unserem Haus begegne, lacht er laut auf, saust auf seinem Tretroller zum Wendehammer, vollführt eine riskante Kehrtwende und bremst vor mir ab. In höchster Lautstärke krakeelt er als Troubadour genau unter dem Fenster der Klavierspielerin: »Bei Männern, welche Liebe fühlen …« Seine Koloraturen übertönen das Piano, das durch das knallende Zuschlagen des Klavierdeckels im nächsten Augenblick verstummt.

Sichtlich von diesen herzerfrischenden Frechheiten angeregt, wird nun Sven mutiger, als er zufällig zu uns stößt. Auch er versucht mir zu imponieren und versteckt sich mit einer gefüllten Wasserflasche im Arm auf einem dicht belaubten, die gesamte Straße überragenden Ast des Nussbaums. Er trinkt und gluckst, bis die Flasche leer ist, wirft sie mir entgegen und verlangt, dass ich sie wieder auffülle. Nachdem auch diese Flüssigkeitsmenge in seinem Leib verschwunden ist, ruft er hinter mir her: »He! Bleib hier! Duck dich hinter die Hecke und pfeife, wenn jemand kommt!« Es dauert nur wenige Minuten und der schöne Willi, unser singender Postbote, biegt um die Ecke. Mein Pfiff. Sven öffnet seinen Hosenlatz und pinkelt. Zu dumm! Knapp daneben! Nun übernehme ich die Verteidigungsmethode für unser Revier auf etwas elegantere Art. Das große Müllauto poltert schon in der Kaiserstraße. Ich renne, zwei Stufen auf einmal nehmend, auf unsere Dachterrasse, drehe den Wasserhahn auf und ziele, hinter dem dichten Laub der Robinie versteckt, mit einem starken Strahl aus dem Gartenschlauch auf die Müllmänner, während sie unsere Tonnen leeren. Das sofort einsetzende Geschrei und Fluchen unten auf der Straße beweist mir, dass ich punktgenau getroffen habe. Dann schrillt unsere Schelle im Dauerton. Unsere Haushaltshilfe sucht meine Mutter und findet mich im Treppenhaus. Auf der Straße donnern laute Drohungen, hier nie wieder Müll abzufahren. Ich schrumpfe und bitte die Männer kleinlaut um Entschuldigung. Etwas Bakschisch und die beruhigenden Worte, gepaart mit dem Charme meiner Mutter, beschwichtigen die Gemüter der Müllwerker schneller, als der Fahrwind und die Sommersonne ihre klitschnasse Arbeitskluft trocknet. Im Haus schwebt wieder das Damoklesschwert über mir: »Anstatt brav und dankbar zu sein, dass du in unserem Haus leben darfst, bist du frech und machst Ärger! Du kannst deinen Koffer packen! Es gibt Heime für schwer erziehbare Mädchen!« Trotzdem bin ich mit meiner Untat sehr zufrieden, denn bei Sven und Eddy steigt mein Ansehen.

Werner

Obwohl alles spürbar besser wird, wie zu Beginn der 1950er-Jahre die Schlagzeilen voraussagen, überfällt mich wieder das unglücklich machende Gefühl der Einsamkeit. Mein Spiegel verrät mir nichts Gutes. Mit Entsetzen sehe ich, wie meine Haut pickelig wird, meine Zähne vorstehen, die Haare strähnig fallen und schnell fetten: Ich fühle mich hässlich! Meine Eltern hören von einem neuen Verfahren, mit dem sich Zähne durch Zahnspangen regulieren lassen. Mutter stellt mich in der Kölner Universitäts-Zahnklinik vor, wo der leitende Professor den Zustand meines Gebisses begutachtet und vor seinen Studenten erläutert. »Da müssen wir leider als erste Maßnahme vier gesunde Backenzähne entfernen, damit das neu geformte Gebiss Platz bekommt!« Nach dieser nicht rückgängig zu machenden Behandlung besteige ich auf dem Rückweg mit dicken und stark schmerzenden Hamsterbacken die Straßenbahn. Alle vierzehn Tage sitze ich nun als eines der ersten Versuchskaninchen in dieser von Desinfektionsmitteln geschwängerten Abteilung auf dem Marterstuhl. Der Arzt rammt mir zwei nach Chemie stinkende, rosafarbene Schienen mit Drähten in meinen Ober- und Unterkiefer, die in vorgeschriebenen Zeitabständen immer wieder neu justiert werden müssen. Zunächst wird mir verordnet, diese beiden klobigen Gestelle ununterbrochen zu tragen. Es würgt mich ständig, ich fürchte zu ersticken. In der Schule gelingt es mir nicht mehr, ein Wort klar auszusprechen. Mein Lispeln wird zum Gespött, jede meiner Äußerungen wird sofort nachgeahmt. Erst nach langen Diskussionen erspart mir der Professor der Zahnmedizin dieses peinliche Martyrium, die Zahnspangen auch während der Schulstunden tragen zu müssen. Umso grausamer sind die Nächte. Ich träume ständig, dass meine Zähne wie ein Vorhang im Wind wehen und dann einzeln ausfallen. Da das Verfahren sehr teuer ist und ich danach hübscher sein soll, halte ich tapfer das konsequente Tragen dieser Marterinstrumente aus. Aus Angst, noch mehr Zähne zu verlieren, wage ich es nicht, in eine Scheibe Brot zu beißen. Doch dann kommt meine Errettung. Wir lernen Werner, einen bekannten Journalisten, kennen, der mehr auf mein Denken Einfluss nehmen wird, als er erahnen kann. Seine Tochter Isabel, die ebenso das Problem schief stehender Zähne hat, zeigt mir stolz ihre filigrane Zahnklammer und schwärmt von ihrem feinfühligen Facharzt für Kieferorthopädie, der auf jedes Problem geduldig eingehe und immer Rat wisse. Während ihres nächsten Kontrollbesuchs darf ich sie begleiten. Der Professor schaut sich mein Gebiss mit den klobigen Regulierungsspangen näher an und versteht sofort, warum ich so todunglücklich bin. Als er mich untersucht, tastet er mit zartem Fingerdruck die Halswirbelsäule ab, kontrolliert meine Haltung und meinen Gang und erklärt mir, dass er jeden Patienten ganzheitlich betrachte. Er versucht bei mir zu retten, was noch zu retten ist, und entwickelt für mein Gebiss einen Bionator, eine zarte, nicht störende Zahnspange, sodass ich bald gut gelaunt mit einem regelmäßig geformten Gebiss lache.

Werner zeigt uns im Atlas die weißen, von Forschern noch nicht entdeckten Flecken auf der Landkarte, die ihn besonders reizen, sie zu erkunden. Er schenkt mir eine neue Weltsicht voller Abenteuer, Überraschungen, Gefahren und unbekannter Schönheiten. Er erweckt in mir eine nie mehr zu stillende Neugier und Sehnsucht, deren malerisches Ziel ich noch nicht kenne. Wenn er von einer langen Expedition wieder in Köln eingetroffen ist, ruft er kurz in den Telefonhörer: »Hey, seid ihr in einer Stunde bei uns? Ich habe da so einiges im Koffer. Das müsst ihr sehen!« Selbstverständlich machen wir uns sofort zu Fuß auf den Weg. Isabel erwartet uns im Flur unter einer zur Deckenlampe umfunktionierten Hummerreuse. Schon dieser Vorraum birgt einige Geheimnisse, denn die Schatten des geflochtenen Fangkorbes zeichnen abstrakte Strukturen nicht nur auf die weißen Wände, sondern sie verändern auch unsere Gesichter, die in ihrer Vertrautheit plötzlich mysteriös erscheinen. Werner ruft, vergnügt in der Badewanne planschend, durch den Türspalt: »Ich bin gleich fertig! Ich spüle gerade die letzten Mitbringsel aus Zentralafrika ab, falls da noch blinde Passagiere sein sollten!« Isabel nimmt mich an die Hand, zieht mich in ihr Kinderzimmer, öffnet einen Schrank und reicht mir ihre neuen Ballettschuhe aus rosa Seide. Sie rollt ein Söckchen vom Fuß und streckt mir selbstbewusst ihre rot geschwollenen Zehen entgegen. »Ich tanze schon Spitze!« Verblüfft frage ich sie: »Ob ich das auch kann?« »Klar, wenn du jeden Tag ganz viel übst! Komm doch in meine Ballettschule.«

Wieder ermahnt mich Mutter: »Halte dich gerade, wie Isabel! Du trampelst wie ein Elefant! Es sähe viel hübscher aus, wenn du etwas eleganter schreiten würdest!« Sofort hakt Isabel ein: »Darf Monika Ballettunterricht nehmen?« Auf den Spitzen ihrer neuen rosa Seidenschuhe dreht sie eine vollendete Pirouette. Nach Mutters zögerlicher Antwort, sie müsse darüber nachdenken, stakst Isabel ins Kinderzimmer zurück. Wenige Minuten später hüpft sie in einem weißen Tutu auf ihren Spitzentanz-Schuhen die Stufen zum höher gelegenen Wohnraum hoch, springt, die Beine spreizend, in die Luft und gleitet wie auf einem Pastell von Edgar Degas graziös im Spagat zu Boden. Ihre Tanzdemonstration ist so überzeugend, dass Mutter mich an der Ballettschule Else Lang in Marienburg anmeldet, denn etwas mehr Haltung, Grazie und Liebreiz wären für meine Entwicklung in der Pubertät sicher von Vorteil.

Ich darf tanzen! Tanzen, ich darf tanzen! Und ich übe und übe und übe und tanze! Ich tanze, bis ich immer schwächer werde und alle Gelenke schmerzen. Unser Arzt lässt mein Herz röntgen und verbietet mir mein neues Glück, denn das Organ habe jetzt schon die Größe des Herzens eines Leistungssportlers, es benötige unbedingt Ruhe. Auch der Schulsport wird mir für einige Zeit untersagt. Diese Einschränkungen deprimieren mich so, dass Mutter bemerkt, wie niedergedrückt ich durchs Haus schleiche. Obwohl sie sich seit einiger Zeit intensiv ihrer Malerei widmet und für eine große Stoffdruckerei Mustervorlagen für neue Dessins entwirft, legt sie heute eine Pause ein und führt mich in den großen Kölner Kaufhof. Schon beim Öffnen der Flügeltüren staune ich über die frühlingshafte Atmosphäre im Erdgeschoss. Zartweiße, von Mutter gestaltete Kirschblütenmuster leuchten auf meterlangen, sonnengelb eingefärbten Stoffbahnen, die von der Glaskuppel hinunter bis zum Parterre reichen. Dieses frische, heitere Dessin gefiel mir schon zu Hause als Entwurf im Rapport auf dem Karton.

Aber meine Gedanken schwirren zu ganz anderen Gefilden. Werners fabelhafte Berichte füttern meine neuen Träume und erzeugen Bilder, in denen ich über grüne Urwälder, rotsandige Wüsten und zwischen blau schimmernden Eisbergen schwebe. Eines Tages führt er mich zu seinem sonst fest verschlossenen Vitrinenschrank und zieht aus seiner Hosentasche einen Spezialschlüssel hervor. Er öffnet die Glastür und legt mir einen sehr kleinen, schwarzen, ledernen Affenkopf mit zugenähtem Mund und mit verschlossenen Augen in die Hand. Mit Neugier verfolgt er meine Verblüffung und zeigt auf das höchste Regal: »Sieh dir auch diesen winzigen Schrumpfkopf dort oben einmal an. Aus Pietät darfst du ihn nicht in die Hand nehmen. Dieser langhaarige Kopf ist der präparierte Kopf eines Menschen, der wirklich gelebt hat. Es ist eine echte Tsantsa der Jivaro aus Ecuador.« Werner hält diese Trophäe von Kopfjägern aus dem Amazonasgebiet ins Licht und beschreibt, wie einige indigene Völker aus Blutrache den Kopf ihres getöteten Feindes ganz nah am Rumpf abtrennen. Mit leiser Stimme fährt er fort: »Während geheimer, ritueller Handlungen bearbeiten sie kurz darauf den Kopf, um ihn haltbar zu machen. Nur ein einziges Mal wurde es mir im tiefen Urwald gestattet, von Weitem bei einer dieser okkulten Zeremonien, die für Fremde tabu sind, zuzusehen, weil ich mir vorher das Vertrauen eines Medizinmannes mit einigen Geschenken erschlichen hatte. Ich konnte hinter einem Busch verborgen beobachten, wie in einem umständlichen Verfahren die Kopfhaut vom Schädel abgezogen und erhitzt und mit heißem Sand gefüllt wird. Während dieser lang andauernden Prozedur soll der böse Geist des Getöteten vollständig entweichen, aber der Kampfgeist, die Energie des Gegners, in der Tsantsa erhalten bleiben. Damit diese positiven Kräfte nie mehr entschlüpfen können, werden Augen, Nasenlöcher, Ohren und der Mund des auf die gewünschte Größe geschrumpften Kopfes mit Fäden zugenäht oder mit Bambusnadeln verschlossen. Der Besitzer einer echten Tsantsa glaubt fest daran, dass die auf Dauer haltbar gemachte Trophäe nun ihre magischen Kräfte auf ihn überträgt und ihn vor Gefahren beschützt!« Neben dieser Vitrine voller Geheimnisse üben auch die an der weißen Wand zu einem Fächer geordneten südamerikanischen Pfeile einen besonderen Reiz auf mich aus. Ihre Spitzen, die mit dem Sekret von Giftfröschen und hochtoxischen Pflanzensäften präpariert sind, sollen als Jagdwaffen absolut tödlich wirken. Uns Kindern ist es strikt verboten, uns in der Nähe dieser Giftpfeile aufzuhalten.

Von nun an beschäftigt mich das mythische Verbundensein ferner Völker mit geheimnisvollen und mir unerklärlichen Mächten. Dieses Rätselhafte der unbekannten Fremde begleitet meine Reisen mit dem Zeigefinger über Gebiete mit wohlklingenden Namen auf den Weltkarten in unserem großen Atlas. Diese Erkundungstouren auf dem Papier erzeugen vor meinem inneren Auge großformatige, farbige Panoramen.

An einem Winternachmittag meldet sich Werner aus Schwarzafrika zurück. Seine Stimme klingt erschöpft und matt. »Ach, kommt doch mal vorbei!« Wir machen uns mit einem noch warmen Kuchen und einer Flasche Rosé auf den Weg. Unsere Wiedersehensfreude wird sofort gedämpft. Werner, der sonst so vitale Weltreisende, erschreckt mich mit seiner Blässe und seinen kraftlosen Bewegungen. Er trägt eine leichte, weite Stoffhose, humpelt zu einem Sessel und rollt sein Hosenbein bis zum Oberschenkel hoch. Wir zucken zusammen. Denn was wir dort sehen, ist erschreckend. »Ja, das war knapp!«, berichtet er leise: »Sehr knapp! Da hat mich eine Schwarze

Mamba erwischt! Mein Leben verdanke ich einem Pygmäen, der zufällig vor seiner Hütte sitzt und wahrnimmt, wie sich die Giftschlange von einem Baum herabschlängelt, ohne dass ich etwas bemerke. Als ich mich zu meiner Fototasche bücke, beißt sie sich blitzartig in meinem Oberschenkel fest. Durch das tödliche Gift breche ich zusammen. Der kleine Mann rennt herbei, schlägt so lange auf die Schlange ein, bis sie loslässt, und zieht mich in seine Hütte. Während sich dort der Pygmäe in einer dunklen Ecke herunterbeugt und sich etwas in seinen Mund stopft, gelingt es mir mit einem Rest von Besinnung, mit letzter Kraft aus meinem Notgepäck ein Antibiotikum zu holen und mir eine Spritze zu setzen. Ich sehe nur noch wie durch einen Schleier, dass der alte kleine Mann meinen Oberschenkel ergreift und mir das mit viel Spucke durchgekaute grüne Zeug auf die Bissstelle spuckt. Durch den Schmerz und das Toxin falle ich ins Koma; ich weiß nicht, wie viele Tage ich ohne Bewusstsein bin. Als ich wieder zu mir komme, liege ich immer noch in der Hütte und der kleine Mann hockt neben mir auf dem Lehmboden. Er lächelt mich an und flößt mir mit viel Geduld eine Tinktur ein. Ob er ein Medizinmann ist, der mir ein Gegengift spendet, oder ob eine Gottheit seine Bitte erhört hat, mich fremden weißen Mann zu retten? Ob das durchgekaute Kraut mich vor dem Tod bewahrt hat oder meine Injektion – wer weiß das schon?« Ich starre auf die großflächig vernarbte Wunde in dem krankfarbigen, nekrotischen Gewebe. »Dieser Schlangenbiss wird mich nun mein Leben lang wie ein Stempel begleiten und mahnen: Kein Abenteuer ohne Risiko!« Mein innigster Berufswunsch, auch einmal Entdeckerin und Reporterin zu werden, bekommt dunkle Schatten. Vor allem, weil ich auch miterlebe, wie plötzlich auftretende Fieberschübe einer Malaria-Infektion Werner immer wieder in Abständen heimsuchen und ihn an sein Bett fesseln. Aber Werner schüttelt seinen Kopf voller Lebenslust und betont, nur dieses Leben mache ihn glücklich.

Kaum geht es ihm besser, überrascht er uns mit einer Neuigkeit. Er verrät nichts weiter als einen festgesetzten Termin und eine frühe Uhrzeit: »Es wird nur ein Tagesausflug. Hoffentlich ist das Wetter gut! Ich hole euch ab. Steckt eure Pässe ein.« Eine Woche später dirigiert Werner pünktlich, in bester Laune, mit einem Hawaiihemd und einer amerikanischen Baseballcap bekleidet, seinen weißen amerikanischen Ford vor unser Gartentor. Wir steigen ein und haben nicht die geringste Ahnung, wohin er uns entführt. Leise summend kutschiert er uns in die Venloer Straße und parkt vor einem neuen Heliport. Auf dem Start- und Landeplatz wartet – wie ein Rieseninsekt – ein Hubschrauber. »Na! Wie findet ihr den Flieger? Den besteigen wir gleich! Aufgrund meiner umfangreichen Reportage über die Firma Sabena-Lufttaxi bedankt sich das neu gegründete Hubschrauberunternehmen heute bei mir mit einem Freiflug, auf dem ihr mich begleiten dürft.«

Hoch hinauf in den Himmel. Zum ersten Mal von der Erde abheben! Ich bin elf Jahre alt und werde fliegen! Mir schlackern die Knie! Der Pilot begrüßt uns mit Handschlag und der Co-Pilot verpasst uns Helme mit Ohrenschützern. Zu sechst klettern wir in den Bauch des Rieseninsekts. Mein Herz rast. Die Rotorblätter setzen sich in Bewegung, der Hubschrauber vibriert, die Äste der in der Nähe stehenden Bäume schütteln und verbiegen sich. Senkrecht steigt die Maschine mit uns in den Himmel. Der Krach betäubt mich, ich presse die Augenlider zusammen, unser letztes Stündlein hat geschlagen! Doch der Helikopter fliegt nach einer steilen Kurve ganz ruhig geradeaus. Mein Kopf gewöhnt sich an das gleichmäßige Dröhnen. Jetzt wage ich einen Blick zu Fee, Isabels Mutter, und dann aus dem Fenster. Unter uns breiten sich Ortschaften und Felder wie Spielzeug aus. Aus dieser völlig neuen Perspektive verändert sich die Sicht auf die Welt. Flussverläufe und Straßen verwandeln sich aus der Distanz in eine grüngraue, abstrakte Malerei mit Linien und Mustern. Dörfer und Städte verdichten sich neben Waldungen, Feldern und Hügeln zu plastischen Strukturen. Aus heiterem Himmel durchströmt mich ein jubelndes Gefühl von Freiheit. Ich bin ein Vogel. Ich fliege!

Als wir in Brüssel landen und noch etwas betäubt unsere Helme abgeben, nennt uns der Pilot die genaue Startzeit des Rückflugs, sodass wir Muße für eine Stadtbesichtigung haben. Werner führt uns vergnügt summend durch die prachtvollen, neoklassizistischen Kolonnaden. Wie Theaterscheinwerfer beleuchten Sonnenstrahlen durch das Glasdach die verführerischen Auslagen von Luxusläden und Pralinengeschäften. Ich vermute, dass sich hinter den Eingängen der köstlich duftenden Restaurants und den verzierten Steinportalen der kleinen Theater lustvolle Geheimnisse verbergen. Und plötzlich öffnet sich vor uns die Grand Place, der Grote Markt, mit seinem prachtvollen, gotischen Rathaus und den barocken Fassaden der Nachbarbauten. Selbst in meinen Märchenträumen konnte ich mir eine solch fantasievolle und noble Architektur nicht ausdenken. Anders als im zerstörten Köln zeigt dieser Platz voller Stolz eine heile, perfekt komponierte steinerne Schönheit. Werner geht voraus und führt uns Kinder zum

Brunnen mit dem kleinen Manneken Pis »le petit Julien«, der mich sofort an den frech pinkelnden Sven in unserem Nussbaum im Park erinnert. Werner vollführt eine Drehung und weist auf das Grand Hotel Astoria: »Kinder! Wenn ihr beiden mutig seid und es wagt, dort die Portaltür zu öffnen und im Foyer an der Rezeption in Französisch nach einem Monsieur André zu fragen, lade ich euch zu einem Eisbecher ein. Während der Portier in seinem Anmeldebuch nach Monsieur André sucht, der natürlich nicht dort gemeldet ist, könnt ihr euch in Ruhe die berühmte Empfangshalle ansehen. Denn wer mit der gleichen Gelassenheit wie ein Landstreicher auf Stroh und wie ein Fürst im Luxusbett eines Grand Hotels schlafen kann, der kommt in der ganzen Welt zurecht!« Wir Mädchen trauen uns erst, das Foyer zu betreten, als ein elegant gekleideter Herr herauskommt und uns die Schwingtür aufhält. Wir stellen unsere Frage nach Monsieur André an der Rezeption und der Empfangschef durchsucht, wie vorausgesagt, die Liste der Hotelgäste, während wir uns umsehen und mit feierlicher Miene den Luxus, das riesige Blumenbouquet auf der Marmorkonsole, die Lüster aus farbigem Murano-Glas, die Gemälde und Tapisserien bestaunen. Als der Herr an der Information bedauernd mit den Schultern zuckt, verabschieden wir uns höflich. Für einen Wimpernschlag haben wir einen Zipfel der feinen Welt berührt und schlecken stolz im Café unser Eis. Pünktlich wirft der Pilot wieder die Rotorblätter an. Er amüsiert sich über unsere Begeisterung und dreht uns zuliebe in Köln eine Ehrenrunde über dem Dom, der majestätisch und doch so filigran zwischen den Häusern und vor dem Rhein in den Nachthimmel strebt.

Nach unserem gemeinsamen Tagesausflug vergeht einige Zeit, bis Werner von seinem Aufenthalt in Arabien zurückkehrt. Isabel fragt: »Habt ihr Lust auf frische Waffeln? Kommt schnell!« Mit einer gekühlten Flasche Rosé – Fees und Werners Lieblingsgetränk während der warmen Sommerabende auf unserem Dach – und mit einem Körbchen frisch gepflückter Herzkirschen klingeln wir. Werner, der seine neuen Fotos von dieser Reise für die Presse sortiert, berichtet, wie er für ein privates Interview vom betagten König Ibn Saud höchstpersönlich in seinem luxuriösen Zelt in der Wüste zu einem Tee empfangen wurde. »Ibn Saud ist schon legendär. Dem Alleinherrscher auf dem Königsthron Saudi-Arabiens war es 1923 gelungen, alle arabischen Stämme in einer absoluten Monarchie zu vereinigen. Sein Aufstieg ist durch die Erschließung großer Ölvorkommen so märchenhaft wie sein sich immer vermehrender Reichtum. Durch Interviews versucht er, international auf sich aufmerksam zu machen.« Isabel verteilt Geschirr auf Sets, ich brühe Tee auf. Werner reckt sich und stöhnt: »Es war unangenehm heiß in der Wüste! Dennoch konnte ich gestern Nachmittag bei einem heißen Pfefferminztee ungestört mit Ibn Saud in seinem königlichen Zelt über die politische Lage Arabiens diskutieren. Der Wüstenstaat verändert sich durch seine absolute Regentschaft, die strengen Regeln des Islam und die neu geplanten Ölförderanlagen in atemberaubendem Tempo.« Wie beiläufig streift Werner seinen linken Hemdsärmel hoch und zeigt uns eine neue goldene Uhr, die ihm der König als Gastgeschenk überreicht hatte. »Und für dich, Hussi, habe ich auch ein klitzekleines Mitbringsel.« Er greift in seine Hosentasche und öffnet danach seine Faust. Auf seiner Handfläche liegt ein kleiner, eingewickelter Würfel. »Hier, pack ihn aus! Er ist von Ibn Saud persönlich, denn ich habe ihm von dir als deutschen Schriftexperten erzählt, als wir über die Kunst der arabischen Kalligrafie sprachen.« Wir Kinder rücken ganz nah an Vater heran, der mit spitzen Fingern eine winzige Schachtel auffaltet, in der ein silberner Gegenstand glänzt. Vater wendet das Würfelchen hin und her und sieht, dass man es öffnen kann. Zwei ziselierte Deckel aus Silber umschließen ein winziges Buch mit arabischen Schriftzeichen. »Das ist der vollständige Koran!«, sagt Werner. Vater setzt seine stärkste Brille auf die Nase, blättert vorsichtig bis zur letzten Seite und lacht plötzlich schallend auf: »Schaut euch das einmal an! Auf der letzten Seite steht winzig klein: ›Printed in Köln-Deutz‹. Dieser Winzling, das kleinste, je gedruckte Buch der Welt aus der Wüste wird in unserer Nähe hergestellt! In einer Druckerei auf der gegenüberliegenden Rheinseite.«

Gymnasium

Da vor den Sommerferien meine Grundschulzeit endet, melden mich meine Eltern am nächstgelegenen Gymnasium an. Es ist eine katholische, von Nonnen und auch von weltlichen Lehrern geführte Klosterschule für Mädchen. Die Aufnahmeprüfung, die eine Woche dauert, fällt mir leicht, und ich werde mit mehreren mir aus meiner Volksschulzeit bekannten Schülerinnen in die Sexta eingeschult. Am Morgen verzehre ich, meist stehend, hastig mein Butterbrot, kontrolliere noch einmal meine prall gefüllte Schultasche und laufe im Eiltempo zur Endhaltestelle der Linie 16. Schon höre ich das Quietschen der alten Bahn, die in einer Schleife durch die Mettfelder Straße zur Endhaltestelle in die Hauptstraße zurückfährt, wo sich eine schwatzende Meute von Schülern in die Abteile zwängt. Öfter überholt die Bahn Radlerinnen, die sich auf dem Weg zu unserer Schule heimlich mit ihren Freunden treffen. Wenn sie verspätet am Eingang des Gymnasiums ihr Fahrrad abstellen und an der Pförtnerloge behaupten, starker Gegenwind habe sie gebremst – auch wenn sich kein Blatt an den Bäumen bewegt –, wird die geringste Verspätung von einer Nonne minutengenau in einem Buch vermerkt. Das hat später für die Kopfnoten im Zeugnis Konsequenzen. Diese alles kontrollierende Schwester, die jeden von uns mit Vor- und Nachnamen kennt, nennen wir »Schwester Banane«. Die allgemein strenge, gesittete Führung des neusprachlichen Gymnasiums fördert den guten Ruf der Schule und beruhigt besonders die Eltern. Nur wir Schülerinnen wollen manche der strikten Maßnahmen nicht einsehen, wenn uns an heißen Sommertagen das Tragen von Blusen mit zu kurzen Ärmeln im Schulgebäude untersagt wird. Schultern und Oberarme müssen immer keusch bedeckt sein, Röcke dürfen nicht oberhalb der Mitte der Wade enden, und im kältesten Winter werden lange Hosen nur dann gestattet, wenn wir über unserem Beinkleid zusätzlich einen wadenlangen Rock anziehen. Diese strengen Bekleidungsvorschriften fallen besonders unangenehm auf, wenn sich unser Gymnasium an den öffentlichen Bundesjugendspielen beteiligt. Unseren besten Sportlerinnen ist es nur dann erlaubt, sich zu den Wettkämpfen anzumelden, wenn sie in unserem speziell züchtigen Turndress auflaufen. Unsere Riege steht dann wie von Trauer umflort in schwarzen, knielangen Hemdchen über ebenso langen Pumphosen vor der Hochsprunganlage und erringt – natürlich begleitet vom lauten Spott der Schüler der sogenannten weltlichen Gymnasien – keinen Sieg. Weder die Stange noch das Seil halten den langen Schlabbergewändern stand. Im Namen der Keuschheit macht auch diese haarsträubende Mär unter uns die Runde, die von den älteren Schülerinnen im Flüsterton weiterverbreitet wird, dass unsere Nonnen nur mit langer Unterwäsche in die Badewanne steigen und sich nie in einem Spiegel ansehen dürften, weil das unkeusch sei.

Unsere erste Klassenlehrerin ist eine liebenswürdige katholische Ordensfrau. Sie leitet den Musikunterricht und heißt nach der heiligen Patronin der Kirchenmusik »Schwester Cäcilia«. Wie alle Nonnen ist sie ganz in einen schwarzen Habit gehüllt. Nur ein blütenreiner, weißer Kragen und ein weißes Tuch, das schmal aus dem Übergewand hervorlugt und ihre Stirn bis über die Brauen bedeckt, lockert die finstere Tracht etwas auf. Sehr bald lernen wir, die Schwestern, die alle gleich gekleidet sind, durch ihre Körpergröße und ihre individuelle Gangart auch von hinten zu identifizieren. Wenn Schwester Cäcilia voller Inbrunst und mit rhythmisch bewegtem Körper Klavier spielt und unseren Chor dirigiert, tanzt ein schwarzes Kreuz auf ihrer Brust. Ich gebe mir große Mühe, mitzusingen, aber ich treffe keinen einzigen Ton. Als es störend auffällt, verstumme ich. Eines Tages ruft Schwester Cäcilia mich nach dem Unterricht zu sich und beauftragt mich, meiner Mutter mitzuteilen, dass sie dringend um ein Gespräch bitte. Mit mulmigem Gefühl überbringe ich diese Nachricht am häuslichen Mittagstisch und bekomme verärgert zu hören: »Was hast du wieder ausgefressen? Du bist nicht katholisch! Du musst dich deshalb immer besonders gut verhalten!«

Zum angegebenen Zeitpunkt sucht Mutter unsere Klassenlehrerin auf. Schwester Cäcilia empfängt sie sehr freundlich. Doch schnell verfinstert sich ihre Miene. Nach einigen einleitenden Sätzen sprudelt es nur so aus ihr heraus: »Frau Hußmann, Ihre Tochter Monika ist nicht in Gottes Hand! Sie hat keinen Schutz! Sie ist ungetauft! Alle Schülerinnen petzen, pfuschen und benutzen kleine Notlügen. Ihre Tochter habe ich noch nie dabei erwischt. Mit meinem Gewissen kann ich es nicht vereinbaren, dass so ein Kind ohne Gottes Segen leben muss. Bitte helfen Sie Ihrer Tochter und auch mir! Ich bitte Sie von ganzem Herzen, lassen Sie Ihre Tochter taufen. Bitte! Ich kann nicht mehr ruhig schlafen.« Mutter lächelt erleichtert und verspricht Schwester Cäcilia, dass sie immer gut auf mich aufpassen werde. Voller Unruhe erwarte ich Mutters Rückkehr. Als sie mich begrüßt, drückt sie mich an sich und versichert mir, dass alles in Ordnung sei.

Während der gemeinsamen Straßenbahnfahrten lerne ich meine Mitschülerinnen immer besser kennen. Unter viel Getuschel bereitet Waltraut ihren Geburtstag vor. Der engere Kreis der Mädchen aus unserem Viertel wird dazu eingeladen. Auch ich gehöre dazu. Aber am Morgen ihres Festtages stupst Waltraut mich in der Bahn von der Seite mit ihrem Ellbogen an und flüstert: »Meine Mutter sagt, ich darf dich nicht einladen, weil du nicht getauft bist. Schade!« Normalerweise hüpfe ich vergnügt durch unser Haus. Laut pfeifend rutsche ich immer wieder im Treppenhaus das schwarze Holzgeländer herunter. Doch ab heute nicht mehr, denn Vater ruft von der oberen Etage aus: »Mädchen, die pfeifen, und Hähne, die krähen, denen soll man beizeiten die Hälse umdrehen!« Mir bleibt der letzte Pfiff im Hals stecken. Ich fasse mir an die Gurgel: »Die Hälse umdrehen? Mädchen ermorden wie Hähne? Und warum nicht auch Jungs?« Jetzt weiß ich: Mädchen haben zu schweigen! Meine Lebensfreude verstummt. Ich pfeife lange Zeit nicht mehr. Am Mittagstisch rede ich kein Wort. Meine Laune ist düster wie das Winterwetter. »Was ist?«, werde ich gefragt. »Warum hast du so miese Laune? Reiß dich zusammen! Wenn du dich wieder anständig benimmst, darfst du dir etwas wünschen, denn in der nächsten Woche feierst du deinen Geburtstag.« Nach kurzem Zögern wage ich zu äußern: »Ich möchte keine Geschenke, aber so gerne ein paar Klassenkameradinnen zu meinem Fest einladen!« Da mein Geburtstag in die Karnevalszeit fällt, wünsche ich mir ein Kostümfest. Dieser Wunsch wird mir erfüllt! Vor der Schule gebe ich auch Waltraut die von mir gezeichnete Einladung in die Hand, damit sie mit eigenen Augen sieht, dass Ungetaufte nicht in der Hölle wohnen. Sie sagt zu. Vater bemalt für mich ein paar Papierbahnen mit lustigen Figuren, und ich hänge Luftschlangen in unserem Esszimmer auf. Als Erste schellt Waltraut in einem Matrosenkostüm mit einem schön verpackten Geschenk in der Hand. Im Schlepptau folgen meine anderen Gäste, als Indianerin oder Liftboy, als Prinzessin und Clown verkleidet. Nachdem wir alle Kekse, Pralinen und Kuchenstücke verspeist haben und unsere Münder von der »Kalten Hundeschnauze«, einem Schichtkuchen aus Keksen und Schokolade, braunschwarz umrandet sind, spielen wir unsere üblichen Kinderspiele: Topfschlagen, die Reise nach Jerusalem und Blindekuh. Jeder Gewinner jubelt über die gewonnenen, kleinen Preise – wie Liebesperlenfläschchen, Radiergummis, winzige Plüschbären und

Malstifte. Besonderen Spaß macht das Ziehen an glitzernden Knallbonbons, die mit lautem Plopp platzen und kleine Überraschungen wie Blechringe, Lose mit klugen Sprüchen und winzige Püppchen ausspucken. Als Höhepunkt des Festes schiebt Mutter meine brennende Geburtstagskerze an den Tischrand, an deren Flamme wir Wunderkerzen entzünden. Wir halten den funkelnden Kupferdraht mit unseren klebrigen Fingern weit von unserem vor Aufregung glühenden Gesicht entfernt in die Höhe und schwenken ihn Sternchen versprühend hin und her. Nun ist es höchste Zeit für mich, die von meinen Gästen auf meinem Geburtstagstisch aufgetürmten Geschenke zu öffnen. Mit Begeisterung entferne ich die bunten Einwickelpapiere von Schokoladentafeln, einem schmalen Karton mit Buntstiften, Malbüchern und einer Papprolle. Diese geheimnisvolle Röhre, mit einem schwarz-weißen Rhombenmuster auf Glanzpapier beklebt, ist an beiden Enden verschlossen. Die obere Seite zeigt ein Guckloch und die gegenüberliegende Seite einen Glasboden. Waltraut in der Matrosenuniform ergreift die Röhre und schaut fachmännisch mit dem rechten Auge – wie ein Kapitän durch sein Fernglas – in die kleine Öffnung. Dann reicht sie mir ihr Geschenk, ein Kaleidoskop. Verzückt betrachte ich diese Wunderwelt von transparenten Mustern, die sich bei der geringsten Drehung zu immer neuen Formationen fügen. Jedes neue Bild leuchtet wie die kostbarsten Domfenster in der Hohen Domkirche Sankt Petrus. Von uns Kindern unbemerkt, senkt sich vor den großen Schiebetüren zum Balkon die Dunkelheit über den Garten. Schon schellt es an der Haustür. Mütter und Väter holen ihre aufgeregt durcheinanderschwätzenden und erhitzten Töchter wieder ab. Nach meiner Geburtstagsfeier nehme ich das geheimnisvolle Spielzeug mit an mein Bett. Jeden Abend lasse ich nun die Leuchtsplitter tanzen und neue Muster erfinden, bis die Dunkelheit jedes Farbfeuer in der Rolle erstickt. Am Morgen begrüße ich mit dem Kaleidoskop vor dem Auge das erste Frühlicht, bis ich meine Neugier nicht mehr aushalte. Um hinter das Geheimnis dieser Farbspiele zu kommen, bohre ich mit Vaters Papierschere ein Loch in die Papprolle, schneide sie auf und zerstöre in diesem Moment ihren Zauber. Drei Spiegelseiten und ein paar banale Glassplitter fallen auf die Tischplatte. Alle Magie, die mich so beglückende Illusion einer geheimnisvollen Macht, ist dahin!

An der Straßenbahnhaltestelle, gegenüber dem Bismarckdenkmal, steht direkt am Rheinufer ein steinerner Kiosk. Hier gibt es, je nachdem, wie die Schulnoten ausfallen, alle erdenklichen tröstenden oder belohnenden

Herrlichkeiten. An warmen Tagen ist das Vanilleeis am Stiel für zehn Pfennige oder die Luxusausführung mit Schokoladenglasur zum doppelten Preis der Renner. »Und du – warum isst du kein Eis?« Ich wage nicht zu gestehen, dass ich kein Taschengeld bekomme, und stottere: »Ach, ich habe wieder mein Portemonnaie vergessen.« Daraufhin spendiert mir Gerhild ein Schokoladeneis mit Mandelsplittern, was mich tief beschämt, aber himmlisch gut schmeckt, denn in meinem Ranzen steckt mein Deutschaufsatz mit einem »Sehr gut«. Endlich nehme ich meinen ganzen Mut zusammen und bitte Mutter, die von dem »Sehr gut« nicht sonderlich beeindruckt ist, um etwas Taschengeld, damit ich beim nächsten Mal Gerhild verwöhnen und mir selbst auch einmal ein Eis kaufen kann. Doch Mutter bleibt stur: »Du kannst fragen! Dann erhältst du, was du dringend benötigst.« Erst als das Thema Taschengeld in einer Runde mit Freunden diskutiert wird, erläutern diese meinen Eltern, wie erziehungstechnisch wichtig es sei, zu lernen, mit eigenem Geld zu haushalten und sich private Wünsche zu erfüllen. Mutters Freunde, die nicht glauben können, dass ich als größeres Schulkind immer noch nicht über einen einzigen Pfennig verfügen darf, bedrängen Mutter, mir wöchentlich einen kleinen Betrag zu schenken. Jetzt kann ich sparen, bis ich mir einen eigenen Kasten mit echten Aquarellfarben leisten kann.

Es ist schwül. Als wir allein auf dem schmalen Bahnsteig auf die Bahn warten, kaufe ich für Michaela und mich ein Eis am Stiel. Ein ungepflegter Mann nähert sich uns und winkt und grinst. Wir drehen uns von ihm weg. Er ruft etwas Unverständliches, kommt ganz nah an uns heran, öffnet blitzschnell seine Hose und befriedigt sich laut stöhnend mit entblößtem Unterkörper. Da kaum Autoverkehr auf der Rheinuferstraße ist, können wir niemanden um Hilfe bitten. Endlich fährt die Bahn in die Haltestelle. Der Mann folgt uns. Geschockt und voller Ekel steigen wir ein. Zu Hause verliere ich kein Wort über das Geschehene, obwohl ich mehrfach gefragt werde, warum ich so blass und stumm sei. Als am Abend Michaelas Vater bei uns anruft und ich das für uns überaus scheußliche Erlebnis bestätige, erstatten unsere Eltern gemeinsam Anzeige. Michaela und ich werden zur Identifizierung des Täters in das Polizeipräsidium beordert und einzeln befragt. Die Vernehmung zu dem Vorfall verstört mich noch mehr, weil ich zur Identifizierung der Reihe nach unzählige Fahndungsfotos von Sexualstraftätern betrachten muss. Es erschüttert mich, dass so viele Männer in Köln Delikte dieser Art begehen.

Kunstszene

Viele Gebäude in der Stadt sind wieder bewohnbar. Der erste große leibliche Hunger ist gestillt, die Intellektuellen sind süchtig danach, in der Stadt wieder Kultur zu genießen. 1949 ziehen Hein und Dr. Eva Stünke, die Gründer der Galerie »Der Spiegel«, mit ihrer 1945 in Köln-Deutz mutig eröffneten Kunsthandlung in die Innenstadt. Ihre Galeriearbeit widmet sich den Künstlern, die während der Nazizeit als entartet diffamiert worden waren, fliehen mussten oder heimlich im Untergrund weitermalten. Auch die Künstler der klassischen Moderne werden mit ihren Arbeiten gezeigt. Die Sehnsucht nach Kunst ist so groß, dass schon am Eröffnungsabend Literaten und Philosophen neben Kunstkritikern und Bildhauern mit Malern und Musikern zur Galerie strömen. Meine Eltern, die keine der Ausstellungseröffnungen, Lesungen oder Diskussionen verpassen, nehmen mich zu den Veranstaltungen immer öfter mit, da sie mein Interesse erkennen. Besonders die Intellektuellen, die das Kriegsdrama überlebt haben und zu einer neuen Avantgarde gehören möchten, begegnen sich im »Spiegel«. Im Hintergrund beobachte ich, wie die Schriftsteller Heinrich Böll und Jürgen Becker über die sehr doppelbödigen Lesungen und Eröffnungsreden von Albrecht Fabri plaudern, wie Carl Linfert, der später zwei meiner Zeichnungen für den WDR erwerben wird, auf die Kunsthistoriker Will Grohmann und Werner Haftmann zugeht und mit ihnen diskutiert. »Der Spiegel« ist der beste Ort in Köln, an dem Zeichner, Maler und Bildhauer Kontakte zu Sammlern und Kritikern knüpfen können. Die passionierten Sammler schauen auf die Qualität der Ausstellungsstücke, die Spekulanten sind erpicht auf die neuesten Kunstwerke, die eine Wertsteigerung versprechen. Vater redet mit Georg Meistermann über dessen Gestaltung der neuen großen Glasfenster, denn als Lehrling hatte er in Quedlinburg die Glasmalerei und die Herstellung großer Fenster von der Pike auf erlernt. Neben mir prostet der Maler Wilhelm Nay dem Kunsthistoriker Eduard Trier und seinem Bruder, dem Maler Hann Trier, mit einem Glas Kölsch zu. Jeder kennt jeden. Besonders spannend wird es für die Galeristen und die ausstellenden Künstler, wenn die beiden Sammler, der Jurist Josef Haubrich, den mein Vater porträtiert hat, und der Gemälde- und Chefrestaurator Wolfgang Hahn, die Galerie zur Vernissage besuchen; sie betrachten die gezeigten Werke besonders kritisch und mit hoher Kennerschaft. Bei einer dieser Eröffnungen stellt sich der abstrakte Maler Josef Fassbender vor mich hin und blickt mich forschend mit seinen verschiedenfarbigen, intensiven Augen an. Mit feiner und doppelsinniger Ironie berichtet er mir von seinem klugen, weißen Spitz: »Fifi hat mit einem Bissen einen ganzen Löwen erledigt!« Er lächelt über mein verblüfftes Gesicht, greift in seine Manteltasche, zieht eine knisternde Tüte heraus, reicht mir einen Spekulatius in Löwenform und rät mir, auch immer so klug und mutig im Leben zu agieren wie sein Spitz! Diese Begegnung hat in einigen Jahren Folgen.

Mit der Pracht eines leuchtenden Sommertages beginnt der Geburtstag von Fee! Die Autobahnbrücke spiegelt sich im Fluss. Vor den Eltern marschiere ich den Leinpfad entlang, biege um das Kapellchen Alt Sankt Maternus, höre schon fröhliches Stimmengewirr und stoße Werners angelehnte Haustür auf. Unter der Hummerreuse umarme ich die Jubilarin und überreiche ihr unseren Strauß aus blauvioletten, rosa und weißen Hortensien aus dem Garten. Vater folgt mit einer in einer Rolle verpackten Handzeichnung und Mutter überrascht Fee mit selbst genähten Sets aus einem von ihr mit einem Blütenmuster gestalteten Stoff. Vor uns sind schon Stefan Andres mit seiner Frau Dorothee aus Unkel und Silvana und Lukas mit ihren Eltern aus Düsseldorf eingetroffen. Besonders interessieren mich die Wedekinds. Ihre Tochter Claudia ist drei Jahre jünger als ich, scheint mir aber deutlich erfahrener, denn sie betrachtet mich bei der Begrüßung skeptisch und überfällt mich gleich mit einem »Hallo! Du siehst ja recht brav aus. Aber – du hast einen sinnlichen Mund! Aus dir wird mal was! Denke immer daran! Ich kann das beurteilen!« Claudia imponiert mir! Mit dieser eigenen festen Überzeugung, den richtigen Weg einzuschlagen, hat sie in einigen Jahren als bekannte Schauspielerin Erfolg. Für ihre Leistungen auf den Bühnen und auf der Filmleinwand brandet ihr der verdiente Applaus entgegen. Nun begrüßt uns auch ihr Vater Hermann Wedekind, Heldentenor und Theaterintendant, der seine Arme ausbreitet, tief Luft holt und eine Mozart-Arie schmettert, während seine Frau Grete mit einem vollendeten Hofknicks und einem Präsent in der Hand die Jubilarin küsst. Es werden Gläser mit Sekt und Orangensaft gereicht, und die Gäste versammeln sich auf dem runden Balkon über dem Rhein. Aber – wo ist Werner? Alle erwarten ihn. Niemand weiß, wo er sich aufhält. Selbst Fee ist ratlos. Silvana und Isabel tuscheln, verschwinden im Kinderzimmer und üben für ihren gemeinsamen Auftritt. Streng geheim! Ich darf den besessenen Ballettratten nicht folgen. Wo ist Werner? Plötzlich donnert ein Hubschrauber über das Haus. Der Flugkapitän fliegt eine schräge Kurve, dreht eine Runde über dem Rhein, kommt zurück und schraubt sich noch tiefer. Der Krach der Rotoren ist ohrenbetäubend. Die hohe, neben dem Balkon stehende Ulme schüttelt sich. »Ist der rüpelhafte Pilot wahnsinnig?« Alle hoffen, dass er seinen Verstand nicht völlig verliert und endlich abdreht. Aber er nimmt erneut Kurs, direkt auf den runden Balkon zu, und wagt es, noch tiefer und ganz nah an uns heranzufliegen. Ein Seitenfenster des Heli wird geöffnet. Hallo! Ja! Da ist Werner! Jetzt entdecken wir ihn! An einer langen Schnur lässt er ein Päckchen herunter, das punktgenau vor Fee landet, die ungläubig in den Himmel starrt. Werner winkt kurz und der Hubschrauber knattert davon. Wir sind sprachlos verblüfft. Fee rollt bedächtig die Schnur zu einem Knäuel auf, wickelt vorsichtig das Päckchen aus und hält eine goldene Schachtel mit einem Flakon ihres Lieblingsparfums aus Paris in die Höhe. »So ist Werner!« Endlich! Nach einer weiteren halben Stunde steht Werner vor der Balkontür. Begeisterter Applaus empfängt ihn, alle Kerzen werden angezündet und wir tafeln zusammen bis in die Nacht. Nach einer kräftigen Tomatensuppe klingelt ein Glöckchen. Wir erheben uns vom Tisch, denn die beiden Primaballerinen Isabel und Silvana schweben aus dem Kinderzimmer in ihren weißen Tutus auf rosa Spitzenschuhen heran, hüpfen auf die Empore und tanzen zu den Klängen von Tschaikowskis »Schwanensee« federleicht wie Schneeflocken. Sie drehen sich wie Kreisel, wagen auf Spitze hohe Sprünge, berühren sich und driften diagonal auseinander, strecken ihre Kinderbeine hoch in die Luft und sinken wie Schaum auf dem Boden zusammen. Als der Plattenteller abschaltet, lösen sie sich schnell atmend aus ihrem vollendeten Spagat und verneigen sich graziös. Frenetischer Applaus! Noch immer Beifall klatschend versammeln wir uns wieder um den Tisch. Eine große Schüssel mit Eiswürfeln wird herumgereicht, in deren Mitte eine mit Zitronenspalten dekorierte Schale voller Kaviarperlen thront, die Werner aus Moskau mitgebracht hatte. Bald zeigt sich kein einziger schwarzer Krümel mehr. Als wir uns kurz vor Beginn des neuen Tages von allen Gästen verabschieden, verkündet Werner seine Idee: »Die großen Ferien im nächsten Jahr möchten wir mit euch verbringen. Weit weg von Köln.« Er winkt uns hinterher.

Max Ernst

1951 drängelt sich eine große Menschenmenge vor der Galerie »Der Spiegel«. Schon draußen auf dem Bürgersteig, vor der Glasfront des Ausstellungsraums, wabern Wolken von Zigarettenqualm. Die Kunstbesessenen in ihren elegantesten Outfits palavern in erhöhter Tonlage, während sie sich begrüßen und posieren, um die Wichtigkeit ihrer Person und des gerade Geäußerten besonders zu akzentuieren. Eine Dame fragt laut: »Wird er persönlich kommen? Aus Arizona? Das ist doch ein endlos langer Flug! »Ja, er kommt aus Sedona! Brühl feiert seinen sechzigsten Geburtstag mit der ersten großen Retrospektive im Schloss!« »Wie haben es Eva und Hein geschafft, Bilder des berühmten Künstlers auch in ihrer Galerie auszustellen? Spektakulär!« Ein Herr im Kamelhaarmantel mischt sich ein: »Max soll sogar persönlich erscheinen! In Brühl ist er als drittes von neun Kindern direkt am Schlosspark geboren. Sein Vater war Taubstummenlehrer und Laienmaler!« Er zieht eine Zigarre aus einem silbernen Etui und zündet sie an. »Bestimmt haben die kindlichen Streifzüge im Schlosspark Max' Fantasie beflügelt!«, ergänzt eine Dame in einem Nerzjäckchen. »Die Handzeichen der Taubstummensprache sind in einigen seiner Arbeiten versteckt«, murmelt der Raucher und bläst Kringel in den Abendhimmel. Ungeduldig schlängle ich mich durch das Gedränge. Schon vor der ersten Zeichnung vergesse ich den lauten Trubel und schaue. Die kleinformatigen Blätter des Künstlers elektrisieren meine Augen, die immer neugieriger durch den grafischen Dschungel aus Strichen und Strukturen spazieren. Auf diesen durch das Abreiben strukturierter Unterlagen erzeugten Flächen und Linien entdecke ich Bildergeschichten mit immer neuen Geheimnissen. Meine Blicke verfangen sich immer tiefer in diesen humorvollen Frottagen, in denen sich Vogelwesen in Urwäldern verbergen und ganze mondbeschienene Landschaften wuchern. Schon vor einigen Jahren entdeckte ich, dass ich beim Auflegen eines Papiers auf eine Münze und durch das Durchreiben mit der Bleistiftmine die erhabene Struktur des Geldstückes sichtbar machen und so Spielgeld produzieren konnte. Dabei dachte ich aber nicht daran, mit dieser Technik eine eigene Bildwelt zu erfinden. Beflügelt von diesen Grafiken bedrängt mich plötzlich eine vorher nicht gekannte innere Unruhe. Morgen werde ich zu Hause mit der Frottage, dem Durchreiben von Hölzern und strukturierten Gegenständen, beginnen. Ich muss sofort zu der großen Entdeckungsreise der eigenen Kreativität aufbrechen!

»Na, kleine Lady, du guckst ja sehr genau hin!« Ich wende mich um und erstarre. Da steht er vor mir! Wie ein sonnengebräunter Indianerhäuptling mit einem unvergesslich markanten Profil und buschigen, schneeweißen Haaren. Ich hatte mir ein Schwarz-Weiß-Foto der Seitenansicht des Kopfes von Max Ernst aus einem älteren Band der Kunstgeschichte eingeprägt. Nun steht der berühmte Künstler wahrhaftig vor mir. Seine Augen lächeln in einem glasklaren Blau. Ich werde rot und finde – wie ertappt – in meinem gelähmten Hirn kein einziges Wort. Aber der intensive Blick seiner Augen brennt sich mir so unvergesslich wie mit einem Brandeisen ein. Es ist, als habe mich sein Blick markiert, als gehöre ich ab jetzt und für alle Zeiten zu dem Geheimbund der Künste. Der Abend in der Galerie dauert lang. Obwohl es in mir brodelt, bleibe ich stumm. Die meisten Besucher sind schon gegangen, auch wir wollen uns verabschieden, doch Eva hält uns am Ärmel fest und sagt: »Ihr bleibt bitte noch hier. Max Ernst hat einen Bärenhunger und ich habe einen Tisch für uns bestellt.« Um diesen spektakulären Kunsttag mit internationalem Flair zu beenden, begeben wir uns in das erste nach dem Krieg eröffnete asiatische Lokal. In einem schmucklosen, weiß getünchten Raum begrüßt uns ein weiß gekleideter chinesischer Kellner unter einem Tonnengewölbe. Sofort besetzen die Gäste fast alle Stühle vor den beiden gedeckten Tischreihen. Ich warte, bis sie Platz genommen haben. »Na, kleine Lady, du kommst an meine Seite!« Als ich mich der Stimme zuwende, steht mein Indianerhäuptling aus Arizona neben mir, mustert mich wieder mit dem durchdringenden Blau seiner Augen und rückt die letzten beiden leeren Stühle in der Ecke zurecht. Er setzt sich neben mich, schlägt die Speisekarte mit den exotischen Schriftzeichen auf und fragt mich: »Was möchtest du essen?« Natürlich habe ich keine Ahnung. Noch nie war ich in einem chinesischen Restaurant. Meine Tischnachbarn haben dasselbe Problem, denn niemand kann die Schriftzeichen entziffern oder die englischen Übersetzungen deuten. Und was macht Max Ernst? Er winkt den Kellner zu sich heran. Augenblicklich wird es still. Die Augen aller Gäste ruhen auf uns. Der Künstler zeigt auf mich und sagt für alle hörbar: »Für diese kleine Lady einmal Nazi-Göring! Bitte!« Eisiges Schweigen. Es ist absolut tabu, so kurz nach dem Krieg einen derart belasteten Namen aus der Nazizeit zu erwähnen. Verstohlen schauen einige in die Runde oder nervös auf ihre Servietten. Befindet sich

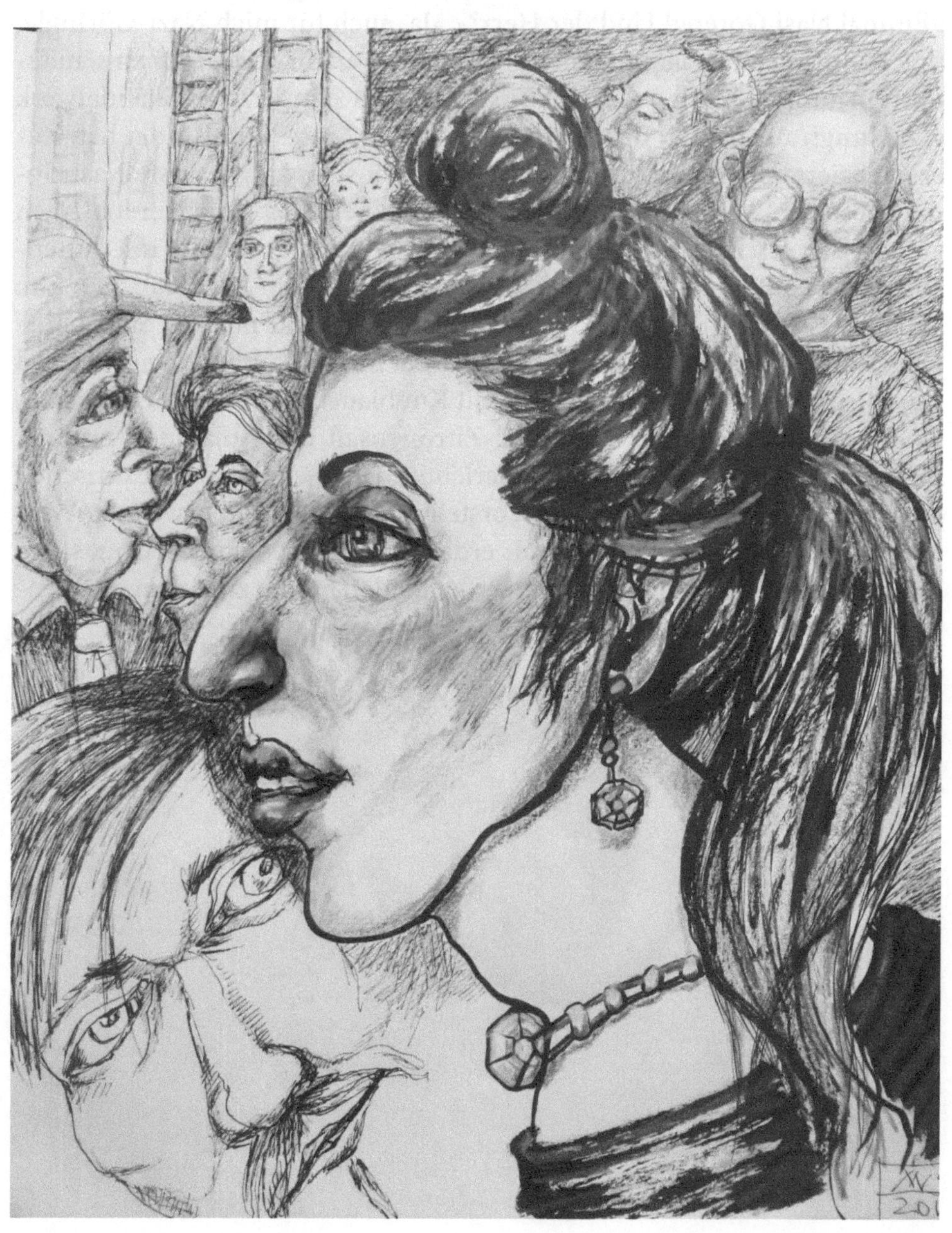

hier irgendwo ein Spitzel? Wie reagiert der Kellner? Kann man ihm trauen? Doch der Chinese nickt nur und wiederholt in gebrochenem Deutsch: »Einmal Nasi Goreng! Und der Herr?« »Ja, auch für mich Nazi-Göring!«, sagt mein Tischherr laut und deutlich, sicherlich mit dem gleichen schlitzohrig triumphierenden Gesichtsausdruck, mit dem er sein Skandalwerk »Die Jungfrau züchtigt das Jesuskind vor drei Zeugen« vollendet hat. Zuerst reagiert der Ober irritiert. Doch dann grinst er, da alle Gäste Nasi Goreng bestellen. Wie auf Kommando platzt ein befreites Gelächter los. Nach einiger Zeit erscheint eine Prozession weiß gekleideter Kellner mit duftenden, hoch gefüllten Tellern. Max Ernst schiebt mir ein Paar Stäbchen hin: »Hier, versuch es! Kleine Lady, das Gericht schmeckt nur mit Stäbchen!« Diese exotische Mahlzeit aus Hühnerfleisch, Eiern, Frühlingszwiebeln und Garnelen auf Reis, fein abgestimmt mit Knoblauch, gesalzenen Erdnüssen, Kokosraspeln, Ingwer, Chilischote, Zitronensaft und Sojasauce, eröffnet mir ein neues, prickelndes Gaumenerlebnis. Der Genuss dieses exotischen Gerichts verquirlt sich in meiner Vorstellung mit der Zauberwelt der Werke von Max Ernst, mit den von mir erdachten Landschaften Arizonas und mit dem unerreichbaren Land der aufgehenden Sonne zu einem grenzenlosen Hochgefühl.

Matthias Grünewald, Le Corbusier, Matisse

»Ja«, sagt Werner, als wir 1952 wieder einmal zusammensitzen, »wir werden in meinem neuen Wagen, einem Sechssitzer, nach Barcelona reisen. Als Ziel habe ich für uns eine private Pension in einem verträumten Fischernest ausgesucht. Das ist genau das Richtige für euch! Leider musste ich meinen geliebten alten Ford verschrotten lassen, denn der hat, als ich in Indien einer Kuh ausweichen wollte, seinen Geist aufgegeben. In der indischen Werkstatt versprach man mir zwar, den Wagen wieder so fahrbereit zu reparieren, dass er auf dem Seeweg von Benares nach Italien verschifft werden kann. Und, oh Wunder! Die Inder haben Wort gehalten! Im Hafen von Genua konnte ich vor ein paar Tagen mein betagtes Auto wohlbehalten in Empfang nehmen und mit ihm bis nach Köln rollen. Mein guter alter Kumpel sprang sofort an! Nur fuhr der Wagen sehr seltsam gepolstert über den Asphalt, als säße ich auf einem weichen Sofa. Ich nahm an, dass die Reifen nicht genug Luft hätten. In meiner Kölner Werkstatt zeigten mir die Mechaniker den Grund für das seltsame Fahrgefühl. Die vier abgefahrenen Reifen, deren Profile die Inder von Hand kunstvoll nachgeschnitten hatten, waren prall mit Seegras ausgestopft. In meinem neuen weißen Ford Thunderbird, den ich mit einem automatischen Verdeck bestellt habe, werden wir zu sechst genügend Platz haben. Im Moment ist das Verreisen günstig! Die gesamte Tour wird durch Devisenumtausch preisgünstiger, als würden wir in Deutschland bleiben. Nur unser Gepäck müssen wir auf ein Minimum reduzieren!«

Bis nach Spanien! Spanien liegt nach dem Krieg in kaum erreichbarer Ferne! Mit dem Bleistift verfolge ich auf den vergilbten Seiten unseres alten Atlas die Straßen und Wege von Köln bis zu den Pyrenäen. Mutter lässt von Lisbeth zwei Sommerkleider aus einem neuen Kreppstoff schneidern, dessen Kunstfasern nicht knittern und die sehr schnell trocknen. Mit allen erdenklichen Tricks und Kniffen packt sie einen Koffer für drei Personen für die Zeit von vier Wochen. »Mehr Anziehsachen benötigen wir im Süden nicht!« Es ist noch dunkel, als wir in den bis in die kleinste Ritze vollgepackten neuen Wagen einsteigen, der sich unter dem Gewicht von Gepäck und sechs Personen zu einer bedenklich tiefen Straßenlage senkt. Meine Eltern nehmen mich auf der Rückbank in ihre Mitte. Isabel fällt vorne auf dem schmalen Mittelsitz zwischen ihren Eltern sofort in einen tiefen Schlaf.

Die Autobahnen sind leer, wir rauschen an den Bergen des Schwarzwaldes vorbei, die Schneehaube des Feldbergs glänzt in der Mittagssonne. An der Abzweigung nach Frankreich biegen wir zur Grenze ab. Die deutschen und danach die französischen Grenzer inspizieren skeptisch unsere seltsame Fuhre vor dem Schlagbaum, denn die Szene ähnelt einem Mafiafilm, als Werner sich in seinem großblumigen Hawaiihemd mit einer dunklen Sonnenbrille im Gesicht und einer Baseballkappe auf zu langem Haar aus seinem amerikanischen, voll beladenen Wagen herauswindet. Der Zöllner deutet ratlos auf das texanische Nummernschild, das keine Nummernreihe, sondern ein springendes Pferd auf gelbem Grund zeigt. Werner hält den sichtlich immer nervöser reagierenden Beamten seinen Pass der Vereinigten Staaten hin, da er eine Wohnung in New York besitzt, und reicht ihnen anschließend unsere Papiere. Nicht nur der neue, amerikanische Schlitten, sondern auch die elegant zurechtgemachten Damen in ihren blütenweißen Hosenanzügen mit den edlen Seidenschals und den dunkel getönten Sonnenbrillen in Schmetterlingsform erregen die besondere Aufmerksamkeit. Weniger interessant scheinen wir Mädchen im Wageninneren und die zusammengestauchten Gepäckstücke im Kofferraum zu sein. Werners zuvorkommende, versierte Art und sein gutes Französisch heben wie von Geisterhand den Schlagbaum hoch. Nach dieser Performance durchqueren wir mit vielen Stempeln in unseren Pässen vergnügt das Weinbaugebiet des Elsass. Gleich am Ortseingang von Colmar rüttelt uns das holprige Kopfsteinpflaster auf unseren Sitzen durch. Die schiefen und verwitternden Fachwerkhäuser aus der Renaissancezeit beeindrucken mich, wie sie mit ihren Pfosten und Streben, mit ihren von Schwellen und Bändern durchkreuzten Wänden, mit den verzierten Steinportalen, den Gauben, Vorsprüngen und Dekors den Zeiten getrotzt haben. Dieser Zauber der verwitternden, alten Stadt ist noch nicht durch falsches Renovieren hinweggefegt, um Touristen anzulocken. Gegenüber einer besonders reich verzierten Renaissancefassade steigen wir aus. Die Hausfront, über deren rötlichem, dreistöckigem Erker ein hoher, mit Schnecken geschmückter Treppengiebel thront, ist mit 106 grotesken Steinmasken und Köpfen geschmückt. Vom mittleren Steinpfosten des vierteiligen Hauptfensters des sogenannten Kopfhauses grinst ein bocksbeiniger Narr mit einer Schellenkappe herunter. Werner führt uns durch den hohen Steinbogen der Einfahrt, durch den auch die großen Weinfuder passieren, in ein Restaurant, das für seine ausgezeichneten Weine, Elsässer Spezialitäten und Weinbergschnecken berühmt ist.

Wegen der dunklen Vertäfelung ist das Licht im Innenraum gedämpft. Das zarte Geruchsbukett aus Knoblauch und Wein, gegrilltem Fleisch, frischen Gewürzen und Tabakrauch in der gut besuchten Gaststube macht hungrig. Werner empfiehlt uns das Tellergericht mit Schnecken. Mir graust es bei der Idee, schleimige Tierchen zu verzehren, die ich immer wieder in unserem Garten wegen ihrer kunstvoll gedrehten Gehäuse bestaune. Aber ich will tapfer und »weltmännisch« sein und hoffe, diesen Härtetest zu bestehen, denn schon dampft ein großer, köstlich duftender Suppenteller vor meiner Nase, in dem ein Dutzend blank polierter Schneckenhäuser in einer Sauce aus Kräutern und Staudensellerie klappern. Etwas ratlos beobachte ich Werners genießerischen Gesichtsausdruck und werde mutiger, als er mir zeigt, wie man die gekochten Fleischklümpchen aus dem Gehäuse holt und sie am besten mit Weißbrot, Butter und Tunke auf der Zunge zergehen lässt. Ich folge seinen Anweisungen, und siehe da, mit geschlossenen Augen schmecken die Tiere immer besser. Die kunstvoll gewundenen Schneckenhäuser trockne ich mit meiner Serviette gut ab und lasse sie vorsichtig in meinem Beutel verschwinden, damit wir sie auf der Reise genau studieren können. Während die Serviererin das Geschirr abräumt, fragt sie mich irritiert nach den Schneckenhäusern. Mit ernster Mimik antworte ich ihr, dass ich zum ersten Mal in meinem Leben Schnecken gegessen und sie samt ihren Häusern, selbstverständlich gut gekaut, mit Genuss verzehrt hätte. »Oh! Mon Dieu, incroyable! Terrible!« Entsetzt läuft sie in die Küche und holt den Chef. Der kommt in seiner weißen Schürze auf mich zu, schaut mich durchdringend an, schüttelt den Kopf und zuckt wortlos mit den Schultern.

Nach dieser Mutprobe nimmt mich Vater an die Hand und erklärt sehr erregt, dass der nun folgende Besuch des Museums »Unter den Linden« für ihn zu den Höhepunkten dieser Reise gehören werde, denn die großen Altarbilder von Matthias Grünewald seien seit jeher für ihn ein Vorbild für künstlerische Ausdrucksstärke und malerisches Können. Ehrfürchtig schweigend betrete ich das Gebäude. Vater reicht mir einen in deutscher Sprache verfassten Begleittext, den ich sofort aufmerksam lese, denn er führt mich mit seinen gut verständlichen Erklärungen in das mehrteilige Werk ein. Ich erfahre, dass dieses in der ersten Hälfte des 13. Jahrhunderts von Dominikanerinnen errichtete Kloster um 1853 mit den Kunstgegenständen der Abtei und mit anderen erworbenen Ausstellungsstücken in ein Museum umgewandelt wurde. Als Hauptwerk der Kunstsammlung gilt der berühmte Isenheimer Altar, den Mathis Gothart-Nithart, genannt »Matthias Grünewald«, als größten jemals gestalteten Wandelaltar für das Antoniterkloster in Isenheim geschaffen hatte. Neben dieser Kirche und dem Kloster existierte auch ein bekanntes Hospital für Pilger, Invalide und vor allem für Patienten, die an Ergotismus litten. Lange Zeit blieb die Ursache dieser grausamen, nicht ansteckenden Krankheit unerforscht. Sie wurde als gerechte Bestrafung Gottes für ein sündiges Leben angesehen. Erst viel später entdeckte man, dass dieses gefürchtete Leiden, das in der Gegend um Colmar besonders häufig nach dem Verzehr von Roggenbrot auftrat, durch eine Vergiftung mit dem purpurbraunen Mutterkornpilz im Roggen und anderen Gräsern hervorgerufen wird. Das Siechtum, das die Patienten mit unvorstellbaren Höllenqualen heimsuchte, nannten sie »ignis sacer«, »Heiliges Feuer« oder »Antonius-Feuer«, denn der an der Pilzinfektion erkrankte Leib schmerzt voller entzündeter, brennender Wunden, während einzelne Gliedmaßen absterben. Dieser Isenheimer Spitalorden der Antoniter, der sich zum bekannten Zufluchtsort mildtätiger Krankenpflege entwickelt hatte, wurde als bekannter Wallfahrtsort so wohlhabend, dass der Abt den Auftrag für ein monumentales Altarwerk an den zu dieser Zeit schon berühmten Künstler Matthias Grünewald erteilen konnte. Der Meister arbeitete wie im Rausch. Er schuf ein Polyptychon aus elf großformatig bemalten Lindenholztafeln, die er zum Abschluss mit der Jahreszahl 1515 kennzeichnete. Die Gläubigen erhofften sich während der stillen Betrachtung der Altarbilder und durch die spezielle Thematik der Heilsgeschichte heilende und tröstende Kräfte zu empfangen. Um dieses großformatige und kostbare Altarwerk von Meister Grünewald vor Übergriffen bei kriegerischen Auseinandersetzungen zu retten, überführte man die Bildtafeln 1852 nach Colmar in den Schutz des sicheren Dominikanerklosters, das nun als »Museum unter den Linden« diesen Schatz neben anderen religiösen Objekten öffentlich ausstellt. Hier stehe ich nun im engen Kirchenschiff vor diesem einzigartigen Meisterwerk der Spätgotik. Die drei getrennt aufgestellten Schauseiten, die eine aufwühlende Wirkung auf mich haben, umrunde ich mehrmals wie in einem Taumel. Allein das Mittelbild mit der Darstellung der Kreuzigung Jesu vor einem düsteropaken Hintergrund misst fast drei Meter in der Höhe und über drei Meter in der Breite. Es wird von zwei Flügelbildern, die dem Einsiedler Antonius und dem Märtyrer Sebastian gewidmet sind, eingerahmt. Die Rückseite schildert das Wunder der Verkündigung, illustriert ein Engelskonzert und beschreibt die Menschwerdung und die Auferstehung Jesu. Auf den dazugehörenden Außenflügeln berichtet Grünewald von der Versuchung des Heiligen Antonius und von seinem Besuch bei Paulus von Theben. Die Intensität der Darstellung von Leid und Entwürdigung, Angst, Einsamkeit und himmlischer Erlösung berührt mich zutiefst und zieht meinen Blick magisch an. Mein Herz klopft bis in den Hals; es ist, als schwanke der Boden unter meinen Füßen, während ich mit Schaudern die überdeutlich hervorgehobenen Wundmale des gekreuzigten Christus, seine von Nägeln durchbohrten Handflächen und die schwere Dornenkrone, die das gemarterte Haupt auf den Körper drückt, betrachte. Der geöffnete Mund des Gekreuzigten mit den blau verfärbten Lippen und das Inkarnat seines gefolterten Leibes zeigen schon die Verfärbung der Zersetzung. Sein Lendentuch hängt zerfetzt von den durch Dornen verletzten und von Geschwüren geschundenen Hüften. Selbst die Enden des Querbalkens am Kreuz krümmen sich bogenförmig unter der Wucht des Schmerzes. Obwohl alle jemals gemalten Altarbilder Sinnbilder und keine fotorealistischen Aussagen sind, deuten Historiker diese hyperrealistische Wiedergabe des Leibes des Gekreuzigten als das Spiegelbild eines von Mutterkorn vergifteten Körpers. So konnten die gemarterten Patienten des Klosterhospitals beim Betrachten dieser Bildtafeln ihren Zustand als Todgeweihte im Leiden Christi wiedererkennen. Ihr Körper zeigte die gleichen Verfärbungen und Wundmale wie der von Grünewald dargestellte Leib des Gekreuzigten, auf den der Heilige Johannes mit einem lang ausgestreckten Zeigefinger weist, als wolle er jedem Kranken sagen: »Sieh genau hin, er ist einer von euch.« Grünewald bekräftigte diese Aussage noch, indem er Johannes die aufgeschlagene Bibel in die linke Hand gab und ein kleines Lamm mit dem Kreuz und den Kelch neben seine Füße stellte. Ich lese weiter in dem Begleitheft, dass Johannes zur Zeit der Kreuzigung Jesu schon verstorben war, was beweist, dass der Künstler seine Bildwerke bewusst als symbolische Tafeln verstand und nicht als realistisch-genaue Wiedergabe eines historischen Geschehens. Besonders erschüttert mich die Darstellung der in das weiße Gewand der Trauer und des Todes gehüllten Figur der Gottesmutter Maria, die geschwächt in die stützenden Hände von Johannes sinkt. Ihre Hände verkrampfen sich ineinander und ihre Augen, die sie ihrem Sohn Jesus zuwendet, sind im Schmerz fast verschlossen. Während Marias Gesicht schon die Blässe einer Sterbenden zeigt, scheint Maria Magdalena, die Gefährtin von Jesus, in ihrem rötlich leuchtenden Kleid noch dem irdischen Leben fest verbunden zu sein. Auch sie reckt voller Verzweiflung ihre betenden Hände zu Christus am Kreuz. Dieses hochdramatische Mittelbild wird von zwei Seitenflügeln, die den Schutzpatronen der Kranken, dem Heiligen Antonius und dem Heiligen Sebastian, gewidmet sind, umrahmt.

Während das vordere Altarbild der »Kreuzigung« dem Betrachter das Leiden der Menschheit in düsterem Kolorit vor Augen führt, zeigt die zweite Schauseite des Wandelaltars das mögliche Glück auf Erden und die erhoffte Erlösung nach dem Tod in einer verklärenden Helligkeit. Die Verkündigung, das Wunder der Geburt Jesu, seine Menschwerdung und seine Himmelfahrt erstrahlen in überirdischem Glanz. Der Himmel öffnet sich, und der Blick kann in eine unendliche, verheißungsvolle Bläue schweifen, aus der Gott die Strahlen seiner göttlichen Gnade auf Maria mit dem Jesuskind, die musizierenden Engel und auf den in den Himmel auffahrenden Christus lenkt. Der linke Altarflügel beinhaltet die Szene der »Verkündigung Mariens«. Sie spielt in einer Halle mit einer gewölbeartigen Decke, die dem damaligen klösterlichen Hospitalraum entsprechen könnte. Von links schiebt sich ein roter Vorhang ins Bild, so wie es zu jener Zeit üblich war, die einzelnen Betten in den Krankensälen mit Tüchern als Sichtschutz zur Erhaltung einer gewissen Privatatmosphäre abzutrennen. Während einer späteren Italienreise konnte ich einen ähnlich ausgestatteten, ebenerdigen Krankentrakt in einem alten katholischen Hospital besichtigen. Auf der Haupttafel musiziert ein Ensemble von Himmelsboten unter einem reich geschnitzten Baldachin. Im Vordergrund des »Engelskonzerts« spielt eine in ein zartrosafarbenes Gewand gehüllte Engelsgestalt zu Ehren der jungen Madonna eine Bass-Viola, während Maria, in inniger Verbundenheit mit ihrem Säugling hoch aufgerichtet, in einem Garten vor einer weiten Landschaft sitzt. Sie hält Jesus beinahe schwebend ins Licht. Mit Staunen betrachte ich die Gewandfalten ihres alles überstrahlenden blutroten Kleides, das voller Lebenskraft leuchtet, ganz in krassem Gegensatz zu der verschlissenen Windel, die den Jesusknaben bedeckt. Grau und zerfetzt deutet dieses morsche Stück Stoff schon auf das Lendentuch des Gekreuzigten hin. Mich wundert, mit welchem Mut der Maler diesem ehrwürdigen Madonnenbildnis wie selbstverständlich einen alltäglichen Badezuber und einen banalen Kindernachttopf hinzugefügt hat, um eindrücklich zu verdeutlichen, wie himmlische Wonne und irdische Alltagssorgen miteinander verwoben sind. Der rechte Altarflügel schildert die Auferstehung Christi aus dem felsigen Grab in ein alles überstrahlendes Himmelslicht.

Sein weißes Grabestuch verwandelt sich vor einem nachtschwarzen Hintergrund in ein oranges leuchtendes Gewand, das seinen weißen Körper umschwebt, während sein verklärtes Antlitz mit der energetischen Strahlkraft einer sonnenartigen Aureole verschmilzt.

Auf dem Seitenflügel des dritten Wandelbildes erinnert Grünewald mit der drastischen Darstellung der »Versuchung des Heiligen Antonius«, wieder im harten Kontrast zu den paradiesischen Gefilden, an die menschlichen Sünden und Leiden. Mit überbordender Fantasie illustriert er in giftiger Farbigkeit die Albträume und die körperlichen Qualen des Heiligen Antonius, der von furchterregenden Höllenwesen, drohenden Dämonen und bösem Getier heimgesucht wird. Ähnliche Horrorszenarien müssen die vom »Heiligen Feuer« Geplagten erdulden, wenn sie in ihren Fieberträumen von erschreckenden Visionen traktiert werden.

Obwohl die Maler von Heiligenbildern niemals Zeitzeugen ihrer Bildthemen waren, überzeugen sie uns mit ihren symbolischen Botschaften. Beim Betrachten dieser Altartafeln spüre ich, wie in mir ein seelisches Pendel zwischen Abgrund und Glück hin und her schwingt. Ich fühle, wie die opaken, düsteren Farben des Entsetzens und die transparent leuchtenden Tönungen des tröstlichen Versprechens bei längerer Betrachtung durch die Energie hoher Malkunst wieder eine innere Balance erzeugen. So ruft das hochdramatische malerische Werk des »Mathis der Maler«, wie ihn Hindemith in seiner Oper nennt, in mir die schmerzlichen Gefühle der verdrängten, existenziellen Ängste während der Hölle des Krieges hervor. Gleichzeitig strahlen die Bildtafeln eine zeitlose und trostvolle Ruhe aus, um zu den eigenen Emotionen eine heilende Distanz zu finden.

Vor diesem Altarwerk verstehe ich zum ersten Mal die künstlerische Wucht von Malerei. Mich überwältigt diese magische Energie der Kunst, die mit Form und Farbe ein allgemeingültiges unvergessliches Gleichnis von menschlichem Leid und von Erlösung schafft. Vater kommt wiederholt zurück in den Kirchenraum, um mich endlich für die Weiterfahrt fortzulocken. Noch immer verharre ich vor den mächtigen Bildwerken und die Tränen rinnen über mein Gesicht. Jetzt weiß ich, dass hohe Malkunst mit ihrer Ausdrucksstärke, ihrer Innigkeit, Dramatik und Schönheit so tief in meine Seele dringt, dass sie mir Vorbild und Wegweiser ist!

Werner kündigt uns eine weitere Überraschung an. Er fährt in Richtung Mühlhausen und von dort über Belfort nach Ronchamp im Süden der Vogesen. Die Gemeinde ist mit der neuen spektakulären Kapelle

»Notre-Dame-du-Haut« bereits berühmt. Dieser Kirchenbau, der nach den Plänen des Schweizer Architekten Le Corbusier auf einem 500 Meter hohen Hügel errichtet wurde, wirkt schon von ferne mit seiner rein weißen, grobkörnigen Fassade unter einem dunklen, sich organisch vorwölbenden Dach wie eine monumentale Plastik. Wir steigen zu Fuß auf das Plateau der Anhöhe hinauf, die als freier Platz wahrscheinlich schon von den Kelten zu kultischen Zwecken genutzt wurde. Vater erklärt uns die außergewöhnliche Außenform des Baukörpers und die besondere Raumgestaltung, in der sich viele symbolische Anspielungen und Metaphern verstecken. An der Außenwand der Westseite fällt mir sofort ein Wasserspeier auf, der aus geöffneten Nüstern das Regenwasser vom Dach ableitet. An der Ostseite empfangen uns ein Außenaltar mit eigenem Chorraum, eine Kanzel und eine Sängerempore, über die das muschelförmige Dach beschützend auskragt. Das bis zu drei Meter starke Mauerwerk, der 27 Meter hohe Hauptturm und die beiden 20 Meter hohen Nebentürme verleihen dem Gebäude einen festungsartigen Charakter. Eine Freitreppe führt an der Außenwand in die Sakristei. Da das Tageslicht durch 27 kleine, schießschartenartige Fenster in den Innenraum gelenkt wird, die in den Grundfarben Rot, Gelb und Blau eingefärbt oder mit Gebetssätzen beschriftet sind, verwandelt das Farbenspiel den Andachtsraum in eine perfekt ausgeleuchtete, mystische Theaterbühne. Die Haupttür, die André Maisonnier als großformatiges Emaille mit bunten Bäumen, Wegen, Blumen, Sternen, Händen und Wolken dekoriert hat, erinnert mich an eine riesige Buchseite. Le Corbusier soll zur Eröffnung der Kapelle erklärt haben: »Mit dieser Emailletür will ich die Schönheit des Sichtbetons zum Vibrieren bringen.« Nur mit größter Anstrengung gelingt es mir, diese Tür in ihren Angeln zu bewegen, denn sie wiegt über zwei Tonnen. Vielleicht ist auch das ein Zeichen für die Schwierigkeit, mit eigener Willenskraft zu innerer Stille und Einkehr zu gelangen. Als ich in der Mitte des Raumes stehe und das natürliche Sonnenlicht aus dem zur Südseite abgerundeten Hauptturm genau auf den Tisch des Herrn fällt, fühle ich mich behütet und in andächtiger Stille mit neuen Kräften beschenkt. Dieses wohlige Raumempfinden erzeugte Le Corbusier durch den »Modulor«, ein von ihm entwickeltes Schema für Proportionen, das sich an den durchschnittlichen menschlichen Maßen orientiert. Werner fragt, was mich an dieser neuartigen, skulpturalen Architektur so begeistert, und ich antworte: »Das ist ein heiliger Ort!« Vater ergänzt voller Enthusiasmus: »Mit dieser einzigartigen Kirche gelingt dem Baumeister eine wegweisend neue, spirituelle Architektur, obwohl Le Corbusier von sich selbst sagt, dass er Atheist sei und ihm ein Pantheismus näherliege!«

Nachdem wir die gebirgige Landschaft des Massif central verlassen haben, gleiten wir wie in einem Hollywoodfilm in Werners Straßenkreuzer mit geöffnetem Verdeck an der Riviera entlang. Die großen Gärten mit blühenden Oleanderbüschen und hohen Palmen, die schönen Buchten und das Dolce Vita an den Stränden versetzen uns in eine überschwängliche Ferienlaune. Wir singen: »Sur le pont d'Avignon l'on y danse tout en rond.« Bei Cagnes-sur-Mer verlässt Werner die Küstenstraße und nähert sich Vence, dem Ort der Künstler. Wie ein Adlerhorst thront die Ansiedlung auf der Bergkuppe eines Kalksteingebirges über der Mittelmeerküste. Wir passieren eines der fünf Tore in der Stadtmauer und schlendern über Kopfsteinpflaster durch die engen, alten Gassen mit ihren bogenförmigen Hauseingängen, in denen kleine Läden und Bistros Schatten spenden. Unser nächstes Ziel gilt der im vorigen Jahr eingeweihten Kapelle »Chapelle du Rosaire de Vence«. Der Maler Henri Matisse ließ dieses auch als »Chapelle Matisse« bekannte kleine Gotteshaus nach seinen Entwürfen aus einer alten Scheune gestalten, die einer Krankenschwester gehörte. Diese Schwester hatte für den Künstler in seinem Atelier als Modell gearbeitet, bevor sie 1946 in ein Dominikanerkloster eingetreten war. Auch betreute sie den alten Maler fürsorglich während seiner Rekonvaleszenz nach einer Krebsoperation. Als sie sich zufällig wieder begegneten, bat sie Matisse um seinen künstlerischen Rat, denn sie wollte diesen alten Schober zu einem Andachtsraum umgestalten. Matisse begann sofort mit der Planung des kompletten Gebäudes. Er entwarf den Wandschmuck, die Glasfenster, die Messgewänder und Altardecken. In vierjähriger Bauzeit entstand diese schnell berühmt werdende 15 Meter lange und 6 Meter breite Kapelle als Gesamtkunstwerk. Als ich aus der Nachmittagshitze in den kühlen Innenraum trete, umfängt mich aus einem hohen, zweiflügeligen Fenster ein intensiv blaues Leuchten mit goldgelben Einsprengseln. Matisse ließ das Fenster so anfertigen, als hinge vor dessen gelbem Grund ein blaues und mit scherenschnittartigen hellen und grünen Blättern bedecktes Tuch aus Glas. Die großen Scheiben spiegeln sich mit ihrem Dekor malerisch auf dem glänzend polierten Boden und nehmen dem Raum durch die farbigen Reflexe seine Schwere. Auf der dem Fenster gegenüberliegenden Längswand zeichnete Matisse auf weißen Keramiktafeln mit grafisch reduzierten Tuschelinien die Umrisse der Figuren von Christus, der Muttergottes und des Heiligen Dominikus. Die dargestellten Personen sind so stark abstrahiert und stilisiert, dass sie zu skriptoralen Symbolen erstarren. Auf mich wirken diese figürlichen Bildzeichen leblos, sie können mich nach meinem mich tief erschütternden Erlebnis vor dem Isenheimer Altar nicht mehr seelisch berühren.

Der Tag neigt sich dem Abend zu. Grillen zirpen. Die Luft flimmert in der Mittelmeerhitze. Wir schlecken Eis und spazieren zur Hafenmole von Saint Tropez. Wie ein weicher Samtmantel umhüllt nun die Dämmerung die Küste und taucht die vom Wind geraute Meeresfläche mit den Spiegelungen der Uferlaternen in ein geheimnisvolles Licht. Ein Mann in einem Kostüm aus der Zeit der Renaissance winkt Isabel und mich zu sich heran. Gebückt steht er vor einem auf einem antiken Stativ aufgeschraubten Fernrohr: »Bonsoir, mes amies! Schaut hier einmal durch das Okular. Ihr könnt den Mond ganz groß betrachten, genauso wie der Universalgelehrte Galileo Galilei!« Der Vollmond steht als leuchtende Kugel schon klar am Himmel. Auf Zehenspitzen starre ich durch die Linse auf seine kaltgraue Oberfläche voller großer und kleiner runder Krater. Es ist ein seltsames Gefühl, diesem weit entfernten Begleiter meiner Kindernächte so nahe zu kommen.

Nach einer heißen Nacht in einer stickigen Unterkunft fahren wir durch die in gewitterschwerer Hitze flimmernde Camargue in die alte Stadt Arles hinein, die sich im Gebiet der Rhonemündung immer weiter ausbreitet. Cäsar hatte sie als römische Militärkolonie gegründet. Hier kreuzten sich die historischen Römerstraßen Via Agrippa, die bis nach Köln führt, und die Via Aurelia, die in Rom endet. Trotz Hitze machen wir eine kurze Pause und inspizieren von außen das um 90 nach Christus errichtete Amphitheater, das 25.000 Besuchern Platz bietet. Ein Plakat kündigt für heute Abend einen Stierkampf an. Werner lächelt geheimnisvoll und verspricht uns eine echte Corrida de Toros in Spanien. Anschließend betrachten wir St. Trophime d'Arles, eine Benediktiner-Abteikirche, in der die Gebeine des heiligen Trophimus, des ersten Bischofs der Stadt, eine letzte Ruhestätte gefunden haben sollen. Diese um 1150 auf dem karolingischen Vorgängerbau errichtete Basilika beeindruckt mich mit ihrer mit Figuren geschmückten Fassade und ihrem Kreuzgang. Ich empfinde immer mehr Ehrfurcht vor dem Können der Baumeister, Bildhauer und Maler und bestaune die Kraft ihres Glaubens.

Sitges

Es wird immer schwüler. Eine Regenwand schiebt sich vom Meer auf das Ufer zu. Werner, der uns noch mehr von der verwinkelten Altstadt zeigen möchte, biegt in eine besonders enge Gasse ein. Es beginnt zu tröpfeln und dann kräftig zu schütten. Werner versucht alle Tricks, um das automatische Verdeck des Thunderbirds zu schließen. Aber es klemmt! »Verdammt!« Die Außenspiegel schrammen schon am alten Mauerwerk entlang. Wir sehen mit Entsetzen, wie sich die Gasse vor uns noch weiter zuspitzt. Außerdem ist der Tank leer. Wir sitzen in der Falle! Rien ne va plus! Es geht weder vor noch zurück. Aussteigen unmöglich. Aus Platzmangel lässt sich keine Tür öffnen. Plötzlich bemerkt Wolfgang im Rückspiegel einen alten Mann mit einem Esel vor einem Karren. Der Bauer fasst sein geduldiges Tier an den Ohren und kommt dicht an unseren Wagen heran. Werner reckt sich in seinem klitschnassen Hawaiihemd in die Höhe, bis er über das geöffnete Verdeck hinweg dem Mann ein Zeichen unserer aussichtslosen Lage geben und auf Französisch um Hilfe bitten kann. Der alte Mann grinst kopfschüttelnd. Seine tiefen Falten tanzen im Gesicht. Er bugsiert seinen Esel samt Fuhrwerk rückwärts aus der Gasse, löst seinen Karren vom Geschirr des Grautieres und treibt seinen störrischen Gefährten in umgekehrter Richtung bis an unser voll beladenes Auto heran. Er gibt uns das Zeichen, sofort auszusteigen! Es plästert! Völlig durchnässt klettern wir aus den Sitzen und barfuß über die Heckklappe auf das Kopfsteinpflaster. Der alte Mann bindet seinen betagten Esel an die Stoßstange der im Moment völlig unbrauchbaren Nobelkarosse. Langsam befreit das geduldige Tier mit unserer schiebenden Hilfe den amerikanischen Straßenkreuzer aus seiner Zwangslage. Ein kleiner Platz ist erreicht. Die Sonne vertreibt den Regenschauer, und eine Tankstelle ist auch nicht weit! Als wir uns mit dankbarer Freude und einem Bündel Franc-Scheinen von unserem Retter und seinem Esel verabschieden, eilen uns Vater und Werner triumphierend mit gefüllten Benzinkanistern entgegen. Werner füllt den völlig leeren Tank auf und kontrolliert das Armaturenbrett, während wir Pfützen aus dem Wageninneren schöpfen und von den Ledersitzen wischen. Als die Abendsonne noch einmal grell auf uns niederbrennt, schließt sich plötzlich wie von Zauberhand das Verdeck. In der Hitze trocknet unsere Kleidung schnell, die Reise geht weiter.

In der Ferne lockt die auf einem Hügel gelegene mittelalterliche Festung von Carcassonne. Auch hier ließ Cäsar ein Waffenlager errichten und nannte den Ort »Arsenal Colonia Julia Carcaso«. Die mächtige, feenhaft angestrahlte Burganlage erhebt sich majestätisch und geisterhaft mit ihren trutzigen Mauern und den runden Wehrtürmen in den schon dunklen Nachthimmel. Die Zitadelle entspricht haargenau meiner Vorstellung von einem perfekten Kastell. Meine durch illustrierte Märchen hervorgerufene Fantasie und diese hier greifbare Wirklichkeit verschmelzen wieder zu einer untrennbaren Realität. Da es zu spät ist, um die Festung zu besichtigen, gleitet sie wie eine magische Kulisse an meinen Augen vorbei.

Schon liegen die Pyrenäen wie eine drohende, unpassierbare Barriere vor uns. Werner steuert den Wagen hinauf zur Passhöhe. Dort verschluckt uns eine absolute Dunkelheit. Die unzähligen, engen Kurven flackern nur für Bruchteile von Sekunden vor dem Scheinwerferlicht unseres Wagens auf. Die Nacht rauscht als undurchdringliche Wand rechts und links an den Fenstern vorbei. Der Himmel ist schwarz. Kein Mond. Kein Mensch, kein fernes Licht in dieser Einsamkeit. Isabel und ich sitzen eng gedrängt auf der Rückbank. Wegen der Kurven, die uns hin und her schütteln, können wir nicht einschlafen. Wir langweilen uns. Ich krame in meinem Tragebeutel herum und befördere zwei Schneckenhäuser aus Colmar auf meinen Schoß. Um mit ihnen zu spielen, ergreift sie Isabel und schlägt sie im Takt aneinander. Plötzlich kullert eines der Gehäuse zu Boden. Da eine Kurve der anderen folgt, fährt Werner ziemlich langsam. Plötzlich ein Aufschrei! »Verflucht! Die Bremse! Hussi! Schnell, schnell, hilf mir! Die Bremse blockiert! Zieh die Handbremse! Zieh, so fest du kannst!« Wir sausen ruckartig nach vorne. Die Scheinwerfer verlöschen. Uns umgibt nachtschwarze Dunkelheit. Mit aller gebotenen Vorsicht öffnet Werner die Wagentür und ruft erregt: »Bleibt sitzen! Lehnt euch nach hinten!« Er schleicht um das Auto, hebt die Heckklappe an und tastet das Innere des vollgestopften Kofferraumes nach seiner Handlampe ab. Jetzt sehe ich vor dem Fenster ihren schwachen, hüpfenden Schein. Das Fahrzeug hängt mit uns in einer Haarnadelkurve quer zur Straße halb über einem Abhang. Während Werner sich auf das Heck stützt, windet sich Vater vorsichtig vom Rücksitz auf die Fahrbahn. Mit aller Kraft stemmt er sich neben Werner auf die Klappe des Kofferraumes. Erst jetzt darf einer nach dem anderen, vorsichtig über die Rückbank kletternd, aussteigen und sich am Fahrzeug entlang zur Straßenmitte tasten. Der zittrige Lichtkegel von Werners Taschenlampe huscht über den Weg. Ich blicke in eine tiefe Schlucht. Die Vorderräder des Wagens hängen frei in der Luft und drehen sich noch. Mit vereinten Kräften zerren und schieben wir so lange an dem Ford, bis er endlich wieder mit allen vier Rädern auf dem Asphalt steht. »Das war knapp!«, japst Werner. Er wischt sich den Angstschweiß von der Stirn. Mit der Taschenlampe findet er die Ursache des Unfalls. Ein Schneckengehäuse steckt eingeklemmt unter dem Bremspedal. Wir Mädchen sind mucksmäuschenstill und für den Rest der Ferien besonders pflegeleicht. Während der Weiterfahrt geben wir keinen einzigen Laut von uns.

Hinter uns liegen die Pyrenäen. Um Haaresbreite wären sie unser gemeinsames Grab geworden. Unsere Eltern schweigen. Isabel und ich schlafen erschöpft ein. Der Motor brummt in unseren Ohren, die Kurven pressen uns wieder eng aneinander. Irgendwann wache ich auf. Vorbeihuschende Lichter. Lichter im hell erleuchteten Zentrum von Barcelona. In einem großen Hotel sinke ich erneut in einen unruhigen Schlaf und träume, dass ich fliege. Unter mir mein liegender Körper. Wie bei meiner Blinddarmoperation. Beim Frühstück wird der Albtraum der Pyrenäenfahrt mit keinem Wort erwähnt. Wie mit einem neuen Leben beschenkt, spazieren wir La Rambla entlang. Die Sonne zeichnet gleißende Hitzeflecken in die Schatten der hohen Platanen. Werner führt uns zu den berühmtesten Bauwerken des Architekten Antonio Gaudi. Die geschwungenen, reich dekorierten Fassaden der »Casa Milà« und der »Casa Batlló« scheinen Pflanzen gleich organisch aus dem Stein zu wachsen. Diese architektonischen Wunderwerke im Stil des Katalanischen Modernismus beherrschen prächtig die Straße zwischen den übrigen Bürgerhäusern. Bedauerlicherweise sind sie wegen Renovierungsarbeiten geschlossen. Werner, der früher einmal die Chance hatte, diese Bauten im Rahmen einer Führung zu besichtigen, schwärmt von der einmaligen Heiterkeit und der mystischen Atmosphäre ihrer Räume: Er sagt: »Durch die sich drehenden Treppenaufgänge, die wellenartig sich windenden Decken und Wände, durch die Beleuchtung von fantasievollen Lüstern und starkfarbigen Fenstern wird jeder Betrachter in eine surreale, völlig vom Alltagsgrau abgehobene Welt entführt!« Wir wandern weiter zu Gaudis noch unvollendetem Meisterwerk, zur Kathedrale »Sagrada Familia«. Dieser die Stadt überragende Großbau, der zu den Höhepunkten des spanischen Jugendstils zählt, erinnert mich lebhaft an meine Tröpfelburgen, die ich am Rheinufer durch das Abtropfen von matschigem Sand jeden Sommer mit viel Geduld und kindlichem Eifer bis zur

Kniehöhe anwachsen ließ. Schatten suchend setzen wir uns auf eine der mit bunten Kacheln bedeckten Bänke der Plaza Gaudi und planen den Abend, der uns mit einem weiteren Glanzpunkt überraschen wird.

Nach der Verkostung einiger Tapas in einem kleinen Restaurant wird uns eine Siesta im Hotel verordnet. In dem mit schwarzen Samtvorhängen abgedunkelten Zimmer wälzen wir uns in der Hitze auf den unbequemen Betten und fiebern der Abendveranstaltung entgegen. Endlich ist es so weit. Wir warten angespannt in einer langen Schlange auf der Plaza de Toros Monumental de Barcelona. Meine Blicke schweifen über dunkelbraune Mauern mit hellen, bordürenartigen Kacheldekors. Das also ist »La Monumental«, die spektakuläre Stierkampfarena, die ebenfalls im dekorreichen Stil des »Modernisme« 1914 eröffnet wurde! Hochgezogene Bögen und die vor die Rundung gesetzten Türme, deren Abschlüsse von eiförmigen Kuppeln gebildet werden, und die vorbeischwebenden Düfte schwüler Parfums beschwören in mir ein orientalisches Märchen. Perfekt frisierte Kavaliere schreiten in dunklen Anzügen betont aufrecht und stolz an der Seite ihrer eleganten Damen, deren schwarzes, glänzendes Haar auf dem Hinterkopf mit einem hohen Kamm vornehm klassisch zu einem dicken Knoten gesteckt ist. Ihre langen, bunten Röcke und die dazu passenden farbigen Brusttücher vollenden mein schon vor Wochen erträumtes spanisches Bild. Die Tore der Stierkampfarena öffnen sich, das allgemeine Gemurmel und Lachen schwillt zu einer lauten und fröhlichen Vielstimmigkeit an. Die Woge aufgeregter Erwartungen spült mich in die Arena, deren räumliche Ausmaße mich zu einem Winzling schrumpfen lassen, denn 26 steil ansteigende Reihen bieten fast 20.000 Zuschauern Platz. Nicht weit vom Eingang entfernt gelangen wir zu unseren Sitzen in den vorderen Rängen nahe am Kampfplatz. Ein nur 1,60 Meter hoher, rot lackierter Bretterzaun schützt die untersten Reihen recht dürftig vor den heranstürmenden Kampfstieren. »Diese Balustrade muss so niedrig sein, damit sich die von Stieren attackierten Toreros mit einem Sprung in Sicherheit bringen können«, sagt Werner. Die aufpeitschende Musik gipfelt in einem ohrenbetäubenden Lärm. Die Corrida beginnt! Als der Matador mit zwei Picadores auftritt, schwillt das rhythmische Klatschen zum Orkan an. Ihm folgen die Lanceros und drei Banderilleros mit geschmückten Stechlanzen. Wie auf Kommando versiegt der Lärm. Die Reiter erbitten vom Präsidium symbolisch den Schlüssel, damit sie die Puerta de los Toriles öffnen können, durch die jeder Stier zum Kampf in die Arena getrieben wird. Da! Der erste von sechs angekündigten Stieren! Ein schwarzer Koloss betritt zögerlich den Kampfplatz. Er stapft gemächlich durch den Sand bis in die Mitte des Rundbaues. Ganz entspannt schaut er sich die Reihen der Besucher an. Er scheint wenig Lust zu verspüren, dieser geräuschvollen Gesellschaft etwas so Sensationelles wie einen Kampf auf Leben und Tod zu bieten. Der Matador wedelt mit seiner Capote, dem purpurroten und innen gelb gefärbten Tuch. Mit Tanzschritten schwingt er es vor dem Stierkopf immer wilder hin und her, doch das Tier lässt sich nicht aus der Ruhe bringen. Unbeweglich wie eine Bronzestatue verharrt der Kraftprotz im Sand. Dann umschreitet der Stierkämpfer den schwarzen Koloss mit ballettartigen Bewegungen und kniet vor ihm nieder. Der Bulle rührt sich nicht vom Fleck! Er senkt nur ein wenig den Kopf, so als ginge ihn das alles nichts an. Buhrufe. Gegröle. Ein schrilles Pfeifkonzert. Das Tier bewegt sich nicht. Auf ein Hornsignal hin, welches das Gepfeife der Zuschauer übertönt, nähern sich die Lanzenreiter. Jetzt reicht es dem Stier! Er scharrt ein wenig mit dem Vorderhuf im Sand. Die Picadores stechen auf den gesenkten Tiernacken ein, bis Blut aus den Wunden quillt, über das glänzend schwarze Fell rinnt und in den Sand tropft. Mir dreht sich der Magen um. Meine Fingernägel bohren sich in meine Fäuste. Noch ein Stich mit der Lanze! Ich springe auf und brülle: »Nein! Nein!« Mein Oberkörper sinkt nach vorn und schüttelt sich vor Entsetzen und auch vor Scham! Denn vor lauter Sensationslust hatte ich völlig vergessen, dass hier in der Arena aus purer Lust am Spektakel Tiere getötet werden. Werner nimmt meine Hand, erhebt sich und sagt leise: »Kommt, wir gehen!« Er führt uns in ein kleines Fischrestaurant.

Die Erfahrung, dass es Menschen gibt, die zu ihrer eigenen Belustigung Tiere und sogar Zeitgenossen zu Tode quälen, wird mir nie mehr aus dem Kopf gehen. Genauso wenig, wie ich die Darstellungen des Purgatoriums, gemalt von Bosch und Grünewald, nie mehr vergessen kann. Auf einem für uns reservierten, blank polierten Holztisch dampft eine große Pfanne mit Paella mit dem Duft nach Knoblauch, grünem Olivenöl und allen möglichen Meeresfrüchten. Jeder schaufelt sich seine Portion mit einem Suppenlöffel aus Olivenholz auf seinen irdenen Teller. Die rosigen Gambas, die Mies- und die Venusmuscheln, die klein geschnittenen Tintenfischarme und der Thunfisch entwickeln mit dem Reis und den gedünsteten Tomaten, dem Safran und dem Knoblauch eine Sinfonie von südländischen Aromen, die mich immer noch nicht trösten können. Erst in der Frühe des nächsten Morgens, als Werner mit uns zu einem Ausflug startet, der mich aufheitern soll, kann ich wieder lächeln. Er dirigiert den Wagen mit geöffnetem Verdeck, das wieder perfekt funktioniert, an die Bergstation des Tibidabo, den Hausberg Barcelonas, der mit 512 Metern Höhe die Stadt vor den Winden und den Schlechtwettereinflüssen des Hinterlandes schützt. Oben auf dem Plateau soll es einen großen Vergnügungspark geben. Ich lese in der deutschen Übersetzung, dass sich der Name »Tibidabo« auf den Teufel bezieht, der zu Jesus, den er in Versuchung führen wollte, gesagt haben soll: »Haec omnia tibi dabo si cadens adoraveris me!«, was bedeutet: »All dies will ich dir geben, wenn du niederkniest und mich anbetest!« Wir besteigen die Gondel einer Standseilbahn und landen auf dem Berggipfel, wo sich ein kirmesbuntes Riesenrad, Karusselle und eine Achterbahn neben der Kirche »Sagrat Cor«, Sühnetempel des Heiligen Herzens, drehen. Mich lockt das Spiegelkabinett. Kaum ist Isabel hinter mir eingetreten, können wir uns vor Lachen nicht mehr auf den Beinen halten. Vor den hohen Zerrspiegeln erscheinen wir plötzlich ganz fett und in die Breite gezogen. Unsere Köpfe schrumpfen zu winzigen Bällen. Bewegen wir uns voran, dehnen sich unsere Körper gequetscht in die Länge, mit Köpfen wie Gurken. Weil Vater mich von diesem Spektakel viel zu früh fortzieht, verliere ich jeglichen Respekt und verzerre mit meiner Vorstellungskraft jeden, der mir begegnet. Mittlerweile ist der Tag ganz aufgeklart, und der Teufel des Tibidabo belohnt uns mit einer spektakulären Fernsicht auf Barcelona und das Meer.

Vergnügt besteigen wir das Auto zur letzten Etappe und erreichen wieder die Küstenstraße. Unser Ziel Sitges liegt geschützt vor den kalkigen, die kalten Nordwinde abhaltenden Bergen des Garraf. Schon aus der Ferne erkennen wir die Kirche Iglesia di San Bartolomé, die wie eine Festung auf einer Anhöhe mit ihren Heiligen über das Meer und das Städtchen wacht. Vater reicht mir einen kleinen Reiseführer. Während der Fahrt lese ich laut vor, dass sich der Name »Sitges« aus der Bezeichnung »sitja« entwickelte, was »Kornspeicher« bedeutet. Die ersten hier gefundenen Siedlungszeichen stammen aus der Steinzeit, in der die Ansiedler bereits von Landwirtschaft, Fischfang und Handel lebten. Einige verarmte Bürger wanderten im 19. Jahrhundert während einer Zeit des Mangels nach Amerika aus, wo sie erfolgreich mit Wein, Kleidung und Branntwein handelten. Bald hatten sie so viel Reichtum angehäuft, dass sie als Wohlhabende nach Spanien zurückkehren konnten und sich in ihrem Heimatort prachtvolle Villen und Gutshäuser bauten. In den Jahren um 1930 wuchs auch in Sitges der Tourismus, denn der feinkörnige, helle Sandstrand und die gute Meerwasserqualität lockten immer mehr Badegäste an. Werner hatte schon in Köln für uns in einem privat geführten Gutshaus für die Ferienzeit drei Doppelzimmer gebucht. Nicht weit vom Meer entfernt führt ein Feldweg zu dem in einem Park gelegenen Anwesen. Unsere geräumigen Doppelzimmer in der oberen Etage haben Zugang zu einem breiten, die gesamte Fassade umlaufenden Balkon, auf dem wir in der Abendkühle den Tag ausklingen lassen, mit einem Rundblick auf Sitges und aufs Meer hinaus. Zu unserer Verblüffung fließt salziges Meerwasser aus den Kränen. Das Frühstück, der erste Höhepunkt eines jeden Tages, wird von zwei jungen Mädchen in schwarzen, glänzenden Kleidern mit weißen Spitzenschürzen unter einer alten Pinie zelebriert, die den Schattenplatz in einen betörend würzigen Duft hüllt. Auf Silbertabletts präsentieren sie uns alles, was wir uns nur wünschen können. Mit blütenreinen, gehäkelten Handschuhen stellen sie Kristallgläser mit frisch gepresstem Orangensaft auf den Tisch und arrangieren mit Kuchen, Omeletts, Käse, Konfitüren, Schinken, Früchten und warmen Toastscheiben auf Tellern und Platten die köstlichsten Stillleben. Als das letzte Butterhörnchen vertilgt ist, inspizieren Isabel und ich das Anwesen und füttern hinter dem Gebäude die prächtigen Langohren in ihrem Hasenstall mit Stückchen von Möhren und Honigmelone. Den restlichen Tag verbringen wir am Strand im feinen weißen Sand, schwimmen im glasklaren Meer, suchen Muscheln und genießen den leichten Wind und den kühlenden Schatten der auf einem Felsvorsprung über dem Meer thronenden Kirche. Sie ist dem heiligen Bartolomeo und der heiligen Thekla gewidmet und wird von den strenggläubigen Katholiken täglich gehegt und gepflegt. Nach dem Mittagessen mit viel zu viel Olivenöl und grünlicher Mayonnaise sinkt Sitges erschöpft in einen komaähnlichen Dämmerzustand. Selbst die verwilderten Hunde suchen sich einen dunklen Schlafplatz, wo sie reglos alle viere von sich strecken. Siesta! Auch wir verkriechen uns in unsere verdunkelten Zimmer. Erst als sich die Abendschatten über unserem Balkon ausbreiten, rückt sich Mutter zwei Strohstühle zurecht, breitet eine Leinwand auf einem Koffer aus, drückt einige Kleckse Ölfarbe auf ein Stück Pappe und beginnt konzentriert mit dem Spachtel zu malen. Sie setzt Farbe neben Farbe, den Blick konzentriert auf das Panorama von Sitges gerichtet. Auf Mutters Malgrund wächst in einer Vielzahl von Tonwerten die alle Gebäude überragende, weiße Kirche. Mutter gelingt es, die blendende Helligkeit des Gotteshauses aus den schattigen Erdfarben der Umgebung in vielen Nuancen im Licht des Südens aufleuchten zu lassen. Mein Buch liegt ungelesen auf meinem Schoß. Ich verfolge jede Veränderung der Malerei. Der Vorgang des Malens ist so spannend, dass mein Buch zu Boden fällt. Erst als Werner ruft, dass es Zeit wird, für das Nachtmahl zu unserem Restaurant aufzubrechen, tritt meine Mutter einige Schritte von ihrer Arbeit zurück. Mit zusammengekniffenen Augen kontrolliert sie die Komposition und die Farbgebung, setzt noch wenige betonende Linien aus den Farbresten mit der Kante des Spachtels auf die Leinwand und dreht dem echten Vorbild, dem Anblick von Sitges, den Rücken zu. Dieses Motiv interessiert sie nicht mehr. Sie hat malerisch alles gesagt. Jeden Abend speisen wir gleich unterhalb des Gotteshauses in einem kleinen Restaurant. Die Köchin kocht nach unseren Wünschen die wunderbarsten Menüs. Natürlich serviert sie Paella und Tapas mit Meeresfrüchten und Gemüse aus der Region. So rinnen die Ferien wie Sand durch die Finger. Aber kurz vor unserer Abreise erleben wir das sonst so geruhsame Sitges in seltsamer Aufregung. Die ganze Stadt trifft Vorbereitungen für die Fiesta Major, die einige Tage andauern und das gemächliche Leben durcheinanderwirbeln wird. Aus den Häusern dringt Musik, so als würden alle Instrumente gleichzeitig bespielt. Mit Kostümen über dem Arm wechseln Festteilnehmer hektisch die Straßenseite, die Kuchenbäcker und Garnierkünstler in der Konditorei schwirren wie aufgescheuchte Tauben durch den Verkaufsraum. Alle Gehwege werden geschrubbt. Zur frisch gekalkten Kirche transportieren Lastwagen Blumenbouquets. Die beiden Schutzheiligen geweihte große Fiesta beginnt mit einem Umzug, an dem sich alle, die laufen können, beteiligen, denn die schweren Podeste mit den Holzfiguren der heiligen Thekla und des heiligen Bartolomeo verlassen an diesem Feiertag ihren kirchlichen Stammplatz. Die schweren hölzernen Figuren werden stundenlang von durchtrainierten Männern auf Tragen durch die Straßen geschleppt. Laut und schräg spielende Musikkapellen und rhythmisch ausschreitende Kostümgruppen folgen der Prozession. Erst auf einem kleinen Platz hält der feierliche Umzug an. Junge Burschen in engen schwarzen Hosen und weißen Hemden bilden einen akrobatischen Menschenturm, indem sie aneinander hochklettern. Die Pyramide wächst höher und höher, bis der letzte Knabe an der Spitze ins Wanken gerät. Alle halten die Luft an. Dann fällt der ganze Turm in sich zusammen. Enttäuscht stöhnt die Menge auf. Sofort wächst die Pyramide aus Leibern zu noch kühneren, noch gefährlicheren Höhen an. Der Mutigste hat es geschafft. Er steht gerade auf den Schultern der letzten beiden Kletterer und breitet triumphierend seine Arme aus, wie ein Engel die Flügel. Bravo! Die Musik spielt einen Tusch. Die vergoldeten Holzfiguren der beiden Heiligen schwanken auf ihren Tragen und lächeln unbeirrt ihr lackiertes Lächeln. Den Trägern der schweren Podeste mit den Heiligenfiguren rinnt der Schweiß in Bächen von der Stirn, so als würden auf diesem Bußgang bei jedem Schritt alle Sünden fortgespült. Gnadenlos brennt die Sonne auf den Köpfen der Betenden. Jetzt kommt Bewegung in das Gedränge! Von rasantem Geklapper der Kastagnetten begleitet schlagen Musiker in einem hypnotisierenden Rhythmus polierte Holzstöcke gegeneinander. Die Cobla spielt auf zur Sardana. Mit ihren fünf Holz- und fünf Blechbläsern und einem Kontrabassspieler heizt die Musikkapelle die bereits glühende Menge noch mehr an, bis sich alle, auch die Kleinsten und die Greise, wie im Rausch in ihren Hüften wiegen oder mit kurzen Schritten springen. Mädchen und Jungen bilden abwechselnd einen Kreis. Sie fassen sich bei schulterhoch erhobenen, ausgestreckten Armen an den Händen und tanzen ihre kurzen und langen Schritte und Sprünge, die dabei exakt ausgezählt werden. Lichter flammen auf. Die Menge bewegt sich mit dem Festzug in Richtung Meer und dann unter dem Gemurmel sich wiederholender Gebete die Anhöhe zur Kirche hinauf. Es dämmert. Während eines Festgottesdienstes in der Kühle des Kirchenschiffs werden die beiden Schutzpatrone wieder für ein Jahr auf ihrem Stammplatz fest verankert. Alle warten auf den krachenden Höhepunkt. Musik und Gesänge verstummen. Am Strand recken enorme Feuerwerksgeschütze ihre Abschussrampen in den Nachthimmel. Männer hantieren mit Koffern voller Munition. Schon zischen unter Jubel, lautem Pfeifen und Schreien die ersten Raketen in die Luft. Es kracht wie im Krieg. Rauchschwaden ziehen über den Strand. Unter dem Sternenhimmel versprühen die abgeschossenen Böller und Raketen ihre aufflammenden Funkenregen, Bögen, Feuerbälle, Blüten und Wasserfälle, bis ein ohrenbetäubender Knall das Spektakel abrupt beendet. Mütter sammeln ihre Kinder und ihre Männer ein und streben, genau wie wir, mit tauben Ohren erschöpft und glücklich nach Hause in die Betten. Adios. Hasta la vista! Jetzt endet meine Kindheit.

Neue Perspektiven

Die Jahre im Gymnasium vergehen in meiner Erinnerung ohne Höhepunkte. Das Leben außerhalb der Schule bietet mir neue Anregungen und führt meine Interessen immer mehr zur Kunst. Ein Ereignis ist jedoch bemerkenswert. Aus Mangel an Schulklassen wird uns in dieser strengen Mädchenschule angekündigt, dass in der Oberstufe Schichtunterricht erteilt werden muss. Wir Mädchen teilen nun das Gebäude mit den Schülern des Jungengymnasiums Kreuzgasse. Junge Männer in unserer Klosterschule! Einfach sensationell. Plötzlich entdecken wir am Morgen vor der ersten Stunde in den Behältern für Tintenfässer in den Pulten unserer veralteten Schulbänke winzig zusammengefaltete Botschaften. Die Deckel dieser Behälter öffnen die Putzfrauen scheinbar nie. So erreichen uns die geheimen Briefchen unversehrt. Sie werden umgehend von uns beantwortet. Offiziell ist das Thema Jungs in diesen Räumen für uns Mädchen selbstverständlich tabu. Aber immer öfter hören wir ein leises Kichern. Mit der Zeit finden wir heraus, von wem die einzelnen Botschaften stammen.

Seit einiger Zeit besucht Mutter sonntags für zwei Nachmittagsstunden einen Malerkollegen meines Vaters, der sie gebeten hatte, ihm in seinem Privathaus für ein Ölporträt Modell zu sitzen. Zur letzten Besprechung der Malerei darf ich sie begleiten, und wir sehen uns aufmerksam das neue Bildnis an. Ich bin enttäuscht! Mutter kommt mir in der etwas groben Spachteltechnik fremd und plump vor, denn in der Realität ist sie graziler, lebendiger und ebenmäßiger. Als ich nach meiner Meinung gefragt werde, lächle ich nur und antworte nicht. Mir scheint, dass dieser moderne Farbauftrag mit einem Malmesser ihrem Typus nicht gerecht werden kann. Viel mehr fasziniert mich ein weißer Voilevorhang, der ganz zart mit weißen Seidenfäden bestickt auf ganzer Breite das Vorkriegspanorama von Köln abbildet. Da das dahinterliegende große Fenster einen Spaltbreit geöffnet ist, versetzt eine kaum wahrnehmbare Zugluft das halbtransparente Gewebe in sanfte Schwingungen, als atme es. Diese bauschenden Bewegungen des Stoffes gleiten wie die Wellen unseres Flusses dahin, wenn ihn keine Schiffe befahren. Meine Heimatstadt schwebt auf dieser hauchzarten, weißen Stickerei wie eine geträumte Erinnerung an eine Zeit, als die Schönheit der alten Domstadt noch nicht in den Untergang gebombt worden ist. Als sich meine Mutter von dem Maler verabschiedet, stehe ich immer noch fassungslos vor diesem bestickten Stoff. Der Maler legt seine Hand auf meine Schulter und sagt fast entschuldigend: »Das ist eine Stickerei aus den fleißigen und geschickten Händen meines Sohnes, der gerade mitten im Abitur steht.« In diesem Augenblick öffnet sich die Tür und der Schöpfer dieser kostbaren Handarbeit steckt seinen Kopf in den Raum, grüßt und verschwindet gleich wieder – mit einer auffallenden Röte im Gesicht. »Till ist seit einiger Zeit bei den Pfadfindern,« erwähnt der Vater. »Er war immer ein zartes Kind. Endlich ist er zu Kräften gekommen. Es tut ihm gut, sich in der Natur mit Gleichaltrigen sportlich zu betätigen. Früher hockte er viel zu lange allein zu Hause, bestickte das große Tuch und las oder zeichnete still vor sich hin! Und du? Was machst du als Einzelkind so neben der Schule?« »Ich sitze auch oft allein zu Hause und lese und zeichne«, antworte ich leise.

Neuerdings befinden sich im Behälter für das Tintenfass an meinem Schultisch neue kleine Zettelchen. Till scheint genau hier auf meinem Platz für sein Abitur zu büffeln. Manchmal begegnet er mir auf dem Weg zur Straßenbahn. Wenn er mich sieht, eilt er mit strammen, sportlichen Schritten an mir vorbei, nickt kurz, und ein leuchtendes Rot gleitet wieder über sein Gesicht. Ich tue so, als bemerkte ich es nicht, und trödle auf der Mittelallee durch das knisternde Laub der Platanen. Manchmal kommt es vor, dass er genau zu dem Zeitpunkt, wie verabredet, die Allee quert, wenn ich zusammen mit meinen Klassenkameradinnen zur Haltestelle marschiere. Ich versuche, ihn zu ignorieren, denn auch mein Erröten ist mir äußerst peinlich. Da auch Till seine Künstlereltern zu den Vernissagen begleitet, sehen wir uns nun häufiger, aber wir vermeiden es, uns zu nahe zu kommen, obwohl ich spüre, dass uns etwas Tiefes verbindet. Jedes Mal, wenn ich ihm begegne, gleitet ein wohltuender Schmerz durch meinen Brustkorb.

Edith, unser mir so vertrautes Hausmädchen, verlässt uns, weil sie heiratet. Der Auszug aus ihrem Zimmer schmerzt mich, denn wir haben bis zuletzt mit leisen Klopfzeichen an unserer Wand jeden Morgen gemeinsam begonnen. Mich fröstelt, als ich ihr leeres Zimmer betrete. Es ist, als ziehe ein kalter Hauch durch die offene Tür in unsere Flure und durch das ganze Haus. Doch schon nach einer Woche kommt der Anstreicher und rollt mit einem klinischen Weiß über die Wände und die Zimmerdecke. Ein freundliches junges Mädchen mit einem dicken, blonden Pferdeschwanz und wasserblauen Augen stellt sich bei uns vor und zieht sogleich in das renovierte Zimmer ein. Mutter zeigt ihr unseren Haushalt und Inge folgt willig allen Bitten. Wenn wir Gäste zu einem Essen empfangen, bespricht Mutter mit ihr die Rezepte und kocht so lange mit ihr zusammen, bis Inge selbstständig alle Raffinessen beherrscht.

Nach den vielen Eröffnungsabenden in der Galerie »Der Spiegel« erwarten wir an einem Frühlingssonntag Hein und Eva Stünke bei uns zu einem Abendessen. Unser Obst- und Gemüsehändler wirbt zum ersten Mal mit frischem Spargel im Angebot, und der Metzger preist seit Tagen seinen Gourmetschinken an. Ich decke mit Kerzenleuchtern und mit Tulpenblüten aus dem Garten den Tisch, während Mutter in der Küche Inge unterweist, wie sie die einzeln ausgesuchten Spargelstangen schälen und anschließend im Wasser dünsten soll. Inge steckt ihr schönes Haar hoch, streicht das schwarze Servierkleid über ihren schmalen Hüften glatt und bindet eine gestärkte, weiße Spitzenschürze um. Zur Begrüßung erscheint sie mit einem Tablett mit gefüllten Sektgläsern. Nachdem das Galeristenehepaar alle Bilder an den Wänden und Vaters Plastiken betrachtet hat, setzen wir uns an den Tisch. Als nach der Vorspeise das Hauptgericht aufgetischt werden soll, klingelt Mutter mit der Tischschelle. Inge bringt die Platte mit dem Schinken, die Sauciere mit der flüssigen Butter, die heiße Schüssel mit Kartoffeln und danach eine ovale Schale mit dem Spargel herein. Entsetzt blickt Mutter auf den Spargel. Inge hatte mit viel Mühe alle Stangen in gleichgroße Stückchen geschnitten und sie von ihren Köpfen befreit. Mutter entschuldigt sich, steht wortlos vom Tisch auf und fragt in der Küche nach: »Was ist denn mit den Spargelstangen passiert? Wo ist das Beste, wo sind die Spitzen?« Inge erschrickt und antwortet völlig ahnungslos, dass sie Spargel bisher nur auf einer Dose in einem Ladenregal abgebildet gesehen habe und dachte, dass die Stangen ohne ihre Köpfe, in Stücke geschnitten zu servieren seien. Die zarten Spargelspitzen liegen schon im Abfalleimer. Aus dem so fein ausgedachten Gala-Essen wird nun eine Art Happening. Mit einer delikaten Soße wird schmunzelnd jedes Spargelstückchen vertilgt.

Es ist Sonntag und Inge hat Ausgang. Sie bittet mich in ihr Zimmer, um ihr den Reißverschluss am Rücken ihres neuen Tanzkleides zu schließen. Ich entdecke unter ihrem Schulterblatt eine große, schwarze Geschwulst. Sie wuchert wie der Baumkrebs an erkrankten Bäumen. »Inge, deinen Rücken musst du unbedingt meinem Vater zeigen und dann schnell zum Arzt gehen!« Ich rufe Vater. Er schaut sich die Geschwulst an und sagt im Befehlston: »Inge! Das muss ein Hautarzt sofort untersuchen! Morgen mache ich einen Termin für Sie!« Inge kommt deprimiert aus der Praxis zurück. Umgehend soll sie operiert werden! Sie packt ihren bescheidenen Koffer. Nie habe ich erfahren, wie es ihr ergangen ist.

Bald zieht wieder eine neue Haushaltshilfe bei uns ein. Doch schon nach wenigen Wochen verlässt sie, von zwei Polizisten begleitet, überstürzt unser Haus. In umfangreichem Stil hatte sie heimlich nachts unsere Schränke leergeräumt und Bettzeug, Geschirr und Silber in meinem Korbkinderwagen aus dem Haus geschafft. Nach diesem Schock engagieren meine Eltern nur noch eine Tageshilfe.

Der Schreck mit Inge veranlasst mich, besser auf mich aufzupassen. Ich schaue jeden Morgen kurz in den Spiegel, bevor ich aus dem Haus gehe. Meine Zähne des Ober- und Unterkiefers stehen nun stramm in einer geordneten Reihe, sodass ich ohne Hemmungen richtig lachen kann. Die schwarzbraunen, schulterlangen Haare binde ich mit einem Samtband zu einem Pferdeschwanz zusammen und trage an Sonntagen einen karierten Schottenrock zu einem flaschengrünen Nicki.

Die Schuljahre gleiten in der katholischen Klosterschule nur so dahin. Die Geschehnisse, die mich besonders prägen, liegen ganz woanders. Sie tummeln sich im Reich meiner Parallelwelt. Meine Augenreisen, meine ungewöhnlichen Entdeckungen in der Vielfalt des Daseins und meine Freude über alles Beobachtete speichere ich für ein späteres Ausschöpfen in meiner Erinnerung, so als würde ich Geschautes in Einmachgläsern horten.

Im Juni 1953 verbringen wir die wolkenlosen warmen Abende auf unserer Dachterrasse. Besonders romantisch blühen jetzt die Robinien und verströmen einen betörenden Duft. Ihre traubigen, weißen Schmetterlingsblüten, die mit filigranem Astwerk über die Brüstung des Dachgartens ragen, dünsten ein bergamotteartiges Parfum aus. Werner und Fee liegen neben uns in den Liegestühlen, den Blick auf das diamantene Sternenmeer der Milchstraße gerichtet. »Wie wunderbar unsere kleine Erde im unendlichen Weltall schwebt«, äußert Werner und zeigt auf das große W des Sternbildes Kassiopeia. »Wenn ich einmal nicht mehr unter euch sein werde, dann schaut zum Himmel zu diesem strahlenden W!« Nach einer Atempause fügt er hinzu: »Wir möchten morgen unseren alten Freund Stefan Andres in Unkel besuchen. Er hat Geburtstag. Wir wollen Stefans neues Buch feiern. Ich habe euch angekündigt.«

Gut gelaunt steigen wir am Sonntag früh in Werners Wagen ein und sind sehr gespannt auf das Haus des Autors, auf den weiten Blick über den Rhein bei Unkel und die vielen Bücher in seiner Bibliothek. Bei Tee und Kuchen entwickeln sich die muntersten Gespräche, die innehalten, als sich der Hausherr erhebt und uns seinen neusten, gerade veröffentlichten Roman reicht. Ich lese den Titel, »Der Knabe im Brunnen«, und frage besorgt: »Ist das ein Druckfehler? Der Titel ›Der Knabe am Brunnen‹ ist doch vielleicht richtiger?« Wortlos nimmt Stefan Andres meine Hand und sagt: »Komm!« Er führt mich in den Garten zu einem ummauerten Loch: »Schau hinein!« Ich recke mich etwas, setze mich auf den breiten Rand aus Bruchsteinen, blicke in die Tiefe und entdecke mein Spiegelbild.

Der Schulalltag wird immer interessanter. Es sind nicht nur die geheimen Botschaften in den ausgetrockneten Tintenfässchen auf den Schulbänken und die Begegnungen mit Till auf der Platanenallee oder bei Ausstellungen, die mich in Aufruhr bringen. Als nun gesiezte Oberstufenschülerinnen widmen wir uns in den Pausen und während der Fahrt mit der Straßenbahn dem neuen Thema: Tanzstunde! Mit allen erdenklichen Argumenten und mit inständigem Betteln erreiche ich es, dass meine Eltern auch mir einen Kurs in einer gerade eröffneten Tanzschule genehmigen. Für das Tanzen benötige ich ein passendes Kleid und ein Paar Schuhe mit Ledersohlen und erhöhtem Absatz, denn meine flachen Treter mit dicken, bremsenden Kreppsohlen sind absolut ungeeignet, um über Parkettböden zu gleiten. In einem speziellen Geschäft in der Innenstadt darf ich mir einen Stoff für mein Tanzkleid aussuchen. Mir gefällt ein zartgestreifter Baumwollkattun mit Nelkenblüten. Wie jedes Jahr trifft wieder Lisbeth, unsere Schneiderin, aus Freiburg ein, um unsere Kleidung durchzusehen, zu ändern oder neu zu nähen. Sie nimmt meine Maße und schneidert mir ein Sommerkleid mit enger Taille, einer Schärpe und einem bis zu den Waden weit schwingenden Rock. Ich drehe mich vor dem Spiegel. Meine Taille ist fast so dünn wie die Wespentaille von Gina Lollobrigida. Allerdings, mir fehlen noch Ginas Grazie und ihr spitzer Atombusen.

Die erste Tanzstunde beginnt mit strengem Drill. Der Tanzlehrer, ein Herr alter Schule und höflich distanziert, legt Wert auf Perfektion. Doch bevor wir die Tanzschritte erlernen, erhalten wir eine Lektion zum Thema »Gutes Benehmen«. Mit dem Einsetzen der Klavierbegleitung ertönt der Befehl des Tanzmeisters: »Meine Herren, bitte suchen Sie sich eine Dame aus! Stellen Sie sich förmlich vor und bitten Sie die Partnerin höflich um einen Tanz.« Zum ersten Mal in meinem Leben werde ich zu einem Foxtrott aufgefordert. Ein sportlich durchtrainierter Schwarzhaariger nimmt

Anlauf, rutscht auf dem glatten Parkett gezielt auf mich zu, knallt seine Hacken zusammen und verbeugt sich linkisch. Er schmettert mir seinen Vornamen entgegen, umfasst mit festem, feuchtem Griff meine rechte Hand, umschlingt meine Hüfte und versucht wild entschlossen, die ersten Tanzschritte auszuführen. Der Plattenteller dreht sich. Er stolpert. Wir bleiben stehen. Während die anderen Paare an uns vorbeigleiten, beginnt er mit der eben verordneten, gepflegten Konversation: »Schpielen Sie Fußball? Nee? Ach ja, Sie sind ja nur ein Mädschen!« Pause. »Isch bin Klubmitglied in unserem Postschportverein! Dann schpielen Sie sischer Tennis, oder?« Ich schüttle den Kopf. Er ist fassungslos: »Wat? Sie … Sie schpielen nich mal Tennis? Dann reischt wohl dat Jeld nich für der weiße Schport!« Im selben Moment lässt er mich los und fordert mich nie wieder auf. In den folgenden Übungsstunden erlernen wir die Grundschritte aller modernen Tänze: Samba, Rumba, Mambo, Boogie-Woogie, Quickstepp, Slowfox und Blues. Natürlich proben wir den Langsamen Walzer, rechtsherum und linksherum. Mein absoluter Favorit ist der leidenschaftliche Tango! Nur der gefühlvolle, heroische Tänzer fehlt. Viel intensiver als Lateinvokabeln übe ich mit meinen Freundinnen pausenlos zu Hause, auf dem Schulhof und in der Straßenbahn alle noch so komplizierten Schrittfolgen. Der Mittelball und danach – das aufgeregt erwartete Großereignis – der Schlussball in der Flora bieten die Gelegenheit, unser Können öffentlich vorzuführen. Nach jeder Tanzstunde drängeln wir uns, natürlich ohne Tanzpartner, als immer kichernde Mädchenclique auf hohen Barhockern an der Theke der neu eröffneten Milchbar in der Apostelnstraße. Ein Bananenshake mit Eis – selbstverständlich ohne Alkohol – mit einem pinkfarbenen Plastikstrohhalm, im Schneckentempo aufgesogen, ist für mich der absolute Höhepunkt weltstädtischen Flairs, denn im Spiegel der Bar kann ich unauffällig die reflektierten Gesichter beobachten. Obwohl sich ihre Mimik rasch verändert, zeigt jedes Gesicht etwas ganz Eigenes, Charakteristisches. Mit welchen malerischen oder grafischen Tricks könnte ich dieses durch die gegensätzlichsten Emotionen und Beleuchtungen hervorgerufene Wechselspiel des individuellen Ausdrucks, das Typische und die lebendige Sprache der Mimik, auf Leinwand oder Papier festhalten?

Zum Schlussball dürfen wir unsere Eltern als Begleitung einladen. Das Problem eines festlichen Ballkleides verdrängt die Ängste vor der nächsten Latein- oder Mathematikklausur. Mutter sucht mit mir einen matt glänzenden Taft mit einem schwarzen Strichkaro aus, der je nach Lichteinfall golden oder oliv changiert. Während Lisbeth geschwind das Fußbrett der alten Pfaff-Nähmaschine auf und nieder tritt, beobachte ich, wie aus dem knisternden Taftstoff meine Robe entsteht. Ganz auf Figur genäht, raschelt sie um meinen Körper und schimmert vor dem Spiegel in warmem Gold. Ich komme mir sehr fremd vor, denn Mutters Friseur, der angeblich beste Frisurenkünstler Kölns, der auch mit feinsten Handtaschen und Schals im Schaufenster lockt, hatte mich mit seinen begnadeten Händen traktiert. Ich war vorgewarnt, als ich Mutter beobachtete, wie er dem dichten, tiefdunklen Haar seiner Stammkundin einen zartblauen Farbton verpasste: »Ein Hauch von Paris«, zwitscherte er. »Unnötig und geschmacklos!«, sagte ich leise. Danach wendete sich der Maestro meinen weniger üppigen Strähnen zu und empfahl mir eine leichte Dauerwelle und eine Ponyfrisur. Blöd, denke ich, aber als wohlerzogene junge Dame gebe ich dazu keinen Kommentar ab, denn ich weiß, nun wird es teuer. Jetzt erkenne ich mich mit meiner gestylten Ballfrisur nicht wieder und denke daran, wie erbärmlich der lockige Engel Hans damals losbrüllte, als ich mit ihm Friseur spielte und ihn mit einer Bastelschere seiner Lockenpracht beraubte.

Die rauschende Ballnacht verläuft unblutig. Es gibt keine Duelle zwischen den mich auffordernden Herren. Ich bleibe sogar während einer Tanzserie sitzen und rücke meinen Stuhl so hinter einen Pfeiler, dass ich übersehen werde. Ich schäme mich, denn der Tänzer, den ich mir bei der Damenwahl sehnsüchtig ausgesucht hatte, wird mir von meiner schnelleren Klassenkameradin vor der Nase weggeschnappt. Das bemerkt mein aufmerksamer Vater. Er verbeugt sich vor mir, bittet mich um den nächsten Tanz, führt mich sicher bei einem Slowfox über das Parkett und sieht mit seinen lachenden Augen glücklich aus. Anschließend verbeugt er sich galant vor Mutter und schwebt mit ihr beinahe schwerelos zu einem Wiener Walzer über die Tanzfläche. Vater im eleganten Smoking und mit schlohweißem Haar und Mutter im bodenlangen Seidenkleid und mit weich fallenden, bläulich schimmernden Locken sind für mich das eleganteste Paar dieser festlichen Nacht. Zum letzten Tanz fordert mich Axel, ein junger Abiturient, auf und lädt mich beim Abschied in die nächste Nachmittagsvorstellung eines Kinofilms ein. Pünktlich wartet er vor unserer Haustür und begleitet mich auf dem Rückweg bis zu unserem Gartenzaun. Fast jedes Wochenende holt er mich nun zu einem Spaziergang oder zu einem Konzert, zu einem Theaterstück oder zu einer Oper ab, was meine Eltern immer kritischer betrachten. Selbstverständlich muss ich pünktlich um 22 Uhr wieder die Haustür aufschließen und mich zurückmelden. Andernfalls droht mir der Rausschmiss mit meinem Koffer.

Die allgemeine Erziehung ist streng. Auch bei meinen Eltern werden die Themen Liebe und Erotik engstirnig unter den Tisch gekehrt, da eine bigotte Sexualmoral alles Geschlechtliche verschweigt. Als es mir einige Tage schlecht geht, mich Bauchschmerzen plagen und mich plötzlich Blutflecken auf meinem Laken zu Tode erschrecken, glaube ich, wenn ich meine Augen schließe, dass der Sensenmann vor meinem Bett grinst und mich holen will! Mutter drückt mir etwas Geld in die Hand für die Drogerie: »Das wird dich jetzt alle vier Wochen plagen!« Weder in der Schule noch in der Familie gibt es eine vernünftige sexuelle Aufklärung. Sollte eine Schülerin schwanger werden, fliegt sie sofort von der Schule. Wie sie jedoch schwanger werden könnte, wird nicht erläutert! Die Antibabypille ist noch unbekannt, andere Verhütungsmittel sind in Deutschland kaum erhältlich. Jeder außereheliche Geschlechtsverkehr gilt als verwerflich, schmutzig und ist als Sünde eine Straftat. Ärzte und Frauen, denen eine Abtreibung nachgewiesen werden kann, landen genauso wie Homosexuelle im Gefängnis. »Gefallenen Mädchen« droht das Arbeitslager. Diese Prüderie geht so weit, dass Eltern oder Verwandte, die es zulassen, dass ein noch nicht verheiratetes oder nur verlobtes Paar im eigenen Haus übernachtet, mit einer Zuchthausstrafe bis zu fünf Jahren wegen Kuppelei rechnen müssen. Ebenso ergeht es den Hoteliers, die ein Zimmer an ein nicht verheiratetes Paar vermieten. Als meine schon länger verehelichten Eltern während eines Wanderurlaubes ein Hotelzimmer im Schwarzwald bezogen hatten, wurden sie in ihrer ersten Nacht brutal von der Polizei geweckt und aus den Betten gescheucht. Die Uniformierten verlangten sehr unfreundlich ihre Ausweise, denn bei meinem Vater bestand der Verdacht der Verführung einer Minderjährigen, eine Straftat, die mit Gefängnis geahndet wird. Meine Mutter sah auffallend jugendlich aus.

Diese Drohungen sind für uns Mädchen des Erzbischöflichen Gymnasiums so abschreckend, dass jede Art eines intimen Kontaktes vor einer Hochzeit keinesfalls in Frage kommt. Üblicherweise stellt ein Jüngling seine »feste Freundin« seinen Eltern vor, damit diese erfahren, welchen »Umgang« ihre Kinder pflegen. Nach einem gemeinsamen Spaziergang überreicht mir Axel einen Brief mit einem von ihm verfassten Gedicht und der Bitte, seine Familie zu besuchen. Diese Einladung geht mir viel zu schnell. Erst nach Monaten schelle ich an Axels Wohnungstüre. Gleich führt mich seine Mutter in ein Biedermeierzimmer und zeigt stolz auf ein Ölbild, auf dem sie sehr geschickt nach einer Postkarte einen barocken Meister kopiert hatte, und bittet mich, an einem ovalen, festlich gedeckten Tisch Platz zu nehmen. Der weißhaarige Vater erzählt mir die gesamte Familiengeschichte aus der DDR. Ich verabschiede und bedanke mich und möchte schnell wieder nach Hause fahren, denn diese Begegnung ist mir viel zu vertraulich. Meine Gedanken kreisen um ganz andere Dinge. Axel ist enttäuscht und begleitet mich äußerst lustlos in den Park. Schon am nächsten Wochenende möchte er bei einem gemeinsamen Spaziergang ein klärendes Gespräch mit mir führen. Da ich nichts anderes vorhabe, sage ich ihm zu. Wir wandern am Rheinufer entlang. Dort begegnen wir Gerd, einem Freund meiner Eltern, der sich Axel genau ansieht. Er blickt uns nach und winkt, als ich mich noch einmal umdrehe. Es ist drückend heiß und wir nähern uns dem Wäldchen. Axel bleibt im Schatten einer hohen Pappel stehen. Weiße Samen segeln in flauschigen Wattebäuschen zur Erde. Es ist ganz still. Kein Spaziergänger, kein Radfahrer. Nur in der Ferne das Tuckern der Kohlenschiffe und das trommelnde Klopfen eines Spechts. Axel gesteht mir flüsternd, dass er mein weißes Spitzentaschentuch, das mir in der Bahn aus der Handtasche gefallen war, heimlich aufgehoben habe und in einem fest verschlossenen Weckglas in seinem Nachttisch aufbewahre, denn es dufte weiter nach meinem Parfüm. Dann blickt er mich sehr seltsam an. Er nähert sich mir, bis er mir gegenüber steht, und ich denke, er versucht mich das erste Mal zu küssen. Er legt seine feuchten Hände um meinen Hals und die Daumen auf meinen Kehlkopf. Sein Griff wird fester. »Mit diesem Griff kann ich dich umbringen! Wenn ich jetzt zudrücke, ist ein Mord nicht nachweisbar. Das haben wir gestern in der Vorlesung über Verbrechen gehört.« Ich spüre den sich erhöhenden Druck seiner Daumen! Meine Knie werden weich. Der Boden scheint sich unter meinen Füßen zu öffnen. Axel kneift seine stahlblauen Augen zu scharfen Sicheln zusammen und fixiert mich, ohne seine Hände zu lösen. Als er merkt, dass ich zittere, dass mir der Schweiß über die Stirn läuft, lässt er endlich meinen Hals los. Ein ironisches Lächeln huscht über sein beschattetes Gesicht. Ich drehe mich weg und stolpere mit schnellen Schritten auf den Weg zurück. »Warte doch!« Ich drehe mich nicht um. Ich japse: »Besuche mich nie wieder!« Am Abend ruft mich Gerd an, um mir zu versichern, wie sympathisch er meinen Freund findet. Nach einem halben Jahrhundert steht Axel plötzlich als alter, kahlköpfiger Herr vor unserer Haustür. Mein Mann bittet ihn herein. Während er sich in unserem Wohnraum umschaut, bereite ich einen Kaffee mit etwas Gebäck vor. Er folgt mir in die Küche. Unvermittelt platzt es aus ihm heraus: »Ich lebte in Amerika als Direktor eines internationalen Konzerns mit meiner Familie in einer großen Villa und spielte mit den reichsten Managern New Yorks Golf. Schon lange wollte ich in Erfahrung bringen, wie es dir ergangen ist! Aber verzeih, jetzt wird es mir speiübel, wenn ich sehe, in was für einem hässlichen Dorf und in welch bescheidenen Verhältnissen du lebst.« Mein Mann und ich schweigen. Ich begleite ihn zu seiner Limousine. Er steigt ein, öffnet das Seitenfenster und winkt mich näher heran: »Ach weißt du, meine Ehe ist geschieden.« Er lässt den Motor an und rollt langsam, beinahe geräuschlos davon. Doch dann bremst er, lehnt sich weit aus dem Fenster und ruft mir nach: »Das wollte ich dir unbedingt noch sagen: Das Weckglas mit deinem Taschentuch habe ich sehr, sehr lange verwahrt. Es hat immer noch nach dir geduftet.«

Nach dem Schlussball folgen weitere Einladungen. Konrad, ein hochgewachsener junger Mann mit kastanienbraunen Augen, lädt mich in sein Elternhaus im Sauerland ein. Der weiße Flieder duftet auf dem Flügel und das Hausmädchen serviert zu Schuberts Forellenquintett selbst geangelten Fisch. Da sich der Freundeskreis vergrößert, feiern wir an den Wochenenden die fröhlichsten Hausbälle mit Käseigeln, Schnittchen, Kölsch und Beatlesmusik vom Plattenteller. Doch das füllt mich nicht aus. Meine Gedanken schwirren in ganz anderen Gefilden!

Paris

Während des Bleigießens am Silvesterabend des Jahres 1954 verspricht Werner meiner Mutter, ihr den sehnlichen Wunsch zu erfüllen, mit uns zusammen an ihrem fünfzigsten Geburtstag im kommenden August nach Paris zu reisen. Lisbeth schneidert ihr zu diesem Anlass aus einem schiefergrauen, strukturierten Wollmusselin ein eng am Körper sitzendes schulterfreies Abendkleid. Vater bestellt schon frühzeitig Karten für die Opéra national de Paris und drei Doppelzimmer in einem Traditionshotel an der Place de l'Opéra. Pünktlich am 15. August rollt Werner mit uns in Paris ein. Wir jungen Mädchen staunen über den Verkehr. Werner umrundet vergnügt summend dreimal die Place de l' Etoile und steuert seinen offenen Wagen betont langsam über die Avenue des Champs-Élysées bis zum Arc de Triomphe. Menschen aller Hautfarben, manche in abenteuerlich bunte Gewänder gehüllt, flanieren an uns vorbei und gestikulieren vor den großen Schaufenstern in vielen mir unverständlichen Sprachen. Die breiten Boulevards, die Schaufenster, die Luxusläden, die Farben und Lichter! Paris schillert wie Perlmutt, voller blinkender Schönheit und dunkler Geheimnisse. Unser Hotel entpuppt sich als ein enttäuschend alter Kasten, der mit seinen schweren Samtvorhängen und abgetretenen Teppichen recht muffig riecht und mit erblindeten Spiegeln, verstaubten Kristalllüstern im Flur und einem klapprigen Eisengitter vor dem engen Aufzug nur entfernt daran erinnert, einmal eine erste Adresse gewesen zu sein. »Das ist Pariser Charme«, lacht Werner. Das elterliche Zimmer prahlt mit einem direkten Blick auf die Oper. Werner holt seine kleine Leica aus der Reisetasche und fotografiert Mutter in ihrer neuen, bodenlangen Abendrobe mit entblößten Schultern vor den geöffneten Fensterflügeln. Von ihrer erhöhten Sicht aus genießt sie das pulsierende Pariser Straßenleben. Nach einem kurzen Imbiss werden Isabel und ich in ein Zimmer mit einem »lit double« verfrachtet, das sich als Abenteuerspielplatz erster Güte herausstellt. Mit allen akrobatischen Tricks versuchen wir uns hinzulegen. Doch die ungeteilte Matratze bäumt sich wie ein störrisches Pferd auf und wirft uns bei jedem Versuch ab! Wenn wir nicht gleichzeitig die Balance halten, fliegt einer von uns aus dem Bett. Die Nacht wird nicht nur durch dieses Schaukelphänomen und wegen des Straßenlärms zum Drahtseilakt, wir teilen uns unser Lager auch mit anderen, sehr unangenehmen Akteuren. Munter hüpfen sie unter der Bettdecke herum, tanzen ihren Flohwalzer und stechen uns am ganzen Körper blutig. Jedes Mal, wenn wir glauben, endlich alle Plagegeister erledigt zu haben, und das funzelige Licht des Nachttischlämpchens wieder löschen wollen, formiert sich unter der Bettdecke die nächste Sippe der Blutsauger im Stechschritt und vergnügt sich auf unserer Haut. Mit aufgekratzten Flohstichen erscheinen wir unausgeschlafen am Frühstückstisch, der uns mit wieder aufgewärmten Croissants und seinen kleinen Marmeladengläschen nicht fröhlicher stimmen kann. Da wir an der großen Opernaufführung am Abend nicht teilnehmen durften, wird uns jungen Damen als Trost am Vormittag eine spezielle Führung durch das imposante, neobarocke Bauwerk des Architekten Charles Garnier versprochen. Der überschwängliche Luxus der Innenausstattung blendet mich! Schon im spektakulären Grand Foyer feiern Marmor, Gold und Kandelaber ein rauschendes Fest, das sich im Zuschauerraum mit seinen goldenen Rängen und der roten Samtbestuhlung fortsetzt. Ich wandle wie benommen umher und finde kaum Zeit, die Goldbüsten der großen Komponisten zu betrachten, weil sich mein Blick schon in den Reflexen der großen Kristallleuchter verfängt. Ich stelle mir Mutter vor, wie sie am gestrigen Abend in ihrer bodenlangen Robe, einen weißen Fuchs lässig über die nackten Schultern gelegt, stolz die Marmortreppe emporgestiegen ist. Dieses Prunkfoyer ist der idealste Platz der Welt, um die neuesten Kreationen der Pariser Haute Couture vorzuführen. Ich lege meinen Kopf in den Nacken und lasse meinen Blick in der Kuppel des Zuschauerraumes kreisen, wo in luftiger Höhe Marc Chagalls nackte Damen, geflügelte Wesen, Blumen, Tiere und Häuser in heiterer Buntheit einen Reigen tanzen.

Die erste sonnige Stunde des Nachmittags vergeuden wir im Quartier Saint Germain des Prés mit einer Quiche im Café de Flore. Meine Eltern schwärmen, dass dieser Platz schon immer ihr Lieblingscafé gewesen sei, in dem auch Simone de Beauvoir und Jean-Paul Sartre, Picasso, Alberto Giacometti und Guillaume Apollinaire bevorzugt mit Diskussionen, Schreiben und Zeichnen die Stunden verstreichen ließen. Mit neuer Energie steigen wir zur Sacré-Coeur de Montmartre hinauf, die mit dem strahlend weißen Glanz ihres Mauerwerkes aus Château-Landon-Steinen und ihrer gewaltigen Kuppel weit sichtbar über Paris thront. Die kleinen Gassen des Viertels erinnern mich in ihrem Charme an Dorfstraßen, ganz anders als die prachtvollen Alleen mit ihrem internationalen Flair. Am oberen Ende der Rue de Ravignan entdecke ich in einer Mauer ein Tor, das nur angelehnt ist und zu einem kleinen Platz mit einem verwahrlosten Gebäude führt. Im Reiseführer von Paris hatte ich in einer Beschreibung über diese Adresse gelesen, dass hier an diesem speziellen Ort Kunstgeschichte geschrieben worden ist. Beflügelt von meiner romantischen Vorstellung von der Bohème des Pariser Künstlerlebens, schleiche ich mich in den unaufgeräumten Innenhof. Doch die Realität des sogenannten »Bateau-Lavoir« ist äußerst ernüchternd. Die jetzt völlig heruntergekommenen Gebäudeteile müssen zur Jahrhundertwende auch schon so trist, eng und erbärmlich gewesen sein, als sich eine Gruppe armer, noch nicht bekannter Künstler in den düsteren Räumlichkeiten eingenistet hatte. Picasso schuf hier seine ersten kubistischen Bilder, wie das Porträt der Gertrude Stein und das bedeutende, schockierende Gemälde der Demoiselles d' Avignon, mit denen er früh Berühmtheit erlangte. Wand an Wand lebten und arbeiteten hier auch Kees van Dongen, Juan Gris, Amadeo Modigliani, sodass sich das »Bateau-Lavoir« sehr bald zu einem Treffpunkt der Avantgarde entwickelte, der auch Guillaume Apollinaire, Henri Matisse, Jean Cocteau, Salvatore Dalí und Georges Braque angehörten. Mir wird hier im armseligen Innenhof klar, dass gerade Notzeiten, Existenzbedrohungen und seelische Traumata die künstlerischen Aussagen intensivieren und dass permanentes Nachdenken über die fundamentalen Dinge des Lebens die Kreativität für die Kunst beflügelt.

Langsam steigen wir weiter den Montmartre bergan und gelangen schwitzend vor den Eingang des Moulin Rouge. Hier, in diesem berühmten Etablissement, das 1889 – im selben Jahr wie der Eiffelturm – eröffnet wurde, traten die größten Pariser Stars auf. Sie tanzten Cancan und Chahut und inspirierten Henri de Toulouse-Lautrec, sie immer wieder mit seiner ausdrucksstarken Zeichenkunst zu verewigen. Seine meisterhaften Blätter spiegeln für alle Zeiten die prickelnde Atmosphäre dieser Pariser Epoche wider. Sie werden für meinen besessenen Drang, überall mit Enthusiasmus zu skizzieren, leuchtende Vorbilder. Neugierig beobachte ich die vielen Zeichner und Karikaturisten und Maler auf der Place du Tertre im Zentrum des Montmartre. Sie preisen ihre Werke auf Staffeleien und in Grafikständern an, während sie vor den Augen der Gaffer malen oder wie Showmaster so tun, als würden sie ihre längst fertiggestellten Leinwände und Papiere mit trockenen Pinseln und gespitzten Bleistiften gerade intensiv bearbeiten. Schnellzeichner dagegen fertigen in kürzester Zeit fotoähnliche Porträts von Touristen an, was mich sehr verblüfft, denn ich benötige für meine Selbstbildnisse für Vater immer eine lange Zeit. Von hier aus sind es nur noch wenige Schritte, und schon plustert sich vor uns das schwanenweiße Bauwerk von Sacré-Coeur auf. Diese berühmte neobyzantinische Basilika überstrahlt als religiöses Wahrzeichen die gesamte Stadt. Während sich der Tag verabschiedet, kriecht langsam Schatten über das weiße Mauerwerk. In der Dämmerung steigen wir die vielen Stufen des Montmartre wieder hinab, der Sonnenuntergang taucht das Häusermeer in ein pudriges Rosa. Im Quartier des Halles verblüfft mich ein kleines Geschäft. Im letzten Licht glänzt über dessen Eingang in goldenen Lettern der verzierte Schriftzug: »Epicerie Fine«. Hinter einem schmutzigtrüben Schaufenster betrachte ich mit großem Erstaunen die ausgestellten edlen französischen Käsesorten. Auf runden, ovalen oder wie Tortenstücke geformten Molkereiprodukten tummeln sich die eigenwilligsten Pilzkulturen. Der Schimmel sprießt munter in den Farben Weiß, Grün, Orange und Gelb bis Tiefschwarz auf den Substanzen aus Kuh-, Schaf- und Ziegenmilch. Diese pelzigen Pilzvariationen schillern sicher schon seit etlichen Monaten so schön böse hinter der naturtrüben Scheibe. Direkt neben diesen Delikatessen befindet sich ein kleiner Laden, der die Qualität von Mäuse- und Rattenfallen aus eigener Fabrikation anpreist. Die Garantie der Jagderfolge durch diese hauseigenen Produkte wird mit echten zerquetschten Tieren in zugeschnappten Fallen bezeugt. Höchstpersönlich veröffentlicht der Chef des Hauses in seinem Buch, das aufgeschlagen neben den gefüllten Fallen liegt, die tägliche Fangquote. Im anschließenden Schaufenster des Nachbarhauses preist ein experimentierfreudiger und schlauer Drogist sein spezielles Können an. Er führt mir als Spaziergängerin die drei wichtigsten Etappen im Leben eines Frosches originalgetreu in Einmachgläsern vor Augen. Im ersten Glas mit der Unterschrift: »première phase« schwimmen Kaulquappen in einer eingetrübten Flüssigkeit. Im zweiten Behälter mit dem Titel »la deuxième phase« sitzen zwei Frösche aufeinander, um sich zu begatten. Im dritten Glas ruht ein toter Frosch. Wie in einer Todesanzeige steht dort auf einem schwarz umrandeten Kärtchen: »Le processus est maintenant teminé«.

Nachdem wir im Les Deux Magots mit Genuss Crêpe Suzette verzehrt und noch einige Schaufenster in Augenschein genommen haben, weigern wir Mädchen uns, im Hotel de l'Opéra in unser Marterbett zu steigen. Skeptisch entfernen wir die geblümte Tagesdecke. Und oh Wunder! Unsere verflohte Bettwäsche und die völlig durchgelegene Matratze wurden ausgewechselt. Werner hatte am Morgen an der Rezeption mit unseren durch unzählige Flohstiche blutig gekratzten Armen und Beinen beweiskräftig vorführen können, wie unruhig unsere letzte Nacht verlaufen war. Die Qualität des ehemaligen Grand Hotels beweist sich mir auch besonders einleuchtend mit einer emaillierten Hinweistafel in der Toilette auf dem Gang: »Merci de laisser cet endroit aussi propre que vous l'avez trouvé en entrant«. Dieses Schild in Augenhöhe des fensterlosen Kabinetts mahnt wohl schon seit ewigen Zeiten jeden Benutzer, den Raum im selben Zustand zu verlassen, wie er ihn vorgefunden hat. Sofort versuche ich, den Text, immer wieder von Mutter korrigiert, auswendig zu lernen, und wiederhole ihn so oft wie möglich auf unserem Weg durch den Jardin du Luxembourg. Da schon am Abend zuvor ein südlicher Wind alle Wolken verzehrt hatte, verweilen wir in der Morgensonne vor einem Karussell. Genauso wie sich die Jahreszeiten schon so oft erneuert haben, kreisen bunt lackierte Holzpferde immer wieder an uns vorbei. Leider passe ich nicht mehr auf die Rücken der hübschen Tiere. Die Zeit meiner Kindheit ist unwiederbringlich enteilt, wie auch mein Warten auf den weißen Elefanten vergebliche ist, der in Rilkes Gedicht auf einem Kinderkarussell wie ein Uhrwerk seine Runden dreht. Vater sitzt mit seiner Leinwand im Schatten einer weißen Marmorfigur. Er beginnt zu malen. In verhaltenen Farben entsteht eines seiner markanten Pariser Stadtbilder. Mit feinen Pinseln und Ölfarben fängt er das Flair und das Vibrieren der Luft über den Marmorfiguren und den flanierenden Menschen zart und doch vital ein. Mutter entfernt sich mit mir, um nicht zu stören. Wir besuchen am Ende des Jardin des Tuileries die Galerie Nationale du Jeu de Paume, ein kleines Museum, das ehemals als Sporthalle diente, die Napoleon III. für ein dem Tennis verwandtes Ballspiel errichten ließ. Schon im Treppenhaus hält mich ein kleines Bildnis von van Gogh fest. Ich bleibe wie angenagelt auf dem Treppenabsatz vor der mich verstörenden Malerei stehen, obwohl sich einige Besucher ungehalten hinter mir vorbeidrängeln. Dieses in kranken, gelbgrünlichen Tönungen gehaltene Selbstporträt des Malers fixiert mich mit wasserblauen Augen. Ich kann mich kaum vom Anblick des Bildes lösen und schaue durch van Goghs Augen hindurch bis in die Zeit, in der er als Prediger in der Bergwerkregion von Borinage mit den Ärmsten der Armen zusammen unter Tage schuftete. Er musste dort miterleben, wie unter diesen unmenschlichen Arbeitsbedingungen das Leben jedes Kumpels zugrunde ging. Viele Abende lang las ich in den Briefen, die Vincent an seinen Bruder Theo schrieb, wie er sich plagte, wie er verzweifelte und versuchte, Gott zu finden. Van Goghs Gesicht verfolgt mich noch heute mit seiner äußerlichen Verschlossenheit und dem verzehrenden, inneren Feuer, das hinter diesen Augen lodert. Wie in den Gesichtern Grünewalds erkenne ich auch hier die höchste Form der Malerei, der es gelingt, das Innere, das Wahre eines Menschen zu offenbaren, ohne es zu benennen.

Ein weiteres Werk fasziniert mich. Ebenso lange verharre ich vor der Malerei »Die Parkettabzieher« von Gustave Caillebotte. Auch dieses großformatige Bild vergesse ich nie mehr. Drei auf dem Boden kniende junge Männer bearbeiten im Gegenlicht mit nacktem Oberkörper den Holzboden eines unmöblierten Raumes. Durch die gezielte Licht- und Schattenführung sind die Figuren so plastisch und bewegt in Szene gesetzt, dass ich ihr Stöhnen, den Schweißgeruch ihrer Körper und das schabende Geräusch des Abspänens in meiner Fantasie deutlich wahrnehme. Es ist nicht die fotorealistische Wiedergabe, die mich so überzeugt, es ist die authentische Atmosphäre. Die anderen Bildwerke der Ausstellung verblassen und hinterlassen in mir nach diesem fundamentalen Erlebnis mit van Gogh und Caillebotte keinen bleibenden Eindruck mehr. Anschließend begegnet mir in dem Musée de l'Orangerie eine völlig andere Bilderwelt. In diesem oval gebogenen Raum halten sich außer Mutter und mir keine Besucher mehr auf. Kein Geräusch lenkt uns ab. Wir verharren vor den großen, langgezogenen Querformaten von Claude Monet, die den Titel »Nymphéas« tragen und mit uns die Stille feiern. Je länger und intensiver ich schaue, umso tiefer versinken meine Augen in dem pulsierenden Kolorit, das in seinen unendlich vielen Nuancen ein Meer aus betörenden Farbfeldern erzeugt. Ich beginne – wie von weither – den verführerischen Duft unseres violetten Fliederbuschs wahrzunehmen, den ich in meiner oft erschreckenden Kindheit zur Blütezeit täglich mehrmals in unserem Garten aufsuchte, um mich an seinem Parfum zu berauschen. Monets Seerosen, ihr von Sonnensprenkeln beleuchtetes Blattwerk und die Reflexe auf der Wasseroberfläche des Teichs schwingen vor meinen Augen, bis Himmel und Wasser zu reiner Farbe verschmelzen und sich die Materie Farbe in ein Sinnbild von ätherischer Schönheit verwandelt.

Happening

Während eines Spaziergangs im Jahr 1957 durch die Kölner Altstadt bleibt Werner plötzlich in der Nähe von Groß Sankt Martin stehen und deutet auf das obere Stockwerk eines Altstadthauses in der Lintgasse. Er nimmt meinen Arm und erklärt mir, dass unter diesem Dach ungewöhnliche, künstlerische Experimente geschehen. »Künstler aus der ganzen Welt treffen sich hier bei Mary Bauermeister. Gestern konnte ich an einem dieser aufsehenerregenden Abende teilnehmen. Die junge Malerin hatte wieder Künstlerkollegen, Musiker und Literaten um sich geschart, als ich ihr nicht gerade geräumiges Dachgeschoss betrat. Die Atmosphäre war genauso spannend und prickelnd wie Champagner, so wie in den Kunstzentren von New York! Denn Mary arrangiert mit sprühendem Temperament zusammen mit ihren internationalen Gästen Lesungen, Konzerte und Ausstellungen. Bei Mary werden die neuesten Kompositionen uraufgeführt und avantgardistische Kunstwerke gezeigt.« Sehnsüchtig betrachte ich den Giebel des schon legendären Hauses. Unter diesem Dach geschieht also das aufregend Neue, das Wunderbare, das noch nie so Gehörte und Gesehene, nach dem ich mich sehne! Werner sagt: »Hier entwickeln sich die verschiedensten Strömungen der progressiven Kunstszene. Du kannst es erleben. Momentan beherbergt Mary zwei spektakuläre Musiker aus New York. Sie werden ihre avantgardistischen Kompositionen in der Galerie ›Der Spiegel‹ vor einem größeren Publikum vorstellen.« Diesem Happening fiebere ich entgegen! Musik in einer Kunsthandlung?

Als wir etwas verspätet in der Galerie ankommen, drängeln sich bereits die geladenen Gäste um einen Flügel. Noch deutet nichts darauf hin, dass es spektakulär werden könnte. Angesagt sind die beiden Musiker aus Amerika: John Cage, Künstler und Komponist, und sein Freund David Tudor, Pianist, Komponist und führender Interpret für zeitgenössische Klaviermusik. Nach einigen etwas kryptisch klingenden Vorbemerkungen von Hein Stünke bahnt sich Cage eine Schneise durch das eng stehende Publikum zu einem leer geräumten Regal, auf dem sich jetzt ein Radio, ein Plattenspieler, ein Aufnahmegerät und ein Verstärker befinden. Cage hebt den rechten Arm – die Performance beginnt! Der von den Besuchern verursachte Geräuschpegel vermischt sich mit einem Klangwirrwarr aus Straßenlärm, den Cage mit einem Regler an seinem Rekorder bis zur Schmerzgrenze anschwellen und dann wieder verebben lässt, bis alle Gäste schweigen. Gleichzeitig präpariert Tudor den Konzertflügel mit diversen Gerätschaften. In aller Ruhe verteilt er Hammer, Nägel, ein Glas und einen Porzellanteller auf den Saiten des geöffneten Flügels, rückt den Klavierhocker zurecht, setzt sich vor die Tasten und beginnt ein furioses Spiel. Es scheppert! Es rasselt! Geklirr! Klänge rasen ineinander! Aus dem Verstärker quillt Straßenlärm, unterbrochen von Vogelgezwitscher. Auf einen Wink hin bringt Eva einen Krug mit Wasser. Wie ihr geheißen wird, kippt sie die Flüssigkeit erst tröpfelnd und dann im Schwall in den Flügel. Das Wasser plätschert in einen Putzeimer und gluckert und rauscht. Stille. Dann immer unruhigeres Scharren der Füße, Husten und Räuspern und zaghafter Applaus.

Nach kurzer Pause spielt Cage ein zweites Stück, das beinahe lyrisch klingt und sein professionell gutes Klavierspiel beweist. Doch plötzlich schlägt der Pianist mit einem das Trommelfell erschütternden Knall den Deckel des Flügels zu. Alle zucken zusammen. Erst ratlose Blicke. Nun frenetischer Beifall! Jeder Zuhörer ahnt, obwohl manche Ohren diese Vorführung als Zumutung empfinden, dass er gerade Zeitzeuge einer sensationellen, neu tönenden Musikdarbietung ist. Noch auf dem Heimweg wirbeln die neuen, kühnen Klangwelten dieser experimentellen und humorvollen Musik durch meinen Kopf. Wenn ich mich konzentriere, spüre ich diese wild durcheinandertanzenden Töne, sie evozieren in mir unerwartete Bilder, Landschaften, chaotische Innenstädte, Fabrikhallen und stille Parks. Die schrillen, die schmutzigen und die schmerzenden Tonfolgen neben den zarten, wohlklingenden Harmonien hallen lange in mir nach. Schon auf dem Isenheimer Altarbild des Engelskonzertes war mir aufgefallen, dass neben der Erhabenheit der Madonnenfigur ein alltäglicher Nachttopf seinen Platz gefunden hatte. Ich begreife, dass Kunst nicht nur das Schöne, sondern auch das ganz normale Leben mit seiner Banalität abbilden muss, um glaubhaft zu wirken. Noch genauer werde ich mein Umfeld wahrnehmen und mir diese Ton- und Lärmfolgen als Farbschwall und Strukturgewühl auf der Leinwand vorstellen.

Nach diesem spektakulären Ereignis begleite ich meine Eltern nun regelmäßig zu der Veranstaltungsreihe »Musik der Zeit« im Funkhaus am Wallrafplatz. Mich dürstet, mehr von den Klangkompositionen der Avantgarde zu hören. Zum ersten Mal lausche ich Schönbergs und Anton Weberns Zwölftonmusik und Stockhausens elektronischen Experimenten. Wäre ich ein Synästhetiker und könnte die Klänge der Musik und die Farbtöne der Malerei als Geschwister der geheimnisvollen Welt der Sinne wahrnehmen, würden sich mir die musikalischen Bildwerke von Kandinsky immer wieder neu und noch doppelbödiger erschließen.

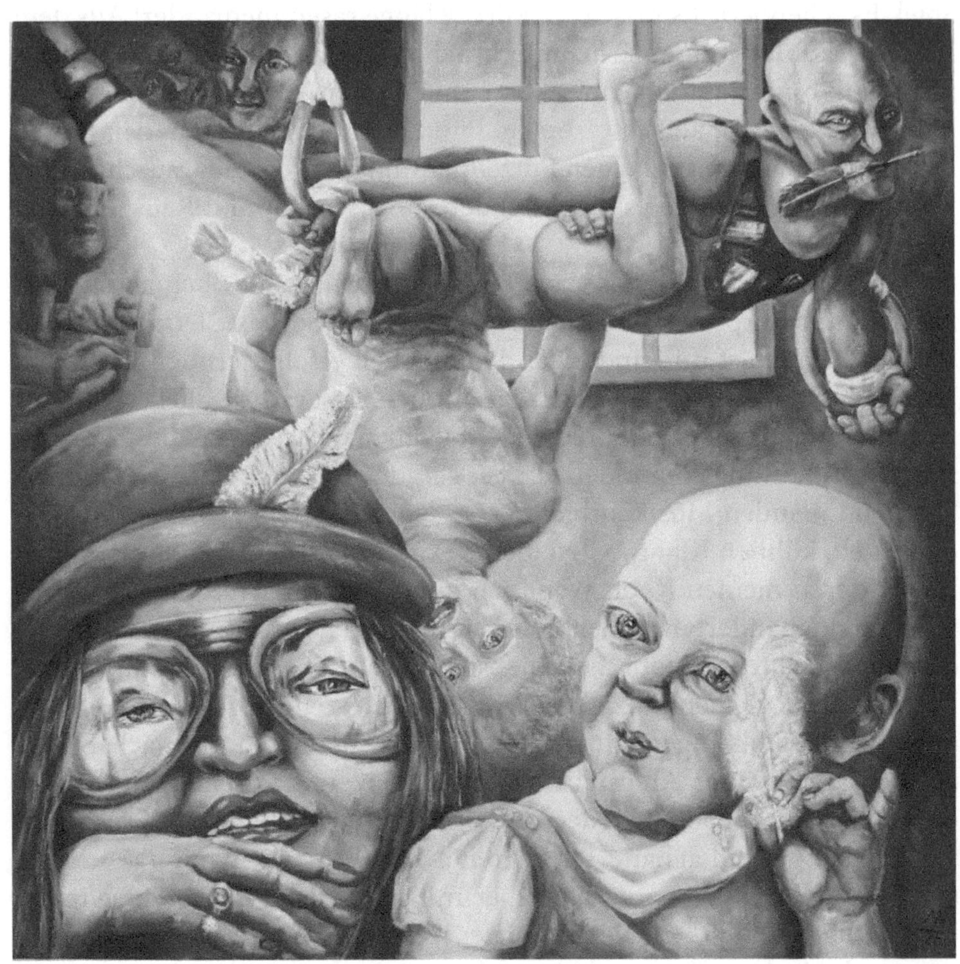

Abitur

Im Februar des Jahres 1958 tobt wieder traditionell in Köln in den Hochburgen des Karnevals der absolute Ausnahmezustand. Jeder weiß, »Fastelovend, dat is et Pläsiersche vun jedem dä nit doof eß!« Die Kölner Werkschulen laden mit dem Motto: »Möschekörvje«, was »Spatzennest« bedeutet, zu ihrem Künstlerfest ein. Meine Eltern versprechen mir, dass ich sie begleiten darf. Für mein Vogelkostüm erbettle ich mir von unserem Fleisch- und Gemüsehändler, der selber in der Eifel jagt und Wild und Früchte verkauft, einige Fasanenfedern und einen ungebrauchten Kartoffelsack. Der nette Verkäufer, der davon träumt, einmal Prinz zu sein, versteht mein Anliegen und besorgt mir tatsächlich einen neuen Jutesack voller Federn. Aus diesem Sack bastle ich mir ein weites Oberteil und benähe dieses mit so vielen Federn, bis es vollständig damit bedeckt ist. Der Sack erhält als knielanges Gewand zwei Armlöcher und einen passenden Halsausschnitt und sitzt recht gut. Aber mein Kostüm kratzt! Es kratzt teuflisch! Natürlich müssen für den Fastelovend Opfer gebracht werden! Schönheit muss leiden! Also stülpe ich, von doppelten Unterhemden und einem Pullover geschützt, das Federgewand über den Kopf, setze eine mit Federn beklebte Kappe auf mein Haar, bedecke mein Gesicht mit Flaumfedern und flattere mit meinen ebenfalls als seltsame Vögel verkleideten Eltern auf das Künstlerfest. Als aufgeplusterter Fasan lasse ich mich mitten im Trubel auf der Erde nieder. Dort entdecke ich Till, der mich sofort an die Hand nimmt und mit mir einen langsamen Blues tanzt. Die Beleuchtung ist spärlich. Ich hoffe, dass die peinlich brennende Röte, die sich unter meinen Flaumfedern im Gesicht ausbreitet, von niemandem wahrgenommen wird. Als wir uns zu den anderen exotischen Vögeln auf der Erde niederlassen, äußert Till, dass er nun mit dem Studium an der juristischen Fakultät beginne, um die Diplomatenlaufbahn anzustreben. Er sehne sich danach, die Ferne und andere Menschen und ihre Kulturen kennenzulernen. Etwas stotternd flüstert er mir ins Ohr: »Auch wenn mein Arbeitsplatz fern von Köln im Ausland liegt, ich werde dich wiederfinden!« Im Krach der schräg aufspielenden Band höre ich noch: »Du wärest bestimmt die beste Reisebegleitung für mich!« Als die Musik für einen Moment schweigt, fragt er leise: »Kommst du auch zu dem Karnevalsfest in den ›Spiegel‹?« Heimlich betrachte ich seine hohe Stirn, seine warmen, tiefblauen Augen und die auffallend schön geformten Ohren sowie seine zarten Hände, die das Wunder der feinen Stickerei auf dem Voilevorhang vollbracht hatten. Mit seinem für mich wichtigsten Satz im Herzen, leise vor mich hin summend, fahre ich mit meinen Vogeleltern in der letzten Straßenbahn nach Hause. Von meiner Begegnung mit Till berichte ich nichts.

Wieder stülpe ich mir meinen kratzenden Federsack über den Kopf, schminke mich mit gelbem Pappschnabel auf der Nase als Huhn und folge hoch motiviert meinen maskierten Eltern in die Galerie. Schon beim Eintritt in den von Zigarettenrauch und diversen Parfüms vernebelten Ausstellungsraum verschluckt uns ein ohrenbetäubender Geräuschpegel aus Karnevalsmusik und Gelächter. Hein stoppt die Schallplatte, und Eva hüpft mit einem gelenkigen Satz oben auf den Galerietisch. Sie nestelt an ihrem zu einer Gretchenfrisur geflochtenen Blondschopf, streicht ihren kurzen Rock glatt und räuspert sich. Statt der erwarteten Begrüßungsrede trällert sie mit klarer, heller Stimme ein freches, französisches Chanson. Die Stimmung kocht. Alle drängen sich dicht zusammen und Till, der frühzeitig noch einen Hocker erwischt hat, bietet mir sein Knie als Sitzplatz an, sodass ich während der Vorführung auf seinem Oberschenkel hocke. Vorsichtig legt Till seinen Arm um meine Taille, damit er keine Feder aus meinem Kostüm herauszupft oder knickt. Ich fühle seine Wärme und seinen schnellen Atem und spüre seinen Körpergeruch, der mir angenehm ist. Dann tanzen wir, wie alle anderen, bis mein Vater mich streng zum Aufbruch mahnt. In der Straßenbahn sprechen meine Eltern kein Wort mit mir. Am nächsten Morgen empfängt mich eines der gefährlichsten Donnerwetter: »Du hast dich unmöglich benommen! Du hast dich auf den Schoß eines Mannes gesetzt! Das tun nur Huren! Du bist äußerst peinlich! Indiskutabel! Wie eine Hure!« Ich verschwinde in meinem Zimmer. Obwohl mein achtzehnter Geburtstag kurz bevorsteht, weiß ich nicht, was »Hure« bedeutet. Ich bin mir keinerlei Schuld bewusst. Wir waren fröhlich. Ich war glücklich! Alle haben miteinander getanzt, gelacht und gesungen. Ich hatte nichts getan, was »sich nicht gehört«! Mein Kostüm mit einem Vogelschnabel hätte keinerlei intime Annäherung geduldet. Ich höre messerscharf die mütterliche Drohung, meinen karierten Koffer zu packen und das Haus für immer zu verlassen.

Nachdem unsere letzte Klausur für die Abiturprüfung geschrieben ist, lässt mich Schwester Direktorin in ihr Amtszimmer rufen. Da ich mir keinen Grund erklären kann, klopfe ich beängstigt und nervös an ihre

Bürotür. Sie bittet mich herein und weist mit der Hand auf einen Stuhl, der ihr gegenüber vor dem breiten Tisch steht. »So! Sie sind Monika Helen Hußmann aus der Oberprima a. Nach Durchsicht Ihrer Unterlagen muss ich leider feststellen, dass Sie seit der Sexta als Ungetaufte auf unserem Gymnasium am Unterricht teilnehmen. Sicher verstehen Sie, dass Sie als Heidin in unserem Erzbischöflichen Gymnasium kein Abitur ablegen können. Aber ich möchte Ihnen entgegenkommen und biete Ihnen die Möglichkeit an, noch vor dem Mündlichen von unserem Pastor die nötige katholische Taufe zu empfangen. Ich habe schon mit ihm über Ihren Fall gesprochen. Großzügigerweise willigt er ein, diese feierliche Handlung in unserer Kapelle durchzuführen. Mit dieser Taufe wären Sie als Katholikin befähigt, das Zeugnis der Reife an unserer Schule zu erlangen. Ich entnehme Ihren Unterlagen, dass Sie regelmäßig mit gutem Erfolg am Unterricht teilgenommen haben und sich nichts zu Schulden kommen ließen. Auch Ihre Noten der schriftlichen Prüfungsarbeiten sind in Ordnung. Also?« Verblüfft zögere ich und atme tief durch. Dann bitte ich sie, mir eine Nacht Bedenkzeit zu gewähren. Am nächsten Mittag klopfe ich zur angegebenen Zeit wieder an die Tür. Schwester Direktorin sitzt blass, aber kerzengerade vor ihrem Schreibtisch, blickt mich an und fragt: »Nun? Wie haben Sie sich entschieden? Wollen Sie sich zum katholischen Glauben bekennen?« Mit fester Stimme antworte ich: »Ich habe über Ihre Forderung nachgedacht und bin zu folgendem Entschluss gekommen: Würde ich jetzt darum bitten, die Taufe zu empfangen, nur um einen persönlichen Vorteil zu erringen, müsste ich mein Gewissen schwer belasten, denn ich würde Sie, die Schule, auch Ihren Gott und mich selbst betrügen. Ich möchte wahrhaftig bleiben. Darum möchte ich Sie bitten, meine Entscheidung zu verstehen.« Es ist still. Eine Mauer des Schweigens trennt uns. Nur die Wanduhr tickt. Diese Antwort hatte sie von einer Schülerin ihres Gymnasiums nicht erwartet. Das Vorspringen des Minutenzeigers schnürt mir die Kehle zu. Nach einer langen Pause sagt sie leise und resigniert: »Wären Sie mit einem Strich durch das Fach Religion auf Ihrem Abiturzeugnis einverstanden?« Ich atme noch einmal tief durch, blicke ihr direkt in die Augen, nicke und danke ihr. »Dann geh nun zurück in den Unterricht, mein Kind. Ich wünsche dir Glück bei der mündlichen Prüfung.« Nach der sechsten Stunde verlasse ich nachdenklich das Schulgebäude, das ich nun neun Jahre lang besucht habe. Ich bin überzeugt, mit meiner eigenen Entscheidung zum ersten Mal meine Reife bewiesen zu haben. Am Kiosk gönne ich mir, trotz winterlicher Temperaturen, ein Schokoladeneis am Stiel.

Einige Tage später ruft Sebastian in den Hörer: »Wir feiern mit der ganzen Marienburger Clique in der ›Scheune‹ Fastelovend. Für dich habe ich auch eine Karte ergattert. Wir treffen uns in der Linie 16!« Die »Scheunenfeste« gelten neben dem »Paradiesvogel« als die wichtigsten Karnevalsbälle der Künstler, zu deren begeisterten Besuchern auch meine Eltern zählen, da auch Vaters Studenten diese Scheune besonders geistreich zu einem bestimmten Motto in ein Ballhaus verwandeln. Nachdem alle Abiturklausuren geschrieben sind und ich verspreche, mich einwandfrei zu benehmen, erhalte ich mit vielen Ermahnungen endlich die Erlaubnis zu feiern. Hochgestimmt und kostümiert sitze ich mit einer Gruppe singender und schunkelnder Jecken in der Linie 16, in die Sebastian, wie verabredet, mit seinen Freunden an der Haltestelle Marienburg zusteigt. Er ist ganz in Weiß gekleidet und wie ein Geist geschminkt. Über der Schulter trägt er eine Wäscheleine. Während der Weiterfahrt übernimmt er das Kommando der Gruppe und dirigiert mit einem Kinderlutscher freche kölsche Lieder. Seeräuber, Clowns, Haremsdamen, Indianer, Lumpenmänner, Blumenmädchen, Priester, Überirdische – alle Vermummte mit neuer Identität – genehmigen sich einen kräftigen Schluck aus dem »Flachmann«, schlagen auf Trommeln, blasen in Tröten und tanzen Stippeföttchen. Als alle Jecken rhythmisch im Takt zu tanzen beginnen, gerät die alte Bahn gefährlich ins Schlingern. Es quietscht und rüttelt! Plötzlich ein Stopp. In einer Kurve springt der Wagen aus den Schienen. Ruckartig purzelt der bunte Haufen durcheinander. Der Fahrer steigt aus. Er prüft alle Räder und befiehlt mit Trillerpfeife und kölschem Akzent: »Hallo! Alle Fahrgäste verlassen sofort den Wagen! Jungs, jetzt wird angepackt! Mit vereinter Muskelkraft müssen wir zusammen den Waggon zurück auf die Schienen hieven!« Die Stärksten wuchten mit dreifachem Alaaf die Straßenbahn wieder auf das Gleis. Geschafft! Wir steigen wieder ein. Während der Fahrer losfährt, ertönt es nun geflüstert im Chor: »Und die Ahl mit dem Schirm ohne Krück die wör op dä Möler janz verrück…« Endhaltestelle! Schon vor dem alten Scheunengebäude wabern Schwaden aus Dampf und Schweiß und Gulaschsuppe und Parfüm, sobald sich die Filzvorhänge zum Vorraum öffnen. Es ist frostig kalt. Der eigene Atem flattert wie eine Dunstfahne vor unseren Mündern, als hauchten wir jetzt schon unsere Seelen aus. Nach der Personen- und Kartenkontrolle stürzen wir uns in den Hexenkessel. Sebastian rollt seine Wäscheleine aus, Dieter fasst das andere Ende und beide schwingen die Tanzfläche mit dem Seil so lange frei, bis sich eine große Schlange von Hüpfern bildet, die zu Ravels »Bolero« im Takt springen! Bei einem meiner hohen Sprünge lande ich auf einer morschen Holzplanke. Es kracht und splittert. Mein Körper bricht ein und versinkt bis zur Hüfte unter dem Scheunenboden. Meine Füße berühren blanke Erde. Sofort stürzen sich Clowns, Seeräuber und Vampire auf mich und ziehen mich aus der Tiefe wieder an die Oberfläche. Unter großem Applaus entsteige ich der Unterwelt – wie ein gerupfter Phönix aus der Asche. Tusch! Ein Blick auf meine Uhr. Ich hetze zum Ausgang. Um Haaresbreite erwische ich gerade noch die letzte Straßenbahn. Nass geschwitzt setze ich mich zu den Wartenden in den unbeheizten Waggon. Die klirrende Kälte dringt unter meinen Mantel, unter meine schweißnasse Haut. Als ich zu Hause im Bett liege, setzt mich wieder eine Angina außer Gefecht. Mein Hals ist ein entzündetes Reibeisen, das Fieber steigt auf 40 Grad.

Die nächsten Tage verdämmere ich hoch fiebernd im Bett. Das mündliche Abitur steht wie ein Berg vor mir. Der Hausarzt blickt mit Sorge in meinen brennenden Hals und auf das Fieberthermometer. Er verordnet mir Antibiotika und Schmerzmittel. Ich bin schwach. Benebelt! Mein Gleichgewicht ist gestört. Ich kann nicht denken! Der Hexenkessel schwebt vor meinen Augen. Noch einmal ein Jahr – irgendwo auf einem Gymnasium? Nein! Ich muss es schaffen!

Am Prüfungsmorgen bringt mich ein Taxi vor das Schultor. Ich ziehe mich am Treppengeländer hoch und setze mich in einer zugfreien Ecke des Flures auf einen Stuhl. Mit einem Wollschal um den Hals warte ich und bibbere. Nacheinander werden wir namentlich aufgerufen und zur mündlichen Prüfung hereingebeten. Schließlich bin ich an der Reihe. Nachdem ich heiser krächzend das Prüfungskomitee begrüßt und mich für meinen kranken Zustand entschuldigt habe, werde ich aufgefordert, Platz zu nehmen. Mein Prüfungsthema im Fach Deutsch lautet: »Walther von der Vogelweide«. Zuerst trage ich flüssig den Text eines seiner bekannten Gedichte in mittelhochdeutscher Sprache vor, dann versagt meine Stimme. Schlotternd versuche ich, die Regeln der Minne zu erklären, erhalte aber den Hinweis, mich doch bitte mehr auf den politischen Aspekt seiner Dichtung zu konzentrieren. Mein Interpretationsversuch wird unterbrochen. Die Befürchtung, sich bei mir zu infizieren, scheint in der Prüfungskommission die Runde gemacht zu haben. Der Prüfungsleiter nickt mir freundlich zu und bittet mich, so schnell wie möglich mit einem Taxi nach Hause zu fahren. Unsere Pförtnerin Schwester »Banane« bestellt mir einen Mietwagen, der mich zurück in den Park bringt. Mutter verfrachtet mich mit einem Wickel aus heißen, gekochten Kartoffelschalen um den Hals in mein Bett. Nach bangen Tagen des Wartens erreicht mich endlich per Post mein Abiturzeugnis. Mir fällt ein Felsbrocken vom Herzen. Mit Erleichterung lese ich ein »Sehr gut« im Fach Deutsch und schmunzle über einen von Hand mit einem Lineal gezogenen Strich durch das Fach Religion. Den schriftlichen Beweis meiner Allgemeinen Hochschulreife verstaue ich in meiner Tischschublade mit dem unterschwellig schlechten Gewissen, durch meine karnevalistischen Umtriebe den Ernst des Abschlusses doch recht unreif in Gefahr gebracht zu haben. Endlich klettert die Quecksilbersäule des Thermometers nicht mehr höher als 37 Grad. Nach dem Frühstück schellt es an der Haustür. Unser Arzt steht mit einer Sektflasche im Arm vor Vater. Er folgt ihm durch das Treppenhaus hinauf in den Wohnraum, fragt nach meinem Befinden und begrüßt Mutter, die sich überschwänglich für das alkoholische Mitbringsel bedankt. »Nein, nein«, sagt der Arzt und wendet sich mir zu: »Das ist für Monika! Du hast doch das Abitur bestanden! Was hast du denn von deinen Eltern als Geschenk bekommen?« Meine Eltern schütteln den Kopf: »Ein Geschenk? Wofür? Für uns ist es selbstverständlich, dass unsere Tochter die Schule mit einem guten Abschluss beendet hat!«

Zuerst genieße ich die neue Freiheit ohne Schulstress, doch sehr bald kommt der Katzenjammer: Wie soll mein Berufsweg aussehen? Mein Wunsch, auf einer Hochschule für Bildende Künste Freie Malerei zu studieren, wird durch das Verlangen meiner Eltern gebremst, einen Universitätsabschluss zu garantieren. So bleibt mir nur das Studium der Kunsterziehung. Ob ich genügend Talent besitze, von einer staatlichen Kunstakademie angenommen zu werden? Zu dieser Ausbildung zur Kunsterzieherin wird ein Philosophiestudium, die einjährige Ausbildung zum Werklehrer und das Studium eines zweiten Unterrichtsfachs verlangt. Tagtäglich zeichne ich.

Der Mord

Das Sommersemester beginnt. Mit irritiertem Blick betrete ich 1959 den Vorraum der Universität zu Köln. Mit dem Gefühl der Ehrfurcht vor der Alma Mater schiebe ich zwecks Immatrikulation mein Abiturzeugnis unter den Glasschlitz der Anmeldung und erhalte eine verwirrend lange Liste der angebotenen Vorlesungsreihen. Da ich mich für das Studium der »Kunsterziehung an Höheren Schulen« entschieden habe, belege ich Germanistik und Philosophie, weil von Lehramtskandidaten ein Philosophikum verlangt wird. Ein Student älteren Semesters nickt mir freundlich zu und sagt: »Na, kleine Philosophin, soll ich Ihnen helfen?« Wir überlegen zusammen, welche Vorlesungen für den Anfang sinnvoll wären. Täglich sitze ich nun pflichtbewusst in den meine Interessensgebiete betreffenden Fachvorträgen und freue mich über jedes Testat. In Germanistik langweile ich mich, lasse die knochentrockenen Übungsstunden an meinen Ohren vorbeirauschen und fülle die Seiten meiner Kladde mit Porträtstudien. Jedoch fesseln mich vom ersten Satz an die Vorlesungen des Philosophieprofessors, der über das Nachdenken und über die Versuche, das Unbegreifliche zu benennen, doziert. Gebannt lausche ich seinen Ausführungen, die er voller Esprit vorträgt, während er mit seiner hageren, hohen Gestalt vor dem Katheder steht und vor der Wandtafel wie ein schlauer Fährtenleser auf der Pirsch hin und her schnürt. Wegen seines stark schielenden Blicks kann sich niemand sicher sein, wer aufgefordert ist, sich zu Wort zu melden. Da es hier um das Geistige an sich geht, ist der Herr Professor mit seinem Charme, seiner allumfassenden Klugheit und mit seiner Eleganz der Schwarm eifriger Studentinnen, die scharenweise die Ränge des Vortragssaales bevölkern.

Als mir Mutter nach dem Klingeln des Telefons den Hörer in die Hand drückt, meldet sich Sebastians Stimme, die mich bittet, bei der Fertigstellung seines Hausmodells für seine Diplomprüfung in Architektur behilflich zu sein. Da wir zu Karneval gemeinsam die Straßenbahn zum Entgleisen geschunkelt und in der Scheune den Boden durchtanzt hatten, erfülle ich ihm seine Bitte, ohne zu ahnen, wie viel Disziplin diese Aufgabe erfordert. In einem großen Karton stellt er mir das Holzmodell eines von ihm entworfenen Einfamilienhauses vor die Nase, dessen Fenster und Türen noch mit Streichhölzern als Rahmen und mit durchsichtiger, steifer Folie als Glasersatz ausgestattet werden müssen. Diese Bastelei erweist sich als besonders knifflig! Tagelang übe ich und verbrauche den Inhalt einiger Streichholzschachteln bei den Bemühungen, die kleinen Hölzchen genau auf Gehrung zu schneiden und so mit Folie zu bekleben, dass keine Leimflecken sichtbar bleiben. Diese labilen Konstruktionen versuche ich, spurlos in die Fenster- und Türöffnungen einzupassen. Endlich gelingt es mir, jede Öffnung einwandfrei zu verschließen, und Sebastian kann sein vollendetes Modell in Empfang nehmen.

Die Prüfungskommission der TH Aachen ist mit dem Ergebnis so zufrieden, dass mich Sebastian zum Dank zu einem Fest einlädt, ohne mir vorher zu verraten, wohin er mit mir fahren wird. Ich bügle mein frisch gewaschenes Nelkenblumenkleid auf und behandle meinen Spitzenunterrock mit Stärke. Die Zeit drängt. In wenigen Minuten werde ich abgeholt. Mein Petticoat, der als Modehit ein absolutes Muss ist, steht getrocknet und hart gestärkt, wie aus Gips gegossen, auf der Erde. Es gibt keinen schnellen Trick, ihn weich zu knittern, und ich bugsiere ihn in der Hoffnung unter mein Kleid, dass die Steifheit des Stoffes während des Tragens nachgeben wird. Sebastian schellt. Beim Einsteigen in seinen engen Fiat 500 gelingt es mir kaum, das gestärkte störrische Ungetüm so zu bändigen, dass die Seitentür zugeht. Die Zeit wird immer knapper. Endlich! Die Wagentür fällt ins Schloss. Dafür bauscht sich das Spitzengetöse so auf, dass ich kaum durch die Frontscheibe schauen kann. Sebastian startet amüsiert seinen Topolino, knattert durch die Dörfer und biegt am Ende der Fahrt auf den Parkplatz der von Johann Conrad Schlaun und François de Cuvilliés 1740 entworfenen imposanten Anlage von Schloss Brühl ein. In der langsam rollenden Karawane der großen Limousinen stoppt ein Parkwächter in Uniform unseren winzigen Fiat und gibt uns deutlich zu verstehen, sofort das vornehme Gelände wieder zu verlassen. Erst als Sebastian mit seinen Eintrittskarten winkt, weist er uns einen engen, dunklen Stellplatz in der hintersten Ecke vor der Rückseite der Sommerresidenz des Kölner Kurfürsten und Erzbischofs Clemens August zu. Auf dem roten Teppich folgen wir mit angemessen würdigen Schritten den betörenden Düften und rauschenden Roben der Damen, die, um Jahre jünger geschminkt, am Arm ihrer eleganten Herren das Lust- und Jagdschloss Augustusburg betreten. Der eitle Fürstbischof Clemens August, ein feinsinniger und prunksüchtiger Kunstliebhaber, hatte für die Gestaltung des Entrees und des Treppenhauses Balthasar Neumann, einen der besten Architekten seiner Zeit, damit beauftragt, alles bisher an Exklusivität Bekannte in der Architektur für ihn in Brühl zu übertreffen. Während die Gäste auf ihren Stühlen Platz nehmen, verschwinde ich schnell in einem Waschraum, um mich endlich von meinen neuen Nylonstrümpfen zu befreien, die von den gesteiften Spitzen des Petticoats wie von Stacheldraht zerfetzt sind und deren Maschen und Fäden äußerst peinlich, wie ungepflegtes, bräunliches Fell, an meinen zerkratzten Beinen flattern. Pünktlich vor dem Beginn des Konzertes erreichen wir vor den Doppelsäulen im dreiachsigen Erdgeschoss unsere Sitzplätze. Mein freier Blick gleitet im Parterre an den das Gewölbe stützenden Tragefiguren vorbei, hinauf zu den weißgoldenen Dekors der Zwischenetage und weiter bis in die lichte Höhe des heiteren, pastellfarbigen Deckengemäldes. Immer wieder tanzen meine Augen zu den Klängen des Orchesters an den Paaren von Statuen vor den Pilastern entlang. Sie verkörpern die Tugenden, die Künste und die Weisheit, die Philosophie und die Stärke, aber auch den Neid und den Krieg. Das Treppenhaus, ein architektonisches Gesamtkunstwerk im feinsten Rokokostil, schwingt und jubelt. Die Figuren, die gleichzeitig stützen und zu schweben scheinen, winden sich mit den Stuckaturen und vergoldeten Geländern wie die Tonfontänen einer Sinfonie bis zu dem gemalten Himmelsgewölbe hinauf, unter dem sich Putten lustvoll der Falkenjagd hingeben. So als habe sich die Musik Mozarts sichtbar in lichtdurchflutete Farbklänge, in Gold und opulente Dekors aus Mörtel verwandelt.

Nach dem Konzert, von lauten Flugrufen der vor den Fenstern vorbeisausenden Mauersegler untermalt, versammeln wir uns mit der Festgesellschaft auf der weit schwingenden Terrasse. Sie breitet sich an der Längsseite des Schlosses erhöht vor der barocken Gartenanlage aus. Mein Blick schwebt über einen bunten Blumenteppich von symmetrisch angeordneten Beeten mit Brunnen und Wasserfontänen bis hin zu einem Wald. Nachdem die Turmuhr zweiundzwanzig Mal geschlagen hat, steigen zu Friedrich Händels Feuerwerksmusik die ersten Raketen mit glitzernden Sternenbouquets in den Nachthimmel empor und zaubern eine Scheinwelt märchenhaften Prunks und Glücks.

Schon am folgenden Wochenende bittet mich der junge Architekt zu einem festlichen Abendessen in sein Elternhaus. Der weiß getönte, großzügige Bungalow versteckt sich zwischen ausgesucht schönen Gehölzen in einem Parkgarten. Bereits am Eingang bestaune ich den individuellen Baustil, der sich von dem üblichen Schema der Neubauten durch eine ganz eigene Formensprache abhebt. Eine in die Erde versenkbare Glaswand öffnet den breiten Wohnraum zum Süden hin mit Blick auf eine weiträumige Grünfläche voller erblühter Obstbäume. Sebastian führt mich zu seinem selbst entworfenen runden, weiß lackierten Taubenhaus, das er in der Werkstatt seiner elterlichen Firma aus Holz gebaut und im Schatten eines alten Apfelbaumes auf einem mächtigen Pfahl über Kopfhöhe montiert hatte. Die Kronen der Obstbäume, erfüllt vom Summen der Bienen, wiegen sich darüber sanft im lauen Wind. Sebastians Bewegungen sind ruhig. Als er seine Hand in die Höhe hebt, landet eine schneeweiße Taube mit gekringelten Federn an den Füßen auf seiner Faust. Immer mehr Vögel folgen seinem Lockruf und fliegen zur Abflugstange des Kolumbariums, während Sebastian leise mit seinen exotisch schönen Vögeln spricht. Sie antworten mit Gurren und Kollern. Sie umflattern uns, ihr Flügelschlag raschelt, sie verwandeln den blühenden Garten in ein Elysium. Einige der Vögel tragen ein graublaues Federkleid, das an den schmalen Hälsen changierend grün-violett schimmert. Die Vögel mit einer strengen Schwarz-Weiß-Musterung erinnern an Picassos Tuschezeichnungen. Das Gefieder der Tauben mit zartem Körperbau schimmert in allen Nuancen von einem warmen Beige bis zu einem rötlichen Kastanienbraun. Mir fallen die hochbeinigen und bunt schillernd gefiederten Schönheiten auf, an deren Füßen sich gelockte Federn kräuseln. Während sich die schlanken und zierlichen Tiere graziös bewegen, starten die größten Tauben mit ihren gedrungenen Körpern beim Abflug von der Stange des Taubenschlages schwerfällig und mit laut klatschendem Flügelschlag. Sebastian erklärt mir, dass er für seine Leidenschaft weite Reisen auf sich nimmt, um kostbare Tauben aus seltenen Züchtungen in der Türkei und auch in Frankreich zu erwerben. Lächelnd verfolgt er meine Begeisterung, die er aber als professioneller »kölscher Duvejeck« – so nennt man bei uns einen passionierten Taubenzüchter – gleich wieder mit einem besorgten Gesicht dämpft: »Da Bauern auf den Feldern viele verschiedene Gifte ausstreuen, sind schon mehrere meiner kostbarsten Schönheiten nicht mehr von ihren Ausflügen zurückgekehrt!«

Wir verlassen den Garten. Sebastian führt mich in sein Zimmer und zeigt mir stolz den Erfolg seiner zweiten Sammelleidenschaft. Vor wenigen Wochen entdeckte er in New York zufällig in einer Galerie in Soho die Grafiken von Andy Warhol. Sofort entschloss er sich, eine Reihe von Siebdrucken in unterschiedlicher Farbgebung preiswert zu erwerben. Die beiden Serien, »Elizabeth Taylor« und »Marilyn Monroe«, leuchten von der

Stirnwand seines Schlafraumes. Sebastian wendet sich seinem Schreibtisch zu und weist auf eine eindrucksvolle Plastik des in Russland geborenen Bildhauers Alexander Archipenko hin. Als er bemerkt, wie aufmerksam ich seine Sammlerstücke bestaune, die mir durch Abbildungen vertraut sind, zieht er mit Baumwollhandschuhen vorsichtig zwei Handzeichnungen von Henri Laurens aus der Tischschublade, die ich lange ansehe und deren präzise und schwungvolle Linienführungen mich veranlassen, bei den nächsten Darstellungen von Körpern mutiger und großzügiger vorzugehen. Im Gegensatz zu den kostbaren Artefakten schillern an der Wand zwischen den beiden Fenstern zum Garten in mehreren übereinander angebrachten Schaukästen die begehrenswertesten Falter der Welt. Diese Schmetterlinge, nach Größen und Familien angeordnet, funkeln selbst im Tod noch in der ganzen Pracht des Lebendigen. Mir wird in diesem Moment klar, dass der genialste Mensch diese Perfektion und Schönheit der Schöpfung niemals mit Kunst übertrumpfen kann. Sebastian lässt mir Zeit für meine Betrachtungen und weist dann auf sein Bett und erklärt mir: »Dieses Bett ist als Unikat aus ›zahmer Kastanie‹, also aus massivem Maronenholz, gefertigt. Es gehörte dem Architekten Wilhelm Riphahn. Er schenkte es mir, weil er aus diesem etwas kurzen Bett herausgewachsen ist und nun auf einer größeren Liege schläft. Während Riphahn unser Kölner Opernhaus erbaute, gestaltete unsere Firma die gesamte hölzerne Täfelung des großen Saales mit den Furnieren eines einzigen Stammes eines französischen Nussbaums.«

Sebastians unkonventionelle Art, sein Aussehen und seine Ausstrahlung hinterlassen in mir einen ebenso nachhaltigen Eindruck wie seine tiefe Liebe zu seinen Tauben und zur Kunst. Das auf seinem haselnussförmigen Kopf ganz kurz geschorene, dunkelblonde Haar ähnelt dem dichten Fell eines Seehundes. Sein straffes, gebräuntes Gesicht wirkt durch die Strahlkraft seiner Bernsteinaugen wach, nachdenklich und angriffslustig. Manchmal spricht er ein provozierend derbes Kölsch, vor allem wenn sich eine Partygesellschaft besonders elitär aufspielt. Dann vermutet niemand, der ihn nicht kennt, welchen kulturellen Hintergrund er hat und welches Universalwissen in seinem Kopf steckt, denn kein Weg ist ihm zu weit, um sich die neuesten Ausstellungen und Bauprojekte anzusehen. Er entwirft und gestaltet, er malt und er bildhauert. Mit seinem begabten Onkel Peter, der als freier Maler und Erfinder utopischer Bauten mit einer außergewöhnlich emanzipierten Ehefrau in einem von ihm entworfenen Rundbau lebt, diskutiert er nächtelang. Absurderweise eignet sich dieser Experimentalbau wegen seiner gebogenen Wände nicht zum Präsentieren der eigenen Gemälde. Im Jahr 1926 porträtierte der Fotograf August Sander dieses auffällige Paar. Zu seinen bekanntesten Aufnahmen gehört ein Ganzfigurenporträt von Sebastians Tante, die mit knabenhafter Kurzhaarfrisur in provozierender Körperhaltung als rauchende Garçonne vor einer Wand posiert. Sie trägt eine weiße, bodenlange Pluderhose und ein weißes Herrenhemd mit einem schwarzen Schlips. Dieses Foto Sanders gilt noch heute als Ikone der Emanzipation der Frau.

Wenige Tage nach unserem gemeinsamen Essen ruft mich Sebastians Mutter erregt an. Ihre Stimme stockt. Sie ringt nach Luft. Sie schluchzt: »Sebastian ist tot!«

Mehrmals versuche ich, Sebastians Freunde anzurufen. Endlich erreiche ich Dieter. Verstört stottert er, dass ein Einbrecher Sebastian vor seinem eigenen Hauseingang erschossen habe. Es entsteht eine lange Pause. Leise und schwer atmend wiederholt er, was er gerade von Sebastians Mutter erfahren hatte: »Am Freitagabend klingelt ein Fremder vergeblich am Gartentor, das in der Regel fest verschlossen ist. Da ihm nicht geöffnet wird und kein sichtbares Licht brennt, nimmt der Mann an, dass niemand im Haus ist. Er klettert über die hohe Außenmauer und schellt zu seiner Sicherheit noch einmal an der Haustür. Alles ist stockdunkel. Sebastian sitzt mit seinen Eltern vor dem Fernsehgerät. Sie verfolgen eine heiße Spur in einem spannenden Kriminalfilm. Plötzlich springt Sebastian auf, denn er glaubt, ein Klingeln gehört zu haben. Er knipst den Lichtschalter der Gartenlampe an, öffnet die Haustür und erstarrt. Direkt vor ihm steht ein fremder Mann. Eine Pistole ist auf ihn gerichtet. Sebastian ist irritiert. Er zögert. Er verhaspelt sich: »Was wollen Sie?« Klick. Der Unbekannte entsichert seine Waffe und brüllt: »Geld und Schmuck! Wo ist der Tresor?« Er macht einen Schritt nach vorn. »Los, los!« Schließlich presst er seinen Revolver auf Sebastians Leib und versucht, ihn mit der Waffe in den Hausflur zurückzuschieben. In Panik ergreift Sebastian den am Türrahmen abgestellten Spazierstock des Vaters. Er schwingt ihn zur Abwehr hoch. Ein Schuss! Sebastian stürzt zu Boden. Er krümmt sich zusammen. Sein Hemd färbt sich rot. Er blutet aus dem Bauch. Die Eltern hören den Knall und bleiben doch vor dem Bildschirm sitzen. Sie glauben, der Schuss habe sich aus der Waffe des Filmgangsters gelöst. Da ihr Sohn nicht wiederkommt, rufen sie mehrmals seinen Namen. Er antwortet nicht. Jetzt steht die Mutter auf, verlässt den

Wohnraum. Sie spürt die Kälte im Flur, sieht die geöffnete Haustür und bemerkt einen Mann, der im Lichtkegel über die Gartenmauer klettert und wegläuft. In diesem Augenblick entdeckt sie ihren Sohn. Stöhnend liegt er auf dem unteren Treppenabsatz in einer Blutlache. Sie stolpert zurück ins Haus, ruft ihren Mann und wählt die Nummer des Notarztes. Dann bückt sie sich zu ihrem Sohn, legt ihre Hände auf seinen Kopf, nimmt seine Hand. Endlich das Martinshorn. Polizisten sichern den Tatort, machen Fotos. Kostbarste Zeit verstreicht! Der Notarzt bemüht sich, das noch lebende Opfer vor Ort zu versorgen. Zu spät!

Nach der Beerdigung, der eine endlose Schlange von Trauernden gefolgt war, verharre ich verlassen und wie betäubt vor Sebastians letzter Ruhestätte. Als ich sein Grab einige Wochen später wieder besuche, befindet sich in der Mitte seines Gedenksteins ein Abguss der abstrakten Holzskulptur, die mir auf seinem Schreibtisch aufgefallen war. Sebastian hatte sie aus dem Restholz desselben Nussbaumstammes geformt, aus dem die Furniere für die Wandverkleidungen des Kölner Opernhauses gefertigt worden waren. Seine Eltern ließen die aus zwei sich einander zuwendenden Elementen gestaltete Skulptur zweimal in Bronze abgießen. Nun pulsiert Sebastians letztes plastisches Werk in der Mitte seines kalten Grabsteins aus Granit im Sonnenlicht wie ein unvergängliches warmgoldenes Herz.

Endlich wage ich es, die verzweifelten Eltern zu besuchen. Sebastians Vater liegt nach einem Schlaganfall gelähmt im Bett. Seine Mutter kann den Alltag nur noch mit Medikamenten und fremder Hilfe bewältigen. Ich finde keine Worte. Mein Kopf ist leer, doch mein Herz rast. Wir schweigen zusammen. Plötzlich umfasst mich seine Mutter ganz sanft, führt mich zu einem Tisch und legt mir den zweiten Abguss von Sebastians letzter Bildhauerarbeit in die Arme. Zu Hause stelle ich die Bronze auf die Fensterbank an die Schnittstelle von Innen und Außen. Nun berühre ich sie täglich. Sie wird mich überleben.

Zufällig gesteht der Täter viele Jahre später während eines Verhörs in Hamburg auch den Mord in Köln. Er habe in Geldschwierigkeiten gesteckt und in der Bild-Zeitung einen Artikel über die teuersten Wohnviertel in Deutschland gelesen. So sei er auf die Idee gekommen, ein Bahnticket zu kaufen und von Hamburg mit dem Zug nach Köln zu reisen. Ein Taxi habe ihn vor der Villa seines Opfers abgesetzt. Der Schuss aus der Pistole habe sich von selbst gelöst. Er wollte nicht töten.

Studium

Da zum Studium der Kunsterziehung auch die zweisemestrige Ausbildung zum Werklehrer gehört, bleibt mir am Kölner Werklehrerseminar keine Zeit mehr für meine Vorlesungen an der Universität. Der Unterricht dauert vom frühen Morgen bis zum späten Nachmittag. Die verschiedenen handwerklichen Disziplinen verlangen meine gesamte Aufmerksamkeit, mit der ich Metalle bearbeite, aus Messing Gefäße mit Emailleverzierungen fertige und mit Beiteln, Raspeln und Schleifpapieren aus Edelhölzern Schalen und Skulpturen modelliere. Aus vielen bunten Mosaiksteinen entsteht eine Platte für einen Gartentisch, alte Folianten erhalten einen neuen Einband in Schweinsleder und aus Pappe geformte Dosen und Schachteln werden von mir mit selbst hergestellten, farbigen Kleisterpapieren kaschiert. Mir gelingt es sogar, in der wenigen Zeit ein benutzbares Teeservice aus Ton zu modellieren, zu verzieren und zu brennen. Zur Abschlussausstellung arrangiere ich meine handgefertigten Gegenstände auf einem separaten Tisch. Am nächsten Morgen finde ich nach dem Rundgang der Dozenten und der Vergabe von Noten meinen Tisch beinahe leer geräumt vor. Meine mit viel Hingabe gestalteten Objekte bleiben unauffindbar. Aber als Beweis meiner Leistungen habe ich für den ersten Ausbildungsabschnitt das Zeugnis eines Werklehrers in der Hand. Meine Bewerbungsmappe für die Kunstakademie füllt sich mit immer neuen Handzeichnungen. Täglich mit Stift und Pinsel skizzierend, versuche ich den Geheimnissen der Natur und des Menschen auf die Spur zu kommen und während des Gestaltens nicht nur das Gesehene, sondern auch das Erlebte zu Papier zu bringen. Auf meiner Augenreise entdecke ich, dass jedes lebendige Detail individuell geformt ist, dass kein Blatt eines Baumes den anderen Blättern völlig gleicht, dass jedes Ohr einzigartig ist, weil es den Zauber des Lebendigen birgt. Dem Geglätteten und Gefälligen, dem Geschönten und Dekorativen gilt mein Interesse nicht. Auch das abstrahierende Umformen des Erschauten oder die reine Abstraktion würden mich von meinem Weg ablenken, weiter unvoreingenommen forschend die Welt zu beobachten und zu begreifen. Meine ersten künstlerischen Versuche haben das Ziel, alles von mir Gesehene und Erlebte bildnerisch so intensiviert zu dokumentieren, dass die Skizzen den Betrachter berühren. Deshalb ist die rein gegenstandslose Malerei, die in der Zeitgenössischen Kunst als das Höchste der künstlerischen Inspiration proklamiert wird, für meine eigene figurative Thematik ohne Reiz. Obwohl ich meine Arbeiten nicht als besonders eigenwillig einschätze, aber für ehrlich halte, bringe ich – ohne große Erwartungen auf eine positive Zusage – meine Mappe mit zehn ausgewählten Arbeiten zur Post mit der Anschrift »Staatliche Kunstakademie, Eiskellerstraße 1, Düsseldorf«. Die Tage schleichen dahin. Ich warte auf eine baldige Antwort aus Düsseldorf, denn meine Zeit wird knapp, um mich mit meiner in der Akademie vorliegenden Zeichenmappe noch an einer anderen westdeutschen Kunstakademie zu bewerben.

Während einer Ausstellungseröffnung unterhält sich Vater mit dem Leiter des Kölner Institut Français und erzählt ihm von seiner Begeisterung, mit der er seit vielen Jahren auf den Straßen von Paris eine Serie von Ölbildern malt. Der Leiter bittet um einen Atelierbesuch in unserem Haus, zeigt sich begeistert und schlägt Vater eine umfangreiche Ausstellung in seinem Institut vor. Nachdem wir alle ausgewählten Ölbilder an den Stellwänden in den Räumlichkeiten des Französischen Instituts aufgehängt haben und die Einladungen versendet sind, folgt die Eröffnung mit vielen Gästen. Als ich mit einem Tablett voller Getränke auf einen vornehmen Gast zugehe, der gerade aus Paris gekommen ist, um ihm ein Glas Sekt anzubieten, wird er mir als Professor Lacan vorgestellt. Er schaut mich interessiert an und fragt mich, was ich beruflich vorhabe. Ich antworte ihm, dass ich Kunst studieren möchte. In diesem Moment lacht er, winkt mich zur Seite und erzählt mir von einem neuen Kulturaustausch zwischen Deutschland und Frankreich, der deutschen Studenten die Gelegenheit bietet, im Sommer Sprachferien in Cap-d'Ail an der Côte d'Azur zu verbringen. Als ich ihn bitte, diese großzügige Möglichkeit mit meinen Eltern zu besprechen, steht er sofort auf und versucht, meinen Vater davon zu überzeugen, dass dieses Reise- und Lernangebot für seine Tochter hervorragend geeignet sei, die Anmeldefrist aber in zwei Tagen ablaufe. Vater blickt ihn mit gerunzelter Stirn an und zögert. Doch durch die vielen ihn ehrenden Gäste ist er bestens gelaunt und er antwortet – nicht strikt ablehnend, aber skeptisch: »Meine junge Tochter? Allein unter Studenten? Das ist doch ein Risiko! Noch dazu in Frankreich!« »Mais, Monsieur Hußmann, da kann sich doch der Charakter Ihrer Tochter erstmals richtig beweisen!«

Als ich am letzten Tag der Anmeldefrist sämtliche Unterlagen per Post erhalte, darf ich sofort zusagen, denn die vierzehntägige Reise endet vor Beginn des neuen Semesters. Ich frage Christa, eine Kommilitonin aus dem

Werkseminar, ob sie kurz entschlossen bereit wäre, mit mir zusammen mit einer finanziellen Unterstützung des französischen Staates in einem Feriencamp Französisch zu lernen. Sie ist begeistert und meldet sich, ohne zu zögern, an. Im August reisen wir mit dem Nachtzug nach Nizza, steigen um in einen Regionalbus nach Cap-d'Ail und reiben uns die Augen. Unter einem wolkenlosen Himmel breitet sich das azurblaue Meer vor einer pittoresken Felsenküste aus. Unser Camp liegt zwischen alten Villen aus der Belle Epoque und blühenden Gärten in einem wilden Park aus duftenden Pinien und blühenden Oleanderbüschen. Als wir das Camp betreten und registriert werden, wimmelt es von Studenten aller Nationen. Wir fragen uns in holprigem Französisch zur Rezeption durch. Uns wird ein kleines Häuschen mit zwei längs gestellten Betten und Kleiderhaken an der Wand zugeteilt. Am nächsten Tag beginnt es zu regnen. Dann schüttet es mehrere Tage lang. Der Park dampft und unser Häuschen wird zu einer feuchten Sauna. Ich nehme so lange am Sprachunterricht teil, bis mir die Stimme versagt. Auf der Zugfahrt hatte ich mich wieder erkältet. Der herbeigerufene Arzt verbannt mich mit meinem brüllenden Husten und hoch ansteigendem Fieber in mein klammes Bett. Ein zarter Japaner mit Namen Fudo zeigt einfühlsam Mitleid mit mir und bringt mich hochfiebrig auf einer geliehenen Vespa nach Monte Carlo zu einer Apotheke, wo ich endlich die vom Arzt verschriebenen Medikamente erhalte. Wie ein Klammeraffe umfasse ich Fudo, während er vorsichtig die kurvenreiche Strecke nah an den Felsen entlangrollt. Eine schönere Fahrt auf einer Vespa kann man sich nur erträumen. Im blauschwarzen Meer türmen sich weiße Schaumkämme aus Gischt unter einem wolkenschweren Himmel. Vor unserer Abfahrt hat der Regen aufgehört, die Fahrbahn dampft. Vor dem Casino von Monte Carlo setzen wir uns auf eine Bank unter die hohen Palmen und beobachten die Reichen und die Schönen, die mit Chauffeur in Limousinen vorfahren, um ihr Geld an den Spieltischen zu vergeuden. Es soll öfter vorkommen, so erzählt man sich, dass sich Spieler, die ihr gesamtes Vermögen verzockt haben, voller Verzweiflung die Felsen hinunter ins Meer stürzen. Die ersten Sonnenstrahlen bohren sich durch die Wolkendecke und übergießen die Küste mit Gold. Mit meinen Medikamenten in der Umhängetasche bringt uns die Vespa den steilen Weg zurück ins Camp. Nach einer Woche verziehen sich endlich auch die letzten Regenschauer, der mediterrane Himmel leuchtet in tiefem Blau, das Antibiotikum vertreibt mein Fieber. Entsetzt stelle ich fest, dass ich in den verschiedenen Französischkursen das Wichtigste verpasst habe und die Lektionen nun nicht mehr nachholen kann. Während ich auf wackeligen Beinen durch den duftenden Park wanke, entdecke ich in einer sich zum Meer hin öffnenden Arena Pablo Picasso, der mit Cocteau wild diskutierend seine Runden dreht. Sofort hole ich meine kleine Billigkamera aus unserer Unterkunft und erwische beide Künstler noch im Sucher, als sie das Camp verlassen. Über diese von mir dokumentierte Begegnung freue ich mich so sehr, dass meine Krankenwoche als völlig unwichtig in der Vergangenheit verschwindet. Überall künden Plakate an Wänden, vor den Stämmen von Palmen und auf Tischen die Aufführung von Picassos Theaterstück »Wie man Wünsche beim Schwanz packt« als Höhepunkt des Sommercamps an. Am Wochenende ist es so weit. Pünktlich setzt sich Christa neben mich auf die noch warmen Steinstufen des Theaters. Sie war gesund geblieben und hatte alle Kurse bis zum Abschluss besucht. »Ich verstehe kein Wort«, flüstert sie mir ins Ohr. Ich nicke und frage meinen netten Japaner, der vor mir sitzt, ob er dem Text folgen könne. Er schaut sich hilflos um und schüttelt nur den Kopf, denn auch Fudo kann in den Worten der Schauspieler keinen Sinn erkennen. Dieses Theaterstück, ein Sammelsurium aus surrealen Einfällen, soll Picasso innerhalb von nur drei Tagen wie eine plötzliche Inspiration niedergeschrieben haben. Die Kunstwelt ist natürlich begeistert: Picasso! Ein Dichter! Eine Sensation! Nach dem stürmischen Applaus nehmen wir zum letzten Mal an einem der langen Tische im Camp im Freien das gemeinsame Essen ein und diskutieren erhitzt über den Theaterabend. Die einzelnen Reaktionen auf diese Aufführung fallen konträr aus. Einige Stimmen verteidigen begeistert die poetischen Einfälle Picassos, andere Theaterbesucher betonen ihre völlige Ratlosigkeit wegen der Aneinanderreihung wirrer Ideen. Am nächsten Morgen transportieren wir unser Gepäck zum Bus. Au revoir! Vive la France! In Köln stellen meine Eltern fest, dass sie mir vertrauen können.

Marco

Nach meiner einsamen, trauernden Zeit freut mich eine Einladung von Niklas. In den Räumen, die früher als Klassenzimmer der Volksschule dienten, veranstaltet er mit seinen ehemaligen Klassenkameraden ein Sommerfest. Der Spiegel im Bad verrät mir mein viel zu blasses Gesicht. Nach vielen Monaten schminke ich mich wieder. Mit zartrosa Lippen und mit nach neuestem Trend schwarz betonten äußeren Augenwinkeln und Lidern wage ich mich unter die Schar der Freunde. In der Bergstraße wabert schon fetziger Jazz durch die kleinen Fenster. Paare hüpfen rhythmisch hinter den Scheiben, kleine Gruppen rauchen und diskutieren vor dem Eingang. Ich tänzle die Stufen hoch, mein Pferdeschwanz schwingt. Niklas begrüßt seine Gäste. Er stellt mir seinen Freund Marco, einen wegen seiner dichten, schwarzen Locken südländisch aussehenden Physikstudenten, vor. Mir imponieren Marcos sportliche Figur und sein schmales Gesicht. Forschend sieht er mich mit seinen kastanienbraunen Augen an: »Magst du tanzen?« Er wendet sich um, spurtet zu einem Plattenspieler, zieht eine neue Schallplatte aus dem Stapel und legt sie vorsichtig auf den Drehteller. Kaum hat er die Nadel auf die vorderste Rille positioniert, spielt das Orchester einen argentinischen Tango. Marco umfasst wortlos meine Taille und führt mich – ohne meine Schuhspitzen zu berühren – durch den Raum. Alle anderen Tanzenden springen zur Seite. Sie machen uns Platz und applaudieren. Als die Schallplatte abgespielt ist, sehen wir uns an. Da ich nicke, umfasst er mich ein zweites Mal. Wieder bewegen sich unsere Schrittfolgen völlig synchron, als hätten wir das Paartanzen jahrelang geübt. Ich verspüre seinen mich stützenden Körper, mein wachsendes Vertrauen in seinen mich dirigierenden Willen.

Nach dem letzten Takt stehen wir uns atemlos gegenüber. Marco nimmt meine Hand und führt mich hinaus auf die Gasse. »Hier ist weniger Krach, komm mit zum Rhein.« Wir lehnen uns an das Geländer einer ummauerten Anhöhe und schauen auf den Strom. Wir lauschen auf das vorbeirauschende Wasser und auf das Rascheln der Blätter der alten Robinie, unter der schon viele Lügengeschichten erzählt worden sind. Marco wendet mir sein Gesicht zu und fragt mich unvermittelt: »Hast du einen Lieblingsplatz?« »Ja«, sage ich, »es ist ein Platz unter einem Baum!« Er hört mir aufmerksam zu, wie ich es so noch nie erlebt habe. Ein hell erleuchteter

Passagierdampfer mit lauter Tanzmusik unterbricht unser Gespräch und wir verfolgen mit unseren Blicken das weiße Ausflugsschiff, bis es sich im hellen Dunst der Ferne aufzulösen scheint. Marco wendet sich mir wieder zu und berichtet von seinem Studium der Astro- und Atomphysik. Fast entschuldigend fährt er fort: »Aber wenn ich etwas Zeit habe, male ich, spiele Klavier oder schreibe an einem Kinderbuch und treibe Sport. Ich forsche also nicht nur in den Weiten des Weltalls oder studiere die kleinsten Bausteine, aus denen unsere Erde aufgebaut ist!«

Niklas entdeckt uns am Ufer. Er stürmt auf mich zu, wirbelt mich auf dem Kopfsteinpflaster im Kreis herum und wir hüpfen zu dritt zurück zu seiner Party. Dort angekommen, verkündet er: »Das Buffet ist eröffnet!« Ich frage ihn nach Marco. Er lächelt. Er sieht mich an und erklärt mir zögerlich, so als müsste er das folgende Lob bereits bereuen: »Marco ist mein bester Freund. Ich kenne ihn schon seit der Unterstufe des Gymnasiums. Stell dir vor, er war in allen Fächern sehr gut, und nun steht er kurz vor seinem Physikdiplom.« Ich spüre seine Eifersucht. Niklas, der mich mehrmals in Konzerte und Opern geführt hat, scheint es nicht zu behagen, dass Marco sich mir zuwendet. Rasch fügt er hinzu: »Er ist mit der schönen Katja befreundet. Dort hinten steht sie im langen schwarzen Kleid!«

Nach dem Fest vergehen mehrere ereignislose Tage, bis mich an einem Samstagmorgen Marco aus Bonn anruft und fragt, ob er mich in Rodenkirchen kurz besuchen dürfe, denn er hätte vorher bei Niklas etwas abzugeben. Ich kaufe schnell einen kleinen Kuchen, decke den Tisch in meinem Zimmer und warte. Freudig, voller Anspannung! Pünktlich klingelt er an der Gartentür, streckt mir einen Veilchenstrauß entgegen, lacht und bittet, unser Haus umrunden zu dürfen. Er betrachtet jeden Baum, jede der blühenden Hortensien. In meinem Zimmer liest er die Titel auf den Rücken meiner Bücher. Plötzlich fragt er mich nach Gott. Meine Erwiderung fällt ausweichend aus und klingt wie eine Entschuldigung, da ich seine Glaubenszugehörigkeit nicht kenne: »Ich vertraue einer mir unerklärbaren Energie in unermesslich weiten Räumen, die ich mit meinem begrenzten Verstand weder benennen kann, noch auszuloten vermag. Die Vorstellung einer Personifizierung des Göttlichen ist mir undenkbar. Eine Anrufung oder eine Bitte an eine Gottheit, um mir einen Vorteil von ihr zu erhoffen, erscheint mir sehr fragwürdig. Und doch erkenne ich dankbar einen Sinn in allen Abläufen unseres Daseins und bestaune diese unfassbar perfekte Logik und Vielfalt der Existenz.« Marco nickt. Sein Gesichtsausdruck erscheint mir so von Helligkeit durchdrungen, als habe sich das durch mein Fenster hereinstrahlende Sonnenlicht in seine Haut verwandelt, als öffne sich gerade eine geheime Pforte zur Verborgenheit der Seele. »Ja!«, sagt er lächelnd. Wir beschließen, am Rheinufer entlangzuspazieren. Am Wasser lässt sich Marco vor einem Weidenstamm nieder. Heller Sand rieselt durch seine Finger. Ich knie mich neben ihn. Er berichtet mir von seinen Forschungen im Physikalischen Institut und von dem Entschluss, bald nach dem Diplom seine Promotion anzuschließen. Und wieder gleitet wie ein Sinnbild flüchtigen Glücks ein großes, weißes Ausflugsschiff mit Tanzmusik an uns vorbei. Marco sagt, er erinnere sich an unser Gespräch, als wir auf der Anhöhe über dem Rhein am Geländer gelehnt hatten. »Auch damals fuhr ein weißer Dampfer an uns vorbei.« Er wiederholt seine Frage: »Hast du auf unserer Erdkugel einen Lieblingsplatz?« »Ja, natürlich«, antworte ich schwärmerisch. »Der schönste Platz, den ich kenne, befindet sich in der Nähe eines ganz besonderen Baumes!« »Oh«, sagt er: »Mein schönster Platz ist unter einer Kastanie.« Ich bestätige, dass auch ich die alte Kastanie, meinen alten Kletterbaum, in unserem Garten sehr mag, aber sie sei nicht der Ort meiner Sehnsucht. »Mein Ort zum Träumen liegt weit fort von hier auch unter einer Rosskastanie!« Marco sucht mit seinen dunklen Augen meinen Blick: »Hast du von dort aus eine besonders schöne Aussicht? Wie sieht die Umgebung aus?« Ich beschreibe Marco einen Berghang mit einer Holzbank unter dem ausladenden Blätterdach eines mächtigen Baumes vor einer alten Kirche. »Dort habe ich mehrmals im Schatten gesessen. Jedes Mal war ich wunschlos glücklich, wenn ich von hier aus über den See in die Berge schaute, deren Gipfel im Frühjahr noch weiße Schneehauben tragen und auf dem die Segler wie Schmetterlinge über das Wasser gleiten. Während im Gebirge noch der harsche Winter herrscht, blühen unten im Tal schon die Mimosen und die Rhododendren und die Kamelien und die duftenden Trauben der Glyzinien. Auf dieser Bank verflüchtigen sich alle trüben Gedanken.« Marco fixiert mich wie elektrisiert. Die suchende Intensität seiner Augen bohrt sich in meine Augen. Er legt seinen Arm auf meine Schulter: »Steht diese Kastanie in der Schweiz?« Ich nicke. Schnell atmend fragt er: »An welchem See?« Ich antworte: »Am Lago Maggiore oberhalb von Ascona!« »Ja«, ruft Marco. »Ja!« Ein Jubelschrei: »Ja! Das ist meine Kastanie in Ronco! Vor der Kirche San Martino!« Ich kann nicht weiterreden. In meinem Kopf dreht sich ein buntes Karussell aus Kastanienblüten. Wie ist das möglich? Wieso kennt Marco diesen Ort, den ich auf meinen Reisen in das Tessin als den schönsten aller Plätze für mich erkoren hatte? Um uns dehnt sich eine Stille aus bis an die Ränder des Horizonts. Eine Stille des Staunens. Ein Ergriffensein über ein unfassbares Wunder! Dieses Anhalten der Zeit umhüllt uns wie ein unsichtbarer, alles erwärmender Mantel aus Brokat, gewebt aus unseren identischen Gedanken, vergoldet von unserem intimsten inneren Bild. Wir sehen uns an und atmen im gleichen Rhythmus. Ganz behutsam, wie zu sich selbst, flüstert er: »Auf der kühlen Steinbank an der schattigen Kirchenmauer habe ich als Schüler immer in der Mittagshitze meine Hausaufgaben erledigt. Aber wenn ich gelesen oder für mich etwas geschrieben habe, verbrachte ich die schönste Zeit meiner Kindheit auf dieser Holzbank unter unserer Kastanie.«

Er spricht von »unserer Kastanie«! Seine Stimme klingt weich und zärtlich: »Meine ersten Schritte übte ich nebenan im Garten einer alten Villa. Direkt neben der Kirche.« Ich nicke, so als wäre mir diese Geschichte vertraut, und bestätige: »Das ist die Casa Ciseri. Immer wenn ich neben dem ehrwürdigen Gebäude in einem kleinen Supermarkt etwas eingekauft habe, schaute ich neugierig durch die geschmiedeten Gitterstäbe des verschlossenen Eingangs und las auf der Wandtafel die Geschichte des Hauses. Diese Villa, Geburtsort des Malers Antonio Ciseri, zählt zu den bekanntesten Bauten in Ronco.« »Ja, das ist ein Vorfahr von mir.« Als wir uns verabschieden, spüre ich eine nie gekannte Freude, denn ab heute tragen wir ein gemeinsames Geheimnis in uns. Aber dann stößt der Satz von Niklas, »Marco ist mit der schönen Katja befreundet, dort hinten steht sie im langen schwarzen Kleid«, wie ein Messer in mein Herz. Lange schaue ich Marco nach. Auch er dreht sich noch einmal um und winkt, bevor er um die Straßenecke biegt. Ich weiß, ich werde ihn eines Tages wiedersehen.

Ascona

Wenn meine Eltern, wie seit vielen Jahren, im April mit dem Zug in die Schweiz nach Ascona an den Lago Maggiore reisen, darf ich sie öfter begleiten. Jedes Mal mieten sie als Stammgäste auf dem Monte Verità eine gut eingerichtete Wohnung, in der sie sich selbst verpflegen. Die renovierten Unterkünfte befinden sich in kleinen Häusern, die Baronin Bock von Wülfingen Anfang des 20. Jahrhunderts für ihre Webschülerinnen auf dem Abhang errichten ließ. Meine Eltern genießen es, hier ungestört zu malen, Aufträge zu erledigen und in der betörenden Blütenpracht des subtropischen Parks zu schwelgen. Schon vor dem Zweiten Weltkrieg verbrachten sie in dem damals rustikalen Tessiner Ort am Hafen im Sand sitzend sonnige Tage. Mutter berichtet mir, dass die kleinen Lokale auf dem noch nicht befestigten Platz direkt am Seeufer ein beliebter Treffpunkt bekannter Künstler waren. Jeder, der hier vorbeikam, brachte etwas Essbares mit, legte es auf die gescheuerten Holztische, setzte sich dazu, bestellte eine Karaffe Wein und beteiligte sich an den erregten Gesprächen über den Zustand der Kunst und der Welt. In einem vergilbten Fotoband über den Monte Verità lese ich, dass sich zur Jahrhundertwende der wohlhabende Henri Oedenkoven entschloss, zusammen mit seiner Lebensgefährtin, der Pianistin Ida Hofmann, und mit Karl Gräser auf diesem 321 Meter hohen »Berg der Wahrheit« eine alternative Gemeinschaft zu gründen. Gräser, ein ehemaliger Offizier, der jeden militärischen Zwang ablehnte, wollte mit diesem Paar ausschließlich vegetarisch und vegan leben. Schnell sprach sich dieses Projekt unter Aussteigern, Lebenskünstlern und Utopisten herum, sodass sich der vom Klima begünstigte Südhang schon bald zu einem Zufluchtsort für Maler und Tänzer, Schriftsteller und Pazifisten entwickelte. Vor und während der Zeit des Ersten Weltkrieges ließen sich Hugo Ball, Ernst Bloch, Hermann Hesse, Hans Richter und Arthur Segal im Tessin nieder. Zu dieser immer berühmter werdenden Künstlerkolonie gesellten sich bald Friedensreich Hundertwasser, Hans Arp mit Sophie Teuber-Arp, Alexej von Jawlensky mit Marianne von Werefkin und auch Paul Klee. Von der freien, alternativen Lebensform, den avantgardistischen Ideen und der Spiritualität dieser Gemeinschaft begeistert, erwarben wohlhabende Bürger weitere Grundstücke auf dem Monte Verità und erbauten neben den einfachen Künstlerhäuschen luxuriöse Villen. Erich Mühsam nannte das Ziel dieser geistigen Bewegung »Bruch mit dem Bestehenden. Auszug auf den heiligen Berg«. Besonders beeindrucken mich die Berichte über den Tänzer und Freimaurer Rudolf von Laban. Er veranstaltete von 1913 bis 1917 in Ascona regelmäßig Kurse für Ausdruckstanz und kultische Tanzspiele, die so bekannt wurden, dass die Geschwister Isadora und Raymond Duncan aus Amerika anreisten und als Tänzer völlig entblößt und ohne Scham in den Wäldern von Ascona ihre Ballettproben abhielten. Fotos von ihren Schönheitstänzen gelten noch heute als Sensation. Sie verteidigten ihre Auffassung zum Nackttanz mit dem Argument, dass die ursprüngliche Natürlichkeit des Körpers, die durch die Zivilisation verloren gegangen sei, nur durch persönliche, künstlerisch gestaltete Bewegungsabläufe zurückgewonnen werden könne. Sie führten ihre Tänze so überzeugend vor, dass sich immer mehr Künstlerinnen wie Gertrud Leistikow, Mary Wigman, Sophie Teuber und Suzanne Perrottet dieser Idee anschlossen, um zusammen unter freiem Himmel unbekleidet Tänze aufzuführen. Doch die Idylle dieser unbürgerlichen Lebensgemeinschaft wurde durch gegensätzliche Meinungen und kleinliche Debatten gestört. Die strengen Veganer beschwerten sich zum Beispiel über das Tragen von Ledersandalen. Da es aber keinen pflanzlichen Ersatz für die aus Tierhaut gefertigten Sommerschuhe gab, zerstritten sich die einzelnen Gruppen der Individualisten immer heftiger. Die Vorstellungen von einem perfekten Leben differierten zwischen den Egozentrikern so sehr, dass sich nach zwanzig Jahren die Gemeinschaft der Idealisten auf dem Berg der Wahrheit auflöste. Marianne von Werefkin versuchte jetzt mit allen Mitteln, die Schönheit und das besondere Flair des Monte Verità zu retten. 1923 gelang es ihr endlich, den deutschen Bankier Eduard von der Heydt von der Einmaligkeit des Ortes so zu überzeugen, dass er 1926 den Berg für 160.000 Franken erwarb und Ludwig Mies van der Rohe den Auftrag erteilte, einen Plan für ein Hotel im avantgardistischen Bauhausstil zu entwerfen. Nach der Fertigstellung stattete Baron von der Heydt dieses ultramoderne Luxushotel mit seinen gesammelten kostbaren Originalen aus China und Japan und mit Malereien und Plastiken aus der Zeit zwischen dem 16. und dem 20. Jahrhundert aus, sodass die Gebäude, das Hotel und der Park sehr bald zu den touristischen Highlights im Tessin gehörten. Bei meinem ersten Aufenthalt in Ascona habe ich die Möglichkeit, während einer privaten Führung diese überaus feinsinnige Originaleinrichtung zu besichtigen. Sofort spüre ich voller Bewunderung die Einmaligkeit des Ortes. Die Atmosphäre des Gebäudes ist mir durch die progressive Architektur, die dem Stil meines Elternhauses ähnelt, gleich vertraut. Die wertvolle Ausstattung der Räume und ihre ästhetische Stimmung üben einen so nachhaltigen Einfluss auf mein Denken und Empfinden aus, dass mich nun die Fragen des Stils, der künstlerischen Qualität und der Gestaltung der Lebensformen ständig beschäftigen. Die einzelnen, heute musealen Häuschen der ehemaligen Künstler des Monte Verità sind zum Teil als Zeitzeugnis noch so original erhalten, wie sie ihre Vorbesitzer damals verlassen hatten. Voller Neugier besuche ich sie mehrmals und verspüre jedes Mal, dass dieser Hügel, der so viele Fantasten, Denker, bildende Künstler und Weltverbesserer vereinte, noch immer ein magischer Ort ist.

Sobald wir in Ascona angekommen sind und die Koffer ausgepackt haben, greift Vater im Anmeldebüro im Haupthaus zum Telefonhörer. Er vereinbart mit seinem Malerkollegen und unserem ehemaligen Nachbarn aus Rodenkirchen, Professor Richard Seewald, einen Termin für einen Besuch in Ronco sopra Ascona. Als Adolf Hitler in Deutschland die Macht übernommen hatte und das Kulturamt der Stadt Köln mit immer repressiveren Methoden die Künstler drangsalierte, entschlossen sich der Maler und Schriftsteller Seewald und seine Frau Uli spontan, Deutschland zu verlassen. Er lehnte es ab, von den Nationalsozialisten der Stadt Köln sein Gehalt weiter zu empfangen, und verkaufte – ohne politisch verfolgt zu sein – die von ihm mit Theodor Merrill entworfene, im neuen Stil der Internationalen Moderne erbaute Villa am Rhein, kündigte seine lebenslange Beamtenschaft an den Kölner Werkschulen auf und lebte von da an bis zu seinem Tod im Jahr 1976 auf dem Berghang von Ronco. Zuerst richtete sich das Ehepaar wohnlich in einem bescheidenen Rustico zwischen Weinstöcken ein. Nachdem Seewald 1954 einen Ruf an die Akademie der Bildenden Künste in München als Professor für Wandmalerei angenommen hatte und nun wieder ein regelmäßiges Gehalt bezog, plante er als ehemaliger Student der Architektur, nach seinen eigenen Plänen ein größeres Wohnhaus zu bauen. Er ließ den besten Platz auf seinem Hang planieren, um dort eine Villa mit einer weit ausladenden Terrasse zu errichten, die vom Sonnenaufgang bis zum späten Abend besonnt einen spektakulären Blick über den Lago Maggiore und auf die Brissago-Inseln bietet. Sein Rustico benutzt Seewald weiter als Schreibhaus, wo er ungestört seine zahlreichen Bücher verfasst und illustriert. In einem nahe gelegenen Steinstall lässt er ein größeres Fenster einsetzen und einen Ofen installieren. Jetzt kann er dieses kleine Haus als gut belichtetes Atelier für seine Malerei auch im Winter nutzen. Ein schmaler, steiler Weg führt durch den Dschungel aus Bambus, Gestrüpp, Rhododendren und Mimosen den Abhang direkt nach Porto Ronco hinunter. Hier befindet sich auf Stelzen im Wasser des Sees Seewalds viertes Haus, ein Bootsschuppen, der gleichzeitig als Umkleidekabine und auch als Unterstand für sein Segelboot und einen Kahn dient, denn Seewald und seine Frau Uli sind trainierte Wassersportler. Uli angelt leidenschaftlich gerne und garniert ihren fangfrisch gekochten oder gebratenen Fisch aus dem See mit den köstlichsten Kräutern des Südens aus eigenem Garten.

Nach Vaters Telefonat mit Seewald wandern wir am frühen Nachmittag des folgenden Tages in schwüler Hitze den für Fußgänger ausgebauten Höhenweg am Berghang entlang. Dort, wo sich in den lichten Maronenwäldern das Sonnenlicht ausbreitet, wächst eine überbordende Pflanzenwelt. Immer wieder klagt Seewald, dass er sein Anwesen nur wenige Tage verlassen könne, weil die Wildnis sofort alles wieder überwuchere und ohne Rücksicht seine Weinstöcke, die Häuser und die Wege verschlinge. Auf dem langen, schweißtreibenden Fußmarsch nach Ronco hinauf habe ich nur den einen Wunsch: eine Pause unter unserer Rosskastanie auf der alten Holzbank, Marcos und mein Lieblingsplatz vor der Kirche San Martino. Ich bitte meine Eltern, schon vorauszugehen. Vor Marcos Geburtshaus warte ich, bis sich Ruhe in mein Herz senkt und meine Gedanken leicht werden. Mein Blick gleitet mit den Vögeln über den See, meine schmerzvollen Erinnerungen und das aufkeimende Glücksgefühl verdichten sich zu einer gegenwärtigen, wunschlosen Zuversicht. Der Bergwind wispert in den Blättern, trocknet meine Schweißperlen und dämpft alle Geräusche zu einem leisen Rauschen, das nun wie Blut durch meine Adern strömt. Hier bedrängt mich nichts, auch kein Impuls, das unverwechselbar schöne Panorama mit dem Stift abzubilden. Ein weißer Ausflugsdampfer gleitet in Richtung Ascona über den See. Voller neuer Energie marschiere ich mit erhöhtem Tempo und hole meine Eltern vor Seewalds Grundstück wieder ein. Pünktlich, wie verabredet, stehen wir vor dem verschlossenen Gartentor. Schon bevor wir auf die Klingel drücken, hören wir das wütende Gebell von Felix. Der schwarze Königspudel, ein wahrhaftig faustischer Geselle, springt auf das Tor zu, fletscht seine Zähne und versucht, das messerscharfe Gebiss durch die Gitterstäbe zu quetschen. Ein schriller Pfiff. Der Pudel springt vom Tor weg und der Maler hüpft mit wehenden weißen Haaren vergnügt und noch gelenkig die Stufen seines Weinbergs hinunter. Er öffnet uns die eiserne Pforte, während sich der hüfthohe Hund lammfromm neben ihm niederlegt. Nach der Begrüßung bestaunen wir den fachmännischen Beschnitt der Weinstöcke durch die kundige Hand des Hausherrn, die blütenreichen Oleanderbüsche, den hohen Bambuswald. Frau Uli empfängt uns im Hausflur in einem weißen Hosenanzug. Ihre aufrechte Figur ist noch schmaler geworden. Ihr pergamentartiges, zerknittertes Gesicht lächelt herb. Mutter stellt den in Ascona beim Konditor bestellten Geschenkkarton mit einem Panettone auf den mit hauchdünnem Knochenporzellan gedeckten Terrassentisch. Vor dem gemeinsamen Teetrinken beginnt die sich jedes Jahr wiederholende Zeremonie. Ein Sessel mit Blick auf die Brissago-Inseln wartet schon vor den heruntergeschnittenen Bambusstauden im Schatten des Feigenbaumes. Seewald nimmt darauf Platz und fährt sich mit beiden Händen durch sein fast schulterlanges, schlohweißes Haar. Uli hängt ihm ein Badehandtuch über den Rücken, Vater holt aus seinem mitgebrachten Stoffbeutel seine Papierschere heraus. Er zelebriert den bevorstehenden Eingriff, denn er weiß, dass seine von Seewald gewünschte Annäherung mit dem scharfen Schneidegerät schwierig werden könnte. Frau Uli knittert ihre Stirn in senkrechte Falten, kneift kritisch die braunen Augen zu Schlitzen, während Vater sich über Seewalds Kopf beugt. »Wie kurz mögen Sie es denn? Professoral? Oder halblang? Oder so sportlich, dass es wieder bis zum nächsten Jahr reicht?« Vater umrundet, von Frau Ulis äußerst kritischen Blicken verfolgt, sein Opfer. Er prüft die Länge des Haares, durchbricht Seewalds intime Bannmeile und beginnt mit dem Schneiden. Während dieser risikoreichen Prozedur unter freiem Himmel darf ich mich im Haus umsehen und im Wohnraum Seewalds fantastische Landschaftsbilder und Stillleben betrachten. Sie behaupten sich selbstbewusst neben den kleinformatigen Ölbildern Paul Klees. Die gesamte Längswand im Flur bestimmt ein weiß lackierter Bücherschrank mit Glastüren. Die Reihe seiner eigenen Bücher, die er als Autor und Maler mit feinen Tuschzeichnungen illustriert hat, ist wieder angewachsen. Nachdem ich auch die neue, perfekte Kurzhaarfrisur des Meisters bewundert habe, über die Seewald, sich im Handspiegel betrachtend, keine Kritik äußert, kehre ich die schlohweißen Haarreste vom Steinboden der Veranda auf. Auch Frau Uli scheint nach einer eingehenden Inspektion des Haarschnitts zufrieden und bringt auf einem venezianischen Tablett den Tee auf die Terrasse. Erst jetzt kommt die eigentliche Unterhaltung mit dem Austausch von Neuigkeiten, dem

Bericht über die Kunstszene in Köln und die politische Lage weltweit richtig in Gang. Als der Panettone, mit Butter und Tessiner Honig und Feigenkonfitüre bestrichen, verzehrt ist, steht Seewald vom Stuhl auf und wendet sich einem großen Zitronenbaum in einem Kübel zu. Er winkt mich heran, beugt sich zu mir hin, schaut mir ins Gesicht und sagt plötzlich: »Du bist ja als junges Ding ganz nett. Aber mit meiner Frau Uli wirst du dich nie vergleichen können! Schau sie dir genau an. Ulis faltige Schönheit und Alterswürde ist so viel mehr wert als deine hübsche Jugend! Merke dir das!«

Seltsamerweise irritiert mich diese unvorhergesehene, eigentlich beleidigende Bemerkung des alten Weisen nur wenig. Ich muss zugeben, dass er mir eine Tür aufgestoßen hat, Schönheit und Wahrheit neu zu betrachten. Ja! Frau Uli strahlt eine unantastbare Würde aus. Die Grazie eines gelebten Lebens. Diese Schönheit ist genauso voller Wunder wie die gelbe, überreife Pracht der Früchte des Zitronenbaumes. Diese prallen Limonen verströmen mit ihrer großporigen, glänzenden Schale gleichzeitig mit den neuen, kleinen, weißen Blüten an denselben Zweigen ein so starkes, ätherisches Aroma, dass sie mit ihrem intensiven Parfum einen unsichtbaren Duftraum um sich bilden. Unbeabsichtigt stoße ich an eine dieser pflückreifen Zitrusfrüchte. Die Limone purzelt zu Boden. Seewald bemerkt sehr unwirsch, dass er seine Zitronen als Zierde am Baum und nicht als Lebensmittel in der Küche sehen möchte. So als hätte ich absichtlich das leuchtend gelbe Dasein der Frucht vorzeitig beendet. Bei unserem nächsten Besuch fällt mir sofort auf, dass der große Topf mit dem Zitronenbaum auf der Terrasse fehlt. Als Ersatz täuschen nun an gleicher Stelle zwei Blechbäumchen mit gelb angemalten Früchten ein ewiges Leben vor. »Sind sie nicht hübsch!«, sagt Seewald.

Nach dem üblichen gemeinsamen Rundgang durch das Gelände zeige ich ihm eine Mappe mit Zeichnungen und Aquarellen, die ich in der ersten Woche im blühenden Garten des Monte Verità erarbeitet hatte. Er betrachtet jedes Blatt sehr genau und spornt mich an, weiter fleißig zu sein. Er lobt mein genaues Hinsehen, meine Ehrfurcht vor dem Vorbild und stimmt mir zu, als ich bemerke, dass ich mit der Betrachtung und der Wiedergabe der Natur und des Menschen wohl nie an ein Ende kommen werde.

Seewald schreitet uns voran und öffnet mit einem großen Schlüssel das uralte, handgeschmiedete Schloss zu seinem Atelier. Stapel von Malereien bedecken beinahe den gesamten Boden. Die magische Atmosphäre der Bildthemen und die intensive Farbigkeit seiner Ölbilder dringen durch meine Pupillen und ich speichere sie wie auf einer Festplatte in meinem Gedächtnis ab. Immer klarer kristallisiert sich für mich die Überzeugung heraus, dass mich während des Malprozesses die reine Abstraktion nie wirklich reizen wird, denn ich befürchte, dass eine von jedem Sinn oder von jeder Mehrdeutigkeit befreite Arbeit in eine dekorative Flachheit abdriftet. Deshalb genügt es mir nicht, wenn sich Malerei ausschließlich mit sich selbst beschäftigt und es beim Malvorgang nur um das Experiment mit Farbe und Form gehen soll – bis hin zum monochromen Bild. Kein Maler arbeitet bei der Wiedergabe eines Sujets so exakt wie ein hochpräzises technisches Gerät, daher ist jede Darstellung, die nicht sklavisch versucht, fotorealistisch die Wirklichkeit zu kopieren, eine Abstrahierung vom Urbild. Mein künstlerisches Ziel ist hochgesteckt: Durch forschendes Malen und die intime Annäherung an das Erlebte soll durch meine Inspiration und Hand ein Bild mit einem unverwechselbaren Eigenleben entstehen. Obwohl ich mich schon durch die Vorführung von Seewalds Malereien reich beschenkt fühle, legt mir der Künstler zum Abschied eine Rolle mit einem plakatgroßen Andruck von seinen Illustrationen zur Bilderbibel in die Hand.

Am folgenden Sonntag erwacht Ascona in frischklarer Luft. Der See und die ihn umrundenden Berge rücken zum Greifen nah heran. Alle Wolken sind verschwunden. Ich lehne an der Balkonbrüstung meines Dachzimmers zwischen sonnengelb bestrahlten Palmwipfeln und Mimosenbäumen. Scharfkantig spiegelt sich das Gebirgspanorama als harter Schlagschatten auf dem wie Zinn glänzenden Wasser. Möwen umkreischen lautstark die Fährschiffe. Mit meinem Zeichenbuch unter dem Arm und dem Beutel mit Farbstiften über der Schulter eile ich die Stufen zur Piazza hinunter. Lauer Wind treibt mir Duftfahnen von Holzfeuern und von röstenden Maronen in die Nase. Am Hafen warten schon unter den alten Platanen die gescheuerten Holztische auf die Gäste, während auf runden Blechen über der Glut der Eisenöfen die in den nahen Wäldern eingesammelten Esskastanien schmoren. Wie jedes Jahr beginnt die Castagnata, das Fest der Maronen, mit zünftiger Blasmusik. Ein adrettes Mädchen in Tracht schenkt den Nostrano, den neuen, schon trinkbaren Rotwein, aus einem irdenen Krug in bereitgestellte Gläser ein, den sofort die ungeduldig Wartenden mit zustimmendem Kopfnicken verkosten. Während die sonntäglich gekleideten Tessiner zur Musik des Dorforchesters ihre alten Lieder aus den Südtessiner Alpen summen, wenden junge Burschen mit feuerfesten Handschuhen die Esskastanien so lange auf dem Röstgitter hin und her, bis die mit einem scharfen Messer vorher angeritzte Schale über der Glut aufplatzt. Jeder der Festbesucher versucht, seinen Oberkörper im Rhythmus der Musik so geschickt zu bewegen, dass der Wein in seinem Trinkglas nicht herausschwappt. Plötzlich trippelt zwischen den kauenden, plappernden und schlürfenden Festgästen ein gelenkiger Mann in einem zu eng sitzenden, schwarzen Anzug nach vorne. Er schwenkt seinen Spazierstock, lüftet seine Melone und stolziert wie ein Gockel plattfüßig und mit wackelndem Oberlippenbärtchen durch die Menge. Hüpfend drängt er die Zuschauer zur Seite, bis er sich einen freien Platz erkämpft hat. Der perfekte Charlie Chaplin verschwindet wieder. Alle warten. Laut stöhnend kehrt er mit einem roten, zerkratzten Tisch zurück. Mit gespielter Anstrengung stapelt er dort brikettgroße Holzblöcke aufeinander, hüpft gelenkig auf die Tischplatte und macht auf dem immer höher anwachsenden Turm aus Klötzen einen einarmigen Handstand. Mit der freien Linken winkt er zwei Kinder zu sich heran, um im nächsten Moment wie ein Taschenmesser zusammenzuklappen und vom Podest zu springen. Stumm dirigiert er die beiden Kleinen nur mit seiner Gestik und führt sie zusammen, bis sie sich gegenüberstehen, sich anfassen und ihre Arme fest miteinander verschränken. Er prüft die Stabilität der Kinderärmchen, nickt zufrieden, stützt sich auf ihnen ab und vollführt auf ihnen wieder einen Handstand. Die Kinder fühlen sich überrumpelt. Mit ängstlichen und vor Anstrengung zusammengekniffenen Augen suchen sie ihre Eltern im Gewühl, denn die Kleinen können es kaum glauben, ohne Unterstützung den ganzen, kopfüber balancierenden Charlie allein zu tragen. Sie halten mit zitternden Knien das Gleichgewicht und werden dabei mit Pfiffen und Applaus angefeuert. Zur gleichen Zeit hopst ein Mädchen im rot-weißen Ringelanzug heran, wirbelt hölzerne Stäbe in die Luft und jongliert mit einer ansteigenden Zahl von Bällen. Mit offenem Mund verfolgt eine junge Mutter diese akrobatischen Darbietungen und bemerkt nicht, wie ihr Baby im rosa Strampelanzug während der Vorführung seine ersten Laufschritte ausprobiert und strauchelt. Bambino verliert seinen Schnuller, fliegt hin, krabbelt über das Kopfsteinpflaster zwischen den Beinen der Zuschauer hindurch, findet seinen Nuckel nicht und heult wie eine Sirene auf. Ein edler Dalmatinerhund nähert sich dem rosigen Säugling, beschnuppert ihn, hebt sein Bein und bepinkelt ihn mit strammem Strahl. Es wird turbulent. In schwappenden Wellen und mit lautem Tuten legt der überfüllte Ausflugsdampfer am Steg an und spuckt einen Touristenschwarm aus. Am Ufer unter einer der Platanen beobachte ich im Schatten neben mir einen seltsam gekleideten Alten. Sein Outfit ist bemerkenswert. Die strumpflosen Füße stecken in übergroßen Basketballschuhen und seine hautengen, pinkfarbenen Glanzleggings scheuern bei jedem seiner Schritte mit quietschendem Ratschen. Auf seinem dünnsträhnigen, weißen Haar balanciert ein topfartiger Damenhut wie ein Signal in knallroter Farbe. Der Glücksritter scheint seinen gesamten Besitz in einer goldenen Lacktasche bei sich zu tragen, die er mit dem linken Arm fest an sein wild kariertes Jackett presst, während er mit der rechten behandschuhten Hand mit fachmännischem Blick in den Papierkörben wühlt. Gerade als das Orchester die Schnulze vom Lago Maggiore anstimmt, rollt ein von zwei Rappen gezogener Leichenwagen auf die Piazza und versucht, sich einen Weg über den Festplatz durch das Menschengewühl hindurch zu bahnen. Angemessen langsam folgen die Trauernden dem mit prachtvollen weißen Rosengebinden geschmückten Sarg. Frauen und Mädchen in schwarzen Kleidern tragen kleine Blütenkränze und Bouquets in den Händen und folgen stumm und mit gesenktem Blick dem Fuhrwerk bis zum Bergfriedhof. Eine rothaarige Feuerschluckerin lässt sich durch diesen Trauerzug nicht in ihrer Performance stören. Mit ihrem Atem entfacht sie Feuer auf den Spitzen ihrer Fackelstöcke, wirbelt sie mit ausgestreckten Armen durch die Luft und hüpft in ihrem kurzen Ballettröckchen eine Strecke neben dem Sarg her. Aus Pietät verstummt die Dorfkapelle für einen kurzen Moment. Erst als der Leichenwagen in einer Nebenstraße verschwunden ist, beginnen die Trompeter und Flötisten langsam wieder in Moll aufzuspielen, um dann unter Volldampf mit allen Hörnern und Posaunen und der dicken Tuba einen flotten Marsch in Dur zu blasen. Begeistert klatscht die Menge Beifall und feiert bis in die Nacht. In der sich niedersenkenden Dämmerung steige ich die steilen Stufen des Berghangs zur Casa Wülfingen hinauf und lächle vergnügt vor mich hin, denn ein älterer Herr hatte mir beim Skizzieren heimlich über die Schultern geschaut. Als ich mein Zeichenbuch zusammenklappe und ihn bemerke, sagte er: »Sie, das ischt fantastisch, was Sie da machen. Sie, das ischt Museumsqualität. Ich bin Besitzer der ältesten Galerie in Ascona, kommen Sie mich besuchen!«

Am nächsten Morgen bummle ich mit meinem Zeichenbuch unter dem Arm durch das Ortszentrum. Jede Gasse mit den alten Häusern und den kleinen Geschäften verlockt durch das besondere Tessiner Fluidum. Hinter unscheinbaren Schaufenstern bewegen sich auffallend hübsche und elegant gekleidete junge Damen zwischen sehr edler und sehr teurer Ware. Ich entdecke wieder die Galerie, die mich mit ihren die gesamte Hausfront einnehmenden Schaufenstern schon bei früheren Aufenthalten zu Besuchen animiert hatte. Die Glastür ist angelehnt. Als ich in den dämmrigen Raum grüße, sitzt der alte Herr zwischen seinen Exponaten und liest die Zeitung. Er erhebt sich sofort und erkennt mich wieder, während ich ihm mein Zeichenbuch zeige, das er ohne die geringste Spur von Eile durchblättert. Dann räuspert er sich und schaut mich mit melancholischen, schon etwas getrübten Augen an: »Sie, das ischt gut, ja, ja, sehr gut! Sie, das ischt etwas fürs Museum. Leider muss ich meine Galerie in den nächsten Wochen aufgeben. Ich bin zu alt, um noch länger hier zu sitzen. Das ist schade!«

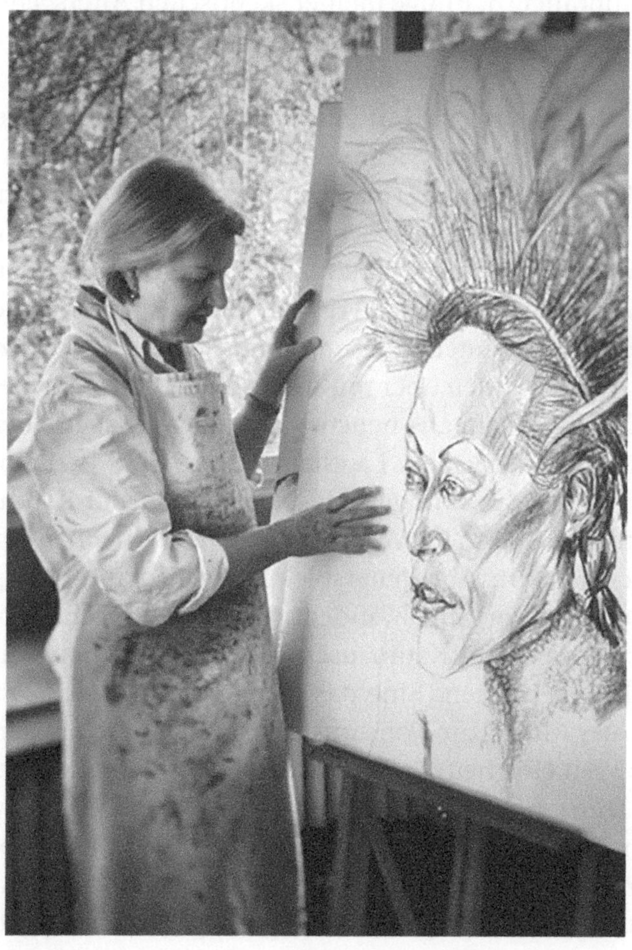

Kunstakademie Düsseldorf

Die neuen Möglichkeiten zu verreisen, alle erdenklichen Luxusartikel in den Läden vorzufinden und die Chancen, sich den Wunschberuf auswählen zu können, der Wohlstand und Erfüllung verspricht, vermitteln zu Beginn der 1960er-Jahre Vertrauen in eine gute Zukunft. Doch macht mich dieser neue Luxus, dieses rasant schnelle, wirtschaftliche Wachstum nach dem Desaster des Zweiten Weltkrieges wirklich uneingeschränkt glücklich? Kaum treffen wir Studenten uns, diskutieren wir über dieses ungezügelte Wachstum und das permanente Ausbeuten der weltweiten Ressourcen, was auch Wissenschaftler schon warnend bei Fachdiskussionen in den Medien anprangern. Einige meiner skeptischen Altersgenossen beginnen zu rebellieren. Sie wollen sich endgültig von dem bürgerlichen Muff, den heuchlerischen Moralvorstellungen und den rigorosen Erziehungsmethoden im Elternhaus und in den Schulen befreien. Studenten opponieren nicht nur gegen den Krieg in Vietnam, sie organisieren auch in den Zentren der Großstädte Protestmärsche gegen jede kriegerische Handlung weltweit. Trotz des wirtschaftlichen Aufschwungs macht sich in den immer unpersönlicher werdenden Städten eine allgemeine Unzufriedenheit breit. Designer versuchen dieser Tristesse etwas Erfreuliches entgegenzusetzen und erfinden ein neues, kunterbuntes Ambiente. Plötzlich quellen die Schaufenster der Läden über mit Möbeln, Geschirr, Tapeten, Vorhangstoffen und Modeartikeln aus neuen Materialien in abenteuerlich grellen Farben, Mustern und Formen. Lauthals lockt die Industrie mit Logos auf schrill bedruckten Verpackungen für Lebensmittel, auf Kleidung, auf Gebrauchsgegenständen und in Werbeanzeigen. Diese neonfarbige Verwandlung des Alltags ist ein Abenteuerspielplatz, auf dem die Popkultur eine »schöne neue Welt« vorgaukelt, indem sie eine künstliche Fröhlichkeit simuliert, der wir weder in Kaufhäusern, Läden, Gaststätten noch auf den Straßen entfliehen können. Eine das Denken betäubende Dauerbeschallung mit seichter Musik zur Konsumsteigerung berieselt unsere Ohren, als sei die ganze Welt eine heitere Bar in der Südsee. Wenn ich durch die Kölner Straßen laufe, fallen mir plötzlich überall Nierentische, wild gemusterte Tapeten, Stoffe und Tütenlampen auf, die ich bald auch bei Freunden als neueste fröhliche Errungenschaft in den modernisierten Wohnräumen entdecke. Jeder möchte Wegbereiter der Moderne sein; avantgardistische

Künstler, die alles Akademische als antiquiert und als spießig bezeichnen, verwenden bei ihrer kreativen Gestaltung besonders gern mindere Materialien, um der etablierten Kunst etwas fundamental anderes entgegenzusetzen. Sie sammeln Schrott verunfallter Autos, verarbeiten Alltagsgegenstände, Plastikmaterial und Zeitungsdrucke, um daraus eine neue Kunst zu entwickeln. Wem diese hyperschicke Plastikwelt nicht genügt und wer einen noch ultimativeren Kick sucht, experimentiert als Kreativer heimlich mit Drogen. Haschisch, Schlafmohn, LSD und Pilze scheinen das geeignete Material zu sein, in noch nie erlebte Sphären vorzudringen und das Bewusstsein zu erweitern, um diese neuen visionären Erfahrungen künstlerisch in der Musik, in der Malerei, in Romanen und Filmen zu verwerten. Die erstaunlichen Ergebnisse werden nicht mehr nur einem elitären Publikum in Konzertsälen, Museen und Kunstvereinen präsentiert, sondern in aller Öffentlichkeit in Möbelhäusern, Praxen, Gärten, Kirchen oder alten Bunkern vorgeführt, um Kunst als Lebensmittel in den Alltag zu integrieren. Für mich ist es aufregend, die neuesten, immer größer werdenden Formate und Objekte an immer neuen Ausstellungsplätzen ausfindig zu machen, wo die Aussteller mit geistreichen Reden, kostenfreien alkoholischen Getränken und mit Snacks kauffreudige Bürger zum Erwerb der spektakulären Arbeiten verführen. Scharen neugieriger Gäste strömen zu den Vernissagen. Bazon Brock verkündet: »Die Kunst ist Werkzeug der Erkenntnis.«

Dieses Rumoren in der aktuellen Kulturszene macht mich immer unruhiger. Nachdem wir von unserem Aufenthalt im Tessin nach Köln zurückgekehrt sind, überreicht mir der Postbote einen großen Umschlag mit den Unterlagen meiner Bewerbung für das Studium an der Düsseldorfer Kunstakademie. Nervös entnehme ich dem Kuvert ein amtliches Anschreiben, welches mir mitteilt, dass die Auswahlkommission mich aus einer großen Gruppe von Bewerbern ausgesucht hat und mich einlädt, an einer Prüfungswoche teilzunehmen. Als ich mit diesem Schreiben in der Hand triumphierend vor dem Gesicht meines Vaters herumwedele, zeigt er sich als Dozent nicht sonderlich erfreut und verkneift es sich nicht, mir gleich eine Moralpauke zu halten, wie schnell man auf Kunstschulen verlottern kann. Natürlich verspreche ich ihm, falls ich diese Prüfungswoche bestehen sollte, später nicht als hungerndes Malweib herumzulungern, sondern den Abschluss als Kunsterzieherin anzustreben. Zum angegebenen Datum kaufe ich ein Bahnticket nach Düsseldorf und betrete zum ersten

Mal das hohe und Ehrfurcht einflößende Gebäude der Staatlichen Hochschule für Bildende Künste, »Eiskellerstraße 1«. An der Fassade glänzen in goldenen Lettern die Namen großer Künstler in der Sonne. Trotz eines gewissen Stolzes fühle ich mich elend vor Aufregung. In den hohen Fluren begegnen mir einige recht lässige Gestalten in farbverschmierten Kitteln, mit seltsam wüsten Frisuren und mit einem selbstgefälligen, beinahe prophetischen Gesichtsausdruck. Sie erscheinen mir wie Gestalten aus einer anderen Realität, wie Außenseiter, die sich weit entfernt vom Alltag hinter den hohen Türen in ihrem eigenen künstlerischen Dunstkreis bewegen. Ob sie gerade etwas Geniales auf die Leinwand gebannt oder in Gips geformt haben? Ich komme mir verloren und fehl am Platz vor. Nur der Nachhall meiner Schritte begleitet mich durch die hohen Flure. Im ersten Stock frage ich einen Maler mit einer langen Leinwand unter dem Arm und weißen Spritzern im Gesicht nach dem Prüfungsraum. Er zeigt weiter geradeaus, wo mich Gemurmel aus einem geräumigen Atelier empfängt, in dem schon andere Kandidaten auf hölzernen Zeichenböcken warten. Auf einem der freien hinteren Sitze lasse ich mich nieder und beobachte die übrigen Prüflinge. Sie sehen alle recht harmlos aus und verhalten sich genauso aufgeregt und linkisch wie ich! Die Ateliertür wird geschlossen. Ein Professor begrüßt uns kurz und teilt uns mit, welche Aufgaben wir an den kommenden Tagen zu erfüllen haben. Er stellt uns Frau Zeisig als Porträtmodell vor. Ich freue mich, denn ich bin aufgrund der Geschenkwünsche meines Vaters, von mir Selbstporträts anzufertigen, gut trainiert, genau hinzuschauen. Auf einem weißen Bogen Ingres-Papier versuche ich mit einem HB-Bleistift ein möglichst genaues Abbild ihres Kopfes in natürlicher Größe zu skizzieren. Nachdem ich die letzten Schraffuren angelegt habe, vergleiche ich meine Zeichnung mit den Ergebnissen der anderen Prüflinge und bin verblüfft, wie unterschiedlich ihre Arbeiten ausfallen. Einige versuchen, genialisch nach Picasso, das Gesicht kubistisch zu zersplittern. Andere probieren mit unendlich vielen Strichelchen wie ein Impressionist in wolkiger Manier eine vage Kopfform hinzuhauchen. Auch die Größenunterschiede sind erstaunlich, denn manche Köpfe passen nicht auf das Blatt und zeigen nur Details, andere sind winzig und verlieren sich in einer Ecke des Hochformats. Am Tag darauf ist die Aufgabe für mich schon schwieriger. Das Porträt nach Modell soll malerisch, also nur mit Pinsel und Farbe dargestellt werden. Ich werde unsicher und probiere sehr zögerlich meinen Aquarellmalkasten aus. Meine Wasserfarbenmalerei erscheint mir ausdrucksarm und verbeult mein ungeeignetes, viel zu dünnes Zeichenpapier. Da ich noch Zeit für ein zweites Blatt habe, werde ich mutiger und setze leuchtende und komplementäre Farben nebeneinander, lasse sie fließend sich durchdringen und erreiche so ein volltönendes und kraftvolles Aquarell. Die anschließend gestellte Aufgabe verlangt eine räumliche Darstellung und danach eine abstrakte Komposition.

Wenn ich abends die Akademie in Richtung Bahnhof verlasse, schwanke ich leicht und fühle mich verausgabt und müde, aber ich kann nicht abschalten und studiere Ohren, Proportionen, Schattenverläufe, Farbwechsel des Teints. Langsam und kontinuierlich steigert sich meine Sucht, Gesichter zu beobachten und das Gesehene in der Erinnerung zu speichern. Fünf Tage lang reise ich von Rodenkirchen aus zur Akademie und wieder zurück. Endlich naht das Wochenende, und das Warten auf das Ergebnis der Prüfung hat Erfolg. Die nächste Post aus Düsseldorf sichert mir einen Studienplatz im Probesemester zu. Jetzt kann ich meine skeptischen Eltern davon überzeugen, dass dieser Studiengang für mich der richtige ist. Am meisten aber wünsche ich mir endlich Selbstbestimmung und einen eigenen Freiraum, in dem ich ungestört nachdenken und arbeiten werde. Es fängt schon damit an, dass ich mir allein ein preiswertes Zimmer suchen muss, das ich bald im Stadtteil Bilk finde. Es ist ein schöner Raum im zweiten Stock eines Gebäudes aus der Gründerzeit mit Blick in die Baumkronen von Platanen. Eine Haltestelle der Straßenbahn, die in Richtung Akademie fährt, befindet sich direkt vor dem Haus. Meine Vermieterin ist Witwe und bewohnt mit einem braven Knaben von dreizehn Jahren und einer hübschen achtzehnjährigen Tochter, die schon berufstätig ist, eine geräumige Etage. Mit ihnen darf ich nun mein häusliches Dasein teilen, indem ich ihre Küche und das Bad mitbenutzen kann. In meinem neuen Zimmer verändere ich nichts, da ich dort nur nächtigen werde. Nur die wechselnden Blumensträußchen auf meinem Schreib- und Zeichentisch beweisen, dass ich jetzt hier heimisch bin. Die grundlegend neue Erfahrung, dass mich niemand mehr korrigiert, mir Vorwürfe oder Vorschriften macht, treibt mich mit ungebremstem Elan jeden Morgen in die Akademie. Das konzentrierte Zeichnen verlangt meine ganze Hingabe. Doch bald merke ich, dass mir eine Anleitung fehlt. Nach dem einengenden Drill des Unterrichts an den Nachkriegsschulen ist diese nicht geübte neue Freiheit wie ein ungewohnter Befreiungsschlag, der zu plötzlich kommt. Ein Gefühl der Verlorenheit nagt unterschwellig an meiner Freude, endlich alles selbst und ganz allein entscheiden zu müssen. Es wird noch einige Zeit vergehen, bis ich erkenne, was Norbert Kricke viele Jahre später als Lehrer in der Akademie verkünden wird: »Kunst ist nicht lehrbar. Es gibt keine Regeln für die Kunst. Sie entsteht aus dem Menschen, der Mensch und Welt erlebt und dieses Erleben mit bildnerischen Mitteln niederschreibt.«

Auch Markus Lüpertz, der 1988 die Leitung dieser Akademie übernimmt, erklärt achtundzwanzig Jahre später: »Die Akademie ist bemüht, Sie, die Studierenden, mit Stolz zu erfüllen und teilhaben zu lassen an der Arbeit und der Herausforderung, die dieser ungenaue und viel interpretierbare Horizont der Kunst uns stellt. Stolz zu sein und daran zu arbeiten, diese ungenaue Vorstellung des Idealismus, der Sehnsucht und der Hoffnung, zeitlich und zeitgemäß und auch kurzfristig zu definieren, nicht als Dogma, sondern als Möglichkeit, als individuelle Möglichkeit und in der Diskussion miteinander, für Gesichtspunkte, Erklärungen und Zukunftssysteme verantwortlich zu sein, stolz zu sein auf die Begegnung, die die Akademie vermittelt, stolz darauf zu sein, wenn auch nur kurze Zeit zusammengehört zu haben, dabei gewesen zu sein und Verantwortung in dieser Zeit getragen zu haben. Um ein Zukünftiges will ich Schüler, die im Meer des Ideellen, im Tal des Unsinnigen und im Himmel des Genialen zu Hause sind.«

Nachdem uns »Studenten auf Probe« ein heller Atelierraum zugeteilt worden ist und sich der uns zugewiesene, an seiner Pfeife saugende Professor kurz vorgestellt hat, sind wir uns selbst überlassen. Von unserer langen Schulzeit her sind wir es gewohnt, dass uns bestimmte Aufgaben gestellt und die Ergebnisse von einer Respektsperson beurteilt werden, damit wir unseren Weg, mit neuen Erkenntnissen versehen, weiterverfolgen können. Jetzt stellt uns niemand eine Aufgabe, niemand erteilt einen Rat oder übt Kritik. Man munkelt, unser Professor genieße sein Dozentenleben auf seiner Segelyacht, denn er lässt sich bei uns nur selten blicken. Ich versuche herauszufinden, welche Art Malerei er betreibt, denn seine Bilder sind mir unbekannt. Als er zum ersten Mal Interesse an meinen Arbeiten zeigt, deutet er mit seinem Finger auf eine rosafarbene Partie eines Aquarells und sagt: »Anstelle des Rosa wäre doch ein Grün besser.« Obwohl mir das nicht einleuchtet, verändere ich den Farbton in ein Grün. Nach einigen Wochen schaut er nochmals auf diese Arbeit, weist auf die von mir in seinem Sinne veränderte Stelle und äußert nach langem Zögern, ohne seine Pfeife aus dem Mund zu nehmen: »Hier würde mir ein Rosa besser gefallen.« In unserer Ratlosigkeit schlage ich einigen Mitstudenten aus dem Probesemester vor, dass wir uns gegenseitig porträtieren. Doch die meisten meiner Kollegen sind mit diesem Vorschlag nicht einverstanden, sie verurteilen das Zeichnen nach Modell und das gegenständliche Darstellen als akademisch und altmodisch und erklären zynisch: »Porträt- und Aktzeichnen ist völlig überflüssig! Langweilig! Out!« Entsprechend selten sind sie in unserem Atelier anwesend.

Mir bleibt dieses Argument unverständlich. Für mich gibt es nichts Aufregenderes und Spannungsvolleres als das studierende Betrachten des Menschen. Jedes Individuum ist Abbild des Lebendigen, Zeugnis der Gegenwart und Spiegelung der eigenen Person. Ich setze mich auf meinen Zeichenbock und versuche, die übrig gebliebenen Studenten unserer Ateliergemeinschaft, die sich abstrakten Übungsblättern widmen, als Porträts zu Papier zu bringen. Vor allem fasziniert mich die in einer dämmrigen Ecke sitzende, stille und scheue Hanne Darboven aus Hamburg, die sich während des Zeichnens vor Konzentration Haare büschelweise ausreißt und versucht, die kahlen Stellen auf dem Kopf unter einer Mütze zu verstecken. Mich beschäftigt ihr fein geschnittenes Profil. Mehrmals porträtiere ich sie, während sie mit ätherisch feinen Linien zarte Bleistiftgewebe auf dem Papier wachsen lässt. Als am Ende des ersten Monats unser Professor kurz auf unsere Blätter schaut und kleine Rauchwölkchen in die Luft bläst, hören wir wieder keine Beurteilung. Ich erkundige mich bei ihm, ob wir in der Akademie die Möglichkeit hätten, Körper nach Modell zu zeichnen. »Ja, wenn Sie das unbedingt wollen, dann suchen Sie sich doch ein Aktmodell.« »Wo?«, frage ich. »Ach, da kann ich Ihnen auch nicht weiterhelfen. Vielleicht sprechen Sie auf der Königsallee mal irgendwelche Leute an!« Anschließend sitze ich ratlos in der Mensa im Keller neben einem chinesischen Studenten aus der Bildhauerklasse mit Gipsspritzern im lackschwarzen Haar. Ebenso missmutig wie ich zerkaut er ein ledernes Schnitzel mit halb garen, grünen Bohnen. Als ich ihn frage, wie man am besten an ein Aktmodell gelangt, lächelt er. Da er in China aufgewachsen ist und erst seit kurzer Zeit in Deutschland lebt, verstehe ich nur bruchstückweise, was er mir empfiehlt. Der Sinn ist ungefähr so: »Das ist ganz einfach! Sie gehen ins Sekretariat und beantragen ein Modell.« Natürlich siezen wir Studenten uns, nur unter Freunden und oft erst nach langer Zeit bieten wir uns feierlich ein Du an. Den klugen Rat befolgend, klopfe ich an die Tür der Verwaltung. Sofort veranlasst die Sekretärin, dass uns ab heute an bestimmten Tagen in unserem Atelier ein Modell zur Verfügung steht. Die übrige Zeit verbringe ich im zugigen Flur auf einem Hocker vor der Nachbildung der Laokoon-Gruppe und skizziere Details dieser Replik der originalen Großplastik aus römischer Zeit, die mich vom ersten Akademietag an optisch beschäftigt. Mit plastischer Wucht und Dynamik symbolisiert das Werk einen dramatischen Kampf um Leben und Tod. Laokoon, ein trojanischer Priester, versucht mit letzter Kraft und mit der Hilfe seiner beiden Söhne, sich aus der mörderischen Umklammerung zweier Würgeschlangen zu befreien. Mit übermenschlicher Energie bäumen sich die drei muskulösen Männer auf und erwehren sich dieser sie umschlingenden Bestien. Trotz hochdramatischer Gesten vermittelt diese Dreiergruppe in ihrer skulpturalen Geschlossenheit eine kompositorische Harmonie. Immer faszinierter zeichne ich Details der einzelnen Muskelstränge und die Überschneidungen der Glieder mit den sich plastisch windenden Schlangen und bewundere die Raffinesse dieser anatomisch vollendeten Körperlichkeit der Kämpfenden, während vorbeikommende Kommilitonen mich mitleidig belächeln. Selbst in der Nacht verfolgt mich der entfesselte Kampf gegen Riesenschlangen im Traum, und meine Ohnmacht, die Biester mit meinen Bleistiften zu besiegen, lässt mich am Morgen völlig erschöpft aufwachen. Am Ende des Semesters wird mein einsames Zeichnen auf dem sonst so ruhigen Flur plötzlich durch hektisches Türenschlagen und Laufen gestört. Einige Studenten aus den Malklassen schleppen Großformate auf den Gang, Bildhauer stellen Sockel vor die Wände, und unser Hausmeister baut hohe Ständer mit Stellwänden neben den einzelnen Ateliertüren auf. Wie ein Lauffeuer verbreitet sich die Parole: Rundgang! Der Rundgang ist der Tag der Wahrheit. Jeder Student ist aufgefordert, bis zu vier seiner besten Semesterarbeiten öffentlich zu präsentieren. Etwas unsicher suche ich zwei Akte und zwei Porträtzeichnungen aus meiner gefüllten Mappe aus. Während des Rundgangs und der Begutachtung durch die Professoren ist die Anwesenheit von Studenten nicht gestattet. Erst am darauf folgenden Montag wird uns Studenten das Ergebnis des Professorenkollegiums mitgeteilt. Diesmal erscheint unser Dozent ohne Pfeife und mit ernstem Gesicht. Er begrüßt uns kurz und teilt uns wie beiläufig mit, dass unsere Probeklasse durchgefallen sei! Nur zwei Studenten könnten das Vorsemester wiederholen. Das ist für alle ein Schock. Obwohl ich das Glück habe, an der Akademie mein Studium fortsetzen zu dürfen, überlege ich, ob ich überhaupt für ein Kunststudium geeignet bin. Deprimiert sortiere ich meine Arbeiten, räume den Zeichentisch leer und versuche, die Durchgefallenen zu trösten, die sich ein Künstlerleben erst einmal als Bohème mit vielen Diskussionen an Kneipentischen und Biertresen vorgestellt hatten. Einige schleichen sich mit ihrer unbezeichneten Papierrolle oder der leer gebliebenen Sammelmappe davon, andere fluchen auf die Inkompetenz der Dozenten, die ihr verstecktes Genie nicht erkannt hätten. Als ich meine Zeichenmappe zubinde, pocht es laut an unsere Tür. Ein mir unbekannter Student verlangt, dass sich der Urheber der Porträt- und Aktzeichnungen im Flur sofort im Privatatelier eines Professors der Bildhauerklasse meldet. Dort klopfe ich an und stelle mich vor. Doch ich werde barsch wieder hinausgeschickt. »Ich habe nach dem Zeichner rufen lassen, von dem die beiden Akte und die Porträts vor dem Raum des Probesemesters hängen.« »Ja, die sind von mir«, sage ich höflich. »Nein! Ich habe den Zeichner hergebeten, nicht Sie!« Ich entschuldige mich für das Missverständnis, gehe zurück in unseren Arbeitsraum und lege meine letzten Zeichnungen und Aquarelle in eine zweite Mappe. Wieder klopft es. Derselbe Student drückt die Klinke herunter und ruft in den Raum: »Der Zeichner der vier Bleistiftzeichnungen, die links neben der Tür auf dem Flur hängen, soll sich sofort bei dem Herrn Professor der Bildhauerklasse melden. Ich folge nochmals und lasse mir von ihm genau zeigen, um welche Zeichnungen es sich handelt. »Ja, das sind eindeutig meine Blätter, die ich gerahmt an die Stellwand gehängt habe.« Mit mulmigem Gefühl klopfe ich wieder an die hohe Ateliertür und der Professor ruft: »Herein! – Sie? – Was wollen Sie hier schon wieder? Ich möchte nicht gestört werden!« Ich empfinde die Situation als abstrus und antworte leise, dass mich gerade ein Student erneut aufgefordert habe, mich hier zu melden. Verschüchtert füge ich hinzu: »Er zeigte im Flur auf die von Ihnen beschriebenen Arbeiten. Dabei handelt es sich eindeutig um meine Akt- und Porträtzeichnungen.« »Nein, ich will nicht mit Ihnen, sondern mit dem Zeichner dieser Blätter sprechen!« »Entschuldigung, Herr Professor, diese Arbeiten sind von mir!« »Das kann nicht sein!« Der Professor erhebt sich von seinem Stuhl. Ich sehe ihm geradewegs in die Augen und bitte ihn: »Begleiten Sie mich auf dem kurzen Weg und zeigen Sie mir die Handzeichnungen, die Sie ansprechen.« Er verzieht unwillig sein Gesicht und folgt mir schlecht gelaunt. Als ich vor meinen Zeichnungen stehen bleibe und auf sie hindeute, sagt er beinahe wütend: »Ja, die meine ich! Das beweisen Sie mir aber erst mal, dass diese Arbeiten von Ihnen stammen!« Als ich auf meine Unterschrift zeige, erwidert er mit rotem Gesicht: »So eine Unterschrift kann ja jeder nachträglich daruntersetzen!

Wie heißen Sie eigentlich?« »Monika Hußmann, so wie ich signiert habe.« »Ich nehme sowieso keine Mädchen!«

Nach dieser Erfahrung stelle ich mich bei dem Professor vor, der die Fachabteilung für das Künstlerische Lehramt leitet, und schaue mir in seinen beiden Unterrichtsräumen die figürlichen Darstellungen und Landschaftsbilder der KL-Studenten an. Mir fällt auf, dass sie in einem fusseligen Liniengewirr gezeichnet sind, aus dem das Auge die richtige Spur herausfiltern soll. Die meisten Arbeiten der Studenten zeigen diese impressionistische Manier, die mir fremd ist, da ich in der Zeichnung eine klare Linie bevorzuge. Schon als Kind hatte ich die Abbildungen der Künstler in den Kunstbüchern besonders lange betrachtet, die mit selbstbewussten, eindeutigen Linien zeichneten, wie Bosch, Caravaggio, Ingres, Dix, Schiele und Beckmann und Picasso. Zu meiner Verblüffung teilt mir der mir unbekannte Herr Professor mit skeptischem Blick mit, dass er wegen meiner Person Ärger gehabt habe. Die Eltern einer Studentin, die mit mir zusammen das Werklehrerseminar in Köln und anschließend das Vorsemester hier in der Akademie absolviert hatte, wollten juristisch gegen den Entscheid der Akademie vorgehen. Sie begründeten ihren Klagewillen mit dem Argument, dass ihre begabte Tochter ungerechterweise nach dem Probesemester ohne weitere Studienerlaubnis entlassen worden sei, während das weniger talentierte Fräulein Hußmann weiterstudieren dürfe. Sie hätten sich bei ihm, als Fachdozent für Kunstpädagogik, heftig beschwert und mit einem Anwalt gedroht. Konsterniert versuche ich, diese Mitteilung zu verstehen, denn während des Werklehrerseminars und im vergangenen Probesemester rechnete ich die Anklägerin zu meinem Freundeskreis. Kurz darauf treffe ich auf einer Vernissage Elsa, eine Kollegin aus unserer gemeinsamen Kölner Studienzeit. Sie kommt auf mich zu und erzählt mir erregt: »Stell dir das vor: Unserer Mitstudentin ist es gelungen, meinen hochbetagten Vater so zu umgarnen, dass ich mein Zuhause verloren habe!« Nun versuche ich, Elsa zu trösten, und erzähle ihr meine unerfreuliche Geschichte mit derselben Person. Um uns beide aufzuheitern, folgt Elsas Bericht über ein besonderes Geschenk. »Vor Jahren überreichte mir mein Freund nach einer Südamerikareise eine verpackte Rolle, die ich behutsam auswickle. Du glaubst es nicht! Da purzelt mir ein winziger und lebensecht nachgebildeter Alligator in die Hand. Begeistert über die Originalität des Mitbringsels lege ich das völlig steife Krokodilchen als Briefbeschwerer auf meinen Zeichentisch. Jedoch nach einigen

Tagen ist das ausgefallene Geschenk verschwunden. Niemand hatte mein Zimmer betreten. Ich suche mein Krokodil unter dem Tisch, hinter dem Vorhang, unter dem Stuhl. Vergeblich! Erst beim Staubsaugen entdecke ich das niedliche Tierchen unter meiner Kommode! Mit geöffnetem Maul! Als ich es hochheben will, bewegt es sich! Sofort erkundige ich mich im Kölner Zoo, wie man ein solches Baby ernährt. Täglich kaufe ich beim Metzger die angegebene Menge der Fleischration. Mein Winzling wächst und wächst! Da mir nicht mitgeteilt wurde, in welcher Zeitspanne diese Fleischmenge zu verfüttern ist, wächst das Krokodil nach täglichem Verzehr der gesamten Monatsration so beängstigend schnell, dass ich meinen nun zuschnappenden Alligator in die Badewanne verbanne, wo er riskant um sich beißt und meine Nächte im Nebenraum beunruhigt. In meiner Notlage bitte ich wieder den Zoo um Hilfe. Noch am selben Tag transportieren Fachleute in Schutzkleidung meinen sich immer lebensgefährlicher gebärdenden Liebling ab. Jetzt tummelt sich mein noch vor Kurzem zierlicher Briefbeschwerer im Hippodrom und entwickelt sich nach seiner sorglosen Kindheit bei mir zu einem der prächtigsten Kaimane. Wenn ich ihn besuche, grinst er mich an!«

Zu der Androhung einer Anzeige und zu den Bemerkungen des Professors zu meiner Person fällt mir keine Antwort ein. Nach einer beklemmenden Stille murmelt der Professor: »Na, dann setzen Sie sich dort an den Tisch, arbeiten Sie und beweisen Sie mir Ihre Begabung. Das Thema lautet: ›Ein Stillleben‹.« Ich suche mir das Skelett eines Kuhschädels aus, das auf einem Bord neben Vasen, Töpfen, vertrockneten Blumen und diversen anderen Utensilien ein Schattendasein fristet und von einer dicken Staubschicht bedeckt ist. Neben mir steht Renate an der Staffelei und malt mit flottem Pinsel eine Reihe von Frauenbildnissen mit Federhut nach dem Porträt der Susanna Lunden von Rubens. Auf den Leinwänden meiner neuen Studienkollegen entstehen zarte Landschaften oder sich auflösende Stillleben in der Manier von Cézanne. Die vom Dozenten gestellte Aufgabe lautet: »Wie Licht und Schatten die Oberflächen der Dinge verwandeln«. Ich konzentriere mich darauf, diese Art der Sehweise nachzuvollziehen, aber mich fesselt etwas ganz anderes. Ich möchte hinter die Fassade blicken und das Erspürte als Symbol des Lebens begreifen. Mein künstlerisches Hauptziel besteht darin, das Intime des Individuums, seine Persönlichkeit und seine Befindlichkeit zu entdecken, denn sie prägen die schnell verrinnende Zeit und gestalten jeden der Augenblicke einzigartig.

Nachdem ich meine verschiedenen Bleistiftminen gespitzt habe, beginne ich mich in den Schädel von allen Seiten hineinzusehen, um ihn in seiner beinernen Existenz als Resultat eines vitalen Lebens zu erfassen. Neben mir summt Renate bei der Herstellung ihrer Eitemperafarben leise vor sich hin. Sie rührt das jeweilig gewünschte Farbpigment mit einem Teil Leinöl, einem Teil Wasser und einem Eigelb auf einem Teller an. Mir imponiert, wie selbstbewusst, vergnügt und locker sie arbeitet. Plötzlich erkenne ich den Grund ihrer Beschwingtheit. »Zur Anhebung des Blutdrucks« genehmigt sie sich mehrere Schlückchen aus einer unter Lappen in ihrem Malwagen versteckten Rumflasche. Mit ihren Erfahrungen, die das wahre Künstlerleben ausmachen, scheint sie mir weit voraus, denn sie hatte schon einige Semester an der Karlsruher Kunstakademie absolviert. Wie im Flug geht das Wintersemester in dieser Abteilung für das Künstlerische Lehramt mit den vielen Pflichtvorlesungen in Philosophie und Methodik neben Kunstgeschichte und Anatomie und mit den Übungen in Schrift und Perspektive vorbei.

Als die Sommerferien nahen, rät mir Renate, ganz schnell im Sekretariat einen Aufenthalt in Kronenburg zu buchen, da die Anmeldeplätze der zur Akademie gehörenden Bildungsstätte begrenzt und sehr beliebt seien. Die Möglichkeit, im Sommer mit Studienkollegen zusammen zu sein und zu malen, versetzt mich sofort in eine Hochstimmung. Wieder packe ich meinen karierten Koffer mit einer Rolle Zeichenpapier und Malblöcken, wickle meinen Aquarellkasten in einen dicken Pullover und stopfe Pinsel und Stifte neben Tuschefläschchen. Die wenigen anderen Bekleidungsstücke passen gerade noch unter das Zeichenbrett und einen kleinen Klapphocker. Ein großer Reisebus wartet am Treffpunkt vor dem Portal der Akademie. Meine Kollegen empfangen mich mit lautem Hallo. Auch sie sind mit Rucksäcken, Feldstaffeleien und Papierrollen bewaffnet und lauern darauf, dass sich die Bustür öffnet. Ich fühle mich dazugehörig, obwohl ich mich weder an dem berüchtigten Karnevalsfest im Akademiekeller noch an den allabendlichen Kneipenbesuchen beteiligt habe. Wir albern herum. Neben mir trippelt Marianne von einem Bein auf das andere. Mit ihrer hochgetürmten Frisur aus schwarzem Kraushaar und mit ihrem gebräunten Teint sieht sie faszinierend orientalisch aus. Sie stupst mich in die Seite, zeigt auf das goldene Band der berühmten Namen an der Akademiefront und behauptet mit fester Stimme: »Heute Nacht habe ich geträumt, dass mein Name bald dort oben neben den anderen Malergenies in Goldbuchstaben stehen wird. Daran glaube ich. Meine Träume werden immer wahr!« Sie fixiert mich mit ihren honigfarbenen, mit einem schwarzen Kajalstift umrandeten Augen und nickt bekräftigend. Der große Bus faltet die Türen auf und Marianne nimmt neben mir Platz. Während der Fahrt erwähnt sie ihre Bleistiftzeichnungen, die sie bei Professor Fassbender täglich vor einem Modell anfertige. Ich werde sehr aufmerksam, vor allem, weil der Meister jeden Tag zur Korrektur käme und alle konzentriert arbeiteten. Professor Fassbender, ein abstrakter Maler, ist mir seit meinen Begegnungen mit ihm bei Ausstellungseröffnungen in Köln und im Flur der Akademie bekannt. Die faszinierende Ausstrahlung seiner kleinen, gedrungenen Gestalt mit einem verhältnismäßig großen Kopf wirkt auf mich stets geheimnisvoll, denn das wie eine schroffe Landschaft durchfurchte Gesicht scheint immerzu in Bewegung zu sein. Sein dichtes, rostfarbenes Haar, das oft in einer Strähne über die Augen fällt, und seine sich wie Antennen in die Höhe reckenden, fuchsfarbigen Brauen erinnern mich an einen gutmütigen Luzifer, der als Lichtträger auch diabolische Funken versprühen kann. Sein Blick fordert heraus, er durchdringt jede Oberfläche. Deshalb beginnt mein Akademietag jedes Mal mit Freude, wenn er morgens auf dem Flur mit einem verschmitzten Lächeln an mir vorübergeht. Leider leitet er die Klassen der Freien Malerei, die für mich als Studentin des Künstlerischen Lehramtes nicht zuständig sind. Ich frage Marianne aus, wie er seinen Unterricht gestaltet und was er als Korrektur äußert. Sie erklärt mir, dass es eine Auszeichnung sei, bei den Vorarbeiten seiner riesigen Wandteppiche assistieren zu dürfen. »Die Farbskizzen von Fassbender müssen auf zusammengeklebte, lange Papierbahnen vergrößert übertragen werden. Sie dienen als Vorlage für seine großformatigen Tapisserien, die eine berühmte Manufaktur in Frankreich für den Künstler webt.« Mariannes Bericht wird durch Gesang, Gitarrenmusik von der Rückbank und das brummende Motorengeräusch übertönt. Mit beachtlichem Tempo durchquert der Fahrer die Eifeldörfer, bis er im Kreis Dahlem die Talsohle von Kronenburgerhütte erreicht. Hier gibt er noch einmal richtig Gas, alle verstummen voller Erwartung, und das voll besetzte Fahrzeug quält sich knatternd die steilen Kehren bis Kronenburg hinauf. Von einer verwitterten Bergfriedruine gekrönt, ähnelt der Burgort einem französischen Wehrdorf. Kleine Häuser schmiegen sich Wand an Wand und bilden mit einer 1492 errichteten Kirche in der Ringmauer einen widerstandsfähigen Festungswall. Die Ansiedlung im oberen Tal der Kyll wird im Jahr 1277 zum ersten Mal schriftlich erwähnt und erlebt im Lauf der folgenden Jahrhunderte eine wechselvolle Geschichte. Erst nach der Befreiung aus spanischer und danach aus französischer Herrschaft wird das verwunschene Kronenburg 1819 der Gemeinde Preußen zugesprochen. 1930 eröffnet Professor Werner Peiner, Lehrer für Monumentalmalerei an der Düsseldorfer Kunstakademie, am Ortseingang eine Malschule, die Hermann Göring 1942 mit dem Titel »Meisterschule für Malerei« auszeichnet. Da Adolf Hitler seinen Lieblingskünstler Peiner in die Liste der »Gottbegnadeten« aufnimmt, betiteln missgünstige Kollegen Peiner wegen seiner penibel naturalistischen Malweise zynisch als »Schamhaarmaler«. Schon bald nach Kriegsende nutzt die Düsseldorfer Akademie diesen Gebäudekomplex weiter als Bildungsstätte, damit Dozenten, Studenten und jetzt wir gemeinsam in den Semesterferien in der gesunden Eifelluft Ideen sammeln und kreativ arbeiten können.

Nachdem die Schlafplätze verteilt sind, wuchten Marianne und ich unsere Koffer eine steile Stiege zu unserer Dachkammer hoch und nehmen anschließend im Speisesaal im Parterre, dem früheren Großatelier Werner Peiners, im Kreis aller Studenten unsere Mahlzeit ein. Der hallenartige Raum öffnet sich bis ins Spitzdach und wird von einer voll verglasten Nordwand belichtet. Peiner benötigte die hohen Wände für die Entwürfe seiner monumentalen Gobelins, die er für die von Albert Speer geplante Reichskanzlei vorskizzierte, da er hoffte, für diese Tapisserien den großen Staatsauftrag zu erhalten. Nun sitzen wir Kunststudenten hier an langen Tischen, verzehren unser Kantinenessen und trinken dazu den herumgereichten Hagebuttentee, der nur wegen seiner Farbe entfernt an Rotwein erinnert. Die Nacht wird für August erstaunlich kalt, wir steigen zeitig in unsere Betten. Erst als am frühen Morgen mehrere Hühner der Nachbarbauern unaufhörlich gackern und von stolzen Hähnen krähend unterstützt werden, überwinde ich mich, mit eiskaltem Kranwasser meine bleierne Müdigkeit zu vertreiben und zum Frühstück zu eilen. Der gedeckte Tisch ähnelt der Auswahl des gestrigen Abendmenüs und den begrenzten Delikatessen einer Jugendherberge. Bernhard Blume schlägt mir für den ersten Erkundungsgang eine Besichtigungstour durch den kleinen Ort vor. Einige pittoreske Häuser tragen noch alte Steinwappen über den Eingangstüren, der ehemalige Burghof dämmert im Verfall. An jeder Hausfassade nagt das Alter, was dieser geschlossenen Ansiedlung Authentizität und Würde verleiht. Als wir am Abend in der Gaststätte Krone an gescheuerten Tischen einen Willkommenstrunk bestellen wollen, verführt mich Renate zu einem steifen Grog, da mich wieder eine Angina heimsucht. Vor mir an der Wand hängt eine verräucherte Malerei von Peiner, eine detailreiche, realistische Eifellandschaft mit pflügendem Bauern. »Ein Grog ist bei diesem Befund nicht ausreichend. Also bitte ein zweites Glas!«, befehlen die Trinkfesten. Da ich nicht an Alkohol gewöhnt bin, scheint Peiners Bild schon nach dem ersten Glas vor mir von der Wand zu kippen. Alles schwankt und ich beginne zum großen Spaß der Kollegen zu lallen. Renate und Bernd haken sich bei mir ein und befördern mich die Dorftreppen hinunter und die steilen Stiegen der Bildungsstätte wieder hinauf. In dieser Nacht bekämpfe ich auf meinem Bett in meiner Wanderbekleidung die Angina und den ersten und letzten Rausch meines Lebens. Noch am folgenden Tag brummt mein Schädel! Doch das für mich neue Zusammenleben mit meinen Studienkollegen motiviert mich, die Angina zu missachten und neben Spaß und Feiern besonders die Kunst als das Zentrum meines Denkens im Herzen zu bewegen. Auf dem Pfad zur Ruine des Burgbergs hinauf schweifen meine Blicke über die Eifelhöhen und die Plätze, an denen ich unbedingt zeichnen möchte. In der Mitte des Ortskerns wehrt sich ein Gebäudekomplex mit mehreren Anbauten vergeblich gegen den Zusammenbruch. Gerade in diesem Zustand erscheint mir jeder Winkel wert, gezeichnet zu werden. Der Prozess des Alterns und des Verfalls hat für mich einen besonderen Charme, wenn er die Vergänglichkeit und das zerstörerische Wirken der Zeit vollkommen ungeschminkt offenbart.

Damit sich unsere Bande der angehenden Künstler aus Düsseldorf in der ländlichen Idylle nicht zu freiheitsliebend und verrückt verhält, begleiten uns Professor Bruno Goller, Leiter der Klasse für Malerei, und Professor Zoltan Székessy, Leiter einer der Bildhauerklassen. Goller verhält sich recht schweigsam und strahlt wie seine Bilder Ruhe und Bedächtigkeit aus, während Székessy, ein zarter Herr, gern mit uns Studenten über Kunst diskutiert. Die Stimmung im Haus wirkt entspannt, ohne den Druck im Nacken, sofort Bravourleistungen abzuliefern. Einige Studenten hatten schon in den vorhergehenden Jahren das Terrain erkundet und schlagen uns Neulingen eine Reihe von Exkursionen vor. Es sei anregend, zuerst Kronenburg und die weitere Umgebung zu durchstreifen, im kleinen Fluss Kyll nach Krebsen Ausschau zu halten, in einer verlassenen Grube nach Katzengold zu suchen oder einen halb verfallenen Bunkereingang zu finden und Holz für ein nächtliches Feuer zu sammeln. Ich entscheide mich für eine Wanderung zur alten Grube voller Glimmerschiefer. Der verwunschene und mit Gestrüpp überwucherte Weg führt durch hügeliges, von Weidenröschen rosa überpudertes Gelände. Farnwedel an den erhöhten Wegrändern wischen über mein Gesicht, Libellen zischen vorbei und Kamille duftet gesund zwischen Felsbrocken. Plötzlich öffnet sich der Blick in den Krater eines erloschenen Vulkans. Seine hohen Wände bestehen aus einzelnen Lavaschichten und auf der Erde funkelt verführerisch in der Sonne Magnesiumeisenglimmer. Dieses Katzengold flimmert in seiner braungoldenen Farbe wie dunkles Bier. Meine aufgesammelten größeren Stücke zerbröseln in der Hand, der Glanz auf den silbrigen Partikeln verlischt. Enttäuscht werfe ich meine Fundstücke wieder fort und entdecke in einer versteckt liegenden Senke zwischen Felsbrocken die Blüten des kobaltblauen Enzians. Diese Fundstelle verrate ich nicht, denn diese botanische Kostbarkeit ist streng geschützt. Als ich auf dem holprigen Rückweg einige auffällig geformte Steine aufhebe, halte ich versteinerte Korallen, Schneckenhäuser und Muscheln in den Händen. Für mich ist es eine faszinierende Vorstellung, dass hier vor 400 Millionen Jahren der Wind in den Wellen des Urmeeres gespielt hat, so wie er jetzt über die Ähren der Felder streicht, denn bevor im Zeitalter des Devons die Landmassen der Urkontinente Laurasia und Gondwana aufeinanderdrifteten und die Eifel auffalteten, bedeckten eine subtropische Flora und Fauna den ehemaligen Meeresboden. Noch heute liegen die Zeugnisse dieser Urgeschichte als Versteinerungen auf den Feldwegen. Während ich über diesen vulkanischen Boden wandere, erfüllt mich das glückliche, alles umfassende Gefühl der Verbundenheit mit der Geschichte unserer alten Erde. Der anschließende Besuch in Wallenborn in der Vulkaneifel, wo ein Geysir im präzisen 35-Minuten-Rhythmus 6 Minuten lang eine hohe Wasserfontäne in die Luft katapultiert, verstärkt in mir die Vorstellung, dass unter unseren Füßen eine hochenergetische Kraft brodelt. Auch die ständig blubbernden Gasblasen in den Seen der Maare erinnern an die inneren Urgewalten unseres blauen Planeten. Diesen energetisch wirkenden Mächten der Erde möchte ich in meinen nächsten Zeichnungen mit kraftvollen Linien Gestalt geben. Die strukturierten Flächen sollen aneinanderstoßen und sich wie tektonische Platten verzahnen, durchdringen und wieder abstoßen. Auch das äußere Landschaftsbild schwingt in einem ganz besonderen Rhythmus. Auf den rechtwinklig eingegrenzten Wiesen, die schon teilweise abgemäht sind, reihen sich identisch geformte Heuhaufen in regelmäßigen Abständen ordentlich verteilt wie seriell aufgehäufelte, plastische Gebilde. Dagegen zeigen das Ungeordnete der Waldstücke und das ungehemmte Wuchern des

Buschwerks in der vom Menschen unbearbeiteten Natur einen ungezügelten Charakter. Am Nachmittag ist der Himmel bedeckt. Der Wind lässt nach. Meine erste Zeichnung wächst auf dem Papier. Sie dokumentiert den Versuch, diesem formalen Interagieren in der Landschaft mit den spannungsreichen Gegensätzen zwischen Natur und menschlichem Eingriff Gestalt zu geben. Mein weiter Blick in die Ferne wird seitlich nur von Herbert versperrt, der sich schon seit mehreren Tagen, Wind und Nieselregen ignorierend, einem Holunderbusch widmet, um ihn realistisch abzubilden. Viele der begonnenen und wieder verworfenen Skizzen landen zerknüllt im Gras. Der Busch will nicht ähnlich werden! Plötzlich springt Herbert auf. Er schnaubt wie ein Stier, reißt die Arme in die Luft, flucht, tritt mit dem Fuß gegen das Geäst des Holunders und drischt, die Latte eines maroden Weidezaunes schwingend, mit wüsten Schlägen auf den Todfeind ein, bis der Strauch – wie nach einem Orkan – entlaubt und zerstört auf dem Boden liegt. Herbert streckt sich. Er blickt nochmals auf die Stelle seines totalen Versagens und packt wortlos seine Utensilien in den Rucksack. Mit aufgeknöpftem Parka klemmt er sich das Zeichenbrett unter den Arm und marschiert mit puterrotem, trotzig erhobenem Kopf dem Mittagessen entgegen.

Zwei Wochen später verabschiedet sich Professor Goller von uns. Sein Zimmer wird für den Dozenten Gerhard Hoehme, der neuerdings die Vor- und Grundkursklassen betreut, hergerichtet. Sportlich fährt der neue Betreuer in einem eleganten Porsche mit geöffnetem Verdeck vor. Er winkt uns zu und hievt einen schwarzen Lederkoffer die Bruchsteinstufen zur Anmeldung hoch. Bernhard Blume winkt zurück und beendet unsere Partie Pingpong, von seiner Freundin Anna witzelnd kommentiert, da er gerade unaufmerksam ist und gegen mich verliert. Wir folgen den Hungrigen in den Speisesaal. Während des Mittagessens setzt sich der Herr Professor zufällig neben mich und fragt interessiert nach meinen Studien. Wir unterhalten uns so angeregt, dass wir vergessen, unsere Teller mit Gulasch zu leeren und die Schalen mit Vanillepudding auszulöffeln. Schon blendet uns die Nachmittagssonne am Tisch und Professor Hoehme schlägt vor, unser Gespräch auf einer Wiese fortzusetzen. Galant hält er mir die Autotüre auf, bittet mich einzusteigen und fährt mit mir eine kurze Strecke zu einer Anhöhe, die wir durch Wiesenblumen bis zu einer alten Eiche hochkraxeln. Hier lassen wir uns auf seiner karierten Decke nieder. Wir schweigen. Es ist schwül. Noch etwas atemlos beobachten wir die herannahenden Wolken über den Feldern. Professor Hoehme knüpft an das am

Mittagstisch begonnene Gespräch an und erwähnt, dass er als Jagdflieger zwei Mal verwundet wurde und auf Burg Giebichenstein und an der Düsseldorfer Akademie bei Otto Coester studiert habe. Darauf fragt er mich, woher ich komme, was mich antreibt, die Akademie zu besuchen, und welches Lebensziel ich anstrebe. Dabei beobachtet er mich genau. Nach einer Pause vertraut er mir, der fremden Studentin, seine eigenen Gedanken an und erwähnt das Leben mit seiner Frau und dem gemeinsamen kleinen Sohn. »Unser Filius ist ein vergnügtes, besonders zärtliches Kind und auffallend künstlerisch begabt und erfinderisch! Seine spontanen Ideen versetzen mich jedes Mal in Erstaunen. Als Maler profitiere ich von diesem unerschöpflichen Reichtum der Fantasie seiner verborgenen, kindlichen Welt. Diese noch unverdorbenen Einfälle eröffnen mir ganz neue Bildfindungen. Zum Beispiel die spielerische Idee, Schnüre und Fäden in die Malerei zu integrieren, Farben einfach frei fließen zu lassen und Fremdmaterialien auf die frische Farbe zu kleben. Diese kreativen Experimente des Kleinen erstaunen mich so, dass ich sie auf meine Großformate übertrage und durch diese Technik der Mixed Media Art neuartige Strukturen und inhaltliche Bezüge als Inkarnation für bestimmte Abläufe des Lebens entwickle, die nicht auf den ersten Blick erkennbar sind.« Dunkelgraue Wolkenpakete ziehen nach Westen, der Erzählfluss des Dozenten wird durch ein fernes Donnergrollen unterbrochen. Er holt tief Luft, als wolle er mir noch etwas existenziell Wichtiges verraten, bevor das Unwetter uns vertreibt: »Ich leide noch immer unter einem Albtraum! Ich habe unter ärztlicher Aufsicht an einem wissenschaftlichen Drogenexperiment mit LSD teilgenommen. Immer noch entsetzt mich die Wirkung des Rauschgiftes!« Die Augen des Malers fixieren mich, bis er beschwörend ausruft: »Niemals! Ich bitte Sie! Probieren Sie niemals Drogen! Der erwartete Rausch mit Bewusstseinserweiterung und Einblicken in so noch nie gesehene Welten ist bei mir ausgeblieben. Mir war unbeschreiblich übel. Statt neuer optischer Erfahrungen und psychedelischer Erscheinungen quälten mich entsetzliche Horrorgedanken! Ich war besessen von dem Wunsch, mich immer wieder aus dem nächsten Fenster zu stürzen. Sterben! Sofort sterben! Trotz ärztlicher Hilfe dauerte es lange, bis es endlich gelang, mich aus diesem diabolischen Zustand zu befreien. Nie! Nie wieder irgendeine Droge! Bitte lassen Sie sich niemals dazu verführen! Niemals!« Ich verspreche es und verfolge die sich aufbauschenden Wolken, die sich uns wie eine undurchdringlich schwarze Walze nähern.

Am Wochenende verabredet sich eine Gruppe von Feinschmeckern zur Begutachtung der in den letzten Tagen eingesammelten Weinbergschnecken. Jörg hatte die Tiere fachgerecht in eine der wenigen Badewannen des Hauses zum Ausschleimen auf Holzspäne aus dem benachbarten Sägewerk gesetzt. »Nun sind sie nach gründlichem Abspülen kochfertig«, verkündet er nach dem Frühstück. Auf einem Hügel, mit Blick auf Kronenburg, schichten wir für eine Feuerstelle ein paar Felsbrocken auf und entfachen in der abendlichen Dämmerung mit dem vorher eingesammelten Reisig ein Feuer. Als das Kräuterwasser mit Knoblauch und Petersilie kocht, schleiche ich mich kurz davon, denn ich kann nicht mit ansehen, wie die noch lebenden Tiere in diesen tödlichen Sud geworfen werden. Aber ich erinnere mich auch an Colmar, an das delikate Schneckengericht und an das so genüssliche Lächeln auf Werners Gesicht, als er die geleerten Gehäuse in seinem Suppenteller anhäufte. Um unserem nächtlichen Picknick noch eine perfekte Luxusnote hinzuzufügen, horteten wir schon an den vorherigen Tagen Graubrot und kleine Päckchen mit Kräuterbutter vom Frühstückstisch. Als wir uns zu siebt um die Feuerstelle versammeln, verschwindet gerade der rote Sonnenball hinter den Hügeln. Während sich das letzte Violett in einer Tuscheschwärze am Firmament verabschiedet, weitet sich der Himmel mit unendlich vielen Sternen über unseren Köpfen und Funken von Sternschnuppen sausen verglühend über uns hinweg. Feuerschein tanzt auf unseren Gesichtern, die Schnecken sind gar. Mit gespitzten Haselnussstöckchen lösen wir die zarten, fein schmeckenden Fleischklümpchen aus den Gehäusen, fügen Kräuterbutter hinzu und genießen sie ohne Skrupel zu den sanft-romantischen Klängen, die Michael seiner Gitarre entlockt. Die Flaschen mit dem schlichten Weißwein sind schnell geleert. Bevor wir uns auf den Heimweg begeben, planen wir ein großes Abschiedsfest im Speisesaal.

Am Ende des Monats durchstreifen wir für unser Fest den Wald und die noch nicht gemähten Wiesen. Mit gepflückten Farnwedeln, Holunderblüten und Birkenzweigen, langstieligen Weidenröschen, Glockenblumen, Efeuranken und Goldrauten stelle ich einen prachtvollen Strauß zusammen, der in unserem engen Dachzimmer einen intensiven Heu- und Honigduft verströmt. Das langstielige Grün benötigen wir für die Wanddekoration. Die Blüten, die ich nach Farben sortiere, nähe ich neben Farn und Efeu auf mein weißes, bodenlanges Nachthemd, flechte aus biegsamen Blütenrispen einen üppigen Kranz für mein Haar und stecke noch

Hafer- und Weizenähren hinein. Nach dem Mittagessen beginnen wir mit dem Schmücken des Speisesaals, der sich mit unseren gesammelten Zweigen in eine waldige Höhle verwandelt. Als es dämmrig wird, herrscht in allen Zimmern hektische Betriebsamkeit. Mein Nachthemd mit den aufgenähten Blättern und Blüten übersteht die schwierige Prozedur des Anziehens. Der schwere Kranz aus Kamillenblüten, Weidenröschen, Schafgarben, Gräsern und Farnwedeln drückt mir auf die Stirn. Aufrecht tänzle ich wie Flora der römischen Mythologie in das Getümmel der schon wild hüpfenden Kollegen. Sie springen zum ohrenbetäubenden Jazz vom Plattenspieler als Waldgeister um die mit samtigen Moosinseln dekorierten Tische. In den Pausen der Musik, wenn neue Schallplatten aufgelegt werden, ist das zarte Rascheln der Blätter der Dekorationen zu hören, als wehe ein leiser Wind durch die Halle. Es duftet nach Tannennadeln, Kerzenwachs und Rotwein, der in billigen Zahnputzgläsern funkelt, als wären sie aus altem Bleikristall. Plötzlich schiebt sich ein doppelter Schatten vor meine Augen. Zwei ganz in Schwarz Vermummte scheinen in der Dunkelheit des nur mit Kerzen ausgeleuchteten Raumes wie körperlos vor mir zu schweben. Ihre Gesichter sind mit Ruß geschwärzt, die Augen mit rotem Lippenstift umrandet. Auf dem Kopf tragen sie von mehreren Einschusslöchern durchbohrte, verdreckte Stahlhelme. Nur das Weiß ihre Augäpfel leuchtet. Erst verharren die Gestalten wie eingefroren vor mir und knurren. Dann schütteln sie sich und stampfen, wie von einem Motor angetrieben, rhythmisch und synchron auf den gefliesten Boden, bis aus ihren verschlammten Gummistiefeln bei jedem Schritt mit quietschendem Geräusch Wasser schwappt. Dabei schreien, fauchen und stöhnen sie, genauso wie damals der furchtbare Krampus in Kitzbühel. Als ich sie anstarre, erwähnen sie lachend, wie sie diese durchschossenen Stahlhelme im Dickicht vor einem Bunker gefunden haben. Jetzt wäre es doch sehr witzig, sie nochmals zu unserem Fest zu tragen. Wie fortgewischt verfliegt mein Sommernachtstraum. Das verdrängte Elend des Krieges bohrt sich wie eine giftige Schlange in mein Bewusstsein und öffnet meinen Koffer der Erinnerungen wie die Büchse der Pandora. Schnell steige ich die Holzstufen zu unserer Dachkammer hinauf, entledige mich aller Blütenpracht und wälze mich bis zum frühen Morgen wach im Bett. Nach dem Frühstück verwandeln wir mit vereinten Kräften unsere Festhalle wieder in einen gesäuberten und nüchternen Speisesaal. Unser Bus rollt vor, gleich nach der Abfahrt fallen die meisten von uns, von der letzten Nacht geschwächt, in einen tiefen Schlaf.

Zu Semesterbeginn riecht es in den Fluren und Ateliers der Akademie frisch nach den verschiedensten Putzmitteln. Zur Mappenvorstellung klopfe ich an die Tür meines neuen Kunstpädagogikprofessors. Wir versammeln uns mit unseren in den Ferien gezeichneten und aquarellierten Arbeiten im Halbkreis um den Dozenten. Nickend und lobend begutachtet er die einzelnen Grafiken. Als ich an der Reihe bin und meine Serie der Bleistiftzeichnungen aus Kronenburg auf einem langen Tisch ausbreite, schweigt er. Sein Gesichtsausdruck wird immer unwilliger, bis er nach dem letzten Blatt mit einer abwertenden Handbewegung faucht: »Das kann doch nicht Ihr Ernst sein? Was soll das? Packen Sie das Zeug zusammen und gehen Sie! Sie sind ungeeignet!« Diese vernichtende Kritik ist ein Fallbeil! Verwirrt lege ich meine Serie der Eifelzeichnungen, die so völlig anders aussehen als die Skizzen meiner Kollegen, sorgfältig wieder in meine Mappe und verlasse wortlos den Raum.

Als unbegabt hinausgeworfen! Muss ich sofort die Akademie verlassen? Was erzähle ich meinen Eltern?

Als ich in Bilk die Flurtür zu meinem Zimmer aufschließe, sitzt meine Vermieterin zusammengesunken und von Weinkrämpfen geschüttelt am Küchentisch. An ihrer Seite lehnt der kleine Sohn und schluchzt. Er schluchzt unaufhörlich. Ich lege meinen Arm um seine schmalen Schultern, während er stottert: »Magdalena ist tot! Meine Schwester ist tot! Gestorben!«

Das Gefühl der Ohnmacht schnürt mir die Kehle zu, zieht mir den Boden unter den Füßen weg. Wie klein erscheint mir mein Kummer. Ich wanke auf Zehenspitzen in mein Zimmer, das aufgeräumt und unbewohnt aussieht. Während ich meine Zeichenmappe unter meinem Bett verstaue, drängt sich mir die Erinnerung auf, dass Magdalena sich in der letzten Zeit, immer wenn sie aus dem Büro nach Hause kam, sofort im Badezimmer einschloss und die Wanne mit heißem Wasser füllte, um sich darin zu entspannen. »Wegen meiner Unterleibsschmerzen«, wie sie sagte. Mir fiel auf, dass sie immer sehr erschöpft und blass aussah, kaum noch etwas aß und sich, zum Entsetzen der Mutter, eine Zigarette nach der anderen anzündete. Während meines Aufenthalts in Kronenburg waren Magdalenas Schmerzen so unerträglich geworden, dass der Notarzt die junge Schöne wegen ihrer Krämpfe sofort in ein Krankenhaus einlieferte. Dort operierte man sie wegen des Verdachts auf einen Blinddarmdurchbruch noch am selben Abend. Das Ärzteteam erschrak. Magdalenas Unterleib war so stark von einem bösartigen Tumor durchwuchert, dass der Chirurg keinerlei Chance für ein Weiterleben sah. Er entschloss sich, die Todkranke wieder zuzunähen und sie in einem betäubten Zustand sterben zu lassen. Diese Tragödie, die sich so unerbittlich während meiner Abwesenheit ereignet hatte, und mein heutiger Rausschmiss aus der Abteilung für das Künstlerische Lehramt, reißen mir den Boden unter den Füßen weg.

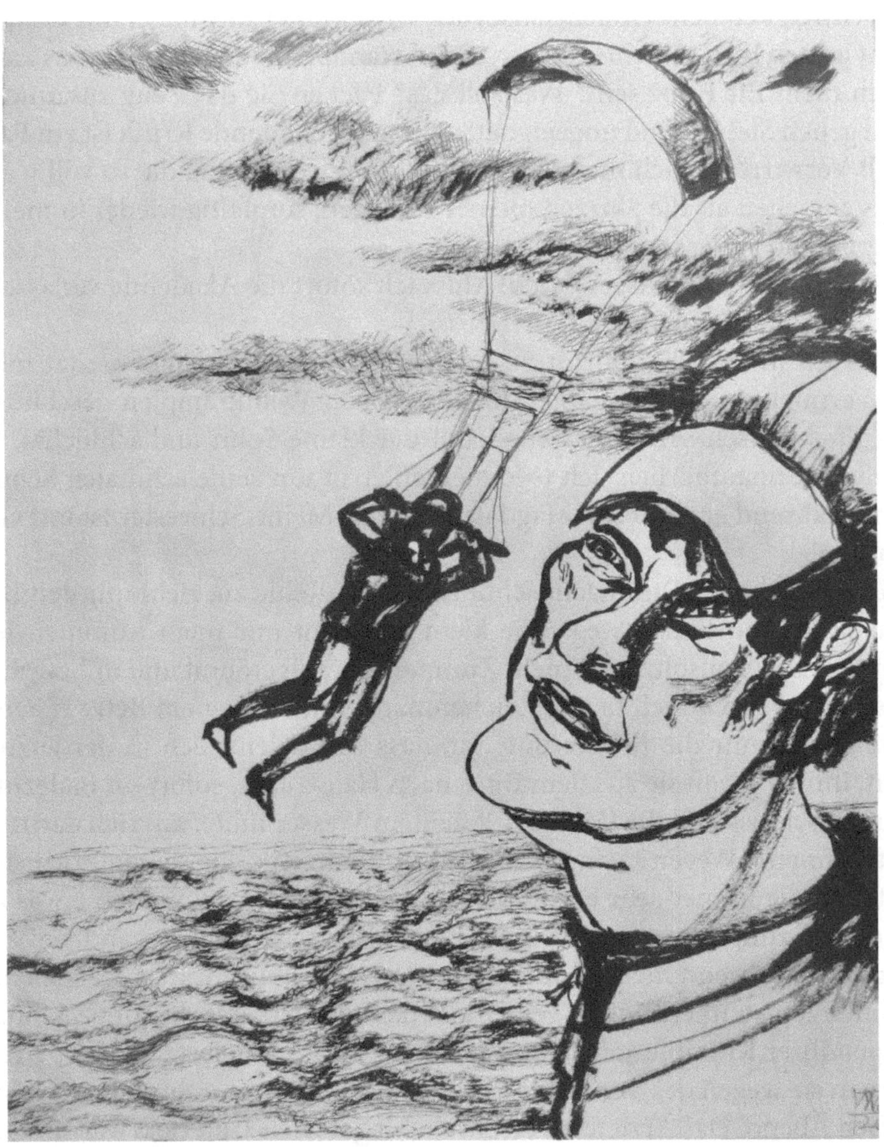

Joseph Fassbender

Ohne Zukunftsperspektive allein gelassen! Missverstanden! Kein Ort, zu dem ich gehöre!

Meine Versuche, meine Vermieterin und ihren Sohn mit Worten und Blumen zu trösten, sind vergeblich. Und doch steige ich am nächsten Morgen wie gewohnt, jedoch mit zitternden Knien, in die Straßenbahn. Wie jeden Tag begrüße ich unseren Pförtner in seiner Loge am Eingang der Akademie. Da ich zögere, spricht mich Karin Martin, die große Blonde aus der K.O.-Götz-Klasse, an, so als könne sie hellsehen: »Haben Sie Lust, in ein Zimmer des Studentenwohnheimes in Grafenberg zu ziehen? Direkt neben mir ist ein schöner und preiswerter Raum frei geworden.« Ich erwähne meine Perspektivlosigkeit aufgrund meines Rauswurfs aus der Künstlerischen Lehramtsklasse. Nicht etwa wegen eines Fehlverhaltens. Nein, wegen meiner eigenwilligen Zeichnungen aus Kronenburg! »Sind diese Zeichnungen in der Mappe, die Sie unter den Arm geklemmt haben? Kann ich sie mir mal anschauen?« Wir gehen zum Flurfenster. Karin blättert sehr aufmerksam jede einzelne Seite um und ruft lachend: »Ach Quatsch! Vergessen Sie das! Die Arbeiten sind sehr individuell und stark! Stellen Sie sich bei einem Dozenten der Freien Malerei vor. Diese Künstler werden verstehen, was Sie aussagen wollen! Wie wäre es, heute bei K. O. Götz oder bei Fassbender anzuklopfen?« Dankbar für diese Mut machenden Sätze bitte ich sie, das Zimmer noch zwei Tage für mich reservieren zu lassen, denn ihr Rat leuchtet mir ein! Sie kann nicht ahnen, wie sehr sie mir geholfen hat! Später wird Karin ihren Lehrer K. O. Götz heiraten und mit ihrem Einfühlungsvermögen und ihrem künstlerischen Potenzial ab 1975 als Professorin für Freie Kunst unter dem Künstlernamen »Rissa« an dieser Akademie lehren.

Noch quälen mich Skrupel, ich zögere. Die in den ersten beiden Halbjahren gesammelten Erfahrungen verursachen Skepsis, Schüchternheit und Selbstvorwürfe. Mich zermürbt das Verhalten des Dozenten im Probesemester, die Reaktion des Professors einer Bildhauerabteilung, der meine Arbeiten so auffällig fand, dass er »den Zeichner« für seine Klasse anwerben wollte, sich allerdings weigerte, die Urheberschaft meiner im Flur ausgestellten Arbeiten zu akzeptieren, weil ich kein Mann bin, und nun die niederschmetternde Beurteilung durch den Dozenten für Kunsterziehung!

Diese unerwarteten Konfrontationen rauben mir das Wichtigste, das Selbstvertrauen. Der anfängliche Mut, den jeder Künstler so dringend benötigt, um nicht gnadenlos unterzugehen, hat mich verlassen. Meine Höhenflüge, meine Träume, in der Kunst mein Glück zu finden, sind zerplatzt wie ein Luftballon, der plötzlich abstürzt, weil er durch Nadelstiche seine himmelstürmenden Fähigkeiten zur Ausdehnung und zum Schweben verliert. Wie ferngesteuert laufe ich zum Rheinufer und sinke auf einer Parkbank zusammen. Talwärts aus Köln vorbeigleitende Kohleschiffe rufen in mir die von Vater vor vielen Jahren erzählte letzte Gutenachtgeschichte wach. Vater will mir Mut machen. Er hockt auf meiner Bettkante und beginnt leise zu berichten: »Der Erste Weltkrieg ist am 11. November 1918 zu Ende. Ich klettere mit den Überlebenden fast verhungert, mit letzter Kraft, sehr krank, aber unverletzt an der französischen Front aus dem Schützengraben. In jeder Minute hat der Tod an unserer Seite gelauert. Das Abstruseste, meine Kleine, das mein ganzes späteres Denken bestimmt, ist die Tatsache, dass nach dem Abblasen jeder Kampfhandlung die wenigen noch lebenden Soldaten auf beiden Seiten der Front aus ihren Schützengräben hervorkrochen, um mit den Todfeinden friedlich Karten zu spielen. Wir tauschten wie beste Freunde Fotos aus, berichteten von unseren Berufen, unseren Familien, von unseren Kindern und unseren Heimatorten in Frankreich und Deutschland. Nach diesen kurzen und vertrauten Pausen wurde zur nächsten Attacke geblasen. In permanenter Todesangst eilten wir in die Gräben und damit an unsere Standorte zurück. Unter Androhung der Todesstrafe durch Erschießen wurden alle wieder gezwungen, auf diese so sympathischen Soldaten der Gegenseite zu zielen, um sie als Feinde zu töten. Hier wird mir der Irrsinn des Krieges so klar, dass ich seit diesen Erfahrungen jede Kriegshandlung strikt ablehne. Jeder Feind ist ein Mensch! Plötzlich hat dieser Wahnsinn ein Ende! Wir übrig gebliebenen Soldaten sind der Hölle entkommen! Kannst du dir das vorstellen? Da stehe ich auf dem Schlachtfeld, bin neunzehn Jahre alt, krank und bis auf die Knochen abgemagert, habe weder einen Schulabschluss noch eine Berufsperspektive noch einen Pfennig in der Hosentasche. In Staßfurt gibt sich meine Mutter alle Mühe, mich mit Nahrung aus dem eigenen Garten und aus dem Schlachthof aufzupäppeln. Erst als es mir langsam besser geht, versuche ich, Kontakt zu meinem ehemaligen Lehrmeister, dem Leiter der berühmten Glasmalereiwerkstatt und Manufaktur in Quedlinburg, aufzunehmen. Doch Ferdinand Müller war schon 1916, kurz nach meiner

Einberufung, verstorben. Die einzige Möglichkeit, mich wieder in ein normales Alltagsleben zu integrieren und die traumatischen Kriegsgräuel zu vergessen, scheint mir eine Bewerbung für das Kunststudium zu sein. Als mir zum Dank für meinen vom Staat erzwungenen Dienst an der Waffe das ›Einjährige‹ als mangelhafter Schulabschluss zuerkannt wird, nehme ich meinen ganzen Mut zusammen und melde mich, zu Vaters Entsetzen, mit diesem bescheidenen Zeugnis in Leipzig an der Hochschule für Grafik und Buchkunst an, wo eine Aufnahmeprüfung verlangt wird. Da mein Soldatenanzug völlig verschlissen ist, kauft mir Mutter mit dem wenigen Geld, das ihr geblieben ist, einen Anzug aus Papier, denn echter Stoff ist in diesen Hungerzeiten nicht zu bezahlen. Da die Nähte bei ruckartigen Bewegungen aufplatzen, reise ich im Zug stehend von Staßfurt nach Leipzig. Als ich den Bahnhof verlasse, regnet es in Strömen. Mit vorsichtigen Schritten nähere ich mich in meinem durchnässten Anzug der ehrwürdigen Akademie und begebe mich mit schlotternden Knien in den Prüfungssaal. Wegen meines elenden Zustandes und meiner ziemlich aufgeweichten Bekleidung geniere ich mich so, dass ich mich in die hinterste Ecke verkrieche und mich vor die letzte Staffelei stelle. Der eintretende Professor begrüßt uns Neulinge und liest die Aufgabe vor: »Von einem lebenden Modell mehrere Skizzen anfertigen.« Eine junge, in ein weißes Laken eingehüllte Frau besteigt ein Podest. Nach den einführenden Worten des Professors lässt sie unvermittelt ihren Umhang von ihrem Körper gleiten. Sie ist völlig nackt! Das ist für mich ein Schock! Noch nie stand ich einer Unbekleideten gegenüber. Ich wage nicht, das Modell anzusehen. In meiner Not zeichne ich die miserable Skizze des vor mir Stehenden pedantisch ab. Natürlich falle ich mit dieser Kopie, genauso wie der Kollege mit seinem schlechten Original, gnadenlos durch. Aber ich habe den Ersten Weltkrieg überlebt! Zum erneuten Entsetzen meines Vaters melde ich mich zum nächsten Termin wieder für die Aufnahmeprüfung in Leipzig an, stelle mich keck vorne vor das Podest und zeichne mit Konzentration und Hingabe das vor mir liegende unbekleidete Mädchen. Mit diesen Zeichenblättern werde ich in die Akademie als Student der Freien und Angewandten Grafik aufgenommen. Hoch motiviert beteilige ich mich schon im ersten Semester an einem von einem namhaften Leipziger Verlag ausgeschriebenen Gestaltungswettbewerb für ein Buch und entwerfe einen Schutzumschlag und einen Einband. Zur Abgabefrist hängen alle eingereichten Vorschläge im Flur in einer Reihe an Stellwänden. Während die Auswahlkommission die Ausstellung gemeinsam mit dem Verlagsleiter begutachtet, schaue ich heimlich, vor Aufregung fiebernd, von der oberen Balustrade zu und kann erkennen, dass am Ende der Bilderreihe meinen beiden Entwürfen ein separater Platz zugewiesen worden ist. Ich freue mich schon, denn dieser Extraplatz kann nur bedeuten, dass ich der Gewinner der Ausschreibung bin! Am nächsten Morgen betrete ich als erster Student den Flur. Hochgespannt nähere ich mich der Ausstellungswand. Ganz rechts außen: meine Arbeiten! Darunter ein handschriftlicher Zettel: ›Wegen Unzulänglichkeit ausgeschieden!‹ Mit gesenktem Kopf schleiche ich mich, wie meine Kommilitonen ständig hungrig, in Leipzigs größtes Speiselokal. Es ist immer überfüllt, da es dort warm ist und jeder sich Brötchen und Senf kostenlos zur Suppe nehmen kann. Manchmal gönne ich mir eine Wassersuppe mit Kartoffelstückchen von dem Geld, das Vater mir von seinem geringen Gehalt als Tierarzt überweist. Durch die Inflation nach dem Ersten Weltkrieg verliert das Geld jedoch seine Kaufkraft bereits auf dem Postweg. Die Geldentwertung zwischen 1914 und 1923 wächst aufgrund der immensen Finanzierung des Ersten Weltkrieges zu einer immer brutaleren Hyperinflation an. Stell dir das vor: Am 12. November 1923 beträgt das Porto für einen normalen Inlandsbrief unfassbare 10 Milliarden Mark.

Trotzdem! Mein Misserfolg und auch dieses elende Leben können mich nicht entmutigen. Akribisch studiere ich die Entwürfe der Gewinner, wälze Kunstbücher in der Bibliothek. Beim nächsten Wettbewerb hängen meine Entwürfe auf dem ersten Platz. Meine Reinzeichnungen gewinnen den ersten Preis! Ab jetzt gehöre ich bei den folgenden Ausschreibungen fast immer zu den Siegern. Große Verlage werden auf meine Arbeiten aufmerksam, und der Name ›Hußmann‹ wird durch die mir erteilten Aufträge immer bekannter. Professor Hugo Steiner-Prag ernennt mich zum Meisterschüler. 1924 wird mir die künstlerische Leitung der Großbuchbinderei Enders in Leipzig angeboten. Endlich kann ich mich auch um meine Erkrankung kümmern, die langsam ausheilt, denn mein monatliches Gehalt ist so hoch, dass ich nicht mehr gezwungen bin, nur von Wassersuppe und Brötchen mit Senf zu leben. Dank der beruflichen Erfolge und meines ausreichenden Einkommens heirate ich endlich deine Mutter, gleich nachdem sie die Volljährigkeit erreicht hat. Jetzt folgt von 1926 bis 1927 eine glückliche und sorglose Zeit in Karlsbad. Ich leite die künstlerische Entwurfsabteilung der Böhmischen Glasindustrie von Leo Moser. Meine avantgardistischen Entwürfe für moderne, großflächige Schliffe hochwertiger Gefäße aus Bleiglas werden zum ersten Mal in der Glaskunst ausgeführt. Die Besten der Glaskünstler fertigen nach meinen Vorstellungen besonders kostbare, farbige Einzelstücke aus seltenen Erden an und gravieren und ätzen meine figurativen Darstellungen in Schalen und Vasen. Mir bleibt sogar noch Zeit, mich weiter als Maler, Buchgrafiker, Bühnenbildner und Kostümentwerfer zu betätigen. Während unseres ersten Parisaufenthalts stelle ich mich bei dem Maler Fernand Léger vor und darf bei ihm studieren. Schon 1928 erhalte ich von Professor Richard Riemerschmid, dem Leiter der Kölner Werkschulen, mit Zustimmung des Kölner Oberbürgermeisters Konrad Adenauer den Ruf als Professor für Angewandte Grafik, Fotografie, Buchkunst und Heraldik. 1930 beziehen deine Mutter und ich nach unserer Korsikareise unser neues, modernes Haus in Köln. Und 1937, zwei Jahre vor deiner Geburt, gewinne ich auf der Pariser Weltausstellung eine Goldmedaille für mein grafisches Schaffen. Und plötzlich warst du da.« Vater drückt mir die Hand.

Vaters unbeirrbares Streben und sein fester Glaube an seine Fähigkeiten, und das alles trotz großer und lebensbedrohender Hindernisse, rütteln mich wach! Jetzt schäme ich mich für meine Hoffnungslosigkeit! Wenn aus einem angeblichen Schulversager, Taugenichts und todkranken Soldaten aus eigener Kraft ein erfolgreicher Künstler werden kann, dann kann auch ich an die Tür von Professor Fassbender klopfen! Ja! Bloß nicht kapitulieren! Ich springe von der Parkbank auf, betrete in aufrechter Haltung die Akademie und klopfe, ohne zu zögern, an die Ateliertür des Professors. Der Maler ruft mich herein, erhebt sich von seinem Holzhocker, streift sein dunkelblau-weiß gestreiftes Blousonhemd glatt, drückt sich das Monokel auf das kranke Auge und schaut mich an, wie ich mit meiner Zeichenmappe unter dem Arm vor ihm im Nordlicht des hohen Raumes stehe. Erst reinigt er mit Bedacht den farbfeuchten Ölpinsel, legt ihn auf der Glasplatte neben den penibel nach Farbnuancen geordneten Maltuben ab und lässt sich mit dem Rücken zum hohen Stahlfenster auf einem Drehhocker nieder. Mit stoischer Ruhe zündet er sich eine Zigarette an. »Nimm Platz! Mir gegenüber! Mit dem Licht auf deinem Gesicht kann ich dich besser ansehen. Was ist los? Willst du mir Arbeiten zeigen?« Er duzt mich immer noch, da er mich schon als kleines Mädchen im Schlepptau meiner Eltern häufig auf Ausstellungseröffnungen beobachtet hatte. Wieder betrachtet er mich mit wachsender Anteilnahme. Langsam schwinden meine Hemmungen, und ich berichte von der negativen Beurteilung meiner Eifelzeichnungen und dem anschließenden Rauswurf. »Na, dann zeig sie mir mal!« Ich öffne meine Mappe, er schaut und schweigt. Dieses Schweigen ist kaum auszuhalten. Er schweigt, bis er das letzte Blatt zur Seite gelegt hat! Dann huscht ein Lächeln über sein faltiges Gesicht. Er entfernt das Monokel und blickt mich mit seinen beiden verschiedenfarbigen Augen lange an. Immer wieder schüttelt er den Kopf und das Lächeln verstärkt sich zu einem Lachen, was mich noch mehr irritiert. »Ach, weißt du, diese Zeichnungen sind prima! Ja, prima! Mein Kollege hat sie nur nicht verstanden! Er kann nicht begreifen, was dich künstlerisch umtreibt. Er ist ja ein Lehrer und kein Künstler. Möchtest du ab jetzt in meine Klasse kommen? Für dich finde ich noch einen Platz in meiner guten Gruppe. Mach dir keinerlei Sorgen! Ich melde dich im Sekretariat an und die Pflichtfächer für das Staatsexamen belegst du nebenbei. Wie andere Studenten auch. Das kriegen wir gemeinsam schon hin! Ab jetzt gehörst du zur Fassbendertruppe! Klar?«

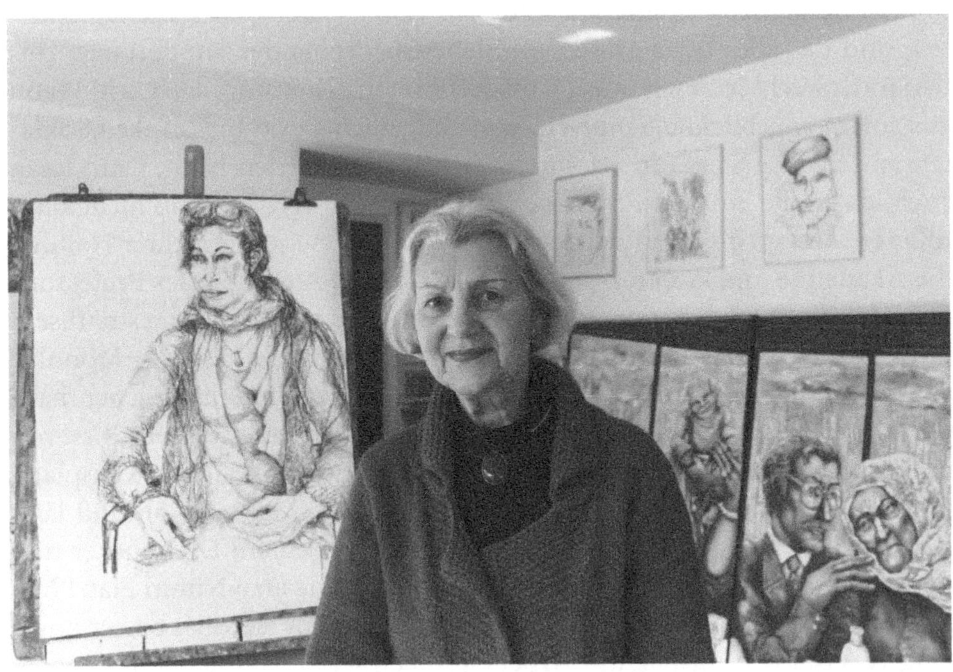

Aktzeichnen

Mein neues Zimmer im evangelischen Studentenheim in der Graf-Recke-Straße 209 reicht in seiner Enge genau aus. Von meinem Tisch aus blicke ich wieder auf Bäume. Ein schmaler Einbauschrank umrahmt mein Waschbecken mit fließendem kaltem und heißem Wasser. Eine Gemeinschaftsdusche liegt meinem Zimmer gegenüber. Da ich meine freien Zeichnungen und die Blätter der Pflichtübungen, wie Perspektive und Schrift, in großen, flachen Mappen aufhebe, passen sie gut unter das Bett neben meinen Korb mit den Utensilien für die Ölmalerei. In der Küche, dem täglichen Treffpunkt, erweckt der frisch aufgebrühte Kaffee aus der Kaffeemaschine jeden Langschläfer, der neueste Klatsch aus der Akademie macht die Runde. Unser banales Geschwätz ist für mich wie ein Fenster in die normale Welt, die während des Studiums kaum eine Rolle spielt. Die Fokussierung auf die Künste, das Nachdenken über optisch Erlebtes und die Möglichkeiten einer kreativen Umsetzung in das Bildnerische beschäftigen mich neben den Pflichtvorlesungen und Seminaren so sehr, dass mein gesamtes Leben ausgefüllt ist. Meine Konzentration auf das Zeichnen erweist sich als so eindringlich, dass sich mir während des Weges zur Akademie die Falten der Gesichter der Entgegenkommenden, die Linien der Straßenbahnschienen, der Verlauf der Bordsteine, die Risse im Asphalt und die Strukturen der Bäume wie riesige Bildausschnitte voller vibrierender Liniengefüge und Farbnuancen für zukünftige Zeichnungen aufdrängen.

LINIENLUST
Die Linie lockt und windet sich
zeigt lustvoll Kurven
umklammert Flächen
teilt diese unter sich auf
kehrt ihnen den Rücken
umtänzelt die Konkurrenz
durchkreuzt ihre Pläne
hüpft vor Vergnügen
bis sie im Gleichschritt
mit zarter Schraffur
im Raster versinkt

die sprechende Linie
von Menschenhand
auf Papier notiert
in Bronze gegossen
in Stein geritzt
bewahrt ihre Botschaft
wie ein Geheimnis
als Zeichen der Zeit
sie macht sie unsterblich

Das Arbeiten in der Fassbenderklasse hat einen sehr persönlichen und unpolitischen Charakter. Das gemeinsame Aktzeichnen von 9 bis 12 Uhr entwickelt sich zu einer fast rituellen Handlung. Sie beginnt mit der täglichen Begegnung mit Frau Carreras im hohen und hallenden Flur auf dem Weg zu unserem Klassenraum, wenn sie mir mit bedauernswert müden Schritten entgegenschleicht. Armselig bekleidet und bleich im Gesicht sieht sie wie eine in die Jahre gekommene Spanierin aus, die schon viel zu lange ihr Geld mühsam als Putzfrau verdienen muss. In ihren schief getretenen Halbschuhen, in dem ausgebeulten, zu engen Rock und mit ihrer abgeschabten Plastiktasche wirkt sie bereits morgens erschöpft. Sobald sie sich aber hinter dem Paravent entkleidet, fällt mit der verwaschenen Kleidung alle Schäbigkeit von ihr ab. Kaum steigt sie auf das Podest und lässt das umgewickelte Bettlaken von ihrem nackten Körper mit einer gewissen Grazie zur Erde gleiten, verwandelt sie sich in eine feminine Urgestalt. Mit Respekt betrachte ich die Proportionen ihrer einzelnen Körperpartien, beobachte den Licht- und Schattenverlauf und warte. Erst wenn es mir gelingt, mich selbst zu vergessen und mich Schritt für Schritt in Frau Carreras zu verwandeln, beginne ich zu zeichnen. Nur das schabende Geräusch der über die weißen Blätter gleitenden Bleistifte und das erregte Atmen untermalen wie ein kaum vernehmbares Grundrauschen die angespannte Atmosphäre. Frau Carreras, Allegorie alles Weiblichen, thront auf dem Holzsockel, hoheitsvoll, unbeweglich, nur umhüllt von der Helligkeit des hohen Atelierfensters. Zuerst beobachte ich den Umriss ihres Oberarmes. Eine Lichtspur zieht sich vom Halsansatz über den Ellbogen zur beschatteten Hand. Während ich diesem hellen Linienverlauf mit dem Bleistiftstrich auf dem Papier nachspüre, erlebe ich ihre Körperlinie hautnah auch auf meinem eigenen Arm. Ich transformiere mich Linie für Linie in mein Vorbild wie ein Chamäleon, das den

Augenblick spiegelt und sich Strich für Strich in sein Gegenüber verwandelt. Die erste Bleistiftspur bestimmt durch die Art ihrer Strichstärke, durch ihren Duktus mit ihrem suchenden oder schon bestimmenden Charakter den gesamten weiteren grafischen Ablauf. Auf dem flachen weißen Blatt entwickelt sich Linie für Linie der Leib im Bildraum. Mit jeder wechselnden Position ergeben sich immer neue Bezüge von Überschneidungen angespannter und ruhender Muskeln. Einige der Schattenpartien des Körpers hebe ich durch eine eigene Formensprache hervor, oder ich lasse sie von der Dunkelheit verschlucken, im Gegensatz zu den beleuchteten Hautstellen, deren Umrisslinien sich im Licht aufzulösen scheinen. Manchmal versuche ich, Gliedmaßen durch Schraffuren plastisch so zu betonen, dass ein Kraftfeld auf dem Papier entsteht, damit Linie, Fläche und Volumen sich zu einer kommunizierenden Einheit zusammenfügen. Jede meiner Zeichnungen entsteht hoch konzentriert und bleibt ein Solitär. Sie ist keine dieser flotten Studien einer Serie schnell herunterskizzierter Übungen, die in wenigen Minuten nur den Bewegungsablauf festhalten. Mir liegt es fern, das Modell wie einen Gegenstand abzubilden! Meine Aufmerksamkeit gehört nicht nur der äußeren Form, sondern dem gesamten Menschen. Neben der Körperhülle versuche ich, auch die innere Befindlichkeit des Modells aufzuspüren, denn Frau Carreras bietet sich uns in ihrer ganzen Schutzlosigkeit dar. Unbeweglich verharrt sie in jeder Position, ohne die kleinste Veränderung der Stellung. Nach längerer Zeit tropfen Schweißperlen der Anstrengung von ihren Brüsten. Ihre wenigen, zu einem klassischen Knötchen am Hinterkopf festgezurrten schwarzen Haare werden feucht. Ihr alterndes, aber ebenmäßiges Gesicht leuchtet wie von einem inneren Licht durchstrahlt.

Am späten Vormittag unterbricht ein sanftes Herunterdrücken der Türklinke unser Atmen. Fassbender erscheint zur Korrektur. Um die Spannung im Raum nicht zu zerstören, schleicht er sich auf leisen Sohlen hinter uns. Er wartet. Ruhig geht er von Zeichenbrett zu Zeichenbrett und flüstert mit vorgeschobener Unterlippe leicht lispelnd, aber für uns doch hörbar: »Fantastisch! Ist sie nicht fantastisch! Wie ein Fels!« Sofort verstehe ich ihn. Wir haben nur unbedeutende Steine gezeichnet, ohne das Monumentale, das Urweibliche und das unverwechselbar Persönliche herauszuarbeiten. Wenn es ihn zu einer Korrektur drängt, nimmt er uns vorsichtig den Bleistift aus der Hand und zeigt mit dessen Rückseite kommentarlos auf einen Strich, der noch ohne Kraft ist oder an der falschen Stelle verläuft. Nur ein einziges Mal, zu Semesterbeginn, zeichnet er mir eine spezielle Linie neben meine Aktstudie an den äußeren Papierrand! Während meiner gesamten Akademiezeit erhalte ich danach nie wieder einen gezielten Verbesserungsvorschlag, den ich auch nicht vermisse! Selbst in den Pausen, in denen höchstens geflüstert wird, ist jeder mit seiner Arbeit beschäftigt. Wir stehen kurz von unserem Holzhocker auf und recken uns, begutachten mit Abstand die Zeichnung und werfen einen Blick auf die Blätter der Kollegen. Wie ein Lauffeuer und mit einigem Respekt spricht es sich in der Akademie herum, dass die Fassbenderklasse täglich intensiv Akt zeichnet, obwohl dieses altmodisch akademische Studieren sonst voll Häme als reaktionär und deshalb als verpönt verachtet wird.

Eines Morgens überfällt uns unser zweites Modell, das im Gegensatz zu Frau Carreras kapriziös und geschwätzig ist, mit einer Neuigkeit. Sie hält es auf dem Podest nicht mehr aus, still zu sitzen, und zerreißt unsere Stille mit der Nachricht, dass ihre befreundete Kollegin, die als Aktmodell für die Bildhauer engagiert ist, am gestrigen Morgen nicht, wie üblich, in der Akademie erschienen ist. Sie habe nach einigen fehlgeschlagenen Versuchen, sie zu erreichen, die Polizei benachrichtigt und veranlasst, ihre Wohnung aufzubrechen. Erst am Mittag habe man sie zwischen noch feuchter Wäsche im Dachgeschoss erhängt aufgefunden. Dieser schreckliche Vorfall belastet uns. Vor der nächsten Modellsitzung befragen wir Frau Carreras, ob sie wüsste, aus welchem Grund diese Tragödie geschehen ist. Ohne zu zögern, antwortet sie: »Ich nix haben Zeit für so Quatsch – selbst schuld!« Schließlich fügt sie hinzu: »Bitte nix mein kleine Tochter sagen, wenn kommt! Ich nix Modell! Ich Putzfrau!« Nach Beendigung des Aktzeichnens klopft es zaghaft an unsere Ateliertür. Als ich öffne, steht ein kleines Mädchen mit Zöpfen vor der Tür und fragt: »Ist Mama hier?«

Eines Tages steht auch ein männlicher Akt, ein gut durchtrainierter Blonder, in heldenhaft aufrechter Pose auf dem erhöhten Sockel in der Nähe des großen Akademiefensters. Da es wegen eines drohenden Gewitters dunkel wird, knipsen wir die taghelle Deckenbeleuchtung an. Plötzlich errötet sein Gesicht. Dann der gesamte Körper. »Ihr Schweine!« Wutschnaubend springt er vom Podest und schreit: »Schweine! Ihr alle seid Schweine!« Er streckt seinen rechten Arm aus und zeigt zum Fenster und verschwindet laut fluchend hinter dem Paravent. Auf der nahen, dem Fenster gegenüberliegenden Südbrücke hat sich ein langer Stau von Fahrzeugen gebildet. Es wird gehupt, geblinkt. Autofahrer winken, kurbeln die Fenster herunter. Nichts wollen sie verpassen!

Cadenabbia

Die Sommerferien rücken näher. Werner schaut am Tisch in die Runde und meint: »Es wird Zeit! Wir müssen wieder zusammen verreisen. Es wird ein Kurzurlaub. Mehr wird nicht verraten. Stopft nur nicht zu viel in eure Koffer. Wichtig sind nur eure Malsachen!« Wir starten schon vor der Morgendämmerung. In Höhe des Schwarzwaldes entdecken wir plötzlich hoch über den Wolken das zackige Band der weiß verschneiten Alpengipfel. Während wir in Richtung Süden den Bergen entgegenrollen, berichtet uns Werner von der so anstrengenden und gefahrvollen Italienreise des Johann Wolfgang von Goethe, der 1786 heimlich nach einer Kur um 3 Uhr nachts von Karlsbad aus startete. Italien galt schon damals als das Sehnsuchtsland der Poeten und Künstler. Goethe war gezwungen, den gesamten Weg mit Postkutschen zurückzulegen, die weder vor Überfällen noch vor schweren Unfällen sicher waren. So ruckelte er zwei beschwerliche Jahre lang in unbequemen Karossen über gefahrvolle und holprige Strecken bis nach Sizilien. Manchmal brachen die Zugpferde schon vor den Wechselstationen erschöpft zusammen. Auch unsere Alpenüberquerung verläuft nicht ohne Hindernisse, da die Ränder der nicht einsehbaren Kehren noch nicht abgesichert sind. Werner öffnet das Verdeck seines überbreiten Wagens und wir rauschen Kurve um Kurve gemächlich durch die Gebirgslandschaft, die immer bizarrer wird, je höher das Auto die enge Fahrbahn des Gotthard bewältigt. Werner, der diese Strecke gut kennt, macht uns vor spektakulären Kehren auf die besonderen Felsformationen, die atemberaubenden Abgründe und die kühnen Konstruktionen der Tunnel aufmerksam. Er befürchtet selber das Risiko, von einem entgegenkommenden Fahrzeug zu nah an den unbefestigten Straßenrand vor den Abgrund gedrängt zu werden. Wir halten uns an den Händen fest, als könnte uns das vor einem Absturz in die Schluchten bewahren. Und schon brummt uns in der nächsten Biegung ein voll beladener Laster entgegen. Werner drückt auf die Hupe und dirigiert seinen Wagen vorsichtig an die äußerste Kante des ungesicherten Überhanges. Der auf uns senkrecht zuschießende Laster kracht mit erhöhtem Tempo neben uns in einen Felsvorsprung. Es knallt und splittert wie bei einer Explosion! Eine vorstehende Felsnase reißt den rechten Kotflügel des Transporters ab, drückt seine Seitentür ein und zertrümmert die Scheibe. Der Fahrer steigt mit hochrotem Kopf aus und entschuldigt sich bei uns, dass er sich verschätzt habe und zu schnell zu Tal gerast sei. Werner bietet ihm, vor Schreck kreideweiß, seine Hilfe an. Doch der Laster ist trotz der Beschädigungen fahrtüchtig. Uns allen steckt noch der Schock der Überquerung der Pyrenäen in den Knochen. Werner steigt wieder ein, sagt: »Alles okay« und dirigiert unseren unversehrten Wagen weiter bergan. Keiner redet ein Wort. Oben auf dem Gipfel des Passes pfeift ein kalter Wind. Mitten im Sommer liegt Neuschnee auf den Felsen. Wir bauen einen Schneemann, bewerfen uns wie sorglose Kinder mit Schneebällen und schleudern alle Ängste aus uns heraus. Endlich! Die Wolkendecke öffnet sich, das Azurblau des Südens und die ansteigende Wärme begleiten uns hinunter ins Tal. Erste Palmen in den Vorgärten, und im Abendglanz glitzert der See vor der gleichnamigen Stadt Como wie ein gleißender Spiegel. Werner steuert auf das Zentrum und die belebte Piazza zwischen Seeufer und dem spätgotischen Dom neben dem mittelalterlichen Rathaus, genannt Broletto, zu. Diese architektonischen Perlen der durch Seiden- und Tuchhandel reich gewordenen Stadt, das wolkenlose Blau über dem See, das erlösende Gefühl einer noch einmal glimpflich abgelaufenen Bergtour und eine geeiste Melone mit lombardischem Schinken – was gibt es Schöneres!

In Torno parkt Werner den verstaubten Ford bereits am Ortseingang. Wir schleppen unsere Koffer bis zu einem kleinen Hotel direkt am Ufer des Sees. Am nächsten Morgen begrüßt uns der Duft von Kaffee, der uns nach einer Schwimmrunde im kalten See auf der Terrasse erwärmt. Während wir unsere knusprigen Croissants mit Honig und Orangenmarmelade, die mit viel Knoblauch gewürzte Salami und den speziellen Schinken aus Parma genießen, bittet uns Werner, ab jetzt genau seinen Anweisungen zu folgen.

In Cadenabbia parkt er vor der Mauer der repräsentativen, 1899 erbauten Villa La Collina. Von der Morgensonne wie auf einer Bühne bestrahlt, beherrscht das Gebäude zwischen Palmen und Zypressen einen gepflegten Park. Werner drängt uns, ihm mit unserem Malgepäck unter dem Arm auf einem bequemen Pfad, der sich hinter der Villa über Bergwiesen zu einer Anhöhe schlängelt, zu folgen. Auf halbem Weg sucht er für uns drei verschiedene Standorte aus, wo wir uns verteilt niederlassen sollen, um von dort aus die Landschaft zu malen. Er sagt: »Es kann nicht mehr lange dauern. Ein alter Herr wird mit seiner Tochter auf diesem Weg seinen täglichen Morgenspaziergang absolvieren. Ich verstecke mich mit meiner Kamera hinter diesem Holunderbusch und warte, während ihr arbeitet. Ich bin mir sicher, dass dieses Paar bei euch anhält, um mit euch zu plaudern. In diesem Augenblick habe ich die Möglichkeit, die beiden, die ich sonst nicht so leicht vor die Linse bekomme, ganz entspannt zu fotografieren.« Mutter balanciert ihren Malblock auf den Knien und beginnt, die Pracht der Azaleen und Rhododendren wie einen Tanz glühender Feuertöne zu aquarellieren. Vater lehnt an einem Felsblock und zeichnet in sein Skizzenbuch den Blick auf den See und die Front der gegenüberliegenden Gebirgskette, während ich mich auf einem Baumstumpf niederlasse, vor mir im Gras meine Mappe mit Zeichenpapier. Meine Blicke wandern über das Panorama und auf meinem weißen Bogen wuchern die mit Tusche und Feder rasch skizzierten Strukturen der Bäume, der Landschaft und der Wolken. Hinter meinem Rücken schwirren Stimmen. Das erwartete Paar steigt den sanften Hügel hinauf und bleibt neugierig bei Vater stehen. Der Herr im langen Mantel und mit einem Hut auf dem Kopf beugt sich zu Vaters Skizzenbuch hinunter. Erst als die Unterhaltung immer lebhafter wird, erkenne ich unseren Bundeskanzler mit seiner Tochter Libet. Vater bedankt sich nochmals bei Konrad Adenauer, der ihn als Oberbürgermeister der Stadt Köln vor so vielen Jahrzehnten mit dem Versprechen einer Professur auf Lebenszeit aus Leipzig an die Werkschulen nach Köln gelockt hatte. Der alte Herr ist sichtlich vergnügt, schreitet am Arm seiner Tochter heiter weiter, schaut sich Mutters Aquarell an und staunt über die strahlende Farbigkeit. Als er schließlich meine Zeichnung betrachtet, fragt er interessiert nach meiner Intention. Ich höre das Klicken von Werners Kamera und das leise Rascheln hinter dem Holunder. Am Ende des Weges kehrt das Paar wieder um und winkt uns lächelnd noch einmal mit einem Kopfnicken zu. Diese Begegnung klingt lange in mir nach. Beeindruckt spüre ich, dass dieses ruhige, freundliche Entgegenkommen und das mit diskreter Distanz gezeigte Interesse jene würdevolle Ausstrahlung bewirken, die einen besonderen Menschen auszeichnet. Werner freut sich über seine Ausbeute an Fotos, die er noch erweitern kann, als wir nach dem Abendessen hinter einem Zaun ein Boccia-Spiel verfolgen, dem sich Adenauer in voller Konzentration inmitten einer ihn begleitenden Gruppe von Herren widmet.

Am nächsten Morgen besteigen wir einen betagten Kahn am Hafen. Isabel und ich versuchen mit wilden Ruderschlägen, das Boot vom Ufer wegzulotsen. Als uns Schweißperlen die Stirn heruntertropfen, tauschen wir vorsichtig die Plätze mit unseren Vätern, die dafür sorgen, dass unsere

Barke Fahrt aufnimmt. Von hier aus können wir die Kirche Santa Tecla mit dem Glockenturm besonders gut betrachten. Mich blenden die Reflexe der Sonnenstrahlen, die auf den Buntgläsern der großen gotischen Rosette über dem Eingangsportal funkeln. Auch ein zweiter hoher, im römisch-gotischen Stil errichteter Steinturm streckt sich aus dem Zentrum von Torno in die Höhe. Er gehört zur Wallfahrtskirche San Giovanni. Als wertvollste Reliquie soll sie einen Nagel vom Kreuz Jesu besitzen, eine religiöse Kostbarkeit, die ein deutscher Bischof im Jahr 1099 auf seiner Rückkehr von den Kreuzzügen der Gemeinde als Dank für gewährten Unterschlupf geschenkt haben soll. Zum Andenken an diese Begebenheit öffnet ein Priester an jedem ersten Maisonntag feierlich sieben Schlösser einer Kassette auf dem Altar, entnimmt behutsam den als heilig geltenden Nagel heraus und taucht ihn in ein mit Wasser gefülltes Kupferfass. Dieses so geweihte Wasser, das während des Gottesdienstes an Kranke, ihre Betreuer und die übrigen gläubigen Pilger ausgeteilt wird, soll Wunder bewirken. Wir gleiten an der bekannten 1573 erbauten Villa Pliniana vorbei, deren Fundamente direkt im Wasser stehen, sodass sich ihre Vorderfront mit den drei markanten, mittigen Rundbögen spiegelnd im See verdoppelt. Sie gilt als eine der schönsten und ältesten Villen der Region. Direkt neben dem Gebäude stürzt ein Wasserfall aus 70 Metern Höhe die steile Bergwand herunter in den See, und in der Nähe sprudelt eine Fontäne in unregelmäßigem Rhythmus. Dieses besondere Naturschauspiel regte schon Leonardo da Vinci an, dieses Phänomen genauer zu beobachten. Nicht nur die paradiesische Landschaft, sondern auch die architektonische Schönheit der Villa Pliniana lockten in der Vergangenheit neben dem europäischen Hochadel viele Berühmtheiten wie Lord Byron, Stendal, Puccini und Liszt an, um sich von dem bezaubernden Ambiente und der lombardischen Küche betören zu lassen.

Wir steuern unser kleines Schiff ganz nah an den Katarakt heran, hören seinem Rauschen zu und kühlen uns in seinen feinen Sprühnebeln. Die Nachmittagssonne brennt unbarmherzig, wir wenden das Boot und rudern in den kleinen Hafen zum Landungssteg zurück. Mutter, die das Ufer ganz nahe wähnt, erhebt sich vorzeitig, stolpert, kippt unerwartet über den Bootsrand und versinkt kopfüber in der dunklen Brühe des verschmutzten Hafenbeckens. Wir können uns gerade noch an den Sitzbrettern des bedenklich schwankenden Kahns festklammern und warten ängstlich auf ihr Auftauchen. Die Sekunden dehnen sich endlos. Doch dann sehe ich sie als gute Schwimmerin prustend und spuckend zu den Treppen der Mole kraulen. Ihr triefendes Haar ist mit Unrat bedeckt. Neben ihr entdecke ich den aufgedunsenen Kadaver einer Katze. Mutter winkt kurz, eilt die Stufen hoch und verschwindet in der Gasse zum Hotel. Als wir unsere Zimmer erreichen, hat sie sich schon gründlich abgeseift und alle ekelerregenden Hinterlassenschaften des Sturzes abgeduscht. Pünktlich zum Abendessen sitzt sie in einem blütenweißen Anzug mit uns auf der Terrasse an einem festlich gedeckten Tisch. Bei einem üppigen Fischgericht feiern wir den glücklichen Ausgang des üblen Unfalls mit einem speziellen Wein aus der Lombardei.

Ein paar Tage später erwerben wir in Köln ein Exemplar der Illustrierten. Auf mehreren Seiten dokumentiert sie mit Werners Großfotos unsere Begegnung am Comer See mit dem Bundeskanzler der Bundesrepublik Deutschland.

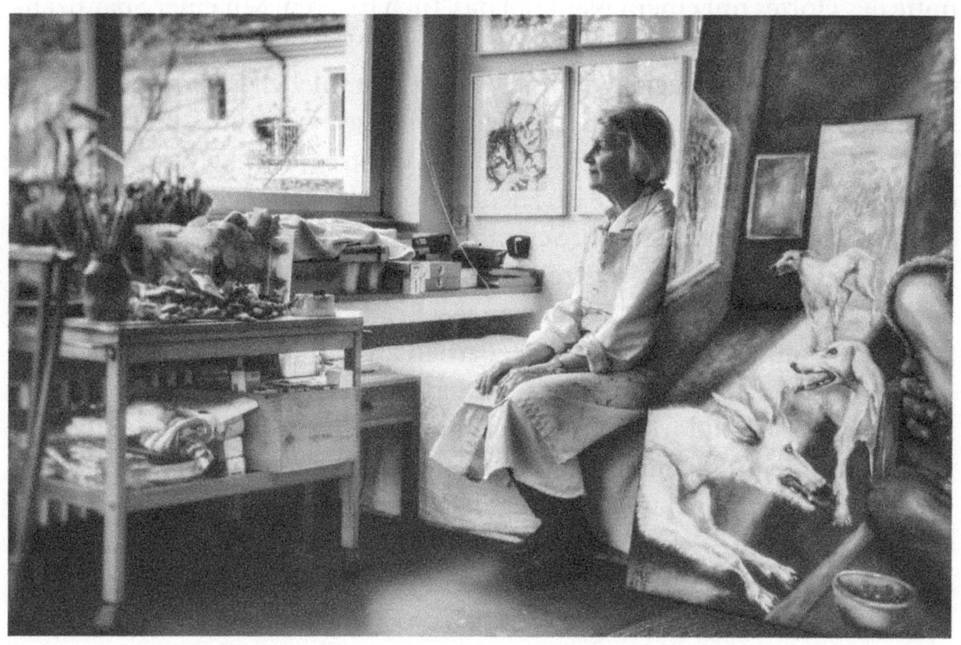

Malen

Von der südlichen Farbenpracht der Lombardei animiert, gehe ich mit entschlossenen Schritten durch den Akademieflur. Zur Begrüßung laut pfeifend, hüpft Jörg Immendorff aus der Beuysklasse in einem weißen Nachthemd an mir vorbei. Er wirbelt mit einem Pappschwert vor meiner Nase herum und krächzt: »Ich bin ein Genie, ein Genie! Ein Genie!« Das ist das Signal für mich, mein erstes Ölbild zu beginnen. Also steige ich mit meiner Leinwandrolle und den Hölzern für den Keilrahmen unter dem Arm in den Malersaal im oberen Stock und blicke hilflos in die Gegend. Meine Kollegen spannen routiniert die Tücher auf die Holzlatten, nageln und grundieren. Gerhard Richter lacht mich an und meint skeptisch: »Na?« »Ach, kommen Sie mal her!«, sagt Gotthard Graubner: »Sie müssen an einer Seite des zusammengefügten Keilrahmens anfangen und dann jeweils in der Seitenmitte des Holzes mit einem Blaukopf das Tuch fixieren. Mit einer Spannzange geht es einfach. So, jetzt sitzt die Leinwand. Nun wird sie rundherum an der Rückseite festgenagelt, damit sie wie ein Trommelfell gespannt ist. Klopfen Sie noch diese Holzkeile in die Verbindungsecken. Gut! Jetzt mit einem breiten Vertreiberpinsel erst einmal einen Vorstrich mit Leim und danach die Grundierung auftragen! Also zuerst eine Schicht quer gestreift und dann die Deckschicht längs gestreift. Schön zügig und gleichmäßig. Erst wenn die Leinwand gut getrocknet ist, streichen Sie Gesso oder Fassadenfarbe genauso flink als Grundierung auf. Na, dann viel Erfolg für das erste Ölbild!« Mich fasziniert Gotthards neue Methode, Farben als Farbkörper plastisch zu gestalten. Er experimentiert und unterfüttert seine aufgespannte Leinwand so lange mit Baumwollflocken, bis sie zu einem Kissen aufquillt, das er danach mit bestimmten Pigmenten einfärbt. Mein stramm gespanntes Tuch klingt wie eine leise Trommel und schwingt leicht, so wie es für einen guten Farbauftrag sein muss. Neben meinem Hocker steht schon der Malwagen mit dem noch unberührten Ölfarbkasten. Vor der Staffelei steigt mein Blutdruck, mir werden die Knie weich. Die Reinheit des Malgrundes blendet mich, das Weiß dehnt sich vor meinen Augen immer weiter aus. Die Stunden vergehen! Einen Nachmittag lang wage ich es nicht, die Makellosigkeit der Leinwand durch eine Vorzeichnung zu zerstören, obwohl mir die mit dem Bleistift gezeichneten Felder Kronenburgs als braunviolette, von weißen Partien durchdrungene Farbflächen vor den Augen schwimmen. Am nächsten Vormittag öffne ich die neuen Tuben und beginne mit dem Farbauftrag. Es ist enttäuschend, wie schnell sich die kleinen Häufchen der einzelnen Ölfarben auf der Palette verbrauchen und Farbe die blinkenden Tuben, Kittel, Finger und Teile meines Gesichtes beflecken. Die Leinwand entwickelt sich zu einem Schlachtfeld bräunlicher und weißlicher Flecken. Es dauert, bis ich mit einem Spachtel die Ölfarbe auf dem gesamten Maltuch verteilt habe. Während ich mit Abstand mein Werk betrachte, komme ich zu der ernüchternden Einsicht, dass ich noch viel Erfahrung, sehr viel mehr Farbe und Geduld benötige, um irgendwann einmal ein gutes Bild zustande zu bringen. Malerei ist das nicht! Technisch ungelenk, flach, ohne Rhythmik und Spannung. Erst als ich versuche, den Farbauftrag mit einem Pinsel zu verbessern, beginnt das Bild ein Eigenleben zu entfalten. Brauntöne und violette Partien bilden Inseln, die an Weißflächen stoßen, die sich wie Schneereste auf dunkler Erde ausbreiten. Doch dann wird die Stille während des Malens unterbrochen. Die Klinke unserer Ateliertüre wird behutsam heruntergedrückt. Schritte nähern sich, ich beginne zu schwitzen. Während ich es wage, in Fassbenders faltiges Gesicht aufzublicken, verfinstert sich seine Miene unter der Baskenmütze. Er betrachtet mein erstes Bild, schüttelt den Kopf und knöpft zögernd seinen schwarzen Regenmantel zu. Mit vorgeschobener Unterlippe lispelt er nur diesen einen Satz: »Du hast aber ein schönes Butterbrot geschmiert!«

Das sitzt wie ein Genickschlag. Jetzt sagt auch er es, der Meister: Ich bin unbegabt! Was soll ich bloß tun? Es nieselt. Ich friere und schleiche den »Eiskellerberg« hinunter. Eine Seilerei, um mir einen Strick zu kaufen, liegt nicht auf meinem Weg. Aber Herr Schroers, der Drogist, hat noch Licht. Von meinem letzten Monatsgeld erwerbe ich eine Literflasche Testbenzin. An diesem Wochenende fahre ich nicht nach Köln. In meiner Studentenbude zünde ich die Tischlampe an, setze mich vor ein weißes Blatt und schreibe mit Feder und Tusche in Unziale das Gedicht »Stufen« von Herrmann Hesse: »Wie jede Blüte welkt und jede Jugend dem Alter weicht, blüht jede Lebensstufe … Und jedem Anfang wohnt ein Zauber inne, der uns beschützt und der uns hilft, zu leben. Wohlan denn, Herz, nimm Abschied und gesunde!« Die letzten Zeilen hebe ich mit Blattgold hervor.

Der Pförtner der Akademie gähnt und brüht sich einen starken Kaffee auf, als ich ihn als Erste an diesem frühen Morgen begrüße. Aus dem frisch geputzten Toilettenraum entnehme ich mehrere Papierrollen und verschwinde mit ihnen in unserem Atelier. Bei weit geöffnetem Fenster gieße ich aus der mitgebrachten Flasche eine Pfütze Testbenzin auf meine Malerei und schrubbe und wische im Dunst des giftigen Lösungsmittels mit dem Toilettenpapier so lange über die Farben, bis die blanke Leinwand zum Vorschein kommt. Wieder sitze ich vor einer jungfräulich weißen Malfläche. Als die vom Lösungsmittel geschwängerte Luft verflogen ist, kommt Professor Fassbender, wie zu jedem Wochenbeginn, in die Klasse und sieht meine gereinigte Leinwand. Er schweigt. Ich male wie besessen, male vom frühen Morgen bis zur Dämmerung. Ich male wie im Rausch. Die Farben lassen sich jetzt geschmeidiger auftragen, die Farbklänge der einzelnen Flächen scheinen besser zu harmonieren. Meine Arbeit wächst mir zu.

Es ist wieder Freitag. Die Kollegen haben die Akademie längst verlassen. Der Duft der Ölfarben und das leise Geräusch des über die Leinwand streichenden Pinsels ummanteln mich wie eine immaterielle Schutzhülle vor dem Außen. Es dunkelt bereits. Die Dunkelheit kriecht über mein Bild, die Farben verblühen. Deshalb lege ich die Pinsel zur Seite und betrachte meine neue Malerei. Wieder höre ich das schon erwartete sanfte Klinkendrücken und die schlurfenden Schritte, die hinter meinem Rücken enden. Mein Körper erstarrt wie das Kaninchen vor der Schlange. Ich spüre den schnellen Atem des Meisters. Steif blicke ich nach vorn. Kalte Schweißperlen bilden sich auf meiner Stirn. Er legt seine warme Hand auf meine Schulter. Stille. Nichts!

Schließlich räuspert er sich – so als werfe er einen Motor an: »Dreh dich doch mal zu mir um. Weißt du, warum ich nichts gesagt habe? Ja? Weißt du das? Ich habe nichts zu dir und deinem Bild gesagt, weil du das gleiche Bild noch einmal gemalt hast.« Stille. »Dir werde ich nie mehr etwas sagen!« Nach kurzem Zögern fügt er laut hinzu: »Du gehst deinen eigenen Weg! Gut! Sehr, sehr gut!«

Von da an trage ich diesen Satz wie ein Tattoo auf meiner Seele. Er begleitet mich unauslöschlich. Dieser Satz entzündet in mir den Funken Hoffnung, dass mir eines Tages einmal ein gutes Bild gelingen wird. Mir wird klar, dass sich eine Bildfindung nur dann als glaubhaft erweist, wenn sie sich als ein individueller Erkenntnisvorgang und als Extrakt einer selbst erlebten inneren und äußeren Welt manifestiert. Diese unverwechselbare Eigenständigkeit eines Werkes, die nur aus innerer Freiheit entstehen kann, entwickelt eine geheimnisvolle Kraft. Diese Energie öffnet eine Türe zu einer vorher noch nie so betrachteten, verborgenen Welt der Gedanken, der Emotionen und Sehweisen, in der Kunst und Leben zu einer neuen Wirklichkeit verschmelzen.

In der Mensa setze ich mich zum Mittagessen neben eine sehr jung aussehende Studentin. Sie schaut mich mit himmelblauen Augen an und fragt: »In welchem Atelier arbeiten Sie? Ah! Bei Fassbender. Darf ich Ihnen einmal zusehen, wenn Sie malen?« Mit meinem »Ja, natürlich!« beginnt eine lebenslange Freundschaft. Beate stellt sich neben meine Staffelei. Aufgrund meiner noch stümperhaften Malerei weise ich darauf hin, dass ich erst am Anfang des Malens stehe, da mir maltechnische Erfahrungen fehlen, die nur durch ständiges Üben verbessert werden können. Was mich jedoch gedanklich umtreibt, welche Thematik, welche Farbprobleme und Bildkonstruktionen mich beschäftigen, kann ich genau definieren.

Beate spricht über ihre Begegnungen mit Professor Joseph Beuys, dessen Studentin sie seit einem Semester ist, da der ehemalige Meisterschüler von Ewald Mataré seit 1961 die Klasse für Monumentale Bildhauerei als Kunstprofessor leitet. Beuys inszeniert sich als Künder einer neuen Kunstauffassung und attackiert die traditionellen akademischen Vorstellungen von Kunst. Mit seiner Persönlichkeit fegt jetzt ein gedanklich frischer Wind durch den Akademiealltag, wenn er die Kunstjünger mit seinen täglichen Diskussionen magisch in seinen Bannkreis zieht. Denn es geht nicht mehr nur um gestalterische Probleme wie Farbe und Form, Gegenstand, Figur und Raum, sondern auch um weltanschauliche, politische und anthroposophische Denkmodelle. Beuys erweitert den allgemeinen Kunstbegriff und beschreibt ihn als soziale Plastik, denn jeder Mensch sei durch seine schöpferischen Kräfte ein Künstler, und jeder sollte die Möglichkeit erhalten, an den kreativen Prozessen seiner Zeit mitzuarbeiten. Seine neuartigen Thesen zelebriert Beuys sowohl in der Akademie als auch während seiner Performances in der Öffentlichkeit vor Mikrofonen und laufenden Kameras mit bühnenreifen Auftritten, als habe er wie ein Schamane magische Kräfte. Von seinen Sichtweisen fasziniert, erklärt mir Beate, warum sie seine anthroposophischen Ausführungen zum Thema Kunst richtig und wichtig finde. Sie könne seinen geheimnisvollen Gedankenkapriolen gut folgen, da sie die Oberstufenzeit in einem Internat verbracht habe, welches die Lebensphilosophie von Rudolf Steiner als didaktische Grundlage vermittle.

Jedes Mal, wenn ich bei geöffneter Tür einen kurzen Blick in die Klasse von Beuys werfen kann, erlebe ich, dass die Diskutierenden, die auf Fensterbänken und auf dem Boden sitzen, nicht still arbeiten, sondern über die aktuelle These der »sozialen Plastik« zur Erweiterung des Kunstbegriffs erregt debattieren, denn die neuen politischen Aspekte und

Denkprozesse verdrängen die klassischen Forderungen an ein gelungenes Kunstwerk. Besonders amüsieren mich einige Ergebnisse dieser Debatten. Winzige Zeichnungen von verschiedenen Geschlechtsteilen zieren aktuell die Wände der Klasse für Monumentale Bildhauerei, deren skulpturale Ausformungen im Kleinformat in einer Vitrine auf dem Flur zu geistreichen Kommentaren einladen. Blitzschnell verbreitet sich die sensationelle Parole, dass dieser Dozent auch denjenigen Studenten einen Platz in seiner Klasse anbiete, die nach der Aufnahmeprüfung von der Akademie als nicht begabt abgelehnt worden seien. Das Motto des Meisters, »Jeder Mensch ist ein Künstler!«, das häufig missverstanden wird, vergrößert die Anzahl von Bewerbern so sprunghaft, dass im Jahr 1972 die Klasse mit 268 Studenten aus allen Nähten platzt und kein geregelter Unterricht in der Akademie mehr möglich ist. Das führt in dem sonst so friedlichen Akademiebetrieb zu Tumulten. Studenten besetzen mit ihrem Meister das Sekretariat. Beuys wird als Kunstprofessor von Minister Rau fristlos entlassen.

Je länger ich über die Lehre von Beuys nachdenke, umso mehr beginne ich zu verstehen, warum er mit seinen spektakulären Aktionen gegen die als elitär beschimpften akademischen Kunstauffassungen opponiert. Er möchte nicht nur die spirituellen und meditativen Kräfte seiner Studenten herausfordern, sondern auch das traditionelle Denken des Publikums verändern. Beuys stellt nicht mehr das fertige Kunstwerk in den Mittelpunkt seiner Betrachtung, wie es bis jetzt üblich ist, sondern bezeichnet das schöpferische Denken und den kreativen Akt als das Wesentliche in der Kunst. Mit seinen öffentlichen Performances, die wie schamanistische Rituale gegen das Establishment und ein bürgerliches Spießertum rebellieren, erlangt er sehr schnell einen internationalen Bekanntheitsgrad. Auf poetische Weise versucht er zu vermitteln, dass der eigentliche Sinn des kreativen Prozesses im persönlichen Einfall und in der eigenen Erfindung liegt. Diese herausfordernde Kunstauffassung verkündet Beuys als Propagandist von Fluxus, der neuen Kunstrichtung, die von George Maciunas 1961 als Erkenntnisprozess erklärt wird. Jedes Mal, wenn Beuys mir mit seinen unverkennbaren Markenzeichen, dem Hut auf dem Kopf, der Anglerweste über einem grauen Hemd oder an kalten Tagen auch mit einer Schaffellweste bekleidet, auf dem Flur entgegenkommt und mich mit seinen tief liegenden Adleraugen fixiert, erscheint er mir wie ein Magier, dem es durch seine auffällige Ausstrahlung und seine verschlüsselte Kunst gelingt, seine Gefährten wie mit einem Geheimcode an sich zu fesseln, denn seine Jünger verehren ihn wie einen Guru. Im Jahr 1965 gelingt Beuys in der Galerie Schmela eine seiner spektakulärsten Fluxus-Veranstaltungen. Zur Vernissage seiner Performance bleibt das eingeladene Publikum ausgesperrt. Es muss auf der Straße vor der geschlossenen Kunsthandlung warten, denn Beuys inszeniert sein Happening allein im Ausstellungsraum, sodass die Vorstellung von der Straße aus nur durch die Schaufensterscheibe verfolgt werden kann. Mit unbehütetem Kopf, der mit Honig und glänzender Goldfolie beklebt ist, schreitet er, betont langsam und immer wieder von Pausen unterbrochen, von einer ausgestellten Arbeit zur nächsten. Nach diesem bedächtigen Rundgang setzt er sich vor das Schaufenster und erklärt einem toten Hasen im Arm die Bilder.

Das Arbeiten bei Professor Fassbender hat einen anderen, einen individuellen und privaten Charakter. Unser Atelier wirkt auf mich wie ein Schutzraum. In seiner Stille intensiviert sich das Sehen, das konzentrierte Nachdenken über bildgestalterische Prozesse und das Finden eines unverwechselbar eigenen künstlerischen Weges. Die sommerlichen Mittagspausen verbringe ich mit Beate auf dem Akademiedach. Wir lassen uns vor dem Schutzgitter von der Sonne bescheinen und genießen den weiten Blick über die Dächer Düsseldorfs. Hier verblassen für wenige Augenblicke die Anstrengungen der Veranstaltungen in Philosophie, Kunstgeschichte, Anatomie, Schriftkunst, Perspektive und Pädagogik. Nur dieser einprägsame Satz unseres Professors der heutigen Philosophievorlesung schwingt weiter in mir: »Ein Wegweiser folgt nie der Straße, die er anzeigt!« Manchmal öffnet sich auf der Dachetage die Pforte zum Olymp und gewährt einen flüchtigen Blick in ein märchenhaftes Reich. Hier in luftiger Höhe residiert der berühmte Bühnenbildner und Theaterwissenschaftler Professor Teo Otto und kreiert mit seinen Studenten künstliche Wunderwelten für die großen Opernhäuser und Schauspielbühnen der Welt. Manchmal schwebt uns dort oben schon auf dem Flur ein elfenartiges Geschöpf mit Blumen im aufgebauschten Haar entgegen. Das Zauberwesen nennt sich »Thymian« und genießt mit uns die Wärme des Mittags. Thymian ist erfüllt von ihrer schöpferischen Arbeit, Kostüme für die Bühnen in Salzburg oder für die Ausstattung einer Oper in der Mailänder Scala zu entwerfen. »Jetzt sollten wir in Rom sein!«, denke ich laut. In der Stadt, in der ich während unserer Abiturreise nie genug Zeit hatte, überall genau hinzuschauen. Noch einmal die kostbaren Kirchen besichtigen, die unzähligen Relikte aus römischer Zeit bewundern oder einfach nur auf einer Piazza zu dösen und la dolce vita vorüberziehen zu lassen. »Ja!«, sagt

Beate, »ich habe da eine Idee. Morgen weiß ich mehr!« Sie dreht mir ihr Profil und ihr entschlossen vorgeschobenes Kinn zu. Pünktlich zur Mittagszeit klopft sie am nächsten Tag an unsere Ateliertür, ihre Augen leuchten in einem mediterranen Blau. »Wir können in den Semesterferien nach Rom fahren! Die Schwester meiner Freundin besitzt in Trastevere auf dem Gianicolo eine Wohnung, die in den nächsten sechs Wochen nicht belegt ist.« Mir klopft das Herz bis zum Hals: die Ewige Stadt uns zu Füßen!

Mein Bericht über die einmalige Gelegenheit, mit einer sympathischen Kollegin mehrere Arbeitswochen in Italiens Hauptstadt zu verbringen, erfreut meine besorgten Eltern überhaupt nicht. »Wer ist diese Studentin? Wieso will sie es dir ermöglichen, in einem Apartment im Ausland kostenlos Ferien zu machen?« Kleinlaut gestehe ich Beate in der Mittagspause, dass meine Eltern von unserem Reisewunsch nicht begeistert sind. »Ja«, sagt sie, »meine Eltern haben genauso skeptisch reagiert! Sie befürchten, dass uns in Italien etwas zustoßen könnte. Deshalb werden sie ihre Entscheidung erst dann treffen, wenn sie mit Ihnen persönlich alle Fragen geklärt haben. Zu diesem Gespräch lädt Sie meine Familie herzlich ein, und Sie können bei uns übernachten.«

Beate saust mit mir von Düsseldorf aus in ihrem hellblauen VW über die leere Autobahn und biegt in eine stille Allee mit großzügigen Gärten und Villen ein. Vor einer Mauer hält sie an und schellt am Gartentor. Hunde bellen. Eine gemütlich aussehende Frau in weißer Schürze öffnet uns. Zwei Vierbeiner drängeln sich nach vorn, lecken Beate die Hände und knurren mich an. Eine Dame mit sportlicher Kurzhaarfrisur in einem hellblauen Twinset mit Perlenkette kommt uns entgegen. Sie küsst Beate und gibt mir die Hand, wobei sie mich eingehend betrachtet. Die Haushälterin packt die Hunde am Halsband und schiebt sie in den Flur. Im von Licht durchfluteten Wohnraum bewundere ich wertvoll gerahmte Grafiken und Malereien bekannter zeitgenössischer Künstler. Eine breite Glasschiebewand trennt den Salon von einem gepflegten Garten. Die Familie versammelt sich um einen ovalen, mit Sets gedeckten Tisch. Wir warten hinter unseren Stühlen stehend auf den Hausherrn, der im grauen Maßanzug das Speisezimmer betritt und jedes Familienmitglied mit einem Kuss begrüßt. Vor mir verharrt er. Das unverhohlene Abchecken meiner Person verunsichert mich, denn er mustert mich vom Scheitel bis zur Sohle. Doch während des schmackhaften Essens und des fröhlichen Geschwätzes der Familie verliert sich allmählich meine Schüchternheit. Schon bald werde ich nach dem Beruf meines Vaters gefragt, eine Erkundigung, die auch meinen Eltern als erste Information immer überaus wichtig erscheint. Als zum Nachtisch von der Haushälterin ein Espresso gereicht wird, schneidet der Vater endlich das Thema Rom an. »Also, Beate! Wir finden, dass ihr beiden noch recht unerfahren seid, so ohne Erwachsenenbegleitung ins Ausland zu reisen!« »Aber Papi, Monika ist schon volljährig!« »Stimmt das, Fräulein Hußmann?« »Ja, ich bin seit Februar einundzwanzig Jahre alt.« »Waren Sie schon einmal im Ausland?« Ich nicke. »Schon öfter. Meine Eltern reisen jedes Jahr in den Süden, meistens darf ich sie begleiten. Während unserer Abiturfahrt konnte ich Rom schon etwas kennenlernen.« Ich verschweige den Höhepunkt dieser Bildungsreise. Es war nicht etwa die Besichtigung des überwältigend prachtvollen Vatikans, sondern die geglückte Überbringung einer geheimen Botschaft von einer der lehrenden Nonnen unseres erzbischöflichen Gymnasiums. Ihr gehörte unsere besondere Zuneigung, da uns ihre Menschlichkeit, ihre auffallende Schönheit und ihre ungewöhnliche Offenheit imponierten. Einmal weihte sie uns über ihre Schauspielkarriere vor dem Eintritt in das Kloster ein und hüpfte vor unseren verblüfften Augen sogar als Vertretung der Sportlehrerin in der Turnhalle im bodenlangen Habit über den Sprungbock. Vor unserer Abreise nach Rom bat sie uns unter dem Siegel der Verschwiegenheit, in der »Ewigen Stadt« einen Brief zu überbringen. Sichtlich nervös fügte sie hinzu, bei der Übergabe bitte ganz diskret zu sein. An unserem freien Nachmittag, den die meisten Abiturientinnen mit Einkaufen und dem Schreiben von römischen Grußkarten verbrachten, spürten wir mit Hilfe des Stadtplans die angegebene Briefadresse auf, die sich etwas außerhalb der Altstadt Roms hinter hohen Mauern versteckte. Es stellte sich heraus, dass diese Anschrift zu einem Mönchskloster gehörte. Neugierig spähten wir durch die Gitterstäbe des unüberwindbaren Tores und entdeckten in einem schattigen Gartenbereich mehrere diskutierende Fratres. Wir schellten an der Klosterglocke und nannten einem herannahenden Mönch den Namen, der auf dem Briefumschlag stand. »Un momento per favore!« Nach kurzem Warten sahen wir, wie sich eine schlanke, hohe Gestalt aus der Gruppe der Mönche löste und mit federndem Schritt auf uns zueilte. Und dann stand dieser junge Frater dicht vor uns, nur getrennt durch das schmiedeeiserne Rankenornament des Metallgitters. Seine Erscheinung war atemberaubend. Die asketische Figur zeichnete sich unter der dunklen Soutane kaum ab, umso mehr fesselte mich sein fein gezeichnetes Gesicht. Sein edles Profil entsprach den geschönten Porträts nobler Herren, seine Augen leuchteten in unergründlich warmem Braun. Mit dem Rücken zu seinen Glaubensbrüdern nahm er den durch das Gitter gereichten Umschlag entgegen. Seine schlanken Hände zitterten, als er die Handschrift erkannte. Sein Gesicht errötete, während er den Umschlag behutsam öffnete. Als er den Brief zu hastig entnahm, segelten drei getrocknete Veilchen zu Boden.

Beates Vater blickt mich durchdringend an: »Na, dann wissen Sie wohl auch, dass Italien mit seinen Papagalli und der Mafia ein ganz besonderes Pflaster ist! Welche Motivation reizt Sie, mehrere Wochen in einer so turbulenten, lauten Großstadt zu verbringen?« »Es ist mein Traum, zusammen mit meiner netten Kollegin in der Ewigen Stadt zu zeichnen, Kunst und Architektur zu studieren und zu lernen, das Fremde zu verstehen!« Meine schnelle Antwort scheint ihn zu verblüffen. Nachdenklich wiegt er seinen glatt gekämmten Kopf hin und her. Nach dem Genuss des Espressos erheben wir uns von der Tafel, und Beate schlägt vor, im Zoo Tiere zu beobachten und zu zeichnen. Mit Klapphocker und Malutensilien setzen wir uns vor das Gatter der Guanakos. Die wolligen, kamelartigen Tiere, die schon im dritten Jahrtausend vor Christus domestiziert wurden, wirken besonders zutraulich. Doch meine Idee, mich direkt vor ihnen niederzulassen, erweist sich als wenig klug. Wahrscheinlich fühlen sie sich durch meinen skizzierenden Stift nicht vorteilhaft genug porträtiert, sie schieben die Lippen vor und eine Ladung Spucke landet gut gezielt auf meinem Gesicht.

Während des Abendessens erkundigt sich Beates Vater nach unseren Erlebnissen, schwenkt dabei einen Schluck Wein, den ihm das Serviermädchen als Kostprobe eingeschenkt hat, und nickt. Dann schaut er mich durchdringend an und bittet, möglichst bald meine Eltern kennenlernen zu dürfen. »Ja, meine Eltern laden Sie zum Wochenende nach Rodenkirchen ein. Dort können wir bei gutem Wetter auf dem Dach sitzen«, entgegne ich. »Wie – auf dem Dach?«, fragt er zurück. Wahrscheinlich hat er eine schlampige Boheme von Künstlern in einer Bretterbude vor Augen. Doch die Neugier siegt, und Beates Eltern sagen spät am Abend zu. Nach meiner traumlosen Nacht empfängt mich die Familie, die so viel Wert auf Etikette legt, schon um den Frühstückstisch versammelt, in bester Laune im Morgenrock. Das wäre in meinem Elternhaus undenkbar. So sitze ich fertig angezogen zwischen der vergnügt plaudernden und lästernden Gesellschaft. Die Geschwister erzählen Witze. Der Kleinste ärgert unter dem Tisch seine Schwester, die wie bei der Stillen Post ihrem Nachbarn, dem

Drittältesten, Botschaften zuflüstert. »Geflüstert wird nicht!«, sagt die Mutter und reicht für jeden eine Schale mit über Nacht eingeweichtem Müsli nach Bircher Art und dazu Obstsalat herum. Eine Schüssel mit Quark und ein Teller mit klein geschnittenen Würfeln grüner Paprika folgen. Vor mir stehen ein Körbchen mit gekochten Eiern und ein frisch aufgeschnittener Hefezopf. Beates Vater bestreicht eine Scheibe Toast mit Butter und Leberwurst, die er mit Tupfern aus Himbeergelee verziert. Nach einer Pause legt er seine Serviette zur Seite, neigt sich zum Servierwagen und hebt eine Flasche aus dem bereitgestellten Eiskühler, öffnet mit dumpfem Plopp den Verschluss und schenkt zum Abschluss des Sonntagsfrühstücks erst seiner Frau und dann mir Sekt in ein geschliffenes Bleikristallglas ein. Mit dem dankbaren Gefühl, verwöhnt worden zu sein, und mit der Hoffnung auf eine gemeinsame Reise verlasse ich Beates kultivierte Familie.

Die folgenden Wochen in der Akademie sind mit Vorlesungen, Aktzeichnen und der Anfertigung meiner ersten Radierungen und Lithographien ausgefüllt. Das Drucken an der großen Presse entwickelt sich für mich äußerst spannend. Der Trick der Übertragungsmöglichkeit einer Zeichnung auf ein neues Blatt besteht darin, dass bei diesem Flachdruckverfahren der Lithografie der vorher mit einer Spezialfarbe bezeichnete Stein mit Wasser angefeuchtet und dann mit fetthaltiger Farbe eingewalzt wird. Die ölige Druckerfarbe wird nur von den bezeichneten Stellen aufgesogen, dagegen von den anderen, feuchten Partien des Steins abgewiesen, weil sich Fett und Wasser nicht verbinden. Die Zeichnung, die ich vorher mit einer Stahl- oder Rohrfeder oder mit einem Pinsel mit Lithotusche auf die mühsam abgeschliffene und nachpolierte Steinplatte aufgetragen habe, erscheint nach dem Druckvorgang beim Durchlauf durch die pressenden Walzen seitenverkehrt. Das große Handrad muss mit aller Kraft gedreht werden, damit die schwere Steinplatte, das darauf gelegte angefeuchtete Kupfertiefdruckpapier und eine die Feuchtigkeit aufsaugende Filzmatte hinter den Walzen langsam wieder zum Vorschein kommen. Wenn ich die Filzmatte nach dem ersten Durchlauf vorsichtig von dem Papier abhebe, liegt meine Zeichnung klar und deutlich und seitenverkehrt vor mir. Nachdem mir einige einwandfreie Lithografien gelungen sind, versuche ich zu experimentieren und erste Mehrfarbendrucke zu riskieren, wobei ich sorgsam darauf achten muss, dass die Passstücke bei jedem Druckverlauf genau stimmen. Mutiger geworden, erwerbe ich im Fachhandel ein paar Kupferplatten. Auf diesen blank polierten Untergründen ritze ich mit einer Radiernadel Zeichnungen ein. Wenn die Druckerschwärze gut in alle Ritzen eingerieben ist und die nicht bezeichneten Flächen einwandfrei sauber gewischt sind, kann ich von den Kupferplatten auch Kaltnadelradierungen in kleiner Auflage drucken. Diese seitenverkehrten Abzüge zeigen als Drucke den spontanen Charakter einer Handzeichnung. Etwas komplizierter wird die Herstellung einer Ätzradierung, bei der die Druckplatte gleichmäßig mit einer säurebeständigen Schutzschicht wie Asphaltlack überzogen wird. In diesen Ätzgrund ritze ich nun meine Zeichnung mit der Radiernadel ein. Je nach Dauer des anschließenden Ätzvorgangs dringt die aggressive Flüssigkeit im Säurebad mehr oder weniger in die feinen Rillen der Zeichnung ein und verändert so die Tiefe der Linien und deren Strichstärke. Wenn ich Schattierungen oder Farbvertiefung in der Zeichnung erzielen möchte, ätze ich die Druckplatte in mehreren Stufen. Die Ätzflüssigkeit kann auch flächenweise direkt mit einem Pinsel aufgetragen und mit der Technik der Kaltnadelzeichnung kombiniert werden. Wenn ich zusätzlich säurefesten Staub – Asphalt, Kolophonium oder Harz – mit dem Pinsel auf die Druckplatte auftrage und sie dann erwärme, verbindet sich der schmelzende Staub mit ihr. Beim anschließenden Ätzvorgang im Säurebad gelingt es, malerische Effekte zu erzielen.

Die neuen Erfahrungen mit der seitenverkehrten Bildwelt beim Druckvorgang inspirieren auch meine Gedanken über das Porträtieren bei meinem morgendlichen Blick in den Spiegel. Was stimmt wirklich? Das Urbild oder seine Spiegelung? Ist es überhaupt sinnvoll, ein wahres Abbild von der sichtbaren Welt erschaffen zu wollen? Personen wirklich nahezukommen und ihnen gerecht zu werden, bleibt eine Illusion. Selbst ich würde mir fremd vorkommen, stünde ich plötzlich vor einem Spiegel, der mich nicht seitenverkehrt reflektiert. Ich erkenne, dass die Wahrheit aller jemals gemalten oder als Skulptur gestalteten Porträts in der Qualität ihrer künstlerischen Potenz und nicht in ihrer fotografischen Ähnlichkeit liegt. Als Fassbender, der während des Aktzeichnens zuerst auf das auf dem Podest sitzende Modell und dann zwecks Korrektur wie beiläufig auf unsere Zeichnungen blickte, nur den einen Satz äußerte: »Ist sie nicht fantastisch? Wie ein Fels!«, verstand ich wie bei einer blitzartigen Eingebung das Wesen des Zeichnens und den Sinn des Darstellens. »Ist sie nicht fantastisch? Wie ein Fels!« Alles ist in diesen beiden Sätzen enthalten: die bewegungslose Sitzposition, die Ruhe, das Ureigenste des Weiblichen, die Kraft des Lebens, das Großartige des Seins und das Zeitlose des Augenblicks. Mit dieser Intensität der Betrachtungsweise offenbaren sich die eigentlichen Wahrheiten dieser an sich alltäglichen Situation. Ein einfaches Abzeichnen würde diesem Anspruch nicht gerecht werden, genauso wenig wie das fotoähnliche Abbild der Fassade keinen Blick ins Innere öffnet. Mir wird immer mehr bewusst, dass eine der Hauptaufgaben des Künstlers das Sehen und das Erkennen ist. Der Vorgang der Erkenntnis ist ebenso wesentlich wie die gute handwerkliche Umsetzung der Idee. Nur so kann das während des kreativen Prozesses Entdeckte, Erkannte und dann auf individuelle Weise Dokumentierte als künstlerische Botschaft gelingen.

Fassbender nickt nur, nachdem er die Ergebnisse meiner Druckerfolge begutachtet hat, denn etwas anderes beschäftigt ihn gerade mehr. Er verzieht sein Gesicht, die Antennen seiner rötlichen Augenbrauen richten sich auf, und es sprudelt mit einem verschmitzten Lächeln aus ihm heraus, dass er heute Abend in Köln nicht nur seinem Spitz Fifi ein neues Halsband mit einem Glitzerstein umbinden werde. »Denn Anna, meine liebe Frau, hat heute Geburtstag. Ich will sie überraschen!« Er klemmt sein Monokel vor das erkrankte Auge und zieht ein Geschenkpäckchen aus der Innentasche seines Jacketts. Behutsam öffnet er den Deckel einer Schmuckschatulle, in der eine kostbare Perlenkette glänzt. »Gefällt sie dir?« Ich bewundere das kostbare Collier. Glücklich versenkt er das lederne Etui tief in der Innentasche seiner Jacke. Er rückt seine Baskenmütze zurecht, knöpft seinen schwarzen Mantel zu und verlässt beschwingt summend unser Atelier. Beim Hinausgehen dreht er sich noch einmal kurz um und sagt mit Nachdruck: »Geht nie mit dem Mob auf die Straße! Werft keine Steine! Nein! Demonstriert auf euren Leinwänden!«

Da ich neben der freikünstlerischen Arbeit alle Pflichtveranstaltungen der Kunsterzieher belegen muss, ist meine knappe Zeit mit Vorbereitungen für die ersten Prüfungen vor dem Staatsexamen restlos ausgefüllt. In meinem engen Zimmer im Studentenheim wälze ich Bücher über Existenzphilosophie und werte meine Mitschriften aus den Vorlesungen der Philosophie- und Kunstgeschichte aus. In der Mensa erfahre ich, dass gerade ein gewitzter Student durch das Examen gerauscht ist, weil er nicht nur in der Klausur über einen Denker namens Emanuel Kaut referierte, sondern auch in der mündlichen Prüfung von diesem Kaut sprach, was den Prüfer veranlasste, festzustellen, dass dieser abgegebene Text die nicht verstandene Abschrift des Manuskriptes von einem Kollegen sein müsse. Dieser dümmliche Pfusch dürfte auch Immanuel Kant im Grab ein Lächeln entlockt haben.

Rom

Der Frühsommer strahlt in seinen prachtvollsten Farben. Auf unserer Dachterrasse in Rodenkirchen decke ich den runden Holztisch mit Mutters entworfenem Tischtuch, mit weißem Geschirr und einem Strauß rosa-weißer Hortensien. Die über die gesamte Hauslänge geführte Pergola des Dachgartens hängt voller stark duftender Blauregenblüten. Die Rosa Centifolia öffnet im Steinbeet vor der Außenwand ihre ersten Parfum verströmenden Knospen. Als Beate ihre Eltern laut diskutierend die Wendeltreppe heraufführt, klopft der Buntspecht rhythmisch in der Kastanie. »Ach ist das schön! Und sieh mal, Ernst, du kannst die Schiffe auf dem Rhein sehen. Wie alt sind die Bäume im Park? Und die herrlichen Blutbuchen, die haben bestimmt schon hundert Jahre auf dem Buckel. Sogar alte Maronen wachsen hier, und riech mal, wie die Robinie duftet, und diese alte Glyzinie – dass sie in so einem engen Pflanzkasten so stark werden kann …« »Von diesem Sessel aus können Sie die weißen Ausflugsdampfer betrachten, gegenüber sehen Sie die Vögel in den Kastanien.« Wir verteilen uns rund um den Tisch. Die Diskussionen über den Stil und die zeitlose Modernität des Bauhauses, die Umwälzungen in der Kunstszene, die aktuellen Strömungen in den Kunstakademien und die randalierenden Studenten auf den Straßen lassen uns das eigentliche Anliegen vergessen. Ein kühler Wind kündigt den Abend an. Beates Eltern mahnen zur Rückreise. Unvermittelt frage ich in die Lücke des angeregten Gesprächs hinein: »Dürfen wir zusammen nach Italien reisen?« Für einen Augenblick ein Zögern. Beide Elternpaare schauen sich an und sagen wie aus einem Mund: »Ja!« »Aber …«, fügt Beates Vater hinzu. »Aber ihr müsst sehr vorsichtig sein. Ihr dürft euch nie von Männern ansprechen lassen und solltet euer Geld und die Wertsachen stets gut versteckt am Körper tragen!«

Im August 1962 packe ich, die Volljährige, diese Mahnungen, Zeichenstifte, eine Rolle Ingres-Papier, meinen Aquarellkasten und einen kleinen Reiseführer für Rom und Umgebung in meinen karierten Koffer und klemme eine große Zeichenmappe unter den Arm. Da es in dem römischen Apartment kein Bett, sondern nur ein durchgesessenes Sofa geben soll, schleppe ich mich noch mit einer primitiven Klappliege vom Baumarkt und einer zusammengerollten Auflage ab. Im Kölner Hauptbahnhof steigen Beate und ich in den Nachtzug nach Roma-Termini. Wir reisen in den

Süden und unser Abteil wird kalt und kälter – die Heizung ist ausgefallen –, je mehr wir uns den Alpen nähern. Mitten im Sommer ist Neuschnee gefallen, der in der Dunkelheit der Nacht auf den Berggipfeln in einem imaginären, feenhaften Licht schimmert. Am Mittag erreichen wir ohne Schlaf und durchgefroren bei kaltem Wind die geräuschvoll pulsierende Ewige Stadt. Das laute Geplärre der Ansagen, die Vielstimmigkeit auf den Bahnsteigen, die Rufe der Essensverkäufer mit ihren weißen Bistrowägelchen, das Umherlaufen und Geschiebe verwirren uns so, dass wir unsere Vorsätze, sparsam zu sein, vergessen und uns ein Taxi heranwinken. »Mi scusi, quanto costa arrivare a Gianicolo?« Der Taxifahrer nennt eine Summe, die uns zu hoch erscheint. Wir schütteln den Kopf und schauen weg. »O, Signorine, ich fahre Sie für einen Spezialrabatt.« Wir steigen total erschöpft mit unserem sperrigen Gepäck ein und wachen erst richtig auf, als der Wagen in die Altstadt einbiegt und uns angestrengt knatternd den Hügel des Gianicolo hinauftransportiert. Der Fahrer steigt aus, reißt alle Türen auf, lehnt unsere Habseligkeiten auf dem Kopfsteinpflaster an die Hausmauer der von uns angegebenen Adresse und rollt pfeifend und mit einem guten Trinkgeld versehen den Berg wieder hinunter. Beate schellt bei der Hausverwalterin. Nach einem Poltern im Flur öffnet eine unwirsche Frau den Hauseingang, mustert uns ausgiebig und steigt schlecht gelaunt vor uns die steile Treppe ins Obergeschoss hinauf. Bevor sie uns Zugang zu unserem Apartment gewährt, erklärt sie in rasend schnell gesprochenem Italienisch, was in diesem Raum und im winzigen Bad zu beachten sei. Mit einem skeptischen Blick händigt sie uns endlich einen Schlüssel für die Haustür und einen für die Wohnungstür aus. Jetzt sind wir angekommen! Roma! Da es nur jeweils einen Schlüssel gibt, müssen wir entweder jeden Ausflug gemeinsam unternehmen oder uns absprechen. Wir stellen den Strom an, probieren die Glühbirnen aus, lassen das Wasser laufen, bis es nicht mehr rostig aus der Leitung kommt, schrubben die bemooste Badewanne sauber und decken den kleinen Tisch am Fenster für zwei Personen. Zuerst erkunden wir das Viertel und entdecken ganz in der Nähe der Salita di Sant'Onofrio einen winzigen Laden, der sich am Fuß unseres Hügels in einer Höhle verkriecht. Seine Düsternis wird sicher schon seit Jahrhunderten mit den Gerüchen von Knoblauch, verschüttetem Wein, aromatischen Früchten und von Waschmitteln geschwängert. Aus diesem parfümierten Dunkel schlürft uns ein gebeugter Mann in weißer Schürze entgegen, begrüßt uns mit Verbeugung und wartet geduldig, bis wir auf alle unsere Wünsche mit dem Finger gezeigt haben. Er schaltet eine altmodische Schneidemaschine an, sammelt ein Häufchen feiner Salamischeiben auf dem ausgebreiteten Wachspapier und fügt auf einem zweiten Bogen mehrere Scheiben des rosa-bräunlichen Parmaschinkens hinzu. Sorgfältig befüllt er unseren mitgebrachten Weidenkorb mit frischem Gorgonzola, einem Glas mit eingelegten Oliven, einer schweren blauen Traube und einer knusprig gebackenen Ciabatta. Ohne lange Diskussion legen wir als Krönung des Einkaufs eine Flasche Chianti in einer bauchigen Korbflasche zum Mineralwasser. Der alte Mann bedankt sich mit einem feinen Lächeln, rückt seine Brille mit den dicken, zerkratzten Gläsern zurecht und öffnet mit einem verzierten Schwengel seine antike Ladenkasse. Mit einem hellen Klingelton schnellt die Schublade mit dem Wechselgeld aus der gewölbten Messingbrust hervor, und er zählt uns korrekt das Restgeld in die Hand. Dieser geheimnisvolle Höhlenladen mit dem zuvorkommenden Negoziante ist nun das Geschäft unseres Vertrauens, wenn uns der Weg zum Wochenmarkt in Trastevere zu mühsam erscheint. Durch das helle Licht, die lauen Winde von den Hügeln und vom Glücksgefühl gestärkt, schleppen wir vergnügt die Köstlichkeiten die vielen Stufen in unser Obergeschoss. Ich stelle den Korb vor unserem Apartment ab, steige neugierig weiter bis zum Ende des Treppenhauses und öffne eine verbeulte Eisentür. Als ich das mit einem Geländer geschützte Dach betrete, raubt mir eine berauschend schöne Aussicht beinahe den Verstand, denn unter mir breitet sich das wogende Häusermeer der Ewigen Stadt aus. Ich beuge mich über das Geländer und sehe, wie sich der Tiber am Fuße unseres Gianicolo vor der Altstadt vorbeischlängelt. Drehe ich mich auf dem Absatz herum, prahlt der Vatikan mit seiner monumentalen Kuppel, seinen Nebengebäuden und Gärten vor mir. Der Lichteinfall durch den geöffneten Dachausgang lockt auch Beate auf das Dach. Auch sie verharrt stumm. Wir staunen mit feuchten Augen, die so viel Schönheit kaum speichern können. Ganz Rom liegt uns zu Füßen. Die Kuppeln, Türme, Dächer, das bleierne Band des Tibers, die Plätze und Berge scheinen zu singen und zu tanzen. Wir rücken zwei angerostete Eisenstühle an ein wackeliges Tischchen mit gesprungener Marmorplatte, tragen Geschirr und das Eingekaufte auf unseren erlesenen Platz und speisen wie die Götter unter einem großen Himmel voller rosiger Wolken. Hier ist sie! Die schon so lange ersehnte Freiheit. Jetzt weiß ich, dass sie das echte Glück bedeutet. Nachdem der Tisch wieder abgeräumt ist, bleiben wir einfach sitzen und schauen, als dürfe dieser beseligende Zustand niemals ein Ende finden. Doch unmerklich stiehlt sich der Tag unter unseren Blicken aus jedem Winkel unseres Viertels davon. Die Sonne sinkt und übergießt mit ihrem letzten warmen Licht die ganze Stadt. Die Mauern strahlen die Tageshitze ab und glühen nach, bis die Dächer über das, was unter ihnen geschieht, feurig erröten. In Zeitlupe verlöscht diese Röte und löst sich in ein tiefes, das wogende Panorama weich zeichnendes Violett auf. Ganz plötzlich erstirbt die Stadt in einem kalkigen Weiß, als wäre sie ein steinernes Riesenskelett unter einem hohen, tintenschwarzen Himmel. Nach Mitternacht, als sich die Geräusche des Verkehrs als fernes Echo verlieren, sitzen wir immer noch auf den Drahtstühlen. Die Dunkelheit hat unser Haus verschluckt. Die antiken Götter breiten über dem Lichtermeer der Stadt und über unseren Köpfen ihren funkelnden Sternenteppich aus. Erst als ein kühler Wind auffrischt und nächtlicher Tau uns auskühlt, steigen wir in unsere kleine Wohnung hinunter. Bevor wir das spärliche Licht der Glühbirne löschen, treffen wir noch eine geldliche Vereinbarung. Jeder legt 50.000 Lire (50 D-Mark) in die zersprungene Kaffeekanne. Ist der Betrag verbraucht, frischen wir unser Depot auf, denn unsere Ausgaben sind die gleichen. Wir sind viel zu müde, um nochmals unsere marternde Schlafstatt zu erwähnen.

Am nächsten Morgen kreuzen wir auf unserem Stadtplan alle berühmten Plätze und Kirchen sowie Paläste und Ausgrabungen an und laufen die Straßen entlang. Wir laufen, laufen und laufen jeden Tag, selbst die langen Strecken bewältigen wir zu Fuß, denn kaum sind wir in einen Bus eingestiegen, begrapschen uns die Männer jeden Alters ohne jede Scham. Zur Selbstverwirklichung der ständig balzenden Papagalli gehört neben schwarzer Sonnenbrille, weißem Hemd und gegeltem Haar eine handgreifliche Dreistigkeit, die beweist, dass jeder tolle Römer zu jedem erotischen Abenteuer allzeit bereit ist. Auf den Bürgersteigen begleiten uns die Vespafahrer dicht am Straßenrand, lästig wie ein Schwarm Fliegen! Nur wenn wir sehr laut und wütend »stupido« rufen, biegen sie ab. Kaum haben die Palazzi geöffnet, gleiten wir mit übergroßen Filzpantoffeln über das spiegelnde Parkett und die polierten Marmorfliesen. Die jahrhundertealten Ausdünstungen schwerer Samtvorhänge und Gobelins und der etwas muffige Geruch der mit Seide bezogenen Sofas und Sessel sowie der Duft getrockneter Rosenblätter in Kristallschalen narkotisieren die alltäglichen Gedanken. Wir spüren den Hauch des Geistes der alten Folianten in den hohen Vitrinen, der Ölgemälde auf Brokattapeten und der Büsten auf Marmorpodesten. In der Stille des Betrachtens der kostbaren Meisterwerke barocker Malerfürsten leuchtet die Kunst, als wäre das Malen spielerisch leicht, so wie die Pirouette einer Tänzerin auf dem Hochseil dem Laien mühelos erscheint, obwohl die kleinste falsche Bewegung wie jeder missglückte Pinselstrich zum Absturz führt. Mittags brütet in den Straßen die Hitze. Wir fliehen in das mystische Dunkel kühler Kirchen, die auf goldgrundigen Mosaiken seit dem frühen Mittelalter das Göttliche preisen. In einigen der romanischen Gotteshäuser ist es noch heute möglich, durch die Erdschichten der Jahrhunderte bis zur Ebene jener Gottheiten vorzudringen, die der Stadt Rom in der Antike Schutz gewährten. Im grellen Licht des Nachmittages führt unser Fußweg auf der schattigen Seite durch die Via dei Condotti. Sie ist die Meile des Luxus und der Verführungen! Die Faszination des Hauchs von Parfum aus den glitzernden Haute-Couture-Läden und den feinen Düften aus den Feinschmeckerrestaurants, die mit dem diskreten Aroma unbezahlbarer Delikatessen das internationale, kaufkräftige Publikum magisch anziehen, ist betörend. Doch unser Ziel liegt am Ende dieser schmalen Straße direkt vor der Spanischen Treppe. Es ist das Antico Caffè Greco, in dem wir an einem der kleinen Marmortische einen Cappuccino bestellen, der mit einem aus Kakaopulver raffiniert gestreuten Herz oder mit einem Sahnedutt verziert serviert wird. Seit 1760 gilt das von einem Griechen gegründete Café als eines der berühmtesten Künstlertreffpunkte Roms. Die leprösen Spiegel und die verblichenen und verräucherten Tapeten und die nachgedunkelten Gemälde und Grafiken verraten die vergangenen Zeiten. Sicher wurde die Wandbespannung schon öfter mal gewechselt, aber der spiegelnd polierte Marmorboden und die runden und ovalen Tischchen mit ihren weißen Marmorplatten scheinen alle Zeitläufe überstanden zu haben. Wir bilden uns ein, dass genau an unserem Tisch der Dichterfürst Goethe gespeist und gebechert hatte. Ich lese über das Greco, dass es als eines der letzten großen Kaffeehäuser Roms von den Künstlern besonders geliebt wurde, da es nicht nur der Treffpunkt der Maler, Dichter und Philosophen der deutschen Kolonie war, sondern dass diese Cafeteria auch gleichzeitig als Ausstellungs- und Verkaufsraum zur Verfügung stand. Da die Kellner schon für 6 Pfennige in sächsischem Geld einen »Schwarzen« servierten, trafen sich in diesem Haus die sogenannten Nazarener und die Deutschrömer mit den Künstlern der klassizistischen Malweise. Es wurde nicht nur heftig über die neuesten Entwicklungen in der Malerei diskutiert, sondern auch auf Künstlerfesten opulent zusammen gefeiert. Im Jahr 1780 kürten die Intellektuellen ihr »Caffè Greco« zum »Freiraum gegen die Übermacht des Vatikans« und nannten ihr Stammlokal »Utopia eines goldenen Zeitalters«. Der Ruf dieser deutsch-römischen Künstlerkolonie war so bedeutend, dass sich der deutsche Carl Philipp Fohr, ein Maler romantischer Landschaften, in Begleitung seines Hundes zu Fuß aufmachte, um von München aus nach Rom zu pilgern. Gleich nachdem er erschöpft in der Ewigen Stadt angekommen war, begann er seine Künstlerkollegen im Caffè Greco einzeln zu skizzieren. Diese Porträts übertrug er als Vorzeichnung auf eine großformatige Leinwand. Doch kurz bevor er mit dem Pinsel die ersten Farbspuren auf den Malgrund setzen konnte, geschah das Unglück. Er ertrank bei einem Bad im Tiber. So ist nur seine große Leinwand mit den Vorzeichnungen erhalten, auf der sich die ähnlich porträtierten Freunde der deutschen Künstlerkolonie im Caffè Greco eng gedrängt versammeln.

Wir bleiben vor der barocken Fontana della Barcaccia an der Spanischen Treppe stehen. Der große Bildhauer und Architekt Gian Lorenzo Bernini gestaltete 1628 diesen ovalen Brunnen aus weißem Marmor als verzierte Barke zum Gedenken an ein für Rom katastrophales Tiber-Hochwasser. Das im plätschernden Wasser ertrinkende Schiff erinnert mich an die Folgen der hohen Pegelstände des Rheins in Köln und auch an die Tatsache, dass im Leben nichts sicher und beständig ist. Von hier aus wandern meine Blicke die Spanische Treppe hinauf, die mit ihren 136 teilweise konischen und konvexen Stufen zu einem Obelisken und zur Kirche Santa Trinità emporsteigt. In der Mittagsglut verzichten wir auf den Aufstieg auf der breiten Treppenanlage. Die ganze Stadt scheint zu dösen, die Fensterläden der umstehenden Häuser sind hermetisch verschlossen. Plötzlich Sirenen! Wir zucken zusammen. Fanfaren nahender Polizeiwagen! Dann eine wilde Meute bewaffneter Carabinieri. Sie stürmen direkt auf uns zu und brüllen: »Via qui, scappa!« Sie verscheuchen uns mit ihren Schlagstöcken und umstellen das Gebäude der Spanischen Botschaft. Eine nachdrängende, johlende Menge skandiert wütend: »Franco – No! Franco – No!« Wir fliehen in den Eingang einer Metzgerei, während die Polizei wild auf Passanten einprügelt. Blitzschnell hat sie die aufgebrachte Menge im Griff. Einige Verletzte winden sich auf dem Asphalt. Und – seltsamerweise – so unerwartet, wie der Spuk die kleine Piazza di Spagna überrannt hat, so blitzartig verschwindet er auch wieder. Alles ist wie vorher. Passanten flanieren. Sie knipsen die spanische Treppe, kühlen ihre Hände im Brunnen und albern. Nach diesem Schreck folgt die alltägliche Freude auf ein köstliches Abendessen auf unserem Dach mit rosigem Sonnenuntergang. Bevor der Rest der Rotweinflasche bis auf den letzten Tropfen ausgetrunken ist, bieten wir einander endlich das Du an.

Zum Frühstück verkünde ich mein Vorhaben, auf der Piazza Navona zu zeichnen. Diese Idee gefällt Beate nicht. Sie beschließt, zu Hause zu bleiben, um endlich Briefe zu schreiben. Im Schatten einer Hauswand lasse ich mich neben einem Fiat 500 auf meinem Klapphocker nieder. Lange betrachte ich die architektonische Schönheit dieser imposanten, oval geformten Platzanlage, die an Ausmaßen und Pracht kaum übertroffen werden kann. In unserem Buch über Rom lese ich, dass Kaiser Domitian nach den Plänen von Julius Cäsar hier auf dem ehemaligen Marsfeld einen Sportplatz für 30.000 Zuschauer anlegen ließ. Da im Jahr 217 das römische Kolosseum bei einem Großfeuer ausgebrannt war, verlegte die Verwaltung die Gladiatorenkämpfe in dieses neue Stadion. Im 15. Jahrhundert entschied sich Donna Olimpia Maidalchini Pamphilj, eine einflussreiche Schwägerin des Papstes Innozenz X., dieses ovale Areal mit Kirchen und prachtvollen Palästen zu einem urbanen Platz umzubauen, den jetzt sogar eine neu angelegte Leitung mit Frischwasser versorgte. Noch fehlte auf der Mitte des Platzes als Höhepunkt ein großes Wasserbecken. Donna Olimpia inspirierte den Bildhauer Bernini, für das neue Gelände einen monumentalen Brunnen zu entwerfen. Bernini dachte sich eine spektakulär gestaltete Anlage mit vier Kolossalfiguren aus weißem Marmor aus, die einen Obelisken umlagern und als Flussgötter Donau, Ganges, Nil und Rio de la Plata, die Hauptströme der damals bekannten vier Erdteile, versinnbildlichen. Ihre expressiv bewegten menschlichen Körper schwingen wie eine in Stein gemeißelte, tosende und blendende Gischt dem Sonnenlicht entgegen. Ich sitze mit so viel Abstand in der Nähe des gigantischen Brunnens, dass die zerstäubenden Tropfen aus den Fontänen mir Kühlung schenken aber mein Papier nicht nässen. Zuerst lasse ich meine Bleistiftlinien behutsam über das Blatt gleiten, so als taste ich mit den Augen jede Bewegung und Dimension des Brunnens und des Platzes ab. Dann aber verstärke ich den Zeichenrhythmus mit einer kraftvollen, in die Höhe führenden Vehemenz, um die aufstrebenden Gesten der Brunnenfiguren und das Rauschen des Wassers mit grafischem Duktus auf das Papier zu bannen. Plötzlich höre ich hinter meinem Rücken eine Männerstimme. »Buongiorno, Signorina. Oder soll ich Sie auf Deutsch begrüßen? Ich habe die ganze Zeit schräg hinter Ihnen gesessen und wie Sie ebenfalls skizziert. Daher konnte ich Sie gut beobachten. Sie haben mich wohl nicht bemerkt!« Neben mir steht ein junger Mann mit Dreitagebart und einer Zeichenmappe unter dem Arm. Er beugt sich zu mir herunter und nuschelt: »Woher kommen Sie? Etwa aus dem Rheinland?« Ich antworte: »Aus Köln!« »Ah, da sind Sie so eine Kunstschnecke! Ich rate mal … Sie studieren an der Akademie in Düsseldorf?« Ich nicke wieder. »Na siehste! Darauf trinken wir doch zusammen einen Saft oder einen Cappuccino drüben an der Bar!« Meine Zeichnung ist beendet und ich habe Durst. »Also«, sagt der Unbekannte kurze Zeit später und beugt sich über den Bistrotisch, »ich komme eigentlich auch aus Köln, lebe aber in Berlin und bin heimlich Maler, obwohl ich im Büro von Hans Scharoun als Architekt Geld verdiene. Gut zu malen ist viel schwerer, als Häuser zu entwerfen!« Seine Stimme klingt gequetscht, als er auf umständliche, beinahe scheue Art mit Berliner Unterton versucht, mir etwas Persönliches zu entlocken. Er zögert, setzt seine Kaffeetasse auf die Glastheke zurück, greift in seinen Rucksack, befördert einen zerknitterten Quittungszettel hervor und erbittet sich vom Kellner einen Kugelschreiber. Während er in einer auffallend kantigen Schrift seine Berliner Adresse und seine römische Telefonnummer auf den Zettel schreibt, ohne seinen Namen preiszugeben, erzähle ich von meinem Plan, mein letztes Studienjahr in Berlin zu verbringen. Die Sonne verschwindet hinter den Fassaden, der gerade noch lichte Platz liegt im Schatten. Viel zu lange habe ich Beate allein gelassen! Bei der Verabschiedung sagt mein neuer Bekannter: »Ich heiße Hartmut.« Da er keine Anstalten macht, zu bezahlen, begleiche ich rasch unsere Rechnungen, eile durch den Abendverkehr die lange Strecke bis zur Tiberbrücke Ponte Principe, überquere den austrocknenden Fluss, hechle die Salita di Sant'Onofrio hinauf und schelle an unserem Haus. Nach kurzer Wartezeit öffnet Beate. Sie ist leichenblass. »Wo warst du? Gerade wollte ich die Polizei informieren und dich als vermisst melden!« Das liebevoll auf dem Dach vorbereitete Abendessen hatte sie enttäuscht wieder in die Kühlung des Eisschranks zurückgestellt. Mein schlechtes Gewissen und meine Zeichnung quittiert sie mit Schulterzucken.

Am nächsten Morgen setzen wir uns nach einer anstrengenden Wanderung von der Piazza Barberini bis auf den Monte Pincio mit einem unterwegs besorgten Picknick in den Schatten der Parkbäume. Wir horchen in die ländliche Stille. Lauer Wind fächelt uns ein helles Kinderlachen des hinter Bäumen versteckten Spielplatzes und das Tschilpen der Spatzen herüber. Langsam und dann immer schneller zieht mein Zeichenstift seine Spuren auf dem großen Blatt. Die Strukturen des Astwerkes der Pinien im Wind, die Schatten werfenden Partien auf dem Boden und die klein wirkenden Menschen unter den hohen Bäumen fügen sich zusammen wie eine Partitur mit mehreren Stimmen, während das Zeichnen im Rhythmus des eigenen Herzschlags die Vehemenz des Strichs bestimmt.

Den folgenden wolkenlosen Tag beginnen wir im kühlen Halbdunkel der Kirche San Clemente. Sie gehört zu den ältesten Gotteshäusern der Heiligen Stadt. Vom Straßenniveau aus führt ein spektakulär gemusterter Mosaikfußboden wie ein Teppich mit einem komplizierten Dekor aus verschlungenen Kreisen aus weißen und rotbraunen und grauen und schwarzen Marmorsteinen in die Apsis. Bewundernd halte ich vor diesen kunstvollen Inkrustationen an, die den Mosaikkünstlern der Familie der Kosmaten vom 12. bis zum 14. Jahrhundert unvergängliche Berühmtheit brachten. Von diesem die Kirche beherrschenden Boden richtet sich mein Blick hinauf in das golden schimmernde Mosaik der Kuppel, in dessen Zentrum ein Kreuz mit zwölf weißen Tauben leuchtet. Ein türkisfarbener Saum mit zwölf weißen Schafen und mit dem Lamm Gottes in der Mitte umrahmt als Horizontlinie das goldene Gewölbe, als stütze dieser Ring wie eine Basis des Glaubens die hohe Kuppel. In der Mitte des schimmernden Mosaiks wächst ein Kreuz wie ein Baum des Lebens in den überirdischen Goldhimmel empor. Blattranken von Weinlaub winden sich vom Fuß des Kreuzes ausgehend kreisförmig um christliche Symbole. Nach längerem Betrachten entdecke ich in diesem stilisierten Garten Eden auch einzelne Figuren, Tiere und Pflanzen. Zum Beispiel bezwingt ein Hirsch, Symbolbild für den, der Gott sucht, eine Schlange und damit den Teufel, also das Böse in der Welt. Bilder mit dieser doppeldeutigen Wirkkraft bleiben unvergesslich. Wir verlassen die mystische Atmosphäre des goldschimmernden Altarraumes und steigen die Treppen in die nächste Zeitebene hinab. Dort blickt uns von den verblichenen Wandmalereien der Vorgängerkirche ein streng mahnender Christus aus einer Art Vorhölle an. Auf der untersten Ebene, unter Straßenniveau, befand sich ein antikes Wohnhaus aus römischer Epoche. Bei Ausgrabungen entdeckten Archäologen unter einem flachen Tonnengewölbe ein vorchristliches Mithräum. Hier verehrten die Römer den Sonnengott Mithras, der auch in der altpersischen und indischen Mythologie als Hauptgott angebetet wurde. Wie in einem intimen Andachtsraum leuchtet hier auf einer Stele ein Relief, auf dem Mithras in

Heldenpose mit einer phrygischen Mütze auf dem Kopf auf einem starken Stier kniet, während Schlange, Hund und Skorpion, Sinnbilder des Bösen, versuchen, das Blut und damit die Lebenskraft aus dem Bullen zu saugen. Diese Attacke der Mächte der Finsternis können den Stier jedoch nicht besiegen. Das kraftvolle Tier beweist seine Vitalität mit seiner Schwanzquaste, aus der ein Fächer reifer Ähren sprießt, ein Zeichen der Hoffnung auf ein ewiges Weiterbestehen des Lebens. Als ich meinen Blick zur Decke wende, sehe ich, dass dieses unterirdische Gewölbe durch Tageslicht ausgeleuchtet wird, das durch elf unterschiedliche, symbolische Lichtöffnungen fällt, die für diese Art der Kultstätten typisch sind. Wir lesen, dass vier der quadratischen Öffnungen den vier Jahreszeiten und die sieben kleineren Lichtlöcher den damals bekannten Planeten zugeordnet wurden. Die neben diesem Heiligtum ausgegrabene Münzprägeanstalt demonstriert deutlich, wie eng schon in früher Zeit Geld und Frömmigkeit verknüpft waren. Auch Funde aus archäologischen Grabungen in Köln beweisen, dass die Römer am Rhein diesem Mysterienkult gehuldigt hatten. Als wir uns wegen der vom wolkenlosen Himmel strahlenden Mittagssonne unter die Markise einer Pizzeria flüchten, beschäftigt mich die Frage: Welche Relikte werden Archäologen, falls wir unsere eigene Spezies bis dahin nicht ausgelöscht haben, in Tausenden von Jahren aus unserer Jetztzeit aus tiefen Erdschichten an das Tageslicht befördern? Grabbeigaben, wie kostbare Artefakte, edel geformte, dekorierte Gebrauchsgegenstände, Zeichen einer Hochkultur, werden sie kaum finden. Dafür werden den Ausgräbern wahrscheinlich Schrott von Windrädern und Computern, unvergängliche Plastikreste und seltsame Maschinenteile und noch immer gefährlich strahlendes Material in die Hände fallen.

Mit unseren Papiertüten, prall gefüllt mit den verführerischen Spezialitäten aus unserem düsteren Höhlenladen, steigen wir die steile Salita di Sant'Onofrio hinauf. Vor unserem Haus rinnen mehrere ausgedehnte, rote Pfützen, die wie frisches Blut in der Abendsonne trocknen. Irritiert öffnen wir unsere Haustür. Schon stürmt uns die Hausverwalterin mit noch finsterer Miene als sonst entgegen und überschüttet uns mit rauer Raucherstimme mit einem italienischen Redeschwall. Mit in den Himmel gereckten Armen und wild fuchtelnden Händen stottert sie von einer schrecklichen Tat. »Omicidio! Omicidio! Mord! Die Pfützen auf dem Pflaster sind Blut! Echtes Blut! Ein Mann ist mit einem Ziegelstein auf eine Frau losgegangen, die ihr Kind im gegenüberliegenden Krankenhaus besuchen wollte. Er hat sie mit dem Ziegelstein am Kopf getroffen! Erschlagen!« Unsere Amministratrice della Casa ringt nach Luft. Sie stemmt ihre Hände in die Hüften und wiederholt mit verachtender Stimme: »Omicidio! Omicidio!« Als sie unsere Betroffenheit bemerkt, vollführt ihre rechte Hand eine abschätzige Bewegung und sie fügt wie beiläufig hinzu: »Non importa! – Una Siciliana.«

Der Sonnenuntergang inszeniert am Himmel einen alles entflammenden Feuerschein. Rom erglüht. Die Fensterscheiben werfen die gesammelte Energie des heißen Tages flackernd zurück, als loderten tausende Brände im Innern der Bauten. Wir beobachten von der Dachterrasse aus dieses Spektakel, das wie ein Breitwandfilm über die Ära von Kaiser Nero vor uns abläuft. Nero soll seine selbst komponierten Lieder zu den Klängen einer Leier vorgetragen haben, als im Juli des Jahres 64 die Stadt Rom vor dem Palast des Imperators in einem realen Flammenmeer versank. Wir verteilen den Rest des schweren Weines in unsere Zahnputzgläser und verzehren die letzten Trauben und Käsewürfel. Plötzlich fragt Beate: »Wer hat dir den großen, dunkelroten Rosenstrauß geschickt, den Fleurop heute mit dem Lieferwagen gebracht hat? Wirst du dich bald verloben? Das wäre schrecklich! Wir könnten nie mehr solche Reisen unternehmen!« Ich lache: »Nein! Nein, mit Axel werde ich mich nie verloben. Er bewahrt zwar ein parfümiertes Taschentuch von mir in einem Einmachglas auf, aber er ist mir unheimlich! Mir graust vor ihm, seit er während eines Spaziergangs meinen Hals umfasst hat, um zu demonstrieren, wie man einen Menschen ermorden kann, ohne Spuren zu hinterlassen.« Den völlig unerwarteten, prachtvollen Strauß hatte ich recht lieblos in unserem Putzeimer vor unser Fenster gestellt. »Ach«, seufzt Beate erleichtert, »ich habe schon befürchtet, dass mit dieser Reise alles vorbei sei. Aber andererseits …«, sie zögert, »aber andererseits? Alte Juffern, verschlampte, einsame Malweiber wollen wir ja auch nicht werden!« Beim letzten Schluck kommt mir eine Idee. »Die beste Lösung ist, wir heiraten Brüder. Der ganze Verwandtschaftsklüngel würde dadurch einfacher, wir könnten uns viel öfter sehen und wieder gemeinsam auf Wanderschaft gehen!« Beate lässt diesen Vorschlag hochleben. Noch einmal klirren die Gläser. In dieser Nachtstunde sind wir uns sicher, wir werden Brüder heiraten, denn die Heiligen der Stadt Rom erfüllen gerade jetzt besondere Wünsche. Es beginnt das Zweite Vatikanische Konzil.

Am 11. Oktober 1962 verwandelt sich die ganze Stadt in einen noch heiligeren Ort. Schon in der Frühe warten wir vor dem mit einem Gitter abgetrennten Petersplatz. Gian Lorenzo Bernini, der Architekt dieses Platzes, beschrieb den Sinn seines Entwurfes so: »Da die Kirche Petri sozusagen die Mutter aller anderen Kirchen ist, muss sie daher Kolonnaden haben, die mit mütterlich weit ausgebreiteten Armen die Katholiken aufnehmen, um sie in ihrem Glauben zu bestärken, und die Häretiker, um sie in der Kirche wieder zu vereinen, sowie die Ungläubigen, um sie zum wahren Glauben zu erleuchten!« Spektakulär beginnt der feierliche Einzug der 3044 Teilnehmer des Konzils, die Papst Johannes XXIII. in den Petersdom zu einer grundsätzlichen Diskussion eingeladen hat. Die gläubigen Katholiken der ganzen Welt erhoffen sich schon lange, dass ihre aktuellen Fragen und ihre zeitgemäßen Bedürfnisse endlich vom Vatikan erhört werden. Beate steht neben mir direkt vor der Absperrung mit einem freien Blick über die weite Platzanlage. Ab und zu übersprüht uns ein Windzug mit einer feinen Dusche aus der Fontäne des südlichen Brunnens. Die wartende Menschenmenge verstummt. Konzilväter aus 133 Ländern defilieren in ihren weißen, roten und violetten Gewändern und mit ihren hohen, weißen Mitren in einer Prozession von beeindruckender Pracht direkt an uns vorbei. Diese wie aus der Zeit gefallene, feierliche Machtdemonstration der Kirche soll den Glauben der Katholiken weiter stärken. Am Abend skizziere ich dieses beeindruckende Spektakel von Macht und Glaube am Küchentisch.

Es wird Zeit, einen Blick auf die Villa Massimo zu werfen, über deren Existenz ich mich schon in der Düsseldorfer Akademie vor unserer Abreise informiert hatte. Im Jahr 1910 ließ der jüdische Unternehmer und Kunstmäzen Eduard Arnhold diese berühmte Villa erbauen, um sie dem preußischen Staat als Kultureinrichtung zu schenken. Schon 1913 konnten die ersten Stipendiaten auf diesem idyllischen Anwesen einige Monate lang kostenfrei leben und arbeiten. Seit dieser Zeit entwickelte sich die Villa Massimo zu einem der bekanntesten Sehnsuchtsorte für begabte deutsche Künstler und Literaten, Komponisten und Architekten. Diese begehrte Stiftungseinrichtung der Bundesrepublik Deutschland zählt noch heute zu den wichtigsten Kulturorten für herausragende Kreative. Jährlich wählt eine Jury nach strengen Auswahlkriterien jeweils zehn Stipendiaten aus, die hier mit einem finanziellen Zuschuss ein Jahr lang unbeschwert leben, arbeiten und sich mit anderen Kollegen austauschen können. Für den weiten Weg dorthin besteigen wir mutig einen Bus und schrecken mit ordinären, italienischen Schimpfworten die Papagalli ab. An der Adresse Largo di

Villa Massimo lädt uns ein altes, nur angelehntes Eisentor in einer gemauerten Umfriedung ein, einen Parkgarten zu betreten. Die schwüle Luft ist geschwängert vom ätherischen Duft alter Pinien, ihre biegsamen Zweige wiegen sich im Sommerwind. Ein Trompetensolo, das sich aus dem geöffneten Fenster eines Nebengebäudes in den Himmel schwingt, übertönt das Tschilpen der Spatzen und das Gezirpe der Grillen. Der Weg zum Haupthaus ist gekehrt. Jedoch am Mauerwerk der repräsentativen Villa nagt der Verfall. In dieser fast klösterlichen Atmosphäre fühlen wir uns nach wenigen Schritten wie unerwünschte Eindringlinge. Das Trompetensolo verstummt, ein junger Mann ruft laut auf Deutsch: »Suchen Sie jemanden?« Wir schütteln den Kopf, entschuldigen uns und treten von dieser Insel der Seligen den Rückzug an, hinein in den Straßenlärm und in den Benzingestank der Stadt. Wieder verfolgen uns Papagalli auf Vespas. Ölige Pomade im Lockenhaar und dunkle, verspiegelte Sonnenbrillen über lüsternen Augen. Blütenweiße Oberhemden, enge Lederjacken, körpernahe Jeans. Diese Jagd nach sexuellem Abenteuer ist als klassisch römische Sportart die beliebteste. Wir ahnen, dass wir mit unseren weißen Sommerschuhen sofort als Deutsche identifiziert werden, da die echte Italienerin ihre hellen Schuhe schon vor dem 1. September eingemottet hat. Als Verkäuferin, Sekretärin, als junge Mutter oder als Partygirl zeigt die Römerin stets »bella figura«. Sie kleidet sich geschmackvoll, zurückhaltend und elegant, obwohl das Geld knapp ist. Mit kleinen, oft selbst gestalteten Tricks wirkt sie immer gepflegt, im Kontrast zu den schlampig latschenden Touristinnen oder den alten Nonnas, die sich jahrelang in schwarze Kleidung hüllen, weil wieder irgendjemand aus ihrer Familie gestorben ist. Auf der Via dei Condotti schlendern wir nochmals an den Auslagen berühmter Couturiers entlang, wo Abendkleider und Kostüme aus Seiden- und Brokatstoffen sowie edlem Wolltuch neben glitzernd bestickten Handtäschchen und dazu passenden Seidenpumps in mutigen Farbzusammenstellungen schimmern. Endlich erreichen wir die Porta Flaminia, das Tor zur Piazza del Popolo. Ich lese Beate vor, dass die Mitte dieser ovalen Platzanlage von dem fast 24 Meter hohen Obelisken Flaminio gekrönt wird und dass zwei formal identische, sich gegenüberliegende Kirchen aus dem 17. Jahrhundert die Piazza flankieren. Kaiser Augustus hatte im Jahr 10 vor Christus ohne Skrupel veranlasst, dieses Prunkstück von Obelisken, das Ramses II. um 1200 vor Christus in Heliopolis errichten ließ, als Beute und Siegestrophäe zu konfiszieren und aus Ägypten nach Rom abzutransportieren. Zum Beginn des 19. Jahrhunderts gestaltete der Architekt Valadier die Piazza del Popolo um und baute um den Obelisken eine Brunnenanlage mit vier monumentalen, Wasser speienden Löwenfiguren im ägyptischen Stil. Wir setzen uns in ein kleines Café, lassen Sonnenstrahlen über unser Gesicht spazieren und die Schönheit und Kraft der Architektur auf uns wirken. Obwohl die Piazza mehrmals verändert wurde, spürt man noch heute die sensible Handschrift der jeweiligen Baumeister, denen es gelang, einen weiträumigen und doch behütenden Bezirk zu gestalten. Die Kirche Santa Maria del Popolo, Ziel unseres Ausfluges, gilt als eine der wichtigsten Klosterkirchen Roms aus der Frührenaissance. Leider ist sie verhüllt, »in restauro« und verbirgt vor uns ihre staunenswerten Kunstschätze großer Meister. So folgt unser Blick den umgrenzenden Häuserfronten entlang und wandert zu zwei weiteren großzügigen Brunnenanlagen mit weißen Marmorfiguren. Im Osten erfrischt der Brunnen der Göttin Roma mit den Sinnbildern der Flüsse Tiber und Aniene die Piazza, auf der gegenüberliegenden westlichen Seite plätschert der Neptunbrunnen mit steinernen Meeresgöttern. Das pulsierende Zusammenspiel der verschiedenen Kulturen, Zeitalter und Stile in dieser Ewigen Stadt erzeugt in mir – als gäbe es keinen Kalender – ein Gefühl des zeitlosen Dahinschwebens inmitten unerwarteter Wunder, denn die überaus luxuriös und kunstvoll ausgestatteten Freiräume, die für jeden zu jeder Zeit zugängig sind, steigern das Wohlbefinden in der Stadt.

Endlich besuchen wir die Sixtinische Kapelle im Vatikanstaat. Der Eindruck des noch nicht restaurierten Kirchenraumes des Apostolischen Palastes ist für mich in den ersten Minuten enttäuschend. Die weltberühmten Fresken dämmern vom Ruß der Kerzen und vom Schmutz der Jahrhunderte verdunkelt dahin. Kaum beleuchtet, entziehen sie sich unseren Blicken. Da wir uns in der hallenartigen Kapelle allein aufhalten, haben meine Augen genügend Zeit, sich an die Dämmerung zu gewöhnen und ungestört die Darstellungen der Wandmalereien zu studieren. Je länger ich schaue, umso eindrücklicher überwältigt mich die Wucht und Aussagekraft der Monumentalmalerei von Michelangelo Buonarotti. »Das Jüngste Gericht«, das weltberühmte Meisterwerk der Hochrenaissance, bedeckt die gesamte Nordwand der Kapelle und zeigt die letzten Tage des großen Weltgerichts mit beinahe vierhundert unbekleideten Figuren. Diese kraftvollen Körper gestaltete Michelangelo mit einer so außergewöhnlichen künstlerischen Freiheit, dass sie als zeitlose Gleichnisse gültige Botschaften vom irdischen und vom geistigen Leben verkünden. Je länger ich sie betrachte, umso deutlicher treten sie in ihrer körperlichen Plastizität aus den verdunkelnden Schleiern der Geschichte hervor. Mein Blick beginnt am Boden des Wandbildes. Auf der unteren, düster kolorierten Ebene des weltlichen Daseins verlassen Verstorbene ihre Gräber. Auf der linken Bildhälfte steigen sie aus der Dunkelheit als die Seligen in das Licht der nächsten Sphäre empor, während auf der rechten Bildseite die Sünder, die ein Fährmann in sein Boot gezogen hat, direkt in den Abgrund der Hölle stürzen. In der oberen himmlischen Zone schweben die Erlösten um die Lichtgestalt des himmlischen Vaters. Mich erstaunt immer mehr, wie mutig Michelangelo seinen plastisch erscheinenden Figuren in ihrer schutzlosen und natürlichen Nacktheit in diesem Kirchenraum Leben eingehaucht hat. Diese kühne Freiheit der künstlerischen Interpretation und Darstellung der einzelnen Individuen erregte die Moralapostel so sehr, dass alle Geschlechtsteile von einem Schüler des Meisters übermalt wurden, was später bei der Restaurierung mühsam rückgängig gemacht werden musste. Nachdem Papst Julius II. die hohe Kunst Michelangelos erkannt hatte, beauftragte er den Meister, zusätzlich zu der Mammutaufgabe des »Jüngsten Gerichts« auch noch das flache Tonnengewölbe mit Themen aus der Genesis zu dekorieren. Dieses neunteilige, mit den Legenden zur Entstehung der Welt ausgestaltete Fresko strahlt ebenso beeindruckend kraftvoll von der Decke. So ist es kaum zu glauben, dass Michelangelo die Gestaltung der gesamten Nordwand und der hohen Decke, auf einem 18 Meter hohen Gerüst arbeitend, von 1536 bis zum Jahr 1541 ohne Hilfe bewältigt hat. Auf einem dieser Segmente versinnbildlicht der Künstler die christliche Vorstellung von der Erschaffung des ersten Menschen durch einen Schöpfergott. Seine Bildidee wird zur Ikone der Schöpfungsgeschichte für die gesamte christliche Glaubensgemeinschaft. In einem blutroten, sich aufbauschenden Umhang schwebt Gottvater in diagonal liegender Position und von einer Schar Putten und von einer schönen jungen Frau begleitet, auf Adam zu. Gott streckt Adam seinen Arm entgegen, um dem gerade erwachenden Jüngling mit Hilfe seiner göttlichen Kraft noch mehr Lebensenergie zu schenken. Adam richtet sich schlaftrunken vom irdisch begrünten Boden auf und versucht seinem Schöpfer die noch schwache linke Hand zu reichen. Auffällig ist, dass beide aufeinander zustrebenden Hände sich nicht mit den Fingerspitzen berühren. Diesen zentralen Zwischenraum zwischen Gott und dem Menschen Adam, dem Schöpfer und dem von ihm erschaffenen Werk, interpretiere ich für mich als eine der wichtigsten philosophischen Aussagen über Kunst. Diese Leerstelle macht mir deutlich, dass zwischen der irdischen Realität und dem ideellen Schöpfergeist immer eine Distanz klafft. Nie wird es einem Künstler gelingen, die Perfektion und Genialität des Lebendigen zu erreichen, so sehr er sich bei der Gestaltung eines inspirierten Kunstwerks auch bemüht. Auf den acht folgenden Bildfeldern der Deckenbemalung, auf denen Michelangelo weitere Szenen aus der Schöpfungsgeschichte und der Mythologie des Alten Testaments stark farbig nacherzählt, agieren Propheten und Sibyllen so freizügig und natürlich, als würden sie sich in fast reliefartiger Körperlichkeit aus dem Gemäuer drängen. Neben diesen spektakulären Werken des Meisters aus Caprese, der die Welt mit seinen Malereien, Dichtungen, Bildhauerarbeiten und Architekturen reich beschenkt hat, beherbergt die Sixtinische Kapelle als weitere Kostbarkeiten Bildwerke von Botticelli und Perugino und von Ghirlandaio, Roselli und Signorelli, die Szenen aus dem Leben von Jesus und Moses in feiner Farbigkeit widerspiegeln. Nach diesen optischen, mich aufputschenden Erlebnissen erfasst mich, ähnlich wie bei meiner ersten Begegnung mit dem Isenheimer Altar, ein rauschartiger Taumel. Es bleibt für mich ein Mysterium, wie die Welt der Malerei als ein ganz vom Alltag abgelöstes Kraftfeld die Fähigkeit besitzt, den Betrachter so zu inspirieren, dass das in Augenschein genommene Meisterwerk ihn als einen anderen entlässt, als der er vor der Begegnung mit dem Kunstwerk war. Diese kostbare Erfahrung ist mir zugleich eine Mahnung: Versuche immer alles zu geben, wenn du schöpferisch tätig bist. Aber bleibe demütig!

Der Sonntagmorgen erwacht mit Schleierwolken über Rom, die wie mit einem breiten Pinsel verwischt über die Dächer ziehen. Während wir das übliche Frühstück auf dem Dach nach dem Genuss von Panini, Parmesan, Feigenmarmelade, Weintrauben und einem starken Kaffee beenden, errötet der Himmel. Wir beschließen, das Forum Romanum zu besuchen. Die Schläge der Kirchenglocken bestimmen den Takt, in dem wir die vielen Stufen der Salita di Sant'Onofrio hinunterhüpfen. Nun steigen wir nach längerem Fußmarsch die steile, aus 124 Marmorstufen bestehende Treppe auf den zweitkleinsten der sieben Erhebungen Roms, den Kapitolinischen Hügel hinauf. Die Treppe endet vor der Kirche Santa Maria in Aracoeli, der letzten in der Stadt noch errichteten römischen Basilika. Schon im 6. Jahrhundert vor Christus galt der Kapitolshügel als heiliger Bezirk. Die auffällige, weiße Treppe wurde 1348 aus Dankbarkeit mit den Spenden der Bürger Roms für die »Heilige Maria vom Himmelsaltar« gebaut, weil die Stadt Rom wie durch ein Wunder von einer grassierenden Pestepidemie verschont geblieben war. Verschwitzt kommen wir oben vor dem schmucklosen Portal der Regionalkirche an, wo sich bereits in vorchristlicher Zeit ein Auguraculum befunden haben soll, in dem römische Weissager mit der Beobachtung des Vogelfluges göttliche Vorzeichen deuteten. Hier hatte jeder römische Triumphzug zu enden, um nach erfolgreichen kriegerischen Auseinandersetzungen den Göttern mit Opfern und Weihegeschenken zu danken.

Die Sonne brennt erbarmungslos auf uns herab und die Backsteinfassade der Franziskanerkirche speichert die Mittagshitze wie ein Ofen. Schnell öffnen wir die Portaltür. Die dreischiffige Säulenbasilika mit mehreren Nebenkapellen umfängt uns mit Kühle und Stille, der Lärm der Welt bleibt draußen. Zuerst fällt mir die vergoldete und bemalte Kassettendecke auf, dann erkenne ich im edel verlegten Muster des Fußbodens wieder die kostbaren Einlegearbeiten der Kosmaten. Mein Ziel aber ist die Bufalini-Kapelle mit dem großflächigen Freskenzyklus des Malers Pinturicchio. In seinen zentralperspektivisch gemalten, visionären Bildräumen erzählt der Renaissancemaler das Leben des Heiligen Bernhardin von Siena so fantasievoll und anschaulich, dass ich meine Blicke in den Landschaften, auf den vielfältigen Pflanzen, Gegenständen, Gewändern und in den einfallsreichen Architekturen lange umherschweifen lasse und mich in der Schönheit der leuchtenden Farbigkeit verliere. In der Konzentration der Betrachtung verlässt mich auch hier wieder mein Gefühl für Zeit.

Draußen auf der Piazza Del Campidoglio blendet uns das Licht. Die Sonne prallt auf die bronzene Statue des Marc Aurel, der mit erhobenem Arm in Richtung Vatikan reitet. Papst Paul III. wollte um 1538 diesem zentralen Ort ein neues Aussehen geben und bat Michelangelo Buonarotti, den Kapitolinischen Hügel zum schönsten Platz Roms umzugestalten. Darauf entwarf der Künstler eine großzügige Treppenanlage, deren Basis von zwei original ägyptischen Basaltlöwen flankiert wird. Parallel zur Treppe der Basilica di Santa Maria in Aracoeli führt diese zur oberen mit einem ovalen Bodenmuster dekorierten Platzfläche, die von drei Palazzi mit detailreichen Renaissancefassaden begrenzt wird. Der mittlere Bau, der Palazzo Senatorio, ist heute Sitz des römischen Senats. Er wird harmonisch vom Palazzo Nuovo und dem Konservatorenpalast flankiert. Beide Palazzi sind durch einen unterirdischen Gang miteinander verbunden und beherbergen als Kapitolinische Museen berühmte Werke aus der Antike und neben

Bildhauerarbeiten und Malereien aus dem Mittelalter auch diverse Sammlungen. Eine der bekanntesten Skulpturen ist die an jedem Kiosk auf Postkarten reproduzierte Bronzefigur einer Wölfin, die das Knabenpaar Romulus und Remus säugt. Der römischen Mythologie nach wurde die Priesterin Rhea Silvia beim Wasserholen vom Kriegsgott Mars während eines Gewitters vergewaltigt. Sie gebar Zwillinge, die, nach der Geburt am Fluss in einem Korb ausgesetzt, von einer Wölfin gefunden und aufgezogen wurden. Im Jahr 753 vor Christus soll Romulus die Stadt Rom gegründet haben.

Da mir meine mitgeschleppte große Zeichenmappe beschwerlich wird, verabrede ich mich mit Beate im Forum Romanum. Auf einem steilen Schleichpfad steige ich den Hügel hinunter in das großräumige Areal des Forums, das als wildes Trümmerfeld aus Triumphbögen, Säulen und Gebäuderesten zu Füßen des Kapitolinischen Hügels in einer Senke dahindämmert. Zur Zeit des Altertums befand sich hier der Mittelpunkt der Stadt. Der Handel und das politische Geschehen blühten und das geistige und das religiöse Leben pulsierten. Während ich durch die von duftenden Gräsern und Stauden überwucherten antiken Ruinen schlendere, fühle ich mich in die besonnte Idylle romantischer Malereien versetzt. Das verwildernde Terrain inspirierte schon die von der Antike schwärmenden Deutschrömer, die diese Relikte unter der italienischen Sonne auf zahlreichen Leinwänden verewigten, um nach vollendeter Arbeit im Antico Caffè Greco über diese künstlerischen Ergebnisse zu diskutieren. Ein korinthisches Kapitell ist mein geeigneter Sitzplatz. Ich atme den honigsüßen Anisduft des Fenchels ein, der mit seinen gelblichen Dolden einen zarten Schatten auf mein Zeichenpapier wirft. Auch die schleierweißen, transparenten Blüten der wilden Möhre und des giftigen Schierlings und des Wiesenkerbels tanzen um mich herum wie kleine, runde Schirme aus fein geklöppelter Spitze. Es summt und brummt und zirpt, als verstecke sich Pan mit einem sonnenhellen Kichern hinter den umgestürzten Säulen. Während ein Schäfer mit zwei zottigen Hunden seine Herde blökender Schafe an mir vorübertreibt, betrachte ich den Triumphbogen des Septimius Severus genauer, um mir danach mit geschlossenen Augen das vollendet gebaute, antike, römische Forum vorzustellen. Als ich meine Augen wieder der Realität zuwende, zerbröselt im Zeitraffer das einst so glanzvolle römische Imperium und erinnert in diesem von der Natur zurückeroberten Ambiente nur noch mit Trümmern an seine Glanzzeiten. Wieder beherrschen Eidechsen und Geckos das Terrain. Bis zum kühlen Abend hin wächst meine lichte, mit sich kreuzenden Linien durchfurchte Farbstiftskizze. Auf dem großen Zeichenblatt verstecken sich rote Spuren auf den marmorweißen Ölkreideflächen des skizzierten Triumphbogens, den Säulenstümpfen und zwischen den Gräsern wie Blutspritzer. Auch Beate hatte gezeichnet. Wir breiten unsere Ergebnisse auf dem durchgelegenen Schlafsofa und der quälenden Gartenliege aus, wobei mir klar ist, dass ich meinen lebenslangen, mühsamen künstlerischen Weg unbeirrt weitergehen muss.

Nach einer telefonischen Verabredung treffe ich in Begleitung von Beate noch einmal den Architekten und Maler Hartmut in dem Café auf der Piazza Navona, um unsere deutschen Adressen auszutauschen.

Da die Kunstschätze der Vatikanischen Museen einen unermesslich großen Umfang haben, entschließen wir uns, mehr bummelnd als betrachtend durch die unzähligen Säle zu wandern. Die längste Zeit verbringe ich in der Stanza della Segnatura vor den weltberühmten Fresken von Raffael. Von seiner »Schule von Athen« kannte ich nur kleine, farbschwache Abbildungen. Während ich vor dem fast acht Meter breiten Originalfresko aufmerksam alle Details studiere, habe ich kaum Zeit zu atmen. Raffael erfindet auf der riesenhaften Malfläche 1511 eine Zusammenkunft der größten Philosophen, Wissenschaftler und Gelehrten der Antiken Welt in einer sich unter einem Bogen zum Himmel öffnenden Halle. Die überwältigende Wirkung der zentralperspektivischen Konstruktion der Architektur und die meisterliche Komposition der realistisch gestalteten Personen ziehen meine Blicke sofort in die Szenerie. Im Zentrum des Bildes diskutieren auf oberer Ebene hervorgehoben die beiden berühmtesten antiken Philosophen Platon und Aristoteles. Platon, farblich durch ein leuchtend rotes Gewand betont, weist mit erhobenem Zeigefinger hinauf zum Himmel in das Reich der Ideen, in dem Apollon, der Gott des Lichtes und der Künste, regiert. Rechts von ihm deutet Aristoteles, in sachlich kühlem Blau gewandet, mit gespreizter Hand auf die Erde, denn hier herrscht die Göttin Athene, die schützend über die Naturwissenschaften, das Handwerk, den Krieg und über die Künste wacht. Weitere Gruppen berühmter Zeitgenossen versammeln sich auf den Treppenstufen der Halle und tauschen wie in einer Universität philosophisches und naturwissenschaftliches Wissen aus. Spektakulär ist der Einfall Raffaels, einzelne Gesichter raffiniert mit porträtähnlichen Zügen einiger Geistesgrößen seiner Zeit darzustellen, um dem klassischen Altertum Aktualität zu verleihen. Noch nach fünfhundert Jahren gelingt es, in diesen Porträts der antiken Figuren die typischen

Gesichtszüge von Leonardo, Michelangelo, Kopernikus und Bramante zu erkennen. Selbstbewusst reiht sich auch Raffael als Künstler mit seinem eigenen Abbild in den Kreis der Eliten seiner Zeit ein. Er blickt mit fragenden Augen aus der äußersten rechten Bildhälfte heraus auf den Betrachter. Mit dieser Bildidee verwebt er die Jahrhunderte zu einer permanenten Gegenwart und erzeugt mit diesen sich durchdringenden Zeitebenen Zeitlosigkeit.

Mich fasziniert, auf welche Weise die genialen Meister aller Epochen der Schönheit, der Erkenntnis und der grausamen Wahrheit eine sichtbare Gestalt geben können. Sie verwandeln das eigentlich nicht Darstellbare wie die Idee des Göttlichen, des paradiesischen Glücks oder der Verdammnis, des Hasses und der Liebe, der Angst und des Todes durch die künstlerische Formgebung in Sinnbilder und damit zu einer vorstellbaren Wirklichkeit, sodass diese symbolhafte Darstellung des Überirdischen, des Unterbewussten, des Unsagbaren vorbildhaft weiterlebt.

Immer deutlicher führen mir die Meisterwerke vor Augen, welche Großtaten auf dem Gebiet der Bildenden Kunst schon geleistet wurden. Doch niemals wird alles gesagt sein! Zu allen Zeiten lässt das Rätsel Mensch den Menschen nicht los. Auch wenn man jetzt mit Hilfe der Technik der Fotografie, der künstlichen Intelligenz und des Hologramms den Menschen immer perfekter abbilden und imitieren kann, wird es weiterhin Maler geben, welche die vielschichtigen Facetten des Schicksals, von Abgrund und Glück, von Hass und Liebe, von Angst und Trauer, von Hoffnung und Zuversicht, deren Spuren ein Gesicht unverwechselbar machen, in ihrer Handschrift abbilden wollen.

Nach diesen intensiven Ausflügen in die hohe Kunst gönnen wir uns ein ganz weltliches Vergnügen, nämlich einen Gang über den Trödelmarkt an der Porta Portese, der am Sonntag viele Besucher anlockt. Wir benötigen einen neuen Badewannenstöpsel, da der alte undicht ist. Die ersten Buden, auf die wir treffen, bieten Schrauben und Nägel in allen erdenklichen Formen und Größen an. Sie sind akribisch in Mustern, wie abstrakte Reliefs, in flachen Kisten angeordnet und ähneln den Nagelbildern von Günther Uecker; sie warten mit den dazu passenden Schraubenmuttern, routiniert zu einem glitzernden Gesamtbild komponiert, auf Käufer. Der nächste Händler preist einige »echt etruskische« Köpfe aus Terrakotta an, deren kunstfertige Verschmutzungen und angeklebte Sandreste originale Antike vortäuschen. Endlich entdecke ich zwischen schadhaften

Porzellanvasen, Kristalltellern und verbogenen Aluminiumbestecken einen intakten schwarzen Badewannenstöpsel. »Quanto costa?«, frage ich und nehme ihn in die Hand. »Bella, diecimila lire.« Zehntausend Lire? »Nein«, sage ich, »das ist Wucher!« »Bellissima, é antico!« Wir schlendern lachend weiter, bis wir vor einem jungen Mädchen stehen bleiben, das mit zarter Stimme einen Korb voller feiner, original verpackter Strumpfhosen in Cellophantüten anpreist: »Silk stockings! Best American Quality!« Ich erwerbe zwei der fest verklebten Tüten und freue mich, denn die Tage werden kühler. Am Ende des Marktes finden wir das Interessanteste – drei Stände mit Kostümen aus dem Opern- und Theaterfundus. An fahrbaren Ständern schaukeln dicht gedrängt die wunderbarsten Seidenroben, Samtkleider, Brokatanzüge. Sie funkeln voller prächtigster Stickereien und Bordüren mit den dazu passenden Beuteln und Täschchen, die mit Pailletten, Federn und Wachsperlen oder mit Pelz verbrämt locken. Dazu passend Glitzerschuhe und Stiefel aus verschiedenen Epochen, gefertigt aus dem Leder exotischer Tiere oder mit bereits verschossener Seide kaschiert. Und als Kopfbedeckungen die fantasievollsten Kreationen aller Zeiten. Es ist ein rauschendes Fest für die Augen, umweht vom Parfum aus Mottenpulver und Zerfall! Viel zu schnell schließt der Markt. Wir beeilen uns und erstehen auf dem Rückweg den Stöpsel für unsere Wanne zum halben Preis. Er passt! Das Wasser bleibt endlich in der Badewanne und meine wunderbar verpackten Strumpfhosen, »Best American Quality«, zeigen beim Auspacken im ersten Paar neben Bügelfalten vier und im zweiten sieben Laufmaschen. Dieser Betrug ist so raffiniert, dass der dafür gezahlte Preis angemessen ist.

Nach den vielen ermüdenden Besichtigungen der Kirchen und der für Besucher geöffneten Paläste genießen wir heute die Ruhe und Schönheit der in einem herrschaftlichen fünf Quadratkilometer großen Park gelegenen Villa Borghese. Die schriftliche Einführung eines Begleitheftes für den musealen Teil im Casino Nobile beschreibt, wie Fürst Kardinal Scipione Borghese diese Privatsammlung – weltweit eine der kostbarsten – mit herausragendem Kunstverstand zusammengetragen hat. Als ich in den dämmrigen Ausstellungsraum gelange, strahlt mir die Ganzkörperskulptur der jungen Paolina Borghese des Bildhauers Antonio Canova entgegen. Sie ist weltberühmt, weil der Bildhauer das erkennbar ähnliche Abbild von Napoleons Schwester Paolina mit höchster Meisterschaft aus makellosem, reinweißem Marmor geformt hat. Nach der Fertigstellung löste diese perfekte Skulptur einen gehörigen Skandal aus! Canova hatte es gewagt, die mit dem Fürsten Camillo Borghese Verheiratete mit halb entblößtem Oberkörper als Venus Victrix zu idealisieren. Wie eine Göttin vollkommener Schönheit ruht die junge Frau, nur von einem schmalen Tuch bedeckt, in anmutiger Bewegung auf einer Liege. Dieses berühmte Werk – gerade wegen seines Skandals – gehört zu den Hauptattraktionen der neoklassizistischen Kunst. Neben antiken Marmorbüsten und Figuren fesseln mich die Glanzstücke der Malereien von Bellini, Bronzino, Leonardo, Rubens, Tizian und Veronese. Ungestört kann ich vor den beiden Ölbildern »Junge mit einem Obstkorb« von 1594 und »David mit dem Haupte Goliaths« von 1606 innehalten. Diese Bilder zeigen mir die unnachahmliche malerische Präzision des genialen Caravaggio, denn seine lebensecht dargestellten Figuren agieren mit überzeugender Natürlichkeit in einem warmen, kompositorisch virtuos eingesetzten Licht. Ebenso verzaubert mich das Ölbild »Dame mit dem Einhorn«, das Raffael 1507 als Porträt von der jungen Magdalena Strozzi gemalt haben soll, obwohl ich nachlese, dass diese Malerei mehrmals verändert worden ist. Während einer Restaurierung des Bildes entdeckte man, dass das Einhorn in der Erstfassung wie ein Hund aussah. Das ist für mich deshalb so interessant, weil es beweist, dass Künstler öfter versuchen, das Banale durch etwas Doppeldeutiges zu ersetzen. Das Ungewöhnliche dieses Porträts ist der herausfordernde, offene Blick der jungen Blondine aus dem Jahr 1506. Nachdem sich unsere Augen müde gesehen haben, treffe ich Beate an dem Brunnen Fontana dei Cavalli Marini vor dem Eingang der Villa. Im Schatten der alten Baumriesen des Parks plätschert sein Wasser aus drei übereinandergestapelten Schalen. Am Brunnenrand der unteren Schale, die von vier knienden Seepferden gestützt wird, zitieren wir leise gemeinsam Conrad Ferdinand Meyers bekanntes Gedicht, »Der römische Brunnen«.

Am darauf folgenden Vormittag besuchen wir das Pantheon – den besterhaltenen antiken Großbau aus römischer Zeit, den Kaiser Hadrian um 128 nach Christus einweihte. Dieses architektonische Wunder, das auf dem ehemaligen, durch Blitzschlag ausgebrannten Vorgängerbau auf der Piazza della Rotonda wiedererrichtet worden war, gilt noch heute mit seiner riesigen Betonkuppel als Ikone der Baukunst. Diese Kuppel, die mit ihrem Durchmesser von circa 43 Metern und einer Höhe von 24 Metern einen kreisrunden, fensterlosen Zentralbau überwölbt, ist an ihrem Scheitelpunkt zum Himmel hin durch ein Opaion, eine Kreisöffnung von fast 9 Metern Durchmesser, geöffnet. Hierdurch beleuchtet der Lichteinfall je nach Sonnenstand die gesamte Rotunde. Das Regenwasser, das ebenso wie das Licht, ungehindert durch diese Öffnung fällt, verschwindet in 22 kaum sichtbaren Abflüssen im Marmorfußboden, der, mit großen Quadraten und Kreisen gemustert, festlich wirkt. Wir erreichen diese Rotunde, die als Kultstätte allen römischen Göttern geweiht war und wahrscheinlich auch als imperiale Repräsentationshalle genutzt wurde, durch einen rechteckigen Vorbau, der mit seiner Fassade und einer Halle mit 24 Säulen an einen griechischen Tempel erinnert. Im Jahr 609 widmete Papst Bonifatius IV. dieses antike Heiligtum in eine römisch-katholische Kirche mit dem Namen »Santa Maria ad Martyres« um. Der schon zu seinen Lebzeiten hochverehrte Künstler Raffael fand hier nach eigenem Wunsch in einem römischen Sarkophag seine letzte Ruhestätte. Die ungewöhnliche Atmosphäre des Bauwerkes umfängt mich schon beim Betreten des runden Innenraumes und lenkt meine Blicke sofort in die hohe Kuppel hinauf, durch die Kreisöffnung hindurch, in das gleißende Himmelslicht. Diese ehemalige Weihestätte der Götter weist durch die Kraft der großartigen Architektur den Besuchern den Weg vom Boden der Tatsachen hinauf in eine imaginäre, spirituelle Welt. Ich empfinde mich in diesem monumentalen Idealbau, der Größe und Schönheit vereint, als klein, unwichtig und wie aus der Zeit gefallen. Meine Schritte hallen vielstimmig vom Mauerwerk zurück.

Warum interessieren uns die Architekturen und die Trümmer aus den vergangenen Jahrhunderten? Warum fesseln uns die Bilder aus längst verflossenen Zeiten? Weil sie noch heute eine Sprache sprechen, die wir verstehen können und die uns vor Augen führt, wer unsere geistigen Vorfahren waren und wer wir heute sind. Nach der stillen Einkehr im Pantheon nähern wir uns dem ellipsenförmigen Kolosseum, dem wohl blutigsten Ort der Antike. Als Ruine ist dieser viergeschossige Monumentalbau mit einer Fassade von 49 Metern Höhe von beeindruckender Größe und Kühnheit und wie das Pantheon eine architektonische Meisterleistung des klassischen Altertums. Wir beginnen mit der Besichtigung der Keller. Durch enge Gänge gelangen wir zu den ehemaligen Tierkäfigen, zu den Versorgungsräumen und zu den Kerkern für die zum Tode Verurteilten. Ein Führer erklärt uns, wie komplex und modern die Anlagen für die hochkomplizierte Bühnentechnik waren, denn neben den grausamen Tierhetzen und Gladiatorenkämpfen wurden auch wasserreiche Seeschlachten vorgeführt, was eine besonders umfangreiche logistische Ausstattung verlangte. Wir erklettern die oberen Ränge des Kolosseums und schauen auf die 54 Meter breite und 86

Meter lange, ovale Arena des größten je gebauten Amphitheaters der Welt hinunter. Es ist für mich heute kaum vorstellbar, wie die ersten Spiele im Jahr 80 nach Christus während einer 100 Tage andauernden Feier mit Plätzen für jeweils 50.000 Besucher organisiert werden konnten. Die Hierarchie der römischen Gesellschaft bestimmte die Anordnung der Sitze: Die unteren und zugleich die besten Plätze gehörten dem Kaiser und dem Senat, es folgten die Sitzreihen für den Stand der Ritter und der Großgrundbesitzer und der Freigeborenen. Arme und Sklaven durften die obersten Plätze einnehmen. Den Frauen der untersten Schicht wurden die engen, unbequemen Stehplätze auf einer Holzkonstruktion überlassen. Der aufgewirbelte Staub, die Ausdünstungen von Schweiß und Duftwässern, von Tiergeruch und Blut werden das Kolosseum in einen Hexenkessel verwandelt haben, während die lustvollen Entsetzensschreie der Zuschauer, das blutrünstige Gebrüll der exotischen Tiere und das Gestöhn der Sterbenden durch die Arena hallten. Welche psychischen Auswirkungen hatten diese barbarischen Großereignisse auf die Zuschauer? Welche Skrupel plagten sie auf dem Heimweg? Allein während der Festzeit der Eröffnungsmonate sollen bei Wagenrennen und simulierten Seeschlachten, bei Gladiatorenkämpfen und bluttriefenden Tierhetzen 9000 Tiere, darunter Tiger, Panther, Löwen und Leoparden, getötet worden sein. Diese besonders in Rom beliebten grausamen Spiele, die den Kaiser und das Volk amüsierten, endeten erst während der Herrschaft Kaiser Theoderichs im Jahr 523 und kosteten unzähligen Menschen das Leben. Danach zerfiel der Großbau im Lauf der Geschichte immer mehr. Nicht nur der große Brand Roms unter Kaiser Nero im Jahr 64 und die Erdbeben in den Jahren 847 und 1349 verursachten Schäden am Mauerwerk, sondern auch die Baulust der herrschenden Familien und Päpste, die seit dem Mittelalter bis in die Barockzeit das Kolosseum als Steinbruch ausbeuteten. Dennoch gilt heute das Kolosseum mit seinen riesigen Dimensionen als eines der bedeutendsten Wahrzeichen Roms.

Frühmorgens verlassen wir mit dem Bus die lärmende Stadt. Bei unserer Ankunft in Tivoli duftet die frische, würzige Luft der hügeligen Landschaft der Tiburtinischen Berge in der Campagna Romana nach Kräutern und Pinien. Nach einem kurzen Fußmarsch erreichen wir die Ruinen der Villa Adriana. Das 120 Hektar große Areal ist wie das Forum Romanum in Rom kaum bewacht und dämmert, von der Natur zurückerobert, dahin. Der Name »Villa Adriana« ist irreführend, denn die weit ausgedehnte Anlage mit vielen Einzelbauten hat die Ausmaße eines groß angelegten Dorfes, wo sich in römischer Zeit unter Kaiser Hadrian das pralle Leben einer hervorragend funktionierenden Gemeinde mit 20.000 bis 40.000 Menschen abgespielt haben soll. Neuere Ausgrabungen brachten ein unterirdisches Versorgungssystem ans Licht, das erstaunlich funktional und modern ist und über Wasserleitungen und Transporttunnel für Warenanlieferungen verfügte. Neben einer Arena zählten auch ein Observatorium und ein Stadion zur Grundausstattung des Palastes. Dazu gehörten großzügige Thermen und Bäder und eine Bibliothek. Als besondere Attraktion galt ein von Marmorstatuen umgebener Fischteich, der die Küche stets mit frischem Fisch beliefern konnte, denn das Wasser, das aus den Tiburtinischen Bergen üppig floss, war von höchster Reinheit, was der Gesundheitszustand der Tiere bewies. Dieses Wasser füllte alle Leitungen, Teiche und Schwimmbäder. Etwas abseits stoßen wir auf die Reste des Teatro Marittimo, eines steinernen Inselpavillons, der von Wasser in einem ringförmigen Kanal umflossen wurde. Ein Außenring diente als Rundgang, der vor Sonne und Regen schützte, denn die Säulenstümpfe weisen wie bei dem Pavillon auf eine Überdachung hin. Zwei Drehbrücken überquerten den schmalen Zufluss. Archäologen deuten den mit Marmorfiguren verzierten Gartenbereich und den Kanal als Sinnbild für die von den Weltmeeren umspülte Erde. Selbst die steinernen Reste der gesamten Anlage, die Kaiser Hadrian nach seinen Vorstellungen als Sommerresidenz und Altersruhesitz von 118 bis 134 nach Christus in Tivoli erbauen ließ, sind heute noch ein Spiegel der Weltläufigkeit und des Kunstverstandes des Herrschers. Als ein modern Denkender ließ er verschiedene Elemente der römischen, griechischen und ägyptischen Baustile so zu einem raffinierten Ensemble zusammenfügen, dass mit der Hilfe seiner Architekten und Gärtner ein Gesamtkunstwerk entstand. Die Gartenanlagen dienten später noch als Vorbild für die Gestaltung großer Barockgärten. Jedoch Cardinal d'Este, der 1550 Statthalter von Tivoli wurde, zeigte keinerlei Respekt vor der Geschichte und ließ diese einzigartige Anlage Hadrians als Steinbruch ausplündern, um nicht weit entfernt seine prunkvolle Villa d'Este zu erbauen, deren Pracht zu uns durch die hohen Parkbäume hindurchschimmert. Aber uns wird der Zutritt verwehrt. Wir können ihre luxuriöse Innenausstattung leider nicht besichtigen, da der Palazzo eingerüstet ist und die verschwenderisch mit Brunnen und Kaskaden ausgestattete Parklandschaft in ihrem verwilderten Zustand noch auf kundige Gärtner wartet. Wir umrunden das große Wasserbecken, bewundern die graziösen Marmorstatuen und streifen durch die verstreut liegenden Steinblöcke, Kapitelle und

Gesimsreste, immer darauf achtend, dass wir keine Vipern aufschrecken. Der schläfrige alte Wächter bemerkt uns nicht, während wir das historische Gelände verlassen. Als wir eine Wegstrecke zurück zur Busstation laufen, entdecke ich weit vom umzäunten Gebiet entfernt am Wegrand einen Abfallhaufen mit Trümmerresten. Eine kleine rote Tonscherbe, eine Terra Sigillata, mit Schriftzeichen und ein Stück von einem zerbrochenen Ziegelstein mit einem römischen Stempel liegen auf der Halde! Beide Schätze verstaue ich in meiner Handtasche, um Vater mit diesen Zeugnissen aus römischer Zeit zu überraschen, die er in seine Schriftsammlung eingliedern wird.

Bevor wir daran denken, unsere Koffer zu packen, besuchen wir zum letzten Mal die pompöse Anlage der Fontana di Trevi. Dieser Brunnen aus Travertin und Carrara-Marmor gehört zu den berühmtesten Brunnenanlagen der Welt, die sich mit 49 Metern Ausdehnung und einer Höhe von 26 Metern imponierend vor dem Palazzo Poli ausbreitet. Der Meeresgott Oceanus herrscht von der Mitte einer Nische aus über eine Schar von Fabelwesen und mythischen Gestalten, die Gesundheit und Fruchtbarkeit symbolisieren, während das Wasser mit lautem Rauschen über weiße Marmorfelsen tost. Ich drehe mich mit meinem Rücken zum Brunnen um und werfe nur eine Münze über die Schulter, in der Hoffnung, dieses prachtvolle Rom wiederzusehen. Würde ich dem Brunnen zwei Münzen opfern, dann verliebte ich mich noch kurz vor der Abreise in einen Italiener und bei drei Münzen müsste ich ihn heiraten.

Auch an unserem melancholischen letzten Abend auf der Dachterrasse übergießt die untergehende Sonne noch einmal die alte Stadt mit kaiserlichem Purpur. Die Chiantiflasche ist geleert. Unsere Teekanne hat die letzten Lire ausgespuckt. Wir verstauen wortlos unsere Habseligkeiten in die Koffer. Ein Fuhrunternehmen verspricht, alle schweren Utensilien, die wir nicht tragen können, am nächsten Morgen als Beipack mit nach Köln zu transportieren. Wir hinterlassen keine Spuren, so als wäre nichts geschehen in diesen Wochen des ungestörten Glücks. Und doch haben sich mir tief greifende innere Fährten wie Geleise eingeprägt, auf denen mein unaufhaltsamer Zug zur Kunst rollt. Jede der Begegnungen mit den Meisterwerken der römischen Antike, mit den Fresken des Mittelalters und mit den Glanzstücken der Renaissance und des Barocks wirkt weiter und geleitet mich auf meinen eigenen künstlerischen Wegen, die ich gehen muss. Jede erlebte gestalterische Schönheit spiegelt sich nun in meiner Erinnerung als Gepäck für meinen imaginären Koffer.

Füchschen

Das Wintersemester beginnt mit stürmischem Wind. Zügig schreite ich die Bildreihen einer Ausstellung expressionistischer Malerei im Düsseldorfer Kunstmuseum ab. Meinen Mantel behalte ich an, denn ich bin durchgefroren und möchte mich dort nicht länger aufhalten. Auch die Wintermütze, die Mutter mir aus einem übrig gebliebenen Fuchsfell von ihrer Hutmacherin hatte nähen lassen, wärmt mich auf meinem langen Pferdeschwanz. Weil ich diese Fellkappe wegen der Winterkälte täglich trage, rufen meine Freunde in der Akademie »Füchschen« hinter mir her. Ich trete ganz nah vor ein expressiv gemaltes Porträt, um den Farbauftrag und den dynamisch die Gesichtsform modellierenden Pinselschwung zu studieren. Plötzlich durcheilen ausholende Schritte die leeren Räume, die sich mir zielstrebig nähern. Ein hochgewachsener Mann mit einem auffallend ausdrucksstarken Gesicht bleibt neben mir stehen. Nur flüchtig betrachtet er das Bild. Dann schaut er mich an. Sein durchdringender Blick irritiert mich, aber ich nicke ihm zu. Doch dann verfange ich mich in seinen Augen, die mich forschend und zugleich traurig anstarren und mich nicht mehr loslassen! Ich kann diesem fremden Blick nicht standhalten und wende mich dem Ausgang zu. Meine Versuche, mir die eben betrachtete Malerei aus meinem Gedächtnis zurückzurufen, scheitern. Dieser intensive, unglückliche Blick des Unbekannten beherrscht mein inneres Auge und lähmt jeden Gedanken.

Am nächsten Vormittag öffnet der Pförtner am Eingang zur Akademie sein Logenfenster und winkt mir zu: »Hey! Guten Morgen, Füchschen! Ein Mann hat nach Ihnen gefragt. Der war schon gestern gegen Abend da. Sehr aufgeregt! Er erkundigte sich bei mir: ›Gibt es hier in der Akademie ein Mädchen mit einer Fuchsmütze?‹ ›Ja, klar, das Füchschen aus der Fassbenderklasse!‹, habe ich ihm gesagt. Füchschen, der sieht entschlossen aus! Der hat es wohl eilig, Sie zu treffen!« Nach dem gemeinsamen Mittagessen begleitet mich Beate zu meiner Staffelei. Sie platzt vor Neugier, wer das denn sei?

Um Punkt 15 Uhr pocht es an die Ateliertür. Der Fremde steht wieder baumlang vor mir: »Ich habe Sie gestern im Museum beobachtet. Sie waren so eindringlich mit einer Malerei beschäftigt, dass ich es nicht wagte, Sie anzusprechen. Darf ich Sie zu einem kurzen Gespräch einladen, denn ich möchte mit Ihnen über das Bild reden, das Sie so lange betrachtet haben.«

»Ja«, antworte ich etwas verlegen. »Aber erst nach der Vorlesung in Kunstgeschichte, die um 17 Uhr endet.« Im Gegenlicht wirkt der Fremde auf mich noch größer und schlanker als am Tag zuvor. Sein imponierendes Auftreten schüchtert mich ein. Seine Hände sind groß und kräftig. Als ich die Akademie verlasse, wartet er draußen vor der Treppe und führt mich in ein Altstadtcafé, nicht in eine Bierkneipe. Er blickt mich unentwegt an. Wer ist er? Was will er von mir? Als wir an einem Zweiertisch Platz genommen haben, reicht er mir die Karte, zeigt auf einen Kakao mit Sahne und gibt die Bestellung auf. Er lässt mich nicht aus den Augen und schweigt. Nach einer Weile frage ich ihn nach seinem Namen. Aber er schweigt weiter, als bereue er das Treffen mit mir. Eine tiefe Falte bildet sich auf seiner Stirn, als sei er erstaunt, dass ich ihn nicht kenne. »Wissen Sie nicht, wer ich bin? Ich heiße Richard.« »Nein, ich habe Ihren Namen noch nicht gehört, denn ich bin Kölnerin und kenne hier kaum jemanden.« »Also, dann zeige ich Ihnen gleich, wen Sie vor sich haben! Und wer sind Sie?« Seine Blicke bohren sich in mich hinein. Nachdem er bezahlt hat, öffnet er mir die Beifahrertür seines französischen Wagens und fährt langsam an einer hohen Zementstele mit einem Durchbruch aus Glas und Draht vorbei. »Wie gefällt sie Ihnen?« Ich steige aus, gehe um das Zementgebilde herum und antworte, dass ich täglich mit der Straßenbahn daran vorbeifahre und mir das Objekt nicht viel sage, da mir der Materialmix unharmonisch vorkomme. Er zuckt leicht zusammen und bringt mich zu einer großen Eisenkugel, die aus vielen Metallelementen zusammengeschweißt ist. Ich stelle mich vor das Objekt, berühre seine scharfen Kanten und trete zurück, um einen distanzierten Blick auf das plastische Gebilde und sein Umfeld zu gewinnen. »Diese Arbeit überzeugt mich! Sie ist dynamisch und hat Energie, was mir bei der vorherigen Stele fehlt.« »So«, sagt er, »das ist ja ein sehr bestimmendes Urteil! Beide Arbeiten sind von mir! Ich bin noch nie so kritisiert worden! Jetzt bringe ich Sie in Ihr Studentenheim. Was haben Sie am Wochenende vor? Nach Köln möchten Sie fahren? Auch dort bringe ich Sie hin, kein Problem. Bitte erlauben Sie mir, Sie abzuholen. Am Samstag erzähle ich Ihnen mehr von mir.«

Beate fragt, wer denn dieser Unbekannte sei, und ich nenne ihr den Namen. »Was? – Das ist … ja, weißt du es denn nicht? Den kennt hier doch jeder aus der Szene … Er ist einer der bekannten aktuellen Künstler in Düsseldorf. Eine eindrucksvolle Person. Vor allem, wenn er auf seinem Pferd die Kö entlangreitet! Begleitet von seinem großen Hund.«

Mit gemischten Gefühlen steige ich in den Wagen des Fremden. Er chauffiert mich zu einem größeren Anwesen und zeigt mir seine Werkstatt, eine Lagerstätte von sorgfältig sortiertem, wiederverwertbarem Gerümpel und Schweißgeräten, Metallstücken, Hämmern, Lötkolben und Eisenstangen auf langen Regalbrettern. Die gesamte Anlage hat einen hofartigen Charme, und das Hauptgebäude, ein romantisch schönes Domizil, wird gegenwärtig restauriert. Der Fremde stellt sich direkt vor mich und blickt mich wieder mit diesen beschatteten, forschenden, aber untröstlichen Augen an. Sie glänzen, werden tränenfeucht. Er seufzt, dreht sich von mir fort und verschwindet in der oberen Etage. Ich warte betroffen und ratlos im Innenhof. Nach wenigen Minuten lacht er mir vom oberen Treppenabsatz entgegen. Sein Gesichtsausdruck ist völlig verwandelt, als gäbe es kein Vorher. Er pfeift und hüpft wie ein Jüngling die Stufen hinunter, legt seinen Arm über meine Schultern und fragt mich, ob ich einen Traum hätte und wo ich gerne einmal leben wollte. »Auf Kreta? Auf Sizilien? Sage es und ich kaufe uns ein Haus auf der Insel!« Ich zucke zusammen. Will er mich verhöhnen? Auf der Autobahn in Richtung Köln tritt er aufs Gas und wir fahren immer schneller. Ich bitte ihn inständig: »Fahren Sie nicht so schnell!« »Ach, weißt du, Füchschen – es ist für mich ganz fürchterlich, ganz unerträglich! Entschuldige, wenn ich so oft abwesend und traurig bin. Vor Kurzem ist meine schöne, junge Frau zusammen mit unserem Kind mit dem Wagen auf der Autobahn tödlich verunglückt.«

In Rodenkirchen öffnet mein Vater die Haustür, empfängt den Fremden freundlich, führt ihn wegen der Besonderheiten der Architektur ums Haus und dann gleich auf unser Dach. Der Fremde scheint ein ernst zu nehmender Künstler zu sein, denn er erwähnt beiläufig, für ein Semester an einer Hochschule als Gastdozent gelehrt zu haben. Jedoch hätten ihn der Neid und das unfaire Verhalten der Kollegen davon abgehalten, eine Professur anzunehmen. Er begrüßt Mutter, blickt uns beide amüsiert an und erwähnt unsere Ähnlichkeit. Am Kaffeetisch verplaudern wir die Zeit mit oberflächlichen Gesprächen des ersten gegenseitigen Kennenlernens. Plötzlich legt sich wieder diese Schwermut wie ein schwarzes Tuch über unseren Gast. Sein Blick wird glasig und seine Anteilnahme erlischt. Sein Kummer trennt ihn von uns und von der gesamten Außenwelt. Ohne zu reden, rollen wir durch eine finstere Nacht zurück nach Düsseldorf.

»Aha!«, höre ich hinter mir, als ich über den Flur der Kunstschule eile. »Nicht so schnell, Füchschen!« Ich wende mich um und begrüße den

Professor, der mir in Kronenburg am Waldrand in einem langen Gespräch einiges aus seinem Leben und von seiner Malerei offenbart hatte. Er winkt mich zu sich heran und sagt leise, aber mit Nachdruck: »Aha! Sie also sind das Füchschen! Unser Freund hat Sie uns beschrieben und berichtet, dass er mit Ihnen in Köln war. Ich bitte Sie inständig: Trösten Sie ihn! Es geht ihm schlecht! Beängstigend schlecht! Nach diesem schrecklichen, tödlichen Unfall seiner Frau und seines kleinen Kindes braucht er Sie! Wir haben Angst um ihn!«

Im Atelier bin ich allein. Viel zu allein. Die Morgensonne scheint auf meine Hände. Betäubt blättere ich einen Katalog durch, den der Bildhauer mir zum Abschied aus dem Autofenster heraus geschenkt hatte. Das Vorwort verrät mir sein Geburtsdatum. Er ist viel älter, als er auf mich wirkt. Seine abgebildeten Skulpturen aus Eisen und Stahl, aus dicht aneinandergeschweißten Bündeln von Metallstangen und Streben ähneln startenden Vogelschwärmen. Voller Energie und Dynamik, wie von einer Abschussrampe abgefeuert, verraten sie mir Fluchtgedanken. Seine mannshohen Kugeln, die aus Stahlplatten zusammengefügt und mit dem Schneidbrenner bearbeitet sind, zeigen eine stark verletzte scharfraue Oberhaut. Durchlöchert, zerkratzt und zersägt, wie meine gesammelten Granatsplitter im Krieg. Aufgrund spezieller Schichtungen und Spuren manueller Zerstörung ergeben sich auf den Oberflächen rhythmische Anordnungen und strukturelle Zusammenhänge. Von ferne betrachtet wirken diese groben, schweren, runden Körper erstaunlich zart und filigran. Ihrer Monumentalität zum Trotz beherrschen sie wie schwebend ihre Umgebung.

Die neue Formensprache und das Experiment mit der Bearbeitung verschiedener Werkstoffe sind imponierend und fordern mich heraus, über dieses zeitgenössische künstlerische Gestaltungsanliegen immer wieder nachzudenken. Aber ich lasse mich nicht verführen, meine eigene figürliche Bildthematik zu verlassen, die es vermag, einen Teil unserer komplexen, in der menschlichen Seele verborgenen Lebenswelt abzubilden. Keine aktuelle Kunstrichtung kann mich von meiner Faszination für das Darstellen des Menschen ablenken.

Meine letzte gemeinsame Fahrt mit dem Bildhauer nach Köln entwickelt sich zu einem Höllentrip. Während er auf der Autobahn immer weiter beschleunigt, huschen die Pfeiler der Autobahnbrücke haarscharf an meiner Seitentür vorbei. Seine Augen nehmen wieder diesen seltsamen, beängstigenden Glanz an. Er weint und tritt immer fester auf das Gaspedal. Er flüstert: »Füchschen, wenn du nicht mit mir in den Süden reist, dann will ich nicht mehr leben.« Mir bleibt die Luft weg. Ich presse mich tief in den Sitz und halte mich krampfhaft am Türgriff fest. Endlich stoppt er den Wagen im Park vor unserer Gartenpforte. Mit weichen Knien steige ich aus und öffne mit schwitznassen Händen die Haustür. Er hatte unterwegs angedroht, gegen einen Brückenpfeiler zu rasen. So wie seine Frau mit seinem Kind!

Unser Gast verschwindet in der Toilette. Nach kurzer Zeit ruft er ein »Hallo« in das Treppenhaus. Wie neugeboren! Er lächelt. In heiterer Stimmung begrüßt er meine Eltern. Mutter, die für uns ein Abendessen vorbereitet, bittet ihn in die Küche, um ihr beim Öffnen einer Dose zu helfen. Summend folgt er ihr. »Sie ist verklemmt«, sagt sie und reicht ihm die Büchse. »Da benötige ich einen starken Mann!« Ohne zu zögern, umfasst er die Taille meiner Mutter, stemmt sie samt Konservendose hoch zur Küchendecke und lässt sie dort zappeln. »Sehen Sie, ich bin ein starker Mann!« Das gebräunte Gesicht meiner Mutter verfärbt sich puterrot. Nach Luft japsend befiehlt sie: »Sofort! Sofort lassen Sie mich herunter, sofort! Das ist ehrenrührig! Sie verlassen auf der Stelle unser Haus! So ein flegelhaftes Benehmen dulde ich nicht. Ich will Sie niemals wiedersehen!« Obwohl diese Szene einer äußerst komischen Slapstickkomödie gleicht, bin ich entsetzt. Der erfolgreiche Künstler, der so viel Schmerz zu verarbeiten hat und glaubt, mit seiner spontanen Handlung humorvoll zu wirken, wird derart gedemütigt. Behutsam setzt er meine Mutter auf dem Kachelboden ab, dreht uns wortlos den Rücken zu und eilt die Treppen hinunter. Unsere Haustür fällt ins Schloss. Für diesen Künstler für immer. Ich halte den Mund und denke an Mutters Drohung, samt Koffer ebenfalls vor die elterliche Türe gesetzt zu werden.

Einige Tage später steht er in der Akademie nochmals im Flur vor unserer Klasse. Mit bangem Herzen öffne ich, denn an der kraftvollen Art des Anklopfens erkenne ich seine Hand. »Bevor ich etwas entscheide, muss ich noch etwas für mich klären!« Er blickt mich entschlossen an. Es flackert in seinen Pupillen. »Füchschen, zeige mir mal deine Arbeiten.« Das erstaunt mich, denn bisher hatte er sich nur für meine Person, nicht aber für meine akademischen Studien interessiert. Zögernd öffne ich meine Mappe. Vorsichtig und respektvoll blättert er ein Blatt nach dem anderen um. Nach der letzten Zeichnung atmet er tief ein: »Füchschen, mit deiner Mutter würde ich schon irgendwie klarkommen. Aber nicht mit dir! Deine Arbeiten sind so stark. Zu stark! Das würde mit uns beiden auf Dauer nicht gut gehen!« Plötzlich, wie in dunkelster Traurigkeit erloschen, sieht er mich zum letzten Mal an.

Mit dem Verstreichen der Zeit verwandelt sich für mich dieses tiefgründige, traurige Blau seiner zärtlichen Augen in einen leuchtenden Schatz. Seine mir unvergesslichen Blicke sind für mich eine Kostbarkeit. Sie erinnern mich an meine gläsernen, vor allem im Wasser funkelnden Murmeln. Sie hatten mir mit ihrem flackernden Glanz die beängstigende Dunkelheit der Nächte in der Kriegszeit wie Sterne verklärt.

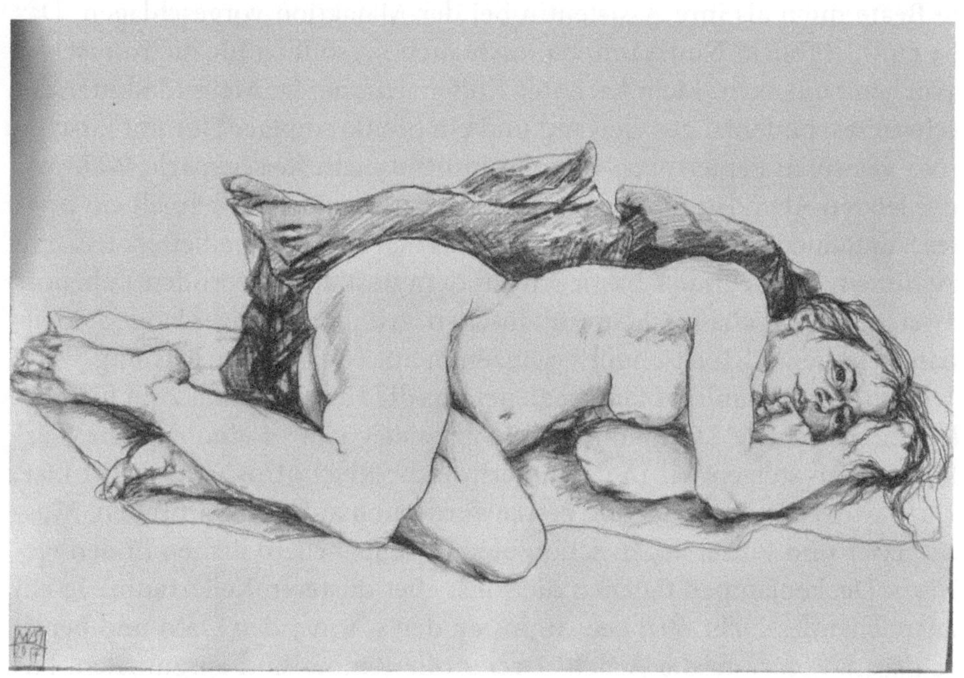

Fastnacht

Nach den letzten Vorlesungen sammle ich alle nötigen Testate. Müde husche ich durch die Flure der Akademie. Rom liegt schon so weit fort. Doch Beate bestürmt mich mit einer dringenden Neuigkeit. Die befreundete Familie, die uns diesen unvergesslichen Romaufenthalt geschenkt hatte, erteilt uns einen Auftrag. Sie plant ein großes Karnevalsfest. Der schon leer geräumte Gewölbekeller der schlossartigen Neobarockvilla im Rheingau soll für diese Feier ausgemalt werden. Während des letzten Telefonats hatte Beate mich als ihre Assistentin bei der Malaktion vorgeschlagen. Das ist ein Lichtblick! Nun kann ich mich auch persönlich für die römischen Wochen bedanken. Mein karierter Koffer steht bereit. Mein Malkittel, ein schwarzes, bodenlanges Gewand und ein breitkrempiger Hut mit kitschig rosa gefärbten Papierrosen vervollständigen mein Reisegepäck. Während der letzten Abendstunden vor unserem Start benähe ich schnell ein breites Samtband mit tropfenförmigen Glasperlen und Goldpailletten. Passend zu diesem Halsschmuck bastle ich aus dem Rest des glitzernden Zubehörs zwei lange Ohrgehänge. Schminkdöschen, grüne, ellenbogenlange Seidenhandschuhe und Tanzschuhe ergänzen meine Karnevalsausrüstung.

Nach herzlichem Empfang begleitet uns die Hausherrin in zwei fürsorglich hergerichtete Dachzimmer. Wenig später gibt es eine delikate Stärkung, dann steigen wir in das unterirdische Reich. Uns wird sofort klar: Da wartet eine anstrengende Herausforderung auf uns! Farbtuben, Wassergläser und Pinsel liegen schon bereit. Neue, hellere Birnen in den wenigen Deckenlampen tauchen die sonst eher düsteren Kellerräume in ein ausreichendes Licht. Wir setzen uns an den wärmenden Ofen und beratschlagen. Sofort an die Arbeit! Drei große Räume sind auszumalen. Für den vorderen Trakt schlage ich eine Wanddekoration vor, die den quadratischen Raum in einen Hühnerstall verwandelt. Beim angrenzenden Keller entscheiden wir uns für das Thema Gefängniszelle. Der größte Bereich am Ende des Untergeschosses soll als grüne Hölle eines Urwaldes die Maskierten animieren, mit Trommelmusik in den Taumel von Freudentänzen zu verfallen. Das Dekorieren der Seitenwände mit den Hühnerställen, in denen sich buntes Federvieh tummelt, gelingt uns schon am ersten Tag, obwohl der unebene Untergrund mehrere Farbschichten erfordert. Als schwieriger und anspruchsvoller erweisen sich die perspektivischen

Konstruktionen der Raumtiefe der Gefängniszellen. Hinter Gittern drängeln sich lebensgroße Insassen mit finster anmutenden Gangstervisagen. Sie fordern unser ganzes Können heraus. Karnevalslieder summend steigern wir uns beim Erfinden furchterregender Übeltäter. Je mehr unsere Körperkräfte schwinden, desto mehr Spaß bereitet es uns, so großzügig die Wände zu dekorieren. Doch der bröckelnde Wandputz verzehrt wegen des unebenen Untergrunds Mengen an Farben und unsere gesamte Energie, bis unsere Arme schmerzen. Das stundenlange Stehen auf der Leiter – mit den Farbeimern und den tropfenden Pinseln in der Hand – wird zu einer echten Herausforderung. In Abständen klopfen Neugierige an die Kellertüren und versorgen uns mit stärkendem Kraftfutter. Nach zwei Tagen konzentrierter Arbeit steht uns nun der größte Raum mit dem Urwaldthema bevor. Es ist Freitag. Am Samstag werden die Gäste vorfahren. Wir arbeiten immer hektischer. Zur Verstärkung stellt sich uns der hoch motivierte Chefgrafiker der Firma als »Assistent« zur Verfügung. Er beglückwünscht uns zum Thema Urwald mit seinem Entwurf eines Wüstenkamels – ein verblüffendes Abbild des Dromedars auf seiner Zigarettenschachtel. Wir gestatten ihm, die äußerste dunkle Ecke mit seinem kleinen, niedlichen Tier zu bemalen. Als es in unserer Wildnis von exotischen Pflanzen und allerlei Getier nur so wimmelt und schwarze Buschmänner hinter hohen Pflanzen mit Speeren auf der Lauer liegen, sinken wir mit schwarzbunten Fingernägeln total erschöpft auf unsere Betten. Im Halbschlaf höre ich die ersten Wagen. Einer nach dem anderen rollt knirschend über den Kiesweg zur Einfahrt. Lachen und Begrüßungsfetzen reißen mich immer wieder aus meinem Halbschlaf und dem Albtraum, in einer Gefängniszelle mit randalierenden Mitinsassen und wilden Tieren gefangen zu sein. Ein Aufseher pocht an die Gefängnistür. Das heftige Klopfen beendet mein unruhiges Dahindämmern: »Wo bleibt ihr denn? Alle warten auf euch!« Beate schleicht sich sichtbar blass in mein Zimmer und flüstert: »Ich kann nicht mehr! Willst du mitfeiern?« Ich schüttle erschöpft den Kopf. Wieder Schritte auf der Treppe. Es ist die Hausherrin persönlich, die uns auffordert, gleich unten zu erscheinen: »Starke Männer – besonders nette Junggesellen – möchten mit den Dekorateurinnen tanzen.« Wir antworten, dass uns Kopfschmerzen quälen. Dieser Einwand gilt nicht, stattdessen erhalten wir zwei Gläser, Wasser und Schmerzpillen auf einem Silbertablett gereicht. Beate meint: »Ich fühle mich so blass und elend, da stülpe ich mir am besten mein hässliches, pinkfarbenes Schlauchkleid über, male mein

Gesicht mit Clownsschminke weiß und schleiche mich als Wurm unters Volk! Komm, wir hören uns die Reaktion auf unsere Arbeit an. Dich kennt hier niemand! Und ich schminke mich so, dass auch ich nicht identifizierbar bin! Los!« Also verteile auch ich die weiße Paste auf meinem Gesicht, male mir mit dem Augenbrauenstift schwarze Rosen auf Stirn, Nase und Wangen, verbräme mein gespenstisches Aussehen noch mit meinen selbst gefertigten Klunkern und verstecke die von Farbresten geschwärzten Fingernägel in meinen froschgrünen Handschuhen. Müde wanken wir in einen dampfenden Hexenkessel. Jazz heizt den Kostümierten ein. Immer neue Gäste zwängen sich in die Kellerräume. Der Chefgrafiker hatte vorsorglich Spots angebracht, die besonders sein Kleinkamel, aber auch unsere Dekorationen in stimmungsvoller Schummrigkeit beleuchten. Viele Gäste, die einander trotz der Verkleidungen sofort erkennen, begrüßen sich lachend mit Umarmungen und Küssen und gackern wie unser Federvieh. Andere gebärden sich mit gespieltem Gruseln wie unsere Mafiatypen an den Wänden, und im letzten Keller untermalen die Urwaldschreie enthemmter Brüllaffen die bacchantische Stimmung dieser närrischen Bande. Das herumalbernde Überschreiten der sonst so streng beachteten, konventionellen Regeln der vornehmen Gesellschaft erfasst auch mich. Mein Körper gibt sich den Rhythmen der Band hin und bewegt sich synchron mit der wogenden Masse. Die Düfte teuren Parfums und die Aromen bester Weine vermischen sich mit dem Geruch einer scharf gewürzten Gulaschsuppe. Ein Indianer zupft an meinem Gewand und deutet auf einen freien Platz am Ende einer Biergartenbank. Alle rücken eng zusammen. Kaum sitze ich, amüsiert mich ein Germane mit Schaffellweste und einem Wasserkessel mit Kuhhörnern auf dem großen Kopf, sodass ich auf seine etwas umständliche Aufforderung, mit ihm zu tanzen, lachend einwilligen muss. Als er sich vorstellt, »Starck mit ck!«, denke ich an die Ankündigung der Hausherrin: »Starke Männer warten auf euch.« Gleichzeitig nähert sich ein Clown. Er stupst den Germanen zur Seite und verbeugt sich vor mir und sagt ebenso: »Starck!« »Ach so«, pariere ich, »das klingt ja gewaltig. Starck mit ck!« Der Clown nickt. »Also Brüder?« Wieder nickt der Clown in seinem grün karierten Holzfällerhemd und grinst mit seinem breiten, schwarz umrandeten Mund und unterstreicht noch einmal mit seiner Faust im roten Boxhandschuh: »Stimmt! Mit ck! Wir sind keine Halbstarken, wir sind ganzstarke Männer!« »Und wer bist du?« »Isch bin dat Mariechen! Dat Mariechen Schmitz aus Kölle.« Der Clown entreißt mich dem Germanen und versucht herauszufinden, wer ich denn wirklich bin. »Mariechen Schmitz? So heißen doch alle Mädchen in Köln?« Er trällert in lupenreinem Kölsch: »Kölsche Mädcher künne bütze, jo dat es en wahre Staat. Su e Bützche vun 'nem Nützche, Jung, dat schmeck wie Appeltaat!« Und schon fuhrwerkt wieder der Germane dazwischen. Er schubst den Clown zur Seite und wirbelt mich vom Hühnerstall in das Gefängnis und dann in den Urwald. Meine Blödeleien scheinen ihm fremd zu sein, aber er geht darauf ein, amüsiert sich und entlässt mich äußerst ungern, als ich mich ihm entziehe und nur noch einen einzigen Wunsch habe, in mein Bett zu fallen. Dort schlafe ich sofort ein.

Am nächsten Morgen verrät mir der Spiegel nichts Aufmunterndes! Die Anstrengungen der Malerarbeiten und einzelne Spuren von Schminke hinterlassen trotz sorgfältiger Reinigung immer noch elende Schatten unter meinen Augen. Auch Beates sonst so strahlendes Mädchengesicht sieht zerknittert aus. Da Fastnachtsleichen das Familienidyll am Frühstückstisch verderben, versuchen wir mit allen möglichen Tricks, wieder vorzeigbar zu werden und uns in blütenfrische Studentinnen zu verwandeln. Munteres, gepflegtes Geplauder, frisch geröstetes Toastbrot, ein herzliches Hallo! Staunend stellen wir fest: Der plumpe Clown von gestern ist im wahren Leben ein ansehnlicher und wohlerzogener junger Herr. Sein ein Jahr älterer Bruder, der wilde Germane, entpuppt sich als ein gut aussehender, sportlicher Typ im grauen Anzug, der sich sofort erhebt und mich charmant bittet, neben ihm Platz zu nehmen. Die starken Kavaliere reichen uns Kaffee, gekochte Eier, Honig, Butter und Croissants. Im Lauf des Gesprächs sucht der Jüngere der Brüder eine Fahrgelegenheit nach Köln. Der Ältere, der mit seiner Pfeife Qualmringe in die Luft zaubert, verabschiedet sich von mir, bittet um meine Adresse und knattert im eigenen, ziemlich verrosteten Fahrzeug nach Frankfurt.

Die restlichen Karnevalstage verbringe ich in Rodenkirchen. Marcos Postkarte mit der Ankündigung seines Besuchs in meinem Elternhaus entzündet in mir ein inneres Flackern, ein Hoffen und auch ein mir unerklärlich bohrendes Bangen. Wieso hatte Marco mich nach unseren ersten gewechselten Sätzen nach meinem Lieblingsort gefragt? Ständig kreisen meine Gedanken um ihn und »unsere Kastanie« in Ronco im Tessin. Wie ist es möglich, dass zwei Menschen, die sich erst vor wenigen Wochen zum ersten Mal begegnet sind, unabhängig voneinander denselben Baum lieben, der weit entfernt in einem anderen Land wächst? Es schellt. Marco kommt mir mit schnellen Schritten durch den Garten entgegen. Er bindet die Schlinge seines Schals auf, fährt sich mit seinen schmalen Fingern durch das lockige Haar, überreicht mir wieder einen kleinen Veilchenstrauß und grüßt mich von seinem Kater. Seine Augen strahlen voller gebündelter Energie. Sein fester Blick umschließt mich und blendet alles andere aus. Um nicht zu schwanken, drehe ich mich rasch um, steige vor ihm die Treppe zu meinem Zimmer hoch und bitte ihn, dort am gedeckten Tisch Platz zu nehmen. Marcos Blick wandert über die alten Kastanienbäume vor meinem Fenster. Er schaut in das knorrige Geäst, lächelt und sagt: »Weißt du, ich stecke in einem Dilemma. Ich bin fasziniert von den Fortschritten in der Forschung. Aber mit der Atomphysik wird es immer prekärer, sobald wir unser Wissen missbrauchen. Die Auswirkungen werden ständig bedrohlicher, da wir noch nicht herausgefunden haben, wie wir die produzierten, ewig strahlenden Abfälle gefahrlos entsorgen könnten. Für die Medizin sind radioaktive Substanzen von großem Nutzen, als Waffe jedoch verheerend! Es ist wie auf Goyas schwarzer Malerei: ›Saturn verschlingt eines seiner Kinder‹. Als Malerin hast du nur ein Problem mit dir selbst, falls du an dir zweifelst. Du wirst niemals mit deiner Kunst weltweite Gefahren auslösen.« Wir trinken Tee, schauen uns an und lassen unser Schweigen sprechen. Doch plötzlich muss ich lachen, immer weiter lachen. Ein vorher nie gekanntes Gefühl der Freude durchströmt mich. Wir verlassen das von den violetten Blüten der Veilchen parfümierte Zimmer und schlendern am Rheinufer entlang. Unsere Schritte gehen synchron. Ganz nah höre ich Marcos warme Stimme, die mir eines seiner Kindermärchen erzählt, die er sich nachts vor dem Einschlafen ausdenkt. Als ich stehen bleibe und staunend zu ihm aufblicke, fügt er fast entschuldigend hinzu: »Wenn die Zeit reicht, schreibe ich sie am nächsten Tag gleich vor dem Frühstück auf. Später füge ich eine Illustration hinzu.« Er verspricht, mir eines Tages seine selbst gestalteten Hefte zu zeigen. Vor dem Gartentor bitte ich ihn kurz zu warten und hole aus meiner Mappe meinen letzten Abzug einer Druckserie. Den Linolschnitt »Kater vor einem Strauß« rolle ich in ein Seidenpapier, lege ihn Marco in die Hand und bitte ihn, diese Rolle erst in Bonn zu öffnen. Er begleitet mich zurück zur Haustür und nimmt mich fest in seine Arme, so fest, als wolle er mich nicht mehr loslassen. Unsere Lippen berühren sich nicht. Doch ich atme seinen Atem, so als wäre es das letzte Mal.

In der Mensa der Akademie sitzt mir Renate aus der Künstlerischen Lehramtsklasse gegenüber und fragt mich: »Welches Zusatzfach wählst du für das Erste Staatsexamen? Ich habe mir für das zweite obligatorische Fach in Berlin schon ein Zimmer gemietet und einen Studienplatz an der Akademie in der Grunewaldstraße reservieren lassen. Nach nur zwei Semestern des Studienfaches ›Textiles Gestalten‹ kann ich das Staatsexamen ablegen. Es wäre doch ein Spaß, dieses Jahr in der alten preußischen Hauptstadt zusammen zu verbringen!« Renate zieht eine imposante Abbildung der Staatlichen Akademie der Bildenden Künste aus der Tasche, die 1869 von ihrem ersten Direktor Martin Gropius als Königliche Kunstschule zu Berlin zur Ausbildung von Zeichenlehrern gegründet worden war. Ab 1905 studierten dort ausschließlich Frauen. Nach dem Krieg wurde die Ausbildung der Kunstpädagogik für alle angehenden Kunsterzieher in die Akademie der Künste integriert. Ich bestaune das riesige Gebäude, das keine großen Kriegsschäden aufweist und als Ausbildungsstätte für Kunsterziehung seit der Gründung einen guten Ruf genießt. Ich bitte Renate um etwas Aufschub, denn zuerst möchte ich mit Professor Fassbender sprechen. Mein Dozent überlegt zusammen mit mir, ob es für mich die Möglichkeit einer Studienverlängerung in Form eines Meisterschülerjahres oder ein Stipendium in der Villa Romana gibt. Aber mir ist auch klar: Eine Karriere als freie Malerin ist utopisch! Frauen haben auf dem Kunstmarkt keine Chance! Georg Baselitz, dessen Bilder Höchstpreise erzielen, behauptet: »Frauen können nicht malen. Der Kunstmarkt lügt nicht!« Meine Eltern argumentieren nicht lange, sie sagen: »Dein Studium war schon teuer genug. Wir möchten uns nun auch wieder einige Wünsche erfüllen. Berlin? Ja, das gehört zum Studienablauf. Aber ein weiteres Jahr in Düsseldorf oder in Florenz ist unnötiger Luxus!« Also sage ich Renate zu, obwohl textile Handarbeiten so gar nicht meiner Leidenschaft entsprechen. Noch am selben Tag erkundigt sich Renate bei ihrer neuen Vermieterin nach einem weiteren Zimmer. Sie wird im selben Schöneberger Wohnblock fündig, ganz in der Nähe der Akademie. Bevor ich jedoch alle Vorkehrungen für den Umzug in die alte Hauptstadt treffe, denke ich über meine künstlerische Examensarbeit nach, die mir der KL-Professor mit dem seltsamen Titel »Einfaches Volk« auferlegt hat.

Dolomiten, Cinque Terre, Amsterdam

Am Ende des Semesters packe ich wieder meine Zeichenstifte, Federhalter und Tusche und meine Farbstifte und eine Rolle mit Zeichenblättern, den Klapphocker und eine Zeichenmappe in meinen Stoffkoffer. Der Liegewagen rollt mit meinen Eltern und mir durch die Nacht bis Bozen. Am Waltherplatz steigen wir in einen Postbus nach Völs um, wo uns schon unser Freund Rolf an der Busstation erwartet. Uns steht ein längerer steiler Aufstieg durch die Bergwiesen bevor. Rolf schultert meinen Koffer, als hätte er kein Gewicht, klemmt sich Mutters Gepäck unter den Arm und schreitet bestens durchtrainiert bergauf. Wir japsen und keuchen hinterher. Auch Vater hat große Mühe, mit seinem Koffer Schritt zu halten. An einem Stadel legen wir eine kurze Rast ein. Rolf, Chefarzt eines Krankenhauses, erklärt uns fachmännisch: »Dieser Schober ist ein medizinisches Heubad, da hier alle Wiesen naturbelassen sind. Die heimischen Kräuter der Bergwiesen beinhalten besonders viele Heilsubstanzen, die zur Infektabwehr und als Vorsorge für einen guten Stoffwechsel dienen. Selbst bei schweren rheumatischen Erkrankungen erzielen sie mit diesen gesundheitsfördernden Eigenschaften einen verblüffend guten Erfolg!« Sofort sind wir von der Heilkraft der Wiesenluft überzeugt, atmen tief den süßwürzigen Heuduft ein und bewältigen auch das letzte steile Wegstück. Endlich entdecke ich zwischen den hohen Föhren das Holzschindeldach eines echten Blockhauses am Ende eines stillen Sees. Im Hintergrund türmt sich fast senkrecht und bedrückend das steil aufragende Felsmassiv des Schlern auf. Als wir im Rocky-Docky-Haus begrüßt werden, ist nun jedes Zimmer belegt. Diese Tage am Völser Weiher entwickeln sich zu einer verdichteten Zeitspanne aus Tageswanderungen in beinahe unberührter Natur und aus tief schürfenden Diskussionen bis in die Nacht. Das tägliche Schwimmen zwischen aufgeblühten Seerosen im moorigen See und das gemeinsame Speisen vor dem alten Holzblockhaus, das einer kleinen Gruppe von Intellektuellen gehört und als Privathotel genutzt wird, schenkt mir in zwei Ferienwochen das wohligste innere Gleichgewicht. Die Gäste sind schon seit Jahren befreundet. Jeden Abend rücken wir an der noch warmen Holzhauswand auf der Bank am langen Tisch eng zusammen, wenn die rundliche Köchin in mehreren Gängen italienische Delikatessen serviert. Rechts neben mir nimmt Hubert Mumelter Platz, der sich in Südtirol als Schriftsteller und

Maler einen Namen gemacht hat, obwohl er von seiner Tätigkeit als Jurist lebt. Heimlich beobachte ich ihn. Sein von Sonne und Wind wie eine Felswand rau gegerbtes Gesicht interessiert mich besonders. Mein Zeigefinger gleitet wie ein Bleistift über das weiße Tischtuch und zeichnet synchron mit dem lebhaften Zusammenspiel seiner bewegten Gesichtsmuskeln heimlich seine Falten und Schrunden, die beiden Haarbüschel über den Augen und seine wilde Frisur. An meiner linken Seite prostet der Maler Sepp Kienlechner seiner Frau Toni zu, die als Journalistin und Schriftstellerin bekannt ist und mit Luis Trenker, der sich über den schmalen Tisch zu ihr herüberbeugt, ein Interview über seine neuesten Filmprojekte und seine letzten großen Bergtouren führt. Am Ende der langen Bank stützt sich der in Wien geborene Ernst Krenek auf seine Ellbogen und lauscht den durcheinanderschwirrenden Stimmen. Seit der Hitlerzeit lehrt er als Komponist von Dodekaphonie und serieller Musik in den USA. Da die Nazis seine neue Zwölftonmusik als entartet boykottierten, musste er seine österreichische Heimat verlassen. Aber in Amerika plagt ihn immer wieder das Heimweh. Wenn die Sehnsucht nach dem alten Europa zu arg wird, besucht er seit dem Kriegsende immer öfter seine europäischen Freunde und steht bei der Aufführung seiner avantgardistischen Konzerte auf dem Dirigentenpodium. Schon 1955 nimmt er mit dem WDR in Köln sein Pfingstoratorium als elektronische Musik auf.

Als ich mich am folgenden Tag bei strahlender Sonne nach dem Schwimmen auf dem Holzsteg aufwärme und den Fröschen zuhöre, überschüttet mich plötzlich eine dunkle Wolke mit Schnee. Ein Unwetter zieht auf. Ich renne zum Haus. Verführerische Aromen aus dem Kochtopf schweben mir schon vor der Eingangstür entgegen, denn Maria bekocht uns heute auf dem Außengrill unter dem tiefgezogenen Vordach mit besonderer Hingabe. Ihre berühmten Küchenkünste sollen uns vergessen lassen, dass nach der Schwüle des Tages ein unglaubliches Inferno seinen Lauf nimmt. Über unserem Blockhaus tobt ein krachendes Gewitter mit Platzregen, Schnee und Hagel, während wir uns die Vorspeise und das Hauptgericht im Wohnraum im Geflacker des Infernos auf der Zunge zergehen lassen. Plötzlich, ohrenbetäubend, ein Donnerschlag! Vor dem Fenster schießt eine Stichflamme aus der Zirbe. In dem irrlichternden Auflodern des Gewitters erkennen wir schemenhaft unsere Gesichter. Zum Glück hat das himmlische Feuerwerk nichts im Holzhaus in Brand gesteckt! Der Himmel klart auf, helles Mondlicht scheint in unsere Stube. Nach dem vorzüglichen Hauptgang verwöhnt uns Maria mit einem Kristallpokal, gefüllt mit Budino alla Crema aus hocharomatischen Walderdbeeren. Als wir mit den anderen Hausgästen auf das überstandene Unwetter anstoßen, klopft es leise. Zögerlich öffnet sich die Stubentür. Vicky, Marias vierjährige Tochter, schlüpft barfuß durch den Türspalt. Sie behält die Klinke in der kleinen Hand, richtet sich in ihrem geblümten Nachthemd mit verdreht zusammengeklemmten Beinchen vor uns auf und lächelt. Sie wartet. Mit süßem Silberblick strahlt sie erwartungsvoll: »Wollt ihr meinen sterbenden Schwan sehen?« Wir applaudieren: »Ja!« Vicky knallt energisch die Tür in den Rahmen und stellt sich in Position. Ihre Beinchen formen ein klassisches X und sie summt eine nicht identifizierbare Melodie. Sie verharrt in dieser Stellung, bis alle Blicke nur auf ihr ruhen. Sie summt, sie trällert und wartet. Langsam beginnt sie, sich zu drehen. Sie dreht sich schneller, schneller und schneller. Ein Sprung in die Luft! Ihr pummeliger Körper fällt wie tot im krummen Spagat auf die Holzdielen. Der blonde Lockenkopf schwebt über dem verdrehten Knie. Vicky schließt die Augen. Der gehetzte Atem hebt und senkt ihren kleinen Rücken. Sie wartet. Sie dreht sich zur Seite und blinzelt. Wir klatschen! Sie rührt sich nicht. Wir klatschen mit Begeisterung. Jetzt hebt sie den Kopf und strahlt. Vicky steht auf, streicht ihr Hemd glatt, verbeugt sich vor uns, wünscht uns eine gute Nacht und steckt den Daumen in den Mund. Wir folgen ihr in die obere Etage in unsere Zimmer. Nach einer Weile beruhigt sich auch der Sturm. Am nächsten Abend schwillt in der Stille der Bergeinsamkeit die Lautstärke der Diskussionen auf der Bank vor dem Haus wieder an. Je später es wird und je mehr der Südtiroler Wein die Kehlen streichelt, umso kraftvoller unternimmt die Gruppe der fröhlichen Zecher jede Anstrengung, den Globus aus den Angeln zu heben. Was gedacht werden kann, wird zerpflückt. Keine Thematik scheint zu banal: die Haupt- und Nebenwege der abstrakten Malerei, die Schönheit oder der Unsinn der Züricher Dada-Bewegung und ihre Nachwirkungen auf Literatur und Kunst. Das ungewohnt Serielle in der Musik. Das Verhindern entsetzlicher Kriege weltweit, der Fortschrittsglaube in der Medizin. Während die Vorstellungen von der Eroberung fremder Gestirne und die Ankündigungen des Horrors, auf einem total überwachten Globus leben zu müssen, ausufern, ist der letzte Tropfen des Südtiroler Rotweins getrunken. Alle Diskussionen enden mit dem festen Vorsatz, keine hormonverseuchten Hühner mehr zu verspeisen. Nur der feste Entschluss, am nächsten Morgen über die Seiser Alm zu wandern und deshalb früh aufzubrechen, treibt uns endgültig in die Betten. Noch im Flur des absolut dunklen Holzhauses, das wegen der Brandgefahr keinen elektrischen Anschluss besitzt und in dem Kerzenlicht absolut verboten ist, wird weiter über den Fluch eines ewigen Lebens debattiert, bis die Batterien der Taschenlampen ihren Geist aufgeben. Jetzt folgt der schwierigste hochalpine Aufstieg, ohne Klettergurt, Seil und Haken. Bei jedem Schritt ächzt jede der ausgetretenen Holzstufen und das ganze Haus stöhnt und zittert! Als ich mich endlich unter dem karierten Federbett vergrabe, beginnt mein Herz zu rasen. Die Idee, dass nach dem Tod unsere Seelen unsterblich sind, bringt mir vor dem Einschlafen nicht die erwünschte Beruhigung. Mir wird übel und schwindelig, obwohl ich kaum Rotwein verkostet habe. Im Frühlicht taste ich mich zum Flur. Um mich in der Stube von der Raserei des Herzens abzulenken, versuche ich so geräuschlos wie möglich die Treppe hinunterzuhuschen. Vor dem Fenster flimmert die ferne Milchstraße. Rolf, der auch keinen Schlaf findet, begegnet mir an der knarrenden Treppe. Er verordnet mir seine Wundertropfen und rät, mich sofort mit nasskühlem Waschlappen auf dem Brustkorb gemütlich wieder hinzulegen und Geduld zu haben. Wahrhaftig, mein »rasender Roland«, eine bekannte Höhenkrankheit, verschwindet und die sonnendurchfluteten Wandertage beginnen. Als wir uns am Abend nach ausgedehnten Touren und Kraxeleien wieder alle vor der Hauswand versammeln, verzehren wir trotz unseres gestrigen Schwurs mit größtem Vergnügen ein hormonunterstütztes Brathuhn. Mit Hilfe einiger Gläser Merlot begegnen sich wieder das Absurde und das Erhabene, das Banale und das Geistvolle zu einem kunterbunten Denkspiel. Unsere allgemeine Begeisterung für die Zukunft steigert sich zu immer kühner werdenden Meinungsäußerungen und zu einer Aufbruchsstimmung voller utopischer Hoffnungen.

Während des Aufstiegs auf die Seiser Alm rücken uns die gewaltigen Massive des Langkofels und des Plattkofels mit ihren bizarren Felsformationen immer näher. Wie könnte ich diese steinernen, bedrohlichen Auffaltungen, ihre Erhabenheit und ihre urgewaltige Strahlkraft darstellen, ohne einen alpenländischen Gefühlskitsch zu produzieren? Ludwig Kirchner und Gabriele Münter und Ferdinand Hodler ist es gelungen, Gebirge in Kunst zu verwandeln. Meine Stifte bleiben im Koffer.

Hier, in dieser natürlichen Pracht der Südtiroler Dolomiten, begreife ich immer mehr, wie sehr das Glück unserer Existenz vor allem von uns Menschen selbst abhängt. Schaue ich mich um und betrachte diese heroische

Schönheit der Welt und die Perfektion der Schöpfung, dann werden mir Streit, Neid, Habsucht, Hass und Krieg immer unverständlicher. Wenn Frieden herrscht, liegt im Hier und Jetzt für alle das Paradies. Dieses Dasein voller Wunder verpflichtet uns, für die Mitmenschen und für die Natur Verantwortung zu tragen, dankbar zu sein und dementsprechend zu handeln. Überall dort, wo unsere kostbare Erde noch nicht von uns Menschen verwüstet ist, offenbart uns die Natur ihre unübertreffliche Vielfalt, ihre Logik und Schönheit und auch ihre Grausamkeiten als Fülle des Lebens. Die Natur erinnert daran, wie einmalig, wie zerbrechlich und auch wie kurz unsere eigene Existenz ist.

In der wärmenden Morgensonne unseres letzten Vormittages blenden die Dolomiten vor einem kobaltblauen Himmel mit Neuschnee. Marias Pfannkuchen, die Marillenmarmelade und die frischen Kipferl, die orangefarbenen Melonenstücke und der würzige Tiroler Speck auf Kümmel- und Anisbrot erschweren uns den Abschied. Sichtbar erholt steigen wir mit unserem Gepäck wieder den Berg hinunter und in Völs in den Bus. Von Bozen aus bringt uns der Zug nach La Spezia und der Regionalzug nach Levanto.

Levanto! Unsere kleine Pension liegt am Ortsrand des malerischen Badeortes, der sich mit einem langgezogenen Sandstrand direkt am Nationalpark Cinque Terre vor der ligurischen Küste ausdehnt. Von hier aus erreicht man zu Fuß oder in wenigen Minuten mit dem Regionalzug die fünf Felsennester Vernazza, Monterosso, Corniglia, Riomaggiore und Manarola, die vom Meer aus an schroffen Abhängen zwischen terrassierten Weinbergen die Hänge emporklettern. Auch direkt hinter unserer Pension schwingt sich die Straße zu den mit Weinstöcken, Olivenbäumen und Pinien bewachsenen Hügeln steil bergauf. Da wir als Wanderer recht trittsicher sind und ich keine Angst vor Blicken in die Tiefe scheue, freue ich mich schon auf den legendär engen, unbefestigten Maultierpfad hoch über der Küste, immer an senkrecht aufragenden Felswänden entlang. Denn nur so ist es möglich, zu Fuß oder auf dem Rücken eines Esels die einzelnen Dörfer zu erkunden, wenn man nicht mit einem Boot oder dem Zug unterwegs sein möchte, denn eine Autostraße ist noch nicht gebaut. Giorgio, Hausherr unserer Pension und gleichzeitig Chef der Küche, erwartet uns in einem sauberen, weißen Unterhemd und mit einem Goldkettchen mit dem Medaillon des Bildes der Madonna um den Hals. Zu unserem Empfang trocknet er sich rasch seine großen Hände an seiner mit frischen Spritzern von Tomatensauce befleckten weißen Kochschürze ab. Gut gelaunt pfeift er leise und führt uns mit tänzelnden Schritten zu unseren sauberen, aber anspruchslosen Zimmern. Ihre lindgrüne Wandfarbe mildert optisch das Gefühl von Hitze. Eine Glühbirne mit geringster Wattzahl unter einem gefältelten, rosafarbenen Tanzröckchen aus Glas baumelt von der Zimmerdecke über dem Bettgestell aus weiß lackiertem Metall, das an alte Hospitalliegen erinnert. Die Liegefläche, ein mit einer dreiteiligen Matratze belegtes Drahtgewebe, hängt eindeutig wie eine Hängematte durch. Auch ich beginne zu summen und vertraue meine wenigen Habseligkeiten einem knarrenden Schrank ohne Fächer an, dessen lange Nägel an der Innenwand gerade ausreichen, um meine Anziehsachen aufzuhängen. Ich freue mich des Lebens und pfeife auf jeden Komfort und mit Caterina Valente: »Komm ein bisschen mit nach Italien …« Auf der Terrasse mit Blick auf die Weinberge und einige Pinien im Hintergrund und über die kaum befahrene Straße zum Strand ist schon vorsorglich ein Tisch für drei Personen gedeckt. Wir genießen als einzige Hausgäste auf dem breiten Balkon den sanften Abendwind aus den Bergen und Giorgios Prosecco Spumante als Willkommenstrunk. Zum Nachtmahl holt uns Giorgio ab und führt uns in seine Taverne im Nachbarhaus. Nur wenige Schritte von der Pension entfernt befindet sich im Souterrain der spartanisch eingerichtete Speiseraum für himmlische Genüsse. Giorgio verschwindet in seiner engen Kellerküche, um kurz darauf mit einem noch lebenden, großen Barsch auf einer Servierplatte zu uns an den Tisch zurückzukommen und sich unserer freudigen Zustimmung zu vergewissern. Wenig später gart der Fisch mit ein wenig Olivenöl auf der Herdplatte. Wir schwätzen, genießen den wohltemperierten ligurischen Wein Albarola und verstummen erst, als Giorgio den Barsch mit den schmackhaftesten Gemüsebeilagen serviert, ihn mit geübter Hand auf unsere vorgewärmten Teller verteilt und eine große Schüssel mit Salat dazustellt. Auch beim Kosten seiner unwiderstehlichen Nachspeisen wie Tiramisu und der selbst gemachten Cassata oder einer Zabaione verdrehen wir die Augen. Die unangenehme Gewitterschwüle treibt uns auf die luftigere Terrasse zurück. Aber dort überfallen mich Schwärme besonders aggressiver Mücken. Vater legt ein Päckchen Zigaretten auf den Tisch und Mutter, die beobachtet, wie ich unter den Stichen leide, ermuntert mich, doch auch einmal eine Zigarette zu rauchen. So zünde ich mir den ersten echten Glimmstängel an. Zwar verschwinden die Mücken für einen kurzen Augenblick, aber ich huste und pruste und finde das Tabakzeug scheußlich. Ich schwöre: »Diese erste richtige Zigarette wird auch die letzte meines Lebens bleiben!« Denn schon einmal, während der kindlichen Indianerspiele in der dunkelsten Ecke des Rodenkirchener Parkgartens, war mir nach einer selbst gedrehten Fluppe aus Kastanienblättern zum Kotzen elend geworden. Meine Verweigerung, noch mehr Dampf abzulassen, hat zur Folge, dass ich am nächsten Morgen von unzähligen juckenden, roten Punkten übersät frühstücke, die mir die blutsaugenden Plagegeister in der Nacht zusätzlich zur Marter des rückenschädigenden Bettes zugefügt hatten. Trotzdem klemme ich mir nach dem Frühstück meine Zeichenmappe unter den Arm und klappere auf meinen Holzsandalen zum Strand, wo unter hohen Bäumen ein Wochenmarkt stattfindet. Auf einer freien Eisenbank im Schatten einer Platane beginne ich zu überlegen: »Einfaches Volk!« Was für ein degradierendes und dummes Examensthema! Will mir der Professor, der für das Künstlerische Lehramt und für die Themenverteilung zuständig ist und der mich im zweiten Semester aus seiner Klasse geworfen hatte, nochmals ein Bein stellen? Lustlos blicke ich mich um. Und dann, wie aus heiterem Himmel, packt es mich! Im Rausch flitzt meine Feder mit der Tusche über das Papier. Das Kommen und Gehen! Die flimmernden Sonnenflecken auf den zerknitterten Gesichtern der Alten und auf den glatt polierten Mienen der neugierigen, übermütigen Kinder! Die Düfte der Leckerbissen aus den Gärten und der Früchte des Meeres! Sie tanzen einen Reigen des prallen Lebens, und meine Feder voller Tusche folgt ihnen ohne Pause! Erst Punkt 12 Uhr, als der Glockenschlag des Uhrturms die Mittagszeit einläutet, verschließe ich die Tuscheflasche. Die Stände mit den Fischkörben, den Blumenkübeln und den Obststeigen sind leer gekauft, die Sonnenschirme klappen zu. Der Markt schließt. Meine erste große Zeichnung liegt beendet in der Mappe. Die Zeichenlust überfällt mich wie eine Sucht! Sie lässt mich nie mehr los. Jeden Morgen suche ich mir einen neuen Platz, um dieses vitale Dasein mit Linien und Farben einzufangen. Besonders freue ich mich über Ginollos Zusage, ihm bei seiner Schuhreparatur in seinem winzigen und dunklen Raum vom Bürgersteig aus zusehen zu dürfen, um ein Porträt von ihm anzufertigen. Das schmale Gesicht des Schusters, vom Alter, von der Sonne und durch den Wind auf dem Meer in unzählige Furchen geknittert, wirkt wie eine archaische, mit dem Holzpflug grob bearbeitete Ackerfläche. Bei längerer Betrachtung bekommen seine fein ziselierten Mundlinien jedoch eine besonders feinsinnige Bedeutung. Zuerst prüfen mich seine alten Augen. Er lächelt und schüttelt den Kopf. Dann wendet er seinen krummen, mageren Rücken tief gebeugt wieder einem neuen Herrenschuh zu, den er nach Maß anfertigt. Mit seinen von Altersflecken übersäten Händen und einer Zwickzange zieht er den ledernen Schaft über den Leisten und beginnt mit heller und reiner Engelsstimme leise eine Arie zu singen. Eine Arie, die nach Verdi klingt. Als ein Windstoß den letzten Ton verweht, holt er aus der Höhle seines Gedächtnisses eine Erinnerung hervor. Wieder schaut er mich lange an und fragt: »Florenz? Kennen Sie Florenz? Dort habe ich in den Uffizien Sandro Botticellis berühmte Malerei ›Primavera‹ betrachtet. Die Grazien und die Venus sind das Schönste, was ich je in meinem Leben gesehen habe!« »Einfaches Volk«? Nein, dazu gehört Ginollo nicht! Dieser Satz des alten Schusters, des Weisen von Levanto, klingt wie eine Aufforderung! Einige Nachmittagsstunden verbringe ich voller Konzentration vor dem Eingang seiner engen, dunklen Werkstatt, denn dort kann ich nur zeichnen, wenn die langen violetten Schatten der Hauswand über die Straße kriechen. Mein weißes Zeichenpapier blendet aufgrund der Intensität der Sonne so stark, dass es meine Augen schneeblind macht.

Es wird Zeit, direkt nach unserem Frühstück aufzubrechen, um mit Vater einen Ausflug mit dem Regionalzug in das wohl älteste Felsennest der Cinque Terre zu unternehmen. Nach zwölfminütiger Fahrt steigen wir die steilen, beschatteten Gassen von Manarola hinunter und sehen unten am Wasser die im Sand ausgelegten, vom Fang in der Nacht noch feuchten Fischernetze trocknen. Vater stapft in seiner schwarzen Badehose und der weißen Baskenmütze auf den grauen Haaren neben mir durch das aufspritzende Wasser und sucht zwischen den Klippen gut zu bearbeitende größere Steine. Endlich stößt er mit der Fußspitze an ein Stück Marmor ohne abplatzende Einschlüsse. Er lässt sich zwischen den Felsen im Schatten nieder, vergisst die Welt um sich herum und bearbeitet den dunklen Stein mit jadegrünen Einsprengseln so lange mit den wenigen Werkzeugen, die er in der Hand mit sich führt, bis die Form einer menschlichen Figur erkennbar wird. Danach folgt die Feinarbeit, das tagelange Schleifen des Torsos mit Schmirgelpapier. Selbst während des Essens hören wir sein heimliches Schaben unter der Tischplatte, während seine Hosen oberhalb des Knies durch das ständige Polieren immer mehr verstauben. Im Schatten eines Felsvorsprungs gleitet meine Feder mit der Tusche über das Papier. Zwei alte, schwarz gekleidete Frauen ragen wie von der Zeit rund geschliffene, mächtige Steine aus dem gleißend hellen Sand. Mit ihren dicken Zehen fixieren sie den Rand der zu flickenden Fischernetze, ziehen sie stramm bis zur Brust und reparieren mit dicker Nadel und mit Garn die von den Felsen gerissenen Löcher. Ein zerschlissener Strohhut auf dem streng nach hinten zu einem Knötchen gebundenen Haar schützt sie vor der sengenden Sonne. Im Laufe der Jahre haben sich, den Strukturen der grobmaschig geknüpften Netze ähnlich, unzählige Falten in die Haut der beschatteten Frauengesichter eingegraben. Diese Ähnlichkeit der sich kreuzenden Linien verführt mich, das Maschengewirr der Fangnetze und die Gesichtsfalten durch gleichartig krakelige Striche abzubilden, im grafischen Kontrast zu der geschmeidigen Linienführung der Umrissgestaltung der nach vorne gebogenen, gerundeten Körper. Erst als die Sonne ihren Höchststand überschritten hat, hört plötzlich das Kratzen und Klopfen zwischen den Felsen auf. Vater drängt zum Aufbruch. Ich verpacke meine Zeichenutensilien und wische die glitzernden, feinen Salzpünktchen der Gischt vom Papier. Verschwitzt steigen wir den Dorfhang hinauf, wo auch schon unser Zug, wie Siegfrieds Drache, mit schnaufendem Getöse auf dem Bahnsteig einrollt und uns zurück nach Levanto bringt. Nach der allgemeinen Siesta und einem Espresso klemmt sich Mutter eine gerollte Leinwand und ein Brett unter die Arme und hängt sich einen Beutel mit Ölfarbentuben und Pinseln über die Schulter. Vater verstaut Meißel und Feile in der Hosentasche und schleppt seinen angefangenen Torso in der Hand. Um der Hitze am Meer zu entfliehen, steigen wir auf von alten Olivenbäumen beschatteten Pfaden in die Berge. Ich laufe – wie gewohnt, mit Mappe und Stiften ausgestattet – mit schnellen Schritten voran, bis wir in einer Kehre an einem eingezäunten Garten mit knorrigen Rebstöcken eine Pause einlegen. Wir bestaunen das Wunder der Natur, die es fertigbringt, dass dünne Zweiglein kiloschwere Trauben tragen können. Ein alter Mann, der auch gerade seine Reben betrachtet, kommt auf uns zu, zieht aus seiner Hosentasche ein Winzermesser, schneidet, ohne zu zögern, die üppigste Traube vom Stamm und reicht sie uns über den Zaun. Er lacht, als er unsere freudige Verblüffung sieht und winkt uns, ihm zu folgen. Wir betreten ein niedriges Haus aus Bruchsteinen. Hinter der roh gezimmerten Holztür stehen wir gleich in einer bescheidenen Wohnküche. Mit zahnlosem Lächeln bittet er uns, auf dem durchgesessenen Sofa und den Strohstühlen Platz zu nehmen. Mit heiserer Stimme ruft er: »Mathilda!« Nach einem zweiten »Mathilda« erscheint seine greise Frau mit einer weißen Schürze über dem schwarzen Kleid und mit einem wimmernden Enkel auf dem Arm. Sie begrüßt uns wie alte Freunde und legt mir den schon wieder lachenden Säugling auf den Schoß, um aus einem Wandschränkchen drei Likörgläser und zwei Eierbecher hervorzuholen. Diese stellt sie mit einer Packung Grissini auf ein verbogenes Aluminiumtablett. Der schon etwas zittrige Nonno reckt sich, hebt eine Literflasche vom Regal, wischt mit dem Ärmel den Staub vom Flaschenhals und schenkt mit spitzbübischem Lächeln vorsichtig die bernsteinfarbene Flüssigkeit ein, ohne einen Tropfen zu verkleckern. »Sciacchetrà«, sagt er. Die Nonna nimmt ihm das Tablett ab, beide ergreifen die gefüllten Eierbecher und sie bietet jedem von uns mit einer Verbeugung ein geschliffenes Glas mit dem kostbaren Likörwein an. »Alla salute!« Schon beim ersten Schluck spüren wir die feurige Wärme in uns aufsteigen. Wir bedanken uns für diese Kostbarkeit und die wunderbare Gastfreundschaft, drücken dem alten Paar die schrumpeligen Hände, streicheln das Baby und versprechen, nochmals bei ihnen anzuklopfen. Vom Wein beschwingt sucht sich jeder hoch über der Meeresküste einen Schattenplatz unter einem Olivenbaum und beginnt zu arbeiten. Mutter trägt ihre Ölfarben mit dem Spachtel wild strukturiert auf ihre Leinwand auf und veranstaltet ein glühendes Malfest. Auf meinem Papier wuchern knorrige Olivenstämme und Vater schabt den Marmor. Da uns das Wandern und das künstlerische Arbeiten in dieser Gegend so begeistern, halten wir schon am nächsten Tag unser Versprechen und steigen unter grauem Himmel nochmals die Wege zum alten Steinhaus hinauf. Philemon und Baucis empfangen uns mit Umarmungen und Küssen. Wir überreichen der Nonna die größte Schachtel Pralinen des Schokoladenmeisters von Levanto und entzücken den kleinen Enkel mit einem bunten Mobile. Da wir uns nicht noch einmal an dem kostbaren Dessertwein schadlos halten wollen, erklären wir, dass noch ein weiter Weg vor uns liegt. Auf dem Rückweg begleitet uns die Glocke der Dorfkirche, deren scheppernder Klang lange als Echo zwischen den Felsen hin und her irrt. Wir verlängern den Abstieg, indem wir zu einem Seitental wandern, in dessen Mulde sich ein Dorf schmiegt. Am Ortseingang stürmt uns eine Horde ungepflegter, mit Stöcken bewaffneter, wütend grölender Jungen entgegen. An jeder Ecke der Bruchsteinhäuser stinkt es nach Unrat. Die Kerle schreien und brüllen und bewerfen uns mit Steinen. »Schweine! Haut ab! Üble Verbrecher!« Sie meinen es ernst! Völlig konsterniert kehren wir um. Wir eilen an den mit Plakaten zugeklebten Mauern des Kampanile und der Kirche vorbei, die mit erhobener Faust, mit Hammer und Sichel und mit kommunistischen Parolen zum Politkampf aufwiegeln.

Zum Abendessen rücken wir wieder mit anderen Essensgästen laut schwätzend am langen Tisch in Giorgios Taverne zusammen. Die Atmosphäre in dem kleinen Lokal ist alles andere als gemütlich, denn die Wände sind mit einer kalten, hellblauen Farbe getüncht. Von der Decke zappelt schrilles Licht aus einer flackernden Leuchtröhre. Umso mehr konzentrieren wir uns auf die Düfte aus der Küche. An den sonst kahlen Wänden hängen mir gegenüber zwei verglaste Holzkästen mit präparierten, mit Nadeln aufgespießten Schmetterlingen aus Brasilien. Ihre ausgebreiteten Flügel glänzen in allen Regenbogenfarben. Die unvergleichliche Schönheit dieser exotischen Falter, die mich schon in Sebastians Zimmer begeistert hatte, ruft in mir meine tief eingekellerte Traurigkeit zurück. Wieder gleiten diese neonfarbigen Schmetterlinge schemenhaft durch meine Erinnerungen, als seien sie Sebastians Boten aus dem Totenreich. Ihre verführerisch schillernde Farbenpracht ist wie ein Reflex aus der Tiefe meines Bewusstseins, der meinen schmerzlichen Verlust des Freundes ebenso wie die betörend schöne Buntheit der todbringenden Granatsplitter als Gesandte des Krieges widerspiegelt.

Als Giorgio sein großes Aluminiumtablett mit den verlockenden Antipasti auf dem täglich frischen Tischtuch absetzt, zeigt er auf das Steuerrad aus Mahagoniholz am Eingang. Mit sichtlichem Stolz erklärt er uns, dass er jahrelang als Schiffskoch auf einem Passagierdampfer zwischen Genua und Rio gearbeitet habe, um sich endlich den Traum eines eigenen kleinen Hotels in seinem Olivengarten zu erfüllen. Während wir seine Salatvorspeisen genießen, hören wir Giorgios leises Pfeifen und das Zischen des Öls in den Pfannen, in denen er den delikaten Hauptgang aus dicken Thunfischfilets vorbereitet, die er nach italienischer Art mit Salz und Pfeffer würzt und jeweils eine Minute lang im heißen Olivenöl von jeder Seite brät. Er legt die Fischfilets auf vorgewärmte Teller und gart in dem Olivenöl der Pfanne schwarze Oliven ohne Kern, Sardellen und halbierte Kirschtomaten mit Knoblauch für die Beilage. Zum Schluss fügt er den Saft einer halben Zitrone hinzu. Er löffelt diese aromatische Ergänzung neben die Thunfischscheiben und träufelt den Saft der zweiten Hälfte der Zitrone darüber. Wir können nicht genug davon bekommen. Beim Abräumen des Geschirrs berichte ich unserem Küchenchef von unseren Erlebnissen in den Bergen und Giorgio runzelt die Stirn: »Oh, Sie waren da oben? Das eine Dorf hat einen sehr beliebten Pfarrer und eine gute Gemeinde. Das andere Dorf wird von einem radikalen Kommunisten terrorisiert und ist böse. Gehen Sie nie wieder dorthin!«

Vaters Skulptur ist vollendet. Er benötigt wieder einen Stein und besteigt alleine den Zug, um in der felsigen Bucht von Monterosso ein gut zu bearbeitendes Marmorstück zu suchen, während ich am Strand von Levanto unter einem der kleinen Strohschirme die Badenden beobachte. Ich versuche, ihre Bewegungsabläufe nachzuzeichnen, die auf meinem Papierbogen eine Art Schnittmuster ergeben. Auf dem zweiten Blatt stelle ich die Körper plastisch dar. Durch starke Schraffierungen modelliere ich aus dem Hell-Dunkel heraus die Gliedmaßen und den Rumpf. Als sich die Sonne dem Horizont zuneigt, betone ich auf meiner dritten Zeichnung die lang gezogenen Schatten, die wie schwarze Fahnen hinter den kompakten Körpern herwehen. Meine sich erweiternden Sichtweisen und das Experimentieren mit verschiedenen Darstellungsmethoden eröffnen spannende Perspektiven. Die Mappe füllt sich jeden Tag mit neuen, mit Tusche und Bleistift bezeichneten, großformatigen Blättern. Mein Engagement und meine Handschrift sind ohne Zweifel ehrlich. Ich fühle mich sicher! Das drohende Urteil des KL-Professors und seine Benotungen werden mir gleichgültig.

Am Abend steht Mutter aufgeregt und allein auf der Terrasse unserer Pension. Sie winkt schon von Weitem und ruft mir entsetzt entgegen: »Vater ist noch nicht aus Monterosso zurückgekehrt!« Sofort laufen wir gemeinsam zum Bahnhof und warten. Ein Zug nach dem anderen rollt ein. Ohne Vater! In der Nacht spuckt auch der letzte Zug niemanden mehr aus. Was ist passiert? Hat Vater sich leichtfertig zu Fuß auf den gefährlichen Heimweg über den Pfad an den Felsen entlang begeben? Ist er beim Baden ertrunken? Unser Erfindungsreichtum von Schreckensvisionen ist unbegrenzt. Im Polizeirevier nimmt niemand mehr einen Telefonhörer ab. Nach einer Nacht ohne Schlaf schlucken wir schnell etwas Kaffee herunter und klopfen als Erste an die Tür des Hauptkommissars. Was um Himmels willen ist mit Vater geschehen? Wir bitten den Mann mit schwarzem Schnauzbart, in Monterosso nachzufragen, ob dort einem Deutschen etwas zugestoßen ist. Der Polizist wittert einen spannenden Fall und führt mehrere laute Gespräche. Er grinst und teilt uns mit: »Si, si! Besagter Herr sitzt in Monterosso im Gefängnis. Sind Sie mit ihm verwandt? Gut! Dann dürfen Sie ihn heute besuchen!« Als wir fassungslos nach dem Grund seiner Inhaftierung fragen, erklärt der Uniformierte kurz: »Der Herr aus Deutschland hat unsere staatliche Bahn geprellt. Er ist in einem Waggon der Normalklasse mit einem Normalticket auf dem einzigen teuren Sitz der ersten Klasse erwischt worden. Das ist strafbar und hat für ihn natürlich einen

Gefängnisaufenthalt zur Folge! Vor allem weil er sich geweigert hat, die hohe Strafe zu bezahlen! Er gab zu Protokoll, dass er keinen höheren Betrag im Portemonnaie bei sich trage!«

Kopfschüttelnd besteigen wir den nächsten Zug nach Monterosso. Wir suchen das Polizeirevier auf und bitten den Guardia Carceraria um Erlaubnis, mit dem Verbrecher sprechen zu dürfen. Allerdings sind wir nicht willkommen! Wir stören den frühstückenden Gefängniswärter, der gemütlich den Sportteil der Zeitung studiert. Mit Händen und Füßen können wir schließlich plausibel machen, dass es für den älteren Herrn unmöglich gewesen sei, den Anordnungen der Bahn Folge zu leisten, da er weder die italienische Sprache beherrsche, noch das winzige Messingschild mit den viel zu kleinen Lettern über dem separaten Einzelsitz, das diesen Stuhl als einen Sitzplatz der ersten Klasse in einem Wagen der zweiten Klasse auszeichne, ohne Brille habe lesen können. Kurz zuvor – auf der nur wenige Minuten dauernden Fahrt – hatte ich solch einen besonderen Platz in einem normalen Wagen der zweiten Klasse entdeckt. Wir folgen dem kauenden Polizisten, der umständlich ein Hängeschloss vor einer Holztüre mit Guckloch öffnet. Unser etwas zerzaust aussehender Gangster wird aus der Gefängniszelle herausgeführt. Vater hatte auf der unbequemen Pritsche seine heiße und unruhige Nacht allein mit Mücken verbracht und freut sich nun über die Tasse Kaffee auf Kosten des italienischen Staates. Wir verabschieden uns und bedanken uns herzlich für die kostenlose Luxusunterkunft mit Frühstück. Die geforderte Geldstrafe wird Vater aus Gründen der Völkerverständigung erlassen.

Nach diesem ereignisreichen Morgen zeichne ich wieder am Strand. Der Himmel bezieht sich. Es wird drückend schwül und die Meeresoberfläche blendet im diffusen Licht wie flach gewalztes Stahlblech. Keine Welle! Kein Blatt regt sich. Kein Palmfächer wedelt. Alle Vögel sind verstummt. Die beklemmende Spannung in der Atmosphäre legt sich wie unsichtbares Blei auf meinen Körper, Schweißperlen tropfen auf meine Skizze. Mein Blick gleitet über das metallisch glänzende, völlig unbewegte Wasser. Das ist die Ruhe vor dem Sturm! Plötzlich ein Windstoß. Er fegt die Zeichenblätter von meiner Mappe in den aufwirbelnden Sand. So schnell ich mit meinen klappernden Holzsandalen rennen kann, fliehe ich vom Strand. Meine Eltern stehen auf der Terrasse. Hastig stolpern sie mir entgegen, wir queren die Straße. Nervös beobachten wir die schwarze Wolkenwand, die sich wie ein infernalisches Szenario von den Bergen kommend in Richtung Meer wälzt. Kurz vor dem ersten Wolkenbruch erreichen wir pünktlich zum Abendessen Giorgios Osteria. Dann stürzt der Himmel ein! Donner und Blitze entladen sich, es kracht, mein Trommelfell ertaubt. Braune Wasserfluten schwellen zu reißenden Stromschnellen an, die abschüssige Straße vor dem Lokal ertrinkt. Zwei Gestalten rennen mit letzter Kraft auf unseren Eingang zu! »Schnell, schnell!« Sie triefen, schütteln sich wie klatschnasse Hunde und versuchen, das Wasser aus den Haaren zu schleudern und von ihren Zeichenmappen zu wischen. Unter ihnen breiten sich Pfützen auf dem Terrazzoboden aus, während sich vor der durch Stufen erhöhten Türschwelle die lehmige Flutwelle in Richtung Meer schiebt. Ein Blitzeinschlag! Der Strom fällt aus. In diesem Höllenspektakel erstirbt jedes Wort. Ein letzter Donnerschlag! Dann nur noch ein gurgelndes Rauschen. Vater bittet Giorgio, für alle einen Sciacchetrà im Dunkeln zu servieren. Als endlich der Regen in ein Nieseln übergeht, verabschieden sich die beiden völlig durchnässten Zeichner. Sie bedanken sich auf Holländisch für den ligurischen Wein und reservieren für den nächsten Abend zwei Plätze. Und – tatsächlich! Pünktlich, wie versprochen, erscheinen sie mit ihren Zeichenmappen unter dem Arm. Sie stellen sich als Architekten aus Amsterdam mit ihren Vornamen Carlo und Jan vor. Wir speisen genüsslich zusammen, heben die Gläser und stoßen auf die Künste an. Danach betrachten und besprechen wir unsere Zeichnungen und Bilder und kommentieren sie mit unseren Blicken und Gesten, denn unser spärliches Englisch würde die Atmosphäre des künstlerischen Gleichklangs nur stören. Mit diesem himmlischen Spektakel der gemeinsam überstandenen Gewitternacht und dem anschließenden Festessen endet unsere Zeit in Levanto.

In Köln erhalte ich eine Einladung von Carlo, ihn in seinem gerade bezogenen Altstadthaus in Amsterdam zu besuchen. Es ist ein Hinterhaus, in dem er auch ein Architekturbüro führt. Ein verwunschener Garten verbindet das sehr alte und schmalbrüstige Gebäude mit einem der prachtvollen Häuser der Prinzengracht. Während der Restaurierungsarbeiten entdeckte Carlo beim Freilegen des zugeschütteten Kellergeschosses, dass sich dort unter dem Schutt ein alter, mit unverletzten, kostbaren Delfter Fliesen gekachelter Kochraum befindet. Mit größter Vorsicht schaufelte er die mit handbemalten Bodenplatten belegte Treppe und die untere vollständig bis zur Decke geflieste Räumlichkeit frei und installierte nach alten Vorbildern wieder eine Küche. Als ich bei meiner Ankunft vor der schwarz-grün lackierten Haustüre klingele, kommt mir Carlos Freundin Mieke mit einem großen blauen Sack voller frischer Miesmuscheln entgegen. Während ich mein Gepäck die fast senkrechte, enge Stiege heraufbugsiere – eine Leiter, die nur mit einem Schiffstau als Geländer gesichert ist –, putzt Mieke schon vorsorglich in der historischen Küche die Meeresfrüchte und bringt sie mit Kräutern, Fenchel, Porree und Weißwein auf offenem Herdfeuer zum Kochen. Die lodernden Flammen spiegeln sich in den Fensterscheiben. Mein oberer Schlafraum in der ersten Etage ist erstaunlich geräumig. Die mit Stuckgirlanden verzierte Decke, ein breiter offener Kamin, ein Strauß großköpfiger Pfingstrosen vor einem altersfleckigen Wandspiegel und das geschnitzte Bett zeigen noble Eleganz. An der Stirnseite hängt fein gerahmt ein großes Ölbild von mir mit einem weiblichen Akt auf weißem Grund. Im Souterrain versammeln wir drei uns wie auf den barocken Genrebildern der alten Niederländer um einen runden Küchentisch. Carlo schaut entzückt in die Flammen und gesteht, dass er als Kind gern gezündelt habe und Feuer auf ihn noch heute als Urelement des Lebens eine Faszination ausübe. In diesem Augenblick seiner pyromanischen Erzählung schreckt eine laute Feuerwehrsirene, der eine zweite folgt, das ganze Viertel auf. Der Hausherr hetzt die Treppe zur Straße hoch, um nur ja nichts zu verpassen. Eine ganze Löschmannschaft rennt ihm in voller Montur mit blank geputzten Helmen und einem dicken Wasserschlauch entgegen, drängt ihn zur Seite und stürmt die Treppen zu uns in den Keller hinunter. Als sie bemerken, dass wir ganz friedlich vor dem Herd sitzen und es nach Muscheln duftet, lachen sie. Eine besorgte Nachbarin aus der Prinzengracht hatte aufgeregt die Amsterdamer Feuerwehr benachrichtigt: »Hilfe, der gegenüber liegende Küchenraum brennt lichterloh!« Carlo schenkt den tapferen Männern in prächtigen Uniformen ein Schnapsglas Oude Genever ein, bedankt sich herzlich für den Einsatz und ist glücklich wie ein kleiner Junge, dass er so einen alten Spritzenwagen direkt vor der eigenen Haustüre eingehend bewundern kann. Während wir auf der Straße die spiegelblanken Gerätschaften und die altmodischen Dienstanzüge der Löschmannschaft bestaunen, steigt uns plötzlich starker Rauch in die Nase. Qualm quillt aus Carlos Kellergeschoss! Ein geistesgegenwärtiger Feuerwehrmann rast wieder die Treppe hinunter. Das verbrannt riechende Kellergeschoss ist vernebelt vom Rauch. Der Kräutersud der Muscheln ist bis auf den letzten Tropfen verkocht, die Muscheln kleben verschmort und verkohlt am verbeulten Topfboden fest. Carlo zieht den Gusseisentopf von der offenen, Funken sprühenden Kochstelle, der Feuerwehrmann gießt mehrmals Wasser in das

Feuer und öffnet die kleinen Fenster zum Garten. Jetzt sagt er vorwurfsvoll: »Wenn wir uns noch etwas länger auf der Straße unterhalten hätten, wären die schlimmen Folgen nicht auszudenken! Alle alten, auf Holzpfählen gebauten Häuser Amsterdams sind hochgradig brandgefährdet!« Dank ihrer Räuchernote schmecken die restlichen, noch nicht ganz verbrannten Miesmuscheln besonders exotisch.

Die nächsten beiden Tage verbringe ich in der Schweigsamkeit der Museen. Besonders bei der Betrachtung der berühmten Meisterwerke der Niederländer des Goldenen Zeitalters gerate ich wieder in diesen Taumel des Staunens, so als könnte ich fliegen. Weit fort von der Realität des Alltäglichen! Hin zu einer gemalten Wirklichkeit, die in den Porträts von Rembrandt, Frans Hals und Vermeer mit mir in lautloser und intimer Weise spricht. Diese Bildnisse schauen mich an, selbstbewusst, mit Bürgerstolz, und fragen: »Und wer bist du?« Während ich mit ihnen in ein Zwiegespräch trete, vergesse ich, dass sie nur aus Leinwand und Farbe bestehen, denn sie scheinen mir wie reale Individuen aus ihrer warmtonigen Bildatmosphäre heraus zu antworten, ohne ihr Geheimnis preiszugeben. Der Zauber dieser Porträts ist ihre zweite Existenz. Während sich das reale menschliche Antlitz der Dargestellten schon lange der Erinnerung entzogen hat, überdauert das auf Leinwand verewigte Bildnis wirkkräftig die Zeiten. Diese Bildnisse sind so ganz anders als die Porträts von Ahlers-Hestermann, der den gedankenverlorenen Blick der Dargestellten in einen sprechenden Farbton verwandelt.

Nur durch das präzise, geduldige, immer neue Beobachten wird es mir möglich sein, einem gezeichneten oder gemalten Porträt eine Beseelung als überzeugende Interpretation des Daseins einzuhauchen.

Nach den Sommertagen in den Dolomiten, am Mittelmeer und dem Wochenende in Amsterdam reiche ich in Düsseldorf für das Erste Staatsexamen meine drei Zeichenmappen mit der Serie der Handzeichnungen zum Thema »Einfaches Volk«, meine Büttenpapierbögen mit den verschiedenen Schriftarten von der Unziale bis hin zu frei erfundenen Kalligrafien und den Perspektive-Konstruktionen ein, deren Benotungen mir bestätigen, den richtigen Weg gewählt zu haben.

Berlin

Nach einem einstündigen, unruhigen Flug von Köln aus, über die DDR hinweg, erreicht an einem frühlingshaften Tag im Jahr 1964 der Flieger Berlin-Tempelhof. Die Flugkünste des Piloten, der seine große Maschine bei schlechten Wetterverhältnissen sicher und punktgenau mitten in West-Berlin zwischen Wohnhäusern landet, sind bewundernswert! Es stürmt und nieselt. Die Stadt ist mir fremd. Endlich finde ich einen Taxifahrer, der mich in eine mit hohen Bäumen bestandene Allee bringt und mich mit meinem Koffer vor einem gepflegten Mietshaus aus der Gründerzeit absetzt. Ich stecke den zerknüllten Zettel mit der Anschrift von Professor Friedrich Ahlers-Hestermann wieder in die Manteltasche und schelle. Mein Herz klopft mir bis zum Hals. Ist es wirklich richtig, das großzügige Angebot anzunehmen, hier eine Woche als Gast zu wohnen? Mutter hatte Vaters Kollegen, den bekannten Maler und Direktor der Berliner Akademie der Künste, angerufen und erwähnt, dass ich für zwei Semester in Berlin studieren werde. Seit Ahlers-Hestermann, ehemaliger Kunstlehrer an den Kölner Werkschulen, Mutters Talent so gefordert hatte, dass sie sich zu einer bemerkenswert guten und eigenständigen Malerin entwickelte, verband sie eine herzliche Freundschaft. Nach dem Tod seiner Frau Alexandra Povòrina, einer avantgardistischen russischen Malerin, fühlt er sich in seiner Berliner Wohnung vereinsamt und telefoniert mit meinen Eltern in immer kürzer werdenden Abständen. Als er sich während des letzten Anrufs auch nach mir erkundigte, fragte ihn Mutter, ob er eine preiswerte Unterkunft in Berlin kenne, da ich schon eine Woche vor Semesterbeginn und vor dem Bezugstermin meines Zimmers meine Anmeldung an der Akademie persönlich erledigen müsse. Spontan erwiderte er, dass Tatjana, seine als Glas- und Textilkünstlerin tätige Tochter, verreist sei und ich gerne in ihrem Zimmer schlafen dürfe. Er sei im Moment allein und freue sich auf meinen Besuch.

Hinter der Haustür kommen mir eilige Schritte entgegen. Der Herr Professor, ein zarter, alter Grandseigneur, öffnet mir hüstelnd. Er streckt mir seine schmale, kühle Hand entgegen. »Ich habe schon auf dich gewartet«, sagt er lächelnd und zeigt auf ein ovales, mit einer weißen Spitzendecke und mit fast durchscheinendem Porzellan gedecktes Tischchen im Salon. Er bittet mich, ihm zu folgen und meinen Koffer in Tatjanas Zimmer abzustellen. Nachdem ich mein Bett mit meiner eigenen Wäsche bezogen habe, bittet mich der Maler, ihm gegenüber Platz zu nehmen. Er schneidet einen Trockenkuchen an, schenkt einen goldfarbenen Tee in meine Tasse und setzt die silberne Kanne wieder auf einen alten russischen Samowar, damit der Rest des Getränks immer die gleiche Temperatur behält. »Leider habe ich nur eine Stunde Zeit für dich. Ausgerechnet heute muss ich als Direktor in der Akademie der Künste eine wichtige Sitzung leiten.« Wieder lächelt er, und die dünne Kopfhaut umspannt das für sein hohes Alter bemerkenswert glatte Gesicht. Wie durch dünnes Pergamentpapier zeichnet sich an den Schläfen das bläuliche Geflecht verästelter Adern ab. Sein schmaler Körper ist etwas in sich zusammengesackt, aber aus dem alten, noblen Gesicht strahlen innere Klarheit und ein jugendlich lebhafter Geist. Während er den heißen Samowar bedient und mir den nach Jasmin duftenden Tee nachschenkt, sucht er immer wieder mit dem durchdringenden Blick des guten Porträtmalers den Kontakt mit meinen Augen. Er räuspert sich und stellt fest: »Du siehst deiner Mutter sehr ähnlich. Hängt mein Ölporträt, das ich von der begabten Traute gemalt habe, noch oben im Atelier deiner Eltern?« »Oh ja!«, antworte ich fröhlich. Allmählich weicht meine Befangenheit. Erst jetzt wage ich es, mich in seinem Wohnzimmer umzusehen. Der gesamte Raum ist von einem lindgrünen Licht erfüllt, das durch das Blätterdach von Linden gefiltert in die Fenster strömt und eine schwarze Lackkommode mit Einlegearbeiten aus weißem Perlmutt beleuchtet. Auf ihr versammeln sich, zu einem Stillleben geordnet, seltene Jugendstilvasen aus Glas, die sich mit ihren eleganten Blüten- und Rankendekors in einem Spiegel verdoppeln. An der gegenüberliegenden Wand strahlt auf einer weißen Servierplatte auf einer Jugendstilanrichte eine echte reinweiße Riesenmuschel mit kräftig gefärbtem Rosa in der Innenseite. Der Maler stellt sich neben mich: »Ist sie nicht herrlich? Die gigantische Größe und das exotische Aussehen dieser Mördermuschel Tridacna gigas haben mich immer wieder animiert, sie mit verschiedensten weißen Tönungen und dem pikanten Pink in ihrem Inneren abzubilden.« Ich trete ganz nah an eines seiner Kreide-Stillleben heran und bewundere die vielen Nuancen der Farbe Weiß auf dem abgebildeten Muschelkörper. »Durch das Beimischen winziger Prisen von Grautönen sind die kühlen, zurückweichenden Partien so modelliert, dass warmweiße Flächen plastisch hervortreten können.« Die von Weitem als reinweiß erscheinende Muschel wölbt sich förmlich aus dem dunkleren Hintergrund hervor. Vom Rand der Innenseite der Muschel steigert sich ein Gelborange zu einem obszönen Pink im Inneren und gleicht dem Vorbild. Obwohl das Pastell der Realität sehr nahe kommt, erscheint mir die Malerei durch eine Stimmung der Distanziertheit wie entrückt. Auch die farbstarken Ölmalereien an der Längswand des Salons verströmen diese entrückte Atmosphäre einer geträumten Erinnerung, obwohl sie in ihrer intensiven Farbkraft einen Anklang an Arbeiten von Matisse und Cézanne zeigen. Diese französischen Künstler übten während seiner Studien von 1907 bis 1914 in Paris sicher einen starken Einfluss auf Ahlers-Hestermann aus. In dieser Pariser Zeit lernt er die junge russische Malerin Alexandra Povòrina, seine spätere Frau, kennen. Schon bald nach diesem ihn prägenden Parisaufenthalt kehrt er mit ihr nach Deutschland zurück und führt in Hamburg die Künstlergruppe der Sezession an. Er wird mit seinen qualitätvollen Malereien so bekannt, dass er 1928 als Professor dem Ruf an die Kölner Werkschulen folgt und mit seiner Familie eine Villa, ganz in der Nähe meines Elternhauses, bezieht. Doch schon nach wenigen Jahren erhält er von den Nazis, die sich immer heftiger in das Kölner Kunstgeschehen einmischen, als Ehemann einer russischen, avantgardistischen Malerin und als nicht politisch Konformer die Kündigung. Er taucht mit Tochter Tatjana und Povòrina, deren Bilder als entartet aus Ausstellungen entfernt werden, in Berlin unter und beginnt Texte zur Kunst zu verfassen. Mit seinem Buch »Stilwende – Aufbruch der Jugend um 1900« beschreibt er zum ersten Mal den Jugendstil als eigenständigen Kunststil. Es folgen seine Abhandlungen: »Pause vor dem dritten Akt« und »Bilder und Schriften«.

Nachdem ich mir die Akademie in der Grunewaldstraße und mein neues Domizil in der Elßholzstraße von außen angesehen und alle Formulare zur Anmeldung ausgefüllt abgeliefert habe, ist die Woche schon vergangen. Zum letzten Mal biege ich in die Allee mächtiger Linden ein und schließe die Haustür zu Ahlers-Hestermanns Wohnung auf. Mich machen die vielen, außergewöhnlich farbschönen Gemälde, die mit der bemalten Fläche zur Wand gestapelt den Flur verbarrikadieren, sehr nachdenklich. Die qualitätsvollen Werke eines langen Künstlerlebens fristen hier ein unwürdiges und unbeachtetes Dasein, als seien sie schon vergessen und nur noch ein im Weg stehender Ballast. Ob es meinen zukünftigen Malereien auch so ergehen wird? Da der Professor für gewöhnlich um 16 Uhr seinen Tee trinkt, heize ich den Samowar an. Nun kenne ich Ahlers-Hestermanns Ritual der genauen Dosierung der mit Jasmin parfümierten Teeblättchen für die vorgewärmte Kanne. In der Küche finde ich eine große Vase, dekoriere sie mit meinem Strauß weißen Flieders und stelle sie neben den mitgebrachten Kuchen auf den Tisch. Die schneeweißen Blütendolden verströmen das zauberische Fluidum, das auch seinen Bildern innewohnt. Die Türe fällt ins Schloss. Der Professor ist von seinem täglichen Gang aus der Akademie zurückgekehrt. Mit einem melancholischen Lächeln setzt er sich in seinen mit Seide bezogenen Sessel. Er genießt meinen Dank. Die Stimmung des Abschiednehmens von diesem stillen, ästhetischen Ort erfüllt mich mit Wehmut. Denn hier in dieser kleinen Wohnung wird wie auf einer stillen Insel eine Kultur bewahrt und gelebt, die sich vor den Fenstern schon in ein Nichts aufgelöst hat, um einer frecheren Zukunft Platz zu machen. Ich ziehe meine mitgebrachte Bettwäsche ab, säubere Tatjanas Zimmer und schaue dem alten Maler das letzte Mal in die Augen. Ihm, diesem feinsinnigen Herrn, werde ich nie mehr begegnen.

Da mein karierter Koffer bleischwer und kaum von mir zu bewegen ist, bitte ich wieder einen Taxifahrer, mich in die Elßholzstraße zu bringen. Es dämmert bereits. Schöneberg sieht mit einigen noch nicht aufgeräumten Trümmergrundstücken und den verkommenen Häuserfronten elend aus. Als ich aussteige, stehe ich vor einem dunklen Wohnblock mit einer schmutzig-grauen Fassade mit Einschusslöchern. Gegenüber nimmt das lang gestreckte finstere und stark bewachte Gebäude des Alliierten Kontrollrats den gesamten Straßenabschnitt ein. Die Wachsoldaten beobachten mich, ohne mit der Wimper zu zucken. In einer ebenerdigen, verräucherten Eckkneipe plärrt Jazz aus einer Musicbox, hinter beschlagenen Fenstern spielen dunkelhäutige Amerikaner lauthals lachend Karten. Die Hausnummer der mir von Renate genannten Adresse stimmt, doch kein Klingelschild am Vorderhaus trägt den Namen »Helga Trunk«. Die Toreinfahrt wird von übel riechenden und überquellenden Mülleimern blockiert. Darüber verdreckte Schilder aus zerschossenem Emailleblech: »Teppichklopfen verboten«, »Müllabladen verboten«, »Ballspielen verboten«, »Der Aufenthalt im Torbereich verboten!« In der Mitte des schattigen Innenhofs stirbt eine krumm gewachsene Birke. Erst nach langem Suchen finde ich an einem Nebeneingang des Hinterhauses zwischen vielen Namensschildern den Namen »Trunk«. Da die Eingangstür nur angelehnt ist, wuchte ich mein Gepäck durch das enge, kaum beleuchtete Treppenhaus in den zweiten Stock. Es stinkt nach Moder, Kohlsuppe und alter Waschlauge. Endlich entdecke ich in Kniehöhe über einem Briefschlitz das gesuchte Namensschild auf der Vorsaaltür und einen bronzenen Reichsadler mit einem drehbaren Ring im Schnabel. Als ich die Metallschlaufe nach rechts drehe, ertönt eine schrille Schelle und nach längerer Wartezeit ist ein heiseres Ja zu hören. »Sind Sie die aus dem Westen?« Ein schmaler Spalt öffnet sich. Ein kleines, altersgebeugtes Frauchen mit einem dürftigen Herrenhaarschnitt knurrt: »Dann kommen Sie mal mit.« Die Vermieterin schlurft mit ihren Tiger-Kunstfell-Pantoffeln vor mir her durch einen dämmrigen Flur. Von hier aus geht es in eine schmale Küche mit einem Vorkriegsmodell von Gasherd. Das anschließende Bad ist ein ebenso enger Schlauch, ausstaffiert mit einem hohen Wasserboiler, einer frei stehenden verrosteten Badewanne auf Löwenfüßen und einer Toilette mit Leoparden-Kunstfell auf dem Deckel. Das düstere Ende des Flures öffnet sich zu einem Durchgangsraum, an dessen Längswand ein seit Jahren unbenutztes, verschrammtes Klavier an lustigere Zeiten erinnert. Dem Piano gegenüber verteidigt eine von verschossenen braunen Samtvorhängen abgetrennte Ecke den Rest des Salons. Meine neue Wirtin schiebt einen der verblichenen Stoffstreifen zur Seite und deutet auf ein Bett mit aufgebauschten Federkissen und einen daneben installierten Eisenofen. »Den beheize ich im Winter mit Presskohlen. Dann wird meine Ecke mollig warm! Den ganzen Raum zu beheizen, Frolleinchen, das ist viel zu teuer. In den kalten Monaten schlafe ich hier. Deshalb müssen Sie immer ganz leise durch mein Wohnschlafzimmer gehen! Sie wissen ja nie, ob ich gerade hinter den Vorhängen ruhe.« Helga Trunk schlurft steifbeinig in das anschließende Zimmer. »Das ist mein schönster Salon! Ich habe ihn noch nie vermietet! Frolleinchen, behandeln Sie alles vorsichtig!« Durch zwei einfach verglaste Nordfenster zum Hof fällt etwas Tageslicht auf ein hohes Bett, einen schweren Tisch mit geschnitzten Beinen und auf acht Stühle mit geflochtenen, durchgesessenen Sitzen. Helene Trunk deutet auf einen Kachelofen: »Das hier ist das beste Stück im Haus! Der heizt richtig gut. Wenn es kalt wird, müssen Sie sich Presskohlen besorgen. Ich bin ja meistens weg! Am Wannsee. Im Zelt. Den ganzen Sommer lang! Am Monatsende hole ich mir dann Ihr Geld ab. Zahlen Sie pünktlich, Frolleinchen! Sonst müssen Sie raus! Damit ich sicher bin, geben Sie mir Vorschuss! Denn gleich bin ich wieder weg. Und falls Sie mal baden wollen, feuern Sie den Badeofen mit Briketts an, der braucht nur eine Stunde, dann ist das Wasser warm. Wie Sie sehen, ist das eine Luxuswohnung. Das können Sie mir glauben! Die meisten anderen Mieter haben keine eigene Toilette. Die müssen alle auf den Flur ins kalte Treppenhaus! Da ist morgens ein dolles Gedränge!« Ich zähle ihr das geforderte Geld für den ersten Monat in die Hand. Sie dreht mir den Rücken zu und schließt die Wohnungstür hinter sich mit drei Schlüsselumdrehungen von außen ab. Ich höre ihre abwärts polternden Schritte. Nun ist es ganz still. Ich bin allein. Ganz allein! Im Gegenlicht tanzen aufgewirbelte Staubpartikel. Der Holzboden knarrt. »Das ist Zille pur!«, murmle ich noch amüsiert vor mich hin. Doch bei der weiteren Erkundung meines neuen Domizils nimmt die Beklommenheit zu! Helga Trunks hohes Wohnzimmer, das sogenannte »Berliner Zimmer«, eine bauliche Spezialität dieser Stadt, verbindet in den Wohnblocks der Gründerzeit als Durchgangsraum den Seitenflügel mit dem Hinterhaus. Zu dieser seltsamen architektonischen Anordnung und zu den völlig unharmonischen Proportionen der hohen, schlauchartigen Räume gesellt sich hier die speziell in die Seele wie Säure einwirkende Innendekoration. Schon Friedrich Engels war über diese Berliner Erfindung so entsetzt, dass er feststellte: »Diese in der ganzen anderen übrigen Welt unmögliche Herberge der Finsternis, der stickigen Luft und des sich darin behaglich fühlenden Berliner Philistertums. Dank schönstens!«

Über dem Klavier senden auf beige-braun gestreifter Tapete zwei schräg gesägte Birkenscheiben mit handgemalten Panoramen vom Allgäu und von der Drosselgasse in Rüdesheim ewig herzliche Grüße. Diese hölzernen Ovale flankieren eine verstummte Kuckucksuhr, aus deren schief geöffnetem Fenster an einer ausgeleierten Spirale ein Holzvögelchen baumelt. Darunter vergilben Fotos mit winzigen, etwas verwackelten Personen. Ich hocke mich auf mein Bett und überlege: Wie kann ich einige der acht Stühle aus meinem Zimmer entfernen? Es ist kaum Platz vorhanden, den schweren Tisch zu umrunden. Das Monstrum dominiert den engen Raum auf einem sich an den verletzten Ecken hochbiegenden Balatum-Perserteppich. Wahrscheinlich darf ich die mit giftgrünem Häkelrand umsäumte und mit groben, grellbunten Wollfäden bestickte Blümchentischdecke nicht von der Tischplatte entfernen, um auf dem Tisch mit meinem Arbeitsmaterial zu zeichnen, zu malen und zu handarbeiten. Was mache ich nur mit den halb langen, verschlissenen, kastanienbraunen Vorhängen, die nachts das trübe Laternenlicht des Innenhofs aussperren sollen? Sie hängen so trübselig und fadenscheinig an den Fenstern, dass meine Aktivität erlahmt, sie zuzuziehen. Nachdenklich betrachte ich den kalten, grünen Kachelofen in der Zimmerecke. Er kommt mir seltsam bekannt vor! Ja! Plötzlich stehe ich als kleines Mädchen wieder vor der Spardose in Svens Gartenhäuschen. Der kleine grüne Ofen war im Puppenstubenformat aus glasierter Keramik das Objekt meiner frühkindlichen Begierde. Genau! Svens Spardose war exakt ein Abbild dieser Berliner Heizquelle. Erschöpft versenke ich mich in die aufgeblähten Federkissen auf meinem hochbeinigen Bett. Vor so viel Berlin fallen mir die Augen zu! Es ist nicht der Mangel an Komfort, der mich schmerzt, es ist die Hässlichkeit, die in meinen Augen brennt! Mit letzter Kraft verteile ich den Inhalt meines Koffers in einem schwarzen, barockisierend gedrechselten Schrank. Bevor mir das kalte Gruseln den Rücken herunter in mein Innerstes kriecht, entfliehe ich diesem Verlies. Nur fort von hier! Der Innenhof ist bereits dunkel. Die Birke mit ihrer abschilfernden Rinde reckt sich unterernährt mit dürren Ästen über die Dächer. Im gegenüberliegenden Wohnblock künde ich mit einer Drehung des Klingelringes meine Ankunft an der Wohnungstür von Renates Refugium an. Ganz anders als Helga Trunk empfängt mich hier eine ältere Dame mit lustigen Augen und einer warmherzigen Stimme. »Kommen Sie herein! Sie sind sicher die Freundin von Fräulein Renate. Sie werden schon erwartet.« Renate hört unsere Stimmen, öffnet ihre Zimmertür und richtet triumphierend einen Föhn wie eine Fackel zur Decke. Mit ihrer gedrungenen Figur, einem Kranz von dicken Lockenwicklern um den Kopf und mit dem Haartrockner in der erhobenen Hand tröstet sie mich wie die New Yorker Freiheitsstatue die Geflüchteten auf Ellis Island. »Prima, komm herein. Du setzt dich am besten aufs Bett. Mehr Platz ist nicht! Ich trockne mir noch schnell die Haare.« Der Raum ist eng und hat höchstens die Hälfte der Ausmaße meines Zimmers, dafür aber nur einen Stuhl. Auf einem schmalen Tisch vor dem Fenster steht eine Nähmaschine und auf einem Bord blinkt zwischen Büchern wie Bernstein eine Rumflasche. Renate rollt ihre stacheligen Lockenwickler aus dem Haar, stellt einen Wasserkocher an und bereitet einen Tee vor. Es klopft. Als ich öffne, steht die Wirtin mit einem Teller voller frisch gebackener Waffeln im Türrahmen. »Guten Appetit, meine Damen! Ich hole noch schnell den Puderzucker.«

Nach Renates steifem Rum mit Tee steige ich erwärmt und etwas beschwingter wieder in mein kaltes Nordzimmer. Das mit acht Stühlen verbarrikadierte, muffige Möbellager, die schäbigen Vorhänge, der Perserteppich aus in Öl getränkter Wollfilzpappe und die Blümchentischdecke auf dem Monstertisch sind an Hässlichkeit nicht zu überbieten. Sie attackieren mich. Halblaut tröste ich mich: »Du hast den Weltkrieg ausgehalten!

Also erträgst du auch dieses Sommersemester wie einen miserablen Film. Vielleicht lauert noch Unerwartetes auf dich!« Sofort verfinstern sich meine Gedanken wieder. Ich muss handeln. Jetzt! Die S-Bahnhaltestelle kann ich zu Fuß erreichen. Im KaDeWe, dem Kaufhaus des Westens, erwerbe ich vom sparsam bemessenen Monatsbudget billigen naturweißen Nessel und nähe auf der von der Akademie ausgeliehenen Nähmaschine in den folgenden Tagen vier Vorhangschals. Den Linoleumteppich mit Persermuster ziehe ich ganz behutsam unter dem schweren Tisch und den acht Stühlen hervor und rolle ihn vorsichtig ein, um ihn in einer Abstellkammer verschwinden zu lassen. Da die Tischplatte durch schwere Verbrennungen von Bügeleisen verunstaltet ist, drehe ich die Tischdecke auf ihre Rückseite. Mit den grob vernähten Stickfäden erhält sie einen beinahe abstrakten Charakter. Ironisch fluchend erkläre ich sie in Anlehnung an Beuys zu einem Kunstwerk. Was blüht mir noch bei meiner bevorstehenden Ausbildung: Textiles Gestalten?

Mit fest aufeinandergepressten Zähnen steige ich jeden Morgen im Badezimmer tapfer in die frei stehende und etwas verrostete Wanne auf Löwenfüßen und dusche mich eiskalt ab. »Abhärten!« Um meine Haare zu waschen, erhitze ich Wasser in einem Suppentopf auf dem Gasherd und vermische es mit dem kalten Kranwasser: »Geht doch!« Der einfache Holzfußboden ohne Belag und die weißen Stores in meinem Zimmer verbessern spürbar mein Wohlbefinden, sodass ich nun nicht mehr jeden Tag mit mir hadere. Die mit ihren verschulten Aufgaben überlasteten Unterrichtstage lassen mir kaum Spielraum für eigene Befindlichkeiten oder Kreativität. Als besondere Lichtblicke im sonst streng geregelten akademischen Alltag leuchten die freien Samstage, an denen ich mit Renate mit Vergnügen vormittags zum kleinen, sehr bescheidenen Markt auf dem sonst trostlosen Nollendorfplatz stiefele. An einer der wenigen Buden erstehen wir etwas regionales Gemüse und günstigen Fisch. Scholle, fangfrisch aus der Ostsee, für 90 Pfennige das Stück. Sonst verwöhne ich meinen Gaumen nur mit Pellkartoffeln mit Majoran und etwas Butter und Quark oder mit Spaghetti mit roter Soße aus der Plastikflasche. Wenn mein Unmut zu arg wird, gönne ich mir auch ein Sträußchen für das Fensterbrett, auf das nie ein Strahl Sonne fällt. Die schönste Ecke an diesem verödeten Marktplatz ist ein winziger Bierausschank unter einer im Frühling stark duftenden Glyzinie, die das gesamte Trümmergrundstück überwuchert und nur den engen Eingang zum Schankraum im stehen gebliebenen Parterre freilässt.

Dort befinden sich zwei verrostete ehemalige Gartentischchen mit jeweils zwei morschen Holzstühlen. Perfekt, um mit Renate nach unserem Einkauf an einem warmen Samstag das erste »Berliner Kindl« zu genießen. Sonst bleibt uns kaum Zeit, den von der Mauer umgebenen Westteil der Stadt zu erkunden, da wir in zwei kurzen Semestern das gesamte Programm der Ausbildung »Textiles Gestalten« bewältigen müssen. Die meisten Straßen und Plätze in Schöneberg, die noch nicht vom Trümmerschutt befreit sind, hinterlassen einen entmutigenden Eindruck. In unserem Kiez scheinen nur Alte, Behinderte und Studenten zu hausen. Sie bevölkern genau wie Renate und ich die heruntergekommenen Mietshäuser meiner Nachbarschaft, die, oft nur notdürftig repariert, auch jetzt, 1964, noch immer Kriegsschäden aufweisen. Wegen akuter Einsturzgefahr dürfen einige der ausgebrannten Häuser und Trümmergrundstücke nicht betreten werden, was Kinder besonders reizt, in ihnen zu spielen, und Studenten veranlasst, heimlich in den ausgebrannten Räumen Partys zu feiern. Die alte, einst so prunkvolle Hauptstadt, zertrümmert und gedemütigt, versucht alles, um langsam wieder aufzuerstehen, obwohl sie nun auch noch durch die von der DDR errichtete Mauer regelrecht stranguliert wird. Direkt nach der Ankündigung des Mauerbaus flohen einige der besser situierten Familien aus Berlin in den Westen und ließen ihre nicht transportablen Einrichtungsgegenstände in den verlassenen Wohnungen und auf den Bürgersteigen zurück. Dieser auf den Straßen abgestellte, zum Teil kostbare Sperrmüll ist vor allem bei Kunststudenten begehrt. Sie durchkämmen die besseren Stadtviertel und veredeln ihre kargen Buden mit verwaisten Barockkommoden, Jugendstilstühlen und anderen alten Gerätschaften, da es derzeit in dem verarmten Berlin keinen Markt für Antiquitäten gibt. So entwickeln die Bewohner, die zum großen Teil in äußerster Bescheidenheit leben müssen, viel Fantasie, um den Alltag erträglicher zu gestalten, denn ein echter Berliner lässt sich nicht unterkriegen, nach dem Motto: »Hurra, wir leben noch!« Dieser eiserne Wille der durch den Krieg verarmten Restbevölkerung, immer durchzuhalten und auf Besserung zu hoffen, übt auf mich einen stimulierenden Einfluss aus. Die freche Berliner Schnauze übertönt meine Zweifel, ob es richtig ist, gerade jetzt hier vor Ort zu sein. Mit Respekt vor den Durchhalteparolen beginne ich, den erfrischenden Optimismus der Mitbewohner und Studienkollegen und nun auch mein trübes Viertel zu mögen, denn selbst die kleinsten Freuden des Alltags treten in dieser Misere ungeschminkt zutage. Jedes Gesicht erzählt mir eine neue Geschichte. Ich will zeichnen! Überall! Der Heinrich-von-Kleist-Park, der direkt hinter dem mächtigen Kontrollratsgebäude liegt, das von zwei bis an die Zähne bewaffneten Schwarzen bewacht wird, ist an den regenfreien Wochenenden unser Sommerrefugium. Dort lese ich auf der von der Morgensonne aufgewärmten Steinbank meine Post, beobachte Tauben, beantworte Briefe und fertige schnelle Skizzen von den Vorbeiflanierenden an.

Zu unserem strengen Unterrichtsprogramm gehören neben der Historie der Mode und der Schnitt- und Textilkunde auch das Erlernen der Techniken des Webens und Knüpfens und das Entwerfen von Kleidungsstücken. Mit Freude widme ich mich dem Anfertigen winzig kleiner Gobelins aus Nähseidenfäden als Trauerarbeit und Ersatz für meine noch nicht gemalten Bilder. Das Nähen an der Maschine und das Üben von verschiedenen Stickstichen verlangt Geduld und Disziplin. Da das benötigte Arbeitsmaterial aus eigener Tasche bezahlt werden muss, schrumpft mein knapp bemessenes Monatsgeld bedenklich. Manchmal müssen wir während abenteuerlicher U-Bahn-Fahrten das schwer bewachte Ostberliner Gebiet in hermetisch abgeriegelten Waggons durchqueren, um in dem Stadtteil Gesundbrunnen in einem Spezialgeschäft Palmblatt und andere Naturfasern einzukaufen. Die schmalen, langen Blattstreifen präparieren wir zu Hause durch Anfeuchten und Bügeln und flechten aus ihnen die unterschiedlichsten Behältnisse. Um bei gutem Wetter sonntags dem Dunkel der ausgekühlten Wohnungen zu entfliehen, belegen wir schon früh mit einem Bündel Palmblättern unter dem Arm eine der wenigen Steinbänke des Parks. Während wir über das Geheimnis der monochromen Farbfeldmalerei von Mark Rothko oder über die Ölbilder Francis Bacons, die mir mit der erschütternden Thematik der menschlichen Existenz einen besonders intensiven Eindruck hinterlassen, diskutieren, entstehen Papierkörbe, Kästen und Schachteln mit den dazugehörenden Deckeln. Dieser sogenannte Park ist keine grüne Oase, er hat in keiner Weise den Charme des heimatlichen Parks in Rodenkirchen mit seinem alten Baumbestand, dafür wärmt die Sonne die Steinbänke. An einem Sonntagnachmittag beobachten uns zwei gebrechliche Alte bei unserer Flechtarbeit. Die beiden Rentner erheben sich schwerfällig von der Nachbarbank, schlurfen auf uns zu, bleiben vor uns stehen und stützen sich auf ihre Spazierstöcke: »Dufte!«, ruft die gebeugte Frau. »Dufte! Das machen Sie doch bestimmt für die Behinderten in Bethel!« »Ja! Dufte! Für den Basar! Gut, dass es noch so verantwortungsvolle, junge Frolleins gibt!«, sagt der Mann.

Das Gefühl von Ärmlichkeit beschleicht mich immer mehr. Bei allen Sparversuchen reicht mein Geld am Monatsende nicht einmal mehr für eine Briefmarke und schon gar nicht für ein Ferngespräch in der Telefonzelle an der Straßenecke. Doch ich äußere nichts gegenüber meinen Eltern und fange an zu hungern. Auch Renate muss sparen und kauft sich einmal in der Woche Fleisch von der Freibank. Das ist mir nicht geheuer. Eines Mittags gibt uns ein Kollege einen guten Tipp. Ganz in der Nähe liege das Ausgleichsamt für Wiedergutmachung mit einer Küche für die Angestellten. Ich muss nicht einmal zugeben, dass ich nicht für das Amt arbeite, weil mich niemand danach fragt. Als ich das erste Mal an der Essensausgabe stehe, drückt der Koch alle Augen zu. Von nun an darf ich im Speiseraum in der zweiten Etage wie alle anderen Sekretärinnen sehr preiswert speisen. Von der Akademie bis zum Ausgleichsamt sind es nur wenige Gehminuten. Meine kurze Mittagspause reicht aus, die Berliner Spezialität »Kartoffeln mit Quark und Leinöl« für 90 Pfennige genüsslich zu verzehren. Oft stellt mir der Mann an der Theke mit einem unergründlichen Lächeln einen Schokoladenpudding auf mein Tablett. Bezahlen muss ich ihn nicht. Wenn ich dann satt und vergnügt die Bülowstraße entlanglaufe, muss ich vor »Walterchens Ballhaus« kurz anhalten und durch den Vorhangschlitz der Fensterfront auf die roten Tischtelefone spähen. Am Wochenende findet hier in diesem aufregenden Etablissement schon am Nachmittag der bekannte Tanztee statt. Jeden Abend gibt es Ringelpiez mit Anfassen und Schwof mit Damenwahl. Die betont jugendlich geschminkten, immer fit erscheinen wollenden Ladys sind als Kriegerwitwen in der Überzahl. Obwohl Walterchen, ein bekanntes Berliner Original, im Winter mit dem Heizen spart, ist sein Ballhaus heiß begehrt. Von zwei Pudeln begleitet, tritt er gentlemanlike im silbergrauen Anzug mit Zylinder und weißer Fliege auf und schmeißt den Laden, indem er sich sowohl bei den älteren Witwen als auch bei den Ledigen routiniert als Seelentröster betätigt. Manchmal begegnet er mir mittags völlig übermüdet auf dem Bürgersteig, wo er seine Hündchen ermuntert, doch endlich am Laternenpfahl das Bein zu heben. Man munkelt sogar, dass er, aus welchem Grund auch immer, Kirchenglocken gestiftet habe. Wenn ich ihn zufällig auf der Straße treffe, begrüßt er mich, ganz Ehrenmann, jedes Mal schief lächelnd mit einer schrägen Verbeugung. Sein gealtertes Gesicht erzählt mir die tollsten Geschichten, als würde er über Berlin und über das Leben überhaupt, die Frauen im Speziellen und vor allem über die Einsamkeit genau Bescheid wissen. Im Vorbeigehen versuche ich mir die faltig-grauen Gesichter der sehnsuchtsvollen Alten und der stark geschminkten jüngeren Damen einzuprägen, wenn sie abends unschlüssig das Lokal umkreisen. Öffnet sich dann die Tür zum Glück, wenn ein frisch rasierter alter Mann es noch einmal wissen will und sich mutig bemüht, eine neue Bekanntschaft anzubaggern, wehen Musikfetzen eines schrägen Wiener Walzers zu mir auf den Asphalt. Synthetischer Maiglöckchenduft, Lavendelparfum und Moschus verwirbeln mit den Autoabgasen. Dieses Aromenbouquet begleitet meine eiligen Schritte, wenn ich nach einem Konzert der Philharmonie auf dem Heimweg spätabends vorbeieile und gleichzeitig hinter den beschlagenen Scheiben tanzende Paare wie Aufziehpuppen auf einem Drehteller unter einem künstlichen Sternenhimmel kreisen und sich die hoch toupierten Dauerwellenfrisuren in Wasserstoffblond oder Karottenrot innig an polierte Glatzköpfe oder an die Schmachtlocken jugendlicher Eintänzer schmiegen.

Bis spät in die Nacht geht die Post ab! An jeder Hausecke bleiben in Schöneberg die mit Bierdunst und Zigarettenqualm geschwängerten Lokale geöffnet. Hier findet das eigentliche Leben der sogenannten kleinen Leute statt. Die Freuden und Leiden der Kiezbewohner, deren Misere Zille, Dix und Grosz so markant in Zeichnungen und Aquarellen verewigten, spielen sich vor meinen Augen wie in einem Film aus einer vergangenen Epoche ab. Im Hinblick auf die Atmosphäre meiner Unterkunft verstehe ich jetzt, weshalb sich so viele einsame Berliner in ihre Eckkneipe flüchten. Sie ist das eigentlich warme und gemütliche Wohnzimmer des gesamten Viertels.

Zu den Highlights der Vergnügungen Schönebergs gehört natürlich der nach den Bombardierungen notdürftig geflickte und nun heruntergewirtschaftete Berliner Sportpalast. Auch hier »steppt der Bär«. Das riesige Ungetüm erweckt sofort meine Neugier. Ein Plakat kündigt ein Jazzkonzert der Real Blind Boys an. Ich erwerbe die preiswerteste Eintrittskarte, um das legendäre Gebäude, das zu den spektakulärsten Großbauten Deutschlands gezählt wurde, von innen zu erleben. 1910 hatte der Architekt Hermann Dernburg diesen imposanten Sportpalast für 10.000 Besucher entworfen und mit der größten Kunsteisbahn der Welt ausgestattet. Schon vor dem Zweiten Weltkrieg fieberte hier die Prominenz der Glitzerwelt in den vorderen Reihen, um bei spektakulären Boxkämpfen ganz nah am schweißtreibenden und oft blutigen Geschehen zu sein und vor Vergnügen zu brüllen, zu klatschen oder Tränen zu vergießen. Man traf sich zu den großen

Reit- und Fahrturnieren, zu den Sechstagerennen, zu Konzerten und später zu den immer weiter ausufernden Politikveranstaltungen. Am 18. Februar 1943, fünfzehn Tage nach meinem vierten Geburtstag, verkündete der Propagandaminister Joseph Goebbels in diesem berühmten Berliner Sportpalast den Totalen Krieg.

Mich schaudert, als ich an Goebbels' Rede denke, die ich als Radiokonserve kenne, während ich die kalte Riesenhalle betrete, die sich nur mäßig füllt. Das Zementgrau der Wände erinnert mich an eine gigantische Gruft. Die Scheinwerfer beschießen die Bühne mit Lichtsalven. Die Real Blind Boys, weiß gewandet und mit schwarzen Sonnenbrillen vor den Augen, lassen sich sicher auf ihren Sitzen nieder, sie ordnen ihre Notenblätter und spielen vom Blatt!

Um noch mehr von Berlin zu sehen, zu riechen und zu schmecken, nehme ich freudig die Einladung Christians in die »Kleine Weltlaterne« an. Christian ist Fotograf, Theaterfan und Student der Klasse von Professor Fred Thieler, einem Vertreter der informellen Malerei. Als ich ihm in dieser Künstlerkneipe in Kreuzberg mit meiner ersten »Weiße mit Schuss« in einem schalenartigen Stielglas zuproste, fühle ich mich endlich in Berlin angekommen. »Mit Schuss« klingt hochprozentig! Aber dieser giftfarbene Zusatz erfüllt die Erwartungen nicht, denn der Schuss besteht aus einem ganz harmlosen, süßen Färbemittel aus rotem Sirup mit Himbeergeschmack oder aus grün gefärbtem Waldmeisteraroma. Der schmale Raum der Weltlaterne, mehr ein Gang, platzt meistens aus allen Nähten. Die Wirtin im viel zu kurzen Blümchenkleid, schlängelt sich mit hochgesteckter Frisur und mit einem randvollen Tablett um die Tischchen herum, an unserem durchgesessenen Sofa vorbei und verteilt lächelnd Bier, Wein, Buletten und Currywurst mit tropfender Soße. Neben alten Reklametafeln aus Blech, emaillierten Straßenschildern, verräucherten Fotos und anderen Kuriositäten an den Wänden kämpfen auch Zeichnungen und Malereien, die nach frischer Ölfarbe riechen, um Aufmerksamkeit. Heute ist der seltsame Künstler Schröder Sonnenstern als prominenter Stammgast der Hauptdarsteller. Seine bemerkenswert naiven und erotischen Farbzeichnungen sind so persönlich und fantasievoll, dass ich sie nie mehr vergesse. Die Kapriolen seiner Einfälle erscheinen mir genauso abenteuerlich wie sein Leben, über das eine Kurzvita neben unserem Sofa informiert. Als Kind von zwölf Geschwistern wird er früh für geisteskrank erklärt. Die meiste Zeit seiner Jahre verbringt er als

Insasse in Irrenanstalten, Gefängnissen und Arbeitslagern. Während dieser deprimierenden Aufenthalte erschafft er sich, indem er unermüdlich zeichnet, seine eigene Welt. Es entsteht ein so prägnantes Werk, dass er seine Stiftzeichnungen in Paris ausstellen darf. Die Kunstwelt feiert ihn dort bald als großen, surrealen Künstler und kürt ihn zu einem der bekanntesten Vertreter der Kunst der Geisteskranken. Auch in Berlin erlangt Schröder Sonnenstern vor allem durch bizarre und okkulte Reden schnell Publicity. Die Stadt verleiht ihm den Ehrentitel »Schrippenfürst«, weil er mit seinem durch Bildverkäufe verdienten Geld Berge von altbackenen Brötchen aufkauft und diese an hungernde Straßenkinder verteilt. Schröder Sonnensterns Schau in der »Kleinen Weltlaterne« entfacht in mir den Mut, mich mit zwei Aktzeichnungen für die Große Berliner Kunstausstellung zu bewerben. Als meine Bleistiftzeichnungen angenommen, gehängt und bei der feierlichen Eröffnung von unserer Dekanin zwischen den unübersehbar vielen Ausstellungsstücken entdeckt werden, fühle ich mich endlich von der Stadt akzeptiert. Doch Christian meint, da fehle mir noch so manches, und preist mir immer wieder das spektakuläre Berliner Nachtleben für Insider an. Er verführt mich zu einem Besuch des bekanntesten Jazzclubs »Badewanne« in der Nürnberger Straße, der in den Goldenen Zwanzigern »Femina« hieß. Mit den gefeierten Auftritten von Count Basie, Ella Fitzgerald und Duke Ellington strahlte das Femina als Tanzbar mit Tischtelefonen, Vorführungen von Balletten und Grotesktänzen weit über die Stadtgrenzen hinaus, bis der Club von den Nazis 1933 geschlossen wurde. Kurz danach eröffneten neue nazikonforme Besitzer das Etablissement mit einem völlig anderen Programm. Nun spielten hier SS- und SA-Kapellen so lange ihre deutschvölkische Musik, bis ein Bombardement der Briten den Club zerstörte. Doch die Sehnsucht nach den schillernden Nächten der »Goldenen Zwanziger Jahre« animierte die Berliner, das notdürftig reparierte Haus schon 1949 als Künstlerkabarett unter dem Namen »Die Stachelschweine« und mit der Diskothek »Die Badewanne« für die US-Soldaten wiederzueröffnen, um hier die Großen der Szene wie Mick Jagger, David Bowie, Barbra Streisand, Prince und Boy George auf der Bühne zu bejubeln. Auch heute Nacht brodelt der Club wie ein explodierender Vulkan, als Christian mit mir über eine schmale Wendeltreppe in die verrauchte, dunkle Zwischenwelt zwischen Gestern und Morgen, Himmel und Hölle steigt. Sofort betäubt ein hämmernder Rhythmus mein Hirn. Wir versuchen zu tanzen, doch wir verlieren uns. Gleißende, pulsierende Lichtsignale zerhacken in der Dunkelheit unsere Körper. Nur das Weiß unserer Zähne, der Augen und der Hemdkragen flackert für Sekunden auf. Die springenden Lichtimpulse zersplittern jede Orientierung! Wummernde Bässe verändern meinen Herzschlag und das Atmen. Die Attacken zertrümmern in kürzester Zeit mein Ich! Akustisch und optisch durch den Fleischwolf gedreht, entgleite ich mir. Ohne einen Tropfen Alkohol, ohne Drogen. Mit letzter Kraft entfliehe ich diesem infernalischen Ort des Selbstverlustes, stolpere die Treppe wieder hinunter auf die Erde und steige allein in die leere U-Bahn. Den Sonntag danach verbringe ich lange im Bett, fahre anschließend nach Dahlem und finde mich erst in der Stille der Sammlung des Museums vor den wunderbaren Gemälden allmählich wieder.

Als ich meine Handtasche ausleere, rutscht mir zufällig die Visitenkarte einer Kollegin entgegen. Sie hatte mich vor meinem Umzug nach Berlin während der Eröffnung einer Ausstellung der GEDOK in Köln angesprochen, an der wir beide mit einigen Arbeiten teilnahmen. Da sie vor einiger Zeit als freischaffende Malerin und Illustratorin mit ihrem Mann einen eigenen Bungalow in einem Berliner Villenbezirk bezogen hatte, erwähnte ich, dass ich während der nächsten zwei Semester in ihrer Stadt studieren werde. Ohne zu zögern bat sie mich, sie in ihrem Haus zu besuchen und ihre neuen Arbeiten anzuschauen. Nach meinem Anruf empfängt sie mich in einem hellen, gepflegten Flachdachhaus und zeigt mir eine Reihe ihrer gekonnt gemalten Bilder, die sich dem Motiv der Schönheit von Blumen, Landschaften und Mädchenporträts widmen. Ich bewundere die Zartheit ihrer gut ausgeführten Aquarelle und das Duftige ihrer Zeichnungen, obwohl mir selbst das betont Feminine in der Kunst gar nicht liegt. So zart und lyrisch werde ich nie malen wollen! Ich nehme mir fest vor, auf dem Papier und der Leinwand niemals einen Schönheitssalon, sondern immer einen Kraftraum, einen Ort voller Energie und Lebendigkeit, ein Abbild des Authentischen, des Ungeschminkten, des wahren Lebens zu kreieren.

Beim Abschied legt mir die Malerin einen Zettel mit einer Adresse in die Hand und sagt vieldeutig lächelnd: »Am Sonntag der kommenden Woche findet dort ein privates Konzert statt. Da wir eine andere Veranstaltung besuchen müssen, versuchen Sie unsere Karten zu bekommen! In diesem Haus wird noch die Atmosphäre der bekannten Berliner Salons der Vorkriegszeit gepflegt. Diese gesellschaftlichen Ereignisse sterben leider aus. Gehen Sie hin! Das ist etwas ganz Besonderes!« Sofort bestelle ich telefonisch zwei Karten und übermittle die Grüße der Malerin. Renate ist begeistert. In fachmännisch aufgebügelten Kleidern und mit gezähmten Frisuren nehmen wir die U-Bahn, schellen an einer Gründerzeitvilla und der Türdrücker gibt das Signal zum Öffnen der Haustür. Wir betreten einen wie in Holland schwarz-weiß gekachelten Flur mit einer sich nach oben windenden Holztreppe mit geschnitztem Handlauf. Vor einem alten Fahrstuhl, der hinter einem Scherengitter mit Lilienornamenten wartet, zögert Renate und entschließt sich für die Wendeltreppe, da sie alten Fahrstühlen misstraut. So steigen wir die nach Bohnerwachs riechenden, ausgetretenen und quietschenden Stufen bis zur Beletage hinauf. Die Vorsaaltür ist angelehnt. Im Vorderflur tragen wir uns in ein Gästebuch mit Goldschnitt ein. Nach dem Bezahlen der Eintrittskarten führt uns ein junges Mädchen in schwarzem Kleid in einen größeren, mit verschiedensten Stühlen und Sesseln zugestellten Salon, dessen linke Hälfte ein monströser Konzertflügel beherrscht. In seiner Nähe nehmen wir in der zweiten Reihe Platz. Als ich mich setzen will, spüre ich unter einem dekorativ auf dem Stuhl platzierten, mit Petit Point bestickten Samtkissen, dass das Rattangeflecht des Sitzes völlig durchgesessen ist. Einige der Gäste, die sich gut zu kennen scheinen, flüstern miteinander und rascheln mit den verteilten Programmzetteln. Ihr permanentes Hüsteln und Räuspern verstärkt unsere angespannte Erwartung, während die Abenddämmerung die beiden hohen, von schweren, dunkelvioletten Samtportieren eingerahmten Fenster zur Straße verschluckt. Eine bereits angezündete Stehlampe am Flügel lässt punktartige Glanzlichter auf Meissener Porzellanpüppchen, auf Kristallvasen und auf Silberschalen tanzen und beleuchtet über einer antiken Kommode ein repräsentativ gemaltes Porträt einer attraktiven Dame mittleren Alters in tief dekolletierter Festrobe. Darunter drängeln sich Silberrahmen mit Fotos, so als seien hier die glanzvollsten Zeiten vor dem Zweiten Weltkrieg als Relikte einer untergegangenen Epoche konserviert und aufgebahrt. Die abgelichteten Personen vermitteln mit ihrer Eleganz und ihren strahlenden Gesichtern eine Atmosphäre, als könnten niemals Krieg, Elend und Mauerbau diese Stadt erschüttern. Allmählich verebben die letzten Gespräche. Sämtliche Sitzplätze sind belegt.

Die Salonière betritt die Bühne vor unseren Stuhlreihen in einer bodenlangen tiefschwarzen Samtrobe. Dieses festliche Vorkriegsmodell ähnelt auffallend dem Gewand auf dem Gemälde. Nun schlabbert es etwas um den gealterten Körper. Ein über die nackten, knochigen Arme gelegter schwarzer Spitzenumhang lässt die darunter blass schimmernde Haut noch weißer aufscheinen. Als sich die Dame zur Begrüßung tief verbeugt, verrät der einsehbare Ausschnitt mit einem dreireihigen Perlencollier ihren schlaff gewordenen Busen. Der Strichmund und die schmal gezupften Augenbrauen sind stark geschminkt, das schüttere und schwarz gefärbte Haar ist wie auf der Malerei perfekt hochgesteckt. Wie vor einer kultischen Zeremonie zündet sie eigenhändig die verteilt stehenden Kerzen an und wendet sich mit einer zweiten Verbeugung an ihr Publikum, das nicht aufhören will, sie als berühmte Pianistin zu beklatschen, während sich die weiß gelackte Tür ein weiteres Mal öffnet. Mit jugendlich wippendem Schritt eilt ein Herr auf die Gastgeberin zu, der Applaus schwillt orkanartig an. Sie, die Künstlerin, breitet ihre Arme aus und empfängt ihn. Ihn, den berühmten Sänger: »Dietrich, mein Lieber! Bitte, meine lieben Gäste und Freunde, hier ist er! Unser berühmter Dietrich! Dietrich Fischer-Dieskau.« Er küsst der Hausherrin galant die Hand, legt freundschaftlich seinen Arm um ihre Taille und verneigt sich ebenfalls. Nachdem er sich wieder kerzengerade aufgerichtet hat, verkündet er mit sonorer Stimme: »Ich freue mich, dass ich heute Schuberts ›Winterreise‹ mit dieser charmanten Pianistin hier in ihrem Salon für Sie vortragen darf. Schubert ist meine große Leidenschaft.« Als absolute Stille herrscht, lässt sich die Gefeierte unter ihrem jugendlichen Porträt auf dem justierten Klavierhocker nieder, konzentriert sich auf die Tasten des Flügels und beginnt mit routiniert dahinfliegenden Fingern zu spielen. Schon während der ersten Strophe der winterlichen Reise trägt mich das so nahe, warme Timbre des Sängers weit fort in die Abgründe innerer Bewegtheit, wo sich Melancholie und Verlassenheit paaren. Die Baritonstimme zelebriert die alle Tiefen auslotende Musik Schuberts, die von einer nicht erfüllten Liebe und einem endgültigen Abschied mit einer kaum erträglichen Intensität spricht. Ich spüre Renates Hand auf meinem Arm, als sich meine Augen mit Tränen füllen, während ersterbend die letzten Worte »damit du mögest sehen, an dich hab ich gedacht« – wie ein langsames Erfrieren im Schnee – verklingen. Der Sänger bemerkt meine Erregung. Während er sich tief verneigt, lächelt er zu mir herüber. Zum Abschied drückt er mir fest die Hand. Mir fällt nur das viel zu magere Wort »Danke« ein.

Die erste Besichtigung des neuen Konzerthauses der Berliner Philharmonie blüht für mich zu einem ganz besonderen Erlebnis auf, denn ein Freund lädt mich als seine Begleitung zur Feier des Bundes Deutscher

Architekten ein. Seit meinen ersten Umrundungen ist mir der von Hans Scharoun 1960 begonnene Bau formal fremd. Die kleinteilige Außengestaltung will sich mir nicht erschließen. Umso mehr begeistert mich nun das Innenleben, als ich mit den unzähligen, von ferne angereisten Baumeistern die Treppen des Foyers zu dem Konzertsaal hinaufsteige. Dieser vieleckige Saal mit seinen schwingenden Rängen entwickelt ein völlig neues Raumgefühl und überzeugt mich nicht nur mit seinen gebändigten Dimensionen, die eine räumliche Intimität zulassen, sondern auch durch die reinen Klangerlebnisse. Jetzt bemühe ich mich, an Wochenenden freie Eintrittskarten für einen Stehplatz im obersten Rang zu ergattern, mein Hunger nach Kultur bedrängt mich! Da ich weder Radio, Telefon, Fernseher noch ein Zeitungsabonnement besitze, werden meine Informationen nur von den reißerischen Schlagzeilen an den Zeitungsständern auf der Straße gefüttert. Renate informiert sich täglich durch die Frühnachrichten ihres kleinen Rundfunkempfängers und kennt die Wetterlage. Verspricht der Rias Sonne und Wärme für den Sonntag, erledigen wir unsere Hausaufgaben und die Arbeiten im Haushalt besonders schnell und eilen schon morgens mit der noch leeren U-Bahn zur Krummen Lanke, um eine Runde zu schwimmen und zu wandern, bis uns die Mücken vertreiben. Für den Abend verabreden wir uns mit Kollegen im Theater und in der Oper oder im Konzert. Christian rühmt besonders die Inszenierungen von Felsenstein an der Komischen Oper im Ostteil der Stadt. Endlich ergattere auch ich eine preisgünstige Eintrittskarte und fahre innerhalb der Stadt Berlin in einen anderen Staat – in die Deutsche Demokratische Republik. In Berlin-Mitte, direkt hinter der jetzigen Mauer, wurde 1764 in der Behrenstraße 55–57 die Komische Oper als Fachwerkbau mit 700 Plätzen für die Aufführungen volkstümlicher Stücke gegründet. Das besonders beliebte Opernhaus, das im Krieg schwer beschädigt worden war, erstrahlte schon 1945 mit moderner Front, neuem Foyer und mit der Aufführung der »Fledermaus« von Johann Strauss wieder in neuem Glanz. Voller Erwartung auf ein großes Opernvergnügen steige ich in die U-Bahn. Doch mein Grenzübertritt, meine erste Einreise in den Ostsektor, erweist sich als abenteuerlich. Am Grenzübergang Checkpoint Charlie warte ich endlos lange in einer Schlange. Die Zeit rast davon! Als ich endlich an einem Kontrollhäuschen meinen Personalausweis vorzeigen darf, bemerke ich, wie wir Wartenden von unten durch Spiegelbänder am Boden beobachtet werden, damit Bewacher feststellen können, ob wir etwas Verbotenes unter dem Rock, in den Hosen und unter den Mänteln in die DDR schmuggeln. Barsch werde ich nach den Gründen meines Grenzübertrittes gefragt und erkläre, dass ich heute um 20 Uhr in der Komischen Oper die Inszenierung von Felsensteins »Hoffmanns Erzählungen« hören möchte. Daraufhin schiebt mich ein pickeliger Knabe mit Gewehr in eine stickige, enge Baracke und führt erneut eine Befragung durch. Er verlangt, dass ich ihm zu meinem Personalausweis auch meinen Studentenausweis aushändige. »Was studieren Sie?« »Kunsterziehung«, sage ich. »Ne, Frolleinchen, det jibt es nich!« Ich bestätige noch einmal das vorher Gesagte. »Werden Se nich frech! Det jibt es nich!« Ich bitte ihn höflich, sein Vorgesetzter möge kommen. Anderenfalls möge er sich in der Hochschule erkundigen, falls er dort noch jemanden im Sekretariat antreffe. Ich müsste mich nun sehr beeilen. Zum Beweis zeige ich ihm meine vorbestellte Opernkarte für 20 Uhr. Der Bewaffnete verschwindet und lässt mich eine lange Zeit warten. Plötzlich reißt er die Tür wieder auf und brüllt: »Ab! Se können jehn!« Der Ostberliner Sektor, der noch grauer, unwirscher und armseliger als unser Kiez erscheint, sondert durch die Armut und die Abgase der Trabis einen besonders penetranten, unvergesslichen Geruch ab. Gehetzt und verschwitzt betrete ich das nüchterne Entree der Komischen Oper, was meine Erwartungen gehörig dämpft. Doch dann öffnet sich der Hauptraum, der runde, neubarocke Saal, der im Krieg unzerstört geblieben ist und mich sofort in Hochstimmung versetzt. Die rote Plüschbestuhlung, die vielen üppigen Goldverzierungen an Rängen und Wänden und der beängstigend riesige Kristallleuchter genau über meinem Sitzplatz entführen mich in die verzaubernde Zwischenwelt der Fantasie. Das schimmernde Licht des Lüsters wird gedämpft, der signalrote Bühnenvorhang rollt zur Seite und das Orchester beginnt mit dem Vorspiel. Aus dem Dunkel des Hintergrundes treten Akteure mit monströs großen Pappköpfen hervor und verwandeln die Zeichnungen von Honoré Daumier in plastische, lebendige Szenerien. Die mir bekannte Musik und die volltönenden Stimmen der Sänger aus Russland und anderen Ostblockstaaten umhüllen mich mit so glasklarer Akustik, als sei ich ein stummer Mitspieler in diesem absurden Spiel. Die Hauptmelodie von Klein Zack trällernd, betrete ich noch vor Mitternacht am Übergang wieder westdeutschen Boden – diesmal ohne Belästigungen, denn die jungen Beamten sind zu müde, um noch streng zu sein. Diese fantasievolle Inszenierung von Felsenstein begeistert mich derart, dass ich mir zu meinem Geburtstag im Februar einen zweiten Opernabend im Osten schenke.

Wieder werde ich am Checkpoint Charlie von einem jungen Volkspolizisten aus der Warteschlange herausgefischt. Ruppig fordert er mich auf, ihm sofort zu folgen. Er winkt mich nah zu sich heran, wedelt Befehle austeilend mit meinem Personalausweis in der Luft herum und sagt leise: »Herzlichen Glückwunsch zum Geburtstag, mein Fräulein! Heute ist Ihr Glückstag, wie mir der Ausweis verrät! Feiern Sie schön und alles Gute!« Während er mir heimlich zublinzelt, verdunkelt sich seine Miene wie auf Kommando und mit eingeübtem Befehlston schnauzt er mich an: »Stellen Sie sich gefälligst hinten an!« So toll ist Berlin!

Eines Morgens finde ich hinter der Wohnungstür einen Briefumschlag mit der altmodisch eckigen Handschrift des Zeichenkollegen, dem ich in Rom auf der Piazza Navona versprochen hatte, ihm meine neue Berliner Anschrift mitzuteilen. Auf einem Abrisszettel steht: »Lade dich zu einem Nachmittagskaffee ein. Gruß H. v. A.« An diesem Vormittag summt die Stadt. Der Himmel ist blau und die Tauben gurren. Die Jungs kicken auf den Straßen Fußball und die Mädchen spielen im Hinterhof mit ihren Puppen. Ich biege in die Gleditzschstraße ein und schelle. Das hohe Treppenhaus dünstet wie fast jedes Haus in Schöneberg einen muffigen Geruch von abgestandener Luft und Moder, alten Socken und Kartoffelschalen aus, was regelmäßig meine Nase allergisch verstopft. Im ersten Stock steht Hartmut im Rahmen seiner Wohnungstür. Er bittet mich in seiner etwas linkischen Art, auf einem Bistrostuhl in seiner engen Wohnküche Platz zu nehmen. Vorsorglich ist ein kleiner Tisch mit zwei Kuchentellern und passenden Tassen mit Goldrand gedeckt. Zwei Teilchen auf einer Servierplatte aus Porzellan und ein Stiefmütterchenstrauß in einem Joghurtglas verwandeln den vernutzten Tisch in eine beinahe festliche Kaffeetafel. Während ich mich auf einem der beiden Bugholzstühle niederlasse, dreht Hartmut mir den Rücken zu. Er fingert zwei Kristallgläser aus dem obersten Fach einer hölzernen Anrichte und stellt sie auf den Tisch. Zunächst kniet er sich auf die gefegten Holzbohlen des Bodens und öffnet die untere Klappe eines schwarzen Eisenofens. Nun zieht er vorsichtig aus dem Kohlenfach eine Flasche Rotwein hervor, wischt mit dem Ärmel den Staub vom Flaschenhals und wendet sich zu mir um: »Nur fürs Renommee, meine Liebe, nich zum Saufen, vastehste!« Ich betrachte die samtigen Stiefmütterchen. »Icke war heute extra aufm Friedhof. Großes Familiengrab! Alte Familie, vastehste! Da hab icke die Blumen jepflückt, weil so hoher Besuch kommt!« Er schiebt mir ein Puddingteilchen zu: »Det hier is nich fürs Renommee! Det is für dich! Willste 'nen Schwarzen oder wat Jesundes? Etwa 'nen Kamillentee?« »Na, dann schon lieber 'nen Schwarzen.« Er schüttet heißes Wasser in eine bauchige Kanne auf Kaffeepulver aus dem Tütchen. »Nu komm mal mit! Jetzt zeige icke dir auch noch den wichtigsten Raum!« Er öffnet die Tür zu seinem winzigen Schlafraum mit einem doppelt breiten Bett. Dicht dahinter lagern in einem Wandregal Ölmalereien und Papprollen voller Architekturzeichnungen. Ich bestaune seinen Fleiß. Nach einer längeren Pause des Schweigens erkläre ich ihm, während wir unseren erkalteten Kaffee trinken, dass ich noch eine Seidenbluse mit engen Plisseefalten für die Prüfung nähen und mich jetzt bei ihm mit Dank verabschieden müsse. Beim Herausgehen entdecke ich am Kleiderhaken hinter der Türe ein hauchzartes Negligé aus schwarzer Spitze. Er grinst und sagt: »Det is von meiner Mutter!« Nach wenigen Sätzen über unser kurzes Zusammentreffen in Rom begleitet mich der Herr Architekt und Maler zum Treppenhaus. Hier reicht er mir seine mit einem Wappenring dekorierte Hand und gibt mir etwas verlegen zum Abschied mit einem galanten Bückling einen formvollendeten Handkuss. So konnte ich erfahren, dass Hartmut als festangestellter Architekt sein Geld zum Leben verdient und sein Hauptwerk – die Malerei und die Farbradierungen mit den der Stadt Berlin gewidmeten Bildinhalten – im Verborgenen entsteht. Er wird Berlin verlassen und seine späteren Jahre als freier Maler mit seiner Familie in Frankreich verbringen. Eine Fotografie aus der Auvergne zeigt ihn malend vor der Staffelei im Schatten südlicher Bäume. Mit großer Palette und Pinseln in der Hand, mit ergrautem Bart und einem Strohhut auf dem Kopf wird er dem alten Monet immer ähnlicher. Aufgrund seiner gelegentlichen Besuche in Köln, seiner Ausstellungsankündigungen und Telefonate und der wenigen kurzen Briefe von ihm wird unser Kontakt bis zu seinem Todesjahr andauern.

Wenn abends in meiner kalten Studentenbude die Einsamkeit wie ein Fallbeil über mir hängt, besuche ich Renate. Wir winken uns über den Hof zu, und sogleich setzt sie das Wasser für den Tee auf. Obwohl wir in meinem Raum schon wegen des großen Tisches etwas mehr Platz hätten, halten wir uns lieber in der wärmenden Enge ihrer Kammer auf und üben dort, nebeneinander auf dem Bett sitzend, Knopflöcher fachgerecht zu nähen, die verschiedensten Stickproben anzufertigen und unsere theoretischen Hausaufgaben handschriftlich zu lösen. Die Handarbeiten fallen mir schwer, denn ich fühle mich gezwungen, etwas zu erledigen, das mir alle Energie aus den Fingern saugt, die ich in Zeichnungen einfließen lassen sollte. Wie viel besser würde es mir bekommen, statt mit farbigen Seidenfäden winzige Gobelins zu sticheln und mit Petit-Point-Stickerei Leinenläppchen zu verzieren, endlich wieder mit tanzendem Pinsel eine turbulente Geschichte auf einer großflächigen Leinwand zu erzählen. Um nicht missmutig zu werden, warte ich auf Post, die in Berlin dreimal am Tag ausgetragen wird. Sie kommt morgens, um die Mittagszeit und am späten Nachmittag. Wenn ich denke, dass Nachrichten aus Köln für mich unterwegs sein könnten, lasse ich meine Zimmertür geöffnet und lausche auf das Geräusch der Messingklappe über dem Briefschlitz und auf das anschließende leise Huschen eines Umschlags über dem Holzboden. Besonders beschwingt erwarte ich jedes Mal Nachrichten von Marco, denn seine Briefe mit der klaren Handschrift aus Druckbuchstaben klingen niemals banal. In ihrer besonderen Ausdrucksweise berichten sie poetisch und hoch konzentriert über das, was sein Denken bewegt. Ich versuche, diese Qualität des Schreibens zu erwidern, und füge ein formschönes Ginkgoblatt oder eine zarte Vogelfeder hinzu, die mir als Zeichen der Freude im Kleist-Park zugeflogen sind. Marco verspricht, mich bald in Berlin zu besuchen. Auch heute öffne ich mit verstärktem Herzklopfen seinen Brief, den ich nun eng bei mir trage, immer wieder lese und der mich kopfschüttelnd allein lässt. In Form eines Gedichtes beschreibt er, wie er nachts in seinem Zimmer in tiefem Schlummer liegt und plötzlich im Traum an seinem Fenster ein Pochen hört. Schlafwandelnd verlässt er sein Bett und nähert sich dem Fenster. Das Pochen klopft synchron mit seinem Herzschlag. In der Glasscheibe sieht ihn das Spiegelbild seines Gesichts an. Abrupt verwandelt es sich in einen Totenschädel. Als er aufwacht, so schreibt er, erschrickt er nicht. Die letzte Zeile seines Gedichtes lautet: »Der Tod ist mein Freund.«

Die letzten Strahlen der Abendsonne fallen auf die Steinbank. Ich schreibe:

ABSCHIED IM VORAUS
Wenn Du fortgehst
Und alles mitnimmst
Dein Lächeln und Dein Weinen
Deine Hoffnung und Deinen Zorn
Deine Verzweiflung und Dein Glück
Deine Schritte und Deine Stimme

Deine Blicke und Deinen Schatten
Dann schlägt mir die Tür zu
Ich singe am Tag Deine Lieder
Ich sterbe Deine Tode zur Nacht

Am Abend bringt mir der Briefträger eine Postkarte von Niklas. Im Nebensatz teilt er mir mit, sein Freund Marco habe sich mit einer Krankenschwester verlobt, Monika mit Namen. Ich kann mich nicht mehr konzentrieren, schlafe nicht mehr und sehe mich außer Stande, meine Aufgaben für die Hochschule so korrekt zu erledigen, wie ich es mir vorgenommen habe. Schwach und ohne Antrieb verliere ich immer mehr Boden unter den Füßen.

Nur Renates gutes Zureden hilft mir, weiter zu sticken, zu weben, zu nähen und Texte für die Probenmappen zu verfassen. Renates Vermieterin begrüßt mich entsetzt: »Fräulein Hußmann, wie sehen Sie denn aus? Ist Ihnen nicht gut? So blass habe ich Sie ja noch nie erlebt. Schnell! Kommen Sie herein. Sie beide trinken heute den Tee bei mir. Ich backe gerade Waffeln.« Sie führt mich an dem offen stehenden Badezimmer vorbei, wo auf einer Leine mehrere feuerrote Herrenslips trocknen. »Die sind von meinem Bruder!«, sagt sie lachend. Sie öffnet ihren mit schwerem Eichenmobiliar vollgestellten Wohnraum, in dem ein Hauch von Rum schwebt. Die letzten Strahlen der Abendsonne, die durch das Eckfenster die tanzenden Figürchen aus Meissener Porzellan, die Vasen aus Kristall und die geschliffenen Schalen aus Rubinglas kurz aufflackern lassen, verlöschen, als ich mich auf dem abgewetzten, grünen Sofa niederlasse. Die Wirtin zündet mit einem zischenden Geräusch des aufglühenden Streichholzes eine Kerze in einem Messingstövchen an, deponiert die heiße Teekanne darauf und stellt eine noch ungeöffnete Literflasche Jamaika-Rum daneben. Runde und viereckige mit Samt bezogene und bestickte Kissen erwärmen schnell meinen Rücken. Renate trägt die mit goldgelben Waffeln voll beladene Schüssel herein. Sie duften verführerisch nach Vanille und lassen meinen Magen nach dem ausgefallenen Mittagessen knurren. Die Wirtin lässt sich seufzend neben mir nieder. Sie reibt sich über die schmerzenden Knie, schiebt mit einer routinierten Handbewegung lose herumliegende Tarotkarten zu einem perfekten Stapel zusammen und wendet sich mir zu. Sie lädt mir drei Waffelherzen auf den mit Blütenmustern verzierten Kuchenteller und reicht mir einen ziselierten, silbernen Sieblöffel und eine Schale mit Puderzucker. Renate nimmt ihr gegenüber auf dem barocken Sessel

Platz, hebt die bauchige Teekanne vom Stövchen und schenkt, ohne auf die Häkeldecke zu plempern, Tee ein. »Halt! Nicht so viel! Stopp, da kommt doch noch Rum zu!«, ruft die Wirtin und schüttet einen kräftigen Schuss aus der Flasche in jede Tasse. Die hochprozentige, sonnengelbe Flüssigkeit erwärmt mein fröstelndes Innerstes erstaunlich schnell und die noch ofenwarmen Waffeln verbreiten ein wohliges Gefühl von Nestwärme. Wir werden redselig und berichten von unserem Studium, das uns hier in Berlin auf ganz andere Weise fordert als die Arbeit an der Akademie in Düsseldorf. »Ach ja, das Schicksal verlangt so manches von uns«, bestätigt die Wirtin. »Wir waren ausgebombt. Dann ist mein Mann im Krieg gefallen. Seit vielen Jahren lebe ich hier ziemlich einsam. Wie so viele in Berlin!« Wir erkundigen uns, ob man mit Hilfe des Kartenlesens wirklich etwas vorraussagen könne, und deuten auf das Päckchen mit den Tarotkarten, die sie vor dem Waffelbacken offensichtlich befragt hatte. Ich bitte sie, mir zu erlauben, diese geheimnisvollen 78 Wahrsagekarten einmal anzusehen, weil mich schon so lange die darauf abgebildeten Symbolfiguren interessieren. In einem Bericht über Wahrsagerei hatte ich gelesen, dass sich auch heute noch erstaunlich viele abergläubische Privatleute, bekannte Politiker und Bosse großer Firmen mit Hilfe der Tarotkarten die Zukunft deuten lassen. Sie vertrauen fest darauf, dass geübte Hellseherinnen mit ihren kryptischen Prophezeiungen aus den verschiedenen Kartenkonstellationen entscheidende, zukünftige Lebensabschnitte und Schicksale vorhersagen könnten. Ziemlich angeheitert drängen wir: »Bitte legen Sie uns doch auch einmal die Karten!« »Nein, das werde ich nicht mehr für andere tun!«, erwidert die Wirtin abwehrend. »Nehmen Sie lieber noch Waffeln! Und heißen Tee. Und natürlich Rum!« Renate schüttet wieder einen kräftigen Schuss Hochprozentigen in unsere Tassen. Mehr und mehr spüre ich seine enthemmende Wirkung. Auch der Wirtin steigt die Röte ins Gesicht und sie fängt an zu kichern. »Ach, bitte zeigen Sie uns doch nur die Technik, wie das Auslegen der Karten geht und welche Bedeutung ihre Abbildungen haben. Bitte!« Zögerlich ergreift sie den Kartenstapel und murmelt: »Das Lesen der Tarotkarten hat mir meine Freundin, eine bekannte Seherin, beigebracht. Es ist unglaublich, wie oft die Prophezeiungen eintreffen. Meine Nichte besuchte mich vor wenigen Wochen und bat mich, ihr die Zukunft vorherzusagen, da sie sich verliebt hatte. Als ich die gut gemischten Karten auslegte, lag plötzlich neben ihrer eigenen Karte das Symbol für Tod. Ich wollte es nicht wahrhaben, mischte erneut und wieder fügte sich diese Todeskarte an die gleiche Stelle. Julia bemerkte mein entsetztes Gesicht und sagte: »Tante, das ist doch nur ein blöder Zufall. Nur ein Spielchen. Bitte mische gut durch und versuche es noch einmal. Als sich zum dritten Mal dieselbe Konstellation ergab, schob ich blitzschnell die Karten zusammen. Doch Julia bemerkte mein Entsetzen und verabschiedete sich. Sie hüpfte nicht wie sonst trällernd die Treppe hinunter, sondern drehte sich ein letztes Mal kurz um. Julia bestieg einen Bus, dessen Tür klemmte und sich nicht wieder schloss. Während der zügigen Anfahrt schoss plötzlich ein Radfahrer aus der Nebenstraße vor das Fahrzeug. Der Busfahrer trat auf die Bremse. Ein heftiger Ruck! Julia schleuderte durch die geöffnete Tür auf die Straße. Ein nachfolgendes Auto überrollte sie. Julia war gerade achtzehn geworden. Sie war sofort tot.

Die alten Augen der Wirtin glänzen feucht im Licht des Stövchens. Wir verstummen. Dann schenkt Renate zum dritten Mal Tee und Rum nach. Plötzlich greift die Wirtin zu den Karten. Wir beteuern, dass wir diesem ganzen Kartenzauber keinen Glauben schenken. Die Wirtin beginnt zu schwitzen. Ihre Zunge wird schwerfällig. Sie mischt das Kartenpäckchen kräftig durch und teilt es in zwei Hälften. Immer wieder, um die Orakelbildchen von Neuem zu mischen, bis sie Renate anblickt und in Reihen geordnet auslegt: »Ja, da sehe ich etwas. Sie werden in der nächsten Woche Besuch von einem dunkelhaarigen Herrn bekommen. Hier, dieser dunkle Bube! Er wird Ihr Leben bestimmen! Ich kann aus den Symbolkarten der großen Arkana nur bestimmte Lebensabschnitte herauslesen, denn jede Karte hat eine eigene Bedeutung, die sich durch ihre Lage zu den Nachbarkarten ergibt. Aber diese Konstellation ist eindeutig! Nächste Woche klopft bei Ihnen der noch unbekannte Mann an, auf den Sie schon immer gewartet haben!« Auf diese spannende Ankündigung hin prosten wir Renate mit Tee zu. »Und jetzt zu Ihnen, Fräulein Monika!« Wieder mischt sie mehrmals die Karten und verteilt sie nacheinander auf dem Tisch. »Nein, das gefällt mir nicht! Ich mache nicht weiter.« »Ach, mischen Sie noch einmal«, bitte ich die Wirtin. Widerwillig legt sie erneut ein Quadrat und sagt: »Da! Schon wieder dieselbe Gruppierung!« »Also, alle guten Dinge sind drei!« Die Wirtin mischt und mischt und wir sehen, dass die Todeskarte beim Austeilen wieder an derselben Stelle liegt. »Nun gut. Sie wollten es ja so! Sie werden in den nächsten Tagen Post von einem Freund erhalten. Daraufhin werden Sie eine Reise zu einem Ort antreten, an dem eine Frau ist, die sich sonst nicht dort aufhält. Dabei werden Sie vom Tod eines

Ihnen sehr nahestehenden Menschen erfahren!« Ich denke sofort an Marco. Und an meinen alten Vater. »Nein! Er ist nicht mit Ihnen verwandt. So, meine Lieben, ich bin erschöpft! Jetzt muss ich schnell in mein Bett. Gute Nacht!« Wir räumen das Geschirr in die Küche und spülen es ab. Ich bedanke mich und torkle über den nachtschwarzen Innenhof in mein Zimmer. Am frühen nächsten Morgen reißt mich ein ausdauerndes Schellen an der Wohnungstür aus dem Bett. Ein Eilbote überbringt mir ein Telegramm. Ich öffne es hastig und lese völlig unerwartet: »Schenke dir Flug nach Köln zu Vaters Geburtstag, Brief folgt. Herzlich Gerd«. Als ich die Nachricht Renate zeige, sagt sie nur: »Siehst du, das ist der erste Punkt der Prophezeiung der Tarotkarten. Du hast eine Nachricht erhalten und wirst eine Reise antreten.«

Am Freitag packe ich schnell eine Tasche für den von Vaters Freund Gerd für mich gebuchten Flug nach Köln. Zu Vaters Festtag hatte ich schon eine Rolle mit dem von ihm gewünschten Selbstporträt vorausgeschickt. Am Flughafen Tempelhof steige ich wie eine Dame von Welt die Gangway zum Flieger hoch. In Köln gelandet, staune ich nach der längeren Abwesenheit schon am Flughafen über die vielen Mädchen mit selbstbewusst geschminkten Gesichtern. Ihre grell gemusterten Minikleider hängen ihnen wie enge Säcke von den Schultern. Nur auf dem Kurfürstendamm oder am Bahnhof Zoo waren mir bisher vereinzelt solche auffallend zurechtgemachten jungen Frauen mit schwarz umrandeten Augen, stark geschminkten Brauen und hoch toupierten Frisuren begegnet. Damit ich nicht als plumpes Trampel aus dem Kiez in Köln erscheine, stöckle ich auf meinen neuen Pumps mit idiotisch hohen Bleistiftabsätzen und mit die Zehen verunstaltenden Schuhspitzen unsicher dem Elternhaus entgegen. Ich hatte diese High Heels an der Gedächtniskirche im Ausverkauf von meinem Geburtstagsgeld in der Hoffnung erworben, mit etwas Eleganz meine Minderwertigkeitsgefühle in diesem armseligen Kiez zu dämpfen. Als ich in Rodenkirchen in den Park einbiege, kommt mir der Zeitraum unendlich lang vor, den ich bereits in dem grauen Berlin-Schöneberg weit vom Elternhaus entfernt verbracht habe. Hier – zu Hause – blühen die Farben, rauscht der Sommerwind im dichten Laub der Parkbäume. Die Sonnenstrahlen durchglühen die purpurfarbenen Blätter der mächtigen Blutbuchen. Ein Buntspecht klopft in den Wipfeln der Robinien, die Ringeltauben balzen und die blauen Kaskaden der Glyzinie, die von unserem Esszimmerbalkon schon von Weitem mit den leuchtenden Rosen im Garten um die Wette duften, verkünden mir deutlich, was ich alles in Berlin vermisse. Schon vor dem Gartentor höre ich das fröhliche Gelächter der Besucher auf der Veranda. Leise öffne ich die Haustür, stelle meine Tasche in meinem Zimmer ab und steige durch das Treppenhaus den Stimmen entgegen. Auch hier hängt der Blauregen als dichter und betörend duftender Vorhang von der Pergola des Dachgartens. Vom festlich gedeckten Betontisch winkt mir Ellen fröhlich zu und Gerd ruft: »Hussi! Überraschung! Deine Tochter ist da!« Vater steht auf und kommt mir mit offenen Armen entgegen. »Meine Kleine, was für eine Freude! Das macht mich heute wunschlos glücklich!« Ich umarme Mutter und die Freunde, danke Gerd für das großzügige Geschenk der Flugkarten und entschuldige mich dann für kurze Zeit. Leise schließe ich das Atelier in der zweiten Etage auf und wähle Marcos Telefonnummer. Nach kurzer Zeit meldet sich eine mir fremde Männerstimme: »Marco können Sie nicht sprechen. Marco ist tot!« »Oh, Entschuldigung, da habe ich mich verwählt.« Ich lege den Hörer auf und wähle erneut diese Nummer. Wieder erhalte ich dieselbe Antwort. Mit zittrigen Fingern kontrolliere ich die Nummer in meinem Notizbuch. Bei meinem dritten Versuch entschuldige ich mich mit ängstlicher Stimme, dass ich mich sicher wieder verwählt habe. »Nein, Sie haben sich nicht verwählt, unser Sohn Marco ist tot!« Mir fällt der Hörer aus der Hand. Mir wird übel. Mutter ruft: »Wo bleibst du denn, wir wollen mit dir auf Vaters Geburtstag anstoßen! Komm!« Ich schwanke die Steinstufen hinauf. Unter meinen Füßen entgleitet mir der Boden. Der Blauregen duftet nicht mehr, das Lachen der Gäste klingt hohl, ist nur noch ein schmerzendes Rauschen in weiter Ferne. Wie ein Automat nehme ich das Glas in die Hand, das Mutter mir reicht. »Du bist aber dünn geworden. Und so blass! Was ist mit dir?«

Hier kann ich nicht bleiben! Nur fort! Weit fort ins Nirgendwo! Am nächsten Morgen verabschiede ich mich überstürzt und warte stundenlang auf dem Flughafen. Im Wartebereich lese ich auf der Titelseite unserer Kölner Zeitung unter der Schlagzeile »Mord in Bonn« die folgende Meldung: »Gestern Morgen wurde vor dem Gebäude des physikalischen Instituts der Stadt Bonn ein junger Physiker hinterrücks von einem Studenten ermordet. Das Opfer verstarb nach wenigen Minuten. Mit einer selbst gebastelten, mit einer Blausäurekapsel geladenen Pistole hatte der Täter den Wissenschaftler von hinten in den Kopf geschossen. Wie die Nachforschungen ergeben, handelt es sich um eine Eifersuchtstat. Aus einem in seinem Zimmer gefundenen Abschiedsbrief geht hervor, dass der

Student den Ermordeten nicht persönlich kannte, es aber nicht ertragen konnte, dass dieser sein Diplom mit Bestnoten bestanden hatte, während er zum wiederholten Mal bei einer Examensprüfung durchgefallen war. Der Mörder hat sich kurz nach der Tat mit einem zweiten Schuss selbst das Leben genommen.«

Dann hebt der Flieger ab. Nach einer Stunde turbulenter Flugzeit landet er wieder sicher auf Westberliner Boden in Tempelhof.

Als ich einige Tage später, völlig erschöpft aus der Akademie kommend, unser dunkles, nach Kohl riechendes Treppenhaus hochsteige und meine Wohnungstür aufschließe, liegt vor mir auf dem Flurboden ein schwarz umrandeter Brief. Mein Arm greift zur Wand. Mir wird schwarz vor Augen. Marcos Gedicht, das auf der linken Seite der Todesanzeige abgedruckt ist, brennt sich nun in Druckbuchstaben noch tiefer in mein Herz. Ich kann nicht zur Beerdigung fliegen. Ich kann nicht den Eltern schreiben. Das Entsetzen steigt mir wie eine alles zersetzende Säure in die Glieder. Wie die Eiseskälte aus einer Gruft. Ich kann gar nichts mehr.

Nun kündet mir Beate auf einer Ansichtskarte neben gemeinsamen Ferienplänen auch einen Besuch von Roland an, einem langjährigen, fröhlichen Freund aus ihrer Nachbarschaft. Seine Kindheit hatte er in Berlin verbracht, was der Klang seiner Sprache immer noch verrät. Da Beate schon länger keine Nachricht von mir erhalten hat und ich telefonisch nicht erreichbar bin, ist sie so um mich besorgt, dass sie ihn beauftragt, in Schöneberg nach mir zu suchen. Mit meiner Adresse und der Hausnummer von Renate in der Hand irrt er über unseren Hinterhof, findet mich nicht in meiner Wohnung vor und fragt sich so lange durch, bis er an der Wohnung von Renates Wirtin klingelt. Renate öffnet, wie üblich mit Lockenwicklern im blonden Haar. Sie bittet ihn kurz in ihr kleines Zimmer und strahlt ihn mit ihren kastanienbraunen Augen an. Bei einer Tasse Rum mit Tee schlägt der Blitz ein. Beide erwischt die Liebe auf den ersten Blick. Er löst liebevoll die Lockenwickler aus ihrem Haar und verspricht, wiederzukommen. Und er kommt wieder, denn er ist der von den Tarotkarten prophezeite, schwarzhaarige junge Mann, der bald um ihre Hand anhalten und sie lebenslang als Ehemann begleiten wird.

Marcos Gedicht, das ich ständig in der Tasche bei mir trage und immer wieder lese, lässt mich nicht mehr los. Damit mir meine Traurigkeit nicht die letzte Lebensenergie raubt, rät mir Renate, am Ende des Sommersemesters ein kleines Fest zu geben. Um endlich auf positivere Gedanken zu kommen, lade ich Christian und natürlich Renate und ihren Roland an einem Mittwoch ein, denn meistens erscheint meine Wirtin erst zum Wochenende. Wenn es jedoch stark regnet, dann verlässt sie ihr Zelt am Wannsee auch an anderen Tagen und bewohnt das Berliner Zimmer. Sie verkriecht sich unter ihren dicken Plumeaus, um sich hier hinter ihrem Vorhang den gesamten Tag lang wie ein Bär laut schnarchend auszuschlafen. Von meinem bescheidenen Ersparten erwerbe ich zwei im Sonderangebot des Supermarkts mir sehr empfohlene Flaschen Rotwein und suche dazu verschiedene Brotsorten und Käse und Salate auf dem Wochenmarkt aus. Mir kommt die Idee, den großen Eichentisch in meinem Zimmer auf den Kopf zu legen und die vier hochstehenden Beine mit Stumpenkerzen zu dekorieren. Auf der umgekehrten Tischplatte arrangiere ich meine »kleinen Köstlichkeiten«. Eine Tomatensuppe köchelt bereits auf dem Gasherd. Schon schellt Christian, der Maler. Sofort stürzt er sich auf das verstaubte Piano meiner Wirtin, stellt den Klavierdeckel auf und hämmert Bachs Kunst der Fuge in den völlig verstimmten Klimperkasten. Aus Rücksicht auf die anderen Mieter versuche ich mit all meinen Verführungskünsten, ihn von diesem Lärm abzuhalten. Er aber steigert die Orgie seiner tanzenden Finger auf den vergilbten Tasten zu einem Forte. Erst als ich ihm die geöffnete Rotweinflasche unter die Nase halte, gelingt es mir, ihn von diesem Hölleninstrument zu entfernen und ihn zu animieren, als Vorkoster den ersten Schluck zu probieren. Er spuckt den Wein zurück in sein Glas. »Pfui!« Dann fläzt er sich wieder auf den Drehhocker und erhöht die Lautstärke seines Geklimpers zu einem Fortissimo. Erst ein Teller mit dampfender Tomatensuppe hebt wie ein Magnet seine Hände von der Klaviatur. Er knallt den Klavierdeckel zu, löffelt mit sichtlichem Genuss meine Tomatensuppe bis zum letzten Tropfen aus und testet noch einmal den angeblich guten Bordeauxwein. »Was hast du dir da für ein Gesöff andrehen lassen? Pfui! Das ist reiner Essig. Ungenießbar!« Unsanft und mit verachtender Miene stellt er das Glas mit dem Alkoholrest auf das Piano. Wir beratschlagen. Ich winke Renate mit dem Küchentuch zu, die etwas in ihrem Zimmer vergessen hatte und jetzt am Fenster steht. Plötzlich brüllt Roland lauthals über den gesamten, hallenden Innenhof: »Bring Glühweingewürz mit!« Mir schwant nichts Gutes! Die Vorhänge an den Fenstern der Mitbewohner bewegen sich! In der Küche meiner Wirtin bereiten nun Renate und Roland als Weinkenner mit meinem schlechten Rotwein in einem Kochtopf mit vielen Gewürzen und Zucker einen Glühwein zu, der sich zu einer trinkbaren, aber schnell enthemmenden Droge entwickelt. Der Geräuschpegel schwillt wieder an. Unsere Diskussionen über die Kunstszene, über die Machenschaften der Galeristen und über die uns bevorstehende Berufszeit als Lehrer enden in einem explosionsartigen Gelächter. Um 23 Uhr klopft ein Mieter aus der Etage unter mir mit dem Besenstiel an die Decke. Umgehend bitte ich meine Meute, die Party zu verlassen, da inzwischen auch der letzte Tropfen Glühwein ausgetrunken ist. Als ich alle Spuren des Festes beseitigt habe und die Möbel wieder am richtigen Platz stehen, schelle ich am nächsten Mittag mit einem Blumenstrauß im Arm an der Wohnungstür des genervten Mitbewohners. Ich hoffe, ihn mit meiner blumigen Entschuldigung gnädig zu stimmen. Als ich bei meinem Nachbarn gegenüber anklopfe, um mich auch bei ihm zu entschuldigen, sagt er: »Nö, Frollein! Sie haben mich nicht gestört! Aber, Frolleinchen, was ich Sie fragen wollte, Sie sehen immer so blass aus, als ob es Ihnen kalt wäre. Haben Sie überhaupt eine Heizmöglichkeit? Die alte Trunk hat doch ihren großen Ofen neben ihrem Bett hinter einem Vorhang versteckt.« »Mein Nordzimmer ist kalt«, antworte ich ihm. »Dort steht zwar ein großer Kachelofen, aber ich kann ihn nicht bedienen.« Der Nachbar zögert einen Moment und murmelt: »Warten Sie mal!« Er geht seinen langen Flur entlang und kommt mit einem Arm voller Briketts, Kienspan und Zeitungspapier zurück. »Das ist für Sie!« Er folgt mir in mein Zimmer, kniet sich vor die Ofentür, legt geknülltes Papier und einige Holzstückchen auf den Rost, zündet alles an, bläst kräftig in den Ofen, bis eine Glut entsteht und zaubert eine hell strahlende Flamme. Wie heimelig ist plötzlich die Atmosphäre meines Zimmers mit dem prasselnden Feuer! Der Rest des Tages wird mit dem Knistern des gut heizenden Ofens so behaglich, dass ich Renate zu mir einlade. Doch diese umständliche tägliche Heizprozedur wird mir in Zukunft erspart bleiben. Am Monatsende kracht ein Donnerwetter auf mich nieder. Der unter mir wohnende Nachbar hatte sich trotz meiner blumigen Entschuldigung nicht zähmen lassen und sich bei Helga Trunk beschwert. Als ich von der Akademie zurückkomme, um meiner Vermieterin pünktlich das fällige Mietgeld zu übergeben, sitzt sie mit einem vor Zorn und von einem viel zu hohen Blutdruck geröteten Gesicht auf meinem Bett. Mit ihren Argusaugen hat sie sicher schon jede Ecke meines Zimmers inspiziert. Sie blickt nicht zu mir herüber und grüßt nicht zurück. Dann feuert sie mir mit zusammengekniffenen Augen Wutpfeile entgegen: »Sie haben meine Nachbarn in der Nacht gestört! Sie! Sie haben auf meinem

Klavier herumgehämmert und meinen kostbaren Balatum-Teppich durch Aufrollen ruiniert! Mit den weißen Bettlaken an den Fenstern schädigen Sie für alle sichtbar meinen Ruf! Jetzt reicht's! Sie! Sie sind gekündigt!« Ich gebe alle meine Vergehen zu, sage, dass meine Gäste kurz nach 23 Uhr das Haus verlassen hätten und bitte um Verzeihung. Ihren kostbaren Balatum-Perserteppich würde ich genauso vorsichtig wieder entrollen, wie ich ihn schützend weggeräumt habe. Ich frage sie, ob ich hier noch zwei Wochen länger wohnen bleiben dürfe, die ich natürlich als halbe Monatsmiete bezahlte, weil ich erst nach vierzehn Tagen meine neue Unterkunft beziehen könne. Meine Gelassenheit und die Ankündigung, dass ich schon eine andere Wohnung in Aussicht habe, verblüfft sie so, dass sie nach kurzem Zögern gnädiger gestimmt einwilligt. Nur wenige Tage vor dieser Kündigung hatte mich meine Mitstudentin Gisela gefragt, ob ich nicht Lust hätte, mit in ihre WG in einen Neubau zu ziehen, da ich ihr gegenüber mit krächzender Erkältungsstimme erwähnt hatte, wie kalt und ungemütlich mein Zimmer sei, das im Winter nur mit einem alten Ofen beheizt werden könne. Schon am Abend besichtige ich mein neues Zuhause im dritten Stock eines gerade fertiggestellten Sozialbaus in der Martin-Luther-Straße. Das Zimmer wird zentral beheizt und ist großräumig und hell. Nach schwarzer Zeit spüre ich wieder etwas Licht im Dunkel.

Völlig überraschend besucht mich Mutter am Semesterende für drei Tage in meiner alten Unterkunft von Helga Trunk. Das ist für mich eine besondere Freude, denn mich hatte das dumme Gefühl beschlichen, dass sie auf mein Studium und meine angebliche, studentische Freiheit eifersüchtig sein könnte, da sie alles, was ich tat, wenig freundlich kommentierte. Sie kennt Berlin nicht und führt mich vergnügt auf der Sonnenseite der Stadt in eine viel lichtere, unbeschwerter erscheinende Welt. Wir genießen die üppigen Schaufensterdekorationen und die Ausstellungen in Galerien und Museen, und ich bin dankbar für jede Stunde in ihrer Nähe. Im Café Kranzler am Ku'damm darf ich mir an einem Fensterplatz eine Sahnetorte auswählen und im Kaufhaus des Westens die neueste Mode und den Luxus bewundern. Mutter ist bester Laune und schlägt mir im Restaurant des großen Konsumpalastes ein Fischessen vor. Als der rosa Lachs mit einer delikaten Soße serviert wird, erscheint mir unsere Welt noch ungerechter, denn im Schöneberger Kiez lebte ich monatelang fröstelnd und auf beengtem Raum mit einer armseligen, äußerst bescheidenen Bevölkerung auf der Schattenseite des Daseins. Alle Wünsche waren auf das Notwendigste reduziert. Doch hier, im Tempel des Konsums und des Überflusses, verwirren mich plötzlich die riesigen Buffets voller essbarer Luxusgüter aus der ganzen Welt. Die Vitrinen mit den teuren Düften, die Farbenpracht und die Eleganz der aktuellen Mode, die chromblitzenden Wagen auf dem Kurfürstendamm! Zum Abschied zeige ich Mutter unsere Akademie. Erst jetzt erkennt sie, was für einen strammen Lehrplan wir zu erfüllen haben. Ihre Vorstellung von einem prickelnd bohemen Studentenleben, das sich durch ein fröhliches Verplempern von Zeit auf Kosten anderer auszeichnet, muss sie revidieren. Sie schläft nicht in einem Komforthotel, sondern in meinem Bett, während ich die Nächte im Flur auf Helga Trunks völlig abgenutztem Plüschsofa verstreichen lasse. Mutter ist so entsetzt über das Ambiente und meinen Gesundheitszustand, dass sie einer Erhöhung meines Monatsbudgets kommentarlos zustimmt. So kann ich nach ihrer Abreise meiner Vermieterin die vereinbarte halbe Miete bezahlen und ihr versprechen, in vierzehn Tagen mein Zimmer im bestmöglichen Zustand zu verlassen. Mit letzter Kraft wuchte ich den Linoleumteppich aus der Vorratskammer, bugsiere ihn unter den schweren Tisch und stelle die Stuhlbeine der acht Stühle auf seine Kanten, sodass der Kunstperser wieder schön plan auf dem Boden liegt. Als die verschlissenen, braunen Samtgardinen wieder vor den geputzten Fenstern hängen und die mit dicken Wollfäden bestickte Blümchendecke richtig herum auf der Tischplatte liegt, bin ich ausgezogen, so als wäre ich nie hier gewesen. Meine neue, hilfsbereite WG-Mitbewohnerin Gisela bittet ihren Freund Fred, mich samt meinen Habseligkeiten mit seinem klapprigen Auto in die Martin-Luther-Straße zu transportieren, nachdem ich mich voller Freude von den vielen Verbotsschildern, den stinkenden Mülltonnen und dem armseligen Baum im Innenhof verabschiedet habe.

Nach langer Zugreise rolle ich im Kölner Hauptbahnhof ein. Endlich kann ich für eine Weile mein altes Kinderzimmer im Park beziehen und meine Kölner Freunde besuchen. Nach dieser langen Wartezeit nehme ich allen Mut zusammen, bei Marcos Mutter anzurufen. Niklas hatte mir in einem Brief kurz mitgeteilt, dass er die Zeremonie von Marcos Beisetzung mit vielen Trauergästen kaum ertragen konnte, denn sie fand kurz nach der Beerdigung von Marcos jüngerem Bruder, einem hochbegabten Studenten der Musikhochschule in Köln, statt. Er war wenige Wochen zuvor nach einem schweren Herzanfall tot in der Küche zusammengebrochen. Niklas vermutet, dass Marcos Mutter mein Besuch guttun würde. Sie sei völlig verlassen. Auch ihr Ehemann, der Vater ihrer beiden Söhne, der mir am Telefon dreimal Marcos Tod mitgeteilt hatte, sei vor Kurzem in Berlin verstorben. Diese Nachricht – drei Todesfälle in einer Familie, und das innerhalb so kurzer Zeit – ist auch für mich eine kaum erträgliche Tatsache. In unserer Baumschule bitte ich den Gärtner, einen großen Strauß mit seinen schönsten Blumen zu binden. Ich steige danach in die Rheinuferbahn in Richtung Bundeshauptstadt. An der Bonner Haustür, vor der ich noch nie gestanden habe, nehme ich meinen ganzen Mut zusammen und klingle. Eine noble, grauhaarige Dame öffnet mir und sieht mich lange stumm und traurig an. Mit einem müden Handzeichen führt sie mich in einen hellen Wohnraum. Ein ovaler Tisch ist schon mit weißem Teegeschirr und einem selbst gebackenen Kuchen gedeckt. Sie lässt meine Hand kaum los und wir schauen uns so lange schweigend in die Augen, bis sie sich durch Tränenflüssigkeit eintrüben. Während sie meine Blumen in eine Vase stellt, erzähle ich ihr von dem unglaublichen Zufall, dass Marco und ich, unabhängig voneinander, die mächtige Kastanie vor der Kirche in Ronco zu unserem Lieblingsbaum erkoren hatten. »Manchmal ist es kein Zufall«, sagt sie leise, während sich in unserem Schweigen unsere Gedanken im Gleichklang an diesem Platz treffen. Es ist ganz still um uns, die Wanduhr tickt den Verlust der Zeit. Wie aus einem Traum erwacht, nickt Marcos Mutter mir mit einem Hauch von Lächeln zu: »Auch ich habe vor sehr langer Zeit, genau wie Marco, meine glücklichsten Kinderjahre zu Füßen der Kastanie verbracht. Dort ist der schönste Ausblick der Welt. Auf den See und die Berge und den Himmel. Nur wenige Schritte dahinter, fast im Schatten des Baumes, liegt mein Elternhaus, in dem auch Marco das klare Licht des Tessins erblickt hat.« Sie steht auf, nimmt wieder meine Hand und führt mich in Marcos Zimmer. Über seinem Bett hängt gerahmt mein Katzenbild. Sie zieht seine Nachttischschublade auf und zeigt mir Briefe mit meiner Handschrift. Dann weist sie zur Zimmerdecke. Genau über seinem Kopfkissen hängen meine Federchen aus dem Kleist-Park und an einem Lampenschirm mein Blatt von einem Ginkgobaum. »Schauen Sie, das ist auch von Ihnen. Marco hat seine Pretiosen an der Leuchte fixiert. Damit sie ihn im Schlaf beschützen!« Wieder umfängt uns Stille. Nach kurzem Zögern flüstert sie wie zu sich selbst: »Auf keinen Fall darf ich hier Staub wischen! Das hätte er nie zugelassen.« Seine letzte Botschaft unserer Verbindung flatterte mir als Todesanzeige wie ein Engel entgegen, der mit seinen schwarzen Flügeln jede Helligkeit in mir erstickte.

Ratlos. Leer. Ohne inneren Halt verabschiede ich mich von Marcos Mutter, die von ihm und seinem Bruder und ihrem Ehemann für immer verlassen wurde. Noch nie war mir ein fremder Mensch auf Anhieb so nah, als hätte er schon immer zu meinem Leben gehört. Meine wichtigste Frage, die niemals beantwortet werden wird, ob die Nachricht von Niklas über Marcos Verlobung mit einer Krankenschwester namens Monika nur erfunden oder falsch verstanden worden war, spielt jetzt keine Rolle mehr!

Es braucht eine lange Zeit, bis ich mir selber etwas Kraft geben kann, denn allmählich wächst in mir der schwache Trost, dass Marco mein Leben als Früh-Vollendeter verlassen musste. Sein Gedankenreichtum und seine außergewöhnlichen Fähigkeiten waren wahrscheinlich schon in seiner Jugend an so ferne Grenzen des Denkens gelangt, die für einen normal begabten Menschen selbst im hohen Alter nicht erreichbar sind. Nur diese kleine zitternde Flamme der Hoffnung beleuchtet mir meinen schmalen Weg, auf dem ich weitergehe.

Schon als ich nach meinem Aufenthalt in Köln zum ersten Mal die Tür zu meinem Zimmer im dritten Stock eines nüchternen Sozialbaus aufschließe, strömt mit der wohlig temperierten Atmosphäre neue Energie in mein Gemüt. Am großen Fenster dämpfen weiße Stores die grelle Nachmittagssonne und der Fußboden besteht aus hellem, honigfarbenem Parkett. Alle Räume werden zentral beheizt. Wir teilen uns den Flur, die Küche und das Bad. Obwohl ich mir das schönste Zimmer einrichten darf, kostet es nur wenig mehr als die kalte Abstellkammer in der Wohnung von Helga Trunk. Mein erster Besucher im neuen Domizil ist der Postbote, der mir einen Brief von Till aushändigt. Er enthält die spontane Ankündigung seines Besuchs in meiner neuen Wohnung, deren neue Adresse er von meinen Eltern erfahren hat. Mir dreht sich der Kopf. Auch der Germane, der Karnevalstänzer aus den Kellergewölben, die Beate und ich für das private Faschingsfest im Rheingau dekoriert hatten, schreibt, dass er bei einem Berlinbesuch in Kürze bei mir vorbeischauen werde. Was soll ich nur machen?

Meine beiden sympathischen Mitbewohnerinnen verhalten sich diskret. Auch wenn sie gelegentlich Besuch empfangen, bleibt es ruhig in unserer gemeinsamen Wohnung. Die Hübsche, mit der ich Wand an Wand wohne, macht mich zu ihrer Komplizin. Wenn ein Herr mit Schiebermütze und Pfeife unter einem dunklen Schnauzbart bei uns auftaucht, zweimal klingelt und sich nach ihr erkundigt, bittet sie mich manchmal, ihm mitzuteilen, dass sie nicht da sei. Ich frage ihn nicht nach seinem Namen, vermute aber, ihn zu kennen. Schließlich fällt es mir wie Schuppen von den Augen. Klar! Der sporadische Besucher ist der Autor der »Blechtrommel«!

Seit einigen Tagen ist Giselas blonder, bärtiger Freund Fred bei uns eingezogen. Das verliebte Paar verhält sich leise und rücksichtsvoll und teilt sich in einem kleinen Raum ein sehr schmales Bett. Eines Morgens klebt ein handgeschriebener Zettel an der Wand unseres gemeinsamen Bades mit folgendem Text: »Bitte habt Verständnis, wenn ich die Toilette so oft belege. Ich mache eine Wurmkur. Gisela.« Weil ihr dauernd schlecht ist und sie merklich abgenommen hat, soll durch Stuhlproben in einem bereitgestellten Blecheimer der vom Hausarzt vermutete Übeltäter – ein Bandwurm – endlich zum Vorschein kommen. Doch die verordneten Pillen zeigen keinerlei Wirkung. Im Gegenteil. Nach einigen Wochen geht es Gisela besser und ihr Bauchumfang nimmt sichtbar zu. Pünktlich, nach neun Monaten, erblickt ein gesunder Wurm das Licht der Welt. Leider bin ich zu diesem freudigen Ereignis nicht mehr in Berlin. Meine Studentenzeit hatte schon vor der Geburt des kräftigen Sohnes geendet, sodass das nette Elternpaar mit dem neuen kleinen Berliner mein geräumigeres Zimmer beziehen kann.

Während der letzten Berliner Prüfungswochen klopft Till, wie in seinem Brief angekündigt, an einem Samstagabend an meine Tür. Wir waren uns seit dem Karnevalsfest in der Galerie »Der Spiegel« nicht mehr begegnet. Jetzt schaut er, ohne rot zu werden, zum ersten Mal fest in meine Augen. Er behält seinen Mantel an und bittet mich, ihm zu folgen. Selbstbewusst und entschlossen führt er mich zu einem Taxi und dirigiert den Fahrer zu einer alleinstehenden Villa. Das gepflegte Gebäude, ein französischer Club, befindet sich in einem von Laternen beleuchteten Garten mit hohen, von Raureif überpuderten Bäumen. Schon im Entree empfängt uns ein Herr mit einer persönlichen Begrüßung und begleitet uns in einen intimen und vornehm möblierten Speiseraum. Nachdem uns ein Kellner zu einem vorbestellten, festlich gedeckten Tisch geführt hat, reicht Till mir die Speisekarte und bestellt für uns beide in fließendem Französisch ein Gericht mit Weinbergschnecken. Da mir das Schneckenessen mit Werner in Colmar und mit meinen Düsseldorfer Kollegen in der Eifel noch gut im Gedächtnis ist, freue ich mich auf die Tierchen und werde die Gehäuse brav auf dem Teller liegen lassen. Plötzlich ist unsere Befangenheit verschwunden. Wir sind erwachsen geworden! Da wir jahrelang aneinander gedacht hatten, berichten wir von unserem Alltag, von unseren Vorlieben und den erlebten Kunstgenüssen und von unseren Zukunftsplänen. Till teilt mir mit, dass er als Jurist alle Prüfungen für eine diplomatische Laufbahn aufgrund seines breiten

Allgemeinwissens und vor allem wegen seiner umfangreichen Kenntnisse in Geschichte und Kunstgeschichte gut bestanden habe. Im Moment absolviere er ein kurzes Praktikum in einem Berliner Anwaltsbüro. Besonders gespannt warte er täglich auf die Mitteilung des Auswärtigen Amtes. Noch wisse er als Attaché nicht, in welchem Land sich seine erste diplomatische Dienststelle befinde. Nach diesem Satz spüre ich, wie unterkühlt der edle Speiseraum ist. Auch ein volles Glas des teuren französischen Weines kann mich nicht mehr durchwärmen. Auf dem Heimweg beginne ich zu frieren und in meinem Bett überfallen mich plötzlich Schüttelfrost und hohes Fieber. Schon wieder eine Angina! Meine körperlichen und seelischen Abwehrkräfte sind verbraucht. Till, der für diesen Monat als Gast bei Verwandten in einem der wenigen Einfamilienhäuser der Gropiusstadt wohnen darf, kommt nun jeden Abend direkt nach seiner Bürotätigkeit mit dem Bus für eine Stunde in die Martin-Luther-Straße. Er versorgt mich mit frisch gepresstem Orangensaft, mit selbstgekochtem Gemüse, Kartoffeln und Beilagen, die er in unserer Gemeinschaftsküche, von meinen Mitbewohnern unterstützt, liebevoll zubereitet. Während er geschickt meine klemmende Kommode repariert, überlegt er, welche Nahrungsmittel mir am Wochenende besonders gut schmecken könnten. Vor meinem Fenster tanzen Schneeflocken und auf meinem Nachttisch duften seine blauen und weißen Hyazinthen. Als das Fieber nach dieser Zeit des Verwöhnens endlich abgeklungen ist und ich nicht mehr ansteckend bin, bittet mich Till, ihn zu einem Sonntagskaffee bei seinen Verwandten zu begleiten.

Das weißhaarige Ehepaar erwartet uns schon in seinem mit moderner Kunst und Designmöbeln ausgestatteten Bungalow. Bereits nach den ersten gewechselten Worten fühle ich mich in der häuslichen und geistigen Atmosphäre von Tills Verwandten heimisch. Der Hausherr erkundigt sich nach Vater, den er von Besuchen in Köln kennt. Alle Gesprächsthemen sind mir bestens vertraut. Als ich gegen Abend dem liebenswürdigen, intellektuellen Paar für seine Gastlichkeit danke, verabschieden sich beide von mir wie langjährige Freunde. Auf dem Rückweg begleitet mich Till bis vor die Tür meines Zimmers und beginnt sich zu verhaspeln. Er bittet mich, kurz mit an meinen Tisch kommen zu dürfen, um etwas für ihn Wichtiges mit mir zu besprechen. Als ich ihm einen heißen Tee serviere, eröffnet er mir, dass dieser Tag unser letzter in Berlin gewesen sei, denn morgen früh müsse er zurück nach Bonn fliegen. Das Auswärtige Amt schicke ihn an eine Deutsche Botschaft im fernen Ausland. Er sieht mich mit seinen warmherzigen, tiefblauen Augen an. Jetzt überzieht wieder Röte sein Gesicht. Er holt tief Luft und fragt mich plötzlich und unvermittelt, ob ich ihn heiraten würde. Ich bin so sprachlos, dass ich wortlos nicke. Dann verabschiedet er sich. Stotternd verspricht er, mir zu schreiben und vor seinem Abflug aus Deutschland bei meinen Eltern um meine Hand anzuhalten.

Als mein seelischer Zustand wieder etwas Balance gewonnen hat, steuere ich nach einigen Tagen die Telefonzelle am Nollendorfplatz an. Mit Herzklopfen bis zum Hals werfe ich Münzen in den Automaten ein und drehe die Wählscheibe. Als ich Mutter frage, ob Till sie besucht habe, antwortet sie mit aufgebrachter, wenig freundlicher Stimme: »Ja. Er war hier. Er brachte uns einen fast aufdringlich großen Strauß mit. Als Gruß von dir. Was sollte das? Nein! Von einem Heiratsantrag hat er kein einziges Wort gesagt. Sicher bildest du dir das in deiner blühenden Fantasie nur ein.« Ich bitte sie inständig, Vater sprechen zu dürfen. »Das geht nicht! Er liegt mit Migräne im Bett. Und außerdem, du könntest niemals einen angehenden Diplomaten heiraten! Du bist nicht gegen Pocken geimpft! Viele Länder würden dich nicht über ihre Grenzen lassen. Amerika zum Beispiel! Die USA werden dir jede Einreise verbieten! Willst du einem jungen Mann die Karriere verderben? Vergiss es! Er hat nichts von einer Heirat geäußert. Außerdem bist du viel zu anfällig, um andere Klimazonen zu verkraften. Falls du ihn wirklich magst, zerstöre ihm seine Karriere nicht!«

Es kommt keine Post aus dem Ausland. Ich warte. Nichts! Gar nichts. Kein Brief, keine Adresse, kein Anruf, kein Telegramm! Ich schäme mich zu sehr, um bei Tills Eltern nach seiner neuen Adresse zu fragen. Vielleicht hat Till nichts von seinen Plänen und seiner Hochzeit mit mir verraten. Auch dieses Mal muss ich wieder erfahren, wie flüchtig Glück ist. Vor meinem Fenster rieselt unaufhörlich Schnee. Die dunkelkahlen Äste der Alleebäume verwandeln sich in zartweiße, sich in den trüben Himmel reckende Hände. Schuberts »Winterreise« begleitet meine Tage. Meine Nächte! Meine weiße Bettdecke ist Schnee.

»So geht das nicht weiter mit dir! Am Wochenende machen wir einen Ausflug in den Grunewald!« Renate blickt mich streng an, als ich am Webstuhl zusammensacke. Sie ergreift meinen Oberarm: »Meine Wirtin empfiehlt uns einen Wanderweg auf einen der Trümmerberge!«

Am Sonntagmorgen weckt mich ein helles weißes Licht. Mein Raum ist von einem milchigen Schimmern erfüllt. Es ist völlig still auf der Straße, denn die noch schlafende Stadt wird von einem weißen Laken aus Schnee verschluckt, so als bereite sie sich auf einen hundertjährigen Schlaf vor. Warm vermummt biege ich in die Elßholzstraße ein. Meine alte Wohngegend am Kontrollratsgebäude sieht, zum ersten Mal frisch geweißt, hell und freundlich aus. Der wachhabende Schwarze stapft Muster mit seinen Stiefelsohlen in die noch unberührte, weiße Pracht. Als er mich kommen sieht, steht er wieder stramm. Sein Gesicht erstarrt, magisch schwarz und glänzend, wie eine Ebenholzskulptur aus dem Benin. Renate brüht schnell einen Tee auf. Auf dem Weg zur S-Bahn umtanzen uns flauschige Schneeflocken. Ein verspäteter Zug rattert mit uns in den Grunewald. Bald erreichen wir einen künstlich aufgeschütteten Hügel aus ehemaligem Trümmerschutt. Zwischen verschneiten Bäumen führt eine steile, gerade Waldschneise auf den Gipfel. Der Aufstieg durch den Tiefschnee bringt uns außer Atem. Der Schnee knirscht unter den Sohlen. Unsere Fußstapfen hinterlassen im Neuschnee ein Reißverschlussmuster. Wir schnaufen und hecheln und erreichen mit einer nebligen Atemfahne vor dem Mund den Scheitelpunkt. Die Schneewolken verziehen sich, die hochstehende Sonne beleuchtet uns wie ein Bühnenscheinwerfer. Kein Wanderer ist unterwegs. In Düsseldorf hatte ich auf meinen winterlichen Nachhausewegen von der Akademie beobachtet, wie Kinder mit größtem Vergnügen auf Plastiktüten über die niedrigen Hubbel des Hofgartens rutschten. Jedes Mal beneidete ich sie. Ich klaube aus meiner Manteltasche eine Plastiktüte heraus, mit der ich sonst meine Einkäufe transportiere. Kopfschüttelnd beobachtet Renate, wie ich die glatte Tüte flach auf dem Schnee ausbreite, mich darauf setze, die Stiefel anhebe und den Abhang hinabsause. Schneller und schneller. Nur die Schleifgeräusche im Schnee und der Fahrtwind pfeifen in meinen Ohren. Plötzlich ein Knacken im Gehölz. Kettenrasseln! Ein riesiges, eisernes Monster! Im rechten Winkel zu mir zwischen den Bäumen, ein Kampfpanzer! Der Koloss bäumt sich auf! In letzter Sekunde sause ich wie ein Irrwisch haarscharf an seinem Bug vorbei. Erst auf einem Querweg an der Talsohle kann ich bremsen, mich umdrehen. Der Panzer stoppt. Aus der Luke starrt mich ein Soldat unter seinem Stahlhelm fassungslos an. Erst als ich winke, weicht der Schock aus seinem Gesicht. Mit breitem Grinsen hebt er die Hand und ruft: »Wow! Everything okay? That was close!« Auf schlotternden Beinen stapfe ich noch einmal auf den Berg. Renate stiert noch immer wie angewurzelt von oben auf die Piste. Als sie am Abend von unserem gefährlichen Abenteuer im Grunewald berichtet, fischt ihre Zimmerwirtin die Tageszeitung aus dem Papierkorb und ruft vor Schreck: »O Gott! Heute war Manöver! Dann ist für alle Berliner der gesamte Grunewald gesperrt!«

Mit dem Schnee überfällt arktische Kälte unsere Stadt. Wo nicht geräumt und gestreut wird, verfärbt sich der weiße Zauber in einen schmutzigen Matsch, der sich an den Gullys staut und zu gefährlichen Eisbächen gefriert. Auch am kommenden Wochenende versucht Renate mich von meinen trübsinnigen Grübeleien und meiner Traurigkeit zu erlösen. Sie überrascht mich mit einer geplanten Fahrt nach Zehlendorf zur Krummen Lanke. Da wegen der vielen mit Holz und Briketts befeuerten Öfen ein dichter Smog über den eng bebauten Vierteln wabert, schlägt sie vor, unsere Lungen bei einem ausgedehnten Spaziergang am See zu durchlüften. Am Ufer prüfen wir mit der Fußspitze die Dicke des Eises. Es knirscht. Als Renate über die gefrorene, noch unberührte Fläche rutscht, winkt sie mich zu sich heran, und wir schlittern gemeinsam bis zur Mitte des Sees. Hier entdecken wir Risse. Es knackt unter unseren Stiefeln. Renate nimmt einen kräftigen Schluck aus dem Flachmann und marschiert singend weiter. Da mich der Panzer nicht erwischt hat, vertraue ich ein weiteres Mal auf mein Glück und rutsche hinterher. Obwohl das Eis unter unseren Stiefeln birst und splittert und ein Zurück Lebensgefahr bedeutet, erreichen wir das gegenüberliegende Ufer unbeschadet. Vor der Rückfahrt warnen am Zeitungskiosk der U-Bahn fett gedruckte Schlagzeilen der Berliner Zeitungen: »Das Betreten der Eisflächen auf den Seen ist streng untersagt. Der Senat wird öffentlich bekannt geben, wann die Eisdecken der Seen freigegeben werden.«

Es schneit unaufhörlich. Kaum jemand verlässt bei diesem Wetter sein Haus. Frierend stapfe ich über die Bülowstraße zum Ausgleichsamt. Wenigstens in der Mittagspause etwas Quark mit Kartoffeln und Leinöl und danach einen heißen Kakao! Die städtischen Geräusche ersticken im Schnee und die Häuserfronten gefrieren zu geisterhaften Kulissen. Bei Walterchen brennt kein Licht. Durch den Flockenschleier erahne ich in der Ferne den Schatten einer vermummten Gestalt. Sie nähert sich mit weit ausholenden Schritten. Jetzt erkenne ich einen jungen Mann in einem olivgrünen Parka. An seinen Knickerbockern über hohen Stiefeln zotteln Eisklümpchen, die dicke Pudelmütze auf dem Kopf ist eine Pyramide aus Schnee. Bin ich schneeblind? Nein! Ich spinne! Das ist nur ein Phantom! Oder? Oder – ist er es wirklich? Ist das der Germane? Der Tänzer aus dem von Beate und mir dekorierten Karnevalskeller? Jetzt breitet er seine Arme wie Flügel aus. Genau vor Walterchens Ballhaus. Er spurtet auf mich zu, umfasst mich und drückt mich an sich und ringt nach Luft: »Ich wusste einfach, dass ich dich hier treffe. Ich bin schon in der Nacht in meinem alten VW Käfer in Frankfurt gestartet. Die Straßen sind vereist, die Autobahnen teilweise nicht geräumt. Die Heizung meines schrottreifen Wagens funktioniert nicht mehr. Aber ich wusste, dass du jetzt hier in Berlin-Schöneberg entlanggehen wirst! Ich wusste, dass ich dich hier finde!« Ich kann es nicht fassen! Meine Reaktionen sind mechanisch, wie betäubt. Ich habe das Gefühl, nicht mehr ich selbst zu sein. Das Leben birgt magische Momente!

In der Kantine des Ausgleichsamtes kann der Abenteurer seinen völlig durchgefrorenen Körper endlich mit einem heißen Milchkaffee aufwärmen. Der Mann an der Essensausgabe lacht mir verständnisvoll zu und stellt wie selbstverständlich zwei Teller mit Gulaschsuppe und zwei Schalen mit Grießbrei und Kirschen auf mein Tablett. Der Germane und ich sitzen uns gegenüber. Wir löffeln unsere Suppe und begreifen beide kaum, was geschieht. Auf dem Rückweg zur Hochschule hatte der Neuschnee meine einsamen Fußstapfen auf dem Bürgersteig getilgt. Nun ziehen wir gemeinsam eine neue Spur durch die Eiskristalle. Am Eingang der Akademie betrachten meine Kollegen den fremden Eindringling wegen seiner grünen Jägerkluft besonders argwöhnisch. Das Malen in einem ausrangierten Schlafanzug erscheint in diesem Gebäude längst nicht so provozierend wie dieser exotische Auftritt! Was will der hier? Mit seinen schweren Stiefeln steigt er neben mir die Treppen hoch und hinterlässt vom getauten Schnee Wasserpfützen. Er begleitet mich bis zur Tür der Weberei, jetzt beginnt meine Examensklausur. Ich verspreche, nach zwei Stunden wieder zum Eingang zu kommen und auf ihn zu warten. Auf dem hohen Hocker neige ich mich lächelnd zum Webstuhl vor und lasse das Schiffchen durch die gespannten Kettfäden meiner letzten Stoffbahn flitzen. Unsere Dozentin nickt mir anspornend zu, denn sie hatte den Fremdling schon unten vor dem Akademiegebäude neben mir entdeckt. Kurz vor dem Abgabetermin löse ich meinen Webschal aus den Kettfäden, vernähe die Ränder und liefere mein Examenstuch ab.

In der Vorhalle steht er, schon lange geduldig wartend. In einer verräucherten, aber geheizten Eckkneipe sprechen wir befangen über banale Dinge, bis er auf die Uhr schaut und erschrocken feststellt: »Ich muss mit meiner alten Karre sofort starten und tanken, damit ich noch bei Helligkeit ein Stück der verschneiten Autobahn befahren kann. Es ist glatt und sehr kalt!« Er begleitet mich bis vor meine Haustür und sagt zum Abschied: »Bis bald!« Dann steigt er in seinen an den Türrändern durchgerosteten Wagen. In seinem folgenden Brief gesteht er, wie vergnügt er sich trotz der Tortur durch die Winternacht gekämpft habe.

Die vorangegangenen, katastrophalen Ereignisse und diese neuen Begegnungen verwirren mich. Alles geschieht zu schnell, zu unerwartet! Sebastian und Marco wurden durch Mord brutal aus meinem Leben gerissen, Till ist weit fort und sendet kein einziges Lebenszeichen. Und jetzt der Germane. Unzählige Gedanken kreisen in meinem Kopf wie die abgenutzten Spielzeugpferde des Karussells im Jardin du Luxembourg in Paris, die unaufhörlich ihre Runden drehen. Nach diesen Turbulenzen habe ich nur den einen Wunsch, allein zu sein, keine Lebensentscheidungen treffen zu müssen, mich ausschließlich weiter der Kunst zu widmen, wieder vor der Leinwand zu stehen und zu malen! Die vielen noch ungemalten Bilder, die sich mir aufdrängen, dürfen nicht verloren gehen! Diese Wirklichkeit ist nur auszuhalten, wenn es mir gelingt, das Unvorhersehbare, das tief im Inneren Verborgene magisch überhöht in gemalte farbige Geschichten zu verwandeln. »Es ist so, dass ich längst nicht mehr leben würde ohne Malerei!«, schreibt Hermann Hesse.

In der Klasse der Schneiderei liegt als letzte Examensarbeit meine vorher von mir entworfene und schon zugeschnittene Seidenbluse unter dem Nähfuß. Unkonzentriert nähe ich mir mit der Nadel durch den Finger. Unsere Dozentin verbindet meine Hand, damit kein Blut auf die Seide tropft. Danach vernähe ich mich bei dem Versuch, die schmalen, parallelen Biesen im Vorderteil zu steppen. Immer nervöser werdend, trenne ich die mit viel zu engen Stichen versehene Naht wieder auf. Bloß nicht die empfindliche Seide verletzen! Die Zeit wird knapp! Plötzlich kippe ich vornüber auf die Nähmaschine und verletze mich an der Stirn. Ich blute. Meine Wange schwillt rot an. Renate bittet, mich zur Toilette begleiten zu dürfen – was normalerweise bei Klausuren streng verboten ist. Im Waschraum brüllt sie mich hinter den verschlossenen Türen an und rüttelt an meinen Schultern: »Was denkst du dir eigentlich? Spinnst du? Willst du das ganze Jahr umsonst hier studiert haben? Reiß dich zusammen! Heulen bringt nichts! Los, Kopf unter den kalten Wasserhahn! Abtrocknen! Jetzt nähst du weiter!« Ich komme wieder zu mir, folge widerstandslos ihren Befehlen und setze mich an die Maschine. Als die vorgeschriebene Prüfungszeit beendet ist, liefere ich meine Bluse ohne fest vernähtes Rückenteil ab. Während des Rundgangs der Prüfungskommission betont unsere Dozentin den besonderen

Schwierigkeitsgrad meiner eng plissierten Bluse aus einem heikel zu verarbeitenden Seidenstoff und verschweigt dabei, dass meine Arbeit nicht fertig geworden ist. Da die Seidenbluse geschickt drapiert neben meinen anderen Ausstellungsstücken liegt, nimmt sie keiner der Prüfer zur Beurteilung in die Hand. Mein gesamtes Abschlusszeugnis fällt so gut aus, dass unsere Dekanin mich einige Jahre später mehrmals telefonisch bitten wird, mich für eine Professur an der Hochschule zu bewerben.

Der Germane rollt bei seinem letzten Berlinbesuch mit einem dritten Austauschmotor vor meine Berliner Wohnung und packt meinen gesamten Hausstand, meinen karierten Koffer und mich in seinen Volkswagen. Bei der Kontrolle an der Zonengrenze antwortet er auf die Frage der Grenzpolizisten, was der Wagen denn so alles transportiere: »Zwei Semester in Berlin und meine beste Freundin!« Er bringt mich zurück nach Köln und wartet in Frankfurt geduldig auf mein »Ja«, um sein Leben für immer mit mir zu teilen. Ich aber erbitte mir Bedenkzeit.

Was erwarte ich von der Zukunft? Was ist mir wichtig? Was hilft, den Schmerz zu ertragen, wenn einem plötzlich das Wertvollste entrissen wird? Wie flüchtig ist neues Glück?

»Alle Kunst braucht Schmerz!«, sagt Hermann Nitsch. »Alles Schöpferische ist mit Leid verbunden. Leid ist die Bedingung von Schöpfung und Freude. Das Tragische ist schlechthin der Tod!«

Der quälende Drang, freikünstlerisch zu arbeiten, wird sich bei mir nie mehr unterdrücken lassen. Kreatives Gestalten ist für mich Balance zwischen Abgrund und Glück!

Elba

Nach diesem strapaziösen Jahr in Berlin, das sich wie ein verkratztes Schwarz-Weiß-Foto in mein Gedächtnis eingebrannt hat, verspüre ich ein großes Verlangen nach Farben und den würzigen Düften von Rosmarin, Thymian, Melisse, Oregano, Salbei, Minze und Fenchel. Ich sehne mich nach dem Salzgeschmack des Meeres auf den Lippen unter dem unendlichen Blau eines südlichen Himmels.

Sobald Beate und ich sicher die Alpen überquert haben, umfängt uns das weiche Licht. Meine Mappe voller Zeichenblätter, Stifte und Aquarellfarben liegen auf dem Rücksitz. Der Stress der Prüfungswochen verfliegt. Pünktlich erreichen wir den Hafen von Piombino mit der abschreckend metallisch riechenden Schwerindustrie. Dort reißt die Fähre schon ihr riesiges Maul auf und verschluckt uns auf dem vorher gebuchten Autostellplatz. Wir lehnen an der Reling, sprechen über den Wolkenhimmel, über die Meerestemperatur und die synchron schwimmenden Delfine, die unser Schiff begleiten. Plötzlich ist Elba greifbar nah. In Portoferraio rollen wir an Land. Nach ein paar Besorgungen für den Abend und das nächste Frühstück erreichen wir das Anwesen, das sich, etwas entfernt von der Fahrstraße, in einer Senke an einen Hügel mit gepflegten Weinfeldern schmiegt. Dieser idyllische Ort war mir schon vor einigen Jahren aufgefallen, als ich in einem einsam auf einem Kap liegenden Ferienhaus meines Onkels zwei glückliche Wochen verbringen durfte. Mehrmals fuhren wir damals auf dem Weg nach Porto Azzuro an diesem Weingut vorbei. In jenem Sommer umpflanzten wir das Anwesen meines Onkels mit kleinen Kiefern. Zu meinem Hochgefühl gehörte das morgendliche Schwimmen inmitten von Fischschwärmen, die ich mit etwas Brot fütterte. Direkt an der Einstiegleiter lauerte in den Felsen eine beträchtlich dicke und ihre Zähne bleckende Muräne, vor der ich jedes Mal respektvollen Abstand hielt. Von einer Terrasse aus konnten wir Korsika im Dunst und die kleine, in einiger Entfernung aus dem Meer ragende Gefängnisinsel Pianosa beobachten, die mit einer hohen, wehrhaften, aber nach wenigen Metern endenden Mauer strotzt, obwohl die Gefangenen hier fröhlich im offenen Vollzug leben, Landwirtschaft betreiben und ein sehr gutes Restaurant führen. Jeden Abend erwarteten wir die Nacht und das sich in der Dunkelheit klar abzeichnende Band der Milchstraße. Meine Gedanken verloren sich, wie damals als Kind in Kitzbühel, zwischen blinkenden Sternen in der

Tiefe des unendlichen Raumes, der unserer irdischen Zeit jede Bedeutung nimmt. Ein körperloses Schweben, ein Höchstmaß an Freude. Geckos bewachten unser Haus und schnappten sich die Stechmücken und Spinnen. Um die uns heimsuchenden kleinen, besonders schlauen Ratten auf ihren nächtlichen Raubzügen zu fangen, stellten wir Fallen mit Käsestückchen an den verschiedenen Hausecken auf, da sie auf ihrer gierigen Nahrungssuche alles Fressbare plünderten. Doch die klugen Nager mieden unsere Fallen, selbst die köstlichsten Käsesorten konnten die Kleinen nicht begeistern. Wir hatten keinerlei Jagdglück. Als wir jedoch in einer stillen Nacht unter dem Sternenhimmel der Musik von Mozart lauschten, störte uns plötzlich ein immer wiederkehrendes, für uns unerklärliches, klickendes Geräusch. Am nächsten Morgen entdeckten wir, dass alle Fallen zugeschnappt und gefüllt waren. Nun legten wir jeden Abend andere Schallplatten unter den Tonarm. Seltsamerweise hatten wir nur Erfolg mit den verzaubernden Klängen von Mozart. Wir redeten uns ein, dass ausnahmslos ungiftige Schlangen mit uns das Grundstück bewohnten. Mit Sorge beobachteten wir allerdings nachts die Feuer auf Korsika, die wir in der Dämmerung lodern sahen. In jenem Jahr blieb unser Sternenkap von einer Feuersbrunst verschont.

Nicht nur Touristen sind von diesem bezaubernden Eiland begeistert. Schon seit Urzeiten ist die Insel nicht nur wegen ihrer landschaftlichen Schönheit und ihrer Fruchtbarkeit begehrt, sondern auch wegen ihrer inneren Schätze in Form von Erzen und Edelsteinen. Elba zählt zu den ältesten bekannten Bergbaugebieten der Welt. In römischer Zeit entdeckten Architekten die gut zu bearbeitende Gesteinsart des Monte Capanne. Sie verwendeten die Steine für den Bau des Kolosseums und des Pantheons in Rom, und ab 1386 verarbeiteten geschickte Handwerker dieses Material beim Bau des weltberühmten Doms und des frei stehenden Schiefen Turms von Pisa. Den Monte Capanne wollen wir besteigen und die beiden von Napoleon während seiner Verbannung im Jahr 1815 bewohnten, fürstlich ausgestatteten Anwesen besichtigen. Napoleons kurze Regierungszeit von nur 300 Tagen war für Elba ein Glück, denn der umtriebige Potentat feierte hier nicht nur rauschende Bälle, er förderte auch den örtlichen Weinanbau, den Thunfischfang, den Ausbau von Straßen, die Anpflanzung von Alleen sowie die Einführung einer Müllabfuhr und eines funktionierenden Gesundheitswesens. Beate dirigiert den Wagen vor das Haupthaus des Weingutes. Antonio, der in Bologna Jura studierende Sohn, hört unser Motorengeräusch. Er läuft uns winkend voraus und führt uns zu einem kleinen, abseits gelegenen, weiß gekalkten Häuschen, das vor Kurzem noch als Eselstall diente. Unsere Bleibe ist mit zwei auseinanderstehenden, einfachen Eisenbetten, mehreren Nägeln an der Wand als Schrankersatz, einer kleinen elektrischen Kochplatte und einem Eisschrank ausgestattet, der uns laut brummend begrüßt. In einer winzigen Nebenkammer, dem ehemaligen Lagerplatz des Futters für den Esel, hängt aus der nackten Wand ein Duschkopf, der allerdings sehr begrenzt nur manchmal temperiertes Wasser ausspuckt. Gleich daneben steht ein wackeliges, aber funktionierendes Toilettenbecken mit richtiger Wasserspülung. Um diesen »Badezimmerluxus« zu ergänzen, wachsen uns bei geöffnetem Fenster schwere, reife Trauben entgegen. Vor unserem Domizil, dieser »Prachtvilla Asino«, die uns nun für zwei Wochen beherbergt, krümmt sich ein Mandelbaum, der einem schiefen, himmelblau gestrichenen Tisch und zwei Strohstühlen kühlenden Schatten spendet. Schon nach wenigen Stunden haben wir begriffen, dass zur Lebensfreude nichts weiter fehlt.

Am nächsten Morgen begrüßt uns unter einem tiefblauen Himmel ein lautes Gehupe. Ein Mann im weißen Anzug und mit einer weißen Kappe auf lackschwarzem Kraushaar steigt aus einem weißen Lieferwagen. Er lässt eine Seitenklappe herunter und ruft melodisch singend: »Panini, marmellata, latte, torta!« Eine Wolke von süßem Hefeduft zieht durch die Rebstöcke. Mit Butter, zwei Brötchen, einem Ciabatta, Feigenmarmelade und zwei Stücken Torta in einer Papiertüte im Arm bezahlen wir unser Frühstück, und der Paneficio strahlt und zwitschert: »I love you with all my heart! Ciao, fin al domani!« Trotz des üppigen Morgenkaffees warten wir nach unserer ersten Besichtigungstour in Porto Azzuro vor der einzigen und feinsten Trattoria am Kai auf die beste Pizza der Insel. Der Titolare pfeift eine Arie und backt sie für uns im Steinofen unter freiem Himmel direkt an der Hafenmole mit einem opulenten Belag, während die Sonne unsere Haut röstet. Vor unseren Augen dirigiert in äußerst knapper Badehose der Fiat-Boss Agnelli seine Crew, die in goldbetresstem Livree die Ausfahrt seiner pompösen Yacht vorbereitet. Wir entschließen uns, nach dem Einkauf von frischem Thunfisch auch einen Strauß Gladiolen auf dem Markt zu erwerben. Die langstieligen, feuerroten Blumen, die bei Agnelli in einem silbernen Sektkühler auf dem Vorderdeck des Luxusseglers in der Sonne glühen, sollen auch unseren Eselstall in einen Palazzo verwandeln. Als wir in der Dämmerung unser Abendessen auf dem blauen Tisch vorbereiten, nähert sich ein vornehmer Herr mit schulterlangem, grau meliertem Haar.

Er trägt einen makellos weißen Anzug und einen weißen, sein zerknittertes Gesicht beschattenden Borsalino. Er begrüßt uns neugierig und mustert uns eindringlich in unseren knappen Bikinis. Wir ziehen brav unsere Sommerkleider über. »I bin ein österreichischer Baron!«, stellt sich der Fremde förmlich vor und weicht nicht von unserer Seite. So stellen wir neben die glutroten Gladiolen unsere Flasche mit dem goldenen Elba Bianco und unsere beiden Weingläser dazu. Rasch arrangieren wir eine Käseplatte, einen Schinkenteller und bitten unseren Gast, Platz zu nehmen. Beate schenkt Wein ein und ich lasse mich mit dem gefüllten Zahnputzglas in der Hand auf einem auf den Kopf gestellten Mülleimer nieder: »Salute!« In einem gedehnt nasalen Wienerisch eröffnet uns der feine Besucher, dass er seit Jahren seinen Urlaub im Gutshaus verbringe. »Vor allem wegen der feschen Kadetten, die abends in Portoferraio in ihren Segelschulschiffen anlanden!« Er streckt uns seine mit dicken Klunkern geschmückte Hand entgegen. »Schauens, die hab i in den Sägespänen in einer Kiste am Hafenmarkt g'funden. Die sind so geil! Schauens nur! Aus Zahnbürstenstielen und mit a bisserl Blech mochens hier diese Preziosen. Dös macht die hübschen Burschen und auch mich total an!« Wir bestaunen seine Ringe und schenken ihm für zwei Wochen unsere Freundschaft. »Ja, ihr Madels, ihr tragt wenigschtens nicht die ekelhaften Kleider mit den teutschen Imprimées, die kann i net verkraften! Die ekeln mich durch die Schuhsohlen durch! Kommt mir so a welsches Weib mit Blumendessins daher, bin i scho andiniert.«

Auf dem Weg durch den Weinberg zum Strand begegnet uns keine Menschenseele. Auch wenn wir in der nahen Bucht schwimmen, sind wir völlig allein. Niemand außer Möwen und Krebsen teilt mit uns den Sand. Nur manchmal taucht am Horizont auf dem kobaltblauen Meer ein Fischerboot auf, wenn ich auf einem angeschwemmten Eukalyptusstamm sitze und aquarelliere oder mit Feder und Tusche die Strukturen von Holzstücken und Muscheln oder Krebsschalen zeichne.

Unsere morgendlichen Einkäufe gestalten wir wie ein Fest. Da der Motor unseres Eisschranks immer wilder röhrt, vor allem nachts, haben wir ihn seiner Funktion beraubt und kaufen täglich frische Waren. Schon von Weitem hören wir den Ruf des Fischers, der mit seinem Tritonhorn den nächtlichen Fang eines Thunfisches ankündigt. Manchmal sind die Tiere so groß, dass das An-Bord-Ziehen und Töten der Beute für die Männer zu einem lebensgefährlichen Kampf ausartet und die kleinen Boote im Begriff sind zu kentern. Auch wenn das Zerlegen des gewaltigen Tieres martialisch anmutet, kaufen wir uns doch zwei rote Steaks. Das Gemüse am Nachbarstand duftet in der Sonne und die violetten Auberginen, die grünen und roten Paprika und die in der Mitte gefältelten, handtellergroßen Tomaten verlocken in ihrem polierten Glanz. Wir schleppen Tüte um Tüte in unseren Wagen. Dazu gehört eine Flasche Elba Rosso, Gorgonzola Dolce und knusprige Focaccia. Unter dem Mandelbaum schmeckt alles wie auf einem Bankett. Antonio, höflich Abstand haltend, verkündet, er gehe Austern fischen, was recht gefährlich sei. Zum Mittagessen serviert er uns triefnass in Badehose, Flossen und Taucherbrille frische Austern. Vor unseren Augen öffnet er die Muscheln mit einem Spezialmesser, positioniert sie neben einer reifen Zitrone auf einem Feigenblatt und legt sie auf den Tisch. Wir sollen nur noch etwas Limonensaft über das Muscheltier träufeln und dann kosten. Zum Abschied winkt er mit dem Schnorchel und den Flossen und ruft: »Buon appetito!« Wir betrachten die grauen, rauen Außenschalen und die perlmuttern schillernden Innenflächen. Die Austern riechen frisch nach Meer. Ich hole meinen Aquarellkasten und male. Die schimmernden Graustufen und das silbrige Weiß der Muscheln lassen mich jede Zeit vergessen. Nach einer Weile beginnen die Tiere einen strengen Geruch zu verbreiten und schließlich in der Hitze bestialisch zu stinken. Da der Gestank unerträglich wird, versuchen wir die Austern, die keine Perlen für uns im Inneren verbergen, zu beerdigen. Die Tage vergehen, Antonio knattert auf seinem Motorroller vor unseren Stall, fragt, ob die Austern köstlich gewesen seien, und lädt uns zu einem einfachen Abendessen mit seiner Familie ein. Begeistert sagen wir zu, denn unsere Neugier, das alte Gutshaus der Weinbauerfamilie von innen zu sehen, wächst mit jedem Tag.

Wir steigen mit einem Gladiolenbukett den Weg zum Gutshaus hoch. Schon weht uns der übliche Knoblauchgeruch entgegen. Antonio führt uns in das Speisezimmer, das mit Nippesfiguren, Kristallvasen, einer Schwarzwälder Kuckucksuhr an der Wand und einem fleckigen, großformatigen Spiegel über einer bauchigen Kommode vollgestopft ist. Ein ovaler Tisch nimmt die Mitte des Raumes ein. Er ist rustikal festlich mit handbemaltem Fayenceporzellan und bunten Kristallgläsern gedeckt. Beate und ich werden so nebeneinandergesetzt, dass wir in den etwas abgekippt hängenden Spiegel blicken, der alles, was er reflektiert, verzerrt. Ich sitze mir mit einem lang gezogenen Gesicht, mit schief sitzendem Mund und winzigen Schweinsaugen gegenüber. Kaum zur Seite bewegt, verwandelt sich mein

Kopf in ein aufgedunsenes Medusenhaupt, das durch einen Riss quer durch die Spiegelfläche in kubistische Formen zersplittert. Ich kann mein Lachen nicht unterdrücken und denke an die Zerrspiegel auf dem Tibidabo von Barcelona. Zum Glück kommt jetzt noch der Herr Baron dazu und lässt sich auf dem freien Platz neben mir nieder, sodass es seiner edlen Visage genauso ergeht wie meiner. Da er recht gut Italienisch spricht, dominiert er verbal den gesamten Abend. Der erste Gang mit selbst gemachten Nudeln, frischen Kräutern und einer wunderbaren Tomatensoße mit Parmesankäse streichelt unsere Gaumen. Es folgen ein Meeresfrüchtegericht und zum Abschluss eine selbst gemachte Zabaglione, eine vortreffliche Weinschaumcreme aus Eigelb mit viel Marsala. Am nächsten Morgen verabschiedet sich Antonio sichtlich nervös von uns. Er müsse mit dem ersten Schiff abreisen. Er neigt sich zu meinem Ohr und flüstert: »Ich muss hier schleunigst fort, der Herr Baron stellt mir nach. Jetzt wird er gefährlich!«

Frühmorgens planen wir spontan eine Besteigung des Monte Capanne, der als höchster Berg mit 1019 Metern die Insel Elba beherrscht. Es ist wolkenlos. Der Tag heizt sich auf. Wir beginnen den langsamen Aufstieg auf einem schmalen Weg durch die nach ätherischen Ölen duftende Macchia bis zu einer gefassten Quelle. Diese Fonte di Napoleone soll mit ihrem guten Heilwasser bereits die Nieren des Kaisers kuriert haben. Wir probieren es aus der hohlen Hand und folgen dem Trampelpfad, der steil bergauf führt. Wir hören die Zweige des Rosmarins in der intensiven Sonnenbestrahlung knistern und atmen die Aromen der Würzkräuter der Macchia tief ein. Plötzlich im Gezirpe der Insekten ein beunruhigendes Huschen und Zischeln. Eine Schlange mit einem dreieckigen Kopf kreuzt unseren Weg. Wir schauen entsetzt auf unsere offenen Sandalen. Antonio hatte uns vor allem vor der gedrungenen Aspisviper gewarnt, die 60 bis 85 Zentimeter lang wird, dunkle Querstreifen hat und deren Biss für einen Menschen tödlich enden kann. Ihr Schlangenkopf ist dreieckig, das Maul etwas nach oben gebogen, und als weibliches Reptil gebärt sie lebende Junge. Wir nehmen einen Stock in die Hand, klopfen ab und zu auf den Weg und unterhalten uns geräuschvoll, um die Reptilien zu verscheuchen. Das vermehrte Huschen zwischen den stark verzweigten kniehohen Büschen veranlasst uns, baldigst und noch achtsamer den Rückweg anzutreten. Als wir einen Kastanienwald erreichen, setzen wir uns auf eine Steinbank in den Schatten. Neben den vielen bräunlichen Eidechsen blinzelt uns plötzlich eine ungewöhnlich große, schillernde Smaragdeidechse an, die sich wie ein grün-blau funkelndes Juwel auf grauem Fels sonnt.

Als die Sonne ihren höchsten Stand erreicht, genießen wir in unserer Villa Asino nach einer kalten Dusche die Siesta unter unserem Mandelbaum. Doch dann beginnen meine Mückenstiche anzuschwellen, teuflisch zu jucken und mein Gesicht bis zur Unkenntlichkeit zu entstellen. Schüttelfrost überfällt mich, ich kann kaum noch aus meinen geschwollenen Augen sehen und klopfe im Gutshaus an. Die Signora schlägt die Hände über dem Kopf zusammen und gibt mir den Rat, das Presidio Hospital in Portoferraio aufzusuchen, das sie gleich darauf telefonisch über meinen Zustand informiert. Inzwischen sind mein Gesicht und meine nackten Arme und Beine mit so dicken Schwellungen übersät, dass im Wartebereich des Krankenhauses Mütter erschrocken ihre Kinder von mir fortziehen, als hätte ich die Beulenpest. Auf den zugigen Korridoren des vom Alter gezeichneten Hospitals sind die Türen der Krankenzimmer geöffnet. Das laute Palavern der vielen, die eng gestellten Betten der apathischen Kranken umlagernden Besucher vermischt sich mit der alles übertönenden Musik aus mehreren Transistorradios. Denn damit sich der unangenehme Aufenthalt für die Patienten zusammen mit den sie heimsuchenden Freunden und Familienmitgliedern zu einem Festival gestaltet, grölt die krächzende Stimme von Adriano Celentano »L'emozione non ha voce«. Trotz nicht ausreichender Sitzgelegenheiten bleiben die Stühle rechts und links neben mir frei. Der Arzt, der mich endlich behandelt, spritzt mir ein Mittel gegen die Allergie, verordnet Tabletten, eine wundersame Salbe und eine unangenehm chemisch riechende Lotion gegen stechende Insekten. Nach wenigen Tagen schwellen die Beulen endlich so weit ab, dass Beate und ich unser nächstes Arbeitsziel zum Skizzieren anpeilen. Das pittoreske Capoliveri dehnt sich mit eng gestellten Häusern über einem 167 Meter hohen Hügel aus und zeigt noch immer den Charme einer mittelalterlichen Festung. Mit Feder und Tusche verfolge ich, vor einem mächtigen Torbogen sitzend, den gewundenen Weg, der sich an den fest aneinandergereihten Hauswänden mit schwarzen, ihn querenden Mauerschatten hinauf bis ins Zentrum windet. Die beiden entstandenen Blätter zeigen im Wechselspiel zwischen linearen Strukturen und dunklen Flächen den Rhythmus der aus dem Lot geratenen Hausfronten. Am folgenden Tag lockt uns nach unserer Einkaufstour nach Porto Azzuro der 349 Meter hohe Burgberg von Volterraio. Auf ihm befindet sich eine von den Etruskern errichtete Wehranlage mit einem sechseckigen Grundriss, die 1281 von den Pisanern erweitert und 1440 nochmals gegen türkische Piraten derart verstärkt wurde, dass sie als Schutzburg für die Bevölkerung nie eingenommen werden konnte. Die Späher kommunizierten durch Feuerzeichen auf dem Wachturm bei klarer Sicht sogar mit der toskanischen Küste. Wir klettern den überwucherten, steilen Trampelpfad hoch, bis wir nicht mehr weiterkommen. Die Festung, die sich erfolgreich gegen alle Überfälle der Türken verteidigen konnte, musste sich der Kraft des sie verschlingenden Pflanzenwuchses kleinlaut ergeben. Also widmen wir der Villa dei Molini, Napoleons nobel eingerichteter Unterkunft mit einem pomphaft kaiserlichen Himmelbett, einer gepflegten Gartenanlage und dem betörenden Blick übers Meer, den Rest des heißen Tages. In der Nacht weht plötzlich der Wind merklich kühler vom Meer. Die Blätter an den Weinstöcken verfärben sich in ein leuchtendes Gelb. Wir klopfen an das Tor des Gutshauses, bedanken uns in lächerlich schlechtem Italienisch für die traumhaften Tage und bezahlen unsere geringe Miete. Der alte Padrone di casa verschwindet für einen Augenblick und kommt mit zwei Weinflaschen im Arm aus dem Keller zurück. Er legt sie mir mit seiner breiten Winzerhand in die Armbeuge, und seine Frau reicht Beate zwei Gläser selbst gemachter Feigenmarmelade. Kein Palazzo ist uns so ans Herz gewachsen wie dieser primitive kleine Eselstall.

Heirat

In Köln sortiere ich die Hinterlassenschaften meines Studiums. Die Mappe mit den Akt- und Porträtzeichnungen, alle Sammelmappen mit den Stapeln von Stoff- und Nähproben, Webereien, Gobelins, Stickereien, Flechtarbeiten und schriftlichen Arbeitsblättern verschwinden in meiner Kommode. Meine Ölbilder und die großformatigen Zeichnungen aus der Akademie in Düsseldorf lehnen an der Wand wie die auf Halde abgestellten Bilder Ahlers-Hestermanns. Ein Brief mit dem Stempel des Auswärtigen Amtes liegt auf meinem Tisch. Ich lasse einen ganzen Tag verstreichen, bis ich es wage, ihn zu öffnen. Das Kuvert beinhaltet die Aufforderung, mich in der kommenden Woche zu einer bestimmten Uhrzeit als Verlobte des Herrn Till B., Attaché der Bundesrepublik Deutschland, zu einem Gespräch in Bonn vorzustellen. Mir schwindelt. Mir wird übel. Hatte Mutter mir die Wahrheit verheimlicht? Ich zeige ihr den Brief, bitte sie inständig, mir zu sagen, ob Till von unserem Hochzeitswunsch gesprochen hatte, was sie erneut heftig verneint. »Nimm endlich Verstand an! Es ist absolut unverantwortlich, wenn du diesem jungen Mann die Karriere verdirbst. Du bist nicht gegen Pocken geimpft! Außerdem würdest du die fremden Klimazonen nicht verkraften. Wenn du ihn wirklich liebst, vergiss ihn! Und zwar für immer!« Der Versuch, einen klärenden Brief an das Auswärtige Amt zu verfassen, fällt kläglich aus. Ich sende ihn dennoch ab und höre von Till jahrelang kein Wort. Viel später erfahre ich, dass er in verschiedenen Ländern allein gelebt und sich erst nach einigen Jahren zu einer Ehe entschlossen hat. Diese Wunde in mir ist wie ein feiner, nicht zu kittender Riss in einer Porzellanschale, die, wenn man sie anstößt, für immer dumpf klingt. Als wir uns nach Jahrzehnten in einer Galerie zufällig treffen, sind Till und ich genauso befangen wie am Ende unserer Schulzeit. Wir laufen nebeneinanderher, als trenne uns eine Glaswand, die unsere innere Erregung nicht kaschieren kann. Till schlägt vor, in einem nahe gelegenen chinesischen Restaurant etwas zu essen. Er sitzt mir gegenüber. Er verhaspelt sich. Seine Hände zittern, als er mir versichert, meiner Mutter ganz deutlich und förmlich mitgeteilt zu haben, dass er den festen Entschluss gefasst habe, mich zu heiraten.

Das Lied von Schuberts »Winterreise« umhüllt mich als treuer Weggefährte. Statt Antworten drängen sich immer neue existenzielle Fragen in mein Bewusstsein. Mir wird klar, dass meine Jugendzeit unwiederbringlich vorbei ist, dass mir meine Freunde immer fehlen werden, dass ich mich nur auf mich verlassen kann! Welche Gefühle der Angst, der Freude und des Glücks haben mich geprägt und in mir unauslöschliche Spuren hinterlassen? Die langsam wachsende Einsicht, dass der nie ersetzbare Verlust meiner Freunde sich im Lauf der Zeit in eine tiefe Dankbarkeit umwandelt, erwärmt mich in kaltdunkler Zeit. Ich war ihnen begegnet!

Der Wunsch, endlich eine seelische Geborgenheit zu finden, mit einem vertrauensvollen Menschen mein Leben zu teilen und eine Familie zu gründen, wächst in mir genauso stark wie mein Drang zu malen. Während ich versuche, mein Berufsleben zu planen und Erkundigungen für die kommende Referendarzeit einzuholen, unterbricht der Germane meine Vorhaben mit kaum zu bremsendem Schwung. Er schlägt mir logisch und schlüssig am Telefon vor: »Wir sollten uns offiziell verloben.«

Meine Eltern sind über meine Entscheidung, mein zukünftiges Leben in einer Ehe zu verbringen, nicht erfreut. Sollte das ganze Studium umsonst gewesen sein? Ich bilde mir ein, dass meine Willenskraft ausreichen wird, neben einer Ehe mit liebevoller Kindererziehung die Malerei mit Intensität weiterverfolgen zu können. Noch ahne ich nicht, dass diese Einschätzung, beide Lebensformen mit gleicher Energie zu bewältigen Illusion ist.

Die zukünftigen Schwiegereltern nehmen mich freundschaftlich in ihr Haus auf, obwohl ich als Kunsterzieherin mit Staatsexamen und als Malerin sicher nicht ihren Vorstellungen von einer perfekten Braut mit guten hausfraulichen Eigenschaften entspreche. Künstlerinnen, Malweiber gelten schon immer als suspekt.

Als sich meine Eltern allmählich daran gewöhnen, dass ihre Tochter endlich einen eigenen Weg geht und für die Hochzeit ein Brautkleid benötigt, begleitet mich Mutter wieder in die Kölner Innenstadt. Zuerst sucht und findet sie für das bevorstehende Fest in einer eleganten französischen Boutique für sich ein attraktives Pariser Kostüm. Als wir dann ein Fachgeschäft für Brautmoden betreten, ist Mutter über die Preise entsetzt, die denen ihres neuen Ensembles entsprechen. Mit allen Tricks versucht sie mich davon zu überzeugen, dass eine Hochzeit doch nur ein sehr kurzfristiges Spektakel sei und man dafür keinen solchen Aufwand betreiben müsse. Zufällig bleibe ich auf der Straße vor dem Wühltisch eines Kaufhauses mit Billigartikeln stehen. An einem Ständer entdecke ich ein weißes, zerknittertes, bodenlanges Gewand, das nur eine kleine Borte mit kleinen

Zacken unter dem Busen als Zierrat aufweist. Mutter ist begeistert, vor allem über den Preis, und meint: »Das ist genau das Richtige für diesen Zirkus!« In der Umkleidekabine hilft mir eine Verkäuferin, den Rückenreißverschluss hochzuziehen. Weil ich sehr schlank bin, passt das knitterige Kleid aus einer leicht glänzenden Kunstfaser wie eine zweite Haut. »Wenn Sie es feucht bügeln, wird es sehr hübsch aussehen«, meint die junge Frau mit schräg gelegtem Kopf. »Den Preis von 19,90 D-Mark muss doch niemand erfahren.« Danach trage ich eine große Papiertüte voller Träume und Illusionen durch die Stadt.

Als noch unverheiratetes Paar beziehen wir am Stadtrand von Frankfurt am Enkheimer Ried eine kleine Dreizimmerwohnung im dritten Stock eines gerade fertiggestellten Sozialbaus. In der ersten Zeit besitzen wir weder einen Eisschrank noch eine Waschmaschine, weder eine Spülmaschine noch Sitzmöbel im Wohnraum.

Es ist Freitag, der 6. Mai 1966, und ich lackiere meine schwarze Truhe aus meinem ehemaligen Kinderzimmer weiß. Unser neues Telefon klingelt. Eine mir bekannte, aufgeregte Stimme ruft vorwurfsvoll in den Hörer: »Wo bleibt ihr denn? Oben im Rathaus von Bergen-Enkheim habt ihr in einer Viertelstunde eure standesamtliche Trauung! Ich warte schon vor dem Trauzimmer. Beeilt euch!« Ich schnappe nach Luft und lasse mich mit meinem zukünftigen Mann in seinem Büro verbinden. Wir hatten unseren lebenswichtigen Termin einfach vergessen! Hektisch versuche ich, die weißen Lackspuren von Händen und Armen zu schrubben, was mir ohne Benzin nicht gelingt. Als letzte Rettung fallen mir meine froschgrünen Handschuhe ein, die ich als Erinnerung an unser gemeinsames Karnevalsfest in den ausgemalten Kellerräumen im Rheingau mit in meinen Koffer gepackt hatte. Schnell stülpe ich sie mir über und rase die Treppen hinunter, da es an der Haustür bereits Sturm schellt. Wir erreichen mit unserem neuen VW das Rathaus auf dem Berg und stehen pünktlich mit unserem Freund als Trauzeugen in der Mitte des Raumes für Eheschließungen. Ein dicklicher Beamter erhebt sich schwerfällig aus seinem Sessel, versteckt noch schnell einen angebissenen Apfel zwischen den Aktenordnern, lüftet den Raum und bittet uns, nebeneinander auf blauen Plüschsesseln Platz zu nehmen. Er nickt uns freundlich zu, inspiziert unsere Personalausweise und stellt einige Fragen. Nachdem er seine klugen Ratschläge losgeworden ist, küssen wir uns öffentlich und besiegeln mit unserer Unterschrift, dass unser Ehebund unauflöslich bleiben soll. Wir sind verheiratet, und ich trage einen neuen Nachnamen. Als frisch vermähltes Paar feiern wir mit unserem Trauzeugen in einem bäuerlichen Dorfgasthof mit einem deftigen hessischen Gericht den Beginn unserer Ehe.

Mit viel Fantasie und wenig Geld versuche ich unsere kleine Wohnung weiter zu gestalten. Zuerst bepflanze ich die neuen Balkonkästen mit weißblütigen Petunien. Die drei Räume – Wohnzimmer, Gästezimmer und Küche – erscheinen luftig und hell, da sie kaum möbliert sind. Auffällig und luxuriös wirkt unsere neue, vor einigen Tagen gelieferte Sitzgarnitur. Sie besteht aus einem niedrigen Zweiersofa und zwei Sesseln aus kistenartig zusammengefügtem Palisanderholz mit Kissen aus kastanienbraunem Büffelleder. Während meiner letzten Kölner Wochen konnte ich als Hilfskraft an dem Stand der Galerie »Der Spiegel«, für die ich Wandspiegel und Papierkörbe gefertigt hatte, anlässlich der Kölner Möbelmesse etwas Geld verdienen. Bei einem Pausenrundgang durch die Hallen fiel mir sofort diese Sitzgruppe an einem Stand einer avantgardistischen, italienischen Designfirma auf. Sie zeichnete sich in ihrer Schlichtheit und Qualität als das Eleganteste aus, was ich auf den Ausstellungsflächen an Möbeln entdecken konnte. Nichts Vergleichbares war mir zwischen den Scheußlichkeiten von modernistischen Einrichtungsgegenständen oder nachgeahmten Stilmöbeln begegnet. Sofort versuchte ich mit allen Tricks, mit Charme und Überzeugungskraft, den Standgehilfen davon zu überzeugen, dass es für seine Firma doch sehr günstig sei, mir diese Ausstellungsstücke nach der Messe zu einem moderaten Preis zu überlassen. Da ihn meine Begeisterung rührte, versprach er, mit seinem italienischen Chef zu sprechen. Als ich am folgenden Tag in meiner kurzen Pause erneut völlig verzückt vor den schlicht geformten Möbeln stand, drückte er mir einen handgeschriebenen Zettel in italienischer Sprache als Kaufvertrag in die Hand. Da dieses Papier recht provisorisch aussah, feixte mein Ehemann, als ich ihm den Wisch stolz vor die Augen hielt: »Typisch Künstlerin, von nix 'ne Ahnung!« Das irritierte mich jedoch nicht. Meine Sympathie für Italien und seine Landsleute ließ mich weiter hoffen. Aber es kam einfach keine Nachricht aus Mailand. Ein Vierteljahr später schellte plötzlich unser Telefon. Eine schwer verständliche Stimme aus dem Ausland bemühte sich, mir in gebrochenem Deutsch zu erklären, dass die Polizei und die Deutsche Botschaft schon seit Wochen mit dem Suchauftrag der italienischen Designfirma beauftragt seien, meine Person und meinen Aufenthaltsort ausfindig zu machen. Da ich zur Zeit der Möbelmesse meinen noch gültigen Mädchennamen angegeben hatte und unserer neuen Adresse in Enkheim noch kein Straßenname zugeteilt worden war, konnte es eigentlich nicht möglich sein, mich jemals als Auftraggeberin und meine neue Anschrift zu ermitteln. Hocherfreut bestätige ich diesen Auftrag und erkläre, dass ich seit meiner Heirat den Namen »von Starck« trage und seit einer Woche unsere Adresse »Westerwaldstraße« heiße. Pünktlich wie vereinbart, hält ein großer Möbelwagen vor unserem Mietshaus und liefert uns die edle Sitzgruppe in unser bescheidenes Wohnzimmer. Wenige Tage später erscheint, wie vorher angekündigt, ein italienischer Herr, der mit Fachkenntnissen akribisch jedes der drei Sitzmöbel überprüft und nicht den kleinsten Transportschaden entdeckt. Der Preis, den wir für unsere exklusive Sitzgruppe bezahlen müssen, entspricht nur einem Bruchteil des Preises, der uns im besten Möbelhaus von Köln ins Ohr geflüstert wird, als wir bei einem Rundgang unser elegantes Ensemble im Hauptschaufenster als besondere Messeneuheit entdecken.

Der Tag unserer kirchlichen Trauung rückt näher. Als die Ehefrau des Baumeisters meines Elternhauses wieder zu Besuch in den Park kommt, führe ich unsicher mein billiges Brautkleid vor. Sie betrachtet mich kritisch. »Nein! So bist du keine richtige Braut! Das Kleid sieht simpel aus! Du bist doch die einzige Tochter. Nein! So gefällst du mir überhaupt nicht. Ich habe einen ganz alten, kostbar bestickten Brautschleier. Er ist aufgrund seines Alters vergilbt. Ich versuche, ihn zu bleichen und für dich herzurichten. Wenn er schön wird, lässt du ihn von einem guten Friseur in deine Brautfrisur stecken!« Ich schäme mich. Meine Freude auf die Hochzeitsfeier schwindet. Doch der gebleichte und gestärkte alte Blütenschleier ist ein Traum. In Enkheim lege ich ihn vorsichtig zwischen Seidenpapieren zu dem weißen Knitterkleid in meinen arg strapazierten, karierten Koffer. Wir holen meine skeptischen, wenig gut gelaunten Eltern in Köln ab, die sich recht wortkarg immer noch nicht über meinen endgültigen Entschluss freuen können.

Unsere Hochzeitsfeier findet an einem strahlend schönen Tag statt. Freund Gerd, als Hoffotograf engagiert, nimmt voller Vorfreude die lange Fahrt von Köln nach Kassel mit einer speziell ausgerüsteten neuen Kamera auf sich. Mit seinem Fotoapparat vor der Brust gesellt er sich zur immer größer werdenden Festgesellschaft. Jeder Gast wartet mit einem Glas Sekt in der Hand vor dem Teich des Gutes auf die Braut. Meine auffallend elegante Mutter versucht, die Geheimnisse der neuen Familie zu lüften, und unterhält sich angeregt mit meinem Schwiegervater, während Vater sich aufmerksam meiner Schwiegermutter widmet, mit ihr im Garten die Rabatten mit den in allen Farben blühenden Stauden abschreitet und fachmännisch über Sorten, Schädlingsbefall und Düngung doziert. Mutter stößt ein lautes »O Gott!« aus, als sie erfährt, dass mein zukünftiger Ehemann als Junge gerne Fußball spielte. »O Gott!« Während dieser Zeit bügle ich nochmals schnell das kunstseidene Brautkleid auf. Eine Friseurin drängt mich zur Eile. Sie begutachtet mich in meinem weißen Gewand, das wie eine Wurstpelle mir Körper und Geist zusammenhält, türmt mir meine Haare hoch und befestigt den Schleier nach dem Vorbild des Hochzeitsfotos von Farah Diba an dem Haarknoten. Als ich vor der Kirche aus dem mit Rosen geschmückten Mercedes steige und am Arm meines Schwiegervaters in die bis auf den letzten Platz gefüllte Kirche geleitet werde, wartet schon Gerd mit seinem Stativ und seiner neuen Kamera. Als professioneller Fachfotograf knipst er uns im Dauerrhythmus von allen Seiten. Vor allem, als mein Mann in seinem neuen Cut neben mir steht und für mich der schönste und liebenswerteste Mensch auf Erden ist, versucht Gerd uns wie prominente Filmstars mit seinem Teleobjektiv hautnah zu verewigen. Er beeilt sich, im Kirchenraum sein Stativ ganz in die Nähe des Altars mit dem besten Lichteinfall zu positionieren. Hochkonzentriert drückt er auch nach den üblichen Gesängen und der Predigt auf den Auslöser, während uns der kurzsichtige Dorfpfarrer die Ringe reichen will, damit wir später das schönste aller Hochzeitsfotos im Silberrahmen auf den Nachttisch stellen können. Der Pfarrer, von der besonderen Zeremonie einer Dorfhochzeit überfordert, wird immer unsicherer. Seine Brillengläser beschlagen von innen. Nachdem es ihm mit unserer Hilfe endlich gelungen ist, uns die schmalen Goldringe an die Ringfinger der rechten Hand zum Zeichen ewiger Treue zu stecken, bereitet er sich auf unseren Hochzeitsspruch vor, der im Originaltext lautet: »Einer trage des anderen Last.« Er aber verkündet in seiner Nervosität laut und beschwörend: »Einer trage den anderen als Last.« Unter lautem Glockengeläut verlassen wir von vielen Glück- und Segenswünschen begleitet die Kirche. In einem nahe gelegenen Hotel wartet eine Mannschaft von Kellnern in einem separaten Saal vor einer langen, festlich gedeckten Tafel auf unsere Hochzeitsgesellschaft. Als alle Reden beendet und die Nachspeisenteller abgeräumt sind, überreicht mir mein Schwiegervater ein riesiges Paket, das wir als Brautpaar gleich auspacken sollen. Nachdem wir das ganze Verpackungsmaterial entfernt haben, steht ein geräumiger Koffer für zwei Personen vor uns, der aussieht, als würde er ein Leben lang halten. Mein karierter, aus allen Nähten platzender Reisebegleiter wird noch in der Hochzeitsnacht entsorgt. Alle meine intimsten Gedanken und Erinnerungen meines bis dahin verbrachten Lebens, die ich in ihm bis zu diesem Wendepunkt aufbewahrt habe, übertrage ich nun vorsichtig in unseren neuen gemeinsamen Lederkoffer. Als eine Kapelle zum Hochzeitstanz aufspielt, werfe ich nach alter Tradition meinen Brautstrauß in die Luft. Wer ihn als ledige, junge Dame auffängt, wird als Nächste heiraten. Beate umfasst strahlend das Bukett, und wie auf unserer Romreise geträumt, wird sie bald mit dem Bruder meines Ehemannes vor dem Traualtar stehen.

Mit vielen Glückwünschen, scheppernden Blechbüchsen an der Stoßstange und diversen Lippenstiftküssen auf der Frontscheibe verlassen wir am folgenden Morgen das Gutshaus und starten knatternd in unser Eheleben. Der kleine Ferienflieger hebt ab, und im schönsten Abendlicht liegt Ibiza unter uns. Wir fallen wie aus allen Wolken und landen auf einer kurzen Piste. Ein sehr betagtes Taxi bringt uns in das einzige kleine Hotel von Santa Eulalia. Unsere Unterkunft liegt nahe am Strand und das klare Meer wimmelt von Fischen und anderen wundersamen Bewohnern. An jeder Ecke entdecken wir Erstaunliches. Uralte Oldtimer dienen als Hühnerstall oder als Klettergerüste für Ziegen. An der Außenwand eines winzigen Restaurants wirbt eine Tafel über zwei Tischen und sechs Strohstühlchen mit der Spezialität des Abends, einem »liebre«. Der angepriesene, schon vom Fell befreite Hase, der neben der handgeschriebenen Ankündigung zum Ausbluten an einem Nagel hängt, erinnert mit seinem Körperbau eher an eine Katze, die in den elendigsten Hungerzeiten als »Dachhase« in manchem Kölner Kochtopf schmorte. Vor den lukullischen Etablissements und den kleinen Krimskramslädchen lagern Hippies mit langen, verfilzten Haaren, die ihren Rausch ausschlafen oder in der sandigen Hauptstraße auf Bastmatten Muscheln, kleinformatige Bildchen und selbst gebastelten Schmuck aus Lederstreifen und Glasperlen anbieten. Wir mieten uns eine Vespa, deren Bremsen ab und zu versagen, und versuchen mit Balancetricks, das sich vorne aufbäumende Motorrad zu bändigen. Uns gelingt es sogar, einen Eselskarren zu überholen und mit erhöhter Geschwindigkeit im Zentrum der alten Hauptstadt an einem vornehmen Polizisten vorbeizusausen, der in perfekter Uniform mit weißen Handschuhen von einem Podest aus staunend dabei zusieht, wie unser betagter Motorroller sich den steilen Weg durch die strahlend weiß gekalkten Häuserzeilen hinaufquält. Wir stoppen vor einem überschwänglichen Oleanderbusch, lesen »Kunstgalerie« auf einem Messingschild und drücken auf den Klingelknopf. Sofort schießen zwei monströse Dalmatinerhunde hinter dem hohen Zaun auf uns zu und knurren uns mit blutigen Rinderknochen zwischen den Zähnen bösartig an. Ein steiler Pfad führt durch einen tropischen Garten zu einer höher gelegenen weißen Villa, deren Haustür sich öffnet. Ein Herr in einem weißen Leinenanzug und mit weißem Strohhut auf dem schulterlangen weißen Haar tritt ins Sonnenlicht. Er stützt sich auf einen silbernen Gehstock und pfeift seine Rüden zurück, die sich in den Schatten verziehen und laut knirschend die Knochen zerbeißen. Der Herr öffnet das Gartentor, stellt sich als Elmyr de Hory vor und fordert uns freundlich auf, ihm zu folgen. Wir betreten eine mehrstöckige, helle Galerie, deren Wände angefüllt sind mit großformatigen Ölbildern, die Picasso, Braque, Matisse und Chagall zugeordnet werden. Sofort macht mich die große Anzahl der teuren Werke der weltbekannten Maler in einer einzigen Galerie auf einer Insel stutzig. Ich schaue sie mir von Nahem an und tuschle meinem Mann ins Ohr: »Hier stimmt etwas nicht. Diese Malereien ähneln zwar den Künstlern, die auf den Namensschildern genannt werden, doch das spezielle Flair und die Potenz der Meister fehlen.« Mit diesem unsicheren Bauchgefühl verabschieden wir uns von dem feinen Galeristen. Kurze Zeit später wird er als einer der ganz großen Kunstfälscher enttarnt, der unter fast sechzig verschiedenen Namen seinen schwunghaften Kunsthandel betreibt. Durch die Skandale seiner Machenschaften auf dem Kunstmarkt erlangt er so große Berühmtheit, dass seine eigenen, vorher unverkäuflichen Bilder gute Verkaufspreise erzielen.

Am Hafen lockt uns vor einer dunklen Kneipe eine zahnlose alte Frau und winkt uns mit einem noch lebenden Huhn in der Hand zu. Wir sollen auf den beiden Strohstühlen vor der Hauswand Platz nehmen. Da wir Zeit und Geduld haben, schauen wir den schwarzen Hafenarbeitern zu, die gerade ein kleineres Schiff aus Afrika mit prallen Säcken beladen. Neben der Hafeneinfahrt tummelt sich eine große Ansammlung von Riesenschildkröten. Eine leichte Brise weht uns einen unwiderstehlich würzigen Duft in die Nase. Unser fantastisches Mahl ist zubereitet! Das kross gebratene und mit den Kräutern der Insel gefüllte Huhn mit frischem Gemüse zu einem samtigen Rotwein wird für alle Zeiten das Köstlichste bleiben, was uns je auf Tellern verlockt. Bis zum Sonnenuntergang verweilen wir als einzige Gäste glücklich vor der Wand der wenig touristischen Hafenkneipe. In Hochstimmung verabschieden wir uns dankbar mit Händen und Füßen und rollern mit stark verminderter Geschwindigkeit in Schlangenlinien auf der völlig leeren Landstraße bis zu unserem Hotel.

Der nächste Tag beginnt für mich wenig ermutigend. Nach dem sparsamen Frühstück marschieren wir auf eine sandige Anhöhe zu, die einen weiten Blick über eine Schilfebene zum Meer bietet. Meine große Zeichenmappe mit einem neuen Blatt liegt auf meinen Knien. Das Tuschefläschchen in meiner linken Hand ist geöffnet, die Zeichenfeder kratzt über das Papier. Mein Mann hockt im Hintergrund und beginnt seine erste Bleistiftskizze. Es raschelt im Ried. Obwohl es windstill ist, raschelt es wieder und wieder im Schilf. Fasziniert beobachte ich, wie ein schwarz lackierter Hut der Guardia Civil auf und nieder hüpft. Jetzt bewegt sich das Rohr immer rhythmischer zu einem lustvollen Stöhnen und Schnaufen. Dann nur noch ein Knistern. Stille. Plötzlich werden die Schilfrohre auseinandergebogen. Ein leise summender Polizist begleitet eine Touristin aus unserem Hotel zurück zum Strand. Er, der Schönling, schenkt dieser jungen Dame zur besten Völkerverständigung in würdevoller Polizeiuniform einen großartigen Urlaubstag. Während meiner indiskreten Beobachtungen hatte sich meine volle Tuscheflasche unbemerkt über meinem Zeichenblatt, auf meiner einzigen weißen Hose und dem T-Shirt entleert. Zwei Mädchen hüpfen heran. Sie betrachten zuerst das Skizzenblatt meines zeichnenden Begleiters und rufen begeistert: »Muy bien! Muy bien!« Neugierig nähern sie sich auch meinem von Tusche überflossenen Blatt, schütteln die Köpfe, grinsen verächtlich und hopsen kommentarlos kichernd davon!

An unserem letzten Ferientag ist eine angekündigte Hochzeit in der kleinen Kirche eines Nachbardorfes unser Wanderziel. Auf einem Bergrücken drängen sich Wand an Wand schrillweiße kubische Hauswürfel, die auf dem Gipfel nur von einem frisch geweißten Gotteshaus überragt werden. Eine lange Prozession von Hochzeitsgästen folgt dem Glockengeläut. Die hochschwangere Braut muss gestützt werden und alle hoffen, dass der Pfarrer dem Paar seinen Segen noch vor der Niederkunft erteilt. Die ernsten Mienen der vielen Frauen in Festroben und der schwarz gekleideten Männer verraten die äußerst angespannte Lage. Nach der Messe läuten die Glocken Sturm und die verschleierte Braut wird schleunigst in einem mit laufendem Motor wartenden Krankenwagen abtransportiert.

Unser Ferienflieger startet zum Flug nach Frankfurt. Jeder Passagier erhält wegen der angekündigten Turbulenzen ein wirkkräftiges Lutschbonbon. Über den Pyrenäen beginnt das Flugzeug zu zittern und zu trudeln. Eine Gewitterfront schwärzt den Himmel. Plötzlich verliert die Maschine an Höhe, startet neu durch, versucht die schwarze Wand zu durchbrechen, strauchelt. Die Passagiere wimmern, eine Stewardess schreit auf. Wir halten die Luft an, pressen uns in die Sitze. Das Denken hört auf. Ein Blitz trifft unseren Flieger. Das Bordlicht verlischt. Die Elektronik versagt. Keine Geräusche mehr von den Motoren. Sinkflug! Todesstille. Doch plötzlich wieder das vertraute Dröhnen der Turbinen. Lichter gehen an, leise Musik rieselt aus den Lautsprechern, Essen wird serviert. Es bleibt unberührt stehen. Wir landen in Frankfurt. Ohne Probleme.

Mit Spannung warten wir Frischvermählten in Enkheim auf unsere Hochzeitsfotos. Doch es kommt keine Post. Die vielen Aufnahmen unseres nimmermüden Hoffotografen Gerd existieren nicht! Der Fotokünstler hatte in seiner Aufregung vergessen, dass auch in eine neue, analoge Superluxuskamera vor dem Knipsen ein Film eingelegt werden muss. Als einziges Zeugnis unserer Hochzeit existiert ein verwackeltes Zufallsbildchen aus Beates unzulänglichem Fotoapparat. Auf diesem schiefen Hochformat blickt eine glückliche Braut mit üppigem Brautschleier und Brautstrauß zu ihrem sie überragenden, strahlenden Ehemann auf.

Die ersten drei Jahre nach unserer Hochzeit erblühen nicht wie ein Garten in Eden. In der Sozialbauwohnung am Stadtrand von Frankfurt, in der ich mich im dritten Stock sehr bald wie in einer Einsiedelei gefangen fühle, versuche ich den Verlust meiner Studienkollegen, meiner Freunde, meiner gewohnten Umgebung und die mich bedrückende Einsamkeit während des Tages durch Anstreichen, Lackieren und Putzen aus meiner Seele fortzuwischen. Mir fehlen die Atelieratmosphäre und das behutsame oder erregte Setzen der Farben auf großer Leinwand und das gemeinsame Nachdenken und Planen, eine Ausstellung zu konzipieren. Der einzige Mensch, mit dem ich während des Werktages rede, ist das mir unbekannte Mädchen an der Supermarktkasse. Da ich immer mehr begreife, dass meine vitale Fantasie die einzige Oase in der Wüste meines Alltags ist, richte ich mir in unserem kleinen Gästezimmer einen Zeichenplatz ein. Nur die gemeinsamen Abende mit meinem aus dem Büro müde heimkehrenden Mann trösten mich über diese Ödnis der stummen Tage hinweg. Zur Zeit unserer Hochzeit ist es noch üblich, dass Ehemänner vollständig über das Leben ihrer Frauen bestimmen können. Sie werden normalerweise als ständig verfügbares Eigentum betrachtet, erfahren nichts über die Höhe der Einkünfte und müssen sehen, wie sie mit dem ihnen zugeteilten Haushaltsgeld auskommen. Der Gatte als das Oberhaupt der Familie besitzt die gesetzliche Vollmacht, seiner Frau zu verbieten, eine Arbeit außer Haus anzunehmen. Mein verständnisvoller Mann unterstützt jedoch meinen Wunsch, endlich meinen Beruf auszuüben. Deshalb nehme ich sofort nach der Heirat mit

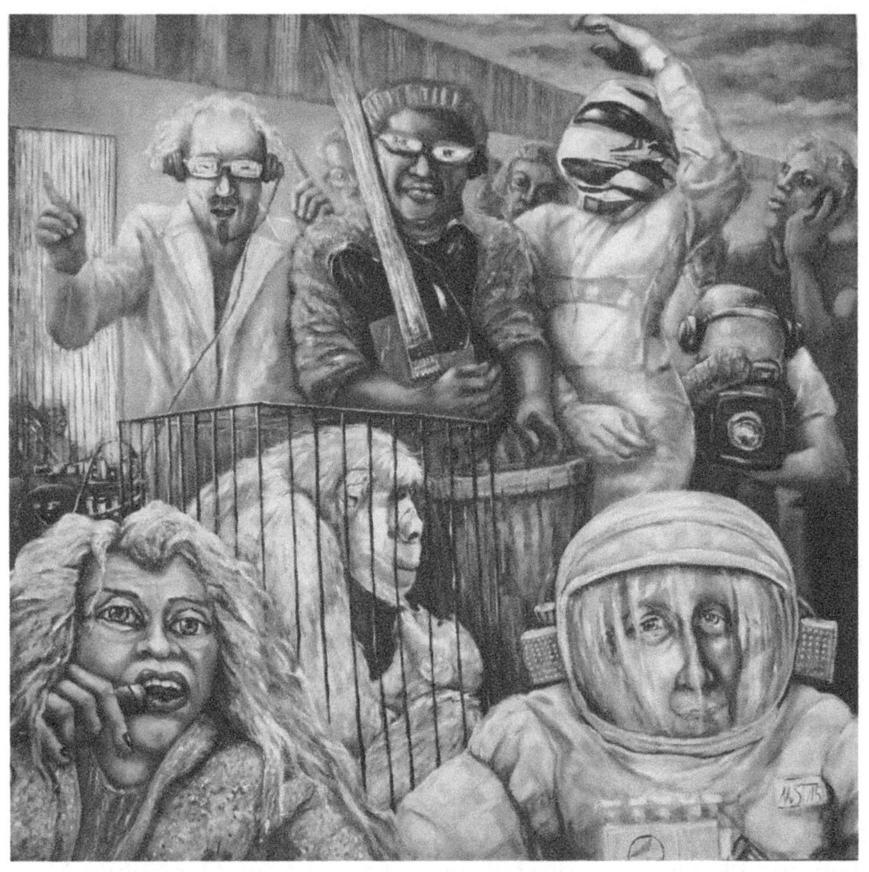

dem hessischen Schulamt Kontakt auf. Da ich mein Staatsexamen in Nordrhein-Westfalen abgelegt habe, kann ich in Hessen meine Referendarzeit nicht beginnen. Die Hochschule für Bildende Künste – Städelschule vergibt mir keinen Studienplatz mit der Begründung, ich sei ausstudiert.

Frida Kahlo sagt: »Ich male meine eigene Realität. Das Einzige, das ich weiß, ist, dass ich male, weil ich es brauche, und ich male, was auch immer durch meinen Kopf geht, ohne andere Überlegungen!«

Daher zeichne ich still und kontinuierlich Blatt um Blatt. Wie von weither fliegen mir die Ideen zu. Meine Stifte und Zeichenfedern oder der Aquarellpinsel gleiten stundenlang über die Papiere, so wie die Frühmenschen, die in den Höhlen von Altamira mit dem Abdruck ihrer Hände ihre Sehnsucht nach Teilhabe am Leben als sichtbaren Beweis hinterlassen haben und die dunklen Höhlen in magische Orte verwandelten.

Erste Einzelausstellung

1968 wird mir durch die Vermittlung eines Onkels in einer Luzerner Kunstgalerie eine Einzelausstellung angeboten. Wir verpacken einige Zeichnungen und größere Ölbilder, bugsieren sie vorsichtig über die Koffer in unseren engen VW und fahren voller euphorischer Erwartungen in die Schweiz. Im Seeschlösschen unserer Verwandten am Ufer des Vierwaldstättersees dürfen wir mit direktem Blick über das Wasser übernachten. Am folgenden Tag nehme ich mit dem Privatbankier und Galeriebesitzer den vorbereiteten Kontakt auf, um die Ausstellung aufzubauen. Das Bankgebäude mit der anschließenden Galerie sieht schweizerisch vertrauenswürdig aus. Ein auf Hochglanz poliertes Messingschild vor dem Eingang wirbt mit »Kulanten Bevorschussungen«. Der bärtige Bankier und Galerist zeigt sich hoch engagiert und stellt mich dem Kunsthistoriker Professor von Moos vor, der die Rede zur Vernissage halten wird. Am Eröffnungsabend drängt sich das Publikum in den Ausstellungsraum. Es interessiert sich besonders für das gegenseitige Vorführen der eigenen Wohlhabenheit und lauscht mit teurem Wein im Glas den Worten des Kunsthistorikers. Ausschweifend referiert der Professor über das bekannte Heraldikbuch meines Vaters, und nur zum Schluss erwähnt er kurz meine Arbeiten, was einen Stadtverordneten ermutigt, meinen weißen Akt in Öl auf Leinwand zu erwerben. Anschließend beginnt das eigentliche Fest mit einer Einladung in die Privatvilla des Bankiers. Der feierliche Empfang findet in einem von Scheinwerfern angestrahlten imposanten Gebäude auf einem Hügel über dem Seeufer statt. Viele Ständer mit meinen Ausstellungsplakaten flankieren wie ein Spalier den über weißem Kies ausgerollten roten Teppich, der quer durch einen Parkgarten führt. Die Schweizer und die deutsche Fahne flattern am Portal der Villa im Abendwind. Ein Livrierter streckt uns ein Silbertablett entgegen, um Visitenkarten zu empfangen. Da ich keine Karte besitze, versuche ich zu versichern, dass ich die Ausstellerin aus Deutschland bin. Als wir das Entree betreten, verschluckt mich die plaudernde Menge. Die geladenen Stadtverordneten, Diplomaten, Villenbesitzer, vielleicht auch Kunstinteressierte prosten sich mit Champagner zu und erdulden die strapazierenden Reden des Hausherrn und die Grußworte des Abgesandten der Stadt und der Diplomatie. Plötzlich ein Knall! Scheppern! Ein Poltern! Ein wie Gläser zersplitterndes Klirren! Der Lärm der in verschiedenen Sprachen Schwätzenden verebbt.

Hastig eilen Köche in voller Montur und mit gewaltig hohen Kochmützen auf dem Kopf in den noch verschlossenen Nachbarsaal und versuchen zu retten, was zu retten ist. Der Chefkoch hatte meinen auf den Plakaten abgebildeten stehenden Akt sehr groß in Eis nachgebildet und auf einem Silbersockel platziert. In der Wärme des Sommerabends begann er zu schmelzen, zerbrach in der schmalen Taille, knallte auf die mit Hummern, Krebsen und anderen Spezialitäten dekorierten Silberplatten und zertrümmerte einige Bleikristallschalen und Gläser. Als die lukullische Pracht wieder hergerichtet ist, wird das Buffet eröffnet. Noch nie habe ich ein solches barockes essbares Arrangement gesehen! Ein Hotelier und Freund des Hausherrn lobt vor allem die Nachspeisen, behauptet aber, selber die besten Sorbets der Innerschweiz zu kreieren. Dazu lädt er uns spontan ein, während geschlemmt und diskutiert wird und der Hausherr an einem elektrischen Klavier die Stimmung anheizt, bis der nächste Tag anbricht. Wir verlassen das Luxusambiente, sehen im Park edle Pferde grasen und stolpern ermattet bei blassem Mondlicht über den roten Teppich in die Nacht.

Nach dem Frühstück begleiten wir unsere Verwandten zum nächsten Clou des Highlifes, dem besten Sorbet der Innerschweiz. Es ist recht frisch und das kalte Wasser des Vierwaldstättersees hatte uns schon vor dem Frühstück Mut abverlangt. In einem blühenden Park am Ufer erwartet uns bereits der Besitzer mit seiner hocheleganten Frau vor seinem gepflegten Hotel. Er führt uns zuerst durch seine Kunstsammlung von Skulpturen, dabei wird uns ein aufwärmender Kirschschnaps gereicht. Mit dem hochprozentigen Klaren in der Hand geleitet uns der Hausherr in eine windstille Gartenecke zu einem unglaublichen Buffet. Auf langen, weiß gedeckten Tischen strotzen zwischen Kerzenleuchtern fast alle Eissorten der Welt mit Sahnevariationen und Sorbets und Früchtecocktails und Eistorten und Blumenbuketts. Völlig unterkühlt und glücklich trällernd setzen wir unsere Reise zur Insel Elba und zu meinem geliebten Eselstall fort. Dort finden wir im Weingut alles so vor, wie ich es mit Beate verlassen hatte. Der Eisschrank brummt, die Dusche tröpfelt lauwarm, die reifen Trauben hängen vor dem Fenster. Am einsamen Strand ziehen mein Mann und ich einen im Wasser schwimmenden Eukalyptusbaumstamm an Land. Tagtäglich bearbeiten wir im Sand das harte Holz mit Sägen, Beiteln, Feilen und Schmirgelpapier, bis ein lebensgroßer weiblicher Torso entsteht. Als wir mit unserer schweren Fracht, der fertigen Holzskulptur, in Frankfurt eintreffen, begrüßt uns die hervorgehobene Schlagzeile einer internationalen Zeitung: »Schweizer Bankenskandal!«

Der feiersüchtige Luzerner Bankier und Galerist, der meine Ausstellung auf das Festlichste inszenierte, lud wieder alle hochkarätigen Gäste zu einem opulenten Festmenü in seine Villa ein. Es floss der teuerste Champagner. Nach Mitternacht hörten seine Besucher und Bankkunden im Park einen lauten Schuss. Zuerst war der Gastgeber nicht auffindbar. Als man auch den Park durchsuchte, fand man ihn endlich zwischen seinen friedlich grasenden Reitpferden erschossen auf dem Rasen liegend. Seine rechte Hand umklammerte eine Pistole. Seine Privatbank musste Bankrott anmelden. Erst jetzt begriffen alle eingeladenen Gäste und seine besten Freunde, dass sie ihre gesamten Ersparnisse, die sie voller Vertrauen in der Bank deponiert hatten, auf luxuriöseste Weise aufgezehrt hatten.

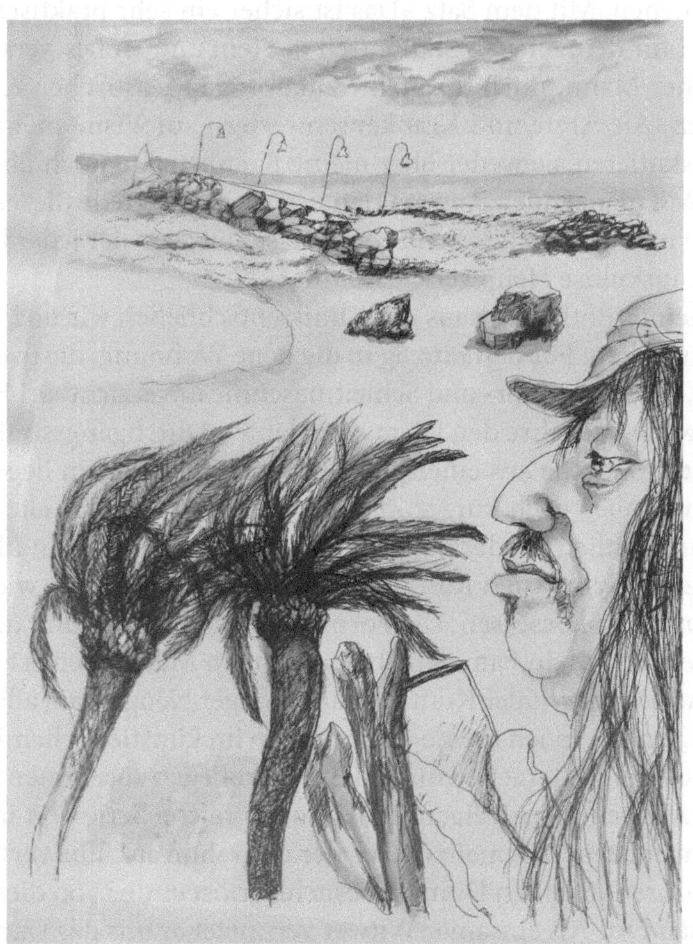

Unser Sohn

Da es mit meinem gesundheitlichen Zustand nicht zum Besten steht und bei mir eine bedrohliche Entzündung diagnostiziert wird, ist es nötig, einen längeren Krankenhausaufenthalt einzuplanen. So verbringe ich meinen Geburtstag mager und sehr geschwächt in einem Kölner Klinikbett. Als erster Gratulant überrascht mich mein Mann mit einem besonderen Geschenk. Er wuchtet ein schweres Paket auf meine Bettdecke. Nur mit Anstrengung gelingt es mir, mich aufzusetzen und die Kiste zu öffnen. Mit Schweiß auf der Stirn und noch immer geschwächt versuche ich, eine bleischwere Akku-Schlagbohrmaschine mit Schleiffunktion aus der Verpackung zu heben. Mit dem Satz »Das ist sicher ein sehr praktisches Handwerksgerät für deine neuen Skulpturen in Stein und Holz!« versucht mein fürsorglicher Mann, mich für meine zukünftigen plastischen Arbeiten zu stimulieren. Als Ärzte und Krankenschwestern zur Visite mein Bett umstellen, diskutieren sie weder über meine Krankenakte noch über meinen Zustand. Mit glänzenden Augen erläutern sie alle Vorteile dieser so supermodernen und praktischen Schlagbohrmaschine, von der jeder handwerklich fitte, muskulöse Heimwerker träumt.

Nach meiner Entlassung aus der Klinik entschließen wir uns, ganz nach Köln umzuziehen. Für den Einzug in die neue Wohnung, die in der Innenstadt liegt, ist meine Bohr- und Schleifmaschine unverzichtbar! Hier erdulden wir zwei lange Jahre den Lärm einer lauten Durchgangsstraße und die penetranten Gerüche aus einer unter unserem Schlafraum liegenden Firmenkantine. Aber nach kurzer Zeit geht es mir in meiner alten Heimatstadt gesundheitlich wieder gut. Mit großem Engagement und Elan erteile ich an zwei Gymnasien Kunstunterricht. Mein Leben hat wieder einen Sinn. Ich male wie besessen. Die Formate werden größer und die Bildthemen expressiver. Mein Familienleben und mein Malerleben erfüllen mich mit Lebenslust, mit vitaler Kraft und unbändiger Neugier auf alles mir Unbekannte. Jetzt kann ich meine Erfahrungen im künstlerischen Bereich an kreative Schüler weitergeben und mit Malerkollegen zusammen meine Arbeiten in Ausstellungen zeigen. Eine umfangreiche Serie von farbstarken Aquarellen entsteht. Als mein Onkel, der uns schon auf Elba verwöhnt hatte, uns in unserem lauten Domizil besucht, erlöst er uns von diesem wenig erfreulichen Ort. Als einsamer Witwer vermietet er uns das Dachgeschoss in seinem ehemaligen Stall- und Kutschergebäude aus dem Jahr 1897, das sich mitten in einem großen Garten mit Schwimmbad in der Südstadt verbirgt. In dieser überaus glücklichen Zeit erwarten wir ein Kind. Meine Eltern sagen nur: »Du musst ja wissen, was du tust!« Auch dieses Mal verläuft nicht alles reibungslos. Da mein Bauchumfang drei Wochen vor dem errechneten Geburtstermin so enorm zugenommen hat, dass es mir schwerfällt, normal zu gehen, werde ich als Problemfall in eine Kölner Klinik eingewiesen, während meine Eltern die Weihnachtstage im Schwarzwald verbringen. Der Chefarzt diagnostiziert als Komplikation ein Hydramnion, was ein assistierender Oberarzt bezweifelt. Er schlägt eine Ultraschalluntersuchung vor. Eine über mich gebeugte Ärztin schüttelt während der Untersuchung ihren Lockenkopf und murmelt zu einer Kollegin gewandt: »Schau mal, der Fötus hat einen Hydrozephalus. Außerdem – kannst du Extremitäten entdecken?« Sofort verwandelt sich die Untersuchungsliege unter mir in eine Eisplatte. Ich wünsche mir, ganz schnell zu erfrieren. Die Ärztinnen verschwinden wortlos und lassen mich mit diesem Befund auf diesem schmalen, harten Lager allein, auf dem ich auch die kommende Nacht unter den Lampen des weiß gekachelten Operationsraumes verbringen muss. Mein Leib ist so angeschwollen, dass ich mich nicht ohne das Risiko, zu Boden zu stürzen, zur Seite drehen kann. Unser Kind bewegt sich nicht mehr. Keine Zukunft! Das mechanische Ticken der Wanduhr gibt den medizinischen Diagnoseworten, die ich sehr wohl verstanden hatte, in meinem Kopf – wie ein Menetekel – einen sich stets im Kreis drehenden Rhythmus. Da der Operationsraum tagsüber von den Chirurgen benötigt wird, werde ich in mein Zimmer zurückgeschoben. Aber die sich lähmend dahinschleichenden Stunden der beiden folgenden Nächte verbringe ich wieder als Notfall unter der Operationslampe. Allein! Nur ab und zu wird mir etwas Trinkflüssigkeit verabreicht. Eine Hebamme untersucht alle zwei Stunden meinen Puls und den Herzschlag des ungeborenen Kindes. »Das Herzchen Ihres Babys klopft noch richtig. Ich höre es deutlich!« Dann versucht der Chefarzt mehrfach, mit für mich sehr schmerzhaften Eingriffen die Geburt einzuleiten. Am dritten Tag werde ich plötzlich auf meiner Liege neben eine frisch operierte Frau mit einem nicht abgedeckten, noch blutenden Bauch geschoben. Doch dann geht alles ganz schnell! Komplikation! Notfall! Für einen Augenblick erkenne ich im Operationssaal hinter Infusionsschläuchen den Chefarzt. »Schnell, schnell!« Betäubungsspritze! Infusion! Während ich das Bewusstsein verliere, wachsen vor meinem inneren Auge hoch aufragende, weiße Asphodelien, die mythischen Blumen aus dem Totenreich.

Als ich aus der Narkose erwache und noch benommen bin, nehme ich wie durch Nebel zwei dunkel gekleidete Feuerwehrmänner wahr. Sie transportieren einen Glaskasten mit einem nackten, blau-grau wimmernden Neugeborenen. Mir wird gesagt, das Neugeborene in der gläsernen Kiste sei mein Kind. Es würde zur Beobachtung in die benachbarte Universitätsklinik gebracht. Währenddessen wartet mein Mann nervös auf einem Flur vor dem Operationstrakt. Als sich endlich die Tür öffnet, läuft der Chirurg sehr eilig und wortlos an ihm vorbei. Der junge Vater hastet hinter dem Professor her: »Wie ist die Geburt verlaufen? Was ist es denn?« Der Arzt eilt weiter dem Ausgang entgegen und ruft: »Es ist so weit alles in Ordnung. Das Geschlecht kann ich Ihnen wegen der Hektik leider nicht nennen! Erkundigen Sie sich bei den Schwestern.«

Auf dem Krankenhausflur höre ich Babygeschrei, plaudernde Mütter, klapperndes Essgeschirr. Ich liege allein in einem winzigen Zimmer. Der Kaiserschnitt ist ungewöhnlich groß. Er reicht bis zu beiden Hüftknochen, die Blase ist verletzt, ich kann mich kaum bewegen. Alles schmerzt. Aber ich weigere mich, Schmerzmittel zu nehmen, denn am Abend bringt mein Mann meine geringe und mühsam abgepumpte Menge Muttermilch in die nahe gelegene Universitätsklinik. Obwohl mein Mann mich jeden Tag besucht und mir jedes Mal liebevoll erklärt, wie reizend unser Sohn sei, kann ich ihm nicht glauben. Doch eines Abends sieht er erschreckend blass aus, ist wortkarg und zornig. Ich befürchte das Schlimmste. »Nein, nein«, sagt er: »Unserem Sohn geht es gut. Aber da waren zwei Freunde. Sie standen neben mir an der Glasscheibe der Säuglingsstation. Auch sie ließen sich ihr neugeborenes Baby zeigen, ein Mädchen, das zeitgleich mit unserem Sohn ebenfalls als Notfall mit Kaiserschnitt zur Welt gekommen ist. Stell dir das vor: Der direkt neben mir stehende junge Vater wendet sich verzückt zu seinem Freund und schwärmt, wie süß, ach wie süß doch die Kleine ist! Beide Männer bleiben neben mir stehen und warten, bis die Schwester unseren Sohn aus seinem winzigen Bett holt. Er brüllt! Beide Männer sind sich einig und sagen im Chor: ›Nein! Wie hässlich! Dieses Baby ist ja potthässlich! Hässlicher geht's nicht!‹« Mein Mann ist immer noch erregt. Diese Kritik über seinen Sohn hat ihn bis ins Mark getroffen! Ich aber scheine zum ersten Mal nach der Geburt etwas zu lächeln. Diese Kränkung kann er erst einige Jahre später verzeihen, als er während eines Festessens neben einem dieser Herren speisen wird. Der Gast wird ihm von der komplikationsreichen Geburt seiner Tochter in einer Kölner Klinik berichten und dabei den Geburtstermin unseres Sohnes erwähnen. Da wird mein Mann hellhörig werden, sich seinem Tischnachbarn zuwenden und ihm sein Erlebnis in dieser Säuglingsstation und sein Entsetzen über das vernichtende Urteil über das Aussehen unseres Neugeborenen schildern. Stolz wird er ein Foto unseres gut geratenen Sprösslings auf den Tisch legen, während sich sein Tischnachbar genau an diese Situation erinnern und sich entschuldigen wird, wenn er ebenso ein Foto seiner hübschen Tochter aus der Brieftasche zieht. Diese zu einer Schönheit herangereifte Sechzehnjährige und unser Sohn, beide mit dem gleichen Geburtsdatum am gleichen Ort, werden zufälligerweise mit einem Stipendium im Gepäck im Flugzeug nach New York nebeneinander Platz nehmen.

Acht Tage nach meinem dramatischen Kaiserschnitt wird es in der gynäkologischen Abteilung besonders hektisch. Der Chefarzt erscheint zur Visite und fragt mich vorwurfsvoll: »Wo ist Ihr Kind?« Ich antworte ihm schwach, dass ich es noch nie gesehen hätte und annähme, dass es entweder nicht mehr lebe oder stark behindert sei. Der Chefarzt wird wütend: »Wie bitte? Wo ist der Säugling?« Er reißt die Tür auf und ruft in den Flur: »Schwester Hildegard! Wo ist das Kind?« Aufgebracht befiehlt er, mein Baby sofort aus der Uniklinik zu holen und es mir, seiner Mutter, zum Stillen zu bringen. Als mir eine Schwester gegen Abend ein fest in ein Tuch eingewickeltes, kleines Menschlein zum ersten Mal in die Arme legt, wage ich nicht, mich zu bewegen oder das Baby aus den Tüchern zu wickeln. Ich schaue nur auf das winzige, schlafende, ganz gleichmäßige und feine, rosige Gesicht. Als die Schwester meinen Sohn wieder abholen will, fährt sie mich zornig an, wieso der Säugling noch nicht getrunken habe. Sie wolle nach Hause, es sei ja schließlich Heiligabend! Ich bitte sie, mir das Baby auszuwickeln, ohne ihr zu sagen, dass mich Höllenängste vor dem Anblick seiner fehlenden Extremitäten plagen. Die Schwester schüttelt den Kopf. Als ich versuche, mich etwas aufzurichten, und flüstere: »Jetzt sehe ich meinen kleinen Sohn zum ersten Mal«, entfaltet sie etwas freundlicher gestimmt das Moltontuch. Ein vollendet schönes Kindchen, ein Junge ohne jeden Makel, liegt in meinen Armen. Ich bin stumm vor Glück. Eine unbeschreibliche Freude, die in ihrer existenziellen Kraft und Tiefe für ein ganzes Leben reicht. Weihnachten!

Unser Sohn wächst behütet in einer vorstädtischen Umgebung auf, da wir nun einen Bungalow in dörflicher Umgebung in Rheinnähe und am Rande eines Naturschutzgebietes bezogen haben. Mit Hilfe meiner Lebensneugier, meiner Fantasie und meiner vertrauensvollen Zuversicht für die Zukunft finde ich neben den alltäglichen Aufgaben und dem Unterrichten ausreichend Zeit für die Bewältigung meiner mich immer stärker bedrängenden, noch ungemalten Bilder.

Neben meinem Zeichen- und Malunterricht in der von mir gegründeten privaten Malschule entsteht ein umfangreiches Gesamtwerk aus Ölgemälden und Handzeichnungen und einigen Plastiken. Bei jeder Gelegenheit, in Cafés, bei Konzerten und Vorträgen oder auf der Straße übertrage ich mit Stiften und mit Tuschepinsel die flüchtigen Begegnungen in meine Skizzenbücher. Immer auf der Pirsch nach dem Unvorhergesehenen, dem einmaligen Moment! Diese spontanen Seh- und Fingerübungen konservieren jeweils als eigenständige Unikate die Essenz des Augenblicks! Sie dienen als Erfahrungsschatz und als Grundlage für meine großformatigen Ölbilder.

Tod der Eltern

In Erinnerung an die hoch konzentrierten Stunden des Aktzeichnens in der Akademie ermutige ich auch Vater, mit mir vor einem Modell zu skizzieren. Vater setzt die von mir geäußerte Idee in die Tat um, indem er eine ehemalige Studentin überzeugt, ihre Privaträume zu öffnen. Sofort ist die Atmosphäre in ihrem großzügigen Wohnraum wie elektrisiert! Jeder der fünf Künstler arbeitet voller Konzentration vor dem geduldigen Modell. In den kurzen Pausen, während wir unsere Ergebnisse mit Abstand kontrollieren, animiert uns die begeisterte Gastgeberin immer weiter mit starkem Kaffee, Schnaps und Zigaretten. Wir erörtern den künstlerischen Sinn unserer Arbeit und die Möglichkeiten, unsere Skizzen als Vorlagen für Skulpturen und spätere Ölmalereien zu verwenden. Vater raucht. Er trinkt mehrere Tassen des viel zu starken Kaffees und prostet uns im kreativen Eifer mit einem Schnaps zu. Er zeichnet wie ein Besessener, füllt ein Blatt nach dem anderen. Doch plötzlich fällt sein Stift zu Boden. Er wird leichenblass. Er ringt nach Luft. Er stöhnt auf und klagt über heftigste Schmerzen in der Brust. Unter großen Schwierigkeiten bringen wir ihn nach Hause in sein Bett. Unser herbeigerufener Hausarzt kommt sofort und verabreicht ihm eine Infusion, während Vater sich wie unter vernichtenden Qualen weiter krümmt und sich wütend weigert, eine Klinik aufzusuchen. Erst die vertraute Nähe des Arztes beruhigt den störrischen Patienten, der sich wegen eines frischen Herzinfarkts in akuter Lebensgefahr befindet. Unser verantwortungsvoller Doktor verharrt auf der unbequemen Gartenliege, die mir in Rom schon den Schlaf geraubt hatte, bis zum Morgengrauen an Vaters Seite. Als der schwierige Schwerkranke sich endlich so weit beruhigt, dass er transportabel ist, begleitet sein Arzt ihn im Krankenwagen bis in die Klinik. Vater überlebt.

Wenn sich mir Bilder der vergangenen Jahre aufdrängen, steht plötzlich Vater wieder neben mir. Seine Gestalt erscheint unscharf wie auf einem verkratzten, oft benutzten Foto. Ich nehme ihn verschwommen wahr, wie er sich mit seinen dreiundachtzig Jahren gebeugt und mühsam durch die ihm noch verbleibenden Monate bewegt. Seine Schritte schlurfen über den Boden, er fasst sich oft an den Kopf. Wenn ich ihn frage, was ihn quäle, antwortete er, er könne nicht mehr richtig sehen und keine Malereien mehr betrachten. Lange Zeit danach zeigt er sich sehr schnell erregbar. Als ich ihm einmal Widerworte gebe, weil er etwas Falsches behauptet, was Mutter bestätigt, brüllt er mich an: »Wenn du mich als Älteren weiter kritisierst, bist du an meinem zweiten Herzinfarkt und dann an meinem Tod schuld!« Er steht auf, stolpert die Treppen hinunter, knallt die Haustür hinter sich zu und verschwindet. Entsetzt renne ich hinter ihm her und hole ihn schließlich an Peters Fabrik ein. Meine Entschuldigungen nützen nichts! Es gelingt mir nicht, ihn zu besänftigen. Erst nach Tagen lenkt er ein und gibt sich wieder so liebevoll, wie es sonst seinem Charakter entspricht. Diese Anschuldigungen, eventuell an seinem Tod schuld sein zu können, verfolgen mich als Ungeheuerlichkeit lange in meinen Träumen. Der Anlass zu diesem Eklat ist mir entfallen, denn es gab keinen! Nun bereitet die voranschleichenden Veränderungen seines Wesens auch Mutter Sorgen. Noch nie hatten wir erlebt, dass er so heftig reagiert. Es sind die ersten Anzeichen einer neuen schweren Erkrankung.

Aus einem Infusionsschlauch tropft eine klare Flüssigkeit in exaktem Takt in Vaters Vene, während ich am Rand seines Klinikbettes sitze. So wie er früher in den schwarzen Kriegsnächten an meinem Kinderbett saß. Er röchelt. Seine Augen bleiben geschlossen. Auch während der Visite des Chefarztes öffnet er sie nicht. Er öffnet sie nie mehr. Der Gehirnchirurg zeigt mir die Schwarz-Weiß-Aufnahmen des CTs und schüttelt den Kopf: »Wie ist es möglich, dass ein Gehirn bei diesem Befund noch eine Denkleistung vollbringen kann?« Er hält die transparenten Folien gegen das Fensterlicht und kreist mit seinem Zeigefinger ein Männerfaust großes Areal ein, das ein Glioblastom überwuchert. Er fügt hinzu: »Seit zehn Jahren muss Ihr Vater schon darunter leiden.« Da Mutter und ich seit vielen Tagen an Vaters Bett ausharren, um ihm die Hand zu halten und ihm etwas zu trinken einzuflößen, ermahnt uns der Professor: »So! Nun ruhen Sie sich zu Hause aus! Wir rufen Sie an, wenn es nötig wird.« In der kommenden Nacht finde ich keinen Schlaf. Unruhig wälze ich mich in meinem Bett hin und her. Erst gegen Morgen verdämmert mein Bewusstsein. Aber im Traum ist plötzlich alles ganz real. Deutlich spüre ich Vaters Hand auf meinem Oberarm. Vater zieht mich zu sich heran. Der Druck seiner Hand wird so stark, dass ich aufwache. Der Wecker zeigt die Uhrzeit und das Datum an: 2. Juli 1982, 5 Uhr. In diesem Augenblick schellt das Telefon. Ich erkenne die Stimme des Neurochirurgen: »Bitte kommen Sie sofort, wenn Sie sich von Ihrem Vater verabschieden möchten, solange er noch lebt.« Ich wecke meinen Mann. Wenig später fahren wir durch die noch schlafende Stadt. In Vaters Einzelzimmer ist es still. Die Infusion ist abgeklemmt. Ich flüstere Vater ins Ohr: »Wir sind bei dir.« Vater hatte auf uns gewartet. Seine Ohren erscheinen mir auf einmal übergroß. So als wollten sie noch einmal unsere Stimmen einfangen und sie mitnehmen. Mit letzter Kraft bewegt er seinen Arm, in dem noch die Infusionsnadel steckt. Er tastet auf der Bettdecke nach unseren Händen und zieht die Hand meines Mannes in die meine, um uns für immer zu behüten. Vaters langsam erkaltende Hand ruht mit einem kaum wahrnehmbaren Druck auf unseren sich festhaltenden Händen, als wisse er, dass wir für immer zusammengehören! Ein Röcheln. Ein letzter Atemzug. Eine seltsame Kälte senkt sich nun auch über mich. Der angestrengte Gesichtsausdruck meines Vaters, der vor wenigen Minuten noch kämpferisch wirkte, verliert sich. Seine sichtbare Persönlichkeit verblüht. Nach einer Stunde ist er mir so fern wie ein Fremder. Er ist ohne Seele. Ein Toter! Die Tür geht auf, ein Pfleger kommt, Vaters Anwesenheit wird aus meinem Leben in den Flur geschoben. Ich packe seine wenigen Habseligkeiten, die nun keinen Sinn mehr haben. Mir bleibt nur noch mein inneres Bild und das Fluidum seiner Wesensart.

Mit einer neuen Brille mit Gleitsichtgläsern stürzt Mutter eines Tages beim Verlassen eines Lokals auf den Bürgersteig. Der sie untersuchende Arzt liefert sie, weil sie verwirrt ist, sofort in ein Krankenhaus ein. Dort fällt sie nach einer beginnenden Genesung nachts so unglücklich aus dem Bett, dass sie mit einer schweren Gehirnerschütterung und einigen neuen Brüchen lange an das Klinikbett gefesselt bleibt. Auf ihren Wunsch hin richten wir ihr ein geräumiges Apartment mit ihren eigenen Möbeln und ihren Ölbildern in einem privat geführten, empfohlenen Alters- und Pflegeheim in der Nachbarstadt ein, in dem auch ihr vertraute Damen, die sie schon lange kennt, zufrieden leben. Sie erholt sich wieder, erkennt mich bei meinen täglichen Besuchen und verbringt – mit den neuen Umständen im Einklang – ihren Lebensabend, ohne sich jemals wieder nach ihrem Haus im Park zu erkundigen. Aber sie berichtet mir, dass jede Nacht jemand in ihr Zimmer komme und die Schränke durchwühle. Ich glaube ihren Berichten zuerst nicht, da sie öfter verwirrt erscheint. Doch dann entdecke ich, dass sämtlicher Schmuck, das Silberbesteck und ihre Designerbekleidung geraubt wurden. Nach mehreren Recherchen findet die Polizei die Diebin, eine Nachtschwester, die auch andere Heimbewohner bestohlen hatte. Jetzt verschlechtert sich Mutters geistiger Zustand rapide. Ihre Erinnerungen entschwinden in eine Dunkelzone. Immer wieder fragt sie mich: »War ich eigentlich verheiratet? Hatte ich Kinder?« Jetzt wird sie in eine Vollpflegeabteilung verlegt. Hier verliert sie nicht nur mich aus ihrem Gedächtnis, sie verliert sich selbst. Bei jedem Besuch erschüttert es mich mehr, sie geistig nicht mehr anwesend und nur stumm zusammengesunken im Rollstuhl vorzufinden. Pflegerinnen haben ihr sogar die noch verbliebenen hochwertigen Kleider fortgenommen und sie stattdessen mit hässlichen alten Pullovern und Röcken von verstorbenen Mitbewohnern eingekleidet. Auch vermute ich, dass sedierende Medikamente verabreicht werden, um sie ruhigzustellen und dadurch die Pflege zu erleichtern, denn sie nimmt in dieser Umgebung nicht mehr am Leben der anderen teil. Damit sie den Rest ihrer Lebenszeit nicht nur verdämmert, schiebe ich sie, wenn das Wetter gut ist, mit ihrem Rollstuhl durch den nahe gelegenen Schlosspark. Erstaunlicherweise stellt sie, wie aus einer geistigen Betäubung erwachend, plötzlich Fragen. Es dauert eine längere Zeit, bis ich ihr wieder vertraut werde und ihr der Klang meines Vornamens irgendwie bekannt vorkommt und sie dankbar spürt, dass wir zusammengehören. Während dieser Spaziergänge durch die Gartenanlagen und über den belebten Marktplatz fasst Mutter meine Hand, drückt sie ganz fest und lächelt und genießt die Farben der Blumen, der Früchte, der Menschen. Ihre längst verlorene jugendliche Schönheit huscht für einen intimen Moment über ihr Gesicht. Wenn ich auf dem Rückweg die Glastür zum Aufenthaltsraum öffnen muss, um Mutter wieder in diese Pflege zurückzuschieben, schmerzt mich der erbärmliche Anblick aller dahinvegetierenden Alten. Sie schauen mir mit ihren von Trauer und Sehnsucht leer geweinten Augen hinterher. Mutters Befinden verschlimmert sich. Mit Fassungslosigkeit bemerke ich zum ersten Mal, dass ihr gesamter Rücken wund gelegen ist, denn das Pflegepersonal verheimlichte mir ihren gesundheitlichen Zustand. Vorsichtig nehme ich sie in meine Arme, lege mich neben sie, damit sie meine Gegenwart spürt, und streichle ihren Kopf. Die Schwester bittet: »Bleiben Sie jetzt hier! Ihre Mutter wird sterben.« Plötzlich starrt mich Mutter mit weit aufgerissenen Augen an, deren ehemals strahlende Bläue einem eingetrübten milchigen Grau gewichen ist. Die Schwester verlässt den Raum. Stille senkt sich wie ein Leichentuch über uns. Die abgemagerte, mütterliche Hand klammert sich um meine Hand wie um einen Rettungsanker. Der Mund öffnet sich und keucht. Plötzlich spricht sie! Ganz deutlich. Ihre schwache Stimme sagt: »Du bist doch meine Kleine. Bitte verlass mich nicht! Leg dich mit in mein Grab, damit ich nicht so allein dort bin! Ich habe so vieles mit dir falsch gemacht. Bitte verzeih mir! Du bist das Beste, was mir je passiert ist.« Die Augenlider fallen zu. Ihr Körper kühlt aus. Ihr Atem versagt. Mit ihrer freien Hand greift sie in die

Luft, so als zöge sie jemand in die Höhe. Ich versuche, ihren Arm sanft neben ihre Seite zu legen. Wieder streckt sie mit dem Rest ihrer Lebensenergie ihren rechten Arm zur Zimmerdecke, als wolle sie nach den Sternen greifen. Ein letztes, tiefes Stöhnen aus ihrem zusammengefallenen Brustkorb. Dann sind wir allein. Allein in dieser bleischweren Zeit. Totenstille. Ihr Arm fällt auf die Bettdecke. Ich möchte ihn zudecken. Doch ihre vom Tod erstarrte Hand umkrampft meine Hand und will sie nie mehr loslassen. Verzweifelt rufe ich die Schwester. Sie sieht mein Entsetzen und biegt unter großer Anstrengung jeden Finger von Mutters todesstarrer Hand auf. Auf Mutters kleinem Gesicht liegt Frieden. Erst jetzt kann ich mich von ihr lösen.

»Alle Kunst braucht Schmerz!«, sagt der Aktionskünstler Hermann Nitsch. »Alles Schöpferische ist mit Leid verbunden. Leid ist die Bedingung von Schöpfung und Freude. Das Tragische ist schlechthin der Tod!«

Mutter hatte mit ihren fast neunzig Lebensjahren Vater zwölf lange Jahre überlebt. Sie duldete keinen Handwerker im Haus, das in einen immer schlechter werdenden baulichen Zustand geriet. Mit der großen Unterstützung meines Mannes lassen wir das heruntergekommene Haus aus der Bauhausära vollständig restaurieren. Die Stadt Köln verleiht 1987 dem Gebäude den Status eines bedeutenden Denkmals. In der oberen Etage, über dem vermieteten unteren Stockwerk, richte ich mir mein Atelier und das Depot für meine Bilder und für die Nachlässe meiner Eltern ein. Kurz nach der Renovierung steigt der Rhein und erreicht als Jahrhunderthochwasser im Januar 1995 den Pegel von 10,69 Metern. Im Parterre schwappt das Wasser bis zu den Türklinken. Grölende Gaffer steuern ihre Kähne in unseren Hausflur, weil wir die Haustür aus Mahagoniholz vorsorglich ausgehängt hatten. So steht in dieser Zeit des hohen Wasserstandes unser Haus Tag und Nacht ungeschützt offen. Weder Strom noch Heizung funktionieren. Doch dann fließt das Wasser wieder ab, wir schrubben und lüften.

Im Sommer führt mich wieder mein Drang in die Ferne, die in meinen Träumen das Glück des Entdeckens verspricht. Wir mieten in Vancouver einen VW Bus und durchqueren in Kanada die grandiosen Rocky Mountains, einsame Seengebiete, Indianersiedlungen und Nationalparks. Wir folgen dem Goldrush-Trail und dem Fraser River. Nach einer Campingwoche auf einer nach Honig duftenden Margeritenwiese in der Nähe einer Herde von Bisons und nach der Zeit des Alleinseins mit braunen und schwarzen Bären in der endlosen Weite der Wälder rollen wir in Victoria ein, einer Stadt am Rande der Welt mit britischem Charme. Während der Tage in der

Einsamkeit, in der uns wunschlos glücklich die Natur bezauberte, hatten wir uns auf das existentiell Wesentliche konzentrieren müssen. Nun wieder in einer Stadt, verlocken uns die unwichtigen Dinge. Als wir von der Fähre aus mit einer Menschenmasse in Vancouver an Land gehen, empfängt uns am Landungssteg ein Koreaner. Er spielt auf seiner Geige die »Vier Jahreszeiten« von Vivaldi. Wir bleiben als Einzige stehen und hören ihm zu. »Oh, Sie sind sicher Europäer!« Die nächste Überraschung folgt einige Schritte weiter. Im auf Hochglanz polierten Bahnhof verblüfft uns ein Pianist im edlen Frack, der auf einem Konzertflügel ein hervorragendes Beethovenkonzert darbietet. Auch am alten Uhrturm im ältesten Viertel Gastown bleiben wir staunend stehen. In einem nicht abreißenden Strom ziehen in einer vorher so noch nicht erlebten Vielfalt die Gesichter der jungen, hübschen Asiatinnen und der uralten Indianerfrauen, der wettergegerbten Holzfäller und der Glückssucher aus Afrika und der reichen Touristen der überdimensionierten Kreuzfahrtschiffe vorbei. Ihnen ist ein ganz spezielles Mienenspiel zu eigen, denn jeder scheint wie innerlich getrieben auf der Pirsch nach einem Ziel zu sein, das sich immer weiter nach vorn verschiebt. Nur die hohen, bunt lackierten Totems der indianischen Ureinwohner stehen unverrückbar im Stanley Park und halten ihre starre Mahnwache vor dem Hochhauspanorama einer ins Uferlose wachsenden Stadt.

In Köln erhalte ich die Einladung der Kulturbehörde der Stadt Tunis, eine der Kölner Partnerstädte, mich im Kulturzentrum Culturel Tahar Haddad mit einigen Zeichnungen an einer Gemeinschaftsausstellung in einer alten Karawanserei zu beteiligen. Von hier aus führen mich zwei Busreisen quer durch Tunesien in die Wüste, zu alten Oasen und zu römischen Siedlungen in der Sahara. Im berühmten Café in Sidi Bou Said, wo Paul Klee, August Macke und Louis Moillet ihre künstlerischen Inspirationen in farbenprächtigen Aquarellen verewigten, genieße ich einen Pfefferminztee und das exotische Flair einer fremden Welt. Die Wüste in ihrer unerbittlichen Stille und Weite offenbart mir die Schönheit einer unauslotbaren, aber hier spürbaren Dimension der Ewigkeit.

Nach drei Studienreisen durch die Türkei, die mich jedes Mal auf den märchenhaften »Fliegenden Teppich« heben, widme ich der überbordenden Metropole Istanbul ein Mappenwerk mit Tagebuchtexten und Tuschezeichnungen. Der Besuch von Kappadokien mit den surreal anmutenden kegelförmigen Gesteinsformationen inspiriert mich, mein Staunen über diese fantastischen Landschaften auf einem großformatigen Ölbild zu veranschaulichen. Wie eine Außerirdische gleitet eine Astronautin mit weit ausgebreiteten Armen schwerelos über die bizarren Feenkamine. Auch das geheimnisvolle Usbekistan mit den alten Städten Samarkand, Chiwa und Buchara sowie der Iran mit den bewundernswerten alten Hochkulturen in den beinahe unwirklich prächtig erscheinenden Perlen wie Persepolis, Isfahan und Shiraz und Yazd verzaubern mich mit ihren geheimnisvollen Farben, Formen und Kalligrafien und mysteriösen Botschaften. Das Entdecken dieser alten Kulturen öffnet mir die Augen in eine Weite unbekannter Möglichkeiten, denn jede Denkweise, Lebensform und Religion hat ihren Ursprung in der Sehnsucht nach Vollkommenheit, nach einem fiktiven Paradies.

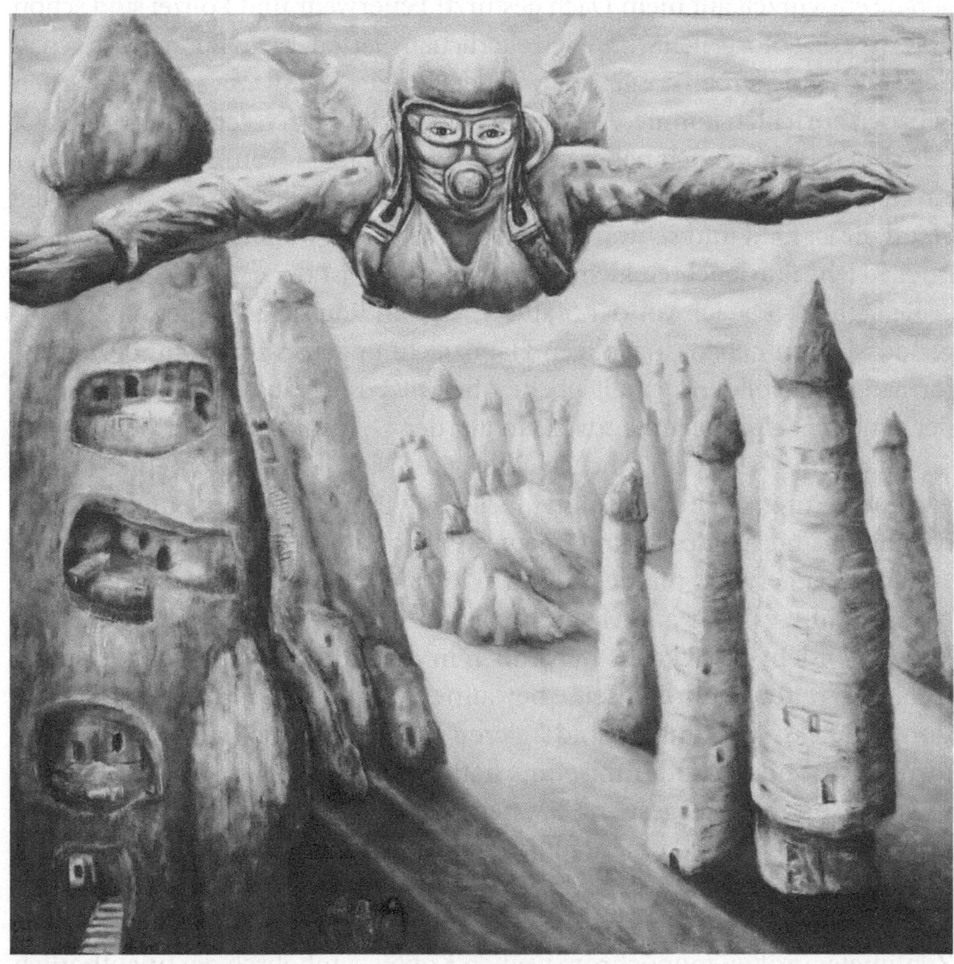

Im Atelier

Mein Kletterbaum trotzte vielen Dürren und Herbststürmen und überstand den Befall von Maikäfern und anderen Schädlingen. An einem eisigen Dezembertag im Jahr 1996 schaue ich, den Pinsel voll Farbe in der Hand, aus dem Atelierfenster. Mir fallen einige helle Flecken im kahlen Geäst der Rosskastanie auf. Erst denke ich, es ist Vogelkot. Doch als ich noch weitere weiße Punkte entdecke, erkenne ich kleine, zarte Blüten. Ich spüre, dass mir mein Baum mitten im Winter eine Botschaft sendet. Nachdenklich wandere ich nach Hause. Es stürmt. Am Abend ruft uns ein aufgeregter Nachbar an: »Eure Kastanie ist gerade entwurzelt auf mein Dach gestürzt! Feuerwehr und Polizei sind schon unterwegs!« Sofort eilen wir in den elterlichen Garten. Mein Baum hatte genau den Platz zum Sterben ausgewählt, an dem er mit seinem Sturz den geringsten Schaden anrichten konnte. Auf dem nachbarlichen Dach zerschlug das Geäst nur sieben Pfannen. Ich nähere mich dem gewaltigen Stamm, der mit seiner Krone schwer in den Boden drückt. Vorsichtig nehme ich einen Zweig in die Hand. Er ist kahl und schwarz und trägt zarte, jungfräulich weiße Blüten. In ihrer Kelchmitte leuchten kleine, rote Herzen. Es ist der erste Weihnachtstag.

Tagtäglich stehe ich vor der Staffelei. Wie im Rausch entstehen in den folgenden Jahren neben unzähligen Handzeichnungen circa einhundert großformatige Tafelbilder. Der alltägliche Aberwitz, die Grausamkeiten, die Wunder und die Schönheiten entwickeln auf der Leinwand und auf dem Papier Geschichten. Diese persönlichen Bildwelten sind Botschaften einer Selbstvergewisserung, die in ihrer individuellen Mythologie in Farbe und Form, in Rhythmus und Ausdruckskraft meine Teilhabe am Dasein dokumentieren!

Zum Beispiel zeigt meine großformatige Ölmalerei mit dem Titel »Klippen« ein junges Paar am Meer. Ein Mann stemmt mit erhobenen Armen ein in Windeln gewickeltes Baby hoch in die Luft, als wolle er es vor allen Gefahren retten, während seine bewaffnete Mutter im Tarnanzug ratlos zu ihm aufblickt. Im Hintergrund agieren auf Klippen Soldaten. Die Direktorin des Bonner Landesmuseums hatte sich dieses Bild spontan für den Museumsbestand ausgesucht. Sie begründete ihre Wahl mit den Worten: »Es ist zeitlos gültig, da es inhaltlich auf die immer währende Problematik ›Kindheit, Eltern und Krieg‹ verweist.«

Mit meinem Bild »Urd« versuche ich durch die Darstellung eines 150 x 150 Zentimeter großen monochrom weißen Kopfes symbolisch der unaufhörlich voranschreitenden Zeit ein Gesicht zu geben. Der gesamte Kopf dieser nordischen Gottheit Urd setzt sich aus im Kreis fliegenden weißen Spermien und Figuren zusammen, die das Antlitz gebiert und wieder verschlingt. Die Malerei »Chicago« stellt eine nackte Frau in Stiefeln und mit einem Schutzhelm und Schulterschützern bewehrt in einem Kühlraum für Fleisch dar. In der Hand trägt sie einen uterusähnlichen Fangkorb mit einem hellen, einem Ei ähnelnden Ball. Ein Neugeborenes versucht, sich zwischen ihren Beinen aufzurichten, um, von ihr verteidigt, in dieser kalten Welt zu überleben. Ein Tafelbild mit dem Titel »Genetiker« zeigt Wissenschaftler, die als Zauberer in ihren Labors durch eigene Experimente zu erschreckenden Fabelwesen mutieren. Auf einer anderen Malerei treiben zwei Mädchen, vom Glück des Schwimmens berauscht, im Meer unter einer sich über sie beugenden Welle. Auf der Leinwand »Vertigo« wird der Blick in ein fernes spirituelles Licht eingesogen, das glückselig Taumelnde umkreisen.

Nie geben diese Bilder Antworten. Sie stellen Fragen an die Zeit, an uns und an die Zukunft durch den Versuch, dem nicht Fassbaren, dem Emotionalen und dem Geahnten ein Gesicht zu geben. Es ist die Magie der erspürten Wirkkräfte, die versuchen, in der ausdrucksstarken Linie, im Zauber der Farben und im plastischen Körper dem Geheimnis der Existenz nahezukommen.

Ein 150 Zentimeter breites und 450 Zentimeter langes Triptychon in Öl auf Leinwand folgt. An einer langen Tafel sitzen wie beim christlichen Abendmahl die Vertreter der einzelnen Weltreligionen eng zusammen. Doch die Herren schauen sich nicht an, als nähmen sie den Nächsten nicht wahr. Es ist der fiktive Versuch, alle geistigen und geistlichen Denkweisen an einen Tisch zu bringen.

Nach meinen Malstunden im Atelier frage ich mich auf meinen Nachhausewegen immer besorgter: »Wo sind die Tiere meiner Kindheit geblieben? Wo sind die Falter und die Bienen, die Hasen und Füchse, Fasanen, Lerchen und Rebhühner?« Jetzt umsausen elektromagnetische Strahlungen den Erdball. Unsichtbar durchdringen sie unsere Häuser und alles Lebendige. Selbst in unserem intimsten Wohnbereich sind wir vor elektronisch gesteuerten Geräte nicht sicher, denn wir benutzen sie Tag und Nacht. Sie degradieren uns zu Sklaven weltweiter Konzerne, die unsere Daten verwerten und mit ihnen Profit machen, ohne dass wir es bemerken. Das Internet umfängt uns wie ein globales Spinnennetz, das uns nie mehr loslassen wird. Während zeitgleich alle nur erdenklichen, oft manipulierten Nachrichten aus der ganzen Welt permanent auf uns niederprasseln, verändert sich unser Denken und Handeln. Mit dieser schnell fortschreitenden Globalisierung erweitern wir zwar unsere Wissensmenge, aber wir entfremden uns von uns selbst und verlieren daher immer mehr Individualität und Freiheit. Wir werden uns durch die fortschreitenden Wissenschaften, den Klimawandel, die Politik und den ungebremsten Konsum immer mehr zu ferngesteuerten Wesen entwickeln, die sogar emotionale Beziehungen zu Robotern aufbauen, bis sich die gesamte Spezies am Ende auf einem für uns unbewohnbar gewordenen Erdball selbst vernichtet.

Deshalb muss ich malen! Malen gegen das Veröden. Malen, um meinen Gedanken in Bildern eine Bleibe zu geben. Malen, um Abstand von dem Ist-Zustand zu gewinnen. Ich muss malen, um an den Ursprung unseres Seins zu gelangen, an die Quelle der Schöpferkraft. Während dieser Sinnsuche wächst die Zahl meiner Zeichnungen, Skizzenbücher und Malereien

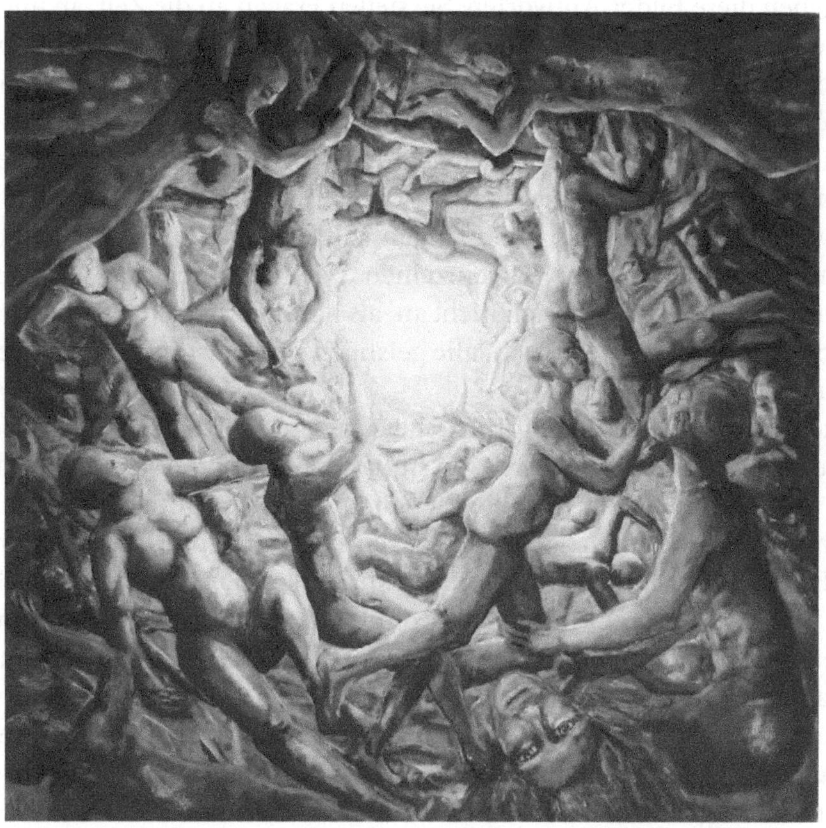

immer weiter an, die sich aus sechzig Jahren Atelierarbeit im ehemaligen Schlafzimmer meiner Eltern bis zur Decke stapeln und mich mit den aktuellen Großformaten aus meinem Arbeitsraum drängen. Mein arbeitsreiches, Kräfte verzehrendes Doppelleben mit Familie und mit der Kunst erfüllt mich mit dem Glück, das ich mir als Studentin schon erhofft hatte. Die Familie schenkt mir Geborgenheit. Der private Atelierraum im Park ist meine Fluchtburg. In diesem stillen Schutzraum transformiert meine Fantasie, frei und ungestört, meine Begegnungen und Ängste, meine Hoffnungen, mentalen Höhenflüge, Ahnungen und Träume in Malerei.

Zu Beginn versinkt mein Blick im reinen Weiß des jungfräulichen Maltuchs. Langsam formen sich in dem weißen Nebel Gesichter und Figuren, die ich mit Zeichenkohle als zarte Vorzeichnung aus meinem Reservoir des Erlebten hervorlocke. Danach beginnt der Prozess des Malens, indem sich die Farbsetzungen Schicht für Schicht in Gestalten verwandeln. Ein ganzes Panorama voller farbiger Figuren erblüht, mit denen ich lautlos in einen Dialog trete. Wenn sie mir endlich zu antworten scheinen, habe ich ihnen Leben eingehaucht. Das ist der prekäre Augenblick, aufzuhören, um das Erreichte nicht zu ersticken. Oft beende ich mein Bild erst nach Wochen oder Jahren, wenn sich mir der ganz besondere Sinn des Bildinhaltes erschließt, der sich während des Malprozesses oft wie ein Geheimnis verbirgt. In dieser mysteriösen Phase des Gestaltens gibt es einen Zustand, in dem das Bild selbst bestimmt, wie es zu Ende geführt werden muss. Während sich das Erlebte der Erinnerung immer mehr entzieht, überlebt das gemalte Sujet als zweite Existenz auf der Leinwand. Das ist der wirkkräftige Zauber, das Magische der Malerei.

Immer wieder von Neuem versuche ich, meiner verschlüsselten inneren Welt und den äußeren Erlebnissen eine sichtbare Form zu geben. Da die vielgestaltige Gleichzeitigkeit des sich immer schneller verändernden globalen Daseins malerisch auf der flachen Ebene der Leinwand nicht darstellbar ist, muss ich mich auf das Fokussieren ausschnittartiger Blickwinkel beschränken. Wie in einem Spiegel versuche ich diese Zeitspuren, die das Leben in die Gesichter eingegraben hat, auf Papier und Leinwand zu bannen, um dem Phänomen der Befindlichkeit des Augenblicks Dauer zu verleihen.

Schon während meines Studiums war es mir lange nicht verständlich, warum die Avantgardekünstler es ablehnten, den Menschen als Porträt oder Symbolträger abzubilden. Zum Beispiel haben sich die von

Künstlern erdachten Figuren, wie die Darstellungen von Gott und Jesus, Maria und von Engeln und Teufeln und Heiligen als personifizierte Symbole der christlichen Glaubenswelt, seit Jahrhunderten wirkmächtig in unserem Gedächtnis verankert. Die meisten Auftragsporträts als Repräsentationsmalereien sind geschönt, viele gemalte Gestalten auf den Gemälden sind frei erfunden. Den bildnerischen Themenverlust der Menschendarstellung in der Kunst der Nachkriegszeit kann ich mir nur so erklären, dass die Künstler nach dem apokalyptischen Weltdesaster der Naziherrschaft fassungslos verstummten und nicht mehr mit dem eigenen Spiegelbild konfrontiert werden wollten, da die menschliche Figur politisch als Symbolträger verlogener Heldendarstellungen zu oft missbraucht worden war.

Auch wenn mein Malerleben die unbegrenzten Möglichkeiten der Darstellung des Menschen als Lebensaufgabe nicht auszuschöpfen vermag, treibt mich die Faszination, immer neue Menschenbilder zu erfinden, weiter an. Mancher Betrachter wird es als beängstigend und abschreckend empfinden, wenn Porträts nicht den gestylten Physiognomien der Werbung entsprechen, die uns immer aggressiver mit dem Anblick manipulierter und geliffteter Gesichter konfrontiert. Im Gegensatz zu diesen künstlich veränderten Physiognomien wirken ungeschönte Gesichter vielleicht verzerrt oder hässlich. Doch nur mit einer selbst erlebten und ehrlichen Sicht und mit einer pointierenden Darstellungsweise gelingt es, die authentische Persönlichkeit eines Individuums überzeugend zu vermitteln. Obwohl der Mensch die verschiedensten Taktiken anwendet, die im Daseinskampf markierenden Licht- und Schattenseiten des Lebens als individuelle Spuren auf dem Antlitz zu tilgen, ist es doch möglich, gerade diese Manipulationen als Zeichen einer verunsicherten Gesellschaft zu dokumentieren. Diese Fährten versuche ich auf meinen ausgedachten Porträts so prägnant wiederzugeben, bis sie unverwechselbar und lebendig erscheinen. In der Wahrheit liegt Schönheit. Diese Schönheit reflektiert nicht den dekorativen Glanz, sondern die Strahlkraft des Lebendigen. Der Prozess des Porträtierens nach einem Modell erfordert eine hoch konzentrierte Anstrengung, denn die Wiedergabe bleibt durch das lebendige Vorbild kontrollierbar, auch wenn sich die malerische Ausführung durch eine eigenwillige Bildsprache vom Urbild entfernt. Ein fotorealistisches, nur die äußere Fassade kopierendes Abbild wird oft als handwerkliches Kunststück bestaunt. Doch diese Perfektion der Darstellung bedeutet nicht, dass sie Kunst ist.

Nur durch eine individuelle Interpretation und hohe schöpferische Qualität gelingt ein Werk. Durch seine künstlerische Potenz vermag es selbst in dieser hochtechnologischen, oft inhumanen Arbeitswelt bei den Betrachtern persönliche Emotionen und Stimmungen, Erinnerungen und neue Gedankengänge hervorzurufen, wie es die Selbstporträts von van Gogh bestätigen.

Seit Jahrtausenden beschäftigt sich die Kunst thematisch mit der menschlichen Existenz, die mich immer neu mit Staunen erfüllt und der ich mich permanent widmen muss. Dabei begleiten mich in meinen Gedanken die unterschiedlichsten Vorbilder der Höhepunkte der Malerei. Keine menschliche Darstellung auf den Werken bedeutender Maler entspricht der Realität optisch so präzise, wie es ein Foto suggerieren würde. Und doch kann ein gezeichnetes oder gemaltes Porträt, das durch die Kraft der Imagination und durch die individuelle Handschrift in eine neue Wirklichkeit gewandelt wird, dem Porträtierten besonders nahekommen. Die Mumienporträts in der Maltechnik der Enkaustik aus Fayum, die rätselhaften Tafelbilder des Hieronymus Bosch und der Isenheimer Altar von Grünewald, die Porträts der Barockkünstler Michelangelo und Leonardo, Caravaggio und Rembrandt, die Malereien und Zeichnungen von Goya, van Gogh und Beckmann und der Schrei des Jahrhunderts von Edvard Munch und Francis Bacon sind in ihrer überzeugenden Prägnanz sprudelnde Kraftquellen für mein rastloses Tun. Eine permanente Sinnsuche ist der Motor für mein immer weiter anwachsendes Werk. Mich drängt die Erkenntnis, dass wir als Sterbliche besonders verletzbar sind und unser Dasein nur einen Wimpernschlag dauert. Wir können die Fragen nach dem Beginn und nach dem Ende unseres Seins nicht lösen. Und doch bleibt uns Kreativen die Aufgabe, die Geheimnisse des Lebens als erfüllenden Auftrag anzunehmen und unser Suchen in Farbe und Form, in Holz oder Stein, in Klang oder Wort, in Bewegung und in Ideen zu verwandeln. Die Faszination des Malens ist das Abenteuer, bei dem ich immer neu erfahre, wie die erlebten Triebkräfte des Lebens auf einem Stück Leinwand verifiziert werden können. Malerei ist für mich ein Forschungsauftrag. Nicht das Ergebnis, das fertige Bild, ist das Ziel, sondern das hoch konzentrierte malerische Vorantasten, das Suchen, Kämpfen, Scheitern und Neufinden während des Malvorganges. Der Mut, immer wieder mit einer neuen Leinwand zu beginnen, wird aus diesem die Neugier nie ganz befriedigenden Tun genährt. Jedes mir entgegenkommende Gesicht erzählt mir eine Geschichte, die ich

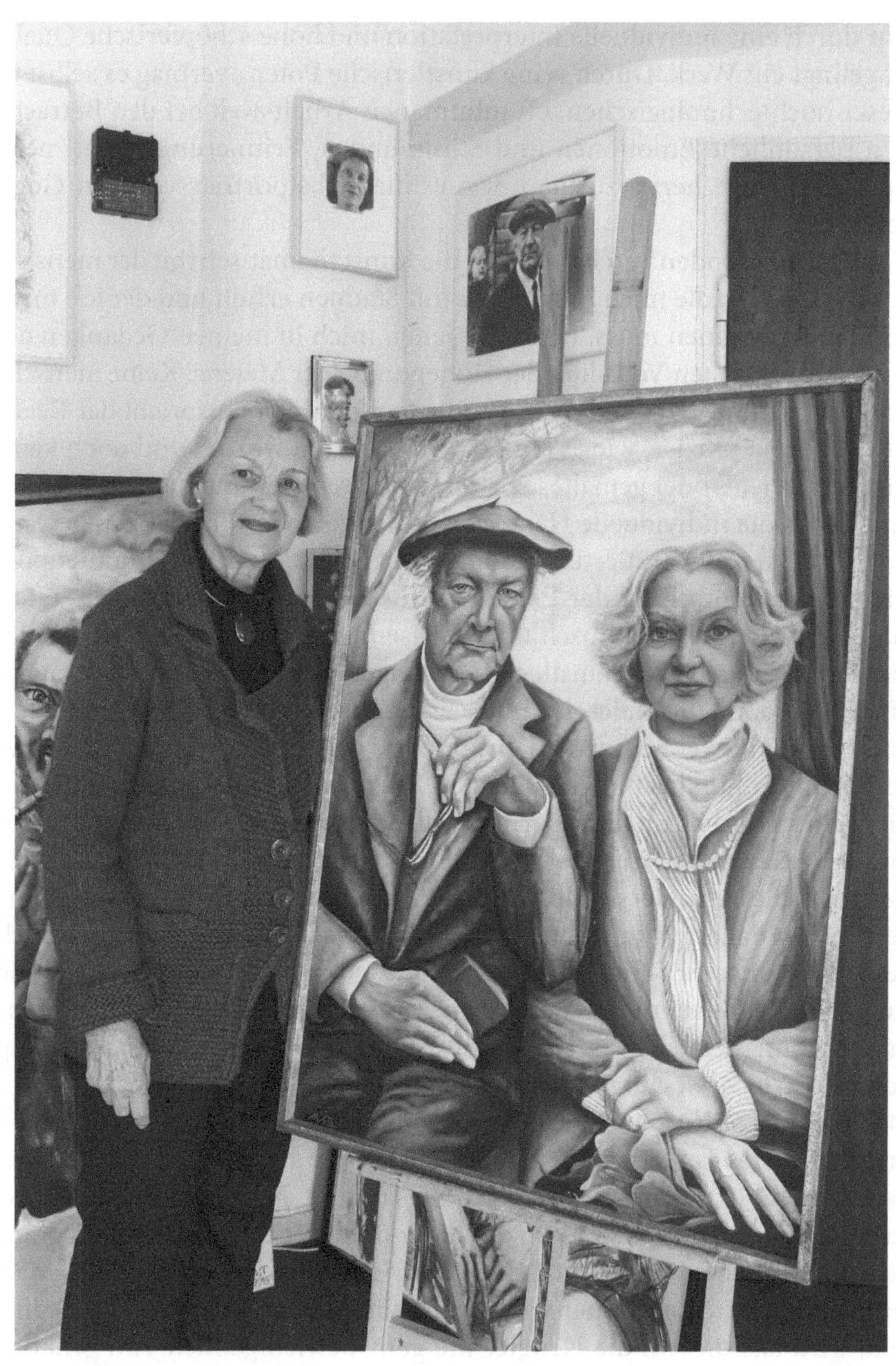

Die Autorin von einem Porträt mit ihren Eltern, copyright Bild: Dorothea Heiermann

entschlüsseln und gestalten möchte. Risse im Asphalt zeigen mir Linien, in denen ich Gesichtsformen entdecke. Jeder Ton erzeugt die Vorstellung einer darstellbaren Situation.

Meine Bühne ist die weiße Leinwand oder der Bogen Papier. Hierauf inszeniere ich mein erfundenes Spiel unserer Existenz. Die eigentliche Faszination meiner Forschungsreise beginnt schon auf der unberührten Fläche, denn noch ist alles offen! Der makellose Malgrund lässt jeden Zufall und jede neue Einsicht zu. Nicht die Kopie der Realität, sondern das Spiegelbild des Selbsterlebten ist als neue Wirklichkeit der wahren komplexen Welt häufig näher als das exakte Abbild.

Meine Figuren agieren auf meiner bemalten Projektionswand wie verletzliche Menschen, die, im Käfig ihres Schicksals gefangen, ihre Einsamkeit und ihre Verwundbarkeit durch eine antrainierte Rolle überspielen. Mit Helmen und Brillen maskiert oder durch Tätowierungen in eine andere Haut geschlüpft, haben sie hart an sich gearbeitet, um sich durch Luxusgüter oder übertriebenen Sport und andere gefährliche Freizeitaktivitäten in eine besondere Persönlichkeit zu verwandeln. Sie drängeln sich in Übergröße in den Vordergrund. Die Farben für mein Bildpersonal setze ich vehement oder auch behutsam auf die Leinwand. Um Lebendigkeit zu erzielen, lasse ich den Unterton durchschimmern oder verdichte den Farbauftrag. Langsam, aber mit gesteigerter Energie, taste ich mich an diese von mir erlebten oder erfundenen Individuen heran, die durch Körperhaltung, Mimik und die Farbigkeit Gefühle wie Schmerz, Sehnsucht, Verlust, Rausch und Glück als eigenes Geheimnis verbergen. Der schöpferische Drang und die hohe Konzentration sind in diesen Stunden der Stille so stark, dass es gelingen kann, die Szene auf ein Stück Leinwand zu bannen, wie sie in dieser Form als Malerei noch nicht existiert. Das ist die Faszination des kreativen Prozesses, in dem wie durch Magie ein neues, lebendiges Bild entsteht. Während dieses Malprozesses werde ich selber zum Mitspieler und befreie mich aus der eigenen Isolation. Denn während dieser schöpferischen Phase vergesse ich mich selbst und konserviere im Zwiegespräch mit meinen Hauptdarstellern den verrinnenden Moment. Nur mein Atmen geht weiter. Die Zeit scheint eine glückliche Illusion lang stillzustehen. Das ist meine Zeit! Es ist die Zeit des Rückzuges in die selbst verordnete Einsamkeit der Kunst, während in der Außenwelt das Chaos des Lebens rotiert. Hier spüre ich die Fülle des Lebens, die ich gestalterisch mit der Bildidee auf der Leinwand als Kraftfeld entwickeln und konservieren möchte, bis die Malerei selbst vital bestimmt, wann sie beendigt ist. Dieser Drang des künstlerischen Vorgehens ist der Impulsgeber, die flüchtige Zeit für einen Moment anzuhalten und zu bewahren. Immer wieder fragen mich die Betrachter meiner Bilder ungläubig, wieso ich als Malerin solche Bilder von verstörender Eindringlichkeit gestalte, obwohl ich ein konventionelles Vorstadtleben führe. Die Bürgerlichkeit funktioniert wie ein Schutzraum, der einer gesteigerten Sensibilität, einer Erlebnisstärke und einer ausufernden Ideenfülle Halt gibt. Auch wenn meine Lebenszeit nie ausreichen wird, an das Undenkbare heranzukommen und den Reichtum des Seins abzubilden, treibt mich meine künstlerische Bestimmung an, trotz aller Höhenflüge und Katastrophen immer weiter zu forschen, zu gestalten und bis zum letzten Tag auf der eigenen Spur zu bleiben. Für mich ist Malen kein Sonntagsvergnügen. Malen ist Häutung!

Trotz der erfüllten Tage im Atelier schwebt immer dieser vorwurfsvolle Satz einer Besucherin wie eine bedrohliche Gewitterwolke über meinem Gewissen: »Du hast ein sehr egoistisches Hobby mit deiner Malerei. Farben und Leinwände und Rahmen sind teuer. Kannst du eigentlich auch diese Bilder verkaufen? Du solltest schöne Bilder malen, damit du etwas verdienst! Widme dich besser ganz deiner Familie!«

Georgia O'Keeffe beschreibt ihre Maltage so: »Alle anderen Tage kümmert man sich eilig um die ganzen Dinge, von denen man glaubt, dass man sich um sie kümmern muss, damit das Leben weitergeht. Man lässt das Dach flicken, man bringt den Hund zum Tierarzt. Man verbringt den Tag mit Freunden. Vielleicht machen diese Dinge sogar Spaß. Aber man hastet da immer mit einem gewissen Missmut durch, damit man schnell wieder zu den Bildern kann, denn sie sind der Höhepunkt; eigentlich macht man alles nur dafür. Das Bild ist ein Faden, der sich durch die Gründe für all die anderen Dinge zieht, aus denen das Leben besteht.« (Bice Curiger: Georgia O'Keeffe).

Obwohl wir erst Februar haben, weckt eine beinahe sommerliche Wärme die wenigen Bienen in ihren Beuten und lässt sie noch etwas unbeholfen zu den Krokus- und Schneeglöckchenwiesen fliegen. Jahr für Jahr warte ich immer ungeduldiger auf diesen Augenblick, so als laufe mir die Zeit davon und ich verpasste das Wichtigste, das Erwachen, das Wunder der Erneuerung, die sichtbaren Zeichen des Lebendigen. Tauben gurren. Krähen schillern wie Öllachen in den Ackerfurchen. Das Sonnenlicht lässt ihr Gefieder funkeln wie Lack.

Wieder herrschen Kriege. Eisberge schmelzen. Korallenriffe sterben ab. Landstriche verdorren, während andere in Fluten ertrinken und sich Pandemien mit der Geschwindigkeit von Flugzeugen um den gesamten Erdball verbreiten. Und doch werden täglich Kinder geboren, Bilder gemalt, Hoffnungen gelebt. Die dunklen Tage kriechen davon und verflüchtigen sich. Wieder treibt mich Unruhe. Ich muss ein neues Bild beginnen, eine neue weiße Leinwand auf die Staffelei stellen. Ihre weiße Fläche ist das Nichts, das alles beinhaltet, mein Traumpfad, auf dem alle Zeitebenen verschmelzen und die Realität der Liebe und der Trauer und der Hoffnung und der Sehnsucht ihren Schmerz verliert. Auch wenn meine Bilder später in einem dunklen Depot verstauben sollten, wie die meisten Werke der Maler, bewahren sie doch ihren Zauber. Wieder ans Licht geholt, sprechen sie wieder mit dem Betrachter.

Den Sternenhimmel bekümmert das nicht. Das winzige Staubkorn Erde spielt im unermesslichen All keine Rolle. Und doch spüre ich dankbar, wie jeder Augenblick aus einem Funken Ewigkeit geboren wird.

Jedes Jahr

jedes Jahr
den Sternen etwas näher
pflücken wir
mit unseren Augen
ihren Glanz
wie die Tauben
nach der Ernte
goldene Körner
von den schwarzen Äckern lesen
jedes Jahr
leuchten diese Lichter
unserer fernen Inseln
wie Gedanken ohne Erdenschwere
jedes Jahr
wachsen unsere Schatten
wie ein warmer Mantel
für alle Frierenden
auf kalten Wegen
jedes Jahr
folgt auf den Tod
Geburt und warmes Licht

Abbildungsverzeichnis

Seite 12	Elternhaus. © Foto privat
Seite 26	Vater mit Tochter. © Foto privat
Seite 43	Zeichnung: Träume mit Tieren. Skizzenbuch, Grafit auf Bütten 36x28cm
Seite 59	Zeichnung: Seifenblasen. Skizzenbuch, Grafit auf Bütten 36x28cm
Seite 67	Zeichnung: Begegnung. Skizzenbuch, Grafit auf Bütten 36x28cm
Seite 106	Karneval 1951. Foto © privat
Seite 151	Zeichnung: An der Bar. Skizzenbuch, Grafit auf Bütten 36x28cm
Seite 190	Malerei: Balance 2012, Öl/Leinwand, 150x150cm
Seite 221	Vor der Staffelei. © Foto Vivian Gutheil
Seite 242	Zeichnung: Fliegen. Skizzenbuch, Grafit/Bütten 36x28cm
Seite 248	Im Atelier (1) © Foto Dorothea Heiermann
Seite 257	Im Atelier (2) sitzend . © Foto Vivian Gutheil
Seite 301	Aktzeichnung. Grafit auf Bütten, 82x102 cm
Seite 384	Malerei : Hallo. Öl/Leinwand 2015, 150x150cm
Seite 387	Vor Palme mit Zeichenbuch. © Foto privat
Seite 399	Malerei: Kappadokien 2014. Öl/Leinwand, 150x150cm
Seite 402	Malerei: Vertigo. Öl/Leinwand, 150x150cm
Seite 406	Malerei: Bildnis der Eltern 1982, Öl/Malpappe, 100x72cm

Dank

Mein großer Dank gilt meiner Familie, die immer Anteil an meiner kreativen Arbeit genommen hat. Nur durch ihren Zuspruch und durch die umsichtigen und liebevollen Unterstützungen der Kunsthistorikerinnen Uta Gerlach und Wibke von Bonin, beide Herausgeberinnen der beiden Bildbände über mein künstlerisches Schaffen, verdanke ich meine Energie, mein Lebenswerk immer weiter kreativ fortzusetzen.

Für die großartige verlegerische Betreuung danke ich der Verlagsleiterin Marietta Thien.